公路工程建设项目全过程管理

主　编　贾　佳　祝庆升

中国矿业大学出版社
·徐州·

内 容 提 要

为适应"交通强国"战略形势下公路建设新需求，本书结合国家最新政策、国内外最新研究成果及工程实例，对公路工程建设项目全过程管理进行较为全面的论述。全书分为16章，分别介绍了公路工程项目全过程管理、策划与决策、管理组织、融资与建设、人力资源管理、采购与合同管理、进度管理、质量管理、安全管理、费用和成本管理、风险管理、信息管理、环保管理、生产要素管理、综合管理、交(竣)工验收及项目后评价等。

本书可作为公路工程专业在校本科生和研究生的学习参考用书，也可作为公路工程项目管理人员的教育培训教材。

图书在版编目(CIP)数据

公路工程建设项目全过程管理 / 贾佳，祝庆升主编
.—徐州 ：中国矿业大学出版社，2020.5
ISBN 978-7-5646-4637-0

Ⅰ.①公… Ⅱ.①贾… ②祝… Ⅲ.①道路施工—项目管理—高等学校—教材 Ⅳ.①U415.11

中国版本图书馆CIP数据核字(2020)第084665号

书　　名　公路工程建设项目全过程管理
主　　编　贾　佳　祝庆升
责任编辑　吴学兵
出版发行　中国矿业大学出版社有限责任公司
(江苏省徐州市解放南路　邮编221008)
营销热线　(0516)83885370　83884103
出版服务　(0516)83995789　83884920
网　　址　http://www.cumtp.com　**E-mail**:cumtpvip@cumtp.com
印　　刷　徐州中矿大印发科技有限公司
开　　本　787 mm×1092 mm　1/16　**印张** 28　**字数** 716千字
版次印次　2020年5月第1版　2020年5月第1次印刷
定　　价　85.00元
(图书出现印装质量问题，本社负责调换)

《公路工程建设项目全过程管理》
编 委 会

主　编　贾　佳　祝庆升

副主编　张建娟　王　昊　李　伟　黎　平
　　　　　辛公锋　李　建　万明清

参　编　张慧雪　刘晓红

前　言

随着“交通强国”战略的提出，我国的交通运输发展进入新时代，全面推进交通强国建设，推动交通运输高质量发展，将是今后一段时间我国交通建设的主题。

中共中央、国务院印发的《交通强国建设纲要》提出“基础设施布局完善，立体互联，强化西部地区补短板，推进东北地区提质改造，推动中部地区大通道大枢纽建设，加速东部地区优化升级，形成区域交通协调发展新格局”，可以看出公路建设在面临新机遇、新任务的同时，建设与养护仍然是主题。同时，投融资形式的多元化对公路工程项目建设产生了根本性影响，公路工程项目管理已由过去单一的项目施工管理扩展到项目融资、立项、施工管理及后评价全过程，公路建设管理理念和管理模式的创新已经势在必行。

为适应“交通强国”战略形势下公路建设新需求，本书结合国家最新政策、国内外最新研究成果及工程实例，对公路工程建设项目全过程管理进行较为全面的论述。公路建设是一项程序复杂、技术含量高、管理制度严谨的系统工程，本书从公路工程项目管理基本原理到项目立项、融资、建设及后评价全过程出发，调研收集了国内外公路工程建设项目的先进经验，以国家和行业最新颁布的政策、文件、规范为依据，结合实际工程项目，对新形势下的公路工程项目管理进行系统阐述，以期达到提升公路行业项目管理水平、提高工程项目质量的目的。全书分为16章，分别介绍了公路工程项目全过程管理、策划与决策、管理组织、融资与建设、人力资源管理、采购与合同管理、进度管理、质量管理、安全管理、费用和成本管理、风险管理、信息管理、环保管理、生产要素管理、综合管理、交(竣)工验收及项目后评价等。

本书由山东交通学院贾佳、济南市第二公路事业发展中心祝庆升担任主编，山东交通学院张建娟、山东高速建设管理集团有限公司王昊、山东鲁东路桥有限责任公司李伟、四川公路咨询监理有限公司黎平、山东高速科技发展集团辛公锋、山东省建设厅执业资格注册中心李建、万明清担任副主编，山东省建设监理咨询有限公司张慧雪和山东高速畅通路桥工程有限公司刘晓红积极参与了本书的资料收集和格式整理。全书由贾佳统稿。

山东交通学院黎奎副教授、山东高速集团有限公司郭长路研究员审阅本书并提出了许多宝贵意见，书稿在编写过程中亦参考了国内很多最新研究成果，在此对各位专家和作者一并表示感谢。由于公路工程管理新方法、新技术发展迅速，加之编者水平有限，书中难免存在不妥之处，敬请广大师生和读者批评指正。

编　者

2019 年 12 月

目　录

第 1 章　公路工程项目全过程管理概述

1.1　项目概述

1.1.1　项目定义

“项目”的概念在 2 000 多年之前就已经存在，埃及金字塔、中国长城和都江堰等都是世界上众人称颂的典型项目；而项目管理则始于 20 世纪 40 年代的“曼哈顿计划”。目前，关于项目的定义主要有以下几种：

(1) 美国项目管理协会(Project Management Institute，简称 PMI)在其出版的《项目管理知识体系指南》(A Guide to the Project Management Body of Knowledge，简称 PMBOK Guide)中为项目所做的定义是：项目是为创造独特的产品、服务或成果而进行的临时性工作。

(2) 世界银行(Word Bank)的相关资料对项目的定义可归纳为以下几点：① 项目是一次性的投资方案或执行方案；② 项目是一个系统的有机整体；③ 项目是一种规范化、系统化的管理方法；④ 项目有明确的起点和终点；⑤ 项目有明确的目标。

(3) 国际标准化组织(International Standard Organization，简称 ISO)采用英国项目管理协会(Association for Project Management，简称 APM)对项目的定义：项目是为了在规定的时间、费用和性能参数下满足特定目标而由个人或组织所进行的具有规定的开始和结束日期、相互协调的独特的活动集合。

(4) 中国项目管理研究委员会(Project Management Research Committee，China，简称 PMRC)在中国项目管理知识体系(Chinese-Project Management Body of Knowledge，简称 C-PMBOK)中对项目的定义是：项目是创造独特产品、服务或其他成果的一次性工作任务。

综上所述，项目是指一系列独特的、复杂的并相互关联的活动，这些活动有着一个明确的目标或目的，必须在特定的时间、预算和资源限定内，依据规范完成。

1.1.2　项目的组成要素

项目一般由以下 5 个基本要素组成：

(1) 项目的范围。项目的范围是指项目的最终成果和产生该成果需要做的工作，它是制订项目计划的基础。

(2) 项目的组织。项目的组织主要包括项目的组织结构、人员配备、工作职责及工作流程等。

(3) 项目的时间。项目的时间具体表现为项目的进度。项目的时间管理是与项目的进度密切相关的。

(4) 项目的费用。要确保项目能在预算的约束条件下完成。在预算费用时,要考虑经济环境(如通货膨胀、税率和兑换率)对项目的影响。当费用估算涉及重大的不确定性因素时,应设法减小风险,并对余留的风险考虑适当的应急备用金。

(5) 项目的质量。项目的质量反映的是对目标的需求及需求满足的程度。项目质量管理应确保质量目标的实现,最大限度地使客户满意。

1.1.3 项目的分类

按照不同的分类标准,项目可以分为多种类型。

(1) 按规模分类,项目可以分为宏观项目、中观项目和微观项目。一般可以将关系到国家宏观经济建设和发展的项目归类为宏观项目;关系到本地区的经济发展、人民生活水平的项目可归为中观项目;微观项目则主要指某个企业或者单位内部的项目。

(2) 按成果分类,项目可以分为有形产品和无形产品。公路工程项目既提供有形产品,如公路、桥梁等工程实体;也提供无形产品,如在建设过程中形成的土地使用权、专利技术等。

(3) 按行业领域分类,项目可以分为交通建设项目、建筑业项目、制造业项目、农业项目、金融项目和电子项目等。

(4) 按性质分类,项目可以分为研发项目、技改项目、风险投资项目和引进项目等。

(5) 按周期分类,项目一般分为长期项目、中期项目和短期项目。一般情况下,短期项目周期不超过 1 年,中期项目周期一般为 2～5 年,长期项目周期一般超过 5 年。

1.2 项目管理概述

项目管理技术的突破性成就出现在 20 世纪四五十年代。第二次世界大战的爆发,使得军事科技快速发展,对新式武器、探测雷达设备的需求带出许多接踵而至的、之前从未做过的项目,这些项目技术复杂、参与人员众多、时间紧迫,因此,人们开始关注如何有效地实行项目管理来实现既定的目标。“项目管理”这个词就是从这时才开始被认识的。

项目管理是以项目为对象的系统管理方法,通过一个临时性的专门的柔性组织,对项目进行高效率的计划、组织、指导和控制,以实现项目全过程的动态管理和项目目标的综合协调与优化。实现项目全过程的动态管理是指在项目的生命周期内,不断进行资源的配置和协调,不断做出科学决策,从而使项目执行的全过程处于最佳的运行状态,产生最佳的效果。项目目标的综合协调与优化是指项目管理应综合协调好时间、费用和功能等约束性目标,在相对较短的时期内成功地达到一个特定的成果性目标。

对于项目管理技术的研究和探索,吸引了不少从事项目管理的人走到一起来共同探求其中的奥秘。国际上有两大权威的项目管理研究机构:以欧洲为首的国际项目管理协会和以美国为首的美国项目管理协会。1965 年,以欧洲国家为主的一些国家成立了一个组织——国际项目管理协会(International Project Management Association,简称 IPMA)。IPMA 在项目管理知识体系方面做出了卓有成效的工作,从 1987 年着手进行“项目管理人员能力基准”的开发,1997 年推出了国际项目管理能力基准(IPMA Competence Baseline,简称 ICB)。在这个能力基准中,IPMA 把个人能力划分为 42 个要素,其中 28 个核心要素、

14个附加要素，还有关于个人素质的八大特征及总体印象的10个方面。1969年，美国成立了一个相同性质的组织，取名为“项目管理协会”(Project Management Institute，简称PMI)，它也是一个国际性的组织。这两个国际性项目管理组织的出现，大大地推动了项目管理的发展。1987年，PMI公布了第一个项目管理知识体系PMBOK，又分别于1996年、2000年、2008年、2012年进行了修订。目前，在这个知识体系中，他们把项目管理的知识划分为10个领域，分别是范围管理、时间管理、费用管理、质量管理、人力资源管理、沟通管理、干系人管理、风险管理、采购管理和综合管理。

中国项目管理知识体系的研究始于1993年，是由中国优选法统筹法与经济数学研究会项目管理研究委员会发起并组织实施的，并于2001年7月正式推出了中国的项目管理知识体系文件C-PMBOK第1版，2006年10月推出其第2版。C-PMBOK的突出特点是：它采用了“模块化的组合结构”，便于知识按需组合；以生存周期为主线，进行项目管理知识体系知识模块的划分与组织；体现中国项目管理特色，扩充了项目管理知识体系的内容。C-PMBOK主要是以项目生存周期为基本线索展开的，面向构建中国项目管理学科体系的目标，基于体系化与模块化的要求，以生存周期为主线，从项目及项目管理的概念入手，按照项目开发的四个阶段，即概念阶段、规划阶段、实施阶段及收尾阶段，分别阐述了每一阶段的主要工作及其相应的知识内容，同时考虑到项目管理过程中所需要的共性知识及其所涉及的方法工具。该体系在逻辑上分为三大部分：第一部分为项目管理学科的体系框架，内容包括项目管理学科的形成与发展、项目管理学科定位及中国项目管理知识体系结构；第二部分为面向临时性项目组织的项目管理知识；第三部分为组织项目化管理，系统介绍了长期性组织项目化管理的体系框架与主要方法。

1.3　公路工程项目与全过程管理

1.3.1　公路工程项目

公路工程项目是指公路、桥梁、隧道、交通工程及沿线设施等工程的总体。公路工程项目具有自身特点：

1. 造价高、投资大

国家规定：高速公路标段的路基工程一般不应少于10 km，路面工程一般不应少于15 km；其他等级公路标段工作量一般应不少于5 000万元。因此，公路工程建设项目投资一般是非常巨大的，其建设工程合同的价额基本上是几千万、上亿甚至几百亿，这是一般的建筑工程项目所不可比拟的；而贯穿祖国南北的交通大动脉——京珠(北京—珠海)高速公路更是长达2 400 km，整个工程总投资近千亿元。

2. 点多、线长、面广

公路工程建设规模一般都比较大，从建设里程上来讲从几十千米到上百千米甚至上千千米的都有，涉及的施工区域可能不止一个省、市，尤其是国道干线的建设，一般都要跨越多个省市，施工范围广泛，工程的建设是不可能只由一家施工企业单独来完成的。因此，同步建设、协作配合、综合平衡等问题很复杂，需要各施工单位按其均衡性和均匀性全盘考虑、周密安排，分点、分段合力建设完成。

3. 质量要求高,形成时间长

公路工程项目建设是一项系统工程,建设工期包括预可、工可、初步测设、施工图测设及必要的科研等前期工作时间和施工时间,一般项目需要 2～4 年,有的甚至更长。而且,每条公路都是特有的、唯一的,一经建成,在短时间内将不会进行重复性的投资建设;同时,建设一条公路将会耗费大量的人力、物力和财力等。因此,在公路工程的建设时期,就要对建设产品提出较高的质量要求,要求工程项目建设在科学合理地利用资源的同时,尽可能创造高质量的工程项目产品,并应根据工程规模、建设难度、地形地质特点和气候等因素合理确定工期。

由于工程建设项目规模大,技术复杂,涉及的专业面广,许多大型、特大型的施工项目还需要分段、分期进行;因此,从项目的规划、建设到投入使用,历时较长,少则几年,多则十几年。如中国第一条国道主干线——全长 1 262 km、总投资近 400 亿元的京沪高速公路共划分 20 个路段进行建设,从最早于 1987 年就已开工建设的京津塘高速公路路段,到 2000 年年底的山东省境内临沂至红花埠段、江苏省境内新沂至江都段等分段的相继竣工,整个工程建设历时长达 13 年之久。

4. 户外作业环境复杂,不可控因素多

公路工程本身的特点要求施工建设采用全野外的作业方式,加上施工的路线一般都较长,所以无论是其面临的气候、地质水文条件,还是社会经济环境,乃至风土人情都是有差异的,其中的任何一项因素的变化都会影响公路工程建设的顺利进展。另外,对于不同的施工项目,环境等影响因素又有所不同,不可控因素的增多也使得项目管理在施工中变得尤为重要。

1.3.2 公路工程项目全过程管理

公路工程的建设属于一项系统性工程,其过程繁杂,管理面非常广,管理的内容很多,在整个工程建设过程中,任何一个环节出现问题,都会影响到整个工程的质量,影响到施工工期,增加工程预算。因此,必须结合项目实际情况,运用科学合理的管理手段,实施全过程管理。

1. 计划管理

公路工程项目计划管理主要是生产作业计划的管理。公路生产作业计划即施工计划,又分为年度计划、季度计划、月度计划和周计划等。

公路施工企业的计划管理的内容是安排施工进度、编制施工计划、管理下属施工单位的进度计划和施工班组的作业计划;此外,还要抓好施工统计工作,按时检查计划的执行情况。因此,计划管理包括计划的编制、执行、检查及结果反馈这一完整过程。

2. 合同管理

公路工程施工合同是业主与施工单位之间明确责任、权利关系的具有法律效力的协议文件,也是运用市场经济体制、组织项目实施的基本手段。从某种意义上讲,项目的实施过程就是公路工程合同订立和履行的工程,一切合同所赋予的责任、权利履行到位之日,也就是公路工程项目实施完成之时。

公路工程合同管理主要是指对各类合同的依法订立过程和履行过程的管理,包括:合同文本的选择,合同条件的协商、谈判,合同书的签署;合同履行、检查、变更和违约、纠纷的处理;总结评价;等等。

3. 组织协调

组织协调是实现项目目标必不可少的方法和手段,在公路工程项目实施过程中,各个项目参与单位需要处理和调整众多复杂的业务组织关系。

4. 目标控制

目标控制是公路工程项目管理的重要职能,它是指项目管理人员在不断变化的动态环境中为保证既定计划目标的实现而进行的一系列检查和调整活动。公路工程项目目标控制的主要任务就是在项目前期策划、勘察设计、施工、竣工交付等各个阶段采用规划、组织协调等手段,从组织、技术、经济和合同等方面采取措施,确保项目总目标的顺利实现。

5. 风险管理

风险管理是一个确定和度量项目风险,制定、选择和管理风险处理方案的过程。其目的是通过风险分析减少项目决策的不确定性,以便使决策更加科学,以及在项目实施阶段,保证目标控制的顺利进行,更好地实现项目质量、进度和投资目标。

6. 信息管理

公路工程项目的信息管理主要是指对有关项目的各类信息的收集、贮存、加工整理、传递与使用等一系列工作的总称。信息管理的主要任务是及时、准确地向项目管理各级领导、各参加单位及各类人员提供所需的综合程度不同的信息,以便在项目进展的全过程中,动态地进行项目规划,迅速正确地进行各种决策,并及时检查决策执行结果,反映工程实施中暴露的各类问题,为项目总目标服务。信息管理是工程项目管理的基础工作,是实现项目目标控制的保证。只有不断提高信息管理水平,才能更好地承担项目管理任务。

7. 环境保护

项目管理者必须充分研究和掌握国家和地区的有关环保法规和规定,对于环保方面有要求的公路工程建设项目,在项目可行性研究和决策阶段必须提出环境影响报告及其对策措施,并评估其措施的可行性和有效性,严格按建设程序向环保管理部门报批。在公路工程项目实施阶段,做到主体工程与环保措施工程同步设计、同步施工、同步投入运行。在公路工程施工承发包中,必须把依法做好环境保护工作列为重要的合同条件加以落实,并在施工方案的审查和施工过程中始终密切关注环保措施的落实和建设公害的克服工作。

1.4 公路工程项目基本建设程序

1.4.1 工程项目基本建设程序概念

基本建设程序是指基本建设项目从投资前期到投资期、从规划立项到竣工验收的整个建设过程中各项工作的先后次序,它由基本建设的客观规律决定。公路基本建设涉及面广,它受到地质、气候、水文等自然条件和资源供应、技术水平等物质技术条件的严格制约,需要内外各个环节的密切配合,并且要求按照符合既定需要和有科学根据的总体设计进行建设。工程的建设程序是多年建设项目管理经验的积累,是客观规律的总结。在基本建设活动时,必须严格按照规定的程序进行,不可人为地忽略其中的某个阶段或改变其顺序,否则,不仅将造成宏观上的浪费,而且会导致盲目发展,甚至贻误地区经济的开发时机。

1.4.2 公路工程项目各阶段的工作内容

公路基本建设的程序是：根据国民经济长远规划及布局所确定的公路网规划，提出项目建议书；通过调查，进行可行性研究，编制可行性研究报告；经批准后，进行初步测量及编制初步设计文件；经批准后，列入国家年度基本建设计划，并进行定线测量，编制施工图设计文件；经批准后组织施工；完工后，进行竣工验收，最后交付使用。

具体来说，一个公路建设项目一般需要工程可行性研究报告、城镇发展规划审查、水土保持方案论证、环境影响评价、用地预审、压覆重要矿产资源评估、地质灾害危险性评估、文物调查、防洪影响评价、地震安全性评价；通航安全影响论证；通航标准和技术要求审查；跨河方案审查，跨越铁路方案审查；勘察设计招标，初步设计审查，征用林地报批、征用草原报批、征用土地报批，施工图设计审查、施工和监理招标，办理质量监督手续，施工许可，重大和较大变更审批，交工验收，环保、水保、档案等专项验收（收费站、服务区等房建工程还要进行消防验收），决算审计，竣工验收，项目后评价等27个报批环节。个别环节在改建的小型公路工程中不涉及。

公路基本建设程序如图1-1所示。

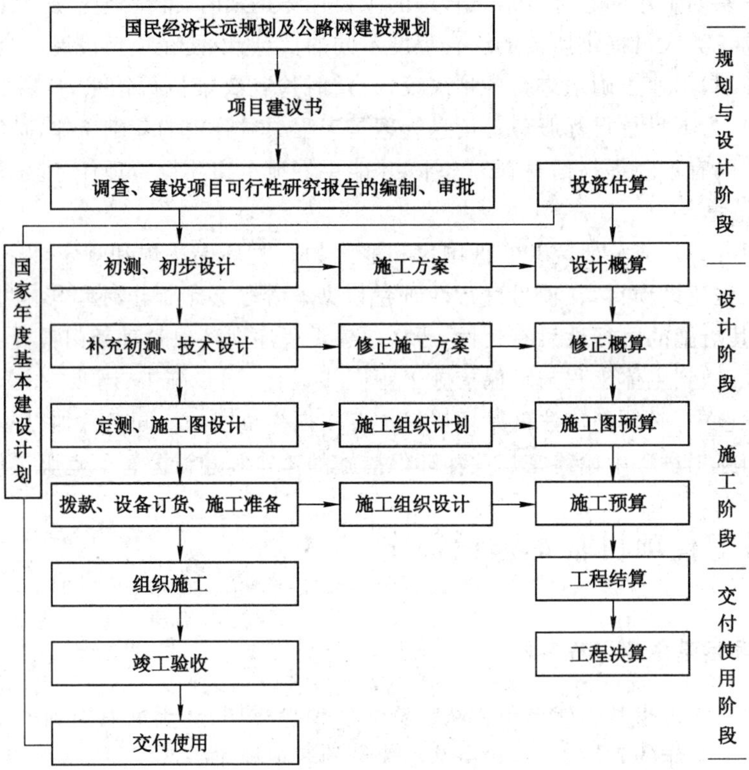

图1-1 公路基本建设程序流程图

1. 项目建议书

项目建议书是在经济规划、运输规划和道路规划的基础上产生的技术政策性文件，是按项目或年度列出的待建项目，它既是进行各项前期准备工作的依据，又是可行性研究的基础。项目建议书应对拟建项目的目的、要求、主要技术指标、原材料、投资估算及资金来源等提出文字说明。

2. 可行性研究

公路建设项目可行性研究，是对项目建设的必要性、技术可行性、经济合理性和实施可能性进行综合性研究论证的工作，是公路建设项目前期工作的重要组成部分，是建设项目立项、决策的主要依据。根据 2010 年 4 月交通运输部颁发的《公路建设项目可行性研究报告编制办法》规定，各类公路建设项目（含长大桥梁、隧道等独立工程建设项目）均应进行可行性研究，小型公路建设项目可适当简化。对于实行核准制或备案制的项目，其项目申请报告或资金申请报告的相关内容可参照执行。

公路建设项目可行性研究的任务是：在对拟建工程地区社会、经济发展和公路网状况进行充分的调查研究、评价、预测和必要的勘察工作的基础上，对项目建议的必要性、经济合理性、技术可行性和实施可能性提出综合性研究论证报告。

可行性研究按按其工作阶段，可分为预可行性研究和工程可行性研究两个阶段。编制预可行性研究报告，应以项目所在地区域经济社会发展规划、交通发展规划和其他相关规划为依据，编制可行性研究报告，原则上以批准的项目建议书为依据。

公路建设项目预可行性研究，要求通过实地踏勘和调查，重点研究项目建设的必要性和建设时机，初步确定建设项目的通道或走廊带，并对项目的建设规模、技术标准、建设资金和经济效益等进行必要的分析论证，编制研究报告，作为项目建议书的依据。公路建设项目工程可行性研究，要求进行充分的调查研究，通过必要的测量和地质勘察，对可能的建设方案从技术、经济、安全和环境等方面进行综合比选论证，研究确定项目起、终点，提出推荐方案，明确建设规模，确定技术标准，估算项目投资，分析投资效益，编制研究报告。工程可行性研究报告一经批准，即为初步设计应遵循的依据。

公路建设项目可行性研究报告的主要内容应包括项目影响区域经济社会及交通运输的现状与发展、交通量预测、建设的必要性、技术标准、建设条件、建设方案及规模、投资估算及资金筹措、经济评价、实施安排、土地利用评价、工程环境影响分析、节能评价、社会评价等，特殊复杂的重大项目，还应进行风险分析。

公路建设项目可行性研究报告，应在对可能的工程建设方案进行初步比选的基础上，筛选出有比较价值的方案，进一步做同等深度的技术、建设费用和经济效益比选。二级及以上公路的预可行性研究、工程可行性研究阶段的路线方案，应分别在 1∶50 000、1∶10 000 或更大比例尺地形图上进行研究，其中特殊困难路段须分别在 1∶10 000、1∶2 000 地形图上进行研究；工程可行性研究阶段应进行必要的地质勘探，对长大桥梁、隧道等控制性工程，可采用遥感、物探、地质调绘等进行专项的地质勘探和调查，地质条件复杂时需要进行必要的钻探分析。工程可行性研究阶段的投资估算与初步设计概算之差，应控制在投资估算的 10%以内。

项目工程可行性研究报告一般由交通运输主管部门根据公路发展规划和近期建设计划，委托具有工程咨询资质的单位编制。工程可行性研究报告主要论证项目建设的必要性、工程方案的可行性，并进行经济评价，通过论证后，确定工程建设标准、规模，进行投资估算。工程可行性研究报告中的路线方案初步确定后，工程咨询单位要提供路线具体走向和方案，由建设单位委托有资格的单位编制水土保持方案、环境影响评价报告、用地预审报告、压覆矿产资源评估报告、地质灾害评估报告、洪水影响评价报告、地震安全性评价报告，跨河方案、涉航方案和跨越铁路方案，开展文物调查。这些专项研究工作一般要同步开展，相互交叉，互为印证。当其中某一专项研究报告论证后需要调整工程方案时，必须及时告知其他专项研究报告的编制单位。为保证各专项研究报告与工程可行性研究报告方案一致且衔接紧密，建议在委托工程咨询单位编制工程可行性研究报告时，可明确由工程可行性报告编制单位负责牵头委托完成各专项研究报告的编制和论证，相关费用也一并商定。这里要强调的是，各专项研究报告的论证结论是报批工程可行研究报告的前置条件，必须引起高度重视，提前委托开展相关工作。

目前，国省道中的新建、改建、扩建工程，工程可行性研究报告一般报省交通运输厅，审查后，出具意见报省发展和改革委员会审批。国家高速公路网中的项目，省发展和改革委员会和交通运输部出具审查意见后，由国家发展和改革委员会(以下简称“发展改革委”)审批。必须提交的批复文件有环评批复、用地预审批复、银行贷款承诺、行业审查意见及咨询机构评审意见等。

3. 工程设计

工程设计是对工程对象进行构思，并进行计算、验算，编制设计文件的过程。设计文件是安排建设项目、控制投资、编制招标文件、组织施工和竣工验收的重要依据。设计文件的编制必须坚持精心设计，认真贯彻国家有关方针政策，严格执行基本建设程序的规定。

根据基本建设项目的性质和设计内容不同，工程设计一般可分为一阶段设计、两阶段设计和三阶段设计三种类型。

根据《公路工程基本建设项目设计文件编制办法》(交公路发〔2007〕358 号)规定，公路工程基本建设一般采用两阶段设计，即初步设计和施工图设计。对于技术简单、方案明确的小型建设项目，可采用一阶段设计，即一阶段施工图设计；技术复杂、基础资料缺乏和不足的建设项目或建设项目中的特大桥、长隧道、大型地质灾害治理等，必要时采用三阶段设计，即初步设计、技术设计和施工图设计。

高速公路、一级公路必须采用两阶段设计。

如何选择工程设计类型，具体如表 1-1 所示。

表 1-1　工程设计类型选择组合表

设计类型	适用场合	设计依据	应提交的成果
一阶段设计	技术方案明了、投资不大的道路工程项目(尤其是地方投资项目)	批准的可行性研究报告(或测设合同)和定测资料	施工图设计文件和施工图预算文件
两阶段设计	一般工程项目	初步设计：批准的可行性研究报告(或测设合同)和初测资料； 施工图设计：已批准的初步设计和定测资料	初步设计：初步设计文件和工程概算文件； 施工图设计：施工图设计文件和施工图预算文件
三阶段设计	重大的工程项目或其中有技术难题的工程项目	初步设计：批准的可行性研究报告(或测设合同)和初测资料； 技术设计：已批准的初步设计和补充初勘资料； 施工图设计：已批准的技术设计和定测资料	初步设计：初步设计文件和工程概算文件； 技术设计：技术设计文件和修正概算文件； 施工图设计：施工图设计文件和施工图预算文件

(1) 初步设计

初步设计阶段的目的是基本确定设计方案。必须根据批复的可行性研究报告、测设合同的要求,拟定修建原则,选定设计方案、拟定施工方案,计算工程数量及主要材料数量,编制设计概算,提供文字说明及图表资料。经审查批复后的初步设计文件,则为订购主要材料、机具、设备,安排重大科研试验项目,联系征用土地、拆迁,进行施工准备,编制施工图设计文件和控制建设项目投资等的依据。

采用三阶段设计时,经审查批复的初步设计为编制技术设计文件的依据。

初步设计在选定方案时,应对路线的走向、控制点和方案进行现场核查,征求沿线地方政府、建设单位及规划、土地、环保等相关部门的意见,基本落实路线布设方案。对建设条件复杂地段的路线、路基、路面、特大桥、大桥、特长及长隧道、互通式立体交叉、服务设施,一般应选择两个或两个以上的方案进行同深度、同精度的测设工作和方案比选,提出推荐方案。

初步设计的主要内容见表1-2。

表1-2 初步设计的主要内容

1. 选定路线设计方案,基本确定路线位置;
2. 基本查明沿线地质、水文、气候、地震、矿产、文物等情况;
3. 基本查明沿线筑路材料的质量、储量、供应量及运输条件,并进行原材料、混合料的试验;
4. 基本确定路基标准横断面和高填深挖路基、特殊路基的设计方案及沿线路基取土、弃土方案;
5. 基本确定排水系统与支挡、防护工程的方案、位置、长度、结构形式和尺寸;
6. 基本确定路面设计方案、路面结构类型及主要尺寸;
7. 基本确定特大、大、中桥桥位、设计方案、结构类型及主要尺寸;
8. 基本确定小桥、涵洞等的位置、结构类型及主要尺寸;
9. 基本确定隧道位置、设计方案、结构类型及主要尺寸;
10. 基本确定路线交叉的位置、形式、结构类型及主要尺寸;
11. 基本确定交通工程及沿线设施各项工程的位置、形式、类型及主要尺寸;
12. 基本确定改(扩)建工程施工期间的交通组织方案;
13. 基本确定环境保护措施与景观设计方案;
14. 基本确定改路改渠等其他工程的位置、结构形式及主要尺寸;
15. 基本确定占用土地、拆迁建筑物及管线等设施的数量;
16. 提出需要试验、研究的项目;
17. 初步拟定施工方案及工期安排;
18. 论证确定分期修建的工程实施方案;
19. 计算各项工程数量;
20. 计算人工及主要材料、机具、设备的数量;
21. 编制设计概算。

(2) 技术设计

技术设计阶段应根据初步设计批复意见、测设合同的要求,对重大、复杂的技术问题通过科学试验、专题研究,加深勘探调查及分析比较,解决初步设计中未解决的问题,落实技术方案,计算工程数量,提出修正的施工方案,修正设计概算,批准后则为编制施工图设计的依据。

技术设计应根据初步设计批复意见、测设合同和需要解决的技术问题,满足下列有关要求：对初步设计所定方案详加研究，进一步补充和修改；补充必要的地质、水文、气候、地震和地质钻探资料，以及土工、材料、结构或模型试验成果；提出科学试验成果、专题报告；提出修正的施工方案；编制修正概算。

（3）施工图设计

一阶段施工图设计应根据可行性研究报告批复意见、测设合同的要求，拟定修建原则，确定设计方案和工程数量，提出文字说明和图表资料以及施工组织计划，编制施工图预算，满足审批的要求，适应施工的需要。

两阶段（或三阶段）施工图设计阶段应根据初步设计（或技术设计）批复意见、测设合同，进一步对所审定的修建原则、设计方案、技术决定加以具体和深化，最终确定各项工程数量，提出文字说明和适应施工需要的图表资料以及施工组织计划，并编制施工图预算。

施工图设计的主要内容见表 1-3。

表 1-3　施工图设计的主要内容

1. 确定路线具体位置；
2. 确定路基标准横断面和高填深挖路基、特殊路基横断面，绘制路基超高、加宽设计图，计算土石方数量并进行调配，确定路基取土、弃土的位置，绘制取土坑、弃土场设计图；
3. 确定路基路面排水系统和支挡、防护工程的结构类型及尺寸，绘制相应布置图和结构设计图；
4. 确定高填深挖、陡坡路堤及特殊路基设计的结构形式及尺寸，并绘制设计图；
5. 确定各路段的路面结构类型、路面混合料类型，并绘制路面结构图；
6. 确定特大、大、中桥的位置、孔数及孔径、结构类型及各部尺寸，绘制结构设计图；
7. 确定小桥、涵洞、漫水桥及过水路面等的位置、孔数及孔径、结构类型及各部尺寸，绘制布置图，特殊设计的，应绘制特殊设计详图；
8. 确定隧道及其附属设施的形式及尺寸，绘制布置图和设计详图；
9. 确定路线交叉形式、结构类型及各部尺寸，绘制布置图和设计详图；
10. 确定交通工程及沿线设施的各项工程的位置、类型及各部尺寸，绘制布置图和设计详图；
11. 确定改（扩）建工程施工期间的交通组织设计详图；
12. 确定环境保护与景观工程的位置、类型及数量，绘制布置图和设计详图；
13. 确定改路、改渠（河）等其他工程的位置、结构形式及尺寸，绘制相应的布置图和设计详图；
14. 落实沿线筑路材料的质量、储藏量、供应量及运距，绘制筑路材料运输示意图；
15. 确定征用土地、拆迁建筑物及电力、电讯等的数量；
16. 计算各项工程数量；
17. 提出施工组织计划；
18. 提出人工数量及主要材料、机具、设备的规格及数量；
19. 编制施工图预算。

（4）设计文件组成

为了便于对设计工作进行管理（核定和审查等），避免设计文件内容的遗漏，提高工程设计质量，必须对设计文件的编制方法、编制内容、内容顺序及格式做出严格的要求。表 1-4 是《公路工程基本建设项目设计文件编制办法》（交公路发〔2007〕358 号）中提出的设计文件规范篇目。初步设计和施工图设计的篇目类似，但两者的设计深度要求不同。技术设计文件的篇目可参照该表进行。

表 1-4 公路设计篇目

篇目	设计阶段	
	初步设计	施工图设计
第一篇	总体设计	总体设计
第二篇	路线	路线
第三篇	路基、路面	路基、路面
第四篇	桥梁、涵洞	桥梁、涵洞
第五篇	隧道	隧道
第六篇	路线交叉	路线交叉
第七篇	交通工程及沿线设施	交通工程及沿线设施
第八篇	环境保护与景观设计	环境保护与景观设计
第九篇	其他工程	其他工程
第十篇	筑路材料	筑路材料
第十一篇	施工方案	施工组织计划
第十二篇	设计概算	施工图预算
附件	基础资料	基础资料

(5) 列入年度基本建设计划

当建设项目的初步设计和概算经上报批准后,才能列入国家基本建设年度计划。建设单位根据国家计划委员会(以下简称“国家计委”)颁发的年度基本建设计划控制数字,按照批准的可行性研究报告和设计文件,编制本单位的年度基本建设计划,报经批准后,再编制物资、劳动、财务计划。这些计划分别经过主管机关审查平衡后,作为国家安排生产、宏观调控物资和财政拨款(或)贷款的依据,并通过招标或其他方式落实施工单位和监理单位。

(6) 施工准备

为了保证施工的顺利进行,在施工准备阶段,建设单位、勘测设计单位、施工单位、监理单位和建设银行均应在自己的职责范围内,针对施工的要求充分做好各项准备工作。

建设主管部门应根据计划要求的建设进度,组建基本建设项目的专门管理机构,办理登记及拆迁,做好施工沿线有关单位和部门的协调工作,抓紧配套工程项目的落实,提供技术资料,落实材料、设备的供应。

勘测设计单位应按照技术资料供应协议,按时提供各种图纸资料,做好施工图纸的会审及移交工作。

施工招投标中中标并已签订工程承包合同的施工单位应组织机具、人员进场,进行施工测量,修筑便道及生产、生活等临时设施,建立实验室,组织材料、物资采购、加工、运输、供应、储备,做好施工图纸的接收工作,熟悉图纸的要求,编制实施性施工组织设计和施工预算,提出开工报告。

监理招投标中中标并已签订监理合同的监理单位应组织监理机构,建立监理组织体系,熟悉施工设计文件和合同文件;组织监理人员和设备进场,建立中心实验室;根据工程监理规划规定的程序和合同条款,对施工单位的各项准备工作进行检查、验收、审批,合格后,签发开工令。

建设银行应会同建设、设计、施工单位做好图纸的会审，严格按计划要求进行财政拨款或贷款，做好建设资金的调拨计划。

(7) 工程施工

在开工报告批准后，施工单位即可正式施工。施工过程中，施工单位应遵照合理的施工程序，按照设计要求、施工规范及进度要求，确保工程质量，安全施工。坚持施工过程组织原则，加强施工管理，大力推广应用新技术、新工艺、新方法、新设备和新材料，努力缩短工期，降低造价，做好施工记录，建立技术档案。

(8) 竣(交)工验收

建设项目的竣工验收是基本建设全过程的最后一个程序。竣工验收是一项十分细致和严肃的工作，必须从国家和人民的利益出发，按照《中华人民共和国公路法》《公路工程竣工验收办法》《公路工程竣(交)工验收办法实施细则》的要求，认真负责地对全部基本建设工程进行竣(交)工验收。

公路工程验收分为交工验收和竣工验收两个阶段。

交工验收阶段主要工作是：检查施工合同的执行情况，评价工程质量，对各参建单位工作进行初步评价。

竣工验收阶段主要工作是：对工程质量、参建单位和建设项目进行综合评价，并对工程建设项目做出整体性综合评价。

公路工程竣(交)工验收的依据是：

① 批准的项目建议书、工程可行性研究报告；

② 批准的工程初步设计、施工图设计及设计变更文件；

③ 施工许可；

④ 招标文件及合同文本；

⑤ 行政主管部门的有关批复、批示文件；

⑥ 公路工程技术标准、规范、规程及国家有关部门的相关规定。

1.5 公路工程项目管理制度

建设项目管理是与我国建设市场的建设和发展相结合的。我国建设市场的建设和发展首先是围绕要建立合格的建设市场主体展开的，即形成合格的项目法人(买方)、承包单位(卖方)和监理单位(中介方)。这三者通过项目管理这个中心联系在一起，由此形成了我国工程建设项目管理体制的内容，即工程建设项目的“四制”——项目法人责任制、招投标制、监理制和合同制。这些制度相互关联、相互支持，共同构成了建设工程管理制度体系。

1.5.1 项目法人责任制

为了建立投资责任约束机制，规范建设单位的行为，按照“产权清晰、权责明确、政企分开、管理科学”的现代企业制度进行工程项目管理，国家计委于 1996 年 3 月发布了《关于实行建设项目法人责任制的暂行规定》，要求“国有单位经营性基本建设大中型项目在建设阶段必须组建项目法人”“由项目法人对项目的策划、资金筹措、建设实施、生产经营、债务偿还和资产的保值增值，实行全过程负责”。1999 年 2 月，为了加强基础设施工程质量管理，国务院办公厅发出通知，要求“基础设施项目，除军事工程等特殊情况外，都要按政企分开的原则组成项目法人，实行建设项目法人责任制，由项目法定代表人对工程质量负总责”。项目法人责任制的核心内容是明确由项目法人承担投资风险，项目法人要对工程项目的策划、资金筹措、建设实施、生产经营、债务偿还和资产的保值增值实行全过程负责。

(1) 项目法人的设立

新上项目在项目建议书被批准后，应由项目的投资方派代表组成项目法人筹备组，具体负责项目法人的筹建工作。有关单位在申报项目可行性研究报告时，须同时提出项目法人的组建方案，否则，其可行性研究报告将不予审批。在项目可行性研究报告被批准后，应正式成立项目法人。按有关规定确保资本金按时到位，并及时办理公司设立登记。项目公司可以是有限责任公司(包括国有独资公司)，也可以是股份有限公司。国家重点建设项目的公司章程须报国家计委备案；其他项目的公司章程按项目隶属关系分别报有关部门、地方计委备案。

由原有企业负责建设的大、中型基建项目，需新设立子公司的，要重新设立项目法人；只设分公司或分厂的，原企业法人即是项目法人，原企业法人应向分公司或分厂派遣专职管理人员，并实行专项考核。

(2) 项目法人的组织形式

国有独资公司设立董事会，董事会由投资方负责组建。国有控股或参股的有限责任公司、股份有限公司设立股东会、董事会和监事会。董事会、监事会由各投资方按照《中华人民共和国公司法》的有关规定进行组建。各类工程项目的董事会在建设期间应至少有一名董事常驻现场。董事会应建立例会制度，讨论项目建设中的重大事宜，对资金支出进行严格管理，并以决议形式予以确认。

(3) 项目董事会的职权

建设项目董事会的职权有：负责筹措建设资金；审核、上报项目初步设计和概算文件；审核、上报年度投资计划并落实年度资金；提出项目开工报告；研究解决建设过程中出现的重大问题；负责提出项目竣工验收申请报告；审定偿还债务计划和生产经营方针，并负责按时偿还债务；聘任或解聘项目总经理，并根据总经理的提名，聘任或解聘其他高级管理人员。

(4) 项目总经理的职权

项目总经理的职权有：组织编制项目初步设计文件，对项目工艺流程、设备选型、建设标准、总图布置提出意见，提交董事会审查；组织工程设计、施工监理、施工队伍和设备材料采购的招标工作，编制和确定招标方案、标底和评标标准，评选和确定投、中标单位，实行国际招标的项目，按现行规定办理；编制并组织实施项目年度投资计划、用款计划、建设进度计划；编制项目财务预、决算；编制并组织实施归还贷款和其他债务计划；组织工程建设实施，负责控制工程投资、工期和质量；在项目建设过程中，在批准的概预算范围内对单项工程的设计进行局部调整(凡引起生产性质、能力、产品品种和标准变化的设计调整以及概算调整，须经董事会决定并报原审批单位批准)；根据董事会授权处理项目实施中的重大紧急事件，并及时向董事会报告；负责生产准备工作和培训有关人员；负责组织项目试生产和单项工程预验收；拟订生产经营计划、企业内部机构设置、劳动定员定额方案及工资福利方案；组织项目后评价，提出项目后评价报告；按时向有关部门报送项目建设、生产信息和统计资料；提请董事会聘任或解聘项目高级管理人员。

1.5.2 建设工程监理制

建设工程监理是指具有相应资质的监理单位受工程项目建设单位的委托，依据国家有关工程建设的法律、法规，经建设主管部门批准的工程项目建设文件、建设工程委托监理合同及其他工程建设合同，对工程建设实施的专业化监督管理。

我国的建设工程监理事业从1988年开始，中华人民共和国建设部在《关于开展建设监理工作的通知》中明确提出要建立建设监理制度。1997年《中华人民共和国建筑法》以法律制度形式做出规定，国家推行建设工程监理制度。

建设工程监理的主要内容包括：协助建设单位进行项目可行性研究，优选设计方案、设计单位和施工单位，审查设计文件，控制工程质量、工期和造价，监督、管理建设工程合同的履行，以及协调建设单位与工程建设有关各方的工作关系等。

实行建设监理，已经成为我国的一项重要制度。这项新制度把原来工程建设管理由业主和承建单位承担的体制，变为业主、监理单位和承建单位三家共同承担的新的管理体制。在一个工程项目上，投资的使用和建设的重大问题实行项目法人责任制，监理单位实行总监理工程师负责制，工程设计、施工实行项目经理责任制。监理单位作为市场主体之一，对规范建筑市场的交易行为，对充分发挥投资效益，对发展建筑业的生产能力等，都具有不可忽视的巨大作用。

根据中华人民共和国建设部2001年1月17日发布的第86号令《建设工程监理范围和规模标准规定》，下列建设工程必须实行监理：

① 国家重点建设工程。指依据《国家重点建设项目管理办法》所确定的对国民经济和社会发展有重大影响的骨干项目。

② 大中型公用事业工程。指项目总投资额在3 000万元以上的下列工程项目：供水、供电、供气、供热等市政工程项目；科技、教育、文化等项目；体育、旅游、商业等项目；卫生、社会福利等项目；其他公用事业项目。

③ 成片开发建设的住宅小区工程。成片开发建设的住宅小区工程，建筑面积在5万平方米以上的住宅建设工程必须实行监理；5万平方米以下的住宅建设工程，可以实行监理，具体范围和规模标准由省、自治区、直辖市人民政府建设行政主管部门规定。为了保证住宅质量，对高层住宅及地基、结构复杂的多层住宅应当实行监理。

④ 利用外国政府或者国际组织贷款、援助资金的工程。包括：使用世界银行、亚洲开发银行等国际组织贷款资金的项目；使用国外政府及其机构贷款资金的项目；使用国际组织或者国外政府援助资金的项目。

⑤ 国家规定必须实行监理的其他工程。指学校、影剧院、体育场馆项目和项目总投资额在3 000万元以上关系社会公共利益、公众安全的下列基础设施项目：煤炭、石油、化工、天然气、电力、新能源等项目；铁路、公路、管道、水运、民航以及其他交通运输业等项目；邮政、电信枢纽、通信、信息网络等项目；防洪、灌溉、排涝、发电、引（供）水、滩涂治理、水资源保护、水土保持等水利建设项目；道路、桥梁、地铁和轻轨交通、污水排放及处理、垃圾处理、地下管道、公共停车场等城市基础设施项目；生态环境保护项目；其他基础设施项目。

1.5.3　项目法人责任制与建设工程监理制的关系

1. 项目法人责任制是实行工程监理制的必要条件

项目法人责任制的核心是要落实“谁投资、谁决策，谁承担风险”的基本原则。实行项目法人责任制，必然使项目法人面临一个重要的问题：如何做好投资决策和风险承担工作。项目法人为了切实承担其职责，必然需要社会化、专业化机构为其提供服务。这种需求为建设工程监理的发展提供了坚实基础。

2. 工程监理制是实行项目法人责任制的基本保障

实行工程监理制，项目法人可以依据自身需求和有关规定委托监理，在工程监理单位协助下，进行建设工程质量、造价和进度目标的有效控制，从而为在计划目标内完成工程建设提供了基本保证。

1.5.4　工程招标投标制

为了在工程建设领域引入竞争机制，择优选定勘察单位、设计单位、施工单位、监理单位以及材料、设备供应、检测单位等，需要实行工程招投标制。公路工程建设项目招投标主要依据以下法律法规：

1.《中华人民共和国招标投标法》

招标投标法是国家用来规范招标投标活动，调整在招标投标过程中产生的各种关系的法律规范的总称。按照法律效力的不同，招标投标法律规范可以分为三个层次：第一层次是由全国人民代表大会及其常务委员会颁发的招标投标法律；第二层次是由国务院颁发的招标投标行政法规以及有立法权的地方人大颁发的地方性招标投标法规；第三层次是由国务院有关部门颁发的招标投标的部门规章以及有立法权的地方人民政府颁发的地方性招标投标规章。

《中华人民共和国招标投标法》(2017 年 12 月修订，以下简称《招标投标法》)是属第一层次上的，即由全国人民代表大会常务委员会制定和颁布的招标投标法律。《招标投标法》是社会主义市场经济法律体系中非常重要的一部法律，是整个招标投标领域的基本法，一切有关招标投标的法规、规章和规范性文件都必须与《招标投标法》相一致。

2.《中华人民共和国政府采购法》

《中华人民共和国政府采购法》(2014 年修订)是为了规范政府采购行为，提高政府采购资金的使用效益，维护国家利益和社会公共利益，保护政府采购当事人的合法权益，促进廉政建设而制定的。

政府采购，是指各级国家机关、事业单位和团体组织，使用财政性资金采购依法制定的集中采购目录以内的或者采购限额标准以上的货物、工程和服务的行为，以合同方式有偿取得货物、工程和服务的行为，包括购买、租赁、委托、雇用等。

政府采购法中工程建设包括建筑物和构筑物的新建、改建、扩建、装修、拆除、修缮等。政府采购工程进行招标投标的，适用招标投标法。

3.《公路工程建设项目招标投标管理办法》

《公路工程建设项目招标投标管理办法》(交通运输部令 2015 年第 24 号)是为规范公路工程建设项目招标投标活动，完善公路工程建设市场管理体系，根据《中华人民共和国公路法》《招标投标法》《中华人民共和国招标投标法实施条例》等法律、行政法规制定的。

在我国境内从事公路工程建设项目勘察设计、施工、施工监理等的招标投标活动，适用本办法，办法同时对可不进行招标的建设项目进行了规定。

1.5.5 合同管理制

建设工程合同是指建设单位（业主、发包方或投资责任方）与勘察、设计、施工、监理等单位依据国家规定的基本建设程序和有关合同法规，以完成工程建设为内容，明确双方的权利和义务关系而签订的书面协议。为了使勘察、设计、施工、材料设备供应单位和工程监理企业履行各自的责任和义务，在工程建设中必须实行合同管理制度。

合同管理制的基本内容是：建设工程的勘察、设计、施工、材料设备采购和建设工程监理都要依法订立合同，各类合同都要有明确的质量要求、履约担保和违约处罚条款，违约方要承担相应的法律责任。

1.6 公路工程的项目管理规划

1.6.1 工程项目管理规划概述

1. 工程项目管理规划的定义

规划是指一项综合性的、完整的、全面的总体计划。它包含目标、政策、程序、任务的分配、采取的步骤、使用的资源及为完成既定行动所需要的其他因素。

项目管理规划是对项目管理的各项工作进行的综合性的、完整的、全面的总体计划。其主要内容包括：项目管理目标的研究与目标的细化；项目的范围管理和项目的结构分解；项目管理实施组织策略的制定；项目管理工作程序；项目管理组织和任务的分配；项目管理所采用的步骤、方法；项目管理所需资源的安排和其他问题的确定；等等。

2. 工程项目管理规划的作用

（1）项目管理规划是对项目构思、项目目标更为详细的论证。在项目的总目标确定后，通过项目管理规划可以分析研究总目标能否实现，总目标确定的费用、工期、功能要求是否能得到保证，是否能够达到综合平衡。

（2）规划结果是许多更细、更具体的目标的组合，是各个阶段的责任及中间决策的依据。

（3）规划是项目管理实际工作的指南和项目实施控制的依据。即规划是对项目管理实施过程进行监督、跟踪和诊断的依据，是评价和检验项目管理实施成果的尺度，是对各层次项目管理人员业绩评价和奖励的依据。

（4）规划为业主和项目的其他方面（如投资者）提供需要了解和利用的项目管理信息。在现代工程项目中，没有周密的项目管理规划，或项目管理规划得不到贯彻和保证，就不可能取得项目的成功。

3. 工程项目管理规划的要求

（1）目标的研究与分解

管理规划是为保证实现项目管理总目标而做的各种安排，因此目标是规划的灵魂，必须详细地分析项目总目标，弄清总任务，并与相关各方就总目标达成共识。如果对目标和任务理解有误或不完全，则必然会导致项目管理规划的失误。这是工程项目管理的最基本要求。

(2) 符合实际

项目管理规划的制定和执行过程中应进行充分的调查研究，以保证规划的科学性和实用性。

① 符合环境条件。大量的环境调查和充分利用调查结果，是制订正确计划的前提条件。

② 反映项目本身的客观规律。按工程规模、质量水平、复杂程度、工程项目自身的逻辑性和规律性做计划，不能过于强调压缩工期、降低费用和提高质量。

③ 反映项目管理相关各方的实际情况。包括业主的支付能力、设备供应能力、管理和协调能力；承包商的施工能力、劳动力供应能力、设备装备水平，生产效率和管理水平，过去同类工程的经验；承包商现有在手工程的数量，对本工程能够投入的资源数量；设计单位、供应商、分包商等完成相关项目任务的能力和组织水平等。

(3) 全面性

项目管理规划必须包括项目管理的各个方面和各种要素，必须对项目管理的各个方面做出安排，提供各种保证，形成一个非常周密的多维的系统。特别要考虑项目的设计和运行维护，考虑项目的组织及项目管理的各个方面。与过去的工程项目计划和项目的规划不同，项目管理规划更多地考虑项目管理的组织、项目管理系统、项目的技术定位、功能策划、运行准备和运行维护，以使项目目标能够顺利实现。

(4) 内容的完备性和系统性

由于项目管理对项目实施和运营的重要作用，项目管理规划的内容十分广泛，涉及项目管理的各个方面，通常包括项目管理的目标分解、环境调查、项目范围管理和结构分解、项目实施策略、项目组织和项目管理组织设计，以及对项目相关工作的总体安排(如功能策划、技术设计、实施方案和组织、建设、融资、交付、运行的全部)等。

(5) 集成化

项目管理规划所涉及的各项工作之间应有很好的接口。项目管理规划体系应反映规划编制的基础工作、规划的各项工作，以及规划编制完成后的相关工作之间的系统联系，主要包括：

① 各相关计划的先后次序和工作过程关系；

② 各相关计划之间的信息流程关系；

③ 计划相关各职能部门之间的协调关系；

④ 项目各参加者(如业主、承包商、供应商、设计单位等)之间的协调关系。

(6) 有弹性，留有余地

由于项目管理规划的执行过程中会受到许多因素的干扰，编制时要留足空间。需要调整的有：

① 市场变化，环境变化，气候的影响，使原目标和规划内容不符合实际，必须做调整；

② 投资者的情况的变化，新的主意、新的要求；

③ 其他方面的干扰，如政府部门的干预、新的法律的颁布；

④ 可能存在计划、设计考虑不周、错误或矛盾，造成工程量的增加、减少或方案的变更，

以及因工程质量不合格返工。

（7）风险分析

规划中必须包括相应的风险分析的内容，对可能发生的困难、问题和干扰做出预测，并提出预防措施。

1.6.2 项目管理规划大纲

（1）项目概况

包括：项目产品的构成、基础特征、结构特征、建筑装饰特征、使用功能、建设规模、投资规模、建设意义等。

（2）项目实施条件分析

包括：合同条件、现场条件、法规条件及相关市场、自然和社会条件等的分析。

（3）项目管理目标

包括：质量、成本、工期和安全的总目标及其所分解的子目标；施工合同要求的目标，承包人自己对项目的规划目标。

（4）项目组织结构

包括：拟选派的项目经理，拟建立的项目经理部的主要成员、部门设置和人员数量等。

（5）质量目标和施工方案

包括：招标文件（或发包人）要求的质量目标及其分解，保证质量目标实现的主要技术组织措施；重点单位工程或重点分部工程的施工方案，包括工程施工程序和流向，拟采用的施工方法、新技术和新工艺，拟选用的主要施工机械，劳动的组织与管理措施。

（6）工期目标和施工总进度计划

包括：招标文件（或发包人）的总工期目标及其分解，主要的里程碑事件及主要施工活动的进度计划安排；施工进度计划表，保证进度目标实现的措施。

（7）成本目标

包括：总成本目标和总造价目标，主要成本项目及成本目标分解；人工及主要材料用量，保证成本目标实现的技术措施。

（8）项目风险预测和安全目标

包括：根据工程的实际情况对施工项目的主要风险因素做出预测，相应的对策措施，风险管理的主要原则；安全责任目标，施工过程中的不安全因素，安全技术组织措施；专业性较强的施工项目，应当编制安全施工组织设计，并采取安全技术措施。

（9）项目现场管理和施工平面图

包括：项目现场管理目标和管理原则，项目现场管理主要技术组织措施；承包人对施工现场安全、卫生、文明施工、环境保护、建设公害治理、施工用地和平面布置方案等的规划安排，施工现场平面特点，施工现场平面布置原则，施工平面图及其说明。

（10）投标和签订施工合同

包括：投标和签订合同总体策略，工作原则，投标小组组成，签订合同谈判组成员，谈判安排，投标和签订施工合同的总体计划安排。

（11）文明施工及环境保护

主要根据招标文件的要求、现场的具体情况，考虑企业的需求和竞争的需要，对发包人做出现场文明施工及环境保护方面的承诺。

1.6.3　项目管理规划实施内容

(1) 工程概况

包括:工程特点,建设地点特征,施工条件,项目管理特点及总体要求。

(2) 施工部署

包括:该项目的质量、进度、成本及安全总目标;施工程序;项目管理总体安排,即组织、制度、控制、协调、总结分析与考核;拟投入的最高人数和平均人数;分包规划,劳动力吸纳规划,材料供应规划,机械设备供应规划等。

(3) 施工方案

包括:施工流向和施工程序;施工段划分;施工方法和施工机械选择;安全施工设计等。

(4) 施工进度计划

如果是建设项目施工,应编制施工总进度计划;如果是单项工程或单位工程施工,应编制单位工程施工进度计划。

(5) 资源供应计划

包括:劳动力供应计划,主要材料和周转材料供应计划,机械设备供应计划,预制品订货和供应计划,大型工具、器具供应计划等。编制的每种计划应明确分类、数量和需用时间,宜用表格表示。

(6) 施工准备工作计划

包括:施工准备工作组织及时间安排;技术准备;施工现场准备;作业队伍和管理人员的组织准备;物资准备;资金准备等。

(7) 施工平面图

包括:施工平面图说明,包括设计依据、设计说明、使用说明;拟建工程各种临时设施、施工设施及图例;施工平面图管理规划等。

施工平面图必须按现行绘图标准和制图要求进行绘制,不得有随意性。

(8) 施工技术组织措施计划

包括:保证进度目标的措施;保证质量目标的措施;保证安全目标的措施;保证成本目标的措施;保护环境的措施;文明施工措施;保证季节施工的措施等。

各项施工技术组织措施计划均宜包括技术措施、组织措施、经济措施及合同措施。

(9) 项目风险管理

包括:风险因素识别一览表;风险可能出现的概率及损失值估计;风险管理重点;风险防范对策;风险管理责任等。

(10) 技术经济指标的计算与分析

① 根据所编制的项目管理实施规划,列出以下规划指标:总工期;分部工程及单位工程达到的质量标准,单项工程和建设项目质量水平;总造价和总成本,单位工程造价和成本,成本降低率;总用工量,平均人数,高峰人数;劳动力不均衡系数,单位面积用工;主要材料消耗量及节约量;主要大型机械使用数量、台班量及利用率。

② 对以上指标的水平高低做出分析和评价。

③ 针对实施难点提出对策。

1.6.4 项目管理规划的编制

1. 编制依据

项目管理规划大纲的编制依据为：

(1) 招标文件及发包人对招标文件的解释；

(2) 对招标文件的分析研究结果；

(3) 工程现场情况；

(4) 发包人提供的工程信息和资料；

(5) 有关竞争信息；

(6) 企业决策层的投标决策意见。

项目管理实施规划的编制依据为：

(1) 项目管理规划大纲；

(2) 项目管理目标责任书；

(3) 合同及相关文件；

(4) 项目经理部的管理水平；

(5) 项目经理部掌握的有关信息。

2. 编制程序

以上介绍项目管理规划内容的先后顺序，亦应是它们的编制程序。这个程序不能颠倒，因为后一项内容的编制必须利用前项内容已产生的资料，且实现前项内容的有关要求。

3. 工作分解结构

工作分解结构是一种层次化的树状结构，是将项目按一定的方法划分为可以管理的项目单元，通过控制这些单元的费用、进度和质量目标，使它们之间的关系协调一致，从而达到控制整个项目目标的目的。

工作分解结构可以满足各级别的项目参与者的需要。工作分解结构可与项目组织结构有机地结合在一起，有助于项目经理根据各个项目单元的技术要求，赋予项目各部门和各职员相应的职责。同时，项目计划人员也可以对工作分解结构(work breakdown structure，简称 WBS)中的各个单元进行编码，以满足项目控制的各种要求。

例如，大型工程项目在实施阶段的工作内容相当多，其工作分解结构通常可以分解为六级：一级为工程项目；二级为单项工程；三级为单位工程；四级为任务；五级为工作包；六级为工作或活动。

第一级工程项目由多个单项工程组成，这些单项工程之和构成整个工程项目。每个单项工程又可以分解成多个单位工程(第三级)，这些单位工程之和构成该单项工程。以此类推，一直分解到第六级(或认为合适的等级)。

一般情况下，前三级由业主做出规定，更低级别的分解则由承包商完成并用于对承包商的施工进度进行控制。工作分解结构中的每一级都有其重要作用：第一级用于授权，第二级用于编制项目预算，第三级用于编制里程碑事件进度计划。这三个级别是复合性的工作，与特殊的职能部门无关。再往下的三个级别用于承包商的施工控制。工作包或工作应分派给某个人或某个作业队，由其唯一负责。

工作分解结构将项目依次分解成较小的项目单元，直到满足项目控制需要的最低层次，这就形成了一种层次化的树状结构。这一树状结构将项目合同中规定的全部工作分解为便于管理的独立单元，并将完成这些单元工作的责任赋予相应的具体部门或人员，从而在项目资源与项目工作之间建立了一种明确的目标责任关系，这就形成了一种职能责任矩阵。矩阵管理方法示意图如图 1-2 所示。

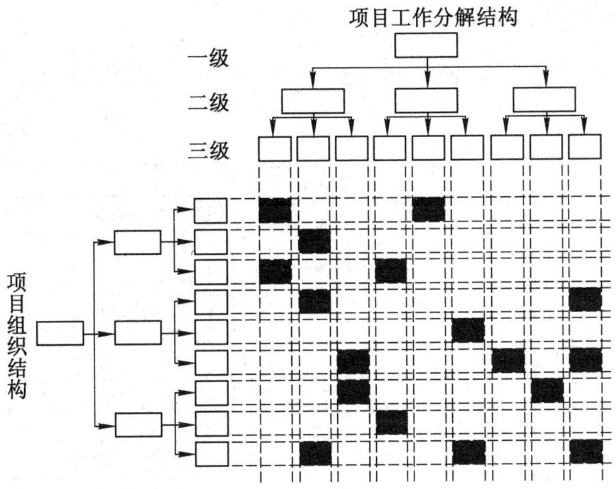

图 1-2　矩阵管理方法示意图

这种结构或框架具有层次性，简单的项目只需分成三层，即项目、子项目、工作；复杂的或大型的项目，为清晰起见，则分成五至六层。工作分解结构中，每下降一级表示项目单元的描述逐渐变得详细。

工作分解结构的目的是将整个项目划分为相对独立、易于管理的较小的项目单元（工作或活动），将这些工作或活动与组织机构相联系，将完成每一工作或活动的责任赋予具体的组织或个人，对每一工作或活动做出较为详细的时间、费用估计，确定项目需要完成的工作内容、质量标准和项目各项工作或活动的顺序，并进行资源分配，形成进度目标和费用目标，同时可以将项目的每一工作或活动与公司的财务账目相联系，及时进行财务分析，估计项目全过程的费用。

4. 工作分解的步骤

工作分解结构包括了项目所要实施的全部工作，建立工作分解结构就是将项目实施的过程、项目的成果和项目组织有机地结合在一起。建立工作分解结构的步骤为：

（1）确定项目总目标。根据项目技术规范和项目合同的具体要求，确定最终完成项目需要达到的项目总目标。

（2）确定项目目标层次。确定项目目标层次就是确定工作分解结构的详细程度，即 WBS 的分层数。

（3）划分项目建设阶段。将项目建设的全过程划分成不同的、相对独立的阶段，如设计阶段、施工阶段等。

（4）建立项目组织结构。项目组织结构中应包括参与项目的所有组织或人员，以及项目环境中的各个关键人员。

（5）确定项目的组成结构。根据项目的总目标和阶段性目标，将项目的最终成果和阶段性成果进行分解，列出达到这些目标所需的硬件（如设备、各种设施和结构）和软件（如信息资料和服务),实际上是按工程内容对子项目或项目的组成部分进一步分解形成的结构图表。

(6) 建立编码体系。以公司现有财务图表为基础,建立项目工作分解结构的编码体系。

(7) 建立工作分解结构。将上述(3)～(6)项结合在一起,即形成工作分解结构。图 1-3 为可行性研究的工作分解结构。

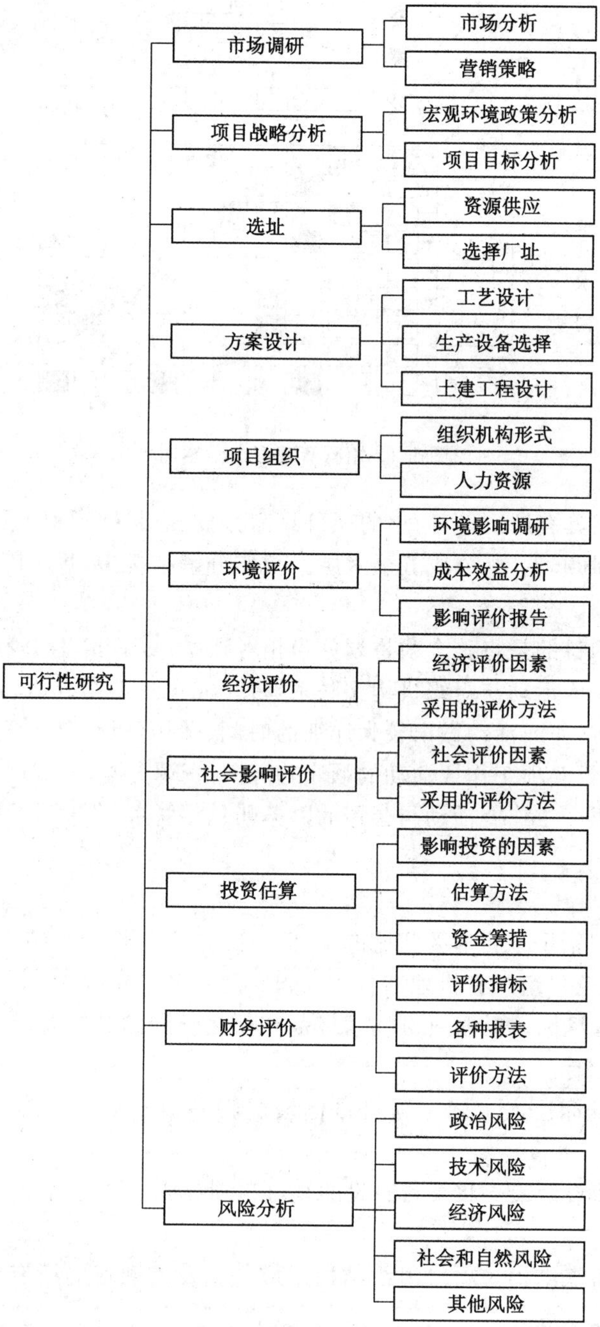

图 1-3　可行性研究的工作分解结构

（8）编制总体网络计划。根据工作分解结构的第二或第三层，编制项目总体网络计划。总体网络计划可以再利用网络计划的一般技术（如关键线路法）进行细化。总体网络计划确定了项目的总进度目标和关键子目标。在项目实施过程中，项目总体网络计划用于向项目的高级管理层报告项目的进展状况，即完成进度目标的情况。

（9）建立职能矩阵。分析工作分解结构中各个子系统或单元与组织机构之间的关系，用以明确组织机构内各部门应负责完成的项目子系统或项目单元，并建立项目系统的责任矩阵。

（10）建立项目财务图表。将工作分解结构中的每一个项目单元进行编码，形成项目结构的编码系统。此系统与项目的财务编码系统相结合，即可对项目实施财务管理，制作各种财务图表，建立费用目标。

（11）编制关键线路网络计划。前述的步骤完成后，形成了一个完整的工作分解结构，它是制订详细网络计划的基础。由于工作分解结构本身不涉及项目的具体工作、工作的时间估计、资源使用及各项工作间的逻辑关系，因此，项目的进度控制还须使用详细网络计划。详细网络计划一般采用关键线路法编制，它是对工作分解结构中的项目单元做进一步细分后产生的，可用于直接控制生产或施工活动。详细网络计划确定了各项工作的进度目标。

（12）建立工作顺序系统。根据工作分解结构和职能矩阵，建立项目的工作顺序系统，以明确各职能部门所负责的项目子系统或项目单元何时开始、何时结束，同时，也明确了项目子系统或项目单元间的前后衔接关系。

（13）建立报告和控制系统。根据项目的整体要求、工作分解结构及总体和详细网络计划，即可以建立项目的报告体系和控制系统，以核实项目的执行情况。

5．工作分解的结果

（1）树型结构图

树型结构图如图1-3所示，该图例表示可行性研究的工作分解结构。其中，每一个单元又统一被称为项目结构单元，它表达了项目总体的结构框架。

（2）项目结构分析表

项目结构分析表是将项目结构图用表来表示，它的结构类似于计算机文件的目录路径。

对上述分解成果，应全面审查工作范围的完备性、分解的科学性、定义的准确性，并通过决策人批准，作为项目实施的执行文件。

6．工程工作分解结构的方法

（1）按项目产品分解

工程项目可按项目产品进行分类，其树形结构图如图1-4所示。

① 建设项目。指按一个总的设计意图，由一个或几个单项工程所组成，经济上实行统一核算，行政上实行统一管理的建设单位。

② 单项工程。指具有独立的设计文件，可以独立施工，建成后能够独立发挥生产能力或效益的工程。它是建设项目的组成部分。如公路工程的某标段。

③ 单位工程。指具有独立设计，可以独立组织施工，但完成后不能独立发挥效益的工程。它是单项工程的组成部分。如路基工程、路面工程、桥梁工程、隧道工程等。

④ 分部工程。分部工程是单位工程的组成部分。如路基工程中的路基土石方工程、排水工程、涵洞通道工程、防护支挡工程等。

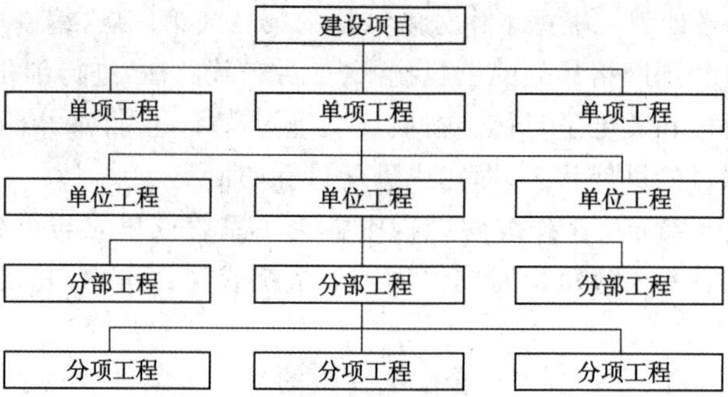

图 1-4　项目按产品分解结构

⑤ 分项工程。分项工程是建设项目的基本组成单元，是由专业工种完成的中间产品。它可通过较为简单的施工过程生产出来，可以有适当的计量单位。它是计算工料消耗、进行计划安排、统计工作、实施质量检验的基本构造因素，如路面工程中的底基层、基层、面层工程等。

(2) 按承担任务的组织进行分解

按承担任务的组织进行分解的树型图如图 1-5 所示。如果由项目经理部承担建设项目的施工及管理，则子项目经理部可以承担单项工程或单位工程的施工及管理，作业队可承担单位工程或分部工程的施工及管理，班组只承担分部工程或分项工程的施工。

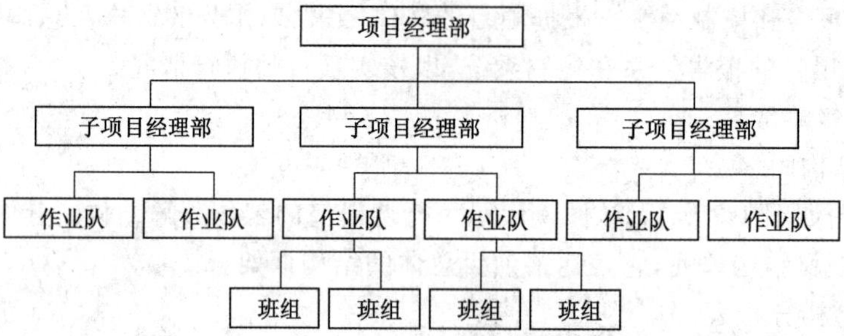

图 1-5　项目按组织体系分解结构

(3) 按管理目标分解

建筑业企业承揽任务后，可以根据目标管理的需要，按 WBS 的要求自上而下进行目标分解(或目标展开)，分解的目的是自下而上保证目标的实现，如图 1-6、图 1-7 所示。

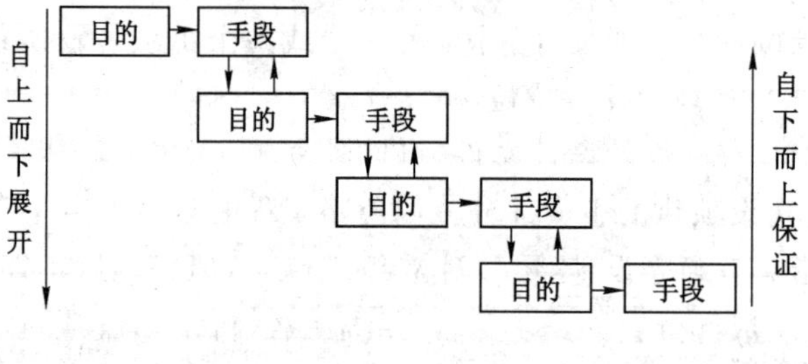

图 1-6　目标分解程序

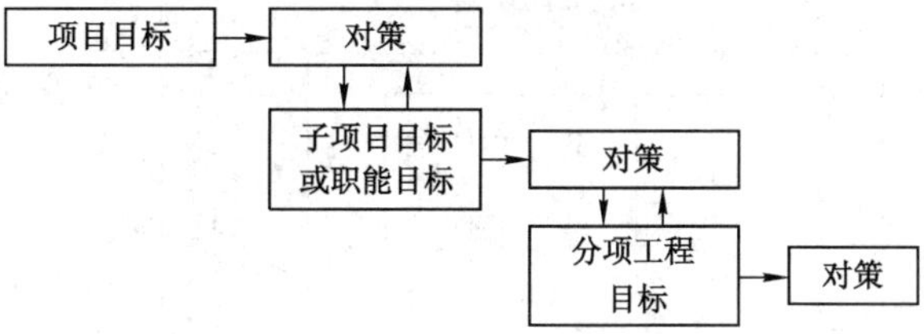

图 1-7　目标分解体系

由于管理目标有多种，有质量、进度、成本和安全目标，因此可以对每类目标进行专业分解，也可结合项目管理组织机构的职责分工进行综合分解。

7. 不同层次工程项目管理规划的编制

（1）业主的项目管理规划

业主的任务是对整个工程项目进行总体的控制。在工程项目被批准立项后，业主应根据工程项目的任务书对项目的管理工作进行规划，以保证全面完成工程项目任务书规定的各项任务。

业主的项目管理规划的内容、详细程度、范围与业主所采用的项目管理模式有关。

① 采用“设计-施工-供应”总承包模式，则项目管理规划就比较宏观、粗略。

② 采用分专业分阶段平行发包模式，则必须做比较详细、具体、全面的项目管理规划。

业主的项目管理规划是大纲性质的，对整个项目管理有规定性，而监理单位（或项目管理公司）和工程承包商的项目管理规划就可以看作业主的项目管理规划的细化。

业主的项目管理规划可以由咨询公司协助编制。

（2）监理单位（或项目管理公司）的项目管理规划

监理单位（或项目管理公司）为业主提供项目的咨询和管理工作。它们经过投标，与业主签订合同，承接业主的监理（项目管理）任务。按照《建设工程监理规范》（GB/T 50319），监理单位在投标文件中必须提出本工程的监理大纲，在中标后必须按照监理规划大纲和监理合同的要求编制监理实施规划。由于监理单位是为业主进行工程项目管理，因此它所编制的监理大纲就是相关工程项目的管理规划大纲，监理实施规划就是工程项目管理实施规划。

（3）工程承包商的项目管理规划

承包商与业主签订工程承包合同，承接业主的工程施工任务，则承包商就必须承担该合同范围内的工程施工项目的管理工作。按照《建设工程项目管理规范》（GB/T 50326），施工项目管理规划应包括两类文件：

① 施工项目管理规划大纲。施工项目管理规划大纲必须在施工项目投标前由投标人进行编制，用以指导投标人进行施工项目投标和签订施工合同。

② 施工项目管理实施规划。施工项目管理实施规划必须由施工项目经理组织施工项目经理部在工程开工之前编制完成，用以策划施工项目目标、管理措施和实施方案，以保证施工项目合同目标的实现。

项目规划编制流程如图 1-8 所示。

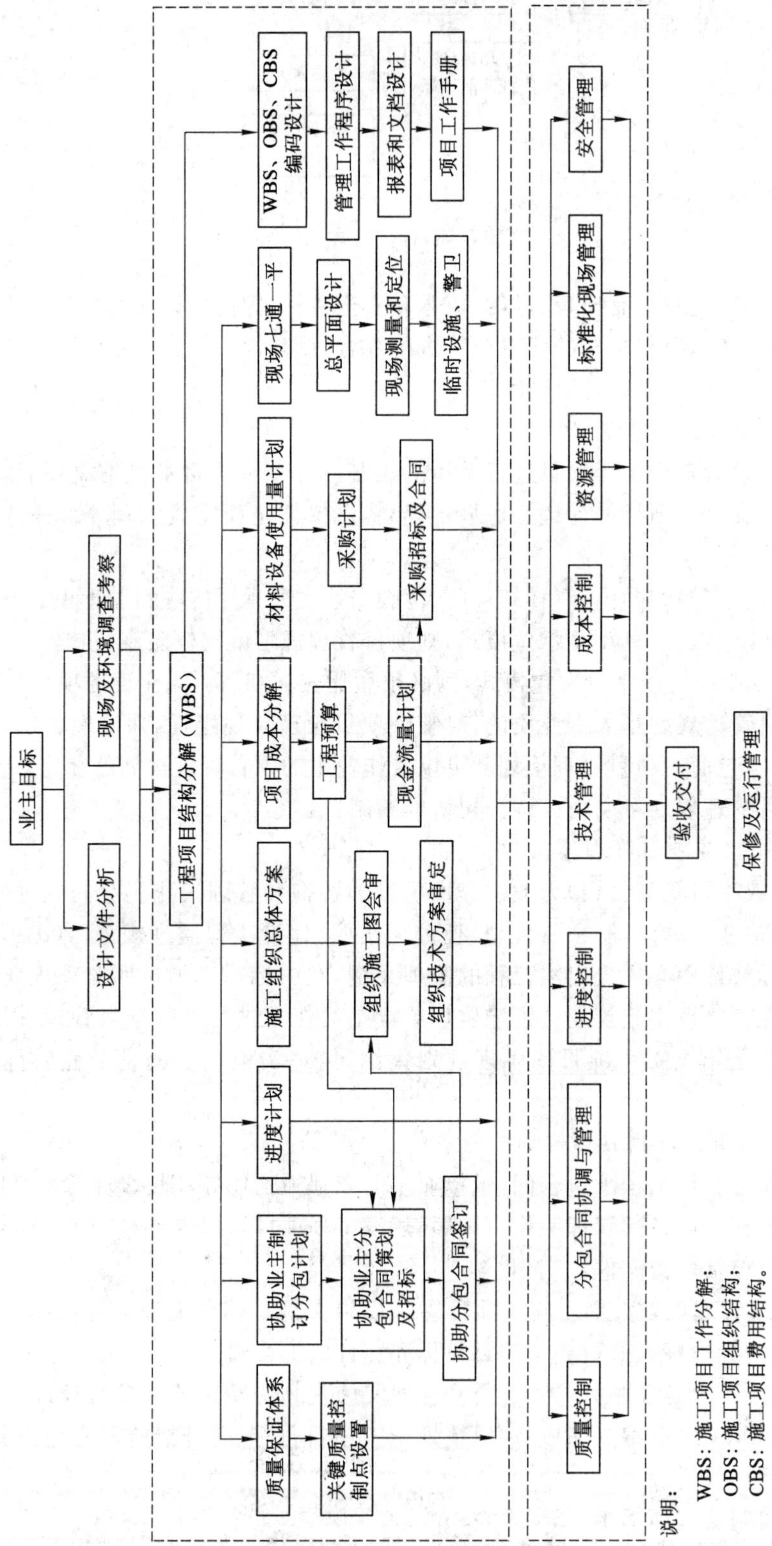

说明：
WBS：施工项目工作分解；
OBS：施工项目组织结构；
CBS：施工项目费用结构。

图 1-8　施工项目管理规划的编制流程

第 2 章　公路工程建设项目策划与决策

2.1　公路工程建设项目策划

策划是为完成某一任务或为达到预期的目标，根据现实的各种情况与信息，判断事物变化的趋势，围绕活动的任务或目标这个中心，对所采取的方法、途径、程序等进行周密而系统的全面构思、设计，选择合理可行的行动方式，从而形成正确的决策和高效的工作。

每一个工程建设项目，都具有特定的政治、经济或社会背景，因此从项目最初的设想、中间的项目实施以及最后的项目完工，都离不开策划。

2.1.1　项目策划的原则

(1) 系统化原则：遵循全面性、动态性和统筹兼顾的原则。

(2) 切实可行原则：重点分析利益、效果和风险程度。

(3) 讲求时效原则：尽量缩短策划、决策到实施的周期。

(4) 民主化原则：先评估，后决策。

2.1.2　公路工程项目策划的内容和依据

建设项目策划是指在项目建设前期，通过调查研究和收集资料，在充分占有信息的基础上，针对项目的决策和实施，或决策和实施的某个问题，进行组织、管理、经济和技术等方面的科学分析和论证，这将使项目建设有正确的方向和明确的目的，也使建设项目设计工作有明确的方向并充分体现业主的建设目的。其根本目的是为项目建设的决策和实施增值。

工程项目策划分为项目总体策划和局部策划。项目总体策划一般指在项目前期立项过程所进行的全面策划，一般包括建设前期项目构思策划、建设期间项目实施策划和项目建成后的运营策划。项目前期策划的主要任务是：寻找并确立项目目标，定义项目，并对项目进行详细的技术经济论证，使整个项目建立在可靠的、坚实的、优化的基础之上。项目局部策划既可在项目的前期进行，也可在项目实施过程中进行。策划工作的对象和性质不同，策划的内容、依据和深度也不同。

1. 项目构思策划

项目构思策划必须以国家及地方的法律、法规和有关政策方针为依据，结合实际的建设条件和社会经济发展变化的环境进行。其主要内容包括：

(1) 项目的定义：描述项目性质、用途和基本内容。

(2) 项目的定位：描述项目的建设规模、建设水准，项目在社会经济发展中的地位、作用和影响力，并进行项目定位依据及必要性和可能性分析。

(3) 项目的选址。

(4) 项目的系统构成:描述系统的总体功能,系统内部各单项工程、单位工程的构成,各自作用和相互关系,内部系统与外部系统的协调、协作和配套的策划思路及方案的可行性分析和依据。

(5) 其他:与项目实施及运行有关的重要环节策划。

2. 项目实施策划

项目实施策划,即项目管理和项目目标控制策划,旨在把体现建设意图的项目构思变成有实现可能性和可操作性的行动方案,提出带有策略性和指导性的设想。

(1) 项目组织策划

对于大中型建设项目,国家要求实行建设项目法人责任制。建设项目法人责任制又称为业主责任制,是为了建立投资责任约束机制,规范项目法人的行为,明确其责、权、利,提高投资效益,由项目法人对项目的策划、资金筹措、建设实施、生产经营、债务偿还和资金保值增值,实行全过程负责的机制。一般应按照股份有限公司或有限责任公司的现代组织模式组建管理机构和人事安排。

(2) 项目融资策划

资金是实现项目的物质基础,建设工程项目投资大、周期长,资金的筹措和运用对项目的成败关系重大。建设资金的来源广泛,各种融资手段具有不同的特点和风险因素,项目融资的策划是控制资金使用成本,进而控制项目投资,降低项目风险所不可忽视的环节。项目融资策划具有很强的政策性、技巧性和策略性,它取决于项目的性质和项目实施的运作方式,只有通过策划才能确定最佳的融资方案。

融资方式通常有:投入资金,形成项目资本金,包括国家投资或自筹投资、吸收国外资本直接投资、发行股票等;借入资金,形成项目负债,包括发行债券、银行贷款、设备租赁、借用国外资金等。

项目融资的步骤主要包括:投资决策分析,融资决策分析,融资结构分析,融资谈判,项目融资的执行。

(3) 项目目标策划

目标是指需要在一定时间内完成的具有一定约束条件(质量、投资、规模等)的客观标的。它的主要功能包括提供一个中心点来分配各种资源和拟定各种计划,提供一个尺度作为评价各种指标的标准。

项目目标一般分为项目的宏观目标和具体目标两个层次。宏观目标是指项目建设对国家、地区、部门或行业要达到的整体发展目标所产生的积极影响和作用。具体目标是指项目建设要达到的直接效果,包括效益目标(经济效益、社会效益、环境效益)、规模和功能目标等。

建设工程必须具有明确的目标。项目的目标有很多,其核心目标是项目的投资目标、质量目标和工期目标,这三个目标具有内在联系并相互制约。要想兼顾"投资省、质量高、周期短"是非常困难的,因此只能在项目系统构成和定位策划过程中做到项目投资和质量的协调平衡,即在一定投资额下,通过策划寻求达到满足使用功能要求的最佳规格和档次,然后再通过项目实施策划寻求节省项目投资和缩短项目建设周期的途径和措施,以达到项目三大目标的综合优化。

项目目标策划包括项目总目标(总投资、建设质量、总进度)体系设定和总目标按项目、参建主体、实施阶段等进行分解的子目标体系设定。

某项目施工阶段项目目标策划如图 2-1 所示。

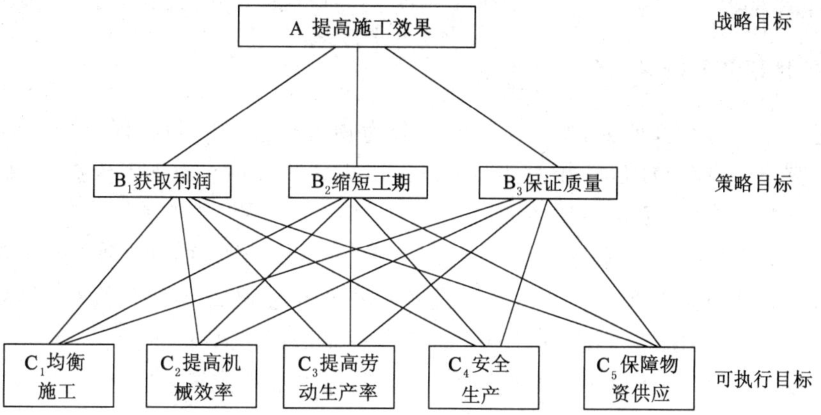

图 2-1　某项目施工阶段项目目标策划

(4) 项目管理策划

项目管理策划是对项目实施的任务分解和任务组织工作的策划，包括设计、施工、采购任务的招投标，合同结构，项目管理机构设置、工作程序、制度及运行机制，项目管理组织协调，管理信息收集，加工处理和应用等。

(5) 项目控制策划

项目控制是对项目实施系统及项目全过程的控制。项目控制的方向是项目目标，其方法是通过实际值与目标值的不断比较发现其偏差，对偏差进行相应的调整，以最合理的项目过程达到项目目标。项目控制的基本原则是目标控制，基本方法是动态控制。

项目控制一般包括以下几个步骤：

① 建立项目控制子系统。

② 建立控制子系统信息库。通过项目系统分析，将项目目标、项目构成、项目过程、项目环境等方面的信息收集、分类、整理，作为系统控制的原始信息及系统控制启动时的依据和基础。

③ 实施系统控制。按照既定的程序启动各个子系统并调整到预先设定的均衡状态，同时不断收集反馈信息，对原始信息进行充实和调整，对各子系统出现的偏差进行调整。

④ 调整控制状态。

2.1.3　公路工程项目策划的方法和程序

项目策划的核心思想是通过对项目的多次系统性的分析和策划，逐步实现对项目有目标、有计划、有步骤的全面过程控制。

2.2　公路建设项目可行性研究报告编制及审批

2.2.1　可行性研究的定义

公路建设项目可行性研究，是对项目建设的必要性、技术可行性、经济合理性和实施可能性进行综合性研究论证的工作，是公路建设项目前期工作的重要组成部分，是建设项目立项、决策的主要依据。

2.2.2 可行性研究的阶段划分

公路建设项目可行性研究，按其工作深度分为预可行性研究和工程可行性研究。编制预可行性研究报告，应以项目所在地社会经济发展规划和公路网规划为依据；编制工程可行性研究报告，应以批准的项目建议书为依据。

预可行性研究要求通过实地踏勘和调查，重点研究项目建设的必要性，并对项目的建设规模、技术标准、建设资金和经济效益等进行必要的分析论证，编制研究报告，作为项目建议书的依据。工程可行性研究要求进行充分的调查研究，通过必要的测量和地质勘探，对不同建设方案从技术、经济和环境等方面进行综合论证，提出推荐方案，确定建设规模、技术标准和投资估算，论证投资效益，编制研究报告。工程可行性研究报告一经批准，即为初步设计必须遵循的依据。

2.2.3 可行性研究报告的主要内容

公路建设项目可行性研究报告的主要内容应包括：项目影响区域社会经济、交通运输的现状及发展；交通量预测；建设的必要性；建设规模及技术标准；建设条件；工程环境影响分析；路线方案及工程情况；方案选定；投资估算及资金筹措；经济评价和敏感性分析；节能分析；实施安排等。

2.2.4 可行性研究报告的编制

公路建设项目可行性研究报告，应对所有可能的工程建设方案进行粗略比选论证，筛选出有比较价值的方案（备选方案）进一步做同等深度的技术、建设费用、经济效益论证比较。二级及二级以上等级公路的预可行性研究、工程可行性研究阶段的路线方案，必须分别在1：50 000、1：10 000或更大比例尺地形图上进行研究；预可行性研究阶段的特殊工程困难路段和独立大桥（隧道）工程应在1：10 000地形图上进行研究。工程可行性研究阶段投资估算与初步设计概算之差，应控制在上下浮动10%以内。

编制可行性研究报告，应执行国家的各项政策、规定和交通部颁布的技术标准、规范等。有关的交通量预测和经济评价工作，应符合《公路建设项目可行性研究报告编制办法》（交规发〔2010〕178号）的相关规定。

公路项目建设单位，必须按照中华人民共和国交通运输部关于公路建设前期工作资质管理的有关规定，委托持有与所承担公路工程等级相应资格证书的公路工程勘察设计咨询单位编制可行性研究报告。

可行性研究报告的编制单位，工作必须客观、公正，不应有虚假说明、误导性陈述和重大遗漏；应如实反映研究过程中的真实情况，保证报告的科学性，对报告的质量负责。多个编制单位共同承担项目时，应确定一个主办单位。主办单位应负责协调有关参加单位的工作，使各部分工作相互衔接，内容统一，不重复、不漏项。主办单位应对研究报告全面负责。

可行性研究报告编就后，经编制单位行政领导、总工程师、项目负责人签字后送交建设单位，由建设单位报送主管部门审批。

可行性研究报告的审批按国家有关规定办理。凡需中央政府审批的项目一般先由省、自治区、直辖市及计划单列市进行预审，认为报告内容齐全，研究成果符合国家有关规定和办法的要求，提出预审意见，才能上报审批，否则应进行必要的修改补充。

可行性研究报告报批后，在未批复前若发现报告的基础依据有重大变化，建设单位应委托原编制单位进行修改或重新编制，补充报批。

2.3　公路工程项目经济评价

2.3.1　概述

公路建设项目经济评价是项目可行性研究的有机组成部分和重要内容，其目的是根据国民经济与社会发展战略和交通行业、地区发展规划的要求，结合交通量预测和工程技术研究情况，计算项目的费用和效益，通过多方案论证，对拟建项目的经济合理性和财务可行性做出评价，为项目建设方案的比选、决策提供科学依据。

建设项目的经济评价分为国民经济评价和财务评价。建设项目的国民经济评价是在合理配置国家资源的前提下，从国家整体的角度研究项目对国民经济的净贡献，以判断项目的经济合理性。财务评价是在国家现行财税制度和价格体系的条件下，从财务角度，分析测算项目的财务盈利能力和清偿能力，对项目的财务可行性进行评价。

公路建设项目应进行国民经济评价，凡收费的公路项目应同时进行财务评价。国民经济评价与财务评价结论均可行的项目，从经济角度看应予通过，反之予以否定。国民经济评价结论不可行的项目，一般应予否定。对某些具有重大政治、经济、国防、交通意义的公路项目，若国民经济评价结论可行，但财务评价不可行，可重新考虑方案，或提出相应优惠措施的建议，使项目在财务上具有生存能力，必要时进一步说明建设的必要性，不再考虑财务评价结果。

2.3.2　公路建设项目经济评价的原则

公路建设项目经济评价应遵循费用与效益计算范围对应一致的原则。国民经济评价只计算项目直接效益和直接费用，同时对项目外部效果进行定性分析和描述。财务评价除计算项目的直接收益和直接费用外，还应计算与项目有关联的服务、开发等经营性设施所发生的间接收益和间接费用。

公路建设项目国民经济评价采用“有项目情况”与“无项目情况”（作为“基准情况”）对比的方法（简称“有无比较法”）。“有项目情况”是指实施拟建项目后，相关路网将要发生的情况；“无项目情况”是指不实施拟建项目，相关路网将要发生的情况。

当现有相关公路拥挤度大于1.0时，宜用“做最少情况”作为“基准情况”。“做最少情况”是指用最少的投资来改造现有相关公路，使其能在最低服务水平下维持车辆通行的路网情况。

2.3.3　公路建设项目经济评价方法

公路建设项目经济评价应采用动态计算方法。项目计算期包括建设期和运营期。公路建设项目国民经济评价的运营期按20年计算。财务评价的运营期应根据项目特点或投资协议而定。对于内资项目和利用国家政策性贷款项目的财务评价运营期取项目要求的贷款偿还期;其他经营性项目运营期不应超过30年。利用外资公路建设项目财务评价运营期按《利用外资公路建设项目财务评价方法》确定。

公路建设项目国民经济评价使用影子价格,计算期内各年均采用基年(开工前一年)价格,不考虑物价上涨因素。财务评价使用财务价格,对于价格变动因素,在进行项目财务盈利能力和清偿能力分析时,宜做不同处理。进行财务盈利能力分析时,计算期各年均采用基年价格,只考虑相对价格的变化,不考虑物价总水平上涨因素;进行清偿能力分析时,计算期内各年采用的预测价格,除考虑相对价格的变化外,还要考虑物价总水平上涨因素。物价总水平上涨因素一般只考虑到建设期末。

国民经济评价所采用的社会折现率、影子汇率、影子工资和贸易费用率等通用参数,应以国家最新发布值为准。预可行性研究可根据项目的具体条件,直接选用国家公布的产品(服务)影子价格及换算系数;可行性研究阶段项目主要投入物的影子价格,应由项目评价人员按统一规定的测算原则和方法自行测定。财务评价参数宜根据投资协议或可能投资方的通常要求确定,并应保证其合法及合理性。

对与各种新开发区或重点工矿项目相配套的公路建设项目,应将其作为开发区或工矿项目的组成部分,其效益和费用纳入整个开发区或工矿项目内统一计算和评价。

在进行国民经济效益分析时,高速公路或收费公路建设项目应分车型计算,高速公路建设项目同时还应分时段(如:白昼高峰期、白昼非高峰期、夜间)计算效益。收费公路的财务收费收入必须分车型计算。

对于有多个路线方案的同一公路建设项目,应根据交通量及建设费用的变化相应进行经济评价,以作为项目多方案比较选择的依据。

经济评价在预可行性研究工作阶段及工程可行性研究工作阶段的工作深度要求有所不同,主要为:① 预可阶段的影子价格或换算系数可直接选用国家最新发布的《建设项目经济评价参数》中的统一测定值;工可阶段则应根据项目具体条件自行测定。② 预可阶段的国民经济评价不要求分车型计算效益;工可阶段则应按第十一条规定执行。③ 预可阶段只要求对推荐建设方案进行经济评价;工可阶段的国民经济评价则应以推荐方案和备选方案为评价对象。

2.3.4 国民经济评价

在进行国民经济评价时,必须对在项目效益和费用中占比重较大或价格明显不合理的产品(服务)、劳动力和土地使用影子价格。

公路建设项目国民经济评价只涉及使用投入物影子价格,以下两类投入物必须使用影子价格:

(1) 公路建设及养护所涉及的主要投入物,包括钢材、木材、水泥、沥青等一般投入物和劳动力及土地两种特殊投入物。

(2) 维持车辆营运服务的投入物,即车辆营运成本的构成要素,如司乘人员人工、燃料、轮胎、保修人工及零配件、折旧等。

对于公路交通事故费用中涉及的货物(含车辆)损失,也宜使用影子价格。

确定公路建设项目投入物影子价格的原则和方法，应符合国家发展改革委和原建设部最新颁布的《建设项目经济评价方法与参数》的要求。

国民经济内部的“转移支付”，并未发生实际资源的增加和耗用，不计入项目的效益和费用。“转移支付”分为两部分：一是对政府的转移支付，如税金、补贴等；二是信贷转移支付，如国内借款利息等。

社会折现率在项目国民经济评价中作为计算经济净现值等指标时的折现率，并作为衡量经济内部收益率的基准值，是项目经济可行性的判别依据。

公路建设项目经济评价的主要输入数据之一是交通量。在经济评价之前应注意做好如下预测数据的准备：“基准情况”与“有项目情况”下的路段正常交通量；“有项目情况”下的总交通量（包括正常、诱增和转移三部分）；分车型交通量（拟建项目为高等级公路或收费公路时）；分时段平均小时交通量（拟建项目为高速公路或利用外资项目时）。

公路建设项目经济效益和费用的范围划分是：项目的效益是指项目对国民经济所做的贡献，分为直接效益和间接效益。一般只计算直接效益，并通过“有无比较法”来确定。直接效益（B）是指公路使用者的费用节约，主要有拟建项目和原有相关公路的降低营运成本效益（B_1）、旅客时间节约效益（B_2）和减少交通事故效益（B_3）。

公路建设项目所支出的费用，分为两部分：一部分是指建设期经济费用，应计入承诺费、报告编制年至开工前一年的物价上涨费用；第二部分是指运营期经济费用，包括日常养护费用、管理费用、大修费用和国外贷款利息等。残值可取公路建设经济费用的 50%，以负值计入费用。在以“做最少情况”作为“基准情况”时，应将其费用以负值计入。

在计算项目的效益和费用时，应根据实际需要，分路段和不分路段进行。

1. 项目直接效益

(1) 降低运营成本效益

降低营运成本效益（B_1）为：

$$B_1 = B_{11} + B_{12} \tag{2-1}$$

式中　B_{11}——拟建项目降低营运成本效益，元；

B_{12}——原有相关公路降低营运成本效益，元。

式(2-1)中 B_{11} 的计算公式如下：

$$B_{11} = 0.5 \times (T_{1p} + T_{2p})(VOC'_{1b} \times L' - VOC_{2p} \times L) \times 365 \tag{2-2}$$

式中　T_{1p}——“有项目情况”下，拟建项目正常交通量（自然数），辆/日；

T_{2p}——“有项目情况”下，拟建项目总交通量（自然数），辆/日；

VOC'_{1b}——“基准情况”下，原有相关公路在正常交通量条件下各种车型车辆加权平均单位营运成本，元/(车·km)；

VOC_{2p}——“有项目情况”下，拟建项目在总交通量条件下各种车型车辆加权平均单位营运成本，元/(车·km)；

L'——原有相关公路的路段里程，km；

L——拟建项目的路段里程，km。

式(2-1)中 B_{12} 的计算公式如下：

$$B_{12} = 0.5 \times L' \times (T'_{1p} + T'_{2p})(VOC'_{1b} - VOC'_{2p}) \times 365 \tag{2-3}$$

式中　T'_{1p}——“有项目情况”下，原有相关公路正常交通量（自然数），辆/日；

T'_{2p}——“有项目情况”下，原有相关公路总交通量(自然数)，辆/日；

VOC'_{2p}——“有项目情况”下，原有相关公路在总交通量情况下各种车型车辆加权平均单位营运成本，元/(车·km)；

其他符号含义同前。

加权平均单位营运成本(VOC)和平均行驶速度(S)计算方法如下(以拟建项目是高速公路为例)：

① 根据交通量预测数据，计算各时段的小时数及平均小时交通量(用年平均日交通量的百分比表示)。

② 选用适当的流量-速度-营运成本模型，按小时流量分别计算各车型(v)车辆在各路段(g)的单位营运成本(VOC_{vg})和行驶速度(S_{vg})。

③ 在给定路段上某种车型(v)车辆的单位营运成本(VOC_v)和行驶速度(S_v)分别为：

$$VOC_v = \frac{\sum_{g=1}^{n}(h_g \times VOC_{vg})}{24} \tag{2-4}$$

$$S_v = \frac{\sum_{g=1}^{n}(h_g \times S_{vg})}{24} \tag{2-5}$$

式中 g——时段或流量组个数，$g=1,2,\cdots,n$；

h_g——第 g 组小时数，h，$\sum_{g=1}^{n} h_g = 24$；

S_{vg}——v 车型车辆在第 g 组的行驶速度，km/h；

VOC_{vg}——v 车型车辆在第 g 组的单位营运成本，元/(车·km)。

④ 各种车型车辆加权平均单位营运成本(VOC)和平均行驶速度(S)分别为：

$$VOC = \sum_{v=1}^{k}(VOC_v \times d_v) \tag{2-6}$$

$$S = \sum_{v=1}^{k}(S_v \times d_v) \tag{2-7}$$

式中 v——车型种类，$v = 1,2,\cdots,k$；

d_v——第 v 种车型交通量占全车种交通量(自然数)的比重，$\sum_{v=1}^{k} d_v = 1$。

(2) 旅客时间节约效益

旅客时间节约效益(B_2)计算公式为：

$$B_2 = B_{21} + B_{22} \tag{2-8}$$

式中 B_{21}——拟建项目旅客时间节约效益，元；

B_{22}——原有相关公路旅客时间节约效益，元。

式(2-8)中 B_{21} 的计算公式如下：

$$B_{21} = 0.5 \times W \times E \times (T_{1pp} + T_{2pp})\left(\frac{L'}{S'_{1b}} - \frac{L}{S_{2p}}\right) \times 365 \tag{2-9}$$

式中 W——旅客单位时间价值，元/(人·h)；

E——客车平均载运系数，人/辆；

S'_{1b}——“基准情况”下，原有相关公路在正常交通量条件下各种车型客车加权平均行驶速度，km/h；

S_{2p}——“有项目情况”下，拟建项目在总交通量条件下各种车型客车加权平均行驶速度，km/h；

T_{1pp}——“有项目情况”下，拟建项目客车正常交通量(自然数)，辆/日；

T_{2pp}——“有项目情况”下，拟建项目客车总交通量(自然数)，辆/日。

式(2-8)中 B_{22} 的计算公式如下：

$$B_{22}=0.5\times W\times E\times L'(T'_{1pp}+T'_{2pp})\left(\frac{1}{S'_{1b}}-\frac{1}{S'_{2p}}\right)\times 365 \tag{2-10}$$

式中　S'_{2p}——“有项目情况”下，原有相关公路在总交通量条件下各种车型客车加权平均运行速度，km/h；

T'_{1pp}——“有项目情况”下，原有相关公路客车正常交通量(自然数)，辆/日；

T'_{2pp}——“有项目情况”下，原有相关公路客车总交通量(自然数)，辆/日。

旅客单位时间价值的测算应同时考虑工作时间价值和闲暇时间价值。客车平均载运系数应以各种车型客车交通量为权数，计算其加权平均数。

(3) 减少交通事故效益

减少交通事故效益(B_3)为：

$$B_3=B_{31}+B_{32} \tag{2-11}$$

式中　B_{31}——拟建项目减少交通事故效益，元；

B_{32}——原有相关公路减少交通事故效益，元。

式(2-11)中 B_{31} 的计算公式如下：

$$B_{31}=0.5\times(T_{1p}+T_{2p})(r'_{1b}\times L'\times C'_{b}-r_{2p}\times L\times C_{p})\times 365\times 10^{8} \tag{2-12}$$

式中　C'_{b}——“基准情况”下，原有相关公路单位事故平均经济损失费，元/次；

C_{p}——“有项目情况”下，拟建项目单位事故平均经济损失费，元/次；

r'_{1b}——“基准情况”下，原有相关公路在正常交通量条件下的事故率，次/(亿车·km)；

r_{2p}——“有项目情况”下，拟建项目在总交通量条件下的事故率，次/(亿车·km)。

式(2-11)中 B_{32} 的计算公式如下：

$$B_{32}=0.5\times(T'_{1p}+T'_{2p})(r'_{1b}\times C'_{b}-r_{2p}\times C'_{p})\times 365\times 10^{8} \tag{2-13}$$

式中　C'_{p}——“有项目情况”下，原有相关公路单位事故平均经济损失费，元/次；

r'_{2p}——“有项目情况”下，原有相关公路在总交通量条件下的事故率，次/(亿车·km)。

2. 跨越江(河、海)的独立工程项目的效益

跨越江(河、海)的独立工程项目(如大桥、隧道等)所产生的效益可分为两部分：一部分是“无项目情况”下，为满足日益增长的过江交通需求，对现有过江设施进行改造和维护需要投资和费用，而在“有项目情况”下，这些投资和费用则可以节约，即作为拟建项目所产生的效益，具体包括渡轮和装卸作业区建造费用的节约、渡轮和装卸作业区营运维护费用的节约，以及养河费的节约；另一部分是原来绕行的过江交通在“有项目情况”下，节约车辆营运成本和旅客在途时间所产生的效益。其主要包括：

(1) 渡轮和装卸作业区购置、建造费用的节约。这类费用包括：渡轮购置费；泊位(两岸)包括码头工程、附属构造物的投资；两端的引道进行改造或新建的投资。

(2) 渡轮及装卸作业区营运、维护费用的节约。这类费用包括：渡轮营运费用；码头维护费用。

(3) 养河费的节约。

(4) 过江车辆营运成本节约的效益(B_4)。

拟建项目建成后，将吸引部分原来走邻近桥梁(隧道)、渡口的交通，从而缩短了运输距离，节约营运成本；与此同时，交通条件的改善将产生诱增交通量。为简化计算，过江独立工程项目只计算其本身产生的车辆营运费用节约，而不考虑原有相关公路(大桥、隧道)因减少拥挤而产生的车辆营运费用节约。B_4 的具体计算公式同 B_{11}。在计算过江交通的营运成本和时间节约效益时，必须注意：

① 确定 L 和 L' 的值时，应分别根据“有项目情况”和“基准情况”下主要相同起讫点间最有可能选择或习惯线路的距离，计算其平均值；

② VOC'_{1b} 与 VOC_{2p}、S'_{1b} 与 S_{2p} 的差别主要是由交通量水平的不同引起的，而非道路条件的不同所致。确定其值时，应分别先根据“基准情况”下和“有项目情况”下主要相同起讫点间同等道路条件下、不同交通量水平进行计算，然后以各条线路的行驶量(车·km)为权数，确定其加权平均值。

3. 公路项目国民经济盈利能力

公路项目国民经济盈利能力主要用经济内部收益率、经济净现值等项指标来衡量。

(1) 经济内部收益率($EIRR$)

经济内部收益率是反映公路项目对国民经济净贡献的相对指标，它是项目在计算期内各年经济净现金流量累计现值等于零时的折现率。其计算方法为：

$$\sum_{t=1}^{n}(B-C)_t \times (1+EIRR)^{-t} = 0 \tag{2-14}$$

式中 B——效益流入量；

C——费用流出量；

$(B-C)_t$——第 t 年的净效益流量；

n——计算期。

经济内部收益率等于或大于社会折现率时项目可以接受。

(2) 经济净现值($ENPV$)

经济净现值是反映项目对国民经济净贡献的绝对指标，是指用社会折现率将项目计算期内各年的净效益流量折算到开工前一年年末的现值之和。其计算方法为：

$$ENPV = \sum_{t=1}^{n}(B-C)_t \times (1-I_s)^{-t} \tag{2-15}$$

式中 $ENPV$——经济净现值；

I_s——社会折现率。

经济净现值等于或大于零时项目可以接受。

国民经济评价的基本报表包括国民经济效益费用流量表(全部投资)和国民经济效益费用流量表(国内投资)。前者以全部投资作为计算的基础，用以计算全部投资经济内部收益率、经济净现值等相应的评价指标；后者以国内投资作为计算的基础，将国外借款利息和本金的偿付作为费用流出，用以计算国内投资的评价指标。

确定拟建项目最佳投资时机，可采用第一年收益率（$FYRR$）法。其计算公式为：

$$FYRR = \frac{B_{m+1}}{\sum_{t=1}^{m} C_t \times (1 + I_s)^{m-t}} \tag{2-16}$$

式中　B_{m+1}——拟建项目通车后第一年的国民经济效益，万元；

t——建设期年序数（$t=0$ 为基年），$t=1,2,3,\cdots,m$；

C_t——第 t 年的建设费用，万元。

若 $FYRR$ 大于社会折现率，表明项目投资时机已成熟，可立即投资；若 $FYRR$ 小于社会折现率，则应推迟投资时间，并重新计算 $FYRR$，直到最佳投资时机确定为止。

2.3.5　财务评价

财务评价是根据国家现行财税制度和价格体系，分析、计算项目直接发生的财务收益和费用，编制财务报表，计算评价指标，考察项目的盈利能力、清偿能力等财务状况，据以判别项目的财务可行性。

财务评价基准折现率应采用加权平均资金成本率。

公路项目的财务评价是通过项目的财务支出（费用）与财务收益比较进行的，遵循收益与费用计算口径对应一致的原则。

公路项目的财务支出（费用）分为建设期财务支出和运营期财务支出。其中，建设期财务支出即项目建设总投资，主要包括固定资产投资、固定资产投资方向调节税、建设期借款利息；运营期财务支出主要包括经营成本（主要由运营管理费、养护费和大修费构成）、运营期利息支出和税金。

公路项目收入一般是指对公路使用者收取的车辆通行费，即收费收入。收费年收入（R）的测算公式为：

$$R = \sum_{v=1}^{n} (T_v \times TR_v \times L) \times 365 \tag{2-17}$$

式中　T_v——车型 v 的年平均日交通量（自然数），辆/日；

TR_v——车型 v 的收费标准，元/（车・km）。

当拟建项目有相关联的配套服务、开发等商业性设施时，应计入其建设投资、经营成本和税金等各项支出；同时也应计入其产品销售（营业）收入。

车辆通行费收费标准的确定应考虑的主要因素有：公路使用者所获得的效益；其他运输方式的收费标准和其他公路的收费标准；公路使用者对公路收费的负担能力和接受能力；投资者期望的投资收益率；不同车型车辆（使用者）所获得效益的大小及对公路的损坏程度等。

公路项目财务评价的盈利能力分析应采用财务内部收益率、财务净现值、财务投资回收期等主要评价指标。

1. 财务内部收益率（$FIRR$）

财务内部收益率是指公路项目在整个计算期内，各年净现金流量现值累计等于零时的折现率。其计算方法为：

$$\sum_{t=1}^{n} (CI - CO)_t \times (1 + FIRR)^{-t} = 0 \tag{2-18}$$

式中　CI——现金流入量(财务收益);

CO——现金流出量(财务支出);

$(CI-CO)_t$——第 t 年的净现金流量;

n——计算期。

财务内部收益率可根据财务现金流量表中净现金流量用试差法求得,在财务评价中,财务内部收益率($FIRR$)必须与设定的财务基准折现率(I_c)相比较,当 $FIRR>I_c$ 时,认为项目在财务上可以接受。

2. 财务净现值($FNPV$)

财务净现值是指按财务基准折现率,将项目计算期内各年净现金流量折现到开工前一年年末的现值之和,它是考察公路项目在计算期内盈利能力的动态评价指标。其计算方法为:

$$FNPV=\sum_{t=1}^{n}(CI-CO)_t\times(1-I_c)^{-t} \tag{2-19}$$

式中　I_c——财务基准折现率。

财务净现值可根据财务现金流量表计算求得,财务净现值大于或等于零时,项目可以考虑接受。

3. 财务投资回收期(P_t)

投资回收期是指以项目净收益抵偿全部建设费用所需要的时间,是反映项目在投资回收能力的重要指标。公路项目投资回收期一般从项目投入运营年算起。其计算方式为:

$$P_t=\text{累计财务净收益开始出现正值年份}-\text{项目投入运营年份}+\frac{\text{上年累计净收益的绝对值}}{\text{当年净收益}} \tag{2-20}$$

公路项目清偿能力分析主要是考察计算期内各年的财务状况及偿债能力,主要用以下几个指标表示:

(1) 资产负债率,是反映项目各年所面临的财务风险及偿债能力的指标。

$$\text{资产负债率}=\frac{\text{负债合计}}{\text{资产合计}}\times100\% \tag{2-21}$$

(2) 国内借款偿还期,是指在国家财政规定及项目具体财务条件下,用项目建成投入运营后可用于还款的资金偿还国内借款本金和利息所需要的时间。其计算方法为:

$$I_d=\sum_{t=1}^{P_d}R_t \tag{2-22}$$

式中　I_d——国内借款本金(含建设期利息);

P_d——国内借款偿还期(从借款开始年算起);

R_t——第 t 年可用于还款的资金(收费收入)。

其中:$\text{借款偿还期}=\frac{\text{借款偿还后开始}}{\text{出现盈余年份}}-\text{开始借款年份}+\frac{\text{当年应偿还借款额}}{\text{当年可用于还款的资金额}}$

当借款偿还期满足贷款机构的要求期限时,即可认为项目具有偿还能力。

对于国内合资或联营项目,可根据需要计算投资各方的财务内部收益率,以考虑投资各方的利益。

财务评价所需的基本报表有现金流量表、损益表、资金来源及运用表和资产负债表,其主要功能如下：

(1) 现金流量表，该表反映项目计算期内各年的现金收支（现金流入和流出），用以计算各项动态评价指标，以考察项目投资的盈利能力。

(2) 损益表，该表反映项目计算期内的利润（亏损）的实现情况。

(3) 资金来源及运用表，该表反映项目计算期内各年的资金盈余或短缺情况，用于选择资金筹措方案，制订适宜的借款及偿还计划，并为编制资产负债表提供依据。

(4) 资产负债表，该表综合反映项目计算期内各年末的资产、负债和所有者权益的增减变化及对应关系，以考察项目资产、负债、所有者权益的结构是否合理，用以计算资产负债率等指标，进行清偿能力分析。

2.3.6　敏感性分析

公路建设项目经济评价所采用的数据，大部分来自预测和估算，为分析不确定性因素对公路项目评价指标的影响，需进行敏感性分析，以估计项目可能承担的风险，确定项目在经济上的可靠性。

国民经济评价时，原则上应选取建设投资、交通量等可能发生变化的因素，重点测算这些因素变化对内部收益率的影响。

财务评价时，可选取建设投资、交通量、收费标准、物价总水平上涨率等因素，重点测算这些因素变化对财务内部收益率的影响，必要时分析其对借款偿还期的影响。

2.3.7　方案比选方法

方案比选可按各个方案所含的全部因素（相同因素和不同因素）计算各方案的全部经济效益和费用，进行全面的对比，要特别注意各个方案间的可比性，遵循效益与费用计算口径对应一致的原则。

方案比选应注意在某些情况下使用不同指标导致相反结论的可能性。根据方案的实际情况（计算期是否相同、资金有无约束条件等）选用适当的比较方法和指标。

按照不同方案所含的全部因素（包括效益和费用两个方面）进行方案比较，可视不同情况和具体条件分别选用净现值法或净现值率法。

1. 净现值法

将分别计算的各比较方案经济净现值进行比较，以净现值较大的方案为优。

2. 净现值率法

净现值率（$NPVR$）是净现值与投资现值之比。其计算公式为：

$$NPVR=\frac{ENVP}{C_{cp}} \tag{2-23}$$

式中　C_{cp}——方案全部投资的现值。

净现值率说明该方案单位投资所获得的超额净效益。用净现值率进行方案比较时，以净现值率较大的方案为优。

效益相同或效益基本相同，但难以具体估算的方案进行比较时，为简化计算，可采用最小费用法，即费用现值比较法。通过计算各比较方案的费用现值（PC）并进行对比，以费用现值较低的方案为优。其计算公式为：

$$PC = \sum_{t=1}^{n} (C_c + C_o - R_v)_t \times (P/F, I_s, t) \tag{2-24}$$

式中 C_c——建设期费用；

C_o——营运期各种费用；

R_v——回收资产余值；

$(P/F, I_s, t)$——现值系数。

2.4 公路工程项目环境评价

2.4.1 概述

公路建设项目为线状工程，点多面广，因此环境评价应根据环境要素将路线划分为不同的路段，并根据路段的工程特点、区域环境特征及环境功能区划确定各路段的评价工作内容和深度。

公路项目的环境要素通常划分为生态环境、水土保持、地表水环境、声环境、环境空气、社会经济和景观等。对具体项目评价环境因子的确定必须在工程分析和影响识别的基础上进行。

按照项目工程特点、区域环境特征及环境功能区划，对不同的环境要素可各自进行路段划分，并根据相应路段的环境特征对其规定评价工作要求。公路建设项目不划分项目的整体评价工作等级。

按照《环境影响评价导则总纲》的相关规定，环境要素的评价工作等级可分为三级。一级应进行全面、深入的评价，二级应针对重点问题进行深入评价，三级为一般性评价。对于公路建设项目，生态、噪声和环境空气可进行评价等级划分。水土保持、地表水、环境空气、景观等只需确定重点（敏感）路段和一般路段，并确定其工作内容和深度，不划分评价等级。就具体项目，个别环境要素评价，如环境空气，可不进行环境现状实测，而只进行简单的叙述、分析。

在环境影响报告中引用的工程量等宜与项目的初步设计文件一致，也可根据项目的实际情况采用工程初步设计外验材料、工程可行性研究报告或工程预可行性研究报告的数据，报告书应注明所引用资料的来源。

对于涉及环境保护投资较大或公众较敏感的环境保护措施，应提出两个以上（含两个）备选方案。由于公路交通污染状况与交通量等有直接的关系，因此对于交通噪声污染治理等措施应根据交通量增长情况提出分期实施意见。分期实施，既包括在不同阶段采取不同的治理措施，也包括同一设施分阶段分规模（处理能力）完成。对于声屏障等设施，应在主体工程设计阶段完成设计，根据交通量增长情况适时完成实施。

2.4.2 工程概况与工程分析

工程概况的主要内容是：

(1) 路线主要控制点包括路线起点、终点和较重要的路线必经地点。

(2) 主要技术指标应包括路线长度、公路等级、车道数量、路面材料和设计防洪频率等。

(3) 主要工程量清单应包括土石方数量、桥涵数量、隧道数量和立交数量等。

(4) 交通量预测数据应包括与环境预测年份对应的交通量及公路远景交通量。

(5) 应包括永久占地和临时占地数量。

工程分析内容应根据建设项目的工程特征，包括建设项目的类型、性质、规模、开发建设方式与强度、能源与资源用量、污染物排放特征，以及项目所在地的环境条件来确定。

工程分析深度定位为定性分析，不要求进行预测计算和评价，因此，其总体要求是通过分析给出以下主要方面的意见或结论：

(1) 公路一般采取同地(村)安置，主要说明有无因地形或其他因素限制，使宅基地无法落实的情况，如有，应进一步提出可能的选择方案。

(2) 主要从水土保持角度对其合理性提出意见。

(3) 应根据路线所处地区的地域特征、污水量等初步分析适用的污水处理工艺。

2.4.3　生态环境影响评价

生态环境影响评价宜按公路所经地区不同的生态系统类型进行分段评价，如城市生态系统、农业生态系统、森林生态系统、草原生态系统和水域生态系统等。路段划分不宜过多、过细，并且不宜完全以地形地貌决定。

在不同路段内，应就重要和关键生态影响因子的情况确定不同的工作要求。不同路段的关键生态影响因子也可不同。明确重点评价区域和关键生态影响因子的要求，系“以点为主、点段结合”评价方法的具体体现，遵循的指导思想就是重点评价与一般宏观评述相结合，重点关注局部敏感生态系统和典型生态因子；其实质在于，生态环境影响评价应将工程建设对周围敏感区域和相应的生态因子可能产生突出影响的局部路段和工点作为焦点，而不是全线按一个深广度进行评价。一般而言，大桥、隧道、高填深挖路段应进行重点评价。

取弃土(渣)场(采石场)通常不改变其原有的生态功能，而主要涉及水土保持，因此，取弃土(渣)场(采石场)的生态环境影响评价宜纳入水土保持专题(节)。

2.4.4　路段评价工作的分级

公路建设项目线长点多，地理跨度较大，分布区域通常呈现为不同的生态类型和生态敏感性，唯有按不同设施所在的不同区域(路段)具体划分评价工作等级，才能科学地制定评价工作目标和指导原则，更好地适应公路建设项目及其影响区域的生态环境特点，分清主要矛盾和次要矛盾，突出重点，达到保护和改善受影响区域生态环境的目的。

评价工作级别的划分遵循《环境影响评价技术导则 生态影响》(HJ 19)中的相关原则，同时针对公路建设项目的特点，明确了按不同区域(路段)划分评价工作等级的原则。大、中型湖泊、水库的划分标准执行《环境影响评价技术导则 地表水环境》(HJ 2.3)的规定。土壤侵蚀强度按《土壤侵蚀分类分级标准》(SL 190)确定。

生态环境影响评价范围的确定原则为：生态因子之间互相影响和相互依存的关系是划定评价范围的原则和依据。公路工程生态环境影响评价范围主要根据各路段所在区域与周边环境的生态完整性确定。

鉴于一般公路建设项目的生态环境影响多呈相似特征，规定了以项目区域有无敏感生态因子为依据，分别确定评价工作等级及评价范围的办法。针对不同的评价工作等级分别规定评价范围，是在充分研究、考虑以往公路建设项目实际生态环境影响范围的基础上确定的。

公路涉及省级(含)以上自然保护区时，本条规定提出了距实验区边界外 5 km 的调查范围，目的是在现场踏勘和调查阶段能够较全面、准确地识别保护区与建设项目的相互关系，以及可能产生的环境影响，进而研究确定具体评价范围。

对于受工程直接影响的原生、次生林地，当建设活动将引起整个植物群落的结构和功能改变，导致其生态完整性和稳定性破坏时，应以受影响的整个植物群落为评价范围；否则评价范围仅限于本款规定的评价范围。

生态环境调查方法主要有：

① 样方调查法：选取典型拼块内的矩形区域，勘察其内的土壤类型、物种、生物量、生产量及其他需要调查的生态因子，作为确定同类拼块生态特征的依据。采用样方调查法时，应根据调查对象的相对同质性选取合适的样方面积。

② 目测和摄影、摄像：通过现场目测、拍摄照片和录像记录调查区域内的生态特征。

③ 收割调查和经验估算法：通过实物收割、称重和经验估算测定生物量，通常适用于草本植物和农作物；进行经验估算时应咨询当地有经验的农民或有关专家。

影响评价分级分区图、重要生态敏感点分布图和重要生态保护目标平面图可以采用项目平纵断面缩图、工程平面图作为基础图件，同时参照现场调查搜集到的生态规划图及各级自然保护区、风景名胜区、森林公园的分布图和平面图进行绘制。对于自然保护区、风景名胜区和森林公园，当其距公路中心线距离不足(含)5 km 时，图件中均应明确标示出其位置。

现状评价内容应根据公路建设项目的具体工程影响区域范围和特点进行识别、甄选，并选择合适的评价指标，同时应注意贯彻分段(分区)确定评价工作等级和评价内容的原则。

对一级评价要求交代的物种多样性，可在卫星、航测照片或地形图上采用平行线段等分法进行统计分析。平行线段等分法是在反映评价区域的照片或图件上绘制若干平行线，并按一定长度进行等分，然后统计落入每一线段上的物种，进而结合物种的密度和频率说明区内的物种多样性和异质性。

二级评价应该包括生态系统整体性评价、区域生态功能评价，一级评价还应增加生态环境敏感区(敏感目标)评价。

生态系统整体性评价应说明系统的基本结构和状态，依据一定的指标和标准分析系统的稳定性和恢复性；对植被的完整性和状态进行评价；说明评价区生态系统与周围生态系统的相互关系；说明附近较大的支持型生态系统；说明对整体性有重要影响的因素，如水文条件等。

涉及水生生态系统时，评价应区分海洋生态系统、河流生态、湖泊生态系统，以及介于陆地与水域之间以水为主要存在条件的湿地生态系统。

根据调查的水生生态的历史动态状况，对水生生态整体性(生态完整性)进行评价；对水质和水体营养状态做评价；对底栖生物的分布、密度和生物量状况做评价；对水生生物食物链或相互联系进行分析；鱼类资源现状评价应资料充实，结论科学。

涉及湿地生态系统时，应鉴别湿地类型；从湿地组成的生物多样性、水系完整性、水文自然性和湿地生产力等指标综合评价湿地生态结构整体性状态；评价湿地生态功能，并明确主要生态功能；评价确定的湿地敏感生态保护目标是否全面、准确；明确湿地存在的主要环境问题。

区域生态功能评价：明确评价区生态功能区划与规划；生态环境功能未明确的，须通过环境影响评价认定其生态环境功能；评价区域生态现状是否满足区划和规划的功能要求。

生态环境敏感区（敏感目标）评价：明确生态敏感地区或敏感保护目标；确定评价指标或规划功能，在调查基础上评价其现实状态与问题；法定保护的环境敏感区应给出规划图，必要时还应给出生态环境质量评价图件。

涉及水生生态敏感区时，应明确鱼类产卵场、越冬场和洄游通道等生态敏感保护目标，应有分布图，说明鱼类对这些特殊重要生境的利用情况；调查水生生物自然保护区或珍稀特有水生生物分布，对其稀有性和特异性和重要性做评价。

预测方法各有其优势和局限性，应根据评价项目实际情况选用或综合运用几种方法：

① 类比预测法：根据已建成的类似项目对生态环境的影响分析预测拟建项目的生态环境影响。类比预测法大量应用于宏观分析和预测，要求拟建项目及其周边生态环境特征与类比项目相似，且类比项目的生态环境影响已趋于稳定；实际评价中很难出现完全类同的项目，因此类比法多适用于分析预测拟建项目部分工程或某一因子的生态环境影响。

② 图形叠置法：将项目设施、评价区域生态特征、受影响环境要素和潜在生态影响因子叠合在地形图或卫星、航测照片上，直观地说明项目生态环境影响。图形叠置法实用、简便且非常直观，特别适合对于自然保护区、敏感生态系统影响的判定，是目前兼具操作性和科学性的评价方法；其缺陷是在定量分析上尚不够精确。图形叠置法结合地理信息系统分析代表了国内外建设项目生态环境评价方法的主流。本方法宜结合典型断面图进行分析。

③ 经验分析与专家咨询法：通过以往积累的经验和专家系统评估项目可能产生的生态环境影响。对于多维、多因子、不确定性较大的生态环境影响，经验分析与专家咨询法提供了一种行之有效的分析手段，实用性好；缺点是精度、准确性受到限制，随意性较大。经验分析与专家咨询法一般用作辅助分析方法。

实际评价中应贯彻分段（分区）确定评价工作等级和预测内容的原则，注意以下事项：

① 三级评价侧重于土地利用的变化分析和重要工点、敏感环境要素的生态影响宏观分析；通过分析说明项目实施后对路域产生的主要生态影响和关键生态影响因子。

② 二级评价除沿线生态影响宏观分析外，应就工程影响区域的所有潜在生态干扰、主要生态因子和重要野生动植物、优势植被或拼块的变化、整体生态结构可能产生的变化给出说明；植被和自然资源预测分布图、景观干扰断面分析图宜利用 1∶2 000 平面图和横断面图进行绘制；并侧重项目实施对评价范围内自然保护区、风景名胜区和森林公园的潜在影响分析。

③ 一级评价除完成二级评价的内容外，强调对生态系统结构、功能、稳定性、物种多样性变化趋势和抗干扰能力的影响分析，增加了对珍稀濒危动植物物种、栖息地和迁徙通道的影响预测内容，对评价深度、生态图件提出了更高的要求。

影响区域的资源分布图和生物量图表可以用工程平面图、地形图作为基础图件，结合收集到的现状图表和预测分析结果进行绘制。

1. 生态功能区影响评价

（1）建设项目生态环境影响评估须区分一般生态功能区影响评估和重要生态功能区影响评估

重要生态功能区主要是江河源头区、重要水源涵养区、江河洪水调蓄区、生物多样性保护区、防风固沙区和重要渔业水域等。

(2) 评价与生态功能区规划的符合性

(3) 生态环境功能影响评价

生态环境功能影响评价指标须根据功能区类型或功能区规划合理选取。生态功能区影响评估指标可取面积减少率、生物量减少率(量)、植被覆盖减少率及规划的功能指标缩减等。

(4) 湿地生态功能影响评价

评价湿地环境功能影响;对主要生态功能的影响性质和程度;采取的环保措施的有效性。

2. 生物栖息地影响评价

明确建设项目影响生物栖息地的主要因素或方式,如侵占、破坏、分割、阻隔、干扰、削弱、减少面积等;分析影响性质和程度。影响性质主要指作为栖息地的环境功能受影响后是否可以恢复或可予补偿;影响程度主要指影响面积和范围的大小、影响时间长短及影响强度大小。

3. 生物多样性影响评价

应考虑直接影响、次生影响和累积影响的评价。

(1) 物种多样性减少

以历史资料为参照,说明物种的历史动态和减少的原因;以现状为参照,评价项目影响下的物种减少可能性,并对影响程度进行判别。

(2) 对重要生物的影响

列入法规保护名录的生物、珍贵稀有生物、地方特有生物和公众特别关注的生物,都是十分重要的生物。野生生物影响评价和评估都须将生物与其栖息的环境作为一个整体看待。逐一阐明重要生物的名称和种类、保护级别、种群状态、集中分布区和活动范围、食物来源、繁殖条件、巢区要求、有无迁徙习性和迁徙通道要求等;建设项目影响的途径和方式;影响的程度和是否可以接受;拟采取的保护措施的可行性和有效性。

(3) 物种濒危与灭绝风险

根据物种生存所需生境面积或采集食物的范围,或有效繁殖所需最小种群,或有无可替代栖息地的损失等,评估物种趋于濒危和灭绝的风险大小。

(4) 水生生物多样性影响评价

与历史自然状态相比,水生生物多样性减少情况;说明减少幅度最大的生物及可能的原因;水生生物优势度和均匀度变化如何,变化的可能原因。

4. 敏感生态区影响评估

环境敏感区是环境影响评价的重点。

(1) 自然保护区影响评价

说明自然保护区的名称、保护级别、边界范围和功能分区并附规划批准图;说明自然保护区的主要保护对象或目标,以动物为保护目标的应说明其主要分布地区(主要活动区)、食性和习性,巢区要求、繁殖条件、有无迁徙特性等;准确和全面评价影响形式和程度。阐明环境影响的性质、程度和范围;执行有关法规,环保措施的有效性,是否存在生态风险。

(2) 风景名胜区影响评价

依据风景名胜区管理暂行条例和相关环境与资源法规评估风景名胜区的影响。须说明风景名胜区的类型、保护级别、科学价值和保护区范围,并附保护区规划图;应说明建设项目与保护区的关系。

(3) 自然遗产地保护评价

自然遗产地保护以预防为主。须说明自然遗产地的类型、保护级别、科学价值和保护区范围,并附保护区规划图;应说明建设项目与自然遗产地的关系;评价影响性质、影响范围和影响程度;采取的保护措施是否可靠可行。应评价是否符合法规要求,有无替代方案,并评价其科学价值和真实的影响与损失。

(4) 水生生态环境敏感区影响

水生生态环境敏感区是指《建设项目环境保护分类管理名录》中的环境敏感区,包括:

重要栖息地影响:重要栖息地指鱼类产卵场、越冬场、索饵场和洄游通道。评价中须逐一调查说明此类栖息地的分布、特点、基本范围及生物利用情况,评价项目的影响程度,提出保护措施。对于被破坏的栖息地须研究栖息地的可替代性(有无替代性生境);栖息地的保护措施须可行和有效。

珍稀特有和保护鱼类:阐明保护对象的名称、种类、分布区、食性、生态习性,有无洄游或对栖息地的特殊要求,产卵特点(产漂浮性卵或黏性卵等)和孵化条件(水流、温度等);种群历史变迁和稀少化的主要原因;项目影响性质与程度,环保措施的有效性等。

评价这些保护性生物的栖息地的变化及生物趋于濒危和灭绝的风险。

(5) 湿地敏感保护目标影响

针对湿地敏感环境区或生态敏感目标进行影响评价;评估影响因素;须根据保护的生物对生境和食物的要求做具体的影响评价,评价结论须可信;提出有针对性的保护措施。

2.4.5 水土保持评价

水土保持评价内容主要包括项目区水土流失现状、水土流失防治责任范围及防治分区、水土流失预测情况、水土流失防治目标及防治措施布设情况等。

2.4.6 景观影响评价

公路景观包括公路本身形成的景观(内部景观),也包括沿线的自然景观和人文景观(外部景观),它是公路与周围环境的综合景观体系。

1. 公路内部景观

公路自身的景观不同于单纯的造型艺术、观赏景观,而是为满足交通运输功能而具有特定的形态、性能和结构特点,同时还可能包含一定的社会、文化、地域和民俗特点,其中地域性特点赋予公路特定的性质。公路内部景观一般包括动态景观(乘车人在公路上高速行驶下对公路的感受和认知,如公路线形、坡度、上下边坡景观、公路标志物等)和静态景观(公路外的居民对公路景观的感受和认知,如上下边坡、桥梁、路堤、空间廓线及公路与环境背景的调和程度等)。

2. 公路外部景观

公路外部景观包括自然景观和人文景观。自然景观是指公路用地范围外的自然景观客体，一般有地形地貌、水体水面、林木花草、气象节令等；人文景观是指公路沿线一切人类创造的景观事物，包括城镇、农村居民点和人文古迹等。

景观评价的第一步是对公路沿线外部景观进行分类，在此基础上采用景观敏感度指标和景观阈值指标通过专家打分的方式综合确定景观敏感区(保护目标)。

3. 敏感性指标

敏感性指标是鉴别公路景观敏感目标的指标，景观敏感目标类别是选取的有代表性的目标敏感性程度的体现，也是公路景观敏感目标被人们所注意的程度的量度，是其可见性、视距远近和醒目程度等多方面的综合反映。在公路的修建过程中，对于景观敏感性较高的区域或部位，即使有轻微的扰动，都将会对环境景观造成较大的影响；相反，在公路建设之时，若能巧妙地使公路景观敏感目标与周围环境相结合，则会为公路的使用者带来较好的景观体验。

敏感性指标评价过程中应以观景路线作为基线来评价，根据评价指标鉴别公路沿线值得和需要保护的点或需要注意的路段。通过计分法，计算出四类敏感度目标，评价后建设项目应尽量避让高等级敏感目标。在高等级敏感目标内，任何人为活动都必须严格控制；而在低等级敏感目标内，这些建设活动可以在适当的规模内开展。

4. 阈值指标

通过计分法，可以得到景观阈值区等级。根据评价结果，对于阈值评价等级较低的公路采取相应的景观缓减措施与景观设计。

2.4.7 地表水环境影响评价

公路建设项目污水排放量很小，其评价等级应确定为三级评价并可进一步简化，突出对敏感路段的评价。敏感路段是指沿线有水环境功能区划规定的Ⅲ类水及以上水体或具有同等功能要求水体的路段，一般路段是指沿线所经水体为环境功能区划规定的Ⅲ类水以下水体的路段。潮汐性河流评价范围按桥位上、下游各 1 000 m。

1. 地表水环境现状评价

水环境调查应在受建设项目影响较显著的地表水区域内进行，主要调查是否有集中饮用水源、取水口。调查内容能够说明地表水环境的基本状况，能满足地表水环境影响评价的要求。

2. 地表水环境影响预测评价

敏感路段评价中应对地表径流等行分析论述，并提出切实可行的防护措施，如工程措施、管理措施及危险品运输管理计划等。

路段污染源预测评价应符合以下规定：

(1) 可采用类比调查方法预测项目建成后污染源排放的污水量、污染物浓度和排放总量。改扩建项目，还应计算污水量、污染物浓度和排放总量的变化情况。

(2) 评述污水处理设施的处理效果和处理能力是否能够满足要求、是否需要加强或优化处理工艺、是否需要进行中水回用。

(3) 统计建设项目污染物排放总量，有总量控制要求的项目按确定的排放总量控制建设项目的污染物排放总量。

3. 地表水环境保护措施

(1) 地表水环境保护应以预防为主,优先采用路线避绕等措施。

(2) 公路污水处理必须结合当地同类设施的污水处理要求和地区经济发展、气候特征、受纳水体环境功能等环境状况,选用易于维护、处理效果稳定、运行成本低廉的处理方法和设备,确保其投入运营后能持续被利用。

(3) 公路服务区等附属设施应考虑污水循环利用,特别是中西部地区的公路项目。公路服务区生活污水再生利用时水质应满足《公路服务区污水再生利用 第1部分:水质》(JT/T 645.1)的要求。

2.4.8 声环境影响评价

路段交通噪声评价是按交通量预测将全线划分为若干段,高速公路通常以互通立交作为划分的节点。

公路竣工投入运营后第1年、第7年和第15年的交通量应根据工程可行性研究报告提供的数据进行折算。

路段交通噪声评价是为了说明路段"一般"噪声污染水平,选择路段日均昼夜交通量、路段平均路基高度等参数给出路段交通噪声衰减规律(图或表),预测点一般选择在距离路中心线20 m、40 m、60 m、80 m、120 m、160 m、200 m处;并分别给出路段昼间70 dB、65 dB和60 dB达标距离,夜间55 dB、50 dB和45 dB达标距离;必要时可以给出平面等声级线,划线时不考虑地形和建筑物的影响。

敏感点(路段)交通噪声评价针对的噪声敏感目标是指学校教室、医院病房、疗养院、集中居民点等对噪声有限制要求的噪声敏感建筑物或区域。

敏感点(路段)交通噪声评价,应选择所在路段的预测交通量数据、实际道路结构参数(宽度、高度等)、敏感目标分布及建筑结构等进行交通噪声预测,与现状噪声监测值进行叠加后与噪声评价标准进行对比评价。预测点一般选择噪声敏感建筑物窗前1 m,必要时还可分别给出昼间70 dB、65 dB、60 dB及夜间55 dB、50 dB、45 dB的平面等值线图,划线时应考虑实际地形、地表类型的影响。

敏感(点)路段长度一般按沿路线分布的噪声敏感建筑物长度再加上2倍的噪声敏感建筑物与路中心线距离确定,必要时可适当延长,但单边的延长段长度不超过200 m。经过动物保护区的路段,按两端各延长300 m确定。经过城市规划区的路段,按规划区范围直接确定。

噪声敏感点(路段)评价工作级别划分参照《环境影响评价技术导则 声环境》(HJ 2.4)的相关原则,在综合考虑噪声敏感目标类别、建设前后噪声级变化和受噪声影响人数因素后结合公路建设项目噪声污染特点后确定。具体敏感点(路段)的评价等级应依照本款划分原则和就高不就低原则进行确定。

1. 声环境现状评价

三级评价的噪声敏感点(路段)可不进行现状监测,必要时可监测1～2处代表性噪声敏感目标。

一级评价和二级评价可按如下原则进行监测点布设:

(1) 与现有国道、省道等公路或现有铁路交叉的敏感目标,应区分声级衰减或不同功能区声级分布情况进行布点监测，并说明环境噪声特征。

(2) 对于声环境良好的地区，可依据工程可行性研究报告，按车流量划分的不同路段，分别选取各路段 1～3 个点位进行监测。

(3) 对于改、扩建项目，除为满足噪声影响预测评价需要，选取与现有环境特征相类似的敏感点进行背景噪声监测（去除现有公路交通噪声的布点监测）外，还应对现公路交通噪声传播规律进行 24 h 连续布点监测和交通噪声平面衰减布点监测，并给出大、中、小型车的车流量。断面监测点距公路中心线的距离一般为 20 m、40 m、60 m、80 m 和 120 m。

(4) 学校、医院、养老院、疗养院和幼儿园等特殊敏感建筑物，均应布点监测。

(5) 对 3 层以上的建筑物还应考虑在与路面高差最小的楼层进行监测，对于 8 层以上的高层建筑宜布设 3 个以上监测点位。

(6) 夜间监测时间宜选择在 23:00 至次日 5:00。

2. 运营期声环境影响预测评价

噪声预测宜采用数学模式法，有条件时可采用类比分析法。

(1) 导则提供的模式为推荐模式。在符合我国车辆类型和道路结构的条件下，本规范也提倡采用成熟的新技术进行噪声预测。

(2) 采用类比分析法，应给出类比条件。

(3) 路段交通噪声影响应分别预测距公路中心线水平距离 20 m、30 m、40 m、50 m、60 m、80 m、100 m、120 m、150 m、180 m、200 m 处的交通噪声，并评价交通噪声影响的范围和程度。对于预测点高度，平原区或平原微丘区路段，可取距公路路面垂直距离 1.2 m；重丘区或山岭区路段，可取路段的填挖高度的平均值。

2.4.9 环境空气影响评价

环境空气评价应按预测交通量所划分的路段分段进行。在路段内选择一个或几个地点作为评价代表点，进行现状调查、监测和浓度分布预测，并以上述评价点的结论代表该路段的评价结论。

(1) 根据国内已有的公路建设项目环境影响评价经验，汽车尾气污染物的等标排放量均远小于《环境影响评价技术导则 大气环境》(HJ 2.2)中规定的分级值 2.5×10^9 m^3/h，因而根据公路建设项目的主要污染物排放量、周围地形的复杂程度和当地应执行的大气环境质量标准等因素，考虑公路建设项目的特点及沿线环境空气敏感点的规模、数量和敏感程度，以及工程治理措施的可能性，对环境空气影响评价可适当从简。

(2) 根据已做的公路环境评价、公路竣工环境保护验收调查和公路类比监测结果，公路运营期车辆排放污染物的扩散与公路沿线地形和气象条件有关，扩散后所覆盖的地域为公路两侧与线形平行的带状区域。即便是交通量很大的公路，距公路中心线 150 m 以外的污染物浓度已接近背景值，因此将路中心线两侧各 200 m 的狭长地带作为评价范围。考虑到评价范围内或边界外附近含有环境空气质量一类功能区的要求和不利扩散气象条件可能造成的影响，在有城镇、风景旅游区和名胜古迹等保护对象时，评价范围可扩大到公路中心线两侧各 300 m 的地带。

(3) 根据高速公路竣工验收监测数据，虽然公路两侧二氧化氮(NO_2)浓度高于全国监测 NO_2 浓度的年日均值的混合平均值 0.046 mg/m^3，但公路两侧的 NO_2 浓度没有明显的超标现象，通常在路侧 50 m 范围内即可满足二级标准；因此，除一级评价需进行模式预测外，二级、三级评价可适当简化。

监测数据同时表明，公路两侧环境空气中的一氧化碳（CO）含量通常在路侧 20 m 处即可满足二级标准，因此除一级评价中有较重要的敏感建筑或特殊要求区域（如在城镇已建成区、规划区或特长隧道内）而选用 CO 指标外，一般情况下可不选用 CO 指标。

环境空气现状调查一般应包括下列内容：

（1）拟建公路沿线可能造成环境空气污染的工业企业状况。

（2）拟建公路沿线污染源排放特征及危害情况（如污染源种类、排放方式、排放量、排放规律、危害对象及程度）。

（3）调查评价地区的环境空气质量地方标准、发展规划；收集沿线地区的环境空气质量常规监测资料；沿线近 1～3 年的常规气象监测资料。要注意收集在逆温、静风和局部地区环流等不利扩散气象条件下的污染物浓度及分布情况。

（4）调查拟建公路沿线环境空气质量功能区的分布、规模及发展规划（如村庄、居民区、医院、学校、文物保护区和游览景点等），以确定环境空气敏感点（路段）并划分评价路段。

2.4.10　社会环境影响评价

公路建设项目社会环境影响评价是指对拟建公路项目所引起的社会环境变化进行定性或定量的分析评价，以及提出消除或减缓不良效果的措施。

1. 沿线社会环境评价

沿线社会环境评价主要是指项目建设自身或环境质量变化等因素对公路沿线地区的社区发展、农村生计方式、居民生活质量、征迁安置、土地利用、基础设施、文物古迹和旅游资源等因素的直接影响及变化情况的分析评价，这种影响通常表现为公路占用、干扰或关联等对两侧附近人群和单位造成的直接影响，主要包括：

（1）社区发展：社区是指聚居在一定地域范围内的人所组成的社会生活共同体，它包括地域、共同关系和社会互动。社区发展是指建设项目路线经过地带的社会群居体的地域、共同关系和社会互动关系的发展情况。以连续的社区为研究对象，从整个社区中间通过者为重大影响，从整个社区 2/3 处通过者为中度影响，从社区边缘通过者为轻度影响。

（2）农村生计方式：是指农村居民从事农、林、牧、副、渔等生产的情况及其收入所占的比例。以受影响而改变生计方式的人口数量为研究对象，50％以上人口改变生计方式者为重大影响，20％～50％人口改变生计方式者为中度影响，20％以下人口改变生计方式者为轻度影响。

（3）基础设施：是指项目影响区内防洪、农灌、交通、通讯、电力等设施。以项目对其占用、干扰、拆迁等影响量为研究对象，在一定的路段内，影响量达到原区段内相应设施数量 50％以上者为重大影响，影响量为 20％～50％者为中度影响，影响量为 20％以下者为轻度影响。

（4）征迁安置：是指公路建设项目征地、拆迁和再安置。征地是指公路工程用地范围之内的土地由于公路占用需长期或永久地改变其原产出能力，或在施工期临时征用土地影响其产出能力。拆迁是指公路工程用地范围内的建筑物和其他地表构筑物由于公路占地而搬迁另建的整个过程。再安置则是指对受公路工程占地和拆迁影响的人口及企事业单位采取一系列的措施和步骤，使其生活和生产在较短时间内得到恢复，并尽快提高或至少不降低原有水平的行动过程。宜分不同路段或地区进行影响评估(通常以乡为统计单位)。占用耕地量大于区段内耕地量40％以上者为重大影响，在20％～40％之间者为中度影响，小于20％者为轻度影响。

(5) 文物古迹：直接经过省级及以上文物单位保护范围者为重大影响；从省级以上文物单位边缘经过，或直接经过市县级文物单位保护范围者为中度影响；从市县级文物单位边缘经过，或经过无保护等级文物单位者为轻度影响。

(6) 土地利用：从已规划用地中间通过者为重大影响，从已规划用地范围2/3处通过者为中度影响，从已规划用地边缘通过者为轻度影响。

(7) 旅游资源：是指已确定的旅游区，或有自然和文化特色具备开发旅游的地域。从地域中间通过者为重大影响，从2/3处通过者为中度影响，从边缘通过者为轻度影响。

(8) 区域社会环境影响的因子可按以下原则定性确定：

重大影响：地区自然环境和社会环境条件差，或敏感程度高(国家划定的环境敏感区)，公路建设规模大、标准高，项目建设对某评价因子的影响致使其发生根本性或重大变化。

中度影响：地区自然环境和社会环境条件一般，公路建设规模较大、标准高，项目建设对某评价因子的影响使其变化较小。

轻度影响：地区自然环境和社会环境条件一般，公路建设规模较小、标准较低，项目建设对某评价因子的影响微小。

确定为轻度影响的评价因子，在报告书中可不做评价。

2. 区域社会环境评价

区域社会环境评价主要是指对公路所涉及区域内的工农业生产、经济开发与发展规划、资源利用、交通运输体系、文化教育等因素在项目建设影响下的宏观变化与发展的分析评价，这种影响通常体现为公路建设的社会效益和经济效益。

(1) 社会环境现状评价

通常应以通过受项目潜在影响较大的行政辖区的路段为典型路段(点)进行调查。社会环境影响评价所需资料一般包括：

①《工程可行性研究报告》；

② 项目影响区行政区划图(省、区、市、县、乡界限清楚)；

③ 评价范围内各级政府近年的社会与经济统计资料；

④ 评价范围内各级政府国民经济和社会发展五年计划和中长期规划资料；

⑤ 建设项目沿线的基础设施资料；

⑥ 评价范围内的文物古迹、名胜景点和各类资源等资料；

⑦ 建设项目沿线公众和政府意见资料；

⑧ 建设项目沿线民众的民族、宗教和习俗等方面的资料；

⑨ 其他有关资料。

上述资料应以统计部门确认的最新或近三年的资料为准，并注意统计口径的一致性，以便于类比或比较分析。

(2) 社会环境影响分析评价

涉及社区概况、人口结构、经济发展、路线对两侧交往的阻隔、公共卫生、文化设施、交通设施、通信设施、水利排灌设施及电力设施等内容的分析评价。

社区概况：是指建设项目路线经过地带的社会生活共同体概况，以县为单元计。

人口结构：是指农业人口和非农业人口（反映城市化水平），职工人数和农业劳动力（反映劳动力服务方向）。人口文化结构：主要是指初中以上人口占总人口比重，专业技术人员占总人口的比重。

经济发展：是指工业、农业总产值的增长速度和变化的比例关系（反映工业化水平的指标），国内生产总值增长（反映综合经济发展水平），第三产业产值（反映产业结构和社会化程度），年出口总额（反映外向型经济水平），粮食年产量（反映粮食自给程度）。

路线对两侧交往的阻隔：是指公路建成后可能影响路线两侧人员交往，反映路线设计应设置必要的方便人员交往的通道。

居民生活收入：是指居民的纯收入，是反映居民收入水平和生活水平的指标。

公共卫生：是指万人占有医生数、病床及其医疗保健设备数，人群健康情况和地方病的医疗防治等。

文化设施：是指公共图书馆、报纸杂志出版业、电影院、艺术团体、广播、电视等群众文化活动设施。

交通设施：是指铁路、公路、水运、航空、管道等设施，与建设项目有直接或间接联系。

在评价中应提出互相促进和避免相互干扰的对策。

通信设施、水利排灌设施及电力设施与建设项目发生相互干扰时，涉及迁移和避让，要进行经济论证。

2.4.11　公众参与

公众参与是指为使建设项目的论证更加科学合理，使项目所在地的公众、团体和单位等的合法利益得到充分保证，建设单位与公众之间采取的一种双向沟通与交流的方式。公众参与中的“公众”是一个广义的概念，它不但包括受项目影响的民众，还包括有关的团体、机构和单位。

公众参与的目的是通过与公众进行的有效协商，使直接或间接受到项目影响的各群体的利益和意见有所考虑和补偿。充分听取公众意见，不仅是尊重公众的权利，也是减少可能产生的不利于项目建设的问题出现、提高建设项目的社会效益和环境效益的一种有效途径。

公众参与是环境影响评价工作的一道必要程序。

2.4.12　事故污染风险分析

这里主要考虑的是与项目联系在一起的突发性、灾难性危险化学品运输事故，此处所指的危险化学品主要是指毒性大、易于在空气中挥发或进入水体并且在环境中不易自然降解的化学物品，不包括放射性和易燃易爆危险货物。对于工程质量范畴的工程安全分析，如隧道的救灾防灾不属于本规范评价内容。本规范也不适用于在工作场所（如收费亭）长期暴露于恶劣环境下的人体健康风险评价。

危险化学品运输事故不仅可导致人员伤亡，同时也可能对路域环境产生重大影响，因此，应进行事故污染风险分析。

在公路运输过程中，由于车辆的移动性和货物种类的多样性，事故发生地点和泄漏物质均为不确定。这与我们分析化工厂和核设施等固定装置的事故风险是不同的。后者事故发生时通常有一定的征兆和发生过程,因此对事故有可控制性,其泄漏量一般较大。公路危险化学品运输事故特点是难以预防其发生;由于单车装载的货物总量有限,其泄漏量一般较小。

对于易燃易爆危险品运输,一旦发生则很难及时扑救,其后果通常表现为有限的人员伤亡和财产损失,一般不对环境造成影响;因此,对这类运输事故不予更多的讨论。

对运输有毒气体的车辆泄漏事故,因其排放总量小,只要人员及时撤离到一定的距离就可避免伤亡。对已排泄到空气中的有毒气体则无处理办法。

对环境风险最大的是有毒有害物质进入地表水体,尤其是敏感水体,因此对其应进行重点分析。

由于公路危险化学品运输的事故发生地点及污染物种类的不确定性,对其进行事故概率分析无实际意义,因此,不要求进行事故概率计算,而应着重对敏感路段防范措施和应急计划进行分析。

2.5 公路工程项目节能评价

2.5.1 概述

公路运输节能是指在完成相同运输生产任务的前提下,通过采取一定的措施,使能源的消耗量减少,其实质是提高能源利用效率,主要包括以下两方面:

(1) 建设期间的节能

公路建设期间的能源消耗是一次性投入,主要是人力、物力的大量投入,虽然存在着对能源的直接消耗,但其比例相对较小,节能潜力不大,因此本次节能评价暂不考虑此部分。

(2) 公路营运期间的节能

公路营运期间的能源消耗是一种长期的连续投入,主要体现在运输过程中各种公路运输工具的燃耗。随着公路交通的日益发展,汽车的燃油消耗越来越大,因此在建设大项目过程中进行运输燃油节约对国民经济具有很大的积极意义。

节能评价采用“有项目情况”和“无项目情况”对比的方法,将“无项目情况”下的汽车燃油消耗量减去“有项目情况”下的汽车燃油消耗量,即得出燃油节约量。

2.5.2 燃油消耗的因素分析

影响能源消耗的主要因素除汽车本身技术性能外,最主要的就是道路条件和交通条件两大因素。狭窄的道路和不畅的交通是汽车油耗猛增的主要原因。

根据调查,我国汽车的经济运费中,客车的燃油消耗占运营总成本的30%～35%,货车的燃油消耗占运营总成本的25%～35%,解放牌汽车的平均百千米油耗在20～60 L,高低相差达3倍多。

道路条件是指道路的平(纵)面线形、宽度、视野、路面平整度和附着力等。美国的研究表明:纵坡从6%降至3%,小汽车可节油20%,卡车可节油70%。日本对不同路面的研究结论是:卡车在高级、次高级路面上行驶比砂石路面节油30%～40%,这是因为在非高级路面上行驶时要克服较大的滚动阻力。

交通条件主要是指道路服务水平，包括混合交通情况、交通流大小及离散程度，行人及横向干扰程度，行车速度，以及交通设施的完善程度等。日本的研究表明，通畅的道路比拥挤的道路可节油 30%～40%。这主要是因为汽车以低速挡行驶时，节气门开度小，曲轴转速高，发动机在非经济状况下工作；在混合交通条件下，横向干扰大，停车、减速及加速使能量消耗增大，油耗增加。研究表明，汽车每次停车启动的汽油消耗的量相当于汽车多跑 180 m 左右。

2.5.3　节能评价的原则与方法

节能评价的主要原则与方法如下：

① 全面性：在评价过程中，不仅应考虑拟建项目的燃油节约，而且应考虑拟建项目所在路网中相关公路的燃耗变化。

② 采用“有无对比法”：通过“有项目情况”与“无项目情况”下燃油消耗的比较，计算燃油节约量。

③ 采用实物燃油量分析法：分析过程中直接计算燃油节约的实物量。

④ 车辆的单位燃耗按动态计算：单位燃耗是计算公路运输燃耗节能的关键参数，并考虑在公路营运期间随交通流等条件变化而变化。

⑤ 评价指标简单明了：考虑目前的实际状况，只考虑一个主要指标，即燃油节约总量。

1. 油耗模型

节能评价主要根据日本在高级路面条件下研究得到的“基本燃料消耗指数”，结合我国的代表车种与燃料消耗率关系，参考世界银行编制的《公路设计养护标准系列——发展中国家汽车运输成本》的研究成果，得出不同车种、不同车速在高级路面下的燃料消耗率，如表 2-1 所示。

表 2-1　燃油消耗指标表

平均速度/(km/h)	小客车		大客车		中小货车		大货车	
	燃料消耗率/(L/km)	指数	燃料消耗率/(L/km)	指数	燃料消耗率/(L/km)	指数	燃料消耗率/(L/km)	指数
5	0.208 3	292	0.714 3	329	0.365 0	300	0.769 2	331
10	0.166 7	233	0.555 6	256	0.284 1	234	0.588 2	253
15	0.138 9	195	0.454 5	209	0.232 6	191	0.476 2	205
20	0.119 0	167	0.384 6	177	0.198 0	163	0.400 0	172
25	0.106 4	149	0.333 0	153	0.176 1	145	0.344 8	148
30	0.096 2	135	0.294 1	135	0.159 0	131	0.312 5	134
35	0.088 5	124	0.270 3	124	0.146 0	120	0.277 8	119
40	0.083 3	117	0.250 0	115	0.136 1	112	0.263 2	113
45	0.078 7	110	0.238 1	110	0.128 0	105	0.243 9	105
50	0.075 8	106	0.227 3	105	0.123 0	101	0.238 1	102
55	0.073 5	103	0.222 2	102	0.121 5	100	0.232 6	100
60	0.071 9	101	0.217 4	100	0.122 0	100	0.235 3	101
65	0.071 4	100	0.222 2	102	0.121 5	100	0.232 6	100

表 2-1(续)

平均速度/(km/h)	小客车		大客车		中小货车		大货车	
	燃料消耗率/(L/km)	指数	燃料消耗率/(L/km)	指数	燃料消耗率/(L/km)	指数	燃料消耗率/(L/km)	指数
70	0.071 9	101	0.236 6	109	0.128 0	105	0.243 9	105
75	0.072 5	102	0.243 9	112	0.133 5	110	0.256 4	110
80	0.074 1	104	0.263 2	121	0.139 1	114	0.277 8	119
85	0.075 8	106	0.285 7	131	0.154 1	119	0.299 2	129

2. 项目建设后的油耗节约效益

新建项目的燃油节约主要包括以下内容：① 公路晋级节约；② 减少拥挤节约；③ 缩短里程节约。

(1) 公路晋级所产生的油耗节约

公路晋级燃油节约是指公路建设项目的实施，使得车辆单位里程的燃油消耗减少而节约的燃油量。其计算方法为：

$$B_1=(C_N-C_{00})\times L_N\times Q_N\times 365$$

式中 B_1——公路晋级的燃油节约量，L；

C_N——新建项目上的平均燃油消耗，L/(km·车)；

C_{00}——无本项目时，老路上的平均燃油消耗，L/(km·车)；

Q_N——新建项目上的年均日交通量，辆/日；

L_N——新建项目的里程，km。

(2) 老路减少拥挤所产生的消耗节约

无本项目时，原有相关公路的交通量不断增加，平均行车技术速度相应降低，停车次数增加。有此项目后，使原有相关公路部分交通量发生转移从而减少了拥挤，原应提高的单位燃油量不再提高，从而形成了节约。其计算方法为：

$$B_2=(C_{01}-C_{00})\times L_0\times Q_N\times 365$$

式中 B_2——减少拥挤所产生的燃油节约量，L；

C_{01}——建设项目后，老路上的平均燃油消耗，L/(km·车)；

C_{00}——无本项目时，老路上的燃油消耗，L/(km·车)；

L_0——老路的里程，km；

Q_N——建设项目后，老路上的平均日交通量，辆/日。

(3) 缩短里程而产生的节约

新建公路缩短了里程，从而直接节约了在新路上运行车辆的燃油消耗。其计算方法为：

$$B_3=(L_0-L_N)\times Q_N\times C_{01}\times 365$$

式中 B_3——缩短里程而产生的燃油节约量，L；

L_0——老路的里程，km；

L_N——新建项目的里程，km；

Q_N——新建设项目上的年均日交通量，辆/日；

C_{01}——不建本项目时，老路上的平均燃油消耗，L/(km·车)。

第 3 章　公路工程项目管理组织

3.1　项目管理组织基本理论

3.1.1　组织的概念

组织是指为了达到某些特定的目标经由分工与合作及不同层次的权力和责任制度而构成的人的集合。“组织”有两种含义:第一种含义是作为名词出现的,指组织机构,是指按一定的领导体制、部门设置、层次划分、职责分工、规章制度和信息系统等构成的有机整体,是社会人的结合形式,可以完成一定的任务;第二种含义是作为动词出现的,即组织行为,指通过一定的权力和影响力,为达到一定目标,对所需资源进行合理配置,处理人和人、人和事、人和物等各种关系的活动过程。组织的管理职能是通过两种含义的有机结合而实现的。

组织有以下三个特征:

(1) 组织必须有目标

目标是组织的愿望与外部环境相结合的产物。任何组织都是为目标而存在的,不论这种目标是明确的还是隐含的,目标是组织存在的前提。

(2) 拥有资源

资源是组织实现有效运作的必要条件,组织拥有的资源主要包括人、财、物、信息和时间。人力资源是组织的最大资源,是组织存在的前提,也是组织创造的源泉。财力资源主要是指资金,有了资金组织才能实现运作。物力资源是指组织存在所需的硬件设施,包括办公用房、办公设施等。信息资源是现代社会非常关键的资源,信息就是生产力,它可以辅助进行决策。时间资源具有不可重复性、不可再生性和不可替代性,是最稀缺的资源。

(3) 具有不同层次的权力和责任结构

权力和责任是达成组织目标的必要保证,权责结构要层次清晰,有明确的承担者,责权利对等,只有这样才能实现组织的有效运转。

3.1.2　组织的职能

组织职能是项目管理的基本职能之一,目的是通过合理设计职权关系结构来实现各方面的工作协调一致。项目管理的组织职能包括:

(1) 组织设计。包括选定一个合理的组织系统,划分各部门的权限和职责,确立各种基本的规章制度,确定生产指挥系统组织设计、职能部门组织设计等。

(2) 组织联系。规定组织机构中各部门的相互关系,明确信息流通和信息反馈的渠道,及其协调原则和方法。

(3) 组织运行。按分担的责任完成各自的工作,规定各组织体系的工作顺序和业务管理活动的运行过程。组织运行要抓好人员配置、业务交流和信息反馈三个关键问题。

(4) 组织行为。运用行为科学、社会学及社会心理学原理来研究、理解和影响组织中人的行为、言语、组织过程、管理风格及组织变更等。

(5) 组织调整。根据工作的需要、环境的变化,分析原有的项目组织系统的缺陷、适应性和有效性,对原组织进行调整和重新组合,包括组织形式的变化、人员的变动、规章制度的修订或废止、责任系统的调整及信息流通系统的调整等。

3.1.3 组织的结构

组织结构,是组织内部构成和各个组成单位所确立的较为稳定的相互关系和联系方式。组织结构应包括:确定组织正式关系和职责的形式;确定向组织的各个部门或个人分派任务和各种活动的方式;确定协调各项分类活动或任务的方式;确定组织中权力、地位和等级的关系。

组织结构主要包括直线型、职能型、矩阵型和动态网络型。

1. 直线型组织结构

直线型组织结构来源于军事组织系统,我国传统的组织结构就属于直线型。在该类组织结构中,领导关系按垂直系统建立,不设立专门的职能机构,自上而下形同直线,所有的命令源都是唯一的,每一个工作部门只能对其直接的下属下达命令,不能超越级别进行指挥,同时任何一个工作部门也只有一个直接的上级部门。如图 3-1 所示。

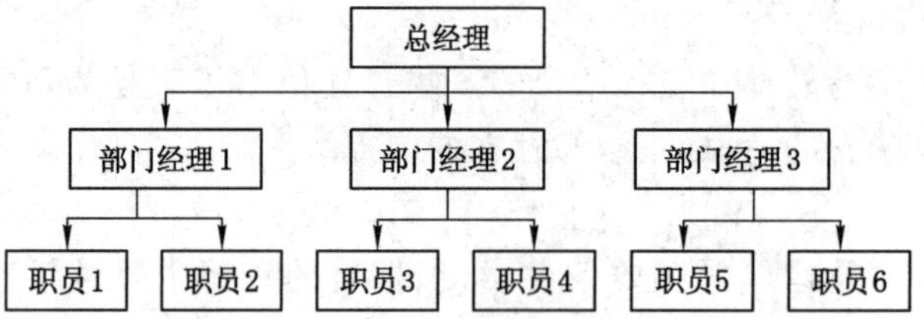

图 3-1 直线型组织结构图

从该结构中可以看出,该类型组织结构的优点是:结构简单,指挥系统清晰、统一;责权关系明确;横向联系少,内部协调容易;信息沟通迅速,解决问题及时,管理效率比较高。缺点是:缺乏专业化的管理分工,没有职能部门当领导的参谋;缺乏横向的协调关系,不同工作部门之间横向协调联系困难。

直线型组织结构适用于技术较为简单、业务单纯、规模较小的企业。

2. 职能型组织结构

又称多线型组织结构。其特点是采用按职能分工实行专业化的管理办法来代替直线型的全能管理者,将专业职能紧密联系的业务活动归类组合到一个部门,各职能部门在分管业务范围内直接指挥下属,如图 3-2 所示。

优点:① 管理工作分工较细,专业化程度高;② 吸收专家参与管理,可减轻上层管理者的负担,且专家可同时被不同项目使用;③ 职能部门可作为保持项目技术连续性的基础,在人员使用性上有较大连续性;④ 职能部门可为本部门专业人员提供正常晋升途径。

缺点:① 政出多门,命令源多,不利于组织的集中领导和统一指挥;② 各职能机构往往侧重本部门工作,不能很好相互配合;③ 过分强调专业化,对于技术复杂的项目通常需要多

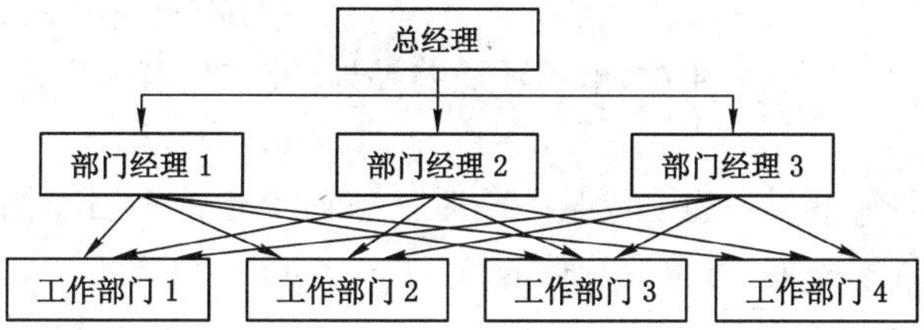

图 3-2　智能型组织结构图

个部门合作，跨部门之间的沟通和交流成本高；④ 由于项目与客户之间存在多个管理层次，因此对客户的要求响应迟缓。

职能型组织结构虽然突破了直线型组织结构指挥链的单一性，但是也因政出多门而在没有比较有效的约束情况下，下级部门会对工作有所懈怠，因此一般适用于规模较小的建设工程项目。

3. 直线职能制

直线职能制是一种以直线制结构为基础，在厂长(经理)领导下设置相应的职能部门，实行厂长(经理)统一指挥与职能部门参谋、指导相结合的组织结构形式。直线职能制是一种集权与分权相结合的组织结构形式。

特点：厂长(经理)对业务和职能部门均实行垂直式领导，各级直线管理人员在职权范围内对直接下属有指挥和命令的权力，并对此承担全部责任。职能管理部门是厂长(经理)的参谋和助手，没有直接指挥权，它与业务部门的关系只是一种指导关系，而非领导关系。

优点：既能保证统一指挥，又可以发挥职能管理部门的参谋、指导作用。

缺点：各职能单位自成体系，不重视信息的横向沟通，工作易重复，造成效率不高；若授权职能部门权力过大，则容易干扰直线指挥命令系统；职能部门缺乏弹性，对环境变化的反应迟钝；可能增加管理费用。

适用范围：直线职能制目前仍被我国绝大多数企业采用；但从其特点上看，它适用于规模中等的企业，随着规模的进一步扩大，将倾向于更多的分权。

4. 事业部制

事业部制也称分权制结构，是一种在直线职能制基础上演变而成的现代企业组织结构。事业部制结构遵循“集中决策，分散经营”的总原则，实行集中决策指导下的分散经营，按产品、地区和顾客等标志将企业划分为若干相对独立的经营单位，分别组成事业部。各事业部可根据需要设置相应的职能部门。

事业部制是欧美、日本大型企业所采用的典型的组织形式，有时也称之为“联邦分权化”，因为它是一种分权制的组织形式。“斯隆模型”就是事业部制组织结构形式。

优点：权力下放，有利于管理高层人员从日常行政事务中摆脱出来，集中精力考虑重大战略问题。各事业部主管拥有很大的自主权，有助于增强其责任感，发挥主动性和创造性，提高企业经营适应能力。各事业部集中从事某一方面的经营活动，实现高度专业化，整个企业可以容纳若干经营特点有很大差别的事业部，形成大型联合企业。各事业部经营责任和权限明确，物质利益与经营状况紧密挂钩。

缺点：容易造成机构重叠，管理人员膨胀；各事业部独立性强，考虑问题时容易忽视企业整体利益。

适用范围:规模大、业务多样化、市场环境差异大、要求具有较强适应性的企业。

5. 矩阵制

矩阵制由职能部门系列和为完成某一临时任务而组建的项目小组系列组成,它的最大特点在于具有双道命令系统,如图 3-3 所示。

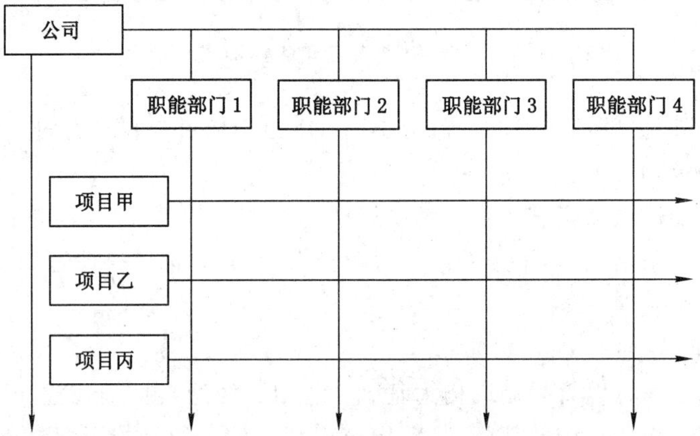

图 3-3 矩阵型组织结构图

矩阵型组织结构中,职能部门是永久性的,是隶属于公司的职能部门,而项目部是临时的,是针对特定的建设工程项目设立的临时、一次性组织。公司职能部门经理对本部门人员进行调配,以适应项目部相应岗位人员的需要,由项目部的项目经理与项目组织的职能人员在横向上有效地组织在一起,协同工作。

优点:将企业横向、纵向进行了很好的联合;能在不增加人员的前提下,将不同部门专业人员集中起来;较好地解决了组织结构相对稳定与管理任务多变之间的矛盾;实现了企业综合管理与专业管理的结合。

缺点:组织关系比较复杂,当组织中的信息和权力等资源不能共享时,项目经理与职能部门经理之间会因为人力资源的不平衡而发生矛盾,组织成员之间也会产生任务分配不均、权责不统一的问题。

为了克服项目部成员是服从项目经理还是职能部门经理指挥的矛盾,在传统的矩阵型组织结构基础上,又延伸出以横向指令为主的矩阵型组织结构(职员优先保证项目经理指令)和以纵向指令为主的矩阵型组织结构(职员优先保证职能部门经理指令)。

矩阵型组织结构根据其特点和优势,运用在大型的工程建设项目中。

6. 新型组织结构模式

多维立体组织结构:矩阵组织与事业部式的有机结合;产品利润中心、专业成本中心与地区利润中心组成产品事业委员会。

模拟分权组织结构:大型联合企业中相对独立的部门;拥有生产经营自主权;模拟性的盈亏责任。

动态网络型组织结构:以项目为中心,通过与其他组织建立研发、生产制造和营销等业务合同网络,有效发挥核心业务专长的协作组织。

企业集团:企业集团的职能机构。依托型组织职能机构——主体企业的职能机构兼任;独立型组织职能机构——独立的专门职能机构;智囊型及业务公司和专业中心——决策咨询委员会、战略研究部或信息公司;非常机构——临时性工作机构(临时团队)。

3.2　公路工程项目管理组织

3.2.1　公路工程项目管理组织定义

公路工程项目管理组织是指为了完成特定的公路工程项目的目标而建立起来从事具体公路工程项目工作的群体,具有临时性和一次性的特征。公路工程项目管理组织可以从狭义和广义的角度来理解。

1. 狭义的工程项目管理组织

狭义的工程项目管理组织是指公路工程项目的阶段性管理工作中的管理组织,主要是由业主或者业主委托指定的负责整个工程管理的项目公司、项目办(公室)、项目经理部(项目管理小组),一般按项目管理职能设置职位(部门),按项目管理流程完成属于自己管理职能的工作。

业主、项目管理公司、承包商、设计单位、供应商都有自己的项目经理部和人员,因此公路工程项目管理的组织是分具体的对象的,这些组织之间是通过各种关系,有各种管理工作、责任和任务的划分,形成项目总体的管理组织系统。

2. 广义的公路工程项目管理组织

广义的公路工程项目管理组织包括各种工作承担者、单位、部门组合起来的群体,有时候还会包括为项目提供服务或者与项目存在某些关系的部门,如政府机关、鉴定部门等。广义的工程项目管理组织受项目系统结构限定,按项目工作流程(网络)进行工作,其成员各自完成规定的任务和工作。

工程项目管理组织可以视为一个大的系统,该系统不仅包括建设管理单位本身的组织系统,还包括各参与方(咨询、设计、施工单位等)共同或分别建立的针对该工程项目的组织系统。

3.2.2　公路工程项目管理的特征

公路工程项目管理组织的建立和运行符合一般的组织原则和规律,具有自身的特征:具有明确的目的性;具有目标多元性和统一性;具有一次性和临时性;建设工程项目组织和企业组织之间的关联性;建设工程项目组织关系的多样性;具有弹性和可变性;具有开放性。

3.3　公路工程项目管理组织类型

公路工程项目管理组织的类型主要包括:工程建设指挥部式组织结构、项目公司式(项目法人式)组织结构、CM(construction management)式组织结构、PM(project management)式组织结构、PMC(project management construction)式组织结构、代建制组织结构等。

3.3.1 工程建设指挥部式组织结构

工程建设指挥部式组织结构是我国计划经济体制下大中型工程建设项目管理所采用的一种基本组织模式，它主要是以政府派出性质的工程建设指挥部形式对项目建设进行管理和监督。

工程建设指挥部一般在前期工作阶段先成立项目筹建处，在工程开工前正式组建。指挥部由项目主管部门从本行业、本地区所管辖的单位中抽调专门人员组成。对一些投资规模式、协作关系复杂的大型项目，在指挥部之上还要成立由中央部门和地方主要领导参加的项目建设领导小组。少数特大型项目，由国务院派出代表，与各有关部门、各有关地方的主要领导共同组成高层次的项目建设领导小组。

工程建设指挥部全面负责从项目建设前期工作直至投产验收的组织管理工作。其主要职责是：贯彻执行国家有关投资与建设的方针、政策、法规、规范和标准，按照国家计划和批准的设计文件组织工程建设，统一领导、指挥参加工程建设的各有关单位，确保建设项目在国家核定的投资范围内，保质、保量、按期建成投产，发挥效益。

由于工程建设指挥部是政府主管部门的派出机构，又有各方面主要领导组成的领导小组的指导与支持，因此在行使建设单位的职能时有较大的权威性，指挥部可以依靠行政手段协调各方面关系，有效解决征地、拆迁等外部协调难题，调配项目建设所需要的设计、施工队伍和材料、设备等，特别是在建设工期要求紧迫的情况下，能够迅速集中力量，加快工程建设进度。实践证明，工程建设指挥部负责制这种管理模式在我国工程建设史上发挥了巨大的作用。

但同时应看到，这种采用纯行政手段来管理工程建设活动的模式也存在着以下弊端：

(1) 工程建设指挥部不是一个独立的经济实体，缺乏明确的经济责任制。政府对工程建设指挥部没有严格、科学的经济约束，指挥部拥有投资建设管理权，却对投资的使用和回收不承担任何责任。也就是说，作为管理决策者，却不承担决策风险。

(2) 工程建设指挥部是一个临时组建的机构，并非专业化、社会化的管理机构，人员的专业素质难以保证。而当他们在工程建设过程中积累了一定经验之后，又随着项目的建成投产而转入其他工作岗位，难以培养专门的项目管理人才，导致工程建设的管理总在低水平上徘徊。

(3) 工程建设指挥部管理模式基本上采用行政管理的手段，过于强调管理的指挥职能，忽视了客观经济规律的作用和合同手段。

3.3.2 项目公司式(项目法人)组织结构

项目公司比较常见的是在 BOT(build-operate-transfer，建设-经营-转让)模式中，为了特定的工程建设项目而成立项目公司，由其负责该项目的生产、建设和运营等项目事宜。项目公司是适应我国社会主义市场经济体制的一种新型组织，在建设项目的建设阶段成立针对性的项目公司，并由该项目公司负责整个项目的策划、资金筹措、组织建设实施、生产经营、偿还以项目资产为条件的债务，确保建设项目的资产增值保值。项目公司的组织结构如图 3-4 所示。

项目公司的主要职责包括：① 组建项目公司在现场的建设管理机构；② 编制工程建设

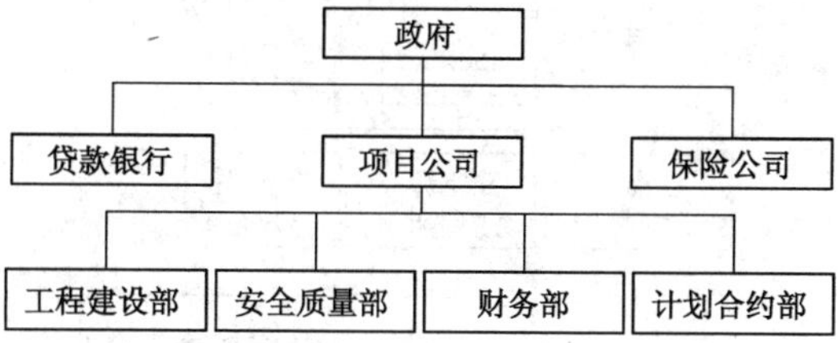

图 3-4　项目公司组织结构图

计划和建设资金计划；③ 对工程质量、进度和资金等进行管理；④ 协调项目的外部关系；⑤ 对项目的筹划、融资、人事任免、招标投标、建设实施直至市场经营、债务偿还、资产保值增值实施全过程管理。项目公司按照国家有关规定享有充分的法人自主权。

3.3.3　CM 式组织结构

CM 式组织结构是建设管理型组织机构，其根本出发点是为了缩短工期，一般采用"快速路径法"施工，又称为阶段施工法，即"设计一部分、招标一部分和施工一部分"的方法，实现设计与施工的充分衔接，进而缩短整个建设工期。

CM 组织结构有两种形式，一种是代理型 CM 模式，一种是风险性 CM 模式。

代理型 CM 模式中，CM 单位作为业主的咨询单位或者代理机构，业主与 CM 经理之间签订的合同是采用固定成本加管理费的类型，业主在工程建设各个阶段和各承包商签订合同，在施工阶段和施工单位签订施工合同。由于 CM 经理是代理型的，他对设计单位没有指令权，只能向设计单位提出一些合理化建议。代理型 CM 式组织结构图如图 3-5 所示。

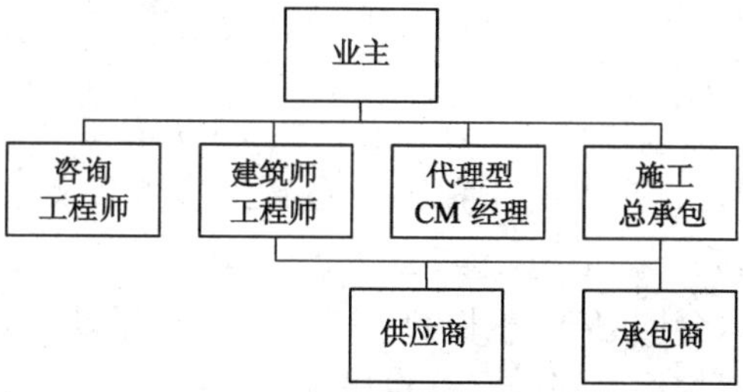

图 3-5　代理型 CM 式组织结构图

风险型 CM 方式中，CM 经理承担施工总承包的角色，业主通常会要求 CM 经理对承包的工程提出一个最大的工程费用(guaranteed maximun price，简称 GMP)，以保证业主的投资最高额，当工程建设全部结束后，工程的结算超过 GMP 时，则由 CM 单位(或 CM 经理所在单位)对超出额进行赔偿，即由 CM 单位(或 CM 经理所在单位)对超出的部分进行支付，如果最后的工程结算额低于 GMP，则多出的部分归业主所有，即节约的投资归业主所有。风险型 CM 式组织结构图如图 3-6 所示。

CM 组织结构的优点主要有：

(1) 设计的可施工性较好，施工效率高。因为在项目初期就雇佣了 CM 单位(或 CM 经理)，可以在项目初期发挥其施工经验和管理技能，协调设计单位做好设计工作，使设计具有可施工性。

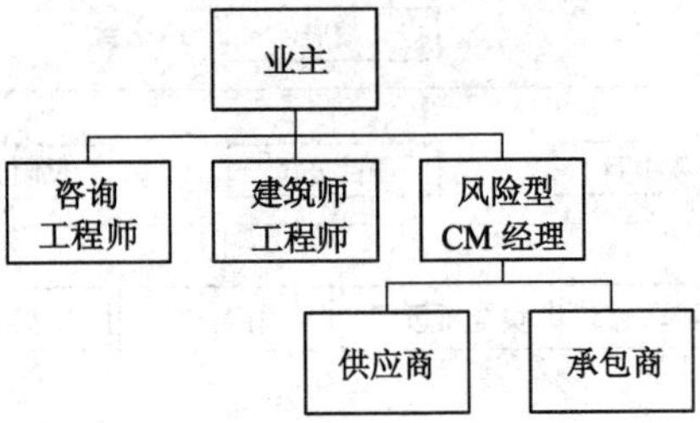

图 3-6　风险型 CM 式组织结构图

(2) 采用快速路径法施工，施工工期短。

(3) 一旦设计得到业主的同意和政府部门的批准，就可以施工，施工工作可以提前进行，缩短总的工期。

(4) 在设计阶段引入 CM 经理，在设计中采用可施工性的建议，减少了设计方和施工方的对立，改善了交流渠道，提高了效率。

(5) 项目可以提前完工，业主可以提前运营并收回投资。

(6) 在 CM 组织结构中，实现了业主对项目的直接控制。

CM 组织结构的缺点主要体现在以下几个方面：

(1) 风险较大，在招投标选择承包商的阶段，工程全部设计尚未完全完成，工程项目的整体费用不明确，业主无法对整个工程建设项目的费用有全局的控制概念。

(2) 设计单位要承受来自业主和 CM 单位(CM 经理)甚至是承包人的压力，在工程实施过程中特别是设计阶段如果协调得不好，则设计的质量和进度都会受到影响。

3.3.4　PM 式组织结构

PM 式组织结构是指项目管理公司按照合同约定，在工程项目决策阶段，为业主编制可行性研究报告，进行可行性研究和项目策划；在建设工程项目实施阶段，为业主提供招标代理、设计管理、采购管理、施工管理和试运行(竣工验收)等业务，代表业主对建设工程项目进行质量、进度、投资、安全、合同、信息等控制和管理。项目管理公司外包的是业主的工程项目管理任务，因此，它一般按照合同约定承担相应的管理责任。项目管理式组织中各方关系如图 3-7 所示。

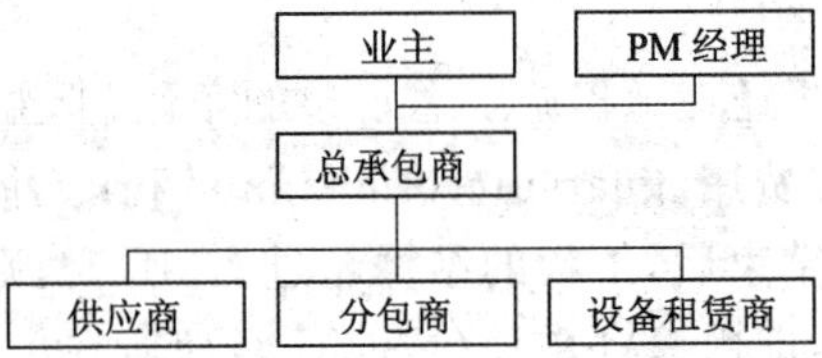

图 3-7　PM 式组织结构图

3.3.5　PMC 式组织结构

PMC 式组织结构是指项目管理承包商代表业主对建设工程项目进行全过程、全方位的项目管理，包括进行工程的整体规划、项目定义、工程招标、选择设计、施工、试运行，并对工程进行全面管理。PMC 是业主机构的延伸，从定义阶段到投产全过程的总体规划和计划的执行对业主负责，PMC 结构的目标和利益保持与业主一致。PMC 式组织结构如图 3-8 所示。

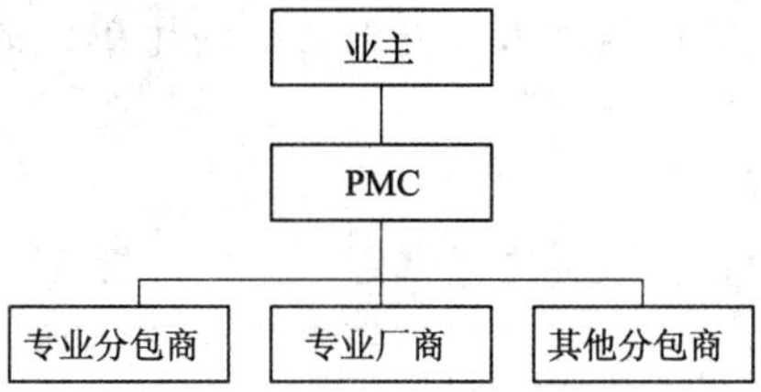

图 3-8　PMC 式组织结构图

3.3.6　代建制组织机构

代建制是指政府通过招标的方式，选择专业化的项目管理单位负责项目的投资管理和建设组织实施工作，项目建成后交付使用单位的制度。代建制组织机构如图 3-9 所示。

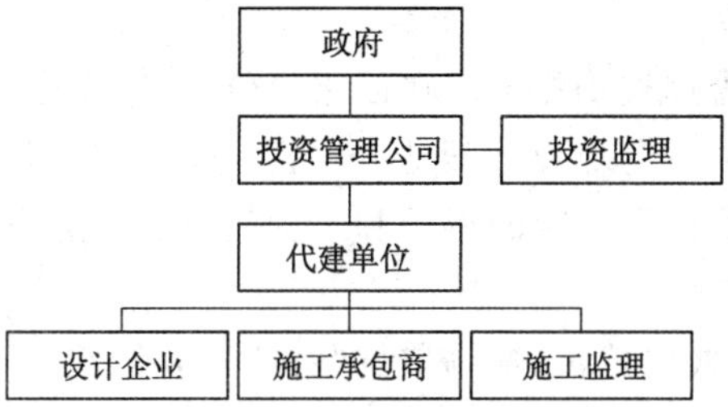

图 3-9　代建制组织结构图

代建制的起源是美国的 CM 项目管理模式，后来又演化成为有风险的施工代理和代建人模式。

代建制是对我国政府投资的非经营性建设项目管理模式进行市场化改革的重要举措。由政府选择有资质的项目管理公司，全面负责建设工程项目全过程的组织管理，促使政府投资工程投资、建设、管理、使用的职能分离，通过专业化的项目管理最终达到控制投资、提高投资效益和管理水平的目的。

目前我国使用的代建制主要有三种形式。

1．“委托代理合同”模式

在政府投资主管部门下面，设立具有法人资格的建设工程“项目法人”，或者指定一个部门作为“项目业主”，由“项目法人”（或“项目业主”）采用招标投标方式选定一个工程管理公司作为“代建单位”，再由“项目法人”（或“项目业主”）作为委托方，与“代建单位”（受托方）签订“代建合同”。

此“委托代理合同”模式的实质，是委托代建单位对项目工程建设施工进行专业化组织管理，并代理委托方采用招标方式签订建设工程承包、监理、设备采购等合同。

特点：项目建成后的“使用单位”不是“合同当事人”；项目投资资金的管理权仍然掌握在投资人（“项目法人”“项目业主”）的手中。

优点：可以实现防止公共工程招标中的腐败行为和对公共工程建设的专业化管理的政

策目的,尤其在项目工程的使用单位或者管理单位尚不存在的情形,适于采用此模式。

缺点:相当于政府投资主管部门自己作为建设单位“包揽”项目工程建设,然后将项目工程“分配”(“划拨”)给使用单位,将“政府投资”变成了“公房分配”,不符合改革政府投资体制的政策目的;使用单位不是“合同当事人”,难以发挥使用单位的积极性,甚至使用单位不予协助、配合,增加工程建设中的困难。

2.“指定代理合同”模式

政府投资主管部门采用招标投标方式选定一个项目管理公司作为代建单位,由作为“代理人”的该代建单位,与作为“被代理人”的使用单位签订“代建合同”。

“指定代理合同”模式的实质:是政府投资主管部门指定代建单位作为使用单位的代理人,对项目工程建设施工进行专业化组织管理,并代理使用单位采用招标方式签订建设工程承包、监理、设备采购等合同。

特点:投资人(“政府投资主管部门”)不是“合同当事人”;投资和资金的管理权掌握在使用单位手中。

优点:可以实现防止公共工程招标中的腐败行为和实现公共工程建设的专业化管理的政策目的。

缺点:投资和资金的管理权仍然掌握在使用单位手中,实际上未对现行投资体制进行任何改革;投资人(“政府投资主管部门”)不是“合同当事人”,政府投资主管部门在选定代建单位后,实际上不可能对项目投资资金的运用和工程建设施工进行有效监督。

3.“三方代建合同”模式

政府投资管理部门与代建单位、使用单位签订“三方代建合同”。

“三方代建合同”,除规定代建单位的权利、义务和责任外,还明确规定政府主管部门的权利和义务:对代建单位(受托人)的监督权、知情权;提供建设资金的义务。

“使用单位”的权利和义务:对代建单位(代理人)的监督权、知情权,对所建设完成的工程和采购设备的所有权;协助义务、自筹资金供给义务。

优点:可以发挥三方当事人的积极性,实现三方当事人的相互制约;可以防止公共工程招标中的腐败行为,实现对公共工程建设施工和项目投资资金的专业化管理,保证工程质量和投资计划的执行,实现政府投资体制改革的政策目的。

缺点:设计的“可施工性”较差,设计时很少考虑施工采用的技术、方法、工艺和降低成本的措施,施工阶段的设计变更多,导致施工效率降低,进度拖延,费用增加,不利于业主的投资控制及合同管理;设计单位与承包商之间相互推诿责任,使业主利益受到损害;建设周期长,按设计—招标—施工的建设方式循序渐进,业主在施工图设计全部完成后组织整个项目的施工发包,中标的总包商再组织进场施工。

3.4 公路项目管理组织结构的选择

公路工程建设项目组织结构的选择主要取决于工程项目的复杂程度、工程成本的早期明确程度、建设进度,以及业主参与施工活动的程度和设计人员参与工程管理的程度,当然采用何种管理组织也与业主的偏好有很大的关系。

1. 工程项目的复杂程度

对于复杂程度不同的项目，可以选择不同的管理组织结构。对于较为复杂的项目，可以考虑采用CM组织结构形式，此时CM管理承包商处于独立地位，与设计方和施工方均没有利益关系，更加专注于组织协调。PMC模式适合于投资额度大且存在相当复杂工艺技术的项目，或者由于某种原因业主感到凭借自身资源和能力难以完成，需要寻找有经验的PMC组织来代替业主完成项目管理。

2. 项目成本的早期明确程度

建设项目一般投资较大，建设周期较长，各方面的风险因素较多，使得建设工程项目的成本一直不具备确定性。CM模式是由一系列的合同组成的，随着工作的推进，建设工程成本才会不断明确。PMC模式中，合同总价一般控制在规定的范围内。公路工程中，一般采用定额编制概预算，成本较为明确，但在建设过程中由于存在材料涨价、施工风险等因素，往往最后的竣工决算超出最初的概算值。

3. 工程项目的建设进度

传统的建设项目管理模式，包括目前大部分公路建设项目，一般均在施工设计图纸出来之后再进行施工单位招标，虽然稳妥，但进度较慢。CM模式采取快速路径进行，建设进度最快，可以保证工程快速施工，实现设计与施工的高水平衔接。PMC模式中，绝大部分项目管理工作由项目管理承包商承担，即PMC组织作为业主的代表或业主的延伸。

4. 业主参与施工活动的程度

在项目管理模式中，业主可以聘用社会专业力量进行招标、造价咨询等管理工作，参与施工管理活动的深浅程度不同。CM模式中，一般没有施工总承包商，业主与多个施工单位签订施工承包合同，聘请施工管理承包商协助业主进行施工管理，但业主必须适当介入施工活动。PM模式中，业主聘请项目管理公司作为顾问，承担部分施工管理工作。PMC模式中，业主聘请管理承包商作为业主代表或业主的延伸，对项目进行集成化管理。

5. 设计人员参与工程管理的程度

传统的项目管理模式中，设计人员参与工程管理的程度不高。CM模式中，设计工作与工程管理彻底分离，设计人员虽然作为项目管理的重要参与方，但工程管理的工作由施工管理承包商来承担，施工管理承包商要求设计人员在适当的时间提供设计文件，完成工程建设。PMC模式中，设计人员在PMC组织和安排下，完成基础设计任务，并交由PMC审查，详细设计可由PMC组织选定的总承包商来完成。

3.5 项目经理

项目经理是企业法定代表人在承包的工程施工项目上的委托代理人，是一个岗位性职务。项目经理应根据企业法定代表人授权的范围、时间和内容，对建设工程项目自开工准备至交竣工验收，实施全过程、全面管理。

项目经理的任务与职责主要包括：一是保证项目按照规定的目标按期优质完成；二是保证各生产要素在项目经理授权范围内最大限度地优化配置。

根据所属单位，项目经理可分为业主项目经理、咨询机构项目经理、设计单位项目经理、施工单位项目经理和监理单位项目经理等。

3.5.1 项目经理责任制

1. 项目经理责任制的定义

项目经理责任制就是将项目经理统一领导、全面负责的组织管理形式作为项目管理的一种制度。项目经理责任制的主体是项目经理个人全面负责、项目经理部集体承包，其重点是管理。

项目经理的工作内容根据项目管理目标责任书确定，目标责任书主要包括：企业各业务职能部门与项目经理部之间的关系；项目经理部使用作业队伍的方式，项目所需材料、机械设备的供应方式；项目应达到的进度目标、质量目标和成本目标等；在企业制度规定以外的，由法定代表人向项目经理委托的事项；企业对项目经理部人员进行奖惩的依据、标准、办法及应承担的风险；项目经理解职和项目经理部解体的条件及方法。

项目经理责任制具有对象单一、主体直接、内容全面等特点，实行经理负责、全员管理、集体承包、风险抵押、单独核算、自负盈亏的目标管理制度，职责明确，形成合理的责、权、利体系，有利于从行政指令式的管理方式向经济合同制的管理方式转变，有利于优化组织结构，采用弹性矩阵式的组织形式，有利于强化项目意识，树立项目的权威性，提高效率，保证项目的顺利实施。

2. 项目经理责任制的考核评价

项目经理责任制的考核可以采取按年度或工程进度进行阶段性考核评价或全面的终结性考核评价。

考核评价的内容一般包括：完成工程施工合同、经济效益、回收工程款、执行承包人各项管理制度、各种资料的归档等情况，以及项目管理目标责任书中其他要求内容的完成情况。终结性考核的内容应包括：确定阶段性考核成果，确认项目管理的最终结果，确认项目经理部是否具备解体条件。

3.5.2 项目经理的执业资格

项目经理是行政职务，也是岗位职务。建造师是从事建设工程管理包括项目管理的专业技术人员的执业资格。按照规定，必须参加建造师执业资格考试并合格的人员才能被称为建造师。获得建造师执业资格的人员，必须经过注册之后才可以担任工程项目经理职务。一级注册建造师可以担任《建筑企业资质等级标准》中规定的特级、一级建筑企业可以承担的建设工程项目施工的项目经理；二级注册建造师只能担任二级及以下建筑企业可以承担的建设工程项目施工的项目经理。具备注册建造师执业资格的人员是否担任项目经理由企业决定，但是项目经理必须由具备建造师资格的人员来担任。

第 4 章　公路工程项目融资与建设

4.1　公路工程项目建设融资概述

随着我国经济的发展，在未来的十几年、二十几年甚至更长的时期内，我国的基础设施、公用事业的建设和发展存在着巨大的资金压力，传统的完全依赖于政府的投资是不可能实现的，迫切需要采用其他的投融资方式，而特许经营项目融资就是最适合公路等基础设施和公用事业建设的方式之一，在全世界特别是发展中国家中得到了广泛的推广和应用。

我国自 20 世纪 90 年代以来，即开始尝试使用特许经营项目融资特别是 BOT(build-operate-transfer，建设—经济—转让)模式的应用，经过十几年的实践，相关的法规政策也有了很大的发展和完善，对项目融资的应用也有很大促进。2004 年 7 月 16 日发布的《国务院关于投资体制改革的决定》(国发〔2004〕20 号)明确进一步深化投资体制改革，确立企业的投资主体地位。2006 年 10 月 25 日国务院通过了《关于鼓励和规范我国企业对外投资合作的意见》，更是对我国企业到境外应用特许经营项目融资参与基础设施和公用事业项目、促进对外承包向高水平发展、更好地实施"走出去"战略有很大的促进作用。

4.1.1　项目融资的定义

项目融资可以分为广义和狭义两种。广义的项目融资是指为特定项目的建设、收购及债务重组进行的融资活动，即"为项目融资"，也即债权人(银行等)对借款人(项目法人公司)抵押资产以外资产有 100%追索权的融资活动。狭义的融资，即通过该项目的期望收益或现金流量、资产和合同权益来融资的活动，也即债权人对借款人抵押资产以外资产没有追索权或仅有有限追索权的融资活动。

由于狭义的项目融资最适用于基础设施、公用事业或自然资源开发项目，而这些项目往往都需要政府的特许授权，因此，狭义项目融资也常常称作"特许经营项目融资"，这也是本章要阐述的项目融资。

项目融资是一种无追索权或有限追索权的融资或贷款。《美国财会标准手册》中对其的定义是："项目融资是指对需要大规模资金的项目而采取的金融活动。借款人原则上将项目本身拥有的资金及其收益作为还款资金来源，而且将其项目资产作为抵押条件来处理。该项目事业主体的一般性信用能力通常不被作为重要因素来考虑。这是因为其项目主体要么是不具备其他资产的企业，要么对项目主体的所有者(母体企业)不能直接追究责任，两者必居其一。"

项目融资与传统融资/企业融资的比较见表 4-1。

表 4-1 项目融资与传统融资/企业融资的比较

要素	项目融资	传统融资/企业融资
融资基础	项目收益/现金流量	债务人/发起人的资产和信用
追索程度	有限追索(特定阶段或范围内)或无追索	完全追索(用抵押资产以外的其他资产偿还债务)
风险分担	所有参与者	集中于发起人/债权人/担保者
资本金和贷款比例(本贷比)	发起人出资比例较低(通常小于 30%),杠杆比率高	发起人出资比例较高,通常为 30%~40%
会计处理	资产负债表外融资,债务不出现在发起人(母公司)的资产负债表上,仅出现在项目公司(子公司)的资产负债表上	项目债务是发起人债务的一部分,出现在其资产负债表上,即合并财务报表

4.1.2 项目融资的适用范围

是否采用项目融资,很大程度上取决于项目本身的性质,包括技术复杂性、收费难易程度、生产或消费的规模及设施规模等。对于政府而言,最为关注应用该模式能否提高项目的建设和运营效率。

从目前采用项目融资开展的项目来看,特许经营主要适用于自然资源开发、基础设施和公共服务设施项目,按照融资难易排序如下:

(1) 机场、港口;

(2) 铁路、地铁;

(3) 公路、(城市)隧道或桥梁;

(4) 通信;

(5) 电厂、供水或废水(物)处理;

(6) 自然资源开发,如采矿(油、气)及其加工处理或输送储存设施等。

除了上述项目,项目融资对大型制造业(如轮船、飞机、大型武器等)也适用。在发达国家,项目融资已经应用于公共服务设施,如学校、医院、文化体育、政府办公楼、路灯路标,甚至监狱等,由民营公司融资、建设,提供硬件服务,由公共部门使用。与目前典型的 BOT 模式不同的是,该模式中更多的是由政府根据项目公司提供的硬件服务的质量向项目公司付费而不是由公众消费者直接付费,这样既可以保证公用事业公益性服务和社会目标的实现,又可以把商业性的事业交给民营企业高效率运作,实现政府和企业的双赢。

4.1.3 项目融资过程

融资项目过程一般分为四个阶段:准备阶段、招标阶段、融资阶段和实施阶段。每个阶段又可进行细分,其中融资阶段又可分为融资决策、融资结构、融资谈判和融资执行,详见图 4-1。

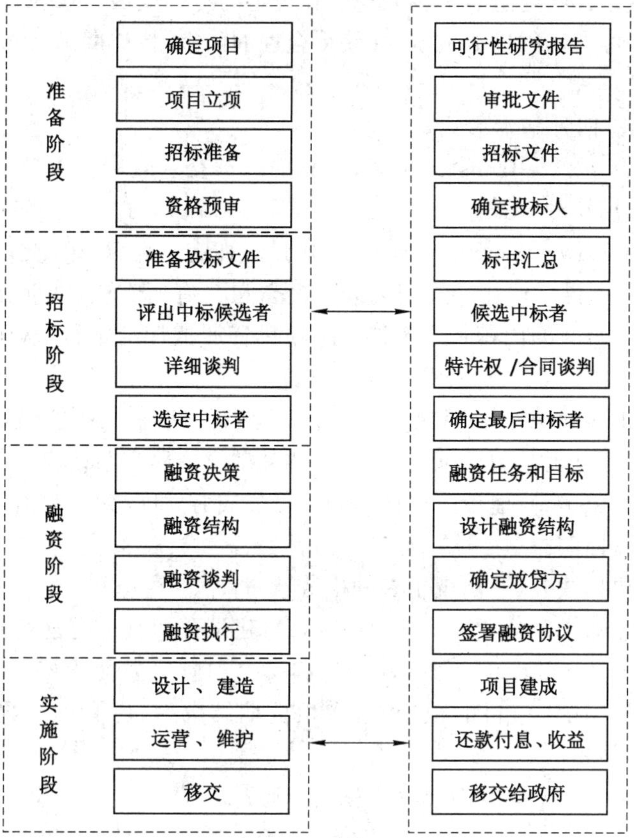

图 4-1　项目融资的一般过程

4.2　公路工程项目建设融资的模式

4.2.1　BOT 模式

1. BOT 定义

BOT 模式是一种典型的特许经营项目融资模式。关于其定义,不同的机构略有不同。

世界银行:政府给某些公司新项目建设的特许权,私营合伙人或某国际财团愿意自己融资、建设某项基础设施,并在一定时期内经营该设施,然后将此设施交给政府部门或其他公共机构。

亚洲开发银行:项目公司计划、筹资和建设基础设施项目;经所在国政府特许在一定时间经营项目;特许期到期后,项目资产所有权移交给国家。

国家发展和改革委员会:政府部门通过特许权协议,在规定的时间内,将项目授予外商或民企为特许权项目成立的项目公司,由项目公司负责项目的投融资、建设、运营和维护,特许期满后,项目公司将特许项目无偿移交给政府部门。

总的来说,BOT 是指政府通过特许权协议,授权第三方进行项目(主要是基础设施和自然资源开发)的融资、设计、建造、经营和维护,在规定的特许期内向该项目的使用者收费,以此回收项目的投资、经营和维护等成本,并获得合理的回报,特许期满后将项目移交给政府。

2. BOT 的基本形式

BOT 最常用的有四种基本形式:

(1) BOT(build-operate-transfer):建设—运营—移交。政府授予项目公司建设新项目的特许权时,通常采用这种方式。

(2) BOOT(build-own-operate-transfer):建设—拥有—运营—移交。这种方式明确了BOT 方式的所有权,项目公司在特许期内既有经营权又有所有权,从而允许项目公司为了融资在一定范围和一定时期内等一定条件下将项目资产抵押给银行,从而获得更优惠的贷款条件。

(3) BOO(build-own-operate):建设—拥有—运营。这种方式是开发商按照政府授予的特许权,建设并经营某项基础设施,但并不将此基础设施移交给政府或公共部门。

(4) BT(build-transfer):建设—移交。即项目建成后立即移交,政府可按项目的收购价格一次性或分期付款回购。

除上述四种主要模式外,还出现了多种模式:

BOOST(build-own-operate-subsidy-transfer):建设—拥有—运营—补贴—移交。

BLT(build-lease-transfer):建设—租赁—移交。即政府委托投资人建设项目,在项目运营期内,政府有义务成为项目的租赁人,在租赁期结束后,所有资产再转移给政府公共部门。

BTO(build-transfer-operate):建设—移交—运营。

IOT(investment-operate-transfer):投资—运营—移交。即收购现有的基础设施,然后再根据特许权协议运营,最后移交给公共部门。

ROO(rehabilitate-operate-own):改造—运营—拥有。

LBO(lease-build-operate):租赁—建设—经营。

BBO(buy-build-operate):购买—建设—经营。

TOT(transfer-operate-transfer):移交—经营—移交。TOT 方式是国际上较为流行的一种项目融资方式,通常是指政府部门或国有企业将建设好的项目的一定期限的产权或经营权有偿转让给投资人,由其进行运营管理;投资人在约定的期限内通过经营收回全部投资并得到合理的回报,双方合约期满之后,投资人再将该项目交还给政府部门或原企业。

DBO(design-build-operation),设计—建设—运营。指的是承包商从业主手中以某一合理总价承包设计并建造一个公共设施或基础设施,并且负责运营该设施,满足在该设施试用期间公共部门的运作要求。

这其中 TOT 特别受投资者青睐,在发展中国家得到了较多的应用。TOT 具体是指用民营资本购买某个项目的资产(一般是公益性资产)的经营权,购买者在约定的时间内通过经营该资产收回全部投资和得到合理的回报后,再将项目无偿移交给原产权所有人(一般为政府或国有企业)。

TOT 对项目发展存在着 BOT 所不具备的优势,即为拟建项目引进资金,为建成项目引进管理。

(1) 从政府角度看,通过 TOT 吸引国外或者民间资本购买现有资产,将从两个方面进一步缓解中央和地方政府财政支出压力，通过经营权的转让，得到一部分外资或民间资本，可用于偿还因基础设施而承担的债务，也可以用于当前迫切需要建设而又难以吸引外部资本的项目；经营权转让后，可大量减少对现有基础设施运营的财政补贴支出，实现基础设施建设和运营的良性循环。

（2）从投资者角度看，TOT 既可回避建设中的超支、停建或者建成后不能正常运营、现金流量不足以偿还债务等风险，又能尽快取得收益。

（3）从具体运作层面看，TOT 避开了 BOT 中“B”所包含的大量风险和矛盾，只涉及转让经营权，不存在产权、股权问题，避免许多争议，金融机构、基金组织和私营资本等都有机会参与且更愿意投资，增加了项目的资金来源。

例如，江苏省采用该方式将部分高速公路服务区的经营权对社会出让筹集资金，取得了良好的经济和社会效益。如沪宁高速梅村服务区，实施经营权外包，采用“外包＋监管”的模式，借用租赁方资金完成服务区升级改造并收取租赁收入。2016 年 11 月，梅村服务区率先转型，浙江嘉兴的凯通公司以 6 年 2.8 亿元租金及 1 亿元改造装修预算中标。转型前梅村服务区日均营业额 29 万元，而 2018 年上半年日均营业额已接近 70 万元，成为全国首个利润过亿元的服务区。

3. BOT 方式的优缺点

BOT 方式的优点主要包括：

（1）降低政府的财政负担。

（2）政府可以避免大量的项目风险。

（3）组织机构简单，政府部门与私人企业协调容易。

（4）项目回报率明确，严格按照中标价实施。政府与私人企业之间的利益纠纷少。

（5）有利于提高项目的运作效率。

（6）BOT 项目通常由外国的公司来承包，这样会给项目所在国带来先进的技术和管理经验，既给本国的承包商带来较多的发展机会，也会促进国际经济的融合。

BOT 方式的缺点主要包括：

（1）公共部门和私人企业往往都需要经过一个长期的调查了解、谈判和磋商过程，以致项目前期过长，使投标费用过高。

（2）投资方和贷款人风险过大，没有退路，使融资举步维艰。

（3）参与项目各方存在某些利益冲突，对融资造成障碍。

（4）机制不灵活，降低私人企业引进先进技术和管理经验的积极性。

（5）在特许期内，政府对项目减弱甚至失去控制权。

4.2.2　PFI 模式

PFI(private finance initiative)，即“私人融资活动”，在我国也被译为“民间主动融资”，是英国政府于 1992 年提出的，在一些西方发达国家逐步兴起的一种新的基础设施投资、建设和运营管理模式。

PFI 模式是对 BOT 项目融资的优化，指政府部门根据社会对基础设施的需求，提出需要建设的项目，通过招投标，由获得特许权的私营部门进行公共基础设施项目的建设与运营，并在特许期（通常为 30 年左右）结束时将所经营的项目完好地、无债务地归还给政府，而私营部门则从政府部门或接受服务方收取费用以回收成本的项目融资方式。虽然 PFI 模式来源于 BOT 模式，也涉及项目的“建设—经营—转让”问题，但作为一种独立的融资方式，与 BOT 模式相比具有以下几个特点：

(1) 项目主体单一。PFI 模式的项目主体通常为本国民营企业的组合，体现出民营资金的力量；而 BOT 模式的项目主体则为非政府机构，既可以是本国私营企业，也可以是外国公司。所以，PFI 模式的项目主体较 BOT 模式单一。

(2) 项目管理方式开放。PFI 模式对项目实施开放式管理，首先，对于项目建设方案，政府部门仅根据社会需求提出若干备选方案，最终方案则在谈判过程中通过与私人企业协商确定；BOT 模式则事先由政府确定方案，再进行招标谈判。其次，对于项目所在地的土地提供方式及以后的运营收益分配或政府补贴额度等，都要综合当时政府和私人企业的财力、预计的项目效益及合同期限等多种因素而定，不同于 BOT 模式对这些问题事先都有框架性的文件规定，如土地在 BOT 模式中是由政府无偿提供的，无须谈判，而在 PFI 模式中，一般都需要政府对最低收益等做出实质性的担保。所以，PFI 模式比 BOT 模式有更大的灵活性。

(3) 实行全面的代理制。PFI 模式实行全面的代理制，这也是与 BOT 模式的不同之处。作为项目开发主体，BOT 公司通常自身就具有开发能力，仅把调查和设计等前期工作及建设、运营中的部分工作委托给有关的专业机构；而 PFI 公司通常自身并不具有开发能力，在项目开发过程中广泛地利用各种代理关系，而且这些代理关系通常在投标书和合同中即加以明确，以确保项目开发安全。

(4) 合同期满后项目运营权的处理方式灵活。PFI 模式在合同期满后，如果私人企业通过正常经营未达到合同规定的收益，则可以继续拥有或通过续租的方式获得运营权，这是在前期合同谈判中需要明确的；而 BOT 模式则明确规定，在特许权期满后，所建资产将无偿地交给政府拥有和管理。

根据资金回收方式的不同，PFI 项目通常可以划分为如下三类：

(1) 向公共部门提供服务型。即私营部门结成企业联合体，进行项目的设计、建设、资金筹措和运营，而政府部门则在私营部门对基础设施的运营期间，根据基础设施的使用情况或影子价格向私营部门支付费用。

(2) 收取费用的自立型。即私营企业进行设施的设计、建设、资金筹措和运营，向设施使用者收取费用，以回收成本，在合同期满后，将设施完好地、无债务地转交给公共部门。这种方式与 BOT 的运作模式基本相同。

(3) 合营企业型。即对于特殊项目的开发，由政府进行部分投资，而项目的建设仍由私营部门进行，资金回收方式以及其他有关事项由双方在合同中规定。这类项目在日本也被称为“官民协同项目”。

4.2.3 PPP 模式

PPP(public-private-partnership)，直译为“公私合伙制”，是指公共部门通过与社会资本建立伙伴关系来提供公共产品或服务的一种方式，是政府为增强公共产品和服务供给能力、提高供给效率，通过特许经营、购买服务和股权合作等方式，与社会资本建立利益共享、风险分担及长期合作的关系。

PPP 模式将部分政府责任以特许经营权方式转移给社会主体(企业),政府与社会主体建立起“利益共享、风险共担、全程合作”的共同体关系,政府的财政负担减轻,社会主体的投资风险减小。它适用于政府负有责任又适宜市场化运作的公共服务、基础设施类项目,包括燃气、供电、供水、供热、污水及垃圾处理等公用市政设施,以及公路、铁路、机场、城市轨道交通基础设施,旅游、医疗、教育、健康等公共服务项目等,项目类型包括新建、改扩建和存量公共资产等。

PPP 模式本身是一个非常宽泛的概念,各国和国际组织对 PPP 模式的内涵有不同的理解。

世界银行:世界银行《PPP 合同条款指南(第二版)》将 PPP 定义为:由私营部门同政府部门之间达成长期合同,提供公共资产和服务,由私营部门承担主要风险并管理责任,私营部门根据绩效情况得到酬劳。

欧盟委员会:PPP 是指公共部门和社会资本方之间的一种合作关系,其目的是提供传统上由公共部门提供的公共项目或服务。欧盟的爱尔兰对 PPP 的定义最具代表性,其定义 PPP 是一种制度安排或政府部门与私人部门的一项协议(合同),协议(合同)内容包括法律责任、权利、义务,包括风险管理与财务影响,包括财政资金使用的优劣分析,包括融资、建设、运营、管理和维护等活动,而不仅仅是“融资方式”。

美国:美国 PPP 国家委员会对其的定义是,PPP 是介于外包和私有化之间并结合了两者特点的一种公共产品提供方式,它充分利用私人资源设计、建设、投资、经营和维护公共基础设施,并提供相关服务以满足公共需求。

国家发展和改革委员会:在《关于开展政府和社会资本合作的指导意见》(发改投资〔2014〕2724 号)把 PPP 模式定义为,政府为增强公共产品和服务供给能力,提高供给效率,通过特许经营、购买服务、股权合作等方式,与社会资本建立的利益共享、风险分担及长期合作关系。

综合以上来看,PPP 模式有狭义定义和广义定义之分。广义的 PPP 泛指公共部门与私营部门为提供公共产品或服务而建立的各种合作关系,可以分为外包(outsourcing)、特许经营(concession)和私有化(divestiture)三大类。而狭义的 PPP 可以理解为一系列项目融资模式的总称,包含 BOT、TOT、DBO 等多种模式。狭义的 PPP 更加强调合作过程中的风险分担机制和项目的物有所值原则。PPP 模式定义示意图如图 4-2 所示。

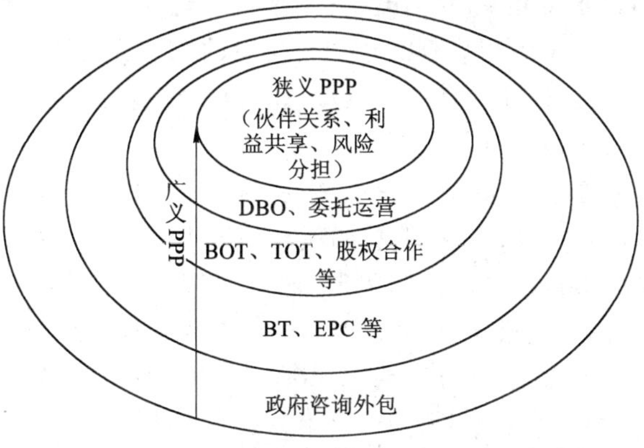

图 4-2　PPP 模式定义示意图

根据公共部门和私营部门的合作关系，可以将PPP分为横向和纵向合作关系两种类型。

PPP模式的主要优点有：

(1) 消除费用的超支。在初始阶段私人企业与政府共同参与项目的识别、可行性研究、设施和融资等项目建设过程，保证了项目在技术和经济上的可行性，缩短前期工作周期，使项目费用降低。PPP模式只有当项目已经完成并得到政府批准使用后，私营部门才能开始获得收益，因此PPP模式有利于提高效率和降低工程造价，能够消除项目完工风险和资金风险。研究表明，与传统的融资模式相比，PPP项目为政府部门平均节约17%的费用，并且建设工期都能按时完成。

(2) 有利于转换政府职能，减轻财政负担。政府可以从繁重的事务中脱身出来，从过去的基础设施公共服务的提供者变成一个监管的角色，从而保证质量，也可以在财政预算方面减轻政府压力。

(3) 促进了投资主体的多元化。利用私营部门来提供资产和服务，为政府部门提供更多的资金和技能，促进了投融资体制改革。同时，私营部门参与项目还能推动在项目设计、施工和设施管理过程等方面的革新，提高办事效率，传播最佳管理理念和经验。

(4) 政府部门和民间部门可以取长补短，发挥政府公共机构和民营机构各自的优势，弥补对方的不足。双方可以形成互利的长期目标，实现有效的成本控制的同时为公众提供高质量的服务。

(5) 使项目参与各方整合组成战略联盟，对协调各方的利益和目标起到关键作用。

(6) 风险分配合理。与BOT等模式不同，PPP在项目初期就可以实现风险分配，同时政府分担一部分风险，使风险分配更合理，减少了承建商与投资商的风险，从而降低了融资难度，提高了项目融资成功的可能性。政府在分担风险的同时也拥有一定的控制权。

(7) 应用范围广泛。该模式突破了引入私人企业参与公共基础设施项目组织机构的多种限制，适用于城市供热等各类市政公用事业及道路、铁路、机场、医院、学校等建设项目。

4.2.4 ABS模式

目前另一个较为流行的项目融资模式是ABS(asset backed securitization)模式，即资产证券化模式。ABS资产证券化是近年国际资本市场上流行的一种项目融资方式，已在许多国家的大型项目中采用。ABS融资模式以项目所属的资产为支撑的证券化融资方式，即以项目所拥有的资产为基础，以项目资产可以带来的预期收益为保证，通过在国内外资本市场发行债券来募集资金的一种项目融资方式。

规范的ABS融资通常需要组建一个特别目的公司(special purpose vehicle，简称SPV)，原始权益人以合同方式将其所拥有的项目的未来现金收入权利转让给SPV，实现原始权益人本身的风险与项目资产的风险隔断，然后通过信用担保，SPV同其他机构组织债券发行，将募集的资金用于项目建设，并以项目的未来收益偿还债券本息。

ABS运作简要流程图如图4-3所示。

ABS模式的特点主要包括：

(1) ABS融资模式的最大优势是通过在国际市场上发行债券筹集资金，债券利率一般较低，从而降低了筹资成本。

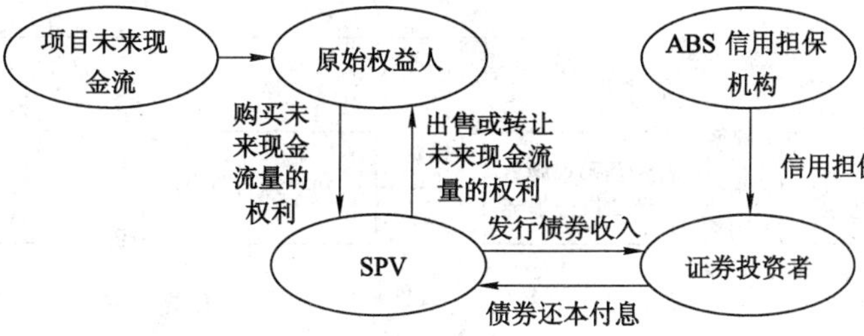

图 4-3　ABS 运作模式流程图

（2）通过证券市场发行债券筹集资金，是 ABS 不同于其他项目融资方式的一个显著特点。

（3）ABS 融资模式隔断了项目原始权益人自身的风险，使其清偿债券本息的资金仅与项目资产的未来现金收入有关，加之，在国际市场上发行债券是由众多的投资者购买，从而分散了投资风险。

（4）ABS 融资模式是通过 SPV 发行高档债券筹集资金，这种负债不反映在原始权益人自身的资产负债表上，从而避免了原始权益人资产质量的限制。

（5）作为证券化项目融资方式的 ABS，由于采取了利用 SPV 增加信用等级的措施，从而能够进入国际高档证券市场，发行那些易于销售、转让及贴现能力强的高档债券。

（6）由于 ABS 融资模式是在高档证券市场筹资，其接触的多为国际一流的证券机构，有利于培养东道国在国际项目融资方面的专门人才，也有利于国内证券市场的规范。

ABS 融资作为一种独具特色的筹资方式，其作用主要体现在：① 项目筹资者仅以项目资产承担有限责任，可以避免筹资者的其他资产受到追索；② 通过在国际证券市场上发行债券筹资，不但可以降低筹资成本，而且可以大规模地筹集资金；③ 由于国际证券市场发行的债券由众多的投资者购买，因此可分散、转移筹资者和投资者的风险；④ 国际证券市场发行的债券，到期以项目资产收益偿还，本国政府和项目融资公司不承担任何债务；⑤ 由于有项目资产的未来收益作为固定回报，投资者可以不直接参与工程的建设与经营。

4.2.5　基础设施产业投资基金

基础设施产业投资基金即组建基金管理公司，向特定或非特定投资者发行基金单位设立基金，将资金分散投资于不同的基础设施项目，待所投资的项目建成后通过股权转让实现资本增值，其收益与风险由投资者共享共担。这一模式的优点是可以聚集社会上分散资金用于基础设施建设。基础设施产业投资基金模式流程如图 4-4 所示。

4.2.6　影子收费融资模式

影子收费融资模式是指对于公益性的基础设施项目，政府通过项目招标方式确定社会投资主体，并授权后者负责项目的融资、建设和运营，作为对该社会资本的回报，政府在授权期限内每年以财政性资金或其他形式基金向其支付一定的补偿费用，补偿其免费为公众提供服务应得的利益，授权期结束后，社会投资主体无偿转让项目给政府。

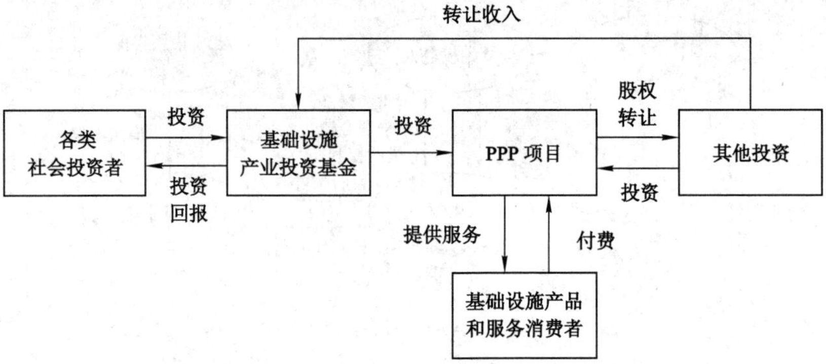

图 4-4　基础设施产业投资基金模式流程

4.2.7　常用融资模式的比较

作为常用的融资模式，BOT、PPP、PFI 等模式本质上都是狭义的项目融资，其中 PPP 的概念较为广泛，反映更为广义的公私合营长期关系（如共享收益、共担风险和社会责任）；PFI 更强调的是私营企业在融资中的主动性和主导性。相对而言，PFI、BOT 的概念更强调政府发包（采购）项目的方式，而 PPP 则更强调政府在项目公司中的所有权。三种模式的结构、各方责任、参与程度和获益方面的比较如图 4-5 和表 4-2、表 4-3 所示。

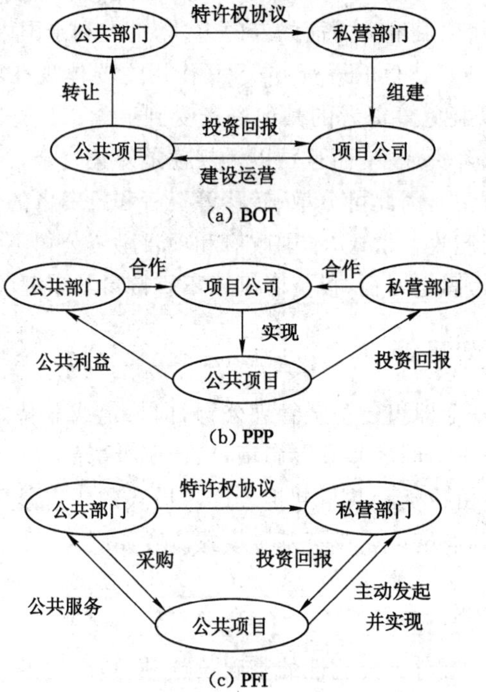

图 4-5　BOT、PPP、PFI 结构关系图

表 4-2　BOT、PPP 和 PFI 模式各方责任比较

模式	机构	融资责任	风险	关系协调	前期投入	控制权
BOT	公共部门	小	小	弱	大	小
	私营部门	大	大	弱	大	大
PPP	公共部门	共同	共同	强	小	共同
	私营部门	共同	共同	强	小	共同
PFI	公共部门	最小	最小	最弱	最小	无
	私营部门	最大	最大	最强	最大	全部

表 4-3　BOT、PPP 和 PFI 模式参与程度和获益比较

模式	机构	决策	设计	建造	融资	运营	拥有	获益
BOT	公共部门	√	√				√	投资机会＋项目
	私营部门		√	√	√	√		特许期运营利润＋政府部门其他承诺
PPP	公共部门	√	√	√	√	√	√	投资机会＋部门项目利益(公共服务)
	私营部门	√	√	√	√	√	√	部分项目利益(运营利润)
PFI	公共部门	√						投资机会＋公共服务
	私营部门		√	√	√	√	√	项目利益(公共部门提供)

4.3　PPP 模式操作务实

4.3.1　PPP 模式的运作机理及原则

PPP 模式在运作过程中，主要遵循以下几个原则：

1. 平等原则

在 PPP 模式下，政府与社会资本是基于 PPP 项目合同的平等法律主体，双方法律地位、权利义务平等。

2. 公正、公平原则

PPP 模式下公共部门和私营部门权利义务的确定应在政府部门、私营部门和消费者之间达到相当程度的平衡，既考虑私营部门的盈利需要，也要关注消费者获得高质量、低价格、充足服务的权利，还要考虑政府确保重要服务连续供应和政府在促进基础设施发展方面的作用。

3. 契约原则

《财政部关于规范政府和社会资本合作合同管理工作的通知》(财金〔2014〕156 号，以下简称“财金 156 号文”)规定：PPP 模式是在基础设施和公共服务领域，政府和社会服务基于合同建立的一种合作关系，应当充分尊重双方在合同订立和履约过程中的契约自由。

4. 公开透明原则

从项目选择、方案审查、伙伴确定、价格管理、退出机制、绩效评价等方面完善制度设计，营造良好政策环境，确保项目实施决策科学、程序规范、过程公开、责任明确、稳妥推进。

5. 物有所值原则

除财政承受能力评估外，物有所值原则是政府决定是否采用PPP模式建设基础设施的唯一指标，是项目采用PPP模式后全寿命周期成本与传统模式下公共部门建设经营项目的成本比较后可以得到的价值增量，并综合考虑评价的乐观偏好，对可能发生的特殊风险、交易成本进行适当的调整。

6. 引入竞争机制

引入竞争机制能使消费者选择更好的服务，给提供者以压力使其提供更加有效的服务；但在特殊情况下，在物有所值原则基础上需要赋予私人部门排除其他竞争者介入的权利。

4.3.2 PPP模式的适用范围

《国务院办公厅转发财政部发展改革委人民银行关于在公共服务领域推广政府和社会资本合作模式指导意见的通知》(国办发〔2015〕42号，以下简称"国办发42号文")已经明确规定PPP模式的使用范围：在能源、交通运输、水利、环境保护、农业、林业、科技、保障性安居工程、医疗、卫生、养老、教育、文化等公共服务领域，鼓励采用政府和社会资本合作模式，吸引社会资本参与。

此外，《财政部关于推广运用政府和社会资本合作模式有关问题的通知》(财金〔2014〕76号，以下简称"财金76号文")、《财政部关于印发政府和社会资本合作模式操作指南(试行)的通知》(财金〔2014〕113号，以下简称"财金113号文")、《国务院关于加强地方政府性债务管理的意见》(国发〔2014〕43号，以下简称"国发43号文")、《国务院关于创新重点领域投融资机制鼓励社会投资的指导意见》(国发〔2014〕60号，以下简称"国发60号文")等文件也对PPP模式适用范围进行了规定，综合相关文件，PPP模式的主要适用范围见表4-4。

表4-4 PPP模式主要适用范围

项目领域	行业	主要项目类型
基础设施类	市政设施	供水、供暖、供气、污水、垃圾处理及地下综合管廊等
	交通设施	公路、铁路、机场、城市轨道交通等
公共服务类	医疗卫生、旅游、教育培训、健康养老、文化、保障性安居工程等	
其他	水利、农业、林业、资源环境和生态保护等	

4.3.3 PPP模式参与方及其法律关系

财金156号文明确PPP项目的参与主体通常包括政府、社会资本、融资方、承包商和分包商、原料供应商、专业运营商、产品或服务购买方、保险公司及专业机构等多个主体。不同的参与主体及主体之间形成不同的法律关系。

1. 政府及其下属机关、事业单位、国有企业

(1) 政府行政级别

政府是参与PPP项目的核心主体之一。财金113号文规定："县级(含)以上地方人民政府可建立专门协调机制，主要负责项目评审、组织协调和检查督导等工作，实现简化审批流程、提高工作效率的目的。"由此可知，财政部将参与PPP项目的政府行政级别限定在县

级及以上。

（2）政府的角色

根据财金 113 号文的规定，政府在 PPP 项目中承担两个职能和义务：一是作为公共事务的管理者，承担 PPP 项目的规划、采购、管理、监督等行政管理职能，并在行使上述行政管理职能时与项目公司（或社会资本）之间形成行政法律关系；二是作为公共产品或服务的购买者（或者购买者的代理人），政府基于 PPP 项目合同与项目公司（或社会资本）之间形成平等民事主体关系，按照 PPP 项目合同的约定行使权利、履行义务。

① 项目实施主体

根据财金 113 号文规定，PPP 项目的实施结构为政府或其指定的有关职能部门或事业单位，而根据《国家发展改革委关于开展政府和社会资本合作的指导意见》（发改投资〔2014〕2724 号，以下简称"发改委 2724 号文"）的规定，PPP 项目的实施主体包括地方政府相应的行业管理部门、事业单位、行业运营公司或其他相关机构。

② 指导和监督主体

明确政府监管职责是准确把握政府和社会资本合作的主要原则之一。根据财金 156 号文规定，PPP 项目采用"三位一体"的监管架构，包括履约管理、政府监管和社会监督。按照是否属于合同签约主体划分，政府监管部门可以分为两类：非合同签约方的监管部门和合同签约方的监管部门。

2. 社会资本

目前我国将项目合作方统一定义为"社会资本"。对于社会资本，《PPP 项目合同指南（试行）》定义是"本指南所称的社会资本是指依法设立且有效存续的具有法人资格的企业，包括民营企业、国有企业、外国企业和外商投资企业。但本级人民政府下属的政府融资平台公司及其控股的其他国有企业（上市公司除外）不得作为社会资本方参与本级政府辖区内的 PPP 项目"，财金 113 号文和财金 156 号文都明确规定社会资本不包括本级政府下属的政府融资平台公司及其控股的其他国有企业（上市公司除外）。需要明确指出的是，按照国办发 42 号文的规定，完成改造后的政府融资平台公司（即剥离政府举债融资职能）不受上述限制。

社会资本可以是一家企业，也可以是多家企业组成的联合体。关于联合体的规定，参考《中华人民共和国招标投标法》第 31 条第 1 款（即"两个以上法人或者其他组织可以组成一个联合体，以一个投标人的身份共同投标"）和《中华人民共和国建筑法》第 27 条第 1 款（即"大型建筑工程或者结构复杂的建筑工程，可以由两个以上的承担单位联合共同承包，共同承包的各方对承包合同的履行承担连带责任"）的规定。但需要注意的是，由于财金 113 号文明确将社会资本限定为企业法人，因此 PPP 模式不允许自然人以个人身份参与到联合体中。实践中，联合体一般由建设方、融资方、运营方和材料供应商等组成的利益共同体组成。

关于社会资本的角色，国办发 42 号文明确"作为社会资本的境内外企业、社会组织和中介机构承担公共服务设计的设计、建设、投资、融资、运营和维护等责任"。财金 113 号文规定，社会资本还可以作为合作项目的发起主体之一，以项目建议书的方式向财政部门推荐潜在的政府和社会资本合作项目，这也为双方的合作拓宽了空间。

3. 项目公司

项目公司是社会资本为实施 PPP 项目而设立的公司，因此也常被称作"特别目的公司

(SPV)”。国发 43 号文规定:投资者按照市场化原则出资,按约定规则独自或与政府共同成立特别目的公司建设和运营合作项目。

项目公司遵循自愿设立的原则,政府可根据项目的特点决定是否参股。财金 113 号文规定:社会资本可依法设立项目公司,政府可指定相关机构依法参股项目公司,项目实施机构和财政部门应监督社会资本按照采购文件和项目合同约定,按时足额出资设立公司。

实践中,社会资本作为 PPP 项目的实际投资人,通常不会直接作为 PPP 项目的经营者,而会专门就该项目成立项目公司。因为项目公司可以作为项目融资主体,吸引外部资本;项目公司的设立在一定程度上还能实现项目风险的隔离,一旦出现风险,债权人只能向 PPP 项目公司进行有限追索而不会影响到投资人的资产(投资人为项目公司对外融资提供担保的除外)。项目公司多为有限责任公司形式,作为 PPP 项目合同及项目其他相关合同的签约主体,负责项目的具体实施。项目投资人通过股东协议明确项目公司的设立和融资、经营范围、股东权利、股东承诺、股东的商业计划、股权转让等事宜。

关于项目公司的设立主体,财金 156 号文规定,项目公司可以由社会资本一方设立,也可以由社会资本与政府指定机构共同设立,或者社会资本设立项目公司后由政府指定机构参股项目公司。政府指定机构共同设立或者参股项目公司的,一般而言政府在项目公司中持有股权比例应当低于 50%且不具有实际控制力及管理权。

4. 金融机构

此处所指的金融机构是广义上从事金融服务业有关的金融中介结构,包括银行、保险、信托和基金等。金融机构参与 PPP 项目的途径主要有三种:

(1) 作为项目社会资本与政府直接合作。如 PPP 产业基金作为社会资本与政府公共部门签订 PPP 项目合同,然后通过上市或者股权转让等方式退出。

(2) 与其他社会资本作为联合体共同参与项目合作,在 PPP 项目合同约定的范围内参与 PPP 项目的投资运作,并通过股权转让或在约定期限届满时由其他社会资本回购股权等方式退出。

(3) 为 PPP 项目提供资金,融资方式包括项目贷款、信托贷款、有限合伙基金、项目收益债和资产证券化等。

5. 其他主体

PPP 项目的其他主要参与主体通常还包括咨询机构、承包商、材料供应商和专业运营商等。

PPP 项目投资大、周期长、问题复杂、法律体系尚不成熟,借助咨询结构有助于规范运作、防控风险。咨询机构包括律师事务所、咨询机构、会计师事务所和评估公司等。

在 PPP 项目中,承包商的选择是影响工程技术成败的关键因素,其技术水平、资历、信誉和财务能力在很大程度上会影响贷款人对项目的商业评估和风险判断,是项目能否获得贷款的一个重要因素。

PPP 模式各参与主体之间的法律关系,主要是通过以 PPP 项目合同为核心的合同体系实现,其基本合同关系如图 4-6 所示。

在 PPP 项目中还可能会涉及其他的法律关系,如为确保项目公司的质量、进度和安全,根据相关法律法规项目公司依法招标监理单位、检测单位等。项目公司与该类单位签订合同,相关单位提供专业服务以获得报酬。与专业中介结构签署的投资、法律、技术、财务和税

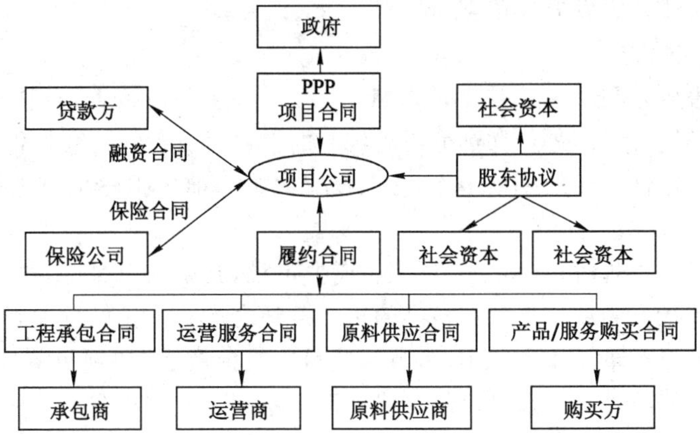

图 4-6　PPP 项目基本合同体系

务等方面的咨询合同所形成的服务关系等都属于项目在具体实施过程中可能发生的法律关系的范畴。

4.3.4　PPP 项目论证评价与审批

PPP 项目在进入正式项目采购阶段前，需要按照规范性文件要求，经过 PPP 项目的识别项目准备阶段，对潜在 PPP 项目开展物有所值和/或财政承受能力论证工作，以保证项目能够真正实现“物有所值”。

1. PPP 项目建设手续审批

与传统建设工程项目相比，PPP 项目除履行立项等基建审批手续外，还需要进行 PPP 模式审批及项目收费定价和项目财政性支出(如有)审批等程序。实践中，PPP 项目各方还应注意新建或者改建 PPP 项目审批手续与 PPP 模式审批手续的有效衔接。

(1) PPP 项目建设手续审批

为加强和规范新开工项目管理，国务院办公厅在 2007 年发布了《关于加强和规范新开工项目管理的规定》(国办发〔2007〕64 号，以下简称“国办发 64 号文”)，对于各类投资项目开工建设条件进行了全面规定。

根据财金 76 号文规定，PPP 模式的实质是政府购买服务，可适用《政府采购法》及其相关规定，因而在 PPP 项目实践中，地方政府多是参照政府投资项目的性质对 PPP 项目进行审批和监管。同时国办发 64 号文对于政府投资项目的前期审批程序及文件均作了详细规定。因此，针对新建 PPP 项目，项目建议书以及可行性研究报告等审批文件是审查项目合法性的重要文件，也是投资项目获得新开工(行政)许可的前期条件。

(2) 新建 PPP 项目建设审批文件

① 项目建议书

项目建议书是建设项目前期工作的第一步，尤其对于投资规模大、社会影响广泛的基础设施建设项目。项目建议书主要是从项目自身的客观条件方面考察项目建设的必要性，一般由项目发起人向发改部门报送，提出立项申请，发改部门审查通过后下达项目建议书批复文件。经批准的项目建议书是编制可行性报告和作为拟建项目立项的依据。项目建议书的批复单位应为国家或地方发展改革委。

② 可行性研究报告

可行性研究报告是在项目建议书的基础上，结合专项评估报告，对项目市场、技术、财务、工程、经济和环境等方面进行详细分析后编制的。项目可行性研究报告的编制是确定建设项目之前具有决定性意义的一项工作，是在投资决策之前对拟建项目进行全面技术和经济分析的科学论证工作。

编制可行性研究报告时，有多个专项报告需要审批，其中水土保持方案、环境影响报告、土地使用预审等审批作为项目立项和核准的主要条件之一。项目可行性研究报告的批复单位为国家或地方发展改革委。实践中，为节约项目审批流程、加快项目落地，针对项目实际需要也可以通过编制项目工程预可研的方式来评估项目产出要求在工程和技术方面的可行性并提出方向性建议。项目工程预可研报告应由地方 PPP 管理部门会同发改部门和财政部门共同审查。

③ 水土保持方案

水土保持方案必须先经水行政主管部门审查批准，按照国家规定水土保持方案报告书与环境影响报告书实行同级审批。

④ 环境影响评价报告

环境影响评价是指对拟建项目可能造成的环境影响进行分析、论证的全过程，该影响既包括环境污染和生态破坏的不利影响，亦包括对环境的有利影响，以及在此基础上提出采取的防治措施和对策。环境影响评价是项目评价体系的重要组成部分，内容包括项目建设方案所需要的环境条件研究、影响项目建设环境因素的识别和分析、需要采取的保护对策和措施，以及相关的环境损失和环境效益经济分析。

环境评价报告采取分级审批办法，报有审批权的环境保护行政主管部门审批。由有审批权的环境保护行政主管部门负责组织对评价报告的审查，环评报告的审批一般不超过 60 个工作日，需要进行听证、专家评审和技术评估的，一般不超过 90 个工作日，个别重大环境敏感项目一般不超过 120 个工作日。

⑤ 土地使用预审

土地使用预审是指国土资源管理部门在建设项目审批、核准、备案阶段，依法对建设项目所涉及的土地利用事项进行的审查。土地使用预审实行分级预审，需人民政府或有批准权的人民政府发改等部门审批的项目由该人民政府的国土资源管理部门预审，需核准或备案的项目由与核准、备案机关同级的国土资源管理部门预审。

⑥ 规划选址意见书

项目发起人依据发改部门出具的项目建议书批复文件，向建设规划主管部门申请办理项目规划选址手续，建设规划主管部门审查通过后下达建设项目选址意见书。其主要内容包括建设项目的基本情况和建设项目规划的主要依据，作用是明确项目建设的地理位置。

根据《中华人民共和国城乡规划法》第 36 条的规定，“按照国家规定需要有关部门批准或者核准的建设项目，以划拨方式提供国有土地使用权的，建设单位在报送有关部门批准或核准前，应当向城乡规划部门申请核发选址意见书”。

⑦ 规划及用地许可

项目发起人依据发改部门出具的项目可行性研究报告批复文件,可向规划主管部门申请办理建设用地规划许可证以及建设工程规划许可证,其作用在于核实项目是否满足用地和技术上的规划要求。建设用地规划许可证和建设工程规划许可证的审批单位均为地方规划主管部门。

(3) 外商投资 PPP 项目建设手续审批

对于境外符合条件的企业法人或其他组织参与投资的 PPP 项目的建设手续审批,除遵守以上审批流程外,还要遵循有关外商投资的特别规定,包括《外商投资项目核准和备案管理办法》和《外商投资产业指导目录》。

依据《外商投资项目核准和备案管理办法》的规定,外商投资项目管理分为核准和备案两种方式。外商投资项目的核准条件是:① 符合国家有关法律法规和《外商投资产业指导目录》《中西部地区外商投资优势产业目录》的规定;② 符合发展规划、产业政策及准入标准;③ 合理开发并有效利用资源;④ 不影响国家安全和生态安全;⑤ 对公众利益不产生重大不利影响;⑥ 符合国家资本项目管理、外债管理的有关规定。

2. PPP 模式审批

PPP 模式审批涉及拟采用 PPP 模式实施的项目是否属于 PPP 模式适用范围、项目实施方案审批、项目价格审批等一系列问题。目前我国没有专门的 PPP 立法,该项审批需结合中央和地方政府颁布的规范性文件相关规定进行审查。

(1) PPP 模式适用范围的审查

适宜采用 PPP 模式的项目一般具有投资规模较大、价格调整机制相对较灵活、市场化程度相对较高、需求长期稳定等特点,各地政府为鼓励和引导社会资本参与基础设施和公用事业的建设运营,一般都出台了相关 PPP 模式实施指导意见。地方需要按规定进行 PPP 项目识别,通过项目筛选程序确定备选 PPP 项目,制订 PPP 项目年度和中长期开发计划,并按照规定开展 PPP 项目的物有所值和财政承受能力论证工作。

(2) PPP 项目审批提交的文件范围

财金 113 号文针对项目不同类型对项目发起人需要提交的文件作了区分:新建、改建项目应提交可行性研究报告、项目产出说明和初步实施方案;存量项目应提交存量公共资产的历史资料、项目产出说明和初步实施方案。其中,历史资料主要包括存量公共资产的基本信息、日常管理资料、生产运营数据、产权人决议、清产核资、财务审计、资产评估、职工安置方案等与存量公共资产有关的资料文件。

(3) PPP 项目实施方案审批

除与建设工程相关的立项等行政审批手续外,财政部门还要对项目实施方案进行物有所值评估和财政承受能力论证,通过论证的项目才允许项目实施机构报政府审核。

① 物有所值评价和财政承受能力论证及验证

财金 113 号文规定:通过物有所值评价和财政承受能力论证的项目,可进行项目准备;财政部门应对项目实施方案进行物有所值和财政承受能力验证,通过验证的,由项目实施机构报政府审核,未通过验证的,可在实施方案调整后重新验证,经重新验证仍不能通过的,不再采用 PPP 模式。因此,物有所值评价和财政承受能力论证及验证是项目实施方案能否报批的前提。

② PPP 项目实施方案的批复

项目实施方案通过物有所值评价和财政承受能力验证的，由项目实施机构报政府审核，未通过验证的，可在实施方案调整后重新验证，经重新验证仍不能通过的，不再采用 PPP 模式。

由于目前尚未有专门的 PPP 立法对实施方案审批程序做出规定，且各地方政府对实施方案的审批规定各异，因此 PPP 项目实施方案进行审查时，还应注意地方性的特殊规定，如湖南、青海、新疆等个别省（自治区）规定，实施机关在会同各部门对实施方案进行论证的同时，需要听取公众意见或举行听证，必要时需聘请专家参与论证；项目的实施方案再经同级人民政府批准后，需上报上级行政区域的公用事业主管部门或省级建设行政主管部门进行备案。

(3) PPP 项目价格审批

PPP 项目的定价和收费机制是政府和社会资本合作的重要基础，关系到 PPP 项目的风险分配和收益回报，是政府方和社会资本方共同的关注核心。根据付费来源的不同，PPP 项目的付费机制主要分为三类：使用者付费、政府付费和可行性缺口补助。此处所指的价格审批仅指使用者付费的价格（包括可行性缺口补助中的使用者付费）。

《中华人民共和国价格法》规定，重要的公用事业价格以及重要的公益性服务价格可以实行政府指导价或政府定价，其政府指导价、政府定价的定价权限和具体适用范围，以中央和地方的定价目录为依据。据此，在进行收费定价时，应当参考中央和地方的定价目录，在明确定价机关和相应的定价程序后，PPP 项目建设经营单位应当编制成本资料或可行性研究报告，项目实施机关会同价格主管部门进行价格成本调查后组织专家进行论证，并举行价格听证会，听取社会意见，经集体审议后做出定价决定并予以公告。

在进行 PPP 项目收费定价时，除参考当地的定价指导目录外，还应遵循特定行业的特殊规定。如《收费公路管理条例》规定，经营性公路车辆通行费的收费标准须经省级人民政府交通主管部门会同同级价格主管部门审核后，报本级人民政府审查批准。

财金 113 号文除价格方案外，PPP 项目定价机制中还应包括价格调整机制。PPP 合作经营期限往往长达 10～30 年，其间各项成本的价格必然发生变化，如果不对初始价格进行调整，则物价上涨等风险没有释放的出口，PPP 项目建设经营单位将面临巨大的收益风险，不利于社会资本的投资回收。同时，从政府方面来看，如果建设经营单位面临的风险过大，将影响 PPP 项目的运行效率和服务质量。因此，定期对项目价格进行调整是非常有必要的。鉴于此，就定价方案的审批而言，不仅包括初始价格方案的审批，还应对价格动态调整方案一并进行审批，以免项目实施过程中的重新谈判及审批风险。另外，对于政府付费以及政府提供缺口补助的 PPP 项目，因政府方按照约定负有支付义务，应当按照《中华人民共和国预算法》等规定，将政府支出金额纳入本级财政预算及中长期财政规划，以保障 PPP 项目社会资本方能够在全寿命周期范围内获得合理收益。

3. 物有所值评价

物有所值(value for money，简称 VFM)，是指一个组织运用其可利用资源所能获得的长期最大收益。VFM 评价是国际上普遍采用的一种评价传统上由政府提供的公共产品和服务是否可以运用 PPP 模式的评估体系，旨在实现公共资源配置利用效率最优化。PPP 项目物有所值评价可按照《财政部关于印发〈PPP 物有所值评价指引（试行）〉的通知》（财金〔2015〕167 号文，以下简称“财金 167 号文”）的具体规定执行。

(1) 评价主体

财政部门(或PPP中心)应会同行业主管部门共同做好物有所值评价工作,并积极利用第三方专业机构和专家力量。

(2) 评价内容、方法及流程

物有所值评价资料主要包括:(初步)实施方案、项目产出说明、风险识别和分配情况、存量公共资产的历史资料、新建或改扩建项目的(预)可行性研究报告、设计文件等。

物有所值评价方法包括定性评价和定量评价。现阶段以定性评价为主,鼓励开展定量评价。

定性评价指标包括全生命周期整合程度、风险识别与分配、绩效导向与鼓励创新、潜在竞争程度、政府机构能力、可融资性等六项基本评价指标。在各项评价指标中,六项基本评价指标权重为80%,其中任一指标权重一般不超过20%;补充评价指标权重为20%,其中任一指标权重一般不超过10%。每项指标评分分为五个等级,即有利、较有利、一般、较不利、不利,对应分值分别为100~81、80~61、60~41、40~21、20~0分。项目本级财政部门(或PPP中心)会同行业主管部门,按照评分等级对每项指标制定清晰准确的评分标准。

定量评价是在假定采用PPP模式与政府传统投资方式产出绩效相同的前提下,通过对PPP项目全生命周期内政府方净成本的现值(PPP值)与公共部门比较值(PSC值)进行比较,判断PPP模式能否降低项目全生命周期成本。PSC是假设项目由政府融资、拥有和运营,并且能够运用最有效率的方式向公众提供产品或服务,再把政府和企业运作项目的区别和风险综合考虑进去的全项目生命周期现金流的净现值。

交通运输部2015年发布的《关于印发全面深化交通运输改革试点方案的通知》(交政研〔2015〕26号),在交通运输基础设施政府与社会资本合作等模式试点方案中明确要求对推荐试点的项目,要委托专业机构从定性和定量两方面对项目进行物有所值评价,定性评价重点关注项目采用政府和社会资本合作模式与采用政府直接投资或收费还债模式相比,能否缓解政府部门公路建设的资金压力,优化收费公路项目的风险分担,提高运营效率,促进管理创新,保障公路使用者权益等;定量评价主要通过对推荐项目全寿命周期内政府支出成本现值与公共部门比较值进行比较,计算项目的物有所值量值,判断政府和社会资本合作模式是否降低项目全寿命周期成本。

项目本级财政部门(或PPP中心)会同行业主管部门组织召开专家组会议进行评价,根据专家组意见,做出定性评价结论。原则上,评分结果在60分(含)以上的,通过定性评价;否则,未通过定性评价。具体流程图如图4-7所示。

(3) 评价报告

物有所值评价报告内容包括:

① 项目基础信息。主要包括项目概况、项目产出说明和绩效标准、PPP运作方式、风险分配框架和付费机制等。

② 评价方法。主要包括定性评价程序、指标及权重、评分标准、评分结果、专家组意见以及定量评价的PSC值、PPP值的测算依据、测算过程和结果等。

③ 评价结论,分为“通过”和“未通过”。

④ 附件。通常包括(初步)实施方案、项目产出说明、可行性研究报告、设计文件、存量

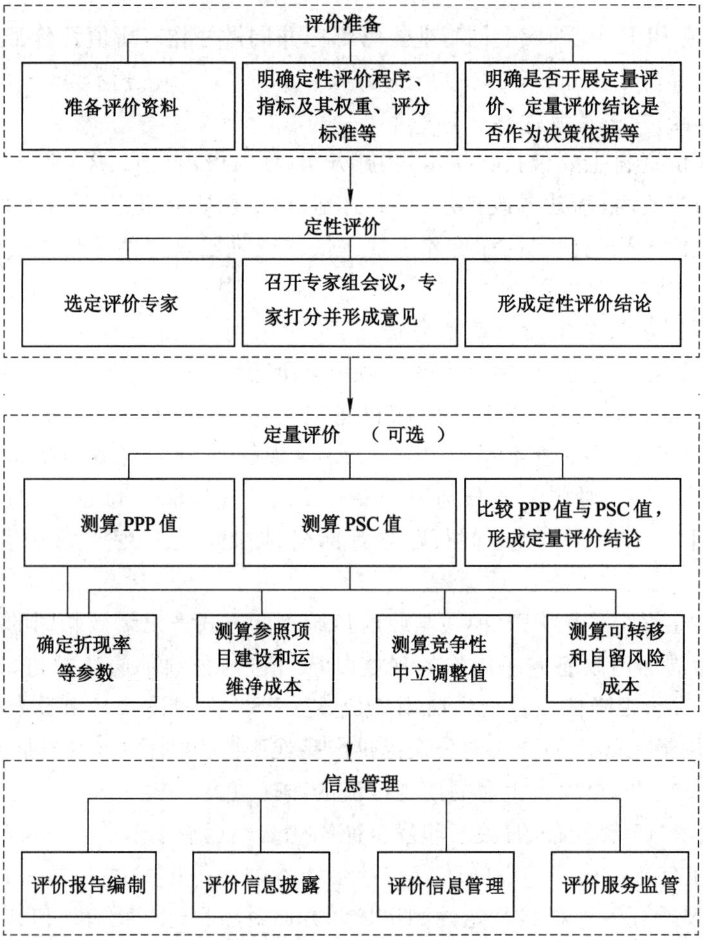

图 4-7 物有所值评价流程图

公共资产的历史资料、PPP 项目合同、绩效监测报告和中期评估报告等。

4. 财政承受能力论证

(1) 定义

财政承受能力论证是指识别、测算 PPP 项目的各项财政支出责任，科学评估项目实施对当前及今后年度财政支出的影响，为 PPP 项目财政管理提供依据。

(2) 论证主体

各级财政部门(或 PPP 中心)负责组织开展行政区域内 PPP 项目财政承受能力论证工作。省级财政部门负责汇总统计行政区域内的全部 PPP 项目财政支出责任，对财政预算编制、执行情况实施监督管理。

财政部门(或 PPP 中心)应当会同行业主管部门，共同开展 PPP 项目财政承受能力论证工作。必要时可通过政府采购方式聘请专业中介机构协助。

(3) 论证方法

财政承受能力论证采用定量和定性分析方法，坚持合理预测、公开透明、从严把关，统筹处理好当期与长远关系，严格控制 PPP 项目财政支出规模。

财政承受能力评估包括财政支出能力评估以及行业和领域平衡性评估。财政支出能力评估，是根据 PPP 项目预算支出责任，评估 PPP 项目实施对当前及今后年度财政支出的影响。每一年度全部 PPP 项目需要从预算中安排的支出责任，占一般公共预算支出比例应当不超过 10%。省级财政部门可根据本地实际情况，因地制宜确定具体比例，并报财政部备案，同时对外公布。行业和领域均衡性评估，是根据 PPP 模式适用的行业和领域范围，以及经济社会发展需要和公众对公共服务的需求，平衡不同行业和领域 PPP 项目，防止某一行业和领域 PPP 项目过于集中。

财政承受能力论证的结论分为"通过论证"和"未通过论证"。"通过论证"的项目，各级财政部门应当在编制年度预算和中期财政规划时，将项目财政支出责任纳入预算统筹安排。"未通过论证"的项目，则不宜采用 PPP 模式。

(4) 责任识别

PPP 项目全生命周期过程的财政支出责任，主要包括股权投资、运营补贴、风险承担、配套投入等。

股权投资支出责任是指在政府与社会资本共同组建项目公司的情况下，政府承担的股权投资支出责任。如果社会资本单独组建项目公司，则政府不承担股权投资支出责任。

运营补贴支出责任是指在项目运营期间，政府承担的直接付费责任。不同付费模式下，政府承担的运营补贴支出责任不同。政府付费模式下，政府承担全部运营补贴支出责任；可行性缺口补助模式下，政府承担部分运营补贴支出责任；使用者付费模式下，政府不承担运营补贴支出责任。

风险承担支出责任是指项目实施方案中政府承担风险带来的财政或有支出责任。通常由政府承担的法律风险、政策风险、最低需求风险以及因政府方原因项目合同终止等突发情况，会产生财政或有支出责任。

配套投入支出责任是指政府提供的项目配套工程等其他投入责任，通常包括土地征收和整理、建设部分项目配套措施、完成项目与现有相关基础设施和公用事业的对接、投资补助、贷款贴息等。配套投入支出应依据项目实施方案合理确定。

(5) 支出测算

财政部门(或 PPP 中心)应当综合考虑各类支出责任的特点、情景和发生概率等因素，对项目全生命周期内财政支出责任分别进行测算。

支出责任测算见表 4-5。

表 4-5　支出责任测算表

序号	责任类型	模式说明	计算公式
1	股权投资支出	股权投资支出应当依据项目资本金要求以及项目公司股权结构合理确定。股权投资支出责任中的土地等实物投入或无形资产投入，应依法进行评估，合理确定价值	股权投资支出＝项目资本金×政府占项目公司股权比例

表 4-5(续)

序号	责任类型	模式说明		计算公式
2	运营补贴支出	政府付费模式	在项目运营补贴期间,政府承担全部直接付费责任。政府每年直接付费数额包括:社会资本方承担的年均建设成本(折算成各年度现值)、年度运营成本和合理利润	当年运营补贴支出数额=$\frac{项目全部建设成本\times(1+合理利润)\times(1+年度折现率)^n}{财政运营补贴周期(年)}+$年度运营成本×(1+合理利润率)
		可行性缺口补助模式	项目运营补贴期间,政府承担部分直接付费责任。政府每年直接付费数额包括:社会资本方承担的年均建设成本(折算成各年度现值)、年度运营成本和合理利润,再减去每年使用者付费的数额	当年运营补贴支出数额=$\frac{项目全部建设成本\times(1+合理利润)\times(1+年度折现率)^n}{财政运营补贴周期(年)}+$年度运营成本×(1+合理利润率)-当年使用者付费数额
3	风险承担支出	比例法	在各类风险支出数额和概率难以进行准确测算的情况下,可以按照项目的全部建设成本和一定时期内的运营成本的一定比例确定风险承担支出	风险承担支出数额=(建设成本+一定时期内的运营成本)×比例系数
		情景分析法	在各类风险支出数额可以进行测算但出现概率难以确定的情况下,可针对影响风险的各类事件和变量进行“基本”、“不利”及“最坏”等情景假设,测算各类风险发生带来的风险承担支出	风险承担支出数额=基本情景下财政支出数额×基本情景出现的概率+不利情景下财政支出数额×不利情景出现的概率+最坏情景下财政支出数额×最坏情景出现的概率
		概率法	在各类风险支出数额和发生概率均可进行测算的情况下,可将所有可变风险参数作为变量,根据概率分布函数,计算各种风险发生带来的风险承担支出	
4	配套投入支出		配套投入支出责任应综合考虑政府将提供的其他配套投入总成本和社会资本方为此支付的费用。配套投入支出责任中的土地等实物投入或无形资产投入,应依法进行评估,合理确定价值	配套投入支出数额=政府拟提供的其他投入总成本-社会资本方支付的费用

注:(1) 年度折现率应考虑财政补贴支出发生年份,并参照同期地方政府债券收益率合理确定。

(2) 合理利润率应以商业银行中长期贷款利率水平为基准,充分考虑可用性付费、使用量付费、绩效付费的不同情景,结合风险等因素确定。

(3) 在计算运营补贴支出时,应当充分考虑合理利润率变化对运营补贴支出的影响。PPP 项目实施方案中的定价和调价机制通常与消费物价指数、劳动力市场指数等因素挂钩,会影响运营补贴支出责任。在可行性缺口补助模式下,运营补贴支出责任受到使用者付费数额的影响,而使用者付费的多少因定价和调价机制而变化。在计算运营补贴支出数额时,应当充分考虑定价和调价机制的影响。

(6) 能力评估

财政部门(或 PPP 中心)识别和测算单个项目的财政支出责任后,汇总年度全部已实施和拟实施的 PPP 项目，进行财政承受能力评估。

财政承受能力评估包括财政支出能力评估以及行业和领域平衡性评估。财政支出能力评估，是根据 PPP 项目预算支出责任，评估 PPP 项目实施对当前及今后年度财政支出的影响；行业和领域均衡性评估，是根据 PPP 模式适用的行业和领域范围，以及经济社会发展需要和公众对公共服务的需求，平衡不同行业和领域 PPP 项目，防止某一行业和领域 PPP 项目过于集中。

每一年度全部 PPP 项目需要从预算中安排的支出责任，占一般公共预算支出比例应当不超过 10%。省级财政部门可根据本地实际情况，因地制宜确定具体比例，并报财政部备案，同时对外公布。

在进行财政支出能力评估时，未来年度一般公共预算支出数额可参照前五年相关数额的平均值及平均增长率计算，并根据实际情况进行适当调整。

PPP 项目财政承受能力论证工作流程图如图 4-8 所示。

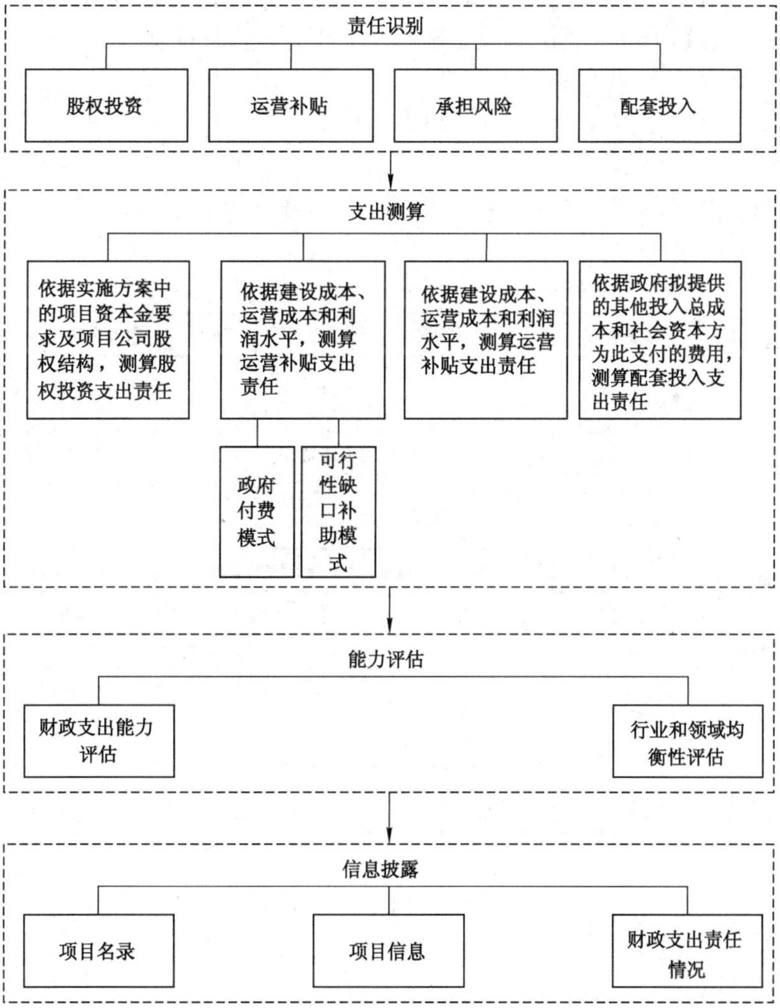

图 4-8　PPP 项目财政承受能力论证工作流程图

5. 项目风险分配评价

要充分发挥PPP模式的优势，必须建立公平合理的“利益共享、风险共担”的风险承担机制。PPP模式下的风险管理可以分为风险识别、风险评价和风险分担。

（1）风险识别

影响PPP项目实现预期目标的风险因素来源于法律、法规、政策、市场供需、资源开发与利用、技术的可靠性、工程方、按、融资方、按、组织管理、环境与社会、外部配套条件等一个或多个方面，在项目开始前必须进行识别。

（2）风险评价

风险评价是在风险识别的基础上，对风险发生的概率、损失程度等，结合其他因素进行全面考虑，评估发生风险的可能性及危害程度，衡量风险的程度，并决定是否需要采取相应的措施。

（3）风险分担

风险分担是为减少风险发生的概率，或者降低风险发生后造成的损失和风险管理成本，合理的风险分担有利于参与者在项目全寿命周期内注意理性和谨慎的行为，使各项目参与者能达到互惠互利、合作共赢的目的。

4.3.5 PPP项目操作流程

PPP项目操作可以分为五个阶段，即项目识别、项目准备、项目采购、项目执行和项目移交，具体如图4-9所示。

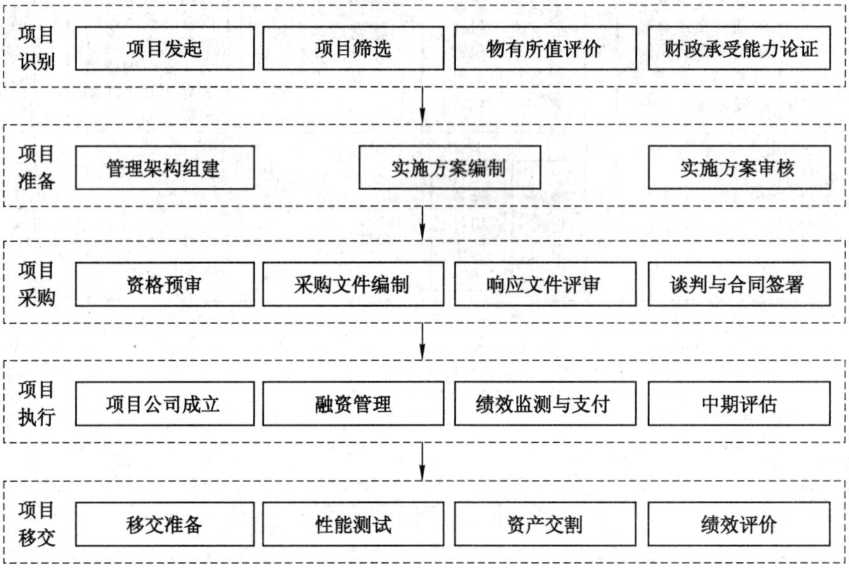

图4-9　PPP项目操作流程示意图

1. 项目识别

（1）项目发起

1）项目发起主体

PPP项目由政府或社会资本发起，以政府发起为主。

① 政府发起。财政部门（政府和社会资本合作中心）应负责向交通、住建、环保、能源、教育、医疗、体育健身和文化设施等行业主管部门征集潜在政府和社会资本合作项目。行业主管部门可从国民经济和社会发展规划及行业专项规划中的新建、改建项目或存量公共资产中遴选潜在项目。

② 社会资本发起。社会资本应以项目建议书的方式向财政部门（政府和社会资本合作中心）推荐潜在政府和社会资本合作项目。

2）项目发起程序

① 政府发起。行业主管部门向财政部门（或PPP合作中心）提交规划内项目清单→财政部门（或PPP合作中心）进行初步筛选→财政部门根据中长期财政预算规划，对可能涉及财政承诺的项目进行审查→对候选PPP项目清单中的项目进行调整或设定限制条件→确定纳入地方PPP项目库的项目清单并报地方政府审批。

② 社会资本发起。社会资本自发性开展市场调研→社会资本向财政部门（或PPP合作中心）提交项目意向书→财政部门（或PPP合作中心）会同各相关行业主管部门对项目意向书进行审查→财政部门根据中长期财政预算规划，对可能涉及财政承诺的项目进行审查→向社会资本反馈，同意纳入地方PPP项目库的项目报地方政府审批。

3）社会资本发起未中标的补偿

社会资本提交的项目建议书获得地方政府批复且纳入PPP项目库后即会进入项目采购程序；但是，仍存在作为项目发起人的社会资本未成为最终中标人的可能，就会出现社会资本发起人前期支出未获收益的问题。地方政府可对项目发起人进行相关奖励或补偿。奖励或补偿可借鉴国外PPP项目的做法：

① 相应文件评审过程中，项目发起人的技术分或商务分获得额外加分，或当项目发起人的报价与最佳报价的差距在一定的比例范围内，则项目发起人中标。智利和韩国采用该方法。

② 瑞士挑战法。项目发起人有机会追平或超过认可竞争标书，提高中标的可能性，如果他所提供的表述不是最具竞争力的，他并不会被淘汰，反而有一次机会重新提交一份更好的标书。印度采用该方法。

③ 由最终中标社会资本补偿项目原始发起人的开发费用，通常这一费用会在采购文件中说明。哥斯达黎加和南非采用该方法。

（2）项目筛选

1）筛选主体

财政部门（政府和社会资本合作中心）会同行业主管部门，对潜在政府和社会资本合作项目进行评估筛选，确定备选项目。财政部门（政府和社会资本合作中心）应根据筛选结果制订项目年度和中期开发计划。

2）筛选程序

① 政府发起项目。财政部门（或PPP合作中心）会同各相关行业主管部门制定产出说明与规范→结合各项目的产出说明与规范，按照各PPP项目重要性对其进行排序→按照各规划中项目公共资产及公共服务的交付时间要求以及项目进行准备工作的复杂程度等，对各PPP项目的紧迫性进行排序→按照重要性和紧迫性的优先顺序排列所有PPP项目→形

成当期、近期、中期、远期的 PPP 项目启动计划。

② 社会资本发起项目。经地方政府批准纳入地方 PPP 项目库→社会资本编制并提交项目建议书，主要包括项目产出、技术可行性、财务可行性、项目实施计划等内容→财政部门（或 PPP 合作中心）会同各相关行业主管部门对项目意向书进行审查→向社会资本反馈，提出要求补充或意见，同意或拒绝纳入 PPP 项目启动计划→按照该项目的重要性和紧迫性进行判定，并纳入对应的 PPP 项目启动计划中。

3）评估结果确定及提交的材料

对列入 PPP 项目年度开发计划的项目，项目发起方应按照财政部门或 PPP 中心的要求提交相关资料，根据不同项目类型，PPP 项目需提交的相关资料见表 4-6。

表 4-6　PPP 项目需要提交资料表

新建、改建项目	项目可行性研究报告	存量项目	项目公共资产历史资料
	项目产出说明		项目产出说明
	项目初步实施方案		项目初步实施方案

（3）物有所值评价

见前述章节。

（4）财政承受能力论证

见前述章节。

2. 项目准备

（1）组建管理架构

县级（含）以上地方人民政府可建立专门协调机制，主要负责项目评审、组织协调和检查督导等工作，实现简化审批流程、提高工作效率的目的。政府或其指定的有关职能部门或事业单位可作为项目实施机构，负责项目准备、采购、监管和移交等工作。

（2）编制实施方案

项目实施机构应组织编制项目实施方案，依次对以下内容进行介绍：

1）项目概况

项目概况主要包括基本情况、经济技术指标和项目公司股权情况等。

基本情况主要明确项目提供的公共产品和服务内容、项目采用政府和社会资本合作模式运作的必要性和可行性，以及项目运作的目标和意义。

经济技术指标主要明确项目区位、占地面积、建设内容或资产范围、投资规模或资产价值、主要产出说明和资金来源等。

项目公司股权情况主要明确是否要设立项目公司以及公司股权结构。

2）风险分配基本框架

按照风险分配优化、风险收益对等和风险可控等原则，综合考虑政府风险管理能力、项目回报机制和市场风险管理能力等要素，在政府和社会资本间合理分配项目风险。

原则上，项目设计、建造、财务和运营维护等商业风险由社会资本承担，法律、政策和最低需求等风险由政府承担，不可抗力等风险由政府和社会资本合理共担。

3）项目运作方式

项目运作方式主要包括委托运营、管理合同、建设—运营—移交、建设—拥有—运营、转让—运营—移交和改建—运营—移交等。

具体运作方式的选择主要由收费定价机制、项目投资收益水平、风险分配基本框架、融资需求、改扩建需求和期满处置等因素决定。

4）交易结构

交易结构主要包括项目投融资结构、回报机制和相关配套安排。

项目投融资结构主要说明项目资本性支出的资金来源、性质和用途，以及项目资产的形成和转移等。

项目回报机制主要说明社会资本取得投资回报的资金来源，包括使用者付费、可行性缺口补助和政府付费等支付方式。

相关配套安排主要说明由项目以外相关机构提供的土地、水、电、气和道路等配套设施和项目所需的上下游服务。

5）合同体系

合同体系主要包括项目合同、股东合同、融资合同、工程承包合同、运营服务合同、原料供应合同、产品采购合同和保险合同等。项目合同是其中最核心的法律文件。

项目边界条件是项目合同的核心内容，主要包括权利义务、交易条件、履约保障和调整衔接等边界。

权利义务边界主要明确项目资产权属、社会资本承担的公共责任、政府支付方式和风险分配结果等。

交易条件边界主要明确项目合同期限、项目回报机制、收费定价调整机制和产出说明等。

履约保障边界主要明确强制保险方案以及由投资竞争保函、建设履约保函、运营维护保函和移交维修保函组成的履约保函体系。

调整衔接边界主要明确应急处置、临时接管和提前终止、合同变更、合同展期、项目新增改扩建需求等应对措施。

6）监管架构

监管架构主要包括授权关系和监管方式。授权关系主要是政府对项目实施机构的授权，以及政府直接或通过项目实施机构对社会资本的授权；监管方式主要包括履约管理、行政监管和公众监督等。

7）采购方式选择

项目采购应根据《中华人民共和国政府采购法》及相关规章制度执行，采购方式包括公开招标、竞争性谈判、邀请招标、竞争性磋商和单一来源采购。项目实施机构应根据项目采购需求特点，依法选择适当的采购方式。

公开招标主要适用于核心边界条件和技术经济参数明确、完整、符合国家法律法规和政府采购政策，且采购中不作更改的项目。

(3) 实施方案审核

财政部门（政府和社会资本合作中心）应对项目实施方案进行物有所值和财政承受能力验证，通过验证的，由项目实施机构报政府审核；未通过验证的，可在实施方案调整后重新验证；经重新验证仍不能通过的，不再采用政府和社会资本合作模式。

3. 项目采购

(1) 资格预审

项目实施机构应根据项目需要准备资格预审文件，发布资格预审公告，邀请社会资本和与其合作的金融机构参与资格预审，验证项目能否获得社会资本响应和实现充分竞争，并将资格预审的评审报告提交财政部门(政府和社会资本合作中心)备案。

项目有3家以上社会资本通过资格预审的，项目实施机构可以继续开展采购文件准备工作；项目通过资格预审的社会资本不足3家的，项目实施机构应在实施方案调整后重新组织资格预审；项目经重新资格预审合格社会资本仍不够3家的，可依法调整实施方案选择的采购方式。

资格预审公告应在省级以上人民政府财政部门指定的媒体上发布。资格预审合格的社会资本在签订项目合同前资格发生变化的，应及时通知项目实施机构。

资格预审公告应包括项目授权主体、项目实施机构和项目名称、采购需求、对社会资本的资格要求、是否允许联合体参与采购活动、拟确定参与竞争的合格社会资本的家数和确定方法，以及社会资本提交资格预审申请文件的时间和地点。提交资格预审申请文件的时间自公告发布之日起不得少于15个工作日。

(2) 采购文件编制

项目采购文件应包括采购邀请，竞争者须知(包括密封、签署、盖章要求等)，竞争者应提供的资格、资信及业绩证明文件，采购方式，政府对项目实施机构的授权、实施方案的批复和项目相关审批文件，采购程序，响应文件编制要求，提交响应文件截止时间、开启时间及地点，强制担保的保证金交纳数额和形式，评审方法、评审标准，政府采购政策要求，项目合同草案，以及其他法律文本等。

采用竞争性谈判或竞争性磋商采购方式的，项目采购文件除上款规定的内容外，还应明确评审小组根据与社会资本谈判情况可能实质性变动的内容，包括采购需求中的技术、服务要求以及合同草案条款。

(3) 响应文件评审

评审小组由项目实施机构代表和评审专家共5人以上单数组成，其中评审专家人数不得少于评审小组成员总数的2/3。评审专家可以由项目实施机构自行选定，但评审专家中应至少包含1名财务专家和1名法律专家。项目实施机构代表不得以评审专家身份参加项目的评审。

项目采用公开招标、邀请招标、竞争性谈判、单一来源采购方式开展采购的，按照政府采购法律法规及有关规定执行。

项目采用竞争性磋商采购方式开展采购的，按照下列基本程序进行：

① 采购公告发布及报名

竞争性磋商公告应在省级以上人民政府财政部门指定的媒体上发布。竞争性磋商公告应包括项目实施机构和项目名称，项目结构和核心边界条件，是否允许未进行资格预审的社会资本参与采购活动，以及审查原则，项目产出说明，对社会资本提供的响应文件要求，获取采购文件的时间、地点、方式及采购文件的售价，提交响应文件截止时间、开启时间及地点。提交响应文件的时间自公告发布之日起不得少于10日。

② 资格审查及采购文件发售

已进行资格预审的，评审小组在评审阶段不再对社会资本资格进行审查。允许进行资格后审的，由评审小组在响应文件评审环节对社会资本进行资格审查。项目实施机构可以视项目的具体情况，组织对符合条件的社会资本的资格条件进行考察核实。

采购文件售价，应按照弥补采购文件印制成本费用的原则确定，不得以营利为目的，不得以项目采购金额作为确定采购文件售价的依据。采购文件的发售期限自开始之日起不得少于5个工作日。

③ 采购文件的澄清或修改

提交首次响应文件截止之日前，项目实施机构可以对已发出的采购文件进行必要的澄清或修改，澄清或修改的内容应作为采购文件的组成部分。澄清或修改的内容可能影响响应文件编制的，项目实施机构应在提交首次响应文件截止时间至少5日前，以书面形式通知所有获取采购文件的社会资本；不足5日的，项目实施机构应顺延提交响应文件的截止时间。

④ 响应文件评审

项目实施机构应按照采购文件规定组织响应文件的接收和开启。

评审小组对响应文件进行两阶段评审：

第一阶段：确定最终采购需求方案。评审小组可以与社会资本进行多轮谈判，谈判过程中可实质性修订采购文件的技术、服务要求及合同草案条款，但不得修订采购文件中规定的不可谈判核心条件。实质性变动的内容，须经项目实施机构确认，并通知所有参与谈判的社会资本。具体程序按照《政府采购非招标方式管理办法》及有关规定执行。

第二阶段：综合评分。最终采购需求方案确定后，由评审小组对社会资本提交的最终响应文件进行综合评分，编写评审报告并向项目实施机构提交候选社会资本的排序名单。具体程序按照《政府采购货物和服务招标投标管理办法》及有关规定执行。

项目实施机构应在资格预审公告、采购公告、采购文件、采购合同中，列明对本国社会资本的优惠措施及幅度、外方社会资本采购我国生产的货物和服务要求等相关政府采购政策，以及对社会资本参与采购活动和履约保证的强制担保要求。社会资本应以支票、汇票、本票或金融机构、担保机构出具的保函等非现金形式缴纳保证金。参加采购活动的保证金的数额不得超过项目预算金额的2%。履约保证金的数额不得超过政府和社会资本合作项目初始投资总额或资产评估值的10%。无固定资产投资或投资额不大的服务型合作项目，履约保证金的数额不得超过平均6个月的服务收入额。

项目实施机构应组织社会资本进行现场考察或召开采购前答疑会，但不得单独或分别组织只有一个社会资本参加的现场考察和答疑会。

(4) 谈判与合同签署

项目实施机构应成立专门的采购结果确认谈判工作组，按照候选社会资本的排名，依次与候选社会资本及与其合作的金融机构就合同中可变的细节问题进行合同签署前的确认谈判，率先达成一致的即为中选者。确认谈判不得涉及合同中不可谈判的核心条款，不得与排序在前但已终止谈判的社会资本进行再次谈判。

确认谈判完成后，项目实施机构应与中选社会资本签署确认谈判备忘录，并将采购结果和根据采购文件、响应文件、补遗文件和确认谈判备忘录拟定的合同文本进行公示，公示期不得少于5个工作日。合同文本应将中选社会资本响应文件中的重要承诺和技术文件等作为附件。合同文本中涉及国家秘密、商业秘密的内容可以不公示。

公示期满无异议的项目合同,应在政府审核同意后,由项目实施机构与中选社会资本签署。

需要为项目设立专门项目公司的,待项目公司成立后,由项目公司与项目实施机构重新签署项目合同,或签署关于承继项目合同的补充合同。

项目实施机构应在项目合同签订之日起2个工作日内,将项目合同在省级以上人民政府财政部门指定的媒体上公告,但合同中涉及国家秘密、商业秘密的内容除外。

各级人民政府财政部门应当加强对PPP项目采购活动的监督检查,及时处理采购活动中的违法违规行为。

4. 项目执行

(1) 项目公司设立

社会资本可依法设立项目公司。政府可指定相关机构依法参股项目公司。项目实施机构和财政部门(政府和社会资本合作中心)应监督社会资本按照采购文件和项目合同约定,按时足额出资设立项目公司。

(2) 融资管理

项目融资由社会资本或项目公司负责。社会资本或项目公司应及时开展融资方案设计、机构接洽、合同签订和融资交割等工作。财政部门(政府和社会资本合作中心)和项目实施机构应做好监督管理工作,防止企业债务向政府转移。

社会资本或项目公司未按照项目合同约定完成融资的,政府可提取履约保函直至终止项目合同;遇系统性金融风险或不可抗力的,政府、社会资本或项目公司可根据项目合同约定协商修订合同中相关融资条款。

当项目出现重大经营或财务风险,威胁或侵害债权人利益时,债权人可依据与政府、社会资本或项目公司签订的直接介入协议或条款,要求社会资本或项目公司改善管理等。在直接介入协议或条款约定期限内,重大风险已解除的,债权人应停止介入。

项目合同中涉及的政府支付义务,财政部门应结合中长期财政规划统筹考虑,纳入同级政府预算,按照预算管理相关规定执行。财政部门(政府和社会资本合作中心)和项目实施机构应建立政府和社会资本合作项目政府支付台账,严格控制政府财政风险。在政府综合财务报告制度建立后,政府和社会资本合作项目中的政府支付义务应纳入政府综合财务报告。

(3) 绩效监测与支付

项目实施机构应根据项目合同约定,监督社会资本或项目公司履行合同义务,定期监测项目产出绩效指标,编制季报和年报,并报财政部门(政府和社会资本合作中心)备案。

政府有支付义务的,项目实施机构应根据项目合同约定的产出说明,按照实际绩效直接或通知财政部门向社会资本或项目公司及时足额支付。设置超额收益分享机制的,社会资本或项目公司应根据项目合同约定向政府及时足额支付应享有的超额收益。

项目实际绩效优于约定标准的,项目实施机构应执行项目合同约定的奖励条款,并可将其作为项目期满合同能否展期的依据;未达到约定标准的,项目实施机构应执行项目合同约定的惩处条款或救济措施。

社会资本或项目公司违反项目合同约定,威胁公共产品和服务持续稳定安全供给,或危及国家安全和重大公共利益的，政府有权临时接管项目，直至启动项目提前终止程序。

政府可指定合格机构实施临时接管。临时接管项目所产生的一切费用，将根据项目合同约定，由违约方单独承担或由各责任方分担。社会资本或项目公司应承担的临时接管费用，可以从其应获终止补偿中扣减。

在项目合同执行和管理过程中，项目实施机构应重点关注合同修订、违约责任和争议解决等工作。

① 合同修订。按照项目合同约定的条件和程序，项目实施机构和社会资本或项目公司可根据社会经济环境、公共产品和服务的需求量及结构等条件的变化，提出修订项目合同申请，待政府审核同意后执行。

② 违约责任。项目实施机构、社会资本或项目公司未履行项目合同约定义务的，应承担相应违约责任，包括停止侵害、消除影响、支付违约金、赔偿损失以及解除项目合同等。

③ 争议解决。在项目实施过程中，按照项目合同约定，项目实施机构、社会资本或项目公司可就发生争议且无法协商达成一致的事项，依法申请仲裁或提起民事诉讼。

(4) 中期评估

项目实施机构应每3～5年对项目进行中期评估，重点分析项目运行状况和项目合同的合规性、适应性和合理性；及时评估已发现问题的风险，制定应对措施，并报财政部门(政府和社会资本合作中心)备案。

政府相关职能部门应根据国家相关法律法规对项目履行行政监管职责，重点关注公共产品和服务质量、价格和收费机制、安全生产、环境保护和劳动者权益等。

社会资本或项目公司对政府职能部门的行政监管处理决定不服的，可依法申请行政复议或提起行政诉讼。

政府、社会资本或项目公司应依法公开披露项目相关信息，保障公众知情权，接受社会监督。

社会资本或项目公司应披露项目产出的数量和质量、项目经营状况等信息。政府应公开不涉及国家秘密、商业秘密的政府和社会资本合作项目合同条款、绩效监测报告、中期评估报告和项目重大变更或终止情况等。

社会公众及项目利益相关方发现项目存在违法、违约情形或公共产品和服务不达标准的，可向政府职能部门提请监督检查。

5. 项目移交

(1) 移交准备

项目移交时，项目实施机构或政府指定的其他机构代表政府收回项目合同约定的项目资产。

项目合同中应明确约定移交形式、补偿方式、移交内容和移交标准。移交形式包括期满终止移交和提前终止移交；补偿方式包括无偿移交和有偿移交；移交内容包括项目资产、人员、文档和知识产权等；移交标准包括设备完好率和最短可使用年限等指标。

采用有偿移交的，项目合同中应明确约定补偿方案；没有约定或约定不明的，项目实施机构应按照“恢复相同经济地位”原则拟定补偿方案，报政府审核同意后实施。

(2) 性能测试

项目实施机构或政府指定的其他机构应组建项目移交工作组，根据项目合同约定与社会资本或项目公司确认移交情形和补偿方式，制定资产评估和性能测试方案。

项目移交工作组应委托具有相关资质的资产评估机构，按照项目合同约定的评估方式，对移交资产进行资产评估，作为确定补偿金额的依据。

项目移交工作组应严格按照性能测试方案和移交标准对移交资产进行性能测试。性能测试结果不达标的，移交工作组应要求社会资本或项目公司进行恢复性修理、更新重置或提取移交维修保函。

(3) 资产交割

社会资本或项目公司应将满足性能测试要求的项目资产、知识产权和技术法律文件，连同资产清单移交项目实施机构或政府指定的其他机构，办妥法律过户和管理权移交手续。社会资本或项目公司应配合做好项目运营平稳过渡相关工作。

(4) 绩效评估

项目移交完成后，财政部门(政府和社会资本合作中心)应组织有关部门对项目产出、成本效益、监管成效、可持续性、政府和社会资本合作模式应用等进行绩效评价，并按相关规定公开评价结果。评价结果作为政府开展政府和社会资本合作管理工作决策参考依据。

4.3.6 PPP 项目采购方式和流程

根据财金 113 号文的规定，PPP 项目可采用公开招标、邀请招标、竞争性谈判、竞争性磋商和单一来源采购五种方式。项目实施机构应根据项目特点，依法选择适当的采购方式。

1. PPP 项目采购程序的法律规范

目前，与 PPP 项目采购相关的主要法律规范、文件见表 4-7，另外还有国务院办公厅、财政部、发改委以及相关部委联合发布的一些实施指导意见，地方政府也相继发布了一些关于 PPP 的文件、办法等。

表 4-7 PPP 项目采购程序的法律规范、文件

序号	发布时间	发布机构	名称
1	2000-01-01	全国人民代表大会常务委员会	《中华人民共和国招投标法》
2	2003-01-01	全国人民代表大会常务委员会	《中华人民共和国政府采购法》
3	2004-09-11	财政部	《政府采购货物和服务招标投标管理办法》
4	2012-02-01	国务院	《中华人民共和国招投标法实施细则》
5	2013-09-26	国务院办公厅	《关于政府向社会力量购买服务的指导意见》
6	2014-01-01	全国人民代表大会常务委员会	《中华人民共和国政府采购法》(2014 年修正)
7	2014-09-23	财政部	《关于推广运用政府和社会资本合作模式有关问题的通知》
8	2014-11-29	财政部	《关于印发政府和社会资本合作模式操作指南的通知(试行)》
9	2014-12-02	国家发展和改革委员会	《关于开展政府和社会资本合作指导意见》
10	2014-12-30	财政部	《关于规范政府和社会资本合作合同管理工作的通知》
11	2014-12-31	财政部	《关于印发政府采购竞争性磋商采购方式管理暂行办法的通知》
12	2014-12-31	财政部	《关于印发政府和社会资本合作项目政府采购管理办法的通知》
13	2015-03-01	国务院	《中华人民共和国政府采购法实施条例》

表 4-7(续)

序号	发布时间	发布机构	名称
14	2015-04-07	财政部	《关于印发〈政府和社会资本合作项目财政承受能力论证指引〉的通知》
15	2015-04-25	国家发展和改革委员会、财政部等六部委	《基础设施和公用事业特许经营管理办法》
16	2015-06-30	财政部	《关于政府采购竞争性磋商采购方式管理暂行办法有关问题的补充通知》
17	2015-12-08	财政部	《关于实施政府和社会资本合作项目以奖代补政策的通知》
18	2015-12-18	财政部	《关于印发〈PPP 物有所值评价指引(试行)〉的通知》
19	2016-10-27	国家发展和改革委员会	《传统基础设施领域实施政府和社会资本合作项目工作导则》

2. 不同采购方式的分析比较

(1) 公开招标和邀请招标

1) 适用范围

根据相关文件,公开招标主要适用于采购需求中核心边界条件和技术经济参数明确、完整、符合国际法律法规及政府采购政策,且采购过程中不做更改的项目。

邀请招标主要适用于采购人所采购的货物或者服务具有特殊性,只能从有限范围的供应商处采购的或者采用公开招标方式的费用占政府采购项目总价值的比例过大的项目。

2) 基本流程

根据相关文件,采用公开招标或邀请招标方式采购 PPP 项目的流程如图 4-10 所示。

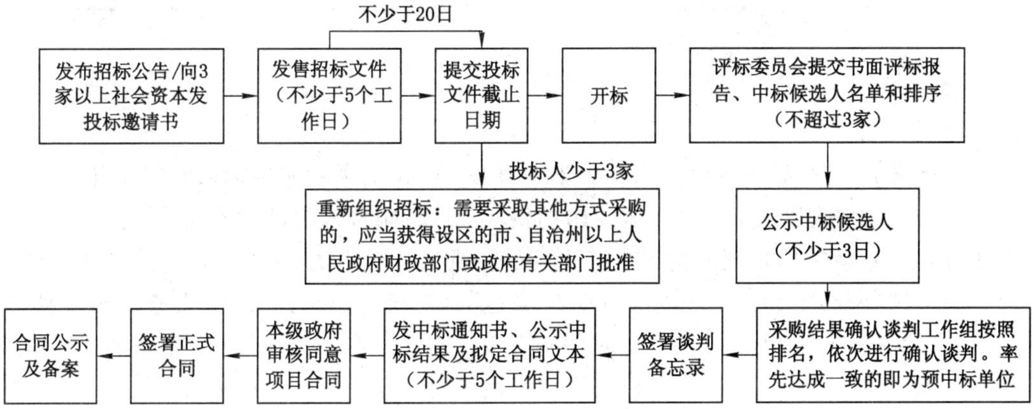

图 4-10　公开(邀请)招标流程图

3) 公开招标转为其他采购程序的条件及审批手续

根据《中华人民共和国政府采购法》的规定,在符合专业条件的供应商或者对招标文件作实质响应的供应商不足 3 家时,招标采购应予废标。废标后,除采购任务取消情形外,应当组织重新招标;需要采取其他采购方式的,应在采购活动开始前取得设区的市、自治州以上人民政府采购监督管理部门或政府有关部门的批准。

对此,《政府采购货物和服务招标投标管理办法》第 43 条给予了明确规定:

① 招标文件存在不合理条款或者招标程序不符合规定的,采购人、采购代理机构改正后依法重新招标;

② 招标文件没有不合理条件,招标程序符合规定,需要采用其他采购方式采购的,采购人应当依法报财政部门批准。

(2) 竞争性谈判

1) 适用范围

根据《中华人民共和国政府采购法》第 30 条规定,竞争性谈判适用于:

① 招标后没有供应商投标或者没有合格标的或者重新招标未能成立的;

② 技术复杂或者性质特殊,不能确定详细规格或者具体要求的;

③ 采用招标所需时间不能满足用户紧急需要的;

④ 不能事先计算出价格总额的。

2) 基本流程

根据相关文件规定,PPP 项目的竞争性谈判流程如图 4-11 所示。

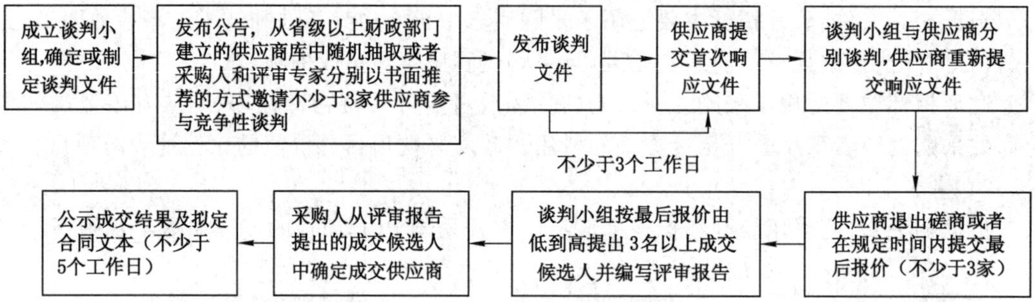

图 4-11 竞争性谈判流程图

3) 操作要点

一般情况下,符合要求的供应商不少于 3 家,根据《政府采购非招标采购方式管理办法》第 37 条规定:在采购过程中符合竞争要求的供应商或者报价未超过采购预算的供应商不足 3 家的,采购人或者采购代理机构应当终止竞争性谈判采购活动,发布项目终止公告并说明原因,重新开展采购活动。同时《办法》第 27 条也规定:公开招标的货物、服务采购项目,招标过程中提交投标文件或者经评审实质性响应招标文件要求的供应商只有两家时,采购人、采购代理机构经本级部门批准后可以与该两家供应商进行竞争性谈判采购。

(3) 竞争性磋商

1) 适用范围

根据相关文件规定,竞争性磋商适用于具有以下特征的项目:

① 政府购买服务项目;

② 技术复杂或者性质特殊,不能确定详细规格或者具体要求的;

③ 因艺术品采购、专利、专有技术或者服务的时间、数量事先不能确定等原因不能事先计算出价格总额的;

④ 市场竞争不充分的科研项目，以及需要扶持的科技成果转化项目；

⑤ 按照招投标办法及其实施条例必须进行招标的工程建设项目以外的工程建设项目。

2）基本流程

根据相关文件规定，PPP项目的竞争性磋商流程如图4-12所示。

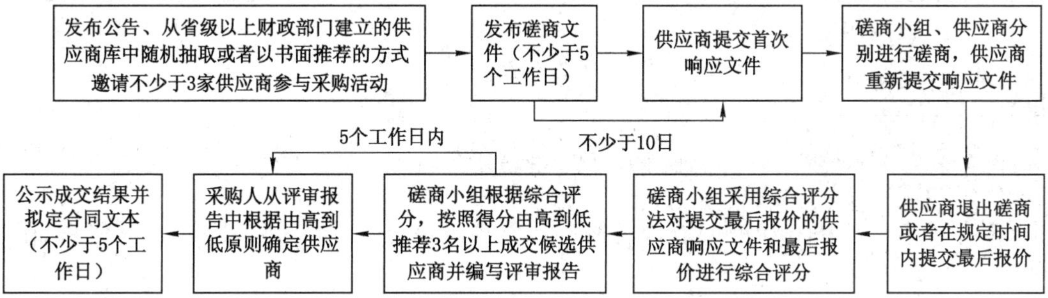

图4-12　竞争性磋商流程图

3）操作要点

竞争性磋商和竞争性谈判在采购程序、供应商来源方式、采购公告要求、响应文件要求、磋商或谈判小组组成等方面的要求基本一致，区别是在评审阶段，前者采用综合评分法，而后者采用“最低价成交”原则。

《财政部关于政府采购竞争性磋商采购方式管理暂行办法有关问题的补充通知》（财库〔2015〕124号）中规定，采用竞争性磋商方式采购的政府购买服务项目（含政府和社会资本合作项目），在采购过程中符合要求的供应商（社会资本）只有2家的，竞争性磋商采购活动可以继续进行，当只有1家时，应当终止采购活动，发布项目终止公告并说明原因，重新开展采购活动。

（4）单一来源采购

1）适用范围

根据《中华人民共和国政府采购法》第31条的规定，单一来源采购方式适用于具有以下特点的项目：

① 只能从唯一供应商处采购的；

② 发生了不可预见的紧急情况不能从其他供应商处采购的；

③ 必须保证原有采购项目一致性或者服务配套的要求，需要继续从原供应商处添购，且添购资金总额不超过原合同采购金额10%的。

2）基本流程

根据相关文件规定，PPP项目的单一来源采购流程如图4-13所示。

4.3.7　PPP模式的基本合同体系

在PPP项目中，项目参与方通过签订一系列合同来确立和调整彼此之间的权利义务关系，构成PPP项目的合同体系。PPP项目的合同通常包括PPP项目合同、股东协议、履约合同（包括工程承包合同、运营服务合同、原料供应合同、产品或服务购买合同等）、融资合同

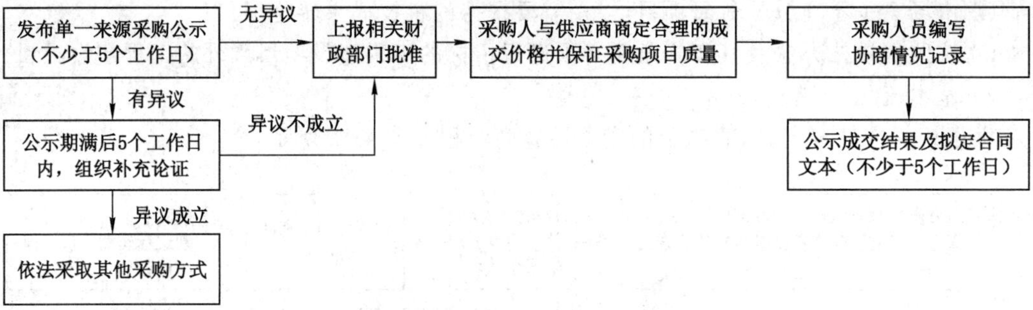

图 4-13　单一来源采购流程图

和保险合同等。其中,PPP 项目合同是整个 PPP 项目合同体系的基础和核心。其体系如图 4-6 所示。

4.3.8　PPP 项目后评价

PPP 项目后评价是指对建设期完全结束,已经处于稳定运营期的 PPP 项目的运营状态、实施过程、效益、影响、可持续性、运营效率、监管体系、风险分担、伙伴关系、特许权状态等进行的全面、系统、客观的分析;通过对项目活动实践的检查评价和分析总结,确定项目是否在预期状态和可控范围内;并通过及时有效的信息反馈,为实施运营中出现的问题提出改进措施,同时也为项目运营中后期的发展和公私合作状况提出建议,从而达到成功实施公私合营项目的目的。

目前我国开展 PPP 项目的后评价还比较少,根据已经实施的 PPP 项目,其后评价体系如图 4-14 所示。

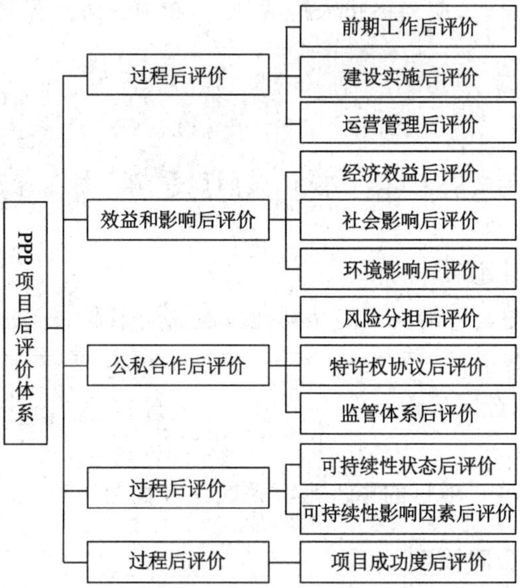

图 4-14　PPP 项目后评价体系

4.4　PPP模式在高速公路建设中的应用分析

4.4.1　概述

高速公路作为综合交通运输的一种方式，具有车速高、通行能力大、运输成本低等优点，在各种运输方式中占有十分重要的地位，是国民经济和社会发展的重要基础设施。20世纪80年代以来，我国高速公路建设快速发展，截至2018年末我国通车高速公路里程已达14.26万km。

高速公路建设投资大、造价高、回收期长，因此资金压力和投资风险都非常大。根据交通运输部统计，截至2018年，全国收费公路债务余额56 913.6亿元，比上年末增加4 070.1亿元，增长7.7%，通行费收支缺口4 069.4亿元。新增的债务余额主要是新通车收费公路建设投资中新举借的银行贷款和其他债务本金，以及为养护工程、改扩建工程、运营管理等支出举借的新债。

由于我国高速公路建设的持续推进、项目的不断增多，银行所能提供的贷款非常有限，建设项目资金压力较大；而且传统的融资模式存在审批复杂、风险集中等问题，承建企业顾虑较多，给高速公路建设项目的正常推进带来了影响。在这种背景下，推行以政府投入为基础的社会化、市场化、多元化的交通投融资模式，即PPP模式，是一个很好的方式。

4.4.2　高速公路PPP融资模式的优势

PPP模式通过社会资本的引入，与政府公共部门合作共同参与高速公路建设项目的筹资、建设和运营等活动，能解决政府单方面建设存在的资金不足、管理和服务滞后等问题。具体来说，高速公路PPP融资模式具有以下优势：

1. 有助于充实项目资本金

在传统融资模式下，地方政府在建设期内的出资压力较大，中西部一些财政实力较弱的省份难以落实资本金，高速公路建设缓慢。比如，云南省已开工建设的丽香高速公路，按国家发展改革委批复70%的资本金比例来计算，除中央补助和州市征拆外，云南省还需要自筹资本金78.35亿元，资金缺口很大。而在PPP融资模式下，私营企业、民营资本可以公平地被引入，不仅拓宽了高速公路建设项目的融资渠道，而且大大充实了建设项目所需资金，为项目的正常运转提供保障。

2. 保证项目还款来源

在传统融资模式下，政府对高速公路项目的还款进行隐性担保，因而政府支出责任不明晰。而PPP融资模式要求合作双方事前在合同中确认合作关系，有助于金融机构确定各项还款来源。特别是《国务院关于加强地方政府性债务管理的意见》颁发后，PPP融资模式就成为了政府增加信用的可行途径，通过将政府出资部分纳入政府财政预算，就可保障项目还款来源。

3. 明确合作双方的责权利关系

PPP模式的主要特征是将合作双方的责任和权力契约化，也就是通过规范的合同文本和相关法律规约束合同双方的行为，从形式上强化政府在合同框架内的责任约束，从而降低社会资本可能面临的风险。在高速公路建设过程中,政府公共部门负责具体的规划和设计工作,同时对项目运作的每一个环节进行监督和指导,对高速公路建设项目的立项、规模等级、质量、验收和初期维护等提出明确要求,因此政府仍然掌控着项目本身,承担最主要的责任。而参与融资的企业主要负责前期资金的筹集、中期项目的具体建设以及协议期内的运营管理,也就是承担资金提供、技术支持和管理服务等责任。通过公共部门和私营企业的合作,双方的责权利都得到明确,各自的优势也能得到充分发挥,对提高高速公路建设项目质量具有重要作用。

4. 有助于提高投资效率

传统融资模式带有浓厚的行政色彩,政府投资存在约束性不强、与市场脱节等问题。财政部于 2015 年发布了《政府和社会资本合作项目财政承受能力论证指引》,通过对财政承受能力论证的明确限制,从政策方面对以往政府投资的盲目性和任意性进行了削弱,进一步完善了 PPP 融资模式的运营机制。从高速公路建设项目来看,PPP 融资运营机制的完善,有利于优化民间资本参与高速公路建设项目的运作流程,简化操作程序,有利于提高资金的筹集效率。从项目收益回收角度看,民营资本的加入导致资本金总数增加,能降低项目资产负债率,更好地保障政府与民营企业各方的利益;公共部门和私营企业构建的长期的合作关系,也有利于实现长期互利的目标,因此投资效率较高。

5. 加快高速公路的建设速度

PPP 融资模式与其他融资模式一样会不断地发展成熟,其运作模式和操作流程都会不断完善。PPP 融资模式通过不断的实践和总结,将会吸引更多的私营企业或私人的关注,从而拓宽融资渠道,筹集到更多资金。愈来愈多的民营资本进入高速公路建设项目中,保障了项目建设所需的资金,必将推动项目建设进度,缩短项目建设周期、促进各个建设项目的尽快完工,从而在整体上加快高速公路的规划、设计、建设和使用速度。所以,从长远来看,PPP 融资模式的大力推广和应用,将加快我国高速公路建设步伐。

6. 改善高速公路的服务质量

PPP 融资模式不同于传统的融资模式,其将改变政府全部负责、国有企业垄断建设和运营维护基础设施建设项目的局面。优秀的民营企业通过竞争进入高速公路设计与建造、养护维护全过程,本着利益共享和风险共担的原则,民营企业的积极性和创造性都会得到充分发挥。加上民营企业机制灵活,管理和服务效率高,先进技术应用意识强,通过和政府公共部门合作共建高速公路,能把各方优势都集中体现出来,必然提高高速公路建设项目的质量、降低项目运营维护成本、提高服务标准。这又会进一步促进高速公路充分发挥为社会服务的功能,服务质量得到明显改善。

4.4.3 高速公路建设中推进 PPP 融资模式面临的主要障碍和问题

PPP 模式在我国应用时间不长,在高速公路建设的实施过程中还面临着一些问题。

1. 法律法规还不完善

目前,我国有关 PPP 融资模式的法律法规还没有正式出台,仅有部分层级较低的规范性文件,这阻碍了 PPP 融资模式的发展完善和大力推广。高速公路建设中 PPP 模式该怎样操作,在合作范围、监管机制、法律属性等方面还有待进一步明确,在跨年度预算、土地使用权获取、项目行政审批等方面还需要与各部委文件进行充分衔接,需要在中央层面立法,对 PPP 主体、项目范围、投融资模式、运营模式等进行全面的统一和规范。此外，我国政府掌握了很多资源，处于比较强势的地位，在与私营企业合作中契约意识有待进一步加强。加之政府换届，怎样保证合同顺利履行，对 PPP 模式的具体实施是一个较大的问题。一旦政府履约发生风险，在法律救济措施方面保障私人资本利益就会变得困难重重。

2. 地方政府对 PPP 模式的认识程度不够深刻

PPP 是一种新兴的项目融资模式，相比于其他的融资模式，国内已有的成功的 PPP 融资模式案例较少，因而总结的成功经验也不多。关于该模式的特点、规律性及潜在风险，地方政府还认识得不够深刻，加之我国缺少专业化、复合型人才来运作 PPP 模式，同时管理机制和契约意识等条件也不够完备，导致该模式虽然应用于项目建设，但进展缓慢，效果也不好。而且，一些地方政府对 PPP 模式的推进并不主动，原因是对引入社会资本可行性不明晰。而 PPP 融资模式要求合作双方事前在合同中确认合作关系，有助于金融机构确定各项还款来源。特别是《国务院关于加强地方政府性债务管理的意见》颁发后，PPP 融资模式就成为了政府增加信用的可行途径，通过将政府出资部分纳入政府财政预算，保障项目还款来源。

3. 社会资本实力相对有限

在我国，民营资本主要集中在服务业、加工制造业等领域，国有资本主要集中在基础设施等领域。民营资本非常重视风险控制以及投资回报问题，因而对回收期较长的 PPP 融资模式有一定的顾虑。而且，民营企业对政府是否能完全履行合约还持怀疑和保留态度，因此尽管对 PPP 项目有合作意愿，但仍然比较谨慎。从地方政府的角度来看，考虑到与民营企业合作可能涉及的利益输送，目前主要还是选择国有企业作为合作对象，希望重新包装地方政府投融资平台，以便于将其作为社会资本引入合作。毫无疑问，这背离了在高速公路等基础设施建设项目中应用 PPP 模式，引入社会资本，使公共产品和服务的管理质量和效率得到优化提升的本意和愿望。

4.4.4 高速公路 PPP 模式实例分析

M 高速公路项目位于 Y 省省会城市的东部，是《国家高速公路网规划》中规划建设的 G85 高速公路一段。项目全程 56.89 km，初步设计概算金额为 74.75 亿元，采用双向六车道设计标准施工，路基设计宽度为 33.5 m，设计时速为 100 km/h。M 高速公路项目中一共将修建互通式立交桥 6 座，按单幅计的特大桥共有 6 座(14.03 km)，大桥共有 40 座(14.2 km)，隧道 2 座(3.593 km)。此外，项目还设置一个综合服务区和一个停车区。

M 高速公路项目投资金额大，初步设计概算金额为 74.75 亿元，每千米设计概算约为 1.31 亿元，这笔建设资金 Y 省政府不能完全承担。为此，Y 省政府考虑采用 PPP 模式引入社会资本。经考察，引入 Z 集团投资建设 M 高速公路，主要基于以下几点考虑:一是有利于充实项目资本金。二是将使地方政府的角色发生变化，使政府及其公共部门不但要提供高速公路这种公共产品，还要对公共产品的各个环节进行监督和管理，确保高速公路建设项目的质量，为社会和民众提供更好的公共服务。三是有利于降低管理成本。四是实现 Y 省和 Z 集团共担风险，共享利益，合作互赢。PPP 融资模式下，Y 省政府与 Z 集团签订合适的契约，地方政府可得到 M 高速公路项目的资金，而 Z 集团可以获取项目运营产生的利润，合作双方都能获取利益。五是有助于确定合理的风险分担结构。M 高速公路投资大，建设周期长，其中有许多不确定因素，存在着较大风险。双方通过 PPP 合作模式，将项目风险分配给最适合承担的一方，确保Y省政府各部门及Z集团各自应承担的风险、所能获得的收益和合作伙伴关系的延续。

项目实施共经过了四个阶段：

第一阶段，意向谈判阶段。Y省交通运输厅根据M高速公路工程可行性研究报告中的数据，对其进行评价，并向Z集团提供评价结论。合作双方的评估咨询单位根据M高速公路工程可行性研究报告，先统一测算的边界条件、测算模式，采取最新的基础数据、统一测算模式。其中，边界条件包括项目投资、利润、财务基准收益率、费率标准、借款利率、交通量预测等参数指标，通过多次测算，由Y省向Z集团提供项目评价结论。

第二阶段，统一模式，对项目进行评估。由于第一阶段双方的评估咨询单位测算的边界条件、测算模式未统一，评估结论不能对比，为此经双方领导沟通，要求双方的评估单位均取最新的基础数据、统一测算模式。起初双方各自评估单位对项目评估存在一定差异，导致这种差异出现的主要原因是：① 交通量的估算差异。Z集团将M高速公路的车流量做了大幅度下调，在初始年份下调了28.93%。② 项目投资财务基准收益率的差异。Y省采用的是7%，Z集团采用的是9%。在经过多轮协商和谈判后，Z集团提出了新的思路，即M高速公路由Z集团负责投资、建设和管理，在项目有收益后再逐步归还。Y省提出，双方找出项目平衡点，先行确定补助金额，待将来高速公路联网收费的数据测算达不到预期收益时再行谈判。在双方高层会谈后，经省政府授权，双方签订了合作建设M高速公路意向书。至此，双方达成共识，一致同意采用“BOT＋EPC＋地方政府补贴”的PPP融资模式来合作共建Y省M高速公路。

第三阶段，签订相关协议书。双方达成共识后，Y省交通运输厅代表Y省政府同Z集团签订了合作建设M高速公路的意向书。在此基础上，Y省交通运输厅报经省政府常务会议原则通过，明确按照“BOT＋EPC＋地方政府补贴”投资模式建设M高速公路项目。同时，Z集团提出了在具体实施方案中应明确运营期补偿条件、运营期补助确定方法、运营期补助确认机制、其他合理诉求等事项。双方签订合作协议书，协议书确定了在建设期M高速公路建设资金由Z集团负责筹集，同时由Z集团负责建设、经营和管理；监理和工地试验室由省交通运输厅成立监管办公室负责；明确项目运营期M高速公路根据车流量情况，Y省政府给予一定补贴，但在项目有收益时，应按照股份比例进行分红。

第四阶段，签署特许经营权协议及股东合作协议。在合作建设M高速公路的协议书签订后，Y省交通运输厅与Z集团就特许经营权协议又经过多次协商，在征求省级相关部门意见并报请省政府同意后，于2014年6月正式签订特许经营权协议和股东合作协议。达成合作后，进一步明确了以下内容：合作经营期为30年，不含建设期；“肥瘦搭配、整体打包、合作建设”；建设期，项目资金由Z集团自行筹集；运营期，对M高速公路的交通量实行差额补贴。

4.5 EPC建设模式

4.5.1 EPC模式的定义

2016年6月，住房和城乡建设部发布了《关于进一步推进工程总承包发展的若干意见》（建市〔2016〕93号）提出优先采用工程总承包模式，加强工程总承包人才队伍建设。2017年

2 月 24 日，国务院办公厅印发了《关于促进建筑业持续健康发展的意见》（国办发〔2017〕19 号，以下简称《意见》）。《意见》规定，要求加快推行工程总承包，按照总承包负总责的原则，落实工程总承包单位在工程质量安全、进度控制、成本管理等方面的责任。2017 年 5 月 4 日住房和城乡建设部印发了《建筑业发展"十三五"规划》提出，"十三五"时期主要任务明确提出调整优化产业结构，发展行业的融资建设、工程总承包、施工总承包管理能力，培育一批具有先进管理技术和国际竞争力的总承包企业。2018 年 1 月 1 日起实施《建设项目工程总承包管理规范》（GB/T 50358—2017）中明确对 EPC（engineering，procurement，construction，工程、采购、建设）总承包模式进行规范化。

在国务院及相关部位的大力推动下，EPC 模式得到推广应用，在我国已应用于建筑工程、水利工程和公路工程等。

EPC 是国际通用的工程总承包产业的总称，是指公司受业主委托，按照合同约定对工程建设项目的设计、采购、施工、试运行等实行全过程或若干阶段的承包。通常公司在总价合同条件下，对其所承包工程的质量、安全、费用和进度进行负责，涉及领域有能源（传统电力、清洁能源等）、交通（铁路、公路等）和建筑。

在 EPC 模式中，engineering 不仅包括具体的设计工作，而且可能包括整个建设工程内容的总体策划以及整个建设工程实施组织管理的策划和具体工作；procurement 也不是一般意义上的建筑设备材料采购，而更多的是指专业设备、材料的采购；construction 内容包括施工、安装、试测和技术培训等。

4.5.2　EPC 模式的特征及优势

基于 EPC 总承包模式较传统的建设工程承包模式，其基本特征可以总结为以下几点：

(1) 在 EPC 总承包模式下，发包人（业主）不应该过于严格地控制总承包人，而应该给总承包人在建设工程项目建设中较大的工作自由。譬如，发包人（业主）不应该审核大部分的施工图纸、不应该检查每一个施工工序。发包人（业主）需要做的是了解工程进度、了解工程质量是否达到合同要求，建设结果是否能够最终满足合同规定的建设工程的功能标准。

(2) 发包人（业主）对 EPC 总承包项目的管理一般采取两种方式，即过程控制模式和事后监督模式。

① 所谓过程控制模式是指，发包人（业主）聘请监理工程师监督总承包商"设计、采购、施工"的各个环节，并签发支付证书。发包人（业主）通过监理工程师各个环节的监督，介入对项目实施过程的管理。FIDIC 编制的《生产设备和设计—施工合同条件（1999 年第一版）》即是采用该种模式。

② 所谓事后监督模式是指，发包人（业主）一般不介入对项目实施过程的管理，但在竣工验收环节较为严格，通过严格的竣工验收对项目实施总过程进行事后监督。FIDIC 编制的《设计、采购、施工合同条件（1999 年第一版）》即是采用该种模式。

(3) EPC 总承包项目的总承包人对建设工程的"设计、采购、施工"整个过程负总责、对建设工程的质量及建设工程的所有专业分包人履约行为负总责。也即，总承包人是 EPC 总承包项目的第一责任人。

从上面论述可以看出，较传统承包模式而言，EPC 总承包模式具有以下三个方面的基本优势：

（1）强调和充分发挥设计在整个工程建设过程中的主导作用。对设计在整个工程建设过程中的主导作用的强调和发挥，有利于工程项目建设整体方案的不断优化。

（2）有效克服设计、采购、施工相互制约和相互脱节的矛盾，有利于设计、采购、施工各阶段工作的合理衔接，有效地实现建设项目的进度、成本和质量控制符合建设工程承包合同约定，确保获得较好的投资效益。

（3）建设工程质量责任主体明确，有利于追究工程质量责任和确定工程质量责任的承担人。

4.5.3 EPC 模式合同形式

在 EPC 总承包模式下，总承包商对整个建设项目负责，但却并不意味着总承包商须亲自完成整个建设工程项目。除法律明确规定应当由总承包商必须完成的工作外，其余工作总承包商则可以采取专业分包的方式进行。在实践中，总承包商往往会根据其丰富的项目管理经验、根据工程项目的不同规模、类型和业主要求，将设备采购（制造）、施工及安装等工作采用分包的形式分包给专业分包商。所以，在 EPC 总承包模式下，其合同结构形式通常表现为以下几种形式：

（1）交钥匙总承包。

（2）设计—采购总承包（E-P）。

（3）采购—施工总承包（P-C）。

（4）设计—施工总承包（D-B）。

其中最为常见的是第（1）（4）这两种形式。

交钥匙总承包，是指设计、采购、施工总承包，总承包商最终向业主提交一个满足使用功能、具备使用条件的工程项目。该种模式是典型的 EPC 总承包模式。

设计—施工总承包，是指工程总承包企业按照合同约定，承担工程项目设计和施工，并对承包工程的质量、安全、工期、造价全面负责。在该种模式下，建设工程涉及的建筑材料、建筑设备等采购工作，由发包人（业主）来完成。

建设—转让总承包，是指有投融资能力的工程总承包商受业主委托，按照合同约定对工程项目的勘查、设计、采购、施工、试运行实现全过程总承包；同时工程总承包商自行承担工程的全部投资，在工程竣工验收合格并交付使用后，业主向工程总承包商支付总承包价。

4.5.4 EPC 衍生模式

在实际运用中，EPC 往上下游延伸，产生了多达 10 种衍生模式。

1. F＋EPC 模式

F＋EPC 模式是应业主及市场需求而派生出的一种新型项目管理模式，F 为融资投资，F＋EPC 为融资 EPC，须为业主解决部分项目融资款，该模式是未来国际工程发展的一个极为重要的方向。

例如，中国港湾工程有限公司与伊朗 Tablis 市政下属公司 Kish Investment Tirajeh 在德黑兰签署了伊朗 Tirajeh 城市综合体项目 F＋EPC 合同（中伊两国融资协议项下融资）。

2. F＋EPC＋O 模式

F＋EPC＋O 为融资＋EPC＋运营，是由承包商提供融资并负责运营的服务交钥匙模式。

例如，湖北省电力勘测设计院承担的孟加拉诺瓦布甘杰100 MW重油电站项目，为以F+EPC+O形式承接的国际工程。他们借助国际银行间的融资平台获得第三国的低成本长期出口买方信贷，通过工程总承包及四年运营的商业服务模式的竞标取得该项目。

3. EPC+O&M总承包模式

承包人负责工程的设计、采购、施工，并在完成后继续负责运营、维护。

4. I+EPC模式

I+EPC为以投资为引领的工程总承包模式，是以投资为动力，设计为龙头，实现设计、生产、采购和施工一体化的全产业链建设管理。例如，天津住宅集团在天津生态城商品房建设项目采用的即是I+EPC模式。

5. PPP+EPC模式

PPP+EPC不是PPP的一种具体模式，而是在解决资金问题上融合社会资本、建设上采用EPC模式的组合。

该模式的优点主要在于：

(1) 提高生产效率。由政府财政单独投资并进行经营管理的生产方式往往缺乏效率，比如财政资金是共有资金，使用财政资金是在花别人的钱办别人的事，难免缺乏效率。采取PPP项目模式则将花别人的钱办别人的事转变为企业花自己的钱办自己的事，必将提高生产效率。

(2) 政府支持力度增加。PPP模式项目在施工过程中，业主、地方政府对项目建设的支持力度相当大，在协调国土、电力、水利等部门方面尤为突出。

(3) 企业更加注重成本控制。因本项目为投资型项目，从施工现场管控方面，施工单位在保证安全、质量的前提下，会更加注重成本控制。

(4) 有助于提升管理人员综合素质。在PPP模式下结合EPC模式，设计院设计本工程时，在某些工程部位的设计不能直接套用以前的设计模式，而需要在符合规范的情况下更精细、经济地设计规划；因此要求施工企业在设计阶段与设计单位深入沟通、密切合作，这样对企业管理人员综合能力的提高具有极大的推动作用。

(5) 降低了资金回收风险。投资型项目，资金是否能够按期回收成为企业最大的隐忧。但就此项目而言，当地政府为了保证施工企业能够如期得到工程款，以有完全处分权的房产作为抵押财产，在某种程度上降低了资金回收风险。

例如，杭州大江东产业集聚区基础设施PPP+EPC项目是以电建路桥公司为牵头方，结合中国电建集团华东勘测设计研究院有限公司、苏交科集团股份有限公司、中证基金管理有限公司等单位组成联合体，与杭州大江东投资发展有限公司共同组建PPP+EPC项目公司，对杭州市大江东11个市政子项目进行投资、建设及移交。

6. BOT+EPC模式

BOT+EPC模式，即政府向某一企业(机构)颁布特许，允许其在一定时间内进行公共基础建设和运营，而企业(或机构)在公共基础建设过程中采用总承包施工模式施工，当特许期限结束后，企业(或机构)将该设施向政府移交。该模式的优点就在于政府能通过该融资方法，借助于一些资金雄厚、技术先进的企业(或机构)来完成基础设施的建设。

例如，广佛肇高速公路(肇庆段)项目作为广东省高速公路建设领域首次采用BOT+

EPC建设管理模式的项目，比批复工期提前一年，创造广东省高速公路建设新纪录。中国铁建中标的南充至大足至泸州高速公路(重庆境)、渝黔高速公路扩能(重庆境)、重庆梁平至黔江高速公路石柱至黔江段工程采用的也是BOT＋EPC模式。

7. RD＋EPC模式

RD＋EPC为业主委托工程总承包模式。

2012年庄惟敏教授以腾龙阁为标志发明了RD＋EPC模式，其后经过铜仁凤凰机场、惟邦办事处、南湖酒店(结构封顶)、南京北纬办公楼等5个项目的实践升华，在2016年形成了RD＋EPC理论框架，并命名为“清华惟邦营造法(RD＋EPC模式)”。经实践证明，该模式可以作为过渡时期中国建筑师负责制的一个过渡办法。

8. EPCM模式

EPCM(engineering procurement construction management)模式，即设计采购与施工管理模式，是指承包商全权负责工程项目的设计和采购，并负责施工阶段的管理，这是一种目前在国际建筑业界通行的项目交付模式。同时，EPCM管理方还需要对项目的其他方面进行管理，如：设计、采购和施工阶段的进度，与相关部门的沟通，准备成本规划、成本估算和文件控制等。由于它对工程承办企业的总包能力、综合能力，以及技术和管理水平的要求较高，而国内大多数施工企业在项目管理、技术创新、信息化建设上与国际水平还有一定的差距，因此EPCM模式在国内尚未得到普及和推广。

在EPCM模式下，业主提出投资的意图和要求后，把项目的可行性研究、勘察、设计、材料、设备采购以及全部工程的施工，都交给所选中的一家管理公司(EPCM管理方)负责实施；由EPCM管理方根据业主的要求，为业主选择、推荐最适合的分包商来协助完成项目，但其本身与分包商之间不存在合同关系，也无须承担合同与财政风险。

9. PMC＋EPC模式

PMC(project management contractor)是指项目管理承包。PMC是由业主通过合同聘请管理承包商作为业主的代表，对工程进行全面管理。对工程的整体规划、项目定义、工程招标、选择EPC承包商、工程监理、投料试车、考核验收等进行全面管理，并对设计、采购和施工过程的EPC承包商进行协调管理。EPC工程承包商按照与业主的合同约定，全面执行工程设计、采购、施工及试运行服务等工作。

目前，国外特别是西方国家的大型石化工程建设大多采用PMC＋EPC管理模式。

10. IPMT＋EPC＋工程监理

IPMT＋EPC＋工程监理项目管理模式，为项目一体化管理模式。IPMT(integrated project management team)，直译为项目一体化管理组。通过这种新的项目管理模式，达到优化工程组织，确保安全，提高工程质量，减少投资费用，加快工程进度，有力推动石油化工重大工程建设项目又好又快地建设和投产。

IPMT＋EPC＋工程监理项目管理模式在中国石化的青岛1 000万吨/年炼油工程、天津100万吨/年乙烯工程、镇海100万吨/年乙烯工程等项目建设实践中取得了良好效果，为在石油化工重点工程建设领域落实科学发展观做出了有益探索。

IPMT＋EPC＋工程监理项目管理模式，是借鉴国外通用的PMC＋EPC管理模式和国内流行的业主自营管理模式的特点，结合我国石油石化工程建设实际，在项目管理模式上的探索与创新，是国外先进工程管理理论与我国工程建设实践的结合。

第 5 章　公路工程项目人力资源管理

5.1　项目人力资源管理概述

著名管理学家托马斯·彼得斯说过:“企业或事业唯一的真正资源是人,管理就是充分开发人力资源以做好工作。”人力资源管理在项目整个资源管理中占有很重要的地位,任何一个组织,没有有效的人力资源管理,根本不可能实现目标。

项目人力资源管理主要包括两个方面:一是项目团队的建设,二是项目人员的管理。它包含了管理层和操作层两个层面,只有加强了这两方面的管理,充分调动团队和人员的积极性,才能很好地去掌握手中的材料、设备和资金,把一项建设工程做得尽善尽美。

5.1.1　项目人力资源管理主要内容

项目人力资源的目标就是通过对项目的利益相关者进行整合、培训和激励,以提高组织绩效,同时使项目成员获得工作满足感。项目人力资源管理的主要工作包括组织规划、人员甄选、人力资源开发。

1. 组织规划

组织规划就是根据项目目标及工作内容的要求确立项目组织中的角色、权限和职责的过程。

2. 人员甄选

人员甄选就是根据项目计划的要求,确定项目整个生命周期内各个阶段所需要的各类人员的数量和技能,并通过招聘或其他方式获得项目所需人力资源,从而构建成一个项目组织或团队的过程。

3. 人力资源开发

人力资源开发包括培训、考核及激励等内容。人员培训工作是根据培训计划的安排进行项目组织成员的岗前培训和在岗培训,以保证项目组织成员能胜任所要承担的项目任务,并在项目目标实现过程中不断提高其素质和能力的过程。人员考核工作是在项目目标实现过程中,对组织成员的工作绩效进行评价,以实现客观公正的人事决策的过程。人员激励工作是通过采取各种恰当的措施,调动组织成员的积极性,从而使组织成员努力工作的过程。

5.1.2　人力资源管理与传统人事管理的区别

现代的人力资源管理来源于传统的人事管理,是人事管理的继承和发展,具有与人事管理大体相似的职能,但由于指导思想的转变,二者在形式、内容和效果等方面均存在差别。两者主要的区别在于:

1. 管理观念的区别

传统的人力资源管理将人视为“工具”，而现代人力资源管理将人视作“资源”，注重产生和开发，更注重开发。要做好人力资源的开发必须大大提高人力资源的品位，开发人的潜能。要把人力当成资本，当成能带来更多价值的价值，就要把提高人类素质、开发人的潜能作为人力资源管理的基本职责。

2. 管理重心的转移

传统的人力资源管理以“事”和“物”为核心，而现代人力资源管理以“人”为核心。现代人力资源管理的重点要以人为本，尊重人、关心人，树立为人服务的观念，形成一种公平、公正的激励和分配机制。

3. 管理视野和内容上的区别

传统的人力资源管理功能是招募新人，填补空缺。而现代人力资源管理被提高到组织战略高度来对待，而不是只当事务性工作来对待，还要担负工作设计、规范工作流程、协调工作关系的任务。

4. 管理组织上的区别

现代人力资源管理要打破过去劳动人事管理模式下的条条框框，将重点放在工作流程、工作岗位、激励机制有效性、合理性的评估上，放在人力资源的培养和调度上，而对于具体的岗位设立、薪酬激励办法以及薪金的发放应该由其他专业的部门(譬如财务部门)来制定和操作，人力资源管理部门被视为生产与效益部门。

5.1.3 工程项目人力资源管理及其主要内容

1. 工程项目人力资源管理

工程项目人力资源管理是以人力资源管理相关基本理论为基础，以项目管理理论为依托。因此，研究工程项目人力资源管理必须从项目管理、工程项目管理的整体出发，弄清各系统之间的关系以及系统与环境之间的关系。同时，运用现代化的管理手段和方法，对工程项目人力资源管理研究起着重要作用。

工程产品与其他工业产品不同，具有产品固定性和生产流动性，即某个工程项目结束后，其组织结构随之解散，劳动工具和人力资源随之迁移到新的项目或回归母公司企业中去。这使得工程项目对人力资源管理必须具有很强的应变能力和可塑性，要求项目管理人员有坚强的事业心、机敏的组织才能和高超的领导艺术，项目人员要有无私奉献和吃苦耐劳的精神。另外，就工程项目人员数量而一言，随着工程的进展，人力资源需求也会发生较大的变化，表现为开工初期递增和施工后期递减，中间阶段是人力资源需求的高峰。组织结构的弹性要求工程项目的人力资源管理也必须是弹性的，人力资源管理的方式和内容必须经常根据外部和内部环境的变化进行适当的调整，实现动态管理。

这样，工程项目人力资源管理模式与企业人力资源管理也存在较大区别，工程项目人力资源管理必须符合项目管理发展规律的，需要在人力资源管理活动不断发展和调整中，逐步适应工程项目战略目标、组织结构、能力开发等形态后形成。工程项目人力资源管理与企业人力资源管理的主要区别见表 5-1。

表 5-1　工程项目人力资源管理与企业人力资源管理的区别

类别	企业一般人力资源管理	工程项目人力资源管理
管理方式	企业领导方式多样化	强调项目经理负责制
管理机构	企业组织是稳定的、长期的，隶属是唯一的	项目组织是临时的、一次性的、灵活和柔性的，同时隶属于不同部门
管理对象	企业(是相对持续稳定的经济实体)和人	一个具体项目一次完成的人，主要是项目经理、项目团队、项目成员以及与项目相关的其他干系人
运行规律	以现代企业制度和企业经济活动内在规律为基础的	以项目周期和项目内在规律为基础的，一次性多变的活动过程
资源规划	近期和长远发展对人力资源需求，对预测要求比较高	满足某一项目的近期需求，需求预测要求的程度较低，但各阶段对人力资源管理的要求比较复杂
人员获取	企业人力资源招聘、录用程序是常规性的	针对某一个具体项目发展周期，往往是非常规的，仅有项目才有的特殊程序
绩效评价	企业单位评价指标较复杂，内容较多	项目管理中对人员仅进行短期考核，评价指标以业绩、能力、态度为主
组织文化	企业组织文化是经过长期营造、积累而成的	项目组织文化是一种在短期内主动塑造而成的功利性文化
激励机制	企业激励机制手段是多方面的，以物质和精神激励为主	项目组织随项目完成而解散，对项目团队成员应以物资激励、能力开发为主
管理方法	企业管理是职能管理和作业管理相结合，实质是实体型管理	项目管理方法是按项目管理知识体系中的技术和工具方法进行管理

由此可见，工程项目管理是以工程项目人力资源管理为核心的管理活动，它同项目管理中的时间、成本、预算和质量一样重要，在项目的开始阶段尤其是项目的实施阶段扮演着重要的角色。它是项目成功的基础，是为完成一个特定项目而将人力资源与其他资源结合成一个短期的组织，把各种知识、技能、手段和技术应用于项目中，寻找一个“满意解”。

2. 工程项目人力资源管理内容

一般而言，工程项目人力资源管理是指对工程项目的人力资源管理。它包含两个方面的含义：一是工程项目人力资源管理同属于人力资源管理的范畴，二是工程项目人力资源管理的对象是主要的内部项目干系人。目前，国内工程项目管理在实施过程中，各阶段的任务和实施的主体不同，也就构成了工程项目管理的不同划分：工程承包方的项目管理、投资方的项目管理、施工方的项目管理和业主方的项目管理。其管理者分别是业主单位、设计单位、施工单位和咨询单位，他们从不同方面对项目实施管理。所以，一个工程项目参与的人员一般来自几个方面，形成不同的项目组织。从施工单位的角度，人力资源管理的主要内容包括以下几个方面：

(1) 组织和组织规划。即在项目管理目标的指导下，对工程项目整体人力资源的计划和安排。它按照项目目标，通过分析和预测给出工程项目人力资源在数量、质量和结构上的明确要求，具体包含组织和组织规划的输入、输出和转化。

(2) 资源获取。明确工程项目人力资源的计划、获取、资源布局与配备使用、控制和管理要求，包括人力资源的招收、培训、录用和调配(对于劳务单位)，劳务单位和专业单位的选择和招标(对于总承包单位)。

(3) 能力建设。一是针对某一具体项目任务进行培训；二是对工程项目人力资源的潜力进行开发；三是为工程项目人力资源能力的积累进行培训。充分发挥个人与项目组织的协同效应，约束和激励项目成员，提高和改进个人及项目组织的工作绩效，从而实现项目目标。

(4) 绩效评价与改进。明确规定工程项目人力资源管理绩效评价和改进的对策建议，对劳动者进行考核，以便对其进行奖罚。

(5) 过程管理。策划并确定工程项目管理的各个过程，明确各个过程中的人力资源管理的主要特征以及相应的管理方法和途径。要做到科学合理地组织劳动力，节约使用劳动力；改善劳动条件，保证职工在生产中的安全与健康；加强劳动纪律，开展劳动竞赛，提高劳动生产效率。

5.2 公路施工项目人力资源组织规划

公路工程项目人力资源管理计划是对人力资源投入量、投入时间和投入步骤做出一个合理的安排，以满足项目实施的需要。

5.2.1 项目组织规划与设计的依据

1. 项目的工作任务

项目组织规划与设计中最重要的依据是根据项目目标和项目产出物生成的项目工作任务，其中最重要的是项目工作分解结构(WBS)。

2. 项目的人员需求

项目组织规划与设计的另一依据是整个项目工作的人力资源需求。

3. 项目限制因素

所谓项目限制因素，是指限制人们做出不同的项目组织规划与设计方案选择的各种因素。也就是说，如果没有这些限制因素，项目组织规划与设计可能选用其他的方案。项目组织规划与设计的主要限制因素包括：

(1) 执行组织的组织结构

组织结构是组织在职、责、权方面的动态结构体系，其本质是为实现组织战略目标而采取的一种分工协作体系。组织结构的类型不同，项目经理担负的责任也不同。一个以强矩阵型为基础结构的组织，意味着它的项目经理承担着与此相关重大责任，比以弱矩阵型为基础结构的组织中的项目经理所承担的责任更为重大。

(2) 集体协商条款

与工会或其他雇员组织达成的合同条款可能会要求特定的任务或报告关系(实质上，雇员组织也是项目相关人员)。

(3) 项目管理小组的偏爱

如果项目管理小组在过去运用某些特定的管理结构取得成功，它就可能在将来提倡使用类似的结构。

（4）预期的人员分配

项目组织常受专业人员的技术和能力的影响，他们的能力也将影响他们权利和责任的分配。

5.2.2　项目组织规划的方法

1. 项目组织分解方法

组织分解结构是项目组织结构图的一种非凡形式，描述负责每个项目活动的具体组织单元，它将工作包与相关部门或单位分层次、有条理地联系起来。组织分解结构的分解方法与 WBS 类似，只是不是按照项目可交付成果的分解组织的，而是按照组织内现有的部门、单位和团队组织的，把项目活动和工作分列在现有各部门下。这样，相关部门只需找到自己在其中的位置，就可洞悉自己所承担的所有职责。

2. 一般的组织管理理论

一般的组织管理理论具有系统性和理论性，主要包括管理活动五大职能（计划、组织、指挥、协调和控制）、十四项管理原则等。一般的组织管理理论是各种管理理论和管理实践的重要依据。

3. 一般的人力资源管理方法

人力资源管理的主要方法有“抽屉式”管理、“危机式”管理、“一分钟”管理、“破格式”管理、“和拢式”管理、“走动式”管理等。

5.2.3　项目组织规划与设计的结果

（1）项目组织结构图表。

（2）项目角色和责任的分派。

（3）项目组织人员配备规划书。

（4）相关的各种细节。

5.2.4　人力资源管理计划

1. 人力资源需求和配置计划

确定公路工程项目人力资源的需要量，是人力资源管理计划的重要组成部分，它不仅决定人力资源的招聘、培训计划，而且直接影响其他管理计划的编制。人力资源需求计划要根据施工项目的性质、特点、规模、技术难度、工期要求和施工条件等，围绕项目总进度计划的实施进行编制。总进度计划决定了各个单项工程的施工顺序及延续时间和人数，它是经过组织流水作业，去掉劳动力高峰及低谷，反复进行综合平衡以后，得出的劳动力需要量计划，反映了计划期内应调入、补充、调出的各种人员变化情况。在公路工程施工中，根据具体情况，一般设置有土方工程队、路面工程队等，按需要设置有钢筋班组、模具班组、运输班组、机务班组等组织形式。

项目人力资源配置包括人力资源的合理选择、供应和使用。项目的人力资源配置既包括市场资源，也包括内部资源。无论什么性质的资源，都应遵循资源配置的自身经济规律和价值规律，以便于更好地发挥资源的效能，降低工程成本。因此，组织要建立适应市场经济要求的资源配置制度和管理机制，其中最重要的就是做好人力资源配置计划工作。公路工程项目人力资源配置计划应根据组织发展计划和组织工作方案，结合人力资源核查报告，进行制订。人力资源配置计划阐述了单位每个职位的人员数量、人员的职务变动、职务空缺数量的补充办法。

(1) 工程数量计算

工程数量根据施工图纸及有关工程数量的计算规则，按照施工顺序的排列，分别计算各个施工过程的工程数量。其计算单位应与相应定额的计算单位相一致。

(2) 劳动量计算

劳动量是指施工过程的工程量与相应的时间定额的乘积，例如劳动力数量与生产周期的乘积、机械台数与生产周期的乘积。

人工操作时叫劳动量，以“工日”为计量单位。

机械操作时叫作业量，以“台班”为计量单位。

劳动量可按下式计算：

$$D=\frac{Q}{C} \quad 或 \quad D=Q\cdot S \tag{5-1}$$

式中 D——劳动量，工日或台班；

Q——工程量；

C——产量定额；

S——时间定额。

计算劳动量时，应根据相应的现行定额(施工定额或预算定额)计算。

主导劳动量是指受施工条件或人力、设备数量的限制，对生产周期起控制作用的劳动量。一般取生产周期较长的劳动量作为主导劳动量。

在人员、机械数量不变，采用二班或三班制将会缩短施工过程的生产周期。当主导劳动量生产周期过于长时，就可采用二班或三班制作业以加快进度来缩短生产周期。

(3) 生产周期计算

① 以施工单位现有的人力、机械的实际生产能力以及工作面大小来确定完成该劳动量所需的持续时间(周期)。一般可按下式计算：

$$T=\frac{D}{R\cdot n} \tag{5-2}$$

式中 T——生产周期，即持续天数，d；

D——劳动量，工日或台班；

R——人数或机械台数；

n——生产工作班制数。

② 以规定的工期来确定施工队(班组)人数配置或机械台数。

在某些情况下，可以根据已规定的或后续工序需要的工期，来计算一班制、二班制或三班制条件下完成劳动量所需作业队的人数配置或机械台数。一般可按下式计算：

$$R=\frac{D}{T\cdot n} \tag{5-3}$$

【例 5-1】 某水泥混凝土路面工程，路面厚度 20 cm，工程量为 50 000 m^2，分散拌合，手推车运送混凝土。试计算该工程的劳动量、生产周期，以及当工期要求为 150 d 时一班制作业所需人数和机械台数。

解 设此计算是在施工图阶段，应采用《公路工程预算定额》(若为施工阶段，则应采用《公路工程施工定额》)。其步骤如下：

第一步：查《公路工程预算定额》

其定额编号为[162—2—28—1]，由此查得人工时间定额为 339.2 工日/1 000 m^2。

第二步：计算劳动量

按上述公式：$D=500\ 000\div 1\ 000\times 339.2=16\ 960$(工日)。

第三步：机械作业量计算

由上述[162—2—28—17]及[162—2—28—19]查得每 1 000 m^2 的机械时间定额为：水泥混凝土真空吸水机组 3.48 台班；混凝土切缝机 3.46 台班；250 L 以内混凝土搅拌机 12.44 台班。故其作业量为：

水泥混凝土真空吸水机组：$D_A=500\ 000\div 1\ 000\times 3.48=174$(台班)

混凝土切缝机：$D_B=500\ 000\div 1\ 000\times 3.46=173$(台班)

250 L 以内混凝土搅拌机：$D_C=500\ 000\div 1\ 000\times 12.44=622$(台班)

第四步：生产周期计算

假设施工队有 200 人、2 台水泥混凝土真空吸水机组、2 台混凝土切缝机以及 6 台 250 L 混凝土搅拌机，则其生产周期计算如下：

对人工：$t_R=\dfrac{D_R}{R_R}\cdot n=16\ 960\div 200\times 1=84.8$(d)

对水泥混凝土真空吸水机组：$t_A=174\div 2\times 1=87$(d)

对混凝土切缝机：$t_B=173\div 2\times 1=86.5$(d)

对搅拌机：$t_C=622\div 6\times 1=103.7$(d)

由计算结果得知混凝土搅拌机为主导劳动量，故本工程按 103.7 d 的生产周期进行控制。

第五步：工人数及机械台数计算

当工期要求为 150 d 时：

人数：$R_R=D_R\div t\times n=16\ 960\div 150\times 1=113.1$(人)

水泥混凝土真空吸水机组：$R_A=174\div 150\times 1=1.16$(台)

混凝土切缝机：$R_B=173\div 150\times 1=1.15$(台)

混凝土搅拌机：$R_C=622\div 150\times 1=4.15$(台)

2. 人力资源培训计划

劳动力的素质应满足和适应施工内容的需要，有些工种必须组织学习培训，做到持证上岗。因此，为保证人力资源的使用，在使用前还必须进行人力资源的招雇、调遣和培训工作，工程完工或暂时停工时必须将人解聘或调到其他工地工作。为此，必须按照实际需要和环境等因素确定培训和调遣时间的长短，及早安排招聘，并签订劳务合同或工程的劳务分包合同。

人力资源培训计划是人力资源管理计划的重要组成部分。按培训对象的不同可分为工人培训计划、管理人员培训计划、技术人员培训计划等；按计划时间长短的不同则又可分为中长期计划(规划)、短期计划等。人力资源培训计划的内容应包括培训目标、培训方式、培训时间、各种形式的培训人数、培训经费、师资保证等。编制劳动力培训计划的具体步骤如下:

(1) 调查研究阶段

① 研究我国关于劳动力培训的目标、方针和任务,以及工程项目对劳动力的要求等。

② 预测工程项目在计划内的生产发展情况以及对各类人员的需要量。

③ 摸清劳动力的技术、业务、文化水平及其他各方面的素质。

④ 摸清项目的人、财、物、教等培训条件和实际培训能力,如培训经费、师资力量、培训场所,以及图书资料、培训计划、培训大纲和教材的配置等。

(2) 计划起草阶段

① 根据需要和可能,经过综合平衡,确定职工教育发展的总目标和分目标。

② 制定实施细则,包括计划实施的过程、阶段、步骤、方法、措施和要求等。

③ 经充分讨论,将计划用文字和图表形式表示出来,形成文件形式的草稿。

(3) 批准实施阶段

上报项目经理批准形成正式文件、下达基层、付诸实施。

5.3 公路施工项目人力资源获取

根据项目需求确定人力资源的性质、数量和标准;根据组织中工作岗位的需求,提出人员补充的计划,对有资格的求职人员提供均等的就业机会;根据岗位要求和条件允许情况来确定合适人选。

5.3.1 人员获取的依据

(1) 工作分解结构。

(2) 人员库描述:当项目组织进行人员分配时,必须考虑到可获得的潜在坐吃山空的特点。考虑的内容包括以下方面:一是所用人员有没有类似或相关工作的经验;二是所用人员是否对这个项目的工作有兴趣;三是所用人员是否能在一个团队中合作愉快;四是所用人员是否能在需要他们的时间段获得。

(3) 招聘规定:涉及项目的一个或多个组织可能制定有管理人员分配的方针、文件和程序。这些规定存在时,便成为人员获取过程的约束条件。

① 完成项目的每项工作任务(或工作包)需要的技能;

② 在挑选项目团队队员时,既需要考虑队员的技能,也要考虑其个性;

③ 项目队员的来源,是从公司内部挑选还是从市场上进行招聘;

④ 被挑选的队员是否有时间并愿意参加此项目;

⑤ 外界协作者,如项目顾问、技术专家等,需要支付的成本。

5.3.2 人员获取的途径

(1) 从组织内部获取:比如谈判、事先指定等方式。对于大多数项目,人员配备必须经过谈判。而在某些情况下,人员可能事先到项目上,经常在以下情况中发生:一是项目竞标的结果，并在建议书中承诺安排特定的人员；二是内部服务项目，项目章程对人员分配进行了规定。

（2）从组织外部可以获得特定个人或团体的服务：当决定不按全职雇佣此类人员，或者具有适当技能的所有人员已经被派往其他项目上，或者其他情况造成总公司无法提供项目所需成员时，从市场上进行招聘是一种有效的方式。虽然这种方式花费较多的费用，但是通过这种方式招聘的人员能给项目组织带来许多创新思想和新的活力。

（3）通过外部招聘获得许多公司内部没有的特殊人才。

（4）专业协作方：可以通过协议、支付佣金的方式，把一些专业的协作方（如咨询顾问、供应商等）纳入项目团队的管理体系。当项目工作需要时，支付佣金即可以进行雇佣。项目工作完成时，协议便马上终止。这种灵活的项目管理方式无疑可为项目团队节省一定的成本。

5.3.3　公路工程项目人力资源管理获取步骤

1. 谈判（协商面谈）

谈判是在合同签署以前就合同要求做出澄清并达成一致意见。其中包括人员的选择，用于评价一个候选人的资格、可接受性、是否符合职位要求、资质、能力以及个人成长与发展愿望。

对于工程项目组织的发展要求，可以创造一个面试结果指南和发展型面试，面试结果指南强调、引导实际的面试，把职位要求与面试过程相联系。指南是简单的、直接的、用以说明每一步面试的目的、期望和结果的图表文件。“目的”部分应联系到职位要求，以便征求到评价候选人的有用信息。“期望”部分说明在面试过程中将要发生的交谈类型，此项对创造一种有效的面试方法很有帮助。“结果”部分有助于面试者了解每一步的面试结果。

发展型面试强调组织的使命感和其对项目人员可持续发展的贡献，并用于建立与潜在候选人的长期联系，这种面试技术采用独特的、随机的问题去考虑候选人的空间。通过提供项目管理职业的成长和发展空间来考察候选人的发展计划。因此，这个技术揭示了对可持续发展的更深层次的理解。发展型面试寻求与候选人成长和发展的愿望、能力和资质相匹配的职位。这种面试是基于双方评价和选择，即组织与候选人是同时进行的，当双方达成共识，就开始建立积极的长期关系，即使这次没有被某一项目招聘，也为未来组织招聘做了储备。

2. 甄选

合格候选人的甄选在职位提供之前应进一步考虑候选人的道德如何，其职业目标、价值观、信仰、态度与组织是否一致，从而建立组织成员与项目组织之间的相互关系，形成相对稳固的文化氛围，凝聚成一种无形的合力和整体趋向，激发项目组织成员努力去实现项目组织的共同目标。如果缺少这一点，则项目组织的凝聚力就会减弱。

3. 获取

除日常的招募之外，当项目组织缺少完成项目所需的内部人员时，可以通过对外部招聘方式获取，也可以对项目承担组织内部的成员进行重新分配。选择合适的获取项目人员的政策、方法、技术和工具，从而在适当的时候获得项目所需的高素质的且善于合作的人员或团队来实施项目活动。

例如，可以通过招标、签订合同等方式获取特定的个人和团队来承担项目工作；通过定量和定性分析相结合的方法对承包商进行评估和选择。

4. 输出（人员募集的输出）

基于项目需求，人员可分配为全职、兼职和临时。根据项目的需求所列出的项目团队及团队成员和其他项目干系人可以是正式的或非正式的、特别详细的或简单的人员活动清单。

这个过程改善了获取人力资源的质量和数量，保证组织筛选到那些有知识、有能力、有持续成长和发展空间的人员，尤其是项目经理人员的选择，这是工程项目组织的发展基础，是项目成功的关键。

5.3.4 公路工程项目人力资源管理控制

项目人力资源管理控制的主要包括人力资源的选择、订立劳务分包合同、教育培训和考核等内容。

1. 人力资源的选择

公路施工企业是劳动密集型的部门，根据不同的生产特点和实际工作需要，可分为：

(1) 固定工制度。即职工被录用后，只要没有重大过失，其工作可以一直保持到退休。这是过去使用的一种用工制，目前使用得越来越少。固定工制度使职工工作固定不变，人才难以流动，不能适应市场变化。

(2) 劳动合同制度。它是以签订劳动合同的形式规定劳动者和用人单位双方的权利和义务，实行责、权、利相结合的一种用工制度。合同制打破了用工的“终身制”，使企业可以根据生产需要订立、延续、辞退劳动力，促进工人的积极性。它是目前推广应用的用工制度。

(3) 临时工制度。它是企业根据生产过程中临时性的工作需要招收人员的制度，适合于季节性施工的企业。

施工企业应根据生产需要招收员工，应在劳动部门指导下，采取公开招收、志愿报名、全面考核、择优录用，在建立劳动关系后应及时订立劳务合同。

2. 劳务合同

(1) 劳务分包合同的形式。劳务分包合同的形式一般可分为以下两种：

① 按施工预算或招标价承包。

② 按施工预算中的清工承包。

(2) 劳务分包合同的内容。劳务分包合同的内容应包括工程名称，工作内容及范围，提供劳务人员的数量，合同工期，合同价款及确定原则，合同价款的结算和支付，安全施工，重大伤亡及其他安全事故处理，工程质量、验收与保修，工期延误，文明施工，材料机具供应，文物保护，发包人、承包人的权利和义务，违约责任等。

3. 人力资源的培训

公路工程施工企业根据生产发展的需要，应有计划地对员工进行人力资源培训，以提高员工的劳动素质，增强劳动者的业务能力和工作能力。对从事技术工种的劳动者，上岗前必须经过培训，学习国家规定的职业技能标准，实行职业资格证书制度。

4. 人力资源的考核

为鉴定员工的实际技术水平，调动员工工作的积极性，合理使用人才，公路工程施工必须对员工进行日常和定期考核。日常考核以平时在岗完成任务的业绩为主,定期考核主要考查技术理论知识和实际操作能力。对员工考核的成绩应记录归档,作为调资晋级的一项重要依据。

5. 劳动力的控制要点

劳动力的需要数量与生产周期(工期)、工程量是紧密相关的;因此,当已知劳动力需要数量以后,应根据施工进度计划和工种需要数量进行配置。每个施工项目劳动力配置的总量,应按工人劳动生产率进行控制。其控制要点如下:

(1) 应在工程施工进度图劳动力需用量的基础上再行具体化,防止漏配。必要时,应根据实际情况对劳动力计划进行控制性调整。

(2) 如果现有的劳动力能满足施工进度计划要求,配置时应贯彻节约原则,以降低成本。如果现有劳动力不能满足施工进度计划要求,则可通过招募等方法(如任务转包等)满足要求。如果在专业技术或其他素质上现有人员或新招收人员不能满足要求时,则应提前进行培训,再上岗作业,并必须加强对此的控制力度。

(3) 配置劳动力时应以定额为基准,让工人有超额完成的可能以获得奖励,进而激发出工人的劳动热情。

(4) 应保持正在使用的劳动力和劳动组织相对稳定,防止频繁调动。而当劳动组织不适应任务要求时,应进行劳动组织和人员调整。例如,当关键线路发生变化时,应考虑打乱原建制进行优化组合,以保证劳动力配置能满足施工情况变化的要求。

(5) 为保证施工作业需要,工种组合、技术工人与普工比例必须加以控制,保证比例适当、配套合理。

(6) 控制时尽量做到使劳动力均衡配置,既满足施工的需要,又便于控制管理,使劳动资源适当,以达到节约的目的。

(7) 控制劳动力消耗的均衡性。每天出勤的工人人数力求不发生大的变动,即劳动消耗力求均衡。这可通过劳动力需要量图来进行控制。

劳动力消耗的均衡性,可用劳动力不均衡系数 K 表示,并作为控制的参考依据。劳动力不均衡系数的值应大于或等于 1,一般不超过 1.5。

$$K = \frac{R_{\max}}{R_{平均}} \tag{5-4}$$

式中　$R_{\max}$——施工期中人数量高峰值;

$R_{平均}$——施工期间加权平均工人人数。

对施工工期和劳动力均衡性的控制,可采取调整的方法进行处理。

① 要求缩短工期时,可采取对工期较长的主导劳动量施工增加班制或工人数(包括机械数量)的调整措施,来达到缩短总工期的目的。

② 要求工期不允许延迟,劳动力出现较大不均衡时,可采取在允许的范围内对工序的开工或完工日期进行调整,以达到使劳动力需要量较为均衡的目的。

③ 当处于特定条件时,某些工程工期没有严格限制,而在投资、主要材料及关键设备等某一方面有时间或数量限制时,应将这些特定条件作为控制因素进行调整。

5.4 公路施工项目人力资源开发

5.4.1 施工项目的劳动力管理

施工项目的劳动力来源于社会的劳务市场，企业劳务由企业劳务管理部门(或劳务公司)管理，对外用合同向劳务分包公司招用劳动力。

1. 劳务输入

坚持“计划管理、定向输入、市场调节、双向选择、统一调配、合理流动”的方针。项目经理部根据所承担的工程项目任务，编制年度劳动力需要计划，提交公司劳务管理部门。公司以内部施工队伍为主、外部施工队伍为辅进行平衡，然后由项目经理部根据公司平衡的结果，进行供需见面，双向选择，与施工劳务队签订劳务合同，明确需要的工种、人员数量、进出场时间和有关奖罚条款等，正式将劳动力组织引入施工项目，形成施工项目作业层。如果项目经理部直接与劳务分包公司签订合同，则必须由法定代表人授权。

2. 劳动力组织

劳务施工队均要以整建制进入施工项目，由项目经理部与劳务分包公司配合，双方协商共同组建栋号施工承包队，栋号承包队的组建要注意打破工种界限，实行混合编班，提倡一专多能、一岗多职，形成既有主力专业工种又有协作配套力量并能独立施工的栋号承包队。

3. 劳务队伍管理

项目经理部对于到位的施工劳务队伍组建的现场施工作业队，除配备专职的栋号负责人外，还要实行“三员”管理岗位责任制，即由项目经理派出专职质量员、安全员、材料员，实行一线职工操作全过程的监控、检查、考核和严格管理。

5.4.2 公路工程项目人力资源管理考核

人力资源管理考核应以有关管理目标或约定为依据，对人力资源管理方法、组织规划、制度建设、团队建设、使用效率和成本管理等进行分析和评价。对人力资源管理的考核应定期举行，一般可分为月度、季度、半年和年度考核，月度考核以考勤为主。对于特别事件，可以举行不定期专项考核。

1. 人力资源管理考核评比

(1) 人力资源管理考核评比标准。对人力资源进行考核评比时，多采取百分制与等级制考核相结合的评比办法，即设立“优”“良”“中”“差”四个等级，按岗位职责划分出得分项目，累计为100分。考核时以得分多少就近套等级，得90分以上的为“优”，80分以上的为“良”，70分以上的为“中”，70分以下的为“差”。

(2) 人力资源考核评比方法。目前，我国对人力资源的考核和评比工作，多采取定期考核与不定期抽查考核相结合、年终总评的方法。定期考核每月一次，由考评小组进行；不定期抽查考核由部门负责人组织，中心领导参加，随时可以进行，抽查情况要认真记录，以备集中考核时运用，年终结合评先工作进行总评。对中层干部和管理人员的考评，由服务中心领导组织职工管理委员会中的职工成员共同参与，进行年度考评。

(3) 人力资源考核评比工作的实施。人力资源考核评比小组(简称考评小组)在每次对各部门、各岗位的工作情况进行全面检查考核后，要召开例会，结合平时的抽查情况、职工的考勤和日常工作表现、服务对象的满意度等综合因素，为每一名职工打分，做出综合评价。

考评小组通常由7人组成，其具体实施办法是：7名考评小组成员按照各自掌握的被考评职工的综合情况，先独立给出各自的综合评价分(综合评价分的起评标准为："优"为90～95分；"良"为80～85分；"中"为70～75分；"差"为60～65分)，在给出的这7个综合评价分中去掉最高和最低的两个分数，余下5个分数的平均数就是该职工所得的初步考评分。在此基础上运用检查考核的结果，工作质量好、完全符合工作标准的可以适当加分，但加分最多不能超过5分；工作质量达不到工作标准要求的，不合格的每一个单项扣1分，最后累计总的得分就是被考评职工的最终考评得分，这个得分所套入的等级就是该职工本次考核获得的考评等级。

2. 对管理人员的考核

(1) 考核的内容。管理人员绩效考核的内容有：

① 工作成绩。重点考核工作的实际成果，以员工工作岗位的责任范围和工作要求为标准，相同职位的职工以同一个标准考核。

② 工作态度。重点考核员工在工作中的表现，如责任心、职业道德和积极性。

③ 工作能力。

(2) 考核的方法。管理人员绩效考核的方法有：

① 主观评价法。依据一定的标准对被考核者进行主观评价。在评价过程中，可以通过对比法，将被考核者的工作成绩与其他被考核者比较，评出最终的顺序或等级；也可以通过绝对标准法，直接根据考核标准和被考核者的行为表现进行比较。

② 客观评价法。依据工作指标的完成情况进行客观评价，主要包括：生产指标，如产量、销售量、废次品率、原材料消耗量、能源率等；个人工作指标，如出勤率、事故率、违规违纪次数等。客观评价法注重工作结果，而忽略被考核者的工作行为，一般只适用于生产一线从事体力劳动的员工。

③ 工作成果评价法。首先为员工设定一个最低的工作成绩标准，然后将员工的工作结果与这一最低的工作成绩标准进行比较。重点考核被考核者的产出和贡献。

为保持员工的正常状况，通过奖惩、解聘、晋升和调动等方法，使员工技能水平和工作效率达到岗位要求。

3. 对作业人员的考核

对作业人员的考核应以劳务分包合同等为依据，由项目经理部对进场的劳务队伍进行评价。在施工过程中，项目经理部的管理人员应加强对劳务分包队伍的管理，重点考核其是否按照组织有关规定进行施工，是否严格执行合同条款，是否符合质量标准和技术规范操作要求。工程结束后，由项目经理对分包队伍进行评价，并将评价结果报组织有关管理部门。

5.4.3 项目员工的培训

通过项目员工培训，可以提高项目团队综合素质，提高项目团队工作技能和绩效，提高项目团队成员的工作满意度。

项目培训可分为四个步骤：

第一步：评估培训需求。这是指评估工作所需的技能与完成这项工作的员工的实际技能之间的差距，确定需要做什么培训。

第二步：在确定要求之后要建立培训的目标，这些目标应该是明确的和可度量的。

第三步：培训。选择恰当的培训方式，开展实际的培训。

第四步：对受训者接受培训前后的反应、学习、行为和结果进行比较，对培训计划的效益进行评价。

项目员工的培训与一般日常运营组织的培训不但内容不同，而且方式也不同。项目员工培训主要是短期培训，这种培训的主要形式，一种是岗前培训，另一种是在岗培训。

(1) 岗前培训：针对性强，方式灵活多样，内容具体，花费不大，易于组织，见效较快，所以在项目员工培训中被广泛采用。项目员工在开始项目工作以前，多数都要进行岗前培训。

(2) 在岗培训：它以职务或工作实际需要为出发点，围绕职务或岗位的特点进行有针对性的培训。这种培训偏重于专门技术知识和能力的培训，不管是项目管理人员还是项目技术人员，都需要在特定岗位和职务环境下接受这种培训。项目组织采用的在岗培训具有边培训、边提高、边工作的优点。

在受训者完成培训计划后，应对培训计划进行评价，看计划目标完成得如何。培训绩效有四个方面可以衡量：

(1) 反应：评价受训者对培训计划的反应如何，他们是否喜欢这一培训计划，是否认为其有价值。

(2) 知识：对受训者进行知识测试，确定他们是否学到了预期应学到的技能。

(3) 行为：了解受训者的工作行为有没有变化，例如，工作中的精神状态是否有所改善。

(4) 成效：工作中的错误率有没有减少，解决冲突能力的培训是否可以提高办事效率等。

5.4.4 项目员工的绩效考评

1. 绩效评价的定义、作用和原则

绩效评价是指用过去制定的标准来比较员工当前和过去的工作绩效的记录过程，包括设定绩效标准、评价员工的实际绩效、提供反馈。通过对项目员工工作绩效的评价，去反映员工的实际能力及其对岗位的适应程度。

项目绩效考评的作用具体有三方面：其一，绩效考评是项目组织编制和修订项目工作计划与员工培训计划的主要依据；其二，绩效考评是合理确定工作报酬与奖励的基础；其三，绩效考评是判断员工是否称职，以及给予提职、惩罚、调配或辞退的重要依据。

为了充分发挥绩效考评的作用，项目员工绩效考评必须遵循以下三项原则：第一是公开原则，即项目组织要公开绩效考评的目标、标准、方法、程序和结果，并接受来自各方面人员的监督；第二是客观与公正原则，即在制定绩效考评标准体系时应该客观和公正；第三是多渠道、多层次和全方位考评的原则。

2. 项目员工绩效考评的内容

由于绩效考评的对象、目的和范围复杂多样，因此项目组织绩效考评的内容比较复杂。一般项目组织绩效考评的基本内容包括三个方面：

(1) 工作业绩考评。

(2) 工作能力评价。

(3) 工作态度评价。

3. 员工绩效评价的方法

员工绩效评价模型如图5-1所示。

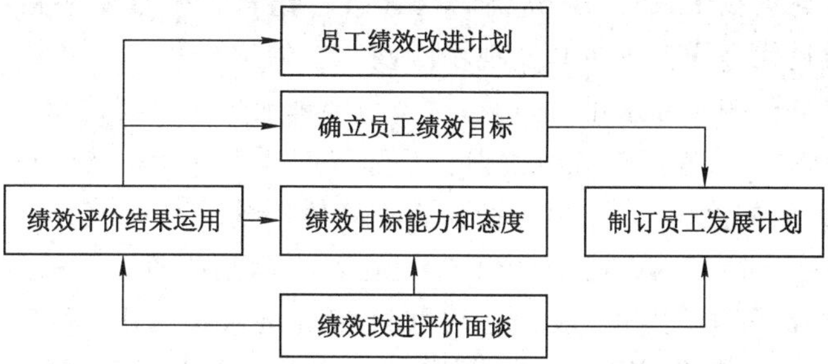

图5-1　员工绩效评价模型

项目组织绩效考评的方法有很多,不同的方法的侧重点不同,适用的考核目标和对象也不同。在开展绩效考评时,要根据具体项目的实际情况,综合使用各种考评方法。常用的绩效考评方法有以下几种:

(1) 民意测验法。即由下级及与其有工作关系的人对被考核者从几个方面进行评价,从而得出对被考核者绩效的评价结果。该方法的优点是:具有民主性、群众性;缺点是:只有自下而上的评价,易受群众素质局限的影响。该方法比较适用于对党群干部的考核,在建筑企业应用也较广。

(2) 征求意见法。即上级和下级进行谈话,征求大家对某员工的评价,从而形成对该员工的考核结果。该方法的优点是简便易行,缺点是有时不能客观反映事实。

(3) 共同确定法。该方法操作的基本过程是:先由基层考评小组推荐,然后进行学科(专业)考核小组初评,再由评定委员会评议投票,最后由评定委员会审定。这种方法的优点是通过专家来进行评价,保证被考核人的能力和素质等方面符合要求;不足是考核的结果受考核者的主观因素影响过多。

(4) 配对比较法。由于人际关系等诸多因素的影响,考核者往往不愿意给被考核者比较低的评价,容易造成评价的误差,为此产生了配对比较法。这种方法,顾名思义就是把每一位员工与其他员工一一配对,分别比较。每一次比较给表现好的员工记1分,同时另一名员工得0分,比较完毕,统计每个人的得分和,依次对员工进行评价,最后根据这个得分来评价被考核者的优劣次序。这种方法适用于被考核者数目较少的情况。

(5) 欧德伟法。它的基本方法是每人都以一定的分数为基本分,然后根据一系列加分和减分项目进行计算得出考核总分。一般由主管人员将每一位下属员工工作活动中所表现出来的行为记录下来,然后在某一段固定时间里,根据所记录的特殊事件来决定下属的工作绩效。该方法的优点是排除了主观因素的影响,使绩效考核结果有确切的事实证据。

(6) 强制分配法。该方法是把考评者按一定比例归入各等级,然后按照每个被考评者绩效的相同优良程度,强制引入其中的一定等级。该方法较适用于人数较多情况下考评总体的状况,简易方便,可以避免考评者打分偏高、偏严引起的偏差;缺点是缺少具体分析,在总体偏优或偏劣的情况下,难以实事求是地做出评价。

(7) 等级量表法。该方法是应用比较广泛的绩效考核方法。它通常做维度分解，沿各维度划分等级，并通过设置量表来实现量化考评。

(8) 情景模拟法。该方法是为适应当前很多综合性管理工作对高级管理人员的需求而提出的，利用仿真评价技术，通过现场模拟、无领导小组讨论等技术对被考核人员进行模拟现场考核；或者通过代理职务进行真实现场考核。它的优点是使被考核者真实地面对实际工作，能够表现出自己的实际水平，适用于对公司经理或者关键岗位员工的考核。

(9) 平衡记分法。哈佛商学院教授卡普兰和咨询师诺顿在总结了一些公司在绩效评价与企业战略实施方面的经验，开发出一种主要对群体考核的平衡记分法的考核方法。该方法的核心思想包括：以财务为核心的思想，即企业只有满足投资人和股东的期望，才能取得立足与发展所需要的资本；以顾客为核心的思想，就是在考核企业业绩时，应充分体现出“顾客造就企业”；以内部业务为核心的思想，即企业对外提供的是产品或服务，其产品或服务的质量完全取决于企业内部价值链的各个环节是否真正创造价值；以成长与学习为核心的思想，与“顾客即企业”完全一样，“知识即企业”。该方法的适用条件是：面临竞争压力较大，且这一压力为企业所感知；以目标、战略作为导向；具有协商式或民主式领导体制；成本管理水平较高。该方法实现了内部和外部、所要求的成果与成果的执行动因、定量和定性、短期目标和长期目标的平衡。该方法将群体日常管理中需要考虑的包括财务指标在内的所有信息都列为考核的内容，然后根据加权计算的结果来决定这个部门的绩效。在指标的选择上，它广泛使用财务指标、顾客满意度、内部程序及组织的学习和提高能力四套指标。这种方法的优点在于能够将群体的绩效与企业、整个组织的绩效很好地结合起来，并且使被考核群体的管理者在进行每一项决策时，能够既考虑到该决策主要有利于哪一方面目标的实现，同时又考虑到该决策是否还会对其他方面的目标造成不良的影响。这样使得整个公司运营中的最重要的问题能够得到比较全面的照顾，避免了顾此失彼现象。

5.4.5 项目员工的激励

1. 薪酬激励

在项目中，一个人做出了成绩并取得了报酬之后，他不仅关心自己所取得的绝对量，而且关心自己所取得报酬的相对量；因此，他要进行种种比较来确定自己所获报酬是否合理，比较的结果将直接影响到他今后工作的积极性。我们大体可以把这种比较划分为两类：一种是“横向比较”，即将自己获得的“报酬”(包括薪金、工作安排以及获得的赏识)与自己的“投入”(包括教育程度、所作努力、用于工作的时间、精力和其他无形损耗等)的比值与项目内其他人做比较，只有相等时才认为公平；另一种是“纵向比较”，即把自己目前投入的努力与目前所获得的报偿的比值，同自己过去投入的努力与过去所获得的回报的比值进行比较，只有相等时他才认为公平。

在任何项目中做到绝对的公平是不可能的，但是只有使其尽量公平，才能达到项目干系人的目标。可以采取的主要措施有：

(1) 在薪金的数量方面，依据类似工程项目施工的发放标准，并根据员工的工作绩效评价来确定相应的奖金数量。

(2) 在薪金的发放方面，采取公开发放薪酬与奖励薪酬模式相结合的方法，尽量避免薪金的发放造成的不信任感和公开发放可能造成员工主观上的“不公平感”。

(3) 建立公平的奖惩制度。在施工管理中,在项目经理管理、项目部人员管理和奖惩方面制定完备的制度,并严格落实,尽量满足项目成员渴望公平的心理需求,起到激励作用。

(4) 对决策和管理进行公开,不搞暗箱操作,采用民主的方式让员工参与决策,致力于建立平等的内部环境。

(5) 设立特殊奖励基金制,对项目做出突出贡献的项目人员实行特殊奖金的发放,以获得良好的激励效应。

通过绩效评价,诊断项目管理中存在的问题,将信息反馈到组织和个人,从而优化项目人力资源管理,进行持续改进,是实现项目目标的关键。

2. 其他激励措施

在项目管理中,除薪酬激励外,还经常采用以下三种激励方式:实现"参与制";激发责任心;鼓励建议。深入了解项目团队成员的行为动机,提供满足他们需要的机会,充分调动他们实现项目目标的积极性,才能采取适当的激励措施。激励措施有以下几种:① 改进管理方式;② 增进互相交往;③ 改进工作设计;④ 形成良好的项目风气。

3. 知识型员工的激励策略

在传统的组织和项目团队中,对员工的管理主要强调控制与服从,而知识型员工的自身特点决定了不能运用传统的对操作工人的管理方式来对待他们,建议从提供一种自主的工作环境、实行弹性工作制、强调以人为本、重视知识型员工的个体成长和职业生涯的发展几方面着手。

5.5　公路工程施工项目团队建设

施工团队是由项目成员组成的,为实现项目目标而协同工作的组织。项目团队工作是否有效也是项目成功的关键因素,任何项目要获得成功必须有一个有效的项目团队。

5.5.1　项目团队创建原则及过程

项目团队应本着建立一个多元化的项目团队、建立项目经理的领导权威、树立并保持项目组的团队精神、争取职能部门的支持、确保团队内信息沟通的原则进行创建,包括以下四个过程:

(1) 准备工作。本阶段重中之重的任务是决定团队是否为完成任务所必需,这要看任务的性质,因为有些任务由个体独自完成效率可能更高。此外,本阶段还要明确团队的目标与职权。

(2) 创造条件。本阶段组织管理者应保证为团队提供完成任务所需要的各种资源。如果没有足够的相关资源,团队则不可能取得成功。

(3) 形成团队。本阶段的任务是让团队开始运作。此时必须做三件事:管理者确定谁是团队成员,让成员接受团队的使命与目标,管理者公开宣布团队的职责与权力。

(4) 提供持续支持。团队开始运作后,尽管可以自我管理、自我指导,但也离不开上级领导者的大力支持,以帮助团队克服困难,战胜危机,消除障碍。

5.5.2 项目团队的发展阶段

塔克曼定义了项目管理团队发展的四个阶段：形成、震荡、正规和表现阶段。我们认为，在项目团队的形成阶段，应侧重于人力资源的整合；在项目团队的震荡阶段，应加强人力资源的协调和沟通；在项目团队的正规、表现阶段及后期阶段，要更加关注人力资源的激励和安抚。把握项目管理中人力资源的特点，有针对性地对项目团队形成阶段的人力资源整合，项目团队震荡阶段的人力资源协调，项目团队正规、表现阶段及后期阶段的人力资源激励和安抚进行统筹管理，将是项目管理成功的关键，项目团队形成期也是人力资源不断整合的过程。

1. 形成阶段

团队形成初期最重要的特征就是个体成员转化为团队成员。在这个时期，团队中的人员开始相互了解，但由于不清楚自己的职责和角色，项目并没有真正地展开。此时，项目经理扮演着非常重要的角色，在项目团队中处于主动地位。这一时期人力资源整合的关键是明确项目目标、角色定位及充分授权等。

2. 震荡阶段

项目团队的震荡期是这样的一个时期，此时项目目标已经非常明确，团队成员业已开始运用自己的技能执行分配到的责任和任务；但是，随着工作的逐步推进，团队成员越来越发现现实状况与预想状况有很大的不一致，从而产生挫折感、愤怒和对立等影响项目进程的不满意情绪。这一时期是项目发展的必经阶段，同样也是项目发展的转折点，如果此时人力资源协调和沟通比较到位，团队成员能很快从不满意向满意转化，项目建设同样会带来新的发展契机；如果项目团队的不满不能得到及时解决，不满的因素会不断积累直至爆发，势必将项目的成功置于危险之中。

项目团队处于震荡期，我们必须牢牢把握的原则是：正视问题，分析原因，坦诚解决。作为项目经理，要做到接受及容忍团队成员的任何不满，创造一个相互理解和支持的工作环境。

3. 项目团队正规、表现阶段及后期阶段的人力资源激励和安抚

经历了震荡期的痛苦之后，项目团队进入了正规期和表现期。这两个时期团队成员的不满已经明显降低，大家都渴望实现项目目标。这个时候恰当地进行激励效果是明显的。美国哈佛大学心理学家威廉·詹姆斯在对员工的激励研究中发现：一般情况下，员工的能力可发挥20%～30%，而受到充分激励后，其能力可发挥80%～90%。由此可见有效激励的重要性。项目团队首先需要建立需求分析机制，认清不同团队个体的不同内驱力。

虽然项目团队成员在总体上是以自尊和自主的需求占主导，但每个个体需求的侧重点是不一样的。需求分析应面向所有团队成员，然后在此基础上逐渐细化分类。有效需求分析机制的建立，可以帮助我们认清项目团队个体之间的不同的内驱力，从而实施有针对性的激励，达到预期的激励效果。在需求分析过程中，应注意坚持以下几个原则：

(1) 实事求是的原则

需求分析应根据现实情况实事求是地进行，对提出的一些不切实际的需求或想法应及时地予以解释和拒绝，以免期望越大，而万一实现不了，失望越大。

(2) 互动参与的原则

需求分析不仅要有当事人参加，而且如果可能还应包括当事人的同事及项目经理等。这样的互动可以更全面地分析需求，同时也更能让人接受，当然相对来说可能更加耗时。

(3) 信息畅通的原则

信息的畅通，包括需求分析时和需求分析后的相当一段时间内应确保信息反馈的畅通。

(4) 动态分析的原则

由于团队成员个体的需求在不同时间是不一样的，或者说在一阶段达到了某一需求后，他会追求更高层次的需求，因此需求分析应是一个动态分析机制，以免需求分析机制本身束缚了团队成员积极性的发挥。

5.5.3　项目团队中的人员需求特征

管理的精髓在于有效的激励，激励的核心在于对员工内在需求的把握与满足。而需求意味着使特定的结构具有吸引力的一种生理或者心理上的缺乏。因此，了解项目团队中的人员需求，是进行人力资源管理的前提。

1. 团队精神的需求

项目成员要组建成一支高效的团队，必须以共同的团队精神为前提。一个健康向上的团队文化是团队成员共同的需求。

2. 尊重的需求

如前所述，项目团队，尤其是一些大型的项目团队中，许多专家和工程师等必不可少，这些知识工作者的知识特长是经过社会认同的，因此在项目团队中也同样要被彼此认同、受到尊重。可以说，被尊重的需求是大多知识员工的首要需求。

3. 自主性的需求

项目团队中的人员不同于公司里的普通操作员工，他们脑力劳动多于体力劳动，由于项目本身的独特性，他们的脑力劳动实际上是一种创造性劳动。因此，项目团队中的成员普遍具有自主性的需求，他们不习惯于被约束得太死板，往往需求自主的工作方式和弹性的工作时间，这样更有利于创造性的发挥。

4. 沟通的需求

管理上有一个著名的双50%现象，即经理人50%以上的时间用在了沟通上，如开会、谈判、指示和评估；可是，工作中50%以上的障碍都是在沟通中产生的。蒙牛集团也有一个98%定律，说的是98%的沟通障碍源自误会。由此可见有效沟通的重要性，尤其是对知识员工而言。知识员工沟通的需求来自两方面，首先是项目本身的要求；其次知识员工要被尊重、被理解，采用沟通的途径是一条明智的选择，否则长时期被压抑是不利于项目正常运转的。

5. 公平发展的需求

项目团队里人员相互之间要感到公平。公平其实是一种内在的心理感受，当员工的收入(包括有形收入和无形收入)与他的所有付出的比值和其他员工的收入与付出的比值相当时，他就会感到相对公平，从而积极努力地置身于工作中；否则就会产生不满，感到自己没有被重视，难以有发展的机会，就会有强烈的流动意愿，从而影响项目团队的凝聚力。

总的说来，项目团队中的人员的需求虽然有点类似于混合性的需求，但还是倾向于较高层次的尊重和自主需求的。因此，进行人力资源管理时要具有针对性，当然项目团队发展的不同时期的侧重点是不一样的。

5.5.4 公路工程项目沟通管理

在公路工程项目中，一般都有多家单位参与项目建设，这就形成了复杂的项目组织系统。各个单位都具有不同的目标，但又追求自身利益的最大化，最终可能造成各单位利益冲突从而影响工程进行。项目管理者必须对此进行有效的协调控制，采取有力的手段，使矛盾的各方处于一个统一体，解决其不一致和矛盾，使系统结构均衡，项目得以顺利实施。沟通是有效解决各方面矛盾的重要手段。通过沟通，解决技术、过程、逻辑、管理方法及程序中存在的矛盾和不一致，达到共同获利的目的。

1. 公路工程项目沟通管理的概念

沟通是组织协调的手段，是解决组织成员间障碍的基本方法。公路工程项目沟通管理就是要确保项目信息及时、正确地提取、收集、传播和存储，以及最终进行处置所需实施的一系列过程，最终保证项目组织内部的信息畅通。项目组织内部信息的沟通直接关系到组织的目标、功能和结构，对于项目的成功有着重要的意义。

2. 公路工程项目沟通管理的作用

在公路工程项目管理中，项目沟通管理具有十分重要的作用，具体如下：

(1) 组织和控制管理过程的依据和手段。只有通过信息沟通，掌握项目组织内各方面的情况，才能为科学管理提供依据，才能有效地提高项目组织的管理效能。

(2) 决策和计划的基础。项目组织要想做出正确的决策，必须以准确、完整、及时的信息作为基础。

(3) 保证项目经理成功领导。项目经理需要通过各种途径将意图传递给下级人员，并使下级人员理解和执行。如果沟通不畅，下级人员不能正确理解领导意图并执行，项目就不能按经理的意图进行，最终导致项目混乱甚至失败。

(4) 有利于建立和改善人际关系。信息沟通可以将许多独立的个人、团体组织贯通起来，成为一个整体。畅通的信息沟通，可以减少人与人的冲突，改善项目组织内部、外部的关系。

3. 公路工程项目沟通的内容

公路工程项目沟通的内容涉及与项目实施有关的所有信息，主要包括项目各相关方共享的核心信息，以及项目内部和相关组织产生的有关信息，具体可归纳为以下几个方面：

(1) 核心信息应包括单位工程施工图纸、设备的技术文件、施工规范、与项目有关的生产计划及统计资料、工程事故报告、法规和部门规章、材料价格和材料供应商、机械设备供应商和价格信息、新技术及自然条件等。

(2) 取得政府主管部门对该项建设任务的批准文件、取得地质勘探资料及施工许可证、取得施工用地范围及施工用地许可证、取得施工现场附近区域内的其他许可证等。

(3) 项目内部信息主要有工程概况信息、施工记录信息、施工技术资料信息、工程协调信息、工程进度及资源计划信息、成本信息、资源需要计划信息、商务信息、安全文明施工及行政管理信息、竣工验收信息等。

(4) 监理方信息主要有项目的监理规划、监理大纲和监理实施细则等。

(5) 相关方，包括社区居民、分承包方和媒体等提出的重要意见或观点等。

5.5.5　公路工程项目团队冲突管理

公路工程项目冲突是组织冲突的一种特定表现形态，是项目内部或外部某些关系难以协调而导致的矛盾激化和行为对抗。

1. 冲突的类型

公路工程在项目管理中，冲突无时不在。按项目发生的层次和特征的不同，项目冲突可分为以下几种类型：

(1) 人际冲突。人际冲突是指群体内个人之间的冲突，主要指群体内两个或两个以上个体意见、情感不一致而相互作用时导致的冲突。

(2) 群体或部门冲突。群体或部门冲突是指项目中的部门与部门、团体与团体之间，由于各种原因而发生的冲突。

(3) 个人与群体或部门之间的冲突。这种冲突不仅包括个人与正式组织部门的规则制度要求及目标取向等方面的不一致，也包括个人与非正式组织团体之间的利害冲突。

(4) 项目与外部环境之间的冲突。项目与外部环境之间的冲突主要表现在项目与社会公众、政府部门和消费者之间的冲突。如社会公众希望项目承担更多的社会责任和义务，项目的组织行为与政府部门约束性的政策法规之间的不一致和抵触，项目与消费者之间发生的纠纷等。

2. 冲突强度分析

冲突管理是项目管理者利用现有的技术方法，对出现的不协调现象进行处置或对可能出现的不协调现象进行预防的过程。进行冲突管理，首先要分析冲突的强度。

(1) 在项目概念阶段，冲突强度等级排列如下：项目优先级；流程管理；进度；人力；成本；技术；个性。

(2) 在项目的规划阶段，冲突强度等级如下：项目优先级；进度；管理流程；技术；人力；个性；成本。

(3) 在项目实施阶段，主要冲突源的强度等级如下：进度；技术；人力；优先级；流程；成本；个性。

(4) 项目收尾阶段，冲突源的强度等级排列顺序情况为：进度；个性；人力；优先级；成本；技术；流程。

3. 冲突解决方式

冲突管理使项目经理陷入一种不确定的境地，以至于不得不选取一种解决冲突的方法。如：面对面协商(或协作)；妥协；缓和(或和解)；强制(或对抗，不合作，固执己见)；规避(或退出)。

在项目管理过程中，人们一般认为冲突是没有好处的，所以总是尽量避免。然而，冲突可能带来新的信息、新的方法，帮助项目组另辟蹊径，制定更好地解决问题的方案。同时，冲突也是不可避免的，不同意见的存在是正常的。因此，试图压制冲突有时是一种错误的做法。对公路工程项目实施各阶段出现的冲突，项目经理部应根据沟通的进展情况和结果，按程序要求通过各种方式及时将信息反馈给相关各方，实现共享，提高沟通与协调效果，以便及早解决冲突。具体可采用以下方法：① 灵活地采用协商、让步、缓和、强制和退出等方式；② 使项目的相关方了解项目计划，明确项目目标；③ 及时做好变更管理。

5.6 公路工程项目人力资源成本管理

5.6.1 人力资源成本的构成

人力资源成本是通过计算的方法来反映人力资源管理和员工的行为所引起的经济价值，即一个企业组织为了实现自己的组织目标，创造最佳经济和社会效益，而获得、开发、使用、保障必要的人力资源及人力资源离职所支出的各项费用的综合成本控制策略。

人力资源成本是从一般的成本概念中推演出来的，是指取得或重置人员而发生的费用支出，包括人力资源的历史成本和重置成本。

1. 人力资源的历史成本

人力资源的历史成本包括人力资源的取得成本、开发成本和使用成本，可按以下三个标准分类：

① 成本的自然类，是指支出的原始项目，如工薪、广告费、代理费等。

② 特定人事管理职能的成本，如招募、选拔、培训等成本。

③ 包含在人力资源历史成本中的人力资源管理职能的基本成本——取得和开发成本以及人力资源的使用成本。

(1) 人力资源的取得成本

取得成本主要是指取得人力资源而发生的成本或付出的代价，包括招募、选拔、雇佣、定岗而发生的各种支出。

① 招募成本。它主要是指为了取得所需人力资源而进行招募宣传，确定招募人员而发生的各项支出，包括招工广告费用，招聘工作人员工资及福利费，委托招聘的手续费，代理费，因招工而发生的差旅费、接待费、办公费和资料费等。

② 选拔成本。它主要是指挑选人力资源过程中所发生的各种支出，如接待、考试(面试、笔试)、检查、体验及其他选拔费用。选拔成本取决于招募方式和雇佣人员的类型，职务越高的员工，选拔过程越长，选拔成本越高；采用其他委托招募的方式，选拔、审查成本较高，招募成本较低，反之亦然；因而需要在招募成本与选拔成本之间进行权衡。

③ 雇佣、定岗位成本。它主要是指正式雇佣并安排工作岗位而发生的各种支出，如因正式雇佣而发生的差旅费、接待费、搬迁费和代理费等，以及安排工作岗位的成本。职务越高的员工，其雇佣和定岗位的成本越高，反之则低。

④ 安置成本。它是指企业将被录取的职工安排在确定工作岗位上的各种行政管理费用；录用部门为安置人员所损失的时间费用；为新职工提供工作所需装备的费用；从事特殊工种按人员配备的专用工具或装备费；录用部门安排人员的劳务费、咨询费等。在企业大批录用人员时，这种成本会较高。安置成本一般是间接成本。

(2) 人力资源的使用成本

使用成本是企业在使用职工的过程中发生的成本，主要包括维持成本、奖励成本和调剂成本等。传统成本会计将这些费用分别归入制造费用或管理费用，并进行相应的成本分析。

① 维持成本。它是保证人力资源维持其劳动力生产和再生产所需的费用，是职工的劳动报酬，包括职工计时或计件工资、劳动报酬性津贴(如职务津贴、生活补贴、保健津贴、法定

的加班加点津贴等)、劳动保护费、各种福利费用(如住房补贴、幼托费用、生活设施支出、补助性支出、家属接待费用等)、年终劳动分红等。

② 奖励成本。它是激励企业职工使其发挥更大作用,对其超额劳动或其他特别贡献所支付的奖金,这些奖金包括各种超产奖励、革新奖励、建议奖励和其他表彰支出等。奖励成本是对企业职工超额劳动所给予的补偿。

③ 调剂成本。它类似于对其他资产进行所谓的"维修"和"加固"而支付的费用。这种成本的作用是调剂职工的工作与生活节奏,使其消除疲劳而发挥更大作用;也是满足职工必要的需求,稳定职工队伍并吸引外部人员进入企业工作的调节器。调剂成本包括职工疗养费用、职工娱乐及文体活动费用、职工业余社团开支、职工定期休假费用、节假日开支费用、改善企业工作环境的费用等。

④ 保障成本。它是保障人力资源在暂时或长期丧失使用价值时的生存权而必须支付的费用,包括劳动事故保障、健康保障、退休养老保障、事业保障等费用。这些费用往往以企业基金、社会保险或集体保险的形式出现。这种成本既不能提高人力资源的价值又不能保持其价值,其作用只是保障人力资源丧失使用价值时的生存权。这种成本是人力资源发挥其使用价值时,社会保障机构、企业对职工的一种人道主义的保护。保障成本在企业的人工成本中占有较大的比例。

劳动事故保障成本是企业承担的职工因工伤事故应给予的经济补偿费用,包括企业承担的工伤职工的工资、医药费、残废补贴、丧葬费、遗属补贴、缺勤损失和最终补贴费等。健康保障成本是企业承担的职工因工作以外的原因(如疾病、伤害、生育、死亡等)引起的健康欠佳不能坚持工作而给予的经济补偿费用,包括医药费、缺勤工资、产假工资及补贴、丧葬费等。退休养老保障成本是社会、企业及职工个人承担的保证退休人员老有所养和酬谢其辛勤劳动而给予的退休金和其他费用,包括养老金、养老医疗保险金、死亡丧葬补贴和遗属补偿金等。失业保障成本是企业对有工作能力但因客观原因而暂时失去工作的职工所给予的补偿费用,主要是为了保障职工在重新就业前的基本生活需求,包括一定时期的失业救济金。

(3) 人力资源的开发成本

为了开发和增强人力资源的潜在服务能力,提高人力资源素质,必须对员工进行各种形式的培训。因进行培训而发生的各种支出构成人力资源的开发成本,主要包括上岗培训、在职培训和脱产培训研发生的各种费用支出。

① 上岗培训成本。它主要是指因员工上岗而发生的各种培训支出,如熟悉企业的生产过程、产品、设备、人事管理等,正式定向活动的见习培训支出及其他有关成本,也称定向成本。

② 脱产培训成本。它是指企业根据生产和工作的需要,允许职工脱离工作岗位接受短期(一年内)或长期(一年以上)培训而发生的成本,它分为企业内部和外部两部分培训成本。企业外部的脱产培训成本,包括培训机构收取的培训费、被培训人员工资及福利费、差旅费、资料费等;企业内部的培训成本,包括培训所需聘任教师或专家工资福利费用、被培训人员工资及福利费、培训资料费、企业专设培训机构的各种管理费用等。同时,无论在企业内部还是外部进行培训,还都会发生被培训人员的离岗损失费用。

③ 在职培训成本。它是指在工作岗位上培训个人发生的成本而不是正式培训方案的

成本，具体包括上岗培训成本和岗位再培训成本。上岗培训成本是为使职工上岗后达到岗位熟练职工技能要求所花费的培训费用，包括培训和被培训人员的工资福利费用、培训人员离岗损失费用、被培训人员技术不熟练给生产所造成的损失费用、培训而消耗的材料等物资费用以及由于新职工与熟练职工工作能力的差异而给生产造成的损失费用等。岗位再培训成本是岗位技能要求提高后对职工进行的再培训费用，包括为培训而消耗的材料费用和人工费用以及在培训过程中培训人员占用时间学习新技术等而给生产造成的损失费用。

2. 人力资源的重置成本

人力资源的重置成本是指目前重置人力资源应该付出的代价。例如，如果某个人离开企业，就会发生招募、选拔和培训的重置成本。人力资源重置成本的着重点是职务重置成本，而不是个人重置成本。

职务重置成本又称人力替换成本。它是指现在用一位能在既定职位上提供同等服务的人，来代替占有该职位的人必须付出的代价。职务重置成本有取得成本、开发成本和遣散成本三项要素。取得成本和开发成本可以用历史成本进行计量，这里不再赘述。以下只分析遣散成本。

遣散成本是指任职者离开企业所发生的成本。它包括遣散补偿成本、遣散前低效成本和空职成本三个基本要素。这些成本通常应予资本化并进行摊销。然而当职工被解雇时，这些成本则应作为费用来处理。

（1）遣散补偿成本

遣散补偿成本是企业辞退职工，或职工自动辞职时企业所应补偿给职工的费用，包括至离职时应付职工的工资、一次性付给职工的离职金、必要的离职人员安置费等支出。

（2）遣散前低效成本

遣散前低效成本是职工即将离开企业而造成的工作或生产低效率损失费用。在职工离职前由于办理各种离职手续或移交本岗位的工作，其工作效率一般都会降低而造成离职前的低效率损失。这种成本不是支出形式的费用，而是其使用价值降低而造成的收益减少。

（3）空职成本

空职成本是职工离职后职位空缺的损失费用。由于某职位空缺某项工作或任务的完成可能受到不良影响，从而造成企业的损失，这种成本是一种间接成本，主要包括某职位空缺而引起企业整体效益降低所造成的相关业绩的减少。这种成本与离职成本相同，是隐性成本。

5.6.2 人力资源成本的计量模式

人力资源的成本计量是从人力资源投入的角度来确认和计量支出的计量模式，目的在于对人力资源的投资额进行计量，提供人力资源的成本信息。人力资源成本包括取得、开发和保全人力资产使用价值而付出的总代价，包括企业实际付出的成本和应承担的损失成本，在内容上涉及人力资源的取得、开发、使用、保障和离职等方面。

由于人力资源价值的许多特性是货币所无法表现的，因此人力资源会计除要用货币计量外，还必须合理地运用非货币尺度来反映。传统的人力资源会计对人力资源成本进行计量主要有历史成本法和重置成本法两种模式。

1. 历史成本法

历史成本法也称为原始成本法、实际成本法，是以取得、开发、维持人力资源时发生的实际支出计量人力资源成本的方法，它反映了企业对人力资源的原始投资，包括人力资源的取得成本、开发成本和维持成本。它通常应分为企业职工的招募、选拔、录用、安置等取得成本，职工上岗前教育、岗位培训、脱产培训等开发成本，以及人力资源的工薪、奖励、调剂、保障等维持成本。这些成本的一部分是直接成本，另外一部分属于间接成本。例如，在对企业的新招职工进行培训时，付给接受培训者的工资是直接成本，而负责该项培训工作的管理人员的时间耗费成本则是一种间接成本。

(1) 人力资源取得成本的计量

人力资源取得成本是指企业为了满足现在和将来的人力资源需求，在人力资源取得过程中所支付的费用。人力资源的获得并不是无偿的，任何企事业单位都需要按照一定的程序，付出一定的代价，才能得到所需要的人力资源，这些费用构成了人力资源取得成本，它主要包括招募成本、选拔成本、录用成本和安置成本。

1) 招募成本

招募成本由企事业单位用于招募人力资源的直接劳务费、直接业务费、间接管理费用、预付费用构成。直接劳务费是在企事业单位内部和外部两方面进行人员招募时发生的招募人员的工资和福利费用。直接业务费由在企事业单位内部和外部两方面进行人员招聘时发生的直接费用构成，包括招聘洽谈会议费、差旅费、代理费、广告费、宣传材料费、办公费、水电费、选拔费及其他支出等。间接管理费用由行政管理费和临时场地设施使用费等构成。预付费用由吸引未来可能成为企事业成员人选的费用构成。招募成本的计量采用原始成本法，其计量公式如下：

$$\text{招募成本}=\text{直接劳务费}+\text{直接业务费}+\text{间接管理费用}+\text{预付费用} \tag{5-5}$$

2) 选拔成本

选拔成本由对应聘人员进行鉴别选择，以做出决定录用或不录用这些人员时所支付的费用构成。一般情况下，它主要包括以下几个方面：① 初步口头面试，进行人员初选；② 填写申请表，并汇总候选人员资料；③ 进行各种面试或口头测试，评定成绩；④ 进行各种调查和比较分析，提出评论意见；⑤ 根据候选人员资料、考核成绩、调查分析评论意见，召开负责人会议讨论决策录用方案；⑥ 最后的口头面试，与候选人讨论录取后职位、待遇等条件；⑦ 获取有关证明材料，通知候选人体检；⑧ 体检，在体检后通知候选人录取与否。以上每一步骤所发生的选拔费用，其成本的计算方法如下：

$$\text{选拔者面谈的时间费用}=\left(\begin{matrix}\text{每人面谈前}\\\text{的准备时间}\end{matrix}+\begin{matrix}\text{每人面谈}\\\text{所需时间}\end{matrix}\right)\times\text{选拔者工资率}\times\text{候选人数} \tag{5-6}$$

$$\text{汇总申请资料费用}=(\text{印发每份申请表资料费}+\text{每人资料汇总费})\times\text{候选人数} \tag{5-7}$$

$$\text{考试费用}=(\text{平均每人的资料费}+\text{平均每人的评分成本})\times\text{参加考试人数}\times\text{考试次数} \tag{5-8}$$

$$\text{测试评审费用}=\text{测试所需时间}\times\left(\begin{matrix}\text{人事部门}\\\text{人员工资率}\end{matrix}+\begin{matrix}\text{各部门代表}\\\text{的工资率}\end{matrix}\right)\times\text{测试次数} \tag{5-9}$$

$$(\text{本单位})\text{体检费}=\left[(\text{检查所需时间}\times\text{检查者工资率})+\begin{matrix}\text{检查所需}\\\text{器材、药剂费}\end{matrix}\right]\times\text{检查人数} \tag{5-10}$$

3）录用成本

录用成本是指经过招聘选拔后，把合适的人员录用到某一企事业单位中所发生的费用。录用成本包括录取手续费、调动补偿费、一次性人才补贴、特殊待遇支出、临时生活费、搬迁费和旅途补助费等由录用引起的有关费用。这些费用一般都是直接费用。被录用者职务越高，录用成本也就越高。从企业内部录用职工仅是工作调动，一般不会再发生录用成本。录用成本以实际发生额计量，其计算公式如下：

录用成本＝录用手续费＋调动补偿费＋搬迁费＋旅途补助费　（5-11）

4）安置成本

安置成本是指安置已录取职工到具体的工作岗位上时所发生的费用。安置成本由为安置新职工的工作所必须发生的各种行政管理费用、为新职工提供工作所需的装备条件，以及录用部门因安置人员所损失的时间成本而发生的费用构成，这些费用一般是间接费用。被录用者职务的高低对安置成本的高低有一定的影响。

安置成本＝各种安置行政管理费用＋必要装备费＋安置人员时间损失成本（5-12）

（2）人力资源开发成本的计量

为了提高工作效率，企事业单位还需要对已获得的人力资源进行培训，以使他们达到预期的、合乎具体工作岗位要求的业务水平。这种为提高员工的素质和劳动技能而发生的费用称为人力资源的开发成本。

1）上岗前教育成本

上岗前教育成本由教育和受教育者的工资、教育和受教育者离岗的人工损失费用、教育管理费和教育设备折旧费用等组成。

上岗前教育成本＝（指导工作者平均工资率×培训引起的生产降低率＋新职工的平均工资率×职工人数）×受训天数＋教育管理费＋资料费用＋教育设备折旧费用　（5-13）

2）岗位培训成本

岗位培训成本由上岗成本和岗位再培训成本组成。上岗培训主要通过以老带新的形式完成。上岗培训成本和岗位再培训成本中的直接成本，由在培训期间发生的培训人员和受训人员相关的工资费用构成。其计算公式如下：

上岗培训直接工资成本＝（指导工作者平均工资率×培训引起的生产降低率＋新员工的平均工资率×被指导次数）×指导所需时间　（5-14）

用上述公式计算出上岗培训直接工资成本的单位成本，即人均数，再乘以每批被培训人数，则为该批被培训职工上岗培训的直接工资总成本。

上岗培训的间接成本是指开展岗位培训活动而间接使有关部门或人员的工作效率下降，使企业受到的损失，实际上也是企业对人力资源的投资。它包括培训人员离岗损失费用、被培训人员工作不熟练给企业生产造成的损失、培训材料费用、各种管理费用等。

上岗培训间接成本＝培训人员离岗损失费用＋被培训人员不熟练损失＋培训材料费＋各种管理费用　（5-15）

岗位再培训成本计算与上岗培训成本计算类似，只是再培训成本比上岗培训成本损失费用要小些，时间可能短些。其计算方法如下：

岗位再培训间接成本＝岗位再培训人工费用＋材料费用＋管理费用＋各种培训损失费 (5-16)

3）脱产培训成本

脱产培训成本主要分为委托外单位培训成本和企业自行组织培训成本两种。其计算公式分别如下：

委托外单位培训成本＝培训机构收取的培训费＋被培训人员工资及福利费＋差旅费及资料费＋被培训人员的离岗损失费用 (5-17)

企业自行组织培训成本＝培训所需聘任教师或专家工资及福利费＋被培训人员工资及福利费＋培训资料费＋专设培训机构的各种管理费用＋被培训人员离岗损失费用 (5-18)

（3）人力资源使用成本的计量

人力资源使用成本包括工薪成本、奖励成本、调剂成本和保障成本等。

1）工薪成本

工薪成本包括职工计时或计件工资、劳动报酬性津贴（如职务津贴、生活补贴、保健津贴、法定的加班加点津贴等）、各种福利费用（如住房补贴、幼托费用、生活设施支出、补助性支出、家属接待费用等）、年终劳动分红等。其计算公式如下：

工薪成本＝职工计时或计件工资＋劳动报酬性津贴＋各种福利费用＋年终劳动分红 (5-19)

2）奖励成本

奖励成本包括各种超产奖励、革新奖励、建议奖励和其他表彰支出等。其计算公式如下：

奖励成本＝各种超产奖励＋革新奖励＋建议奖励＋其他表彰支出 (5-20)

3）调剂成本

调剂成本包括职工疗养费用、职工娱乐及文体活动费用、职工业余社团开支、职工定期休假费用、节假日开支费用、改善企业工作环境的费用等。其计算公式如下：

调剂成本＝职工人数×调剂成本率 (5-21)

4）保障成本

保障成本包括劳动事故保障、健康保障、退休养老保障、失业保障等费用。这种成本是人力资源发挥其使用价值时，社会、企业对人力资源丧失使用价值时的生存权的一种保护。

① 劳动事故保障成本。它包括企业承担的工伤职工的工资、医药费、残废补贴、丧葬费、遗属补贴、缺勤损失、最终补贴费等。其计算公式如下：

$$\text{劳动事故保障成本} = \sum \text{职工劳动事故人员工资等级} \times \text{事故补贴率} \quad (5\text{-}22)$$

② 健康保障成本。它包括医药费、缺勤工资、产假工资及补贴、丧葬费等。其计算公式如下：

$$\text{健康保障成本} = \sum \text{职工病假人员工资等级} \times \text{病假补贴率} \quad (5\text{-}23)$$

③ 退休养老保障成本。它包括养老金、养老医疗保险金、死亡丧葬补贴、遗属补偿金等。其计算公式如下：

$$\text{退休养老保障成本} = \sum \text{退休养老人员工资等级} \times \text{养老补贴率} \quad (5\text{-}24)$$

④ 失业保障成本。它包括一定时期的失业救济金，主要是为了保障职工在重新就业前的基本生活需要。其计算公式如下：

$$失业保障成本 = \sum 失业人员工资等级 \times 失业救济率 \tag{5-25}$$

从以上分析可以看出，采用这种方法，要按照划分收益性支出和资本性支出的原则，在各会计期末将人力资源资本性投资部分确认为人力资源的成本，同时还应根据人力资产成本的耗用情况，对已经形成的人力资产成本进行摊销。人力资源历史成本计量方法的优点是取得的数据比较客观，具有可验证性，相对而言较易被人们所理解和接受。但采用历史成本作为计量基础，也存在不足之处。第一，人力资源的实际价值可能大于其历史成本。人力资源具有能动性，这是它与其他资产最根本的区别。经济活动的生命在于发展、进取和创新。而只有人力资源才能担负起这种发展、进取和创新的任务，在未来知识经济时代更是如此。因此，人力资源的实际价值大于其账面价值或原始成本。第二，人力资源的增值和摊销与人力资源的实际能力增减无直接关系。其他一切资源在使用中会引起自身的损耗而使价值减少，而人力资源却能够实现自身补偿和发展。人力资源的摊销与人力资源实际能力的增长是不相一致的。第三，根据会计报表上的人力资源价值进行分析，其结论与企业人力资源的实际价值会产生差异。

2. 重置成本法

重置成本法是指在当前物价水平下，假设对企业现有工作人员重新取得、开发、培训及辞退所需发生的代价。重置成本一般包括由于现职雇员的离去而发生的成本，以及获得并开发其替代者所发生的成本。采用重置成本计量模式不但要计算重置人员的实支成本，还应计算由此发生的机会成本。重置成本是企业组织在从事经济活动中所应尽量避免的成本，管理者应关心员工的利益，把员工视为宝贵的财富，尽量减少由于员工的离去和置换而发生的重置成本的开支。

人力资源重置成本由人力资源的取得成本、开发成本和离职成本三部分组成。其中的取得成本、开发成本与历史成本法中的取得成本、开发成本内容相同，可以看作为重新取得和开发一批人力资源的成本。离职成本是指原任离职者离开其岗位和组织所产生的成本，它包括离职补偿成本、离职管理费用、离职前业绩差别成本和空职成本。

人力资源重置成本分为两种情况：一种是从个人的角度，计量企业在现时条件下重新取得或通过培训取得与现有职工的技术水平、素质和工作能力相当的能提供同等服务的能力，以及以其来代替正在雇用的职工所应发生的全部费用，称为“个人重置成本”，其成本相对较高；另一种则是从职位（工作岗位）的角度，计量企业在现时条件下取得和培训符合特定工作岗位要求的职工来代替目前正在该职位工作的职工所应发生的全部费用，称为“职位重置成本”，其成本相对较低。通常，企业一般比较注重职位重置成本，这是因为，企业“重置”职工的目的，在于使职工能够胜任特定工作岗位的工作，而不一定要求“重置”的职工具备与被替换下来的职工相同的素质。所以，“与其从重置原来某个人的角度来考虑，倒不如从取得能在特定职位上提供相同服务的替代人的角度来考虑”。弗兰霍尔茨在其《人力资源管理会计》中提出人力资源重置成本的概念，并认为：人力资源的重置成本主要是指人力资源职务重置成本。即除了历史成本中的取得成本和开发成本两项内容之外，还包括被替换职工的离职成本。从上述概念中可以看出，人力资源重置成本主要根据当前的市场状况进行具体估算。

(1) 离职补偿成本

离职补偿费用的多少一般没有固定数额,可多可少,甚至没有,主要根据企业和离职者的具体情况而决定。但是,当出现以下三种情况,由于解除劳动合同而使职工离职时,应该依照规定给予劳动者经济补偿:

① 经劳动合同当事双方协商一致解除劳动合同的。

② 劳动者患病或非因公负伤,医疗期满后,不能从事原工作,也不能从事由用人单位另行安排的工作的;劳动者不能胜任工作,经过培训或调整工作岗位,仍不能胜任工作的;劳动合同签订时所依据的客观情况发生重大变化,致使原劳动合同无法履行,经当事人协调后不能就变更劳动合同达成协议而解除劳动合同的。

③ 用人单位濒临破产进行法定整顿期间或生产经营状况发生严重困难而依法裁减人员的。

在上述三种情况下,支付给离职者的工资和离职补贴金是根据劳动法及有关的具体规定,按照离职者离职前的工资标准及离职后所应得的保障进行计算。

(2) 离职管理费用

职工在离职过程中,企业管理人员与离职职工要进行谈话协商;要进行必要的调查,如为确定离职员工的加权平均工资率而进行的调查;协商同意其离职后还要为其办理离职手续等。进行这些管理活动需要支付一些管理费用。人事部门或其他主管人员的面谈费用成本可用下式计算:

$$面谈时间成本费=(与每人面谈前的准备时间+与每人面谈所需时间)\times 面谈者工资率\times 企业离职人数 \tag{5-26}$$

离职员工本身也有一个时间成本费用问题,这个费用可用以下公式计算:

$$离职员工的时间成本费=每人面谈所需时间\times 离职员工的加权平均工资率\times 企业离职人数 \tag{5-27}$$

此外,其他与离职有关的管理活动,如从员工资料档案和工资单中删除离职人员的资料,收回离职员工手中的设备、工具等也需要发生一些费用,这些费用可以用以下公式计算:

$$与离职有关的管理活动费用=各部门对每位离职者的管理活动所需时间\times 有关部门职工的平均工资率\times 企业离职人数 \tag{5-28}$$

上述这些管理费用均属于人力资源离职的直接成本,需要直接计入人力资源离职成本。

(3) 离职前业绩差别成本(也可称之为离职前的效率损失)

离职前业绩差别成本,是指一个职工在离开某一单位前,原有的生产效率受到损失而造成的成本。在离职前,由于离职人员一般会处于不稳定状态,因此他们的工作成绩会呈现下降趋势,这样就出现了他们在离职前与正常时期的业绩有很大差别。这种差别也是离职造成的成本,可以用以下公式进行测算:

$$离职前业绩差别成本(效率损失)=正常情况下的平均业绩-离职前一段时间内平均业绩 \tag{5-29}$$

(4) 空职成本

空职成本是指企业在物色或招聘到离职者的替代人员之前,某一职位出现空缺,可能会使某项工作或任务的完成受到不良影响,由此而引起的一种间接成本。出现空职不但会影响该职位直接管理的工作,而且会影响与这项工作密切联系的其他工作的成绩。例如在保险公司中，一个理赔调查员调离后，公司在物色新的理赔调查员期间，将损失这个理赔调查员在职期间可能做出的业绩，同时由于这个职位空缺，可能还会影响到其他理赔调查员、调解员、检查员及理赔经理的业绩。这样一来，这个职位空缺带来的成本损失将大于该员工离职造成的直接成本损失。这些成本的总额构成了职位空职成本。

重置成本法是以在当前物价条件下重新录用达到现有职工水平的全体人员所需的全部支出为企业人力资源的资产值，它反映了企业于当前市场条件下在现有人员身上所凝结的全部投资，反映了人力资源的现时价值。但采用重置成本作为计量基础也有明显的缺陷：① 它要根据当前的市场状况进行具体估算，脱离了传统的会计模式，难以为人们所接受；② 增加了工作量，因为每一时期都需要对全部人员进行估算，这种增加的工作量能否从增加的信息中得到补偿则毫无把握；③ 对重置成本的估算不可避免地带有很强的主观性，使信息的可比性下降。因此，该方法主要适用于对企业人力资源的预测和决策，一般不用于对人力资源的账簿核算。

人力资源虽然有历史成本和重置成本两种计价标准，而且它们各有优缺点，但我们认为，在能取得历史成本资料的条件下，应尽量采用历史成本计价，理由有三：① 采用历史成本计价，能使人力资源会计与物质资源会计在计价原则上保持一致。现行会计体系中，固定资产、存货等物质资源都是按历史成本计价的，欲将人力资源纳入会计核算体系，应尽量采用相同的计价基础。② 按历史成本计价，能取得可核实的客观计算依据，从而得到确切的数据。③ 按历史成本计价核算，便于方便地将现行会计体系中物质资源的核算方法移植到人力资源会计核算上。

但是，历史成本的资料有时却无法取得。例如，目前大多数企业都没有发展人力资源会计核算，人力资源取得和开发支出都没有详尽的历史记录，从现在的零星资料中也难以分析出人力资源成本资料。再例如，在新建企业或扩大经营时，由国家或有关方面无偿调入职工时，也无法取得人力资源历史成本的资料。在这种情况下，可采用重置成本对现有人力资源进行估价并以此作为人力资源的初始额，而在正式建立人力资源会计体系后发生的各项取得成本和开发成本则按历史成本计价入账。事实上，最早实行人力资源会计的巴里公司，正是按照这一方法建立其人力资源会计制度的。

不过，在采用重置成本作为计价标准时，有一个问题值得注意，即为了使今后的核算口径保持一致，在计算重置成本时，只应包括取得成本和开发成本两部分，前述人力资源重置成本中的离职成本，一般不宜计入，离职成本一般只用于分析时的参考。

5.6.3 人力资源成本核算

在进行人力资源成本的核算和报告时，应以企业对人力资产的投资为基础计量人力资产的成本，同时将人力资产成本按照人力资源的使用期间进行的摊销计入企业生产经营的产品成本或劳务成本。记录人力资产的累计摊销价值，待人力资产退出企业时将其与人力资源成本相抵，余额就是企业人力资产为企业创造的收益或带来的损失。该余额可以作为企业的收益或损失处理。

此外，为了达到正确计量人力资源原始成本的目的，必须根据人力资源的特点，对人力资源的原始成本进行调整。一般说来，由账面得出的人力资源原始成本，会随着影响预计服务期间因素的改变而发生变化。因为一个较长的预计服务期间，并不意味着“账面成本”的增加。

只有当实际招募和培训过程完全按照事前计划进行时，人力资源原始成本的计量才正确。这样，就有必要将人力资源原始成本的账面价值调整为更具决策价值的成本新型资料。

人力资产核算的内容主要包括人力资产投资的核算、人力资产成本核算、人力资产摊销和损失的核算。

(1) 人力资产投资的核算

人力资产投资的核算主要指按重置成本计价的人力投资的核算，如无偿调入人力资源或无法获得投入人力资源的历史成本资料时，采用重置成本核算人力投资额，以确认该人力资产账面价值的核算。在设置人力资本账户时，无偿调入职工，按重置成本借记人力资产账户，贷记人力资本账户；如不设置人力资本账户，则借记人力资产账户，贷记资本公积账户；如果无偿调入职工退回原单位，则作相反的会计分录，冲减人力资产和人力资本。

(2) 人力资产成本的核算

当取得人力资源而发生取得成本时，借记人力资源取得成本账户，贷记有关取得人力资源而发生的招募、选拔、雇佣、定岗等费用。期末，将其结转至人力资产账户，从而资本化为人力资产。当对取得的人力资源的各种培训发生人力资产开发成本时，借记人力资源开发成本账户，贷记实际支付的各种培训费用。月末，将其结转至人力资产账户，从而资本化为人力资产。人力资产成本核算程序如图 5-2 所示。

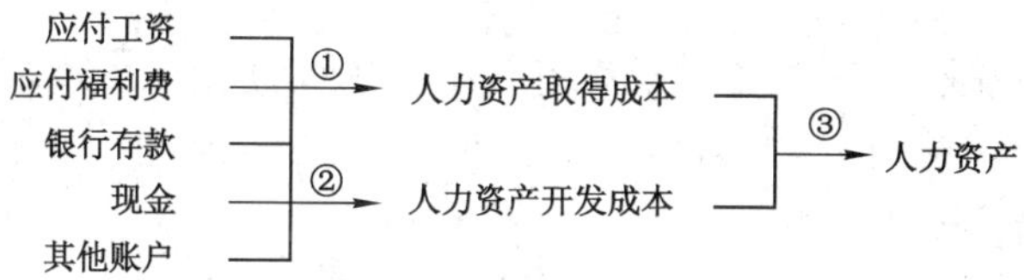

注：①—归集发生的各种取得成本核算；②—归集发生的各种开发成本；

③—月末结转人力资产成本。

图 5-2　人力资产成本核算程序

(3) 人力资产摊销的核算

企业转入资本化的人力资产，应与固定资产一样，随着使用按其受益情况在各受益期内摊销，计入各期费用之中。由于人力资产的实际使用程度难以直接测定，只能采用平均计算的方法，在摊销年限内平均摊销人力资产预计摊销年限，通常决定于人力资产可使用年限，可按用工合同规定的使用年限而定。人力资产摊销时，借记销售费用、管理费用等有关费用账户，贷记人力资产累计摊销账户。当人力资产使用年限已满而退出企业时，则按累计摊销额借记人力资产累计摊销账户，贷记人力资产账户。如有未摊销净值(即人力资产原始成本减累计摊销额之差额)，则应将净值记入当期管理费用，借记管理费用账户，贷记人力资产账户。

(4) 人力资产损失的核算

人力资产由于种种原因，形成未摊销净值，从而构成企业的一种损失，这种损失可称为人力资产损失。如未满服务期限而提前离职、解雇或调出，未达退休年龄而提前退休，未达受益期限而被提前淘汰，因故提前死亡等都会带来人力资产的损失。如果其损失(净值)数额不大，可作为当期费用处理，记入管理费用账户；如果损失数额较大，则应通过计提人力资产损失准备，设置损失准备账户进行核算。按一定比例计提损失准备时，借记管理费用账户，贷记人力资产损失准备账户。发生人力资产损失时，则按未摊销净值借记人力资产损失准备账户，按累计摊销额借记人力资产累计摊销账户；按原始成本贷记人力资产账户。如果企业不设置人力资产损失准备账户来计提损失准备，则将发生的损失直接记入当期管理费用，即按未摊销净值借记管理费用账户，按累计摊销借记人力资产累计摊销账户，贷记人力资产账户。

5.7 公路工程项目人力资源管理优化

5.7.1 公路工程项目人力资源管理存在的问题

1. 公路工程人力资源缺乏

近年，国内经济高速发展，特别是国内建筑市场的不断升温，各地方政府不断加大基础设施建设投入，使得人力资源的相对缺乏的问题越来越突出。公路工程项目生产的特殊性进一步加大了这一矛盾，这主要由以下几个因素造成：

(1) 公路工程施工企业的工程产品一般是在偏僻贫穷的地方，员工的工作、生活条件非常艰苦，现在的施工企业又没有相应的设施与之配套，导致员工的物质生活匮乏，精神生活单调枯燥且压抑。

(2) 公路工程施工生产周期长且生产过程带有不间断性。一个工程一般工期在2～5年，这样说长不长说短不短的生产周期给员工的长期计划带来很大的不便，而工程的不间断性预示着员工少有节假休息时间。

(3) 施工企业员工作业都是整日与大型机具打交道，在野外作业又受到自然环境的影响，对员工的安全有一定的威胁。

(4) 偏僻落后的环境同时给职工的知识面扩大、接受外界新信息和新知识的途径带来很大的不便，从而给员工的个人成长带来很大的局限性。

(5) 由于国有大中型公路工程施工企业从劳动力密集型向管理密集型转轨，公路行业新技术、新材料、新工艺、新方法的大量产生和使用，对高素质技术人员的需求进一步加大。

而从现在国内发达的市场来看，人力资源受总储量、培养周期、市场流动等多种因素的影响，就显得不足，同时受到计划生育大政方针的影响，该问题越来越难以解决，问题可能会越来越突出，人力资源的缺乏与公路工程行业高度增长的人力需求这个矛盾会越来越突出，人力资源的管理和利用成为影响公路工程行业快速发展的关键性问题。

2. 项目团队队伍的稳定和忠诚问题

(1) 项目团队队伍的稳定问题

公路工程施工企业的特性给企业管理带来了诸多的不利影响，项目团队队伍不稳定也给企业造成很大的损失。受建筑施工的艰苦环境和条件的影响，物资生活得不到充分的满足，长期的枯燥生活使得员工的积极性低落。这样的精神状态，必然导致员工工作没干劲。这样一来，公司的生产效率将下降，对企业造成的损失是难以估量的。同时，大量使用农民工的原因，使安全风险越来越大，员工稳定受到极大挑战。

公路工程施工企业大部分工程在开工之初，可以说是荒郊野岭，施工环境和条件极其艰苦，同时由于该行业是劳动密集型的产业，受气候、地质条件和施工场面等的影响很大，其本身就是一项高危险的行业，施工过程中安全管理难度大，一旦出现事故，员工的积极性和稳定性就会受到极大的挑战，甚至导致群体事件的发生，工程受到影响而停工。而就现实来说，大量使用农民工是毋庸置疑的客观事实，农民工具小农意识、文化程度低、服从意识和大局意识淡薄，又不可避免地带来了进度管控、安全管理等方面的一系列问题，如何调动农民工的积极性，将其行为进行合理规范，也就成为当前建筑施工单位需要解决的又一课题。

(2) 员工对企业忠诚的问题

作为直接在施工一线的承包商员工的工资、待遇同业主、监理和设计等单位员工相距甚远，最艰苦的施工单位员工处于社会分配的底层，造成施工行业的人员不稳定，人心思动，施工企业员工工作热情和对企业的忠诚受到极大的打击，导致进度管理中的员工控制与激励成为施工企业的艰难课题，该难题贯穿于整个施工过程。

工程开工后，进度管理就是每个施工企业面临的首选课题，人力资源又相对短缺。进场后要根据工程项目的内容，组织不同工种的人员进入，随着工程进展，将不断引进和派驻各工种人员，队伍在施工过程中不断地扩大。这要求：一要及时组织足够数量的员工；二是要控制和稳定住进点的员工；三是要激励员工高效完成任务，进而保证工程进度。如何达成上述要求，就成为施工企业面临的艰难课题。同时，作为工程项目重要执行者的项目部队伍中项目经理、各级管理者和技术人员在工作条件艰苦而且个人发展受到阻碍时，他们必然会纷纷跳槽以寻求更好的发展机会，企业将面临人才的流失以及信息资料流失而带来的损失。

5.7.2　工程项目人力资源管理的优化措施

1. 进一步更新工程项目管理理念

现代工程项目管理被赋予新时代的特征，进一步提高工程项目人力资源管理水平，对实现工程项目管理的现代化、尽快与国际项目管理接轨具有重要意义。从国际项目管理理论和实践研究的发展成果来看，欧美项目管理知识体系的创新，使人力资源管理在项目管理中的地位不断提升。我国的工程项目要立足于国际市场，需要工程项目管理模式理念的进一步更新，摒弃过去用经验和传统管理办法替代现代项目人力资源管理的做法，在企业内部大力宣传项目管理的重要性，营造全员学习项目管理知识的氛围，提高工程项目人力资源管理水平，缩短与国际项目管理水平的差距，有利于工程项目人力资源整体素质迅速提高，从而获取竞争优势。这必须引起理论界、学术界、企业界和业内人士的高度重视。

2. 加强建设项目中的人性化管理

人性化，也就是尊重他人的愿望、爱好和行为方式等，提供使人心情舒畅健康的环境和条件。一般来讲，人性化的工作环境是任何员工都期望的。一个好的管理者的管理方式不应是过去的命令式管理，或仅通过绩效评价方式来决定员工升迁、调配、加薪、奖惩等，从而达到激励目的，而更应关注员工家庭生活与工作生活的质量、家庭与事业的平衡，这是一种更加符合人性的、也更加有利于提高员工奉献精神的现代管理理念。但是，只有人性化容易造成自由散漫，还要有纪律，并能及时纠正员工的错误。企业应将员工视作企业最宝贵的财富，将“以人为本”奉为企业核心的管理理念，把由以往监督与控制为主转向以领导与激励为主。

3. 为促进“模式”的研究与开发投入保障制度

工程项目人力资源管理模式的研究与开发，需要机制的创新和体制的保障。发达国家重视项目管理专业人才的培养和资质认定，并已经形成相当规模的行业。因此，我们应有一个健全的专业性、学术性组织保持与国际前沿的接触，从战略高度加强我国工程项目人力资源管理理论、应用研究，加快能力开发和学科建设，以适应我国经济发展的需要。

4. 完善推进激励制度建设

宏观调控、微观调控和激励制度是实现工程项目人力资源管理的重要保证。宏观调控是企业高级项目管理层针对某一大中型项目提出总体决策规划，促进工程项目人力资源管理模式与项目管理战略的有机结合；微观调控是企业中级项目管理层或执行层针对某一大中型项目的实施实行有效协调和控制的重要途径；而激励制度则是激发调动项目所有干系人创造性、积极性和主观能动性，促进项目团队合作的重要手段。宏观调控、微观调控和激励制度的有机配合，相得益彰，将完善和推进工程项目人力资源管理激励制度建设。

5. 加强项目组织文化建设

大多数组织要形成有自己独特和具体的文化风格，项目组织、项目人员的价值观念、行为标准、使命感、信仰和期望反映在组织方针、工作程序、上下级关系及其他诸多方面。加强项目组织文化建设，使项目组织成员在追求共同的项目目标中逐渐有了共同的价值和信仰。这一组织和个人的使命感，直至形成共同的价值观的过程正是组织文化的产生过程，对项目经常产生直接影响。

由于项目组织的一次性，很难确定自己的组织文化。在我国现阶段项目组织文化建设应从加强职业道德方面着手，在岗位培训及各类行政工作中，都应纳入职业道德教育的内容，努力提高全体员工的职业道德水准。职业道德主要包括两方面。一方面，员工要热爱自己所从事的事业、岗位，热爱自己所在的项目。企业要制定、完善各个岗位的职责标准，使上岗人员知道自己最低限度应达到什么标准。另一方面，员工要珍惜自己的劳动成果。企业要制定各工种的技术标准和质量标准，提供对生产优质产品和并优质服务的人员进行奖励，引导全体员工积极创造优质工程。这样，通过不懈的思想教育和制度保障，使全体员工把做好本职工作、提高工作质量视为自觉的行动，项目文化建设就有了强大的动力和活力。

6. 促进人力资源管理的信息化、网络化发展

伴随着信息和网络时代的到来，必要的项目人员库的建立和描述，项目知识、技能和经验的共同享有，项目干系人之间的信息和反馈，组织方法体系各个视图之间的协调等，为工程项目人力资源管理提供了快速便捷的手段。我国一些大中型工程项目信息化、网络化的研究已取得一定的成效，但是，工程项目人力资源管理模式的研究还需要与先进的管理手段相融合，通过计算机系统的有力支撑，实现工程项目人力资源管理信息化、网络化建设。

第 6 章　公路工程项目采购与合同管理

6.1　公路工程项目采购管理

项目采购管理是公路工程项目管理的重要组成部分，与项目建设全过程有着密切的联系，是保证项目顺利进行的物质基础。采购管理涉及的物资品种极多、技术性强、工作量大，同时对其质量、价格和进度都有着严格的要求，并具有较大的风险性。稍有失误，不仅影响工程的质量、进度和费用，甚至会导致承包单位的亏损。

6.1.1　公路施工项目承发包方式

所谓承发包方式，是以建设单位作为发包方，把公路建设项目的施工任务委托给专业公路施工企业去完成的一种形式。有的施工企业从建设单位承揽到工程任务后，把其中一部分分包给其他专业施工单位去完成，这也是一种承发包关系。承发包方式是目前公路施工最基本、最主要的经营方式。

1. 承发包方式的分类

根据双方建立承发包关系的途径不同，公路项目施工承发包方式可分为以下几类。

(1) 招投标方式

这是一种通过竞争由招标单位从投标单位中择优选择承包单位的方式，这种方式可分为公开招标和邀请招标两种。

1）公开招标

公开招标也称为无限竞争招标，由业主在国内外主要报纸、有关刊物、电视、广播上发布招标广告，有兴趣的承包商都可以购买资格预审文件，预审合格者可购买招标文件进行投标。这种招标方式可为所有的承包商提供一个平等竞争的机会，业主有很大的选择余地，但增加了资格预审和评标的工程量，也有可能出现故意压低投标报价的投机承包商，以低价挤掉对报价严肃认真而报价较高的承包商，因此，采用这种招标方式时，业主要加强对投标商的资格预审，认真评标。

公开招标没有任何限制竞争的因素，贯彻了公平竞争原则。由于信息公开和信息对称是形成完全竞争市场的必要条件，因此，公开招标有利于促使垄断、封闭的市场向完全竞争的市场发展。公开招标有利于降低施工成本(或服务成本)，但是会增大交易成本。

2）邀请招标

邀请招标又称为有限竞争招标，这种方式不发布广告，业主根据自己的经验和对各种信息资料的了解，对那些被认为有能力承担该工程的承包商发出邀请，一般邀请 5～8 家前来投标。这种招标方式一般可以保证参加投标的承包商有此项工程经验，信誉可靠，有能力完成该工程项目；但由于经验和信息资料有一定的局限性，有可能漏掉一些在技术上、报价上有竞争力的后起之秀。此种方式适合于以下情形：

① 在特殊情况下，工程规模大，招标单位认为中、小型公司不能胜任，因而选定几家大公司参与投标；

② 工程复杂、专业性强，招标单位认为只有某些公司才能承担；

③ 工程规模较小，为节约招标开支而没有必要公开招标；

④ 公开招标后无人投标，招标单位只好邀请少数单位投标；

⑤ 涉及国家安全、秘密而不适宜公开招标的。

在不公开招标中还有一种情形称为指令性投标，即对某些边远地区的工程，或条件艰险、施工难度大、工期又紧迫的工程，可由建设单位报请上级部门指定若干施工企业前来投标，然后从中选定一家中标单位。

3）竞争性谈判

业主邀请特定的对象谈判，并允许谈判对象二次报价确定签约人的采购方式，一般满足以下条件：

① 招标后没有承包商投标或者没有合格的或者重新招标未能成立的；

② 技术复杂或者性质特殊，不能确定详细规格的；

③ 采用招标所需时间不能满足用户需求的；

④ 不能事先计算出价格总额的。

（2）协商承包方式

这种方式是业主邀请一家，最多不超过两家承包商来直接协商谈判，由此确定承发包关系，这种方式适用于以下情形：

① 工程特殊，需要特殊的施工方法，而某一公司拥有该项专门技术；

② 大、中修和改善工程项目，业主拿不出详细施工资料，只好由双方协商议标；

③ 工程的主要部分已经发包，留下零星部分议标发包；

④ 工程工期紧，如抢修工程，采用公开招投标来不及，只好采用议标发包；

⑤ 在公开招标、邀请招标时均无人投标，只好转而采用议标形式。

2. 承包工程的取费方式

招标采购是公路建设项目管理中的常见工作。在招投标的情况下，承包工程的价款计算方式一般有以下几种类型：

（1）固定总价包干

固定总价包干是指承包单位按签订合同时确定的总价包干，负责完成合同规定的全部工作。它主要适用于工程规模、技术要求和质量标准都明确的工程。采用这种方式，对招标单位来说，有利于控制投资；对承包单位来说，虽然要承担工程中较大的风险，但也有可能获得较大的盈利。这种方式在公路工程项目施工招标中比较常用。

（2）固定单价包干

固定单价包干是指以工程量清单中单件为基础进行工程的投标承包，并以合同规定的单价包干，工程完工后双方按下式结算工程价款：

$$\text{工程价款}=\text{包干的单价}\times\text{完工后实测的工程量} \tag{6-1}$$

这种方式主要适用于工程量事先不能准确计算，或预计到工程规模将有较大变动的情况，如路基土石方工程、桥梁基础工程等。采用此种方法对招标单位来说，可简化招标工作，但不如总价包干那样有利于投资总额的控制；对承包单位来说，只要能提高效率、降低成本，就会有盈利。

(3) 成本加酬金包干

成本加酬金包干发包单位按工程实际成本向承包单位支付费用外，另加一部分费用作为承包单位的利润和酬金。根据酬金确定方式的不同，它又可分为：

① 按成本加固定数额费用包干。建设单位付给承包单位的酬金是固定的数额。承包单位只要精打细算，节约管理费，就可获得利润；由于酬金数额包干，建设单位也乐于接受此种方式。

② 按成本加固定比例费用包干。建设单位付给承包单位的酬金是按工程实际成本的一定百分比计算的。实际成本高，付出的酬金也高。对承包单位来说，收入随成本增高而增高，承担的风险小；但对建设单位来说，成本实报实销，酬金又水涨船高，造价难以控制，故此种方式目前较少使用。

③ 按限额成本加酬金包干。这是前两种方式的改进，规定工程成本不得超过某一最高限额，超过部分按规定由承发包双方分担。采用此种方式，有利于承包方加大对成本的控制。

由此可知，上述几种成本加酬金包干方法，就投资控制来说，均不如固定总价包干和固定单价包干的方式。这种方式仅适用于：工程设计尚未完成，但建设单位急于开工的工程；预计到施工过程中工程内容可能有变更，材料可能有变动；工程质量要求很高或有特殊要求的工程。

6.1.2　公路工程招投标的发展状况

改革开放以来，我国在利用外资特别是利用世界银行贷款进行公路建设的同时，也不断借鉴、学习国外先进的工程管理方法，特别是 1987 年至 1990 年间利用世界银行贷款、实行国际性招标、采用国际惯例 FIDIC 条款和工程监理制度建设成的京津塘高速公路，在我国公路建设史上具有划时代的意义。1985 年交通部发布了《公路工程施工招投标试行办法》，1989 年交通部以第 8 号部长令正式颁布《公路工程施工招投标管理办法》，公路工程施工的招投标制度在全国的所有公路基本建设项目中全面展开。

交通部 1989 年《公路工程施工招投标管理办法》共 9 章 46 条，不但从目的、范围、原则、管理权限、招标方式等大的方面对招投标工作做出了规定，而且从招标程序、招标文件及标底编制、资格审查、投标、开标、评标与定标、合同签订等招投标过程做出了具体规定，在此办法的指导下，全国公路系统在公路施工的招投标工作进行了多方面有益的探索，不断实践、总结和提高。通过“七五”计划后期，“八五”计划、“九五”计划的不断发展，公路工程施工招投标已经形成一系列比较规范和有效的制度、办法、程序和文件。如在招标形式上采用公开招标、邀请招标、不公开标底与公开标底招标；招标文件合同形式等已形成范本；评标、定标均采用评标委员会评定推荐，领导小组审议决定中标单位的方法；评标中采用百分制计分，标价与企业素质、施工组织设计等非价格因素各占一定分值，综合得分最高的单位为推荐中标单位；另外，在招标过程中形成一整套程序和各程序的主要工作内容，每个程序的工作均有具体的做法、标准和要求等。交通部在总结全国公路系统招投标工作实践正反两方面经验的基础上，1997 年下半年又发布了《公路工程施工招标资格预审办法》和《公路工程施工招标评标办法》,对招投标过程中的关键环节进一步给予规范。公路施工招投标制度的建立、完善,有力地促进了公路建设工程管理水平的提高,在保证公路建设工程质量、缩短建设工期、降低工程投资方面取得了良好效果。为加强公路工程施工招标管理,规范招标文件编制工作,交通运输部以《标准施工招标文件(2007 年版)》为依据,考虑公路工程施工的招标特点和管理需要,目前审定形成了《公路工程标准施工招标文件》(2018 年版)。

6.1.3 公路工程采购管理中存在的问题

当前,公路工程施工项目的采购管理普遍落后,制约了项目利润的提高,主要表现为以下三点:

(1) 采购批量较少,没有形成规模效益、采购成本较大。

虽然施工项目不是一个独立的经济实体,它还是从属于施工企业,但是,由于大多数施工项目都是远离公司,且比较分散,为了提高项目经营的灵活性和反应能力,一般工程公司都会给施工项目足够的自主权,包括大部分材料自行采购的权利,这样,公司内部的各个项目基本上是自己采购材料,彼此互不形成同盟,采购材料的批量较少,总的采购批次较多,没有形成谈判优势,买方的讨价还价能力较低,采购成本较大。

(2) 施工项目没有与供应商形成战略联盟,短期行为较多,不利于持续降低商品成本。

公路工程施工项目周期一般是 2～3 年,时间不长,并且流动性很强,不仅地域变化大,而且管理人员变化也大。因此,多数项目与供应商达成短期合作关系,项目结束,则合作关系就有可能结束。这种关系由于不具有长期性,选择供应商的成本加大,采购成本相应变大,同时,供应商也由于长期需求的不确定性,把大量精力投入市场营销,对持续降低产品成本不够重视,也不利于改善产品成本。

(3) 施工项目与供应商在合作中主要以价格为中心,容易导致供应商的恶性竞争,给工程产品遗留隐患。

在公路工程施工行业里,在大宗材料采购中,项目通常与多家供应商接洽,然后让供应商竞标,最低价者中标。为了争取中标,供应商则想方设法降低投标价,有的投标价甚至是零利润。这样,在后面的供货中,低价中标的供应商为了得到尽可能多的利润,便设法降低产品的质量,或者不能做到按要求的时间供货,给工程的质量、成本和进度管理留下隐患,有可能得不偿失,项目与供应商没有形成互惠互利的关系。

6.2 公路工程施工招投标

6.2.1 关于招投标的相关规定

1.《中华人民共和国招标投标法》

1) 境内工程建设项目招投标要求

《中华人民共和国招标投标法》于 1999 年 8 月 30 日经第九届全国人民代表大会常务委员会第十一次会议通过,2017 年 12 月 27 日第十二届全国人民代表大会常务委员会第三十一次会议修正。

在中华人民共和国境内进行下列工程建设项目包括项目的勘察、设计、施工、监理以及与工程建设有关的重要设备、材料等的采购，必须进行招标：

（1）大型基础设施、公用事业等关系社会公共利益、公众安全的项目；

（2）全部或者部分使用国有资金投资或者国家融资的项目；

（3）使用国际组织或者外国政府贷款、援助资金的项目。

《中华人民共和国招标投标法》第 66 条也明确了可以不进行公开招标的情形，涉及国家安全、国家秘密、抢险救灾或者属于利用扶贫资金实行以工代赈、需要使用农民工等特殊情况，不适宜进行招标的项目，按照国家有关规定可以不进行招标。

2.《中华人民共和国招标投标法实施条例》

《中华人民共和国招标投标法实施条例》（国务院令第 613 号，以下简称《招标投标法实施条例》）于 2011 年 12 月 20 日发布，根据 2019 年 3 月 2 日《国务院关于修改部分行政法规的决定》（国务院令第 709 号）修订。

《招标投标法实施条例》明确规定：招标投标法第三条所称工程建设项目，是指工程以及与工程建设有关的货物、服务。前款所称工程，是指建设工程，包括建筑物和构筑物的新建、改建、扩建及其相关的装修、拆除、修缮等；所称与工程建设有关的货物，是指构成工程不可分割的组成部分，且为实现工程基本功能所必需的设备、材料等；所称与工程建设有关的服务，是指为完成工程所需的勘察、设计、监理等服务。

《招标投标法实施条例》规定，国有资金占控股或者主导地位的依法必须进行招标的项目，应当公开招标；但有下列情形之一的，可以邀请招标：

（1）技术复杂、有特殊要求或者受自然环境限制，只有少量潜在投标人可供选择；

（2）采用公开招标方式的费用占项目合同金额的比例过大。

有前款第二项所列情形，属于本条例第七条规定的项目，由项目审批、核准部门在审批、核准项目时作出认定；其他项目由招标人申请有关行政监督部门作出认定。

《招标投标法实施条例》规定，除招标投标法第 66 条规定外，有下列情形之一的，可以不进行招标：

（1）需要采用不可替代的专利或者专有技术；

（2）采购人依法能够自行建设、生产或者提供；

（3）已通过招标方式选定的特许经营项目投资人依法能够自行建设、生产或者提供；

（4）需要向原中标人采购工程、货物或者服务，否则将影响施工或者功能配套要求；

（5）国家规定的其他特殊情形。

3. 公路工程招投标相关规定

目前公路工程招投标，主要执行《招标投标法》《招标投标法实施条例》和《公路工程建设项目招标投标管理办法》（交通运输部令 2015 年第 24 号）

交通运输部根据前述法律法规，又组织编写了《公路工程标准勘察设计招标文件》（2018 年版）、《公路工程标准勘察设计招标资格预审文件》（2018 年版）、《公路工程标准施工招标文件》（2018 年版）、《公路工程标准施工招标资格预审文件》（2018 年版）、《公路工程标准施工监理招标文件》（2018 年版）及《公路工程标准施工监理招标资格预审文件》（2018 年版）等相关文件，作为具体招标工作的依据。

上述招标文件适用于依法必须进行招标的各等级公路和桥梁、隧道建设项目，其他公路项目可参照执行。

6.2.2 招投标程序

对于按照国家有关规定需要履行项目审批、核准手续的依法必须进行招标的公路工程建设项目，招标人应当按照项目审批、核准部门确定的招标范围、招标方式、招标组织形式开展招标。

公路工程建设项目履行项目审批或者核准手续后，方可开展勘察设计招标；初步设计文件批准后，方可开展施工监理、设计施工总承包招标；施工图设计文件批准后，方可开展施工招标。

1. 招标准备工作

(1) 组建招标工作班子

为便于统一安排部署整个招标工作，需要组建招标工作班子，其人员应精通经济和技术方面的业务，熟悉施工生产经营，了解招标项目的技术要求，掌握公路施工承包市场动态，熟悉国家经济和有关文件规定。招标工作班子的任务主要有：

① 了解和剖析国内外招标制度、合同条款和招标案例，提出工程招标工作的总体规划。

② 负责具体研究和拟订招标的实施计划。

③ 处理招标工作的日程事务。

④ 协调招标工作有关部门的业务联系。

这个工作班子是招标领导小组的业务工作机构，承担事务性工作，重大原则问题必须经招标领导小组审定批准。当工作人员的业务知识范围或人员数量受到限制时，应由工作班子有针对性地聘请业务咨询顾问，以提高工作效率，解决实际问题。

(2) 确定招标工作范围和招标方式

一个公路工程项目可将整个工程作为一个标段实行总发包，也可分为若干标段按单项、单位、分部或专业工程分阶段分项目招标，确定招标工作范围后，再确定招标方式。若将一个工程分成若干标段，每个标段根据具体工作内容也可以有不同的招标方式。一般工程应尽可能采用公开招标方式，如采用邀请招标，应对应邀单位的施工能力、技术水平、管理水平、设备情况和社会信誉有基本的了解，不能盲目行事。

(3) 编写招标文件

建设单位或委托招标代理单位在招标前编写招标文件，向招标单位介绍招标工程的情况、招标要求、合同条款等内容以及招标的程序和规则。编制招标文件是招标工作中一项十分重要的内容，对其中重要部分内容要反复推敲。对于公路工程项目已有编好的招标文件范本和表格，招标单位只需按规定填写，附上图纸，即可成为完整的招标文件。

2. 招标程序

公路工程建设项目采用资格预审方式公开招标的，应当按照下列程序进行：

(1) 编制资格预审文件。

(2) 发布资格预审公告，发售资格预审文件，公开资格预审文件关键内容。

(3) 接收资格预审申请文件。

(4) 组建资格审查委员会对资格预审申请人进行资格审查，资格审查委员会编写资格审查报告。

(5) 根据资格审查结果，向通过资格预审的申请人发出投标邀请书；向未通过资格预审的申请人发出资格预审结果通知书，告知未通过的依据和原因。

(6) 编制招标文件。

(7) 发售招标文件，公开招标文件的关键内容。

(8) 需要时，组织潜在投标人踏勘项目现场，召开投标预备会。

(9) 接收投标文件，公开开标。

(10) 组建评标委员会评标，评标委员会编写评标报告、推荐中标候选人。

(11) 公示中标候选人相关信息。

(12) 确定中标人。

(13) 编制招标投标情况的书面报告。

(14) 向中标人发出中标通知书，同时将中标结果通知所有未中标的投标人。

(15) 与中标人订立合同。

采用资格后审方式公开招标的，在完成招标文件编制并发布招标公告后，按照前款程序第(7)项至第(15)项进行。

采用邀请招标的，在完成招标文件编制并发出投标邀请书后，按照前款程序第(7)项至第(15)项进行。

3. 工程投标

(1) 投标及其必备条件

投标是施工单位争取获得承包工作任务的竞争活动，是企业在竞争中承接任务的一种经济手段。投标人应当具备招标文件规定的资格条件，具有承担所投标项目的相应能力。

投标企业在认真研究招标文件的基础上，根据招标单位的要求条件，权衡价格、工期、质量、物资和对手等关键因素，在规定的期限内向招标单位递交投标文件。投标人在投标文件中填报的资质、业绩、主要人员资历和目前在岗情况、信用等级等信息，应当与其在交通运输主管部门公路建设市场信用信息管理系统上填报并发布的相关信息一致。

投标不只是投标报价的竞争，还要看企业的实力、信誉、管理水平和应变能力等。企业通过投标竞争，还可以促进自身管理水平的提高，使企业在不断改革中提高信誉，达到降低工程造价、确保工程质量、缩短建设工期、提高投资效益的目的。

投标人根据招标文件有关分包的规定，拟在中标后将中标项目的部分工作进行分包的，应当在投标文件中载明。投标人在投标文件中未列入分包计划的工程或者服务，中标后不得分包，法律法规或者招标文件另有规定的除外。

(2) 投标的一般程序

投标工作一般按照以下程序进行：

① 申请投标，报送资格预审书。

② 接受资格预审。

③ 资格预审合格后，购买招标文件及资料。

④ 熟悉、审核完招标文件，如对招标文件有疑问，书面向招标单位提出。

⑤ 调查材料、设备供应及价格，了解税率及法律条款，现场调查，参加标前会议。

⑥ 拟定施工组织设计，进行工程成本估算。

⑦ 进行成本分析，确定报价。

⑧ 递送标函，参加开标会议。

⑨ 答辩,接受中标通知书。

⑩ 签订合同,准备开工。

(3) 招标机构的设置

为适应公路市场的竞争,公路施工企业必须建立一个精干且具备决策能力的经营班子负责投标工作,投标机构的职责是承担本企业投标的全部工作,即从收集各种信息情报资料开始,进行定性、定量的综合分析,做出参加哪一项工程投标的决策,然后收集各种信息情报资料,进行勘察,编制投标文件,提出报价;一旦中标,还要负责合同的起草和谈判工作。与此同时,公路施工企业应积累有关报价的各种原始数据、经验和对手情报,分类归档,并逐步制定出密级较强的本企业先进合理的各类定额,如人工定额、机械定额和材料消耗定额等。

6.2.3 投标管理

1. 企业工程任务的目标和数量

企业的经营量要保证企业经营计划中目标利润的实现,所以,根据企业的目标利润即可确定企业应完成的工程任务量,确定方法如下:

企业目标利润=合同总金额−生产总成本=合同总金额−(变动成本+固定成本)

=单位价格×交竣工工程量−单位变动成本×交竣工工程量−固定成本

=(单位价格−单位变动成本)×交竣工工程量−固定成本　　(6-2)

令单位创利额=单位价格−单位变动成本,则:

交竣工工程量=(企业目标利润+固定成本)/单位创利额　　(6-3)

年施工工程量=年交竣工工程量/交竣工率　　(6-4)

年招揽任务量=年施工工程量−上年结转任务量

=协商承包任务量+投标获得任务量　　(6-5)

投标获得任务量=年施工工程量−上年结转任务量−协商承包任务量　　(6-6)

参加投标工程量=投标获得任务量/中标率　　(6-7)

2. 投标项目信息的获取

公路施工单位获取投标信息,归纳起来有以下几种方式:

(1) 访问业主,以及同业主洽谈。目的是同业主建立融洽的关系,以取得业主对承包单位的了解和信任。其缺点是:工作量大,由于时间、地点等原因,接触面受到限制;同时,需要花费很长的时间才能达到了解和信任的目的,尤其是初到外地投标更是如此。

(2) 利用广告、报刊和电视等宣传工具,扩大企业在社会上的影响。其优点是宣传面广,但要注意广告的真实性和艺术性。缺点是不如访问业主直截了当,不便于业主对承包单位的深入了解。

(3) 利用公共关系。如举办介绍施工企业业务范围的各种活动,扩大企业影响。正当的公共关系是社会交往中不可缺少的,它是联系业主与承包商的桥梁。同访问业主方案比较,承包商可以与更多的业主发生友好关系,但工作量大,同时要严禁违反财经纪律等不正当事件发生。

(4) 发动职工提供线索。充分利用广大职工在社会上拥有广泛接触面这一优势,动员全体职工招揽工程任务,这是一种行之有效的方式。采用这种方式应对招揽任务的职工进行鼓励,提高他们的积极性。

(5) 利用有关部门的推荐或介绍信获得工程任务或工程任务的信息。具体说来有以下渠道：

① 对国家公路建设发展趋势进行预测，进行专门的市场调查；

② 从国家计划部门和交通主管部门获得情报、信息和资料；

③ 从政府部门的新闻发布会获得信息；

④ 从有关协会、学会、咨询中心得到有偿信息；

⑤ 从勘察设计单位获得工程信息；

⑥ 追踪世界银行的年度报告，获得国际承包工程信息。

(6) 通过公共资源交易平台等网络渠道。

总之，提高企业在社会上的信誉和竞争能力是获得工程任务的实力，适当的策略是获得工程任务的手段。只有实力和手段结合，企业才能得到源源不断的工程任务。

3. 投标对象的选择

当我们获得项目信息之后，便可以选择投标对象。投标对象的选择，也是一项策略性的业务工作。参与投标与否、投哪个工程的标等，在投标之前必须进行投标可行性研究。如何参与竞争，中标后的效益，以什么样的报价投标，不投标会给企业带来什么局面等，都是需要审慎考虑的问题。

一般来说，选择投标对象需收集以下几个方面的资料。

(1) 技术资料

① 招标文件和招标通知中关于工期、费用、质量、规模、性质、业主意向、材料、劳动力来源等情报。

② 反映工程特征的有关资料，如工程图纸、施工条件、类似工程的有关资料等。

③ 反映技术经济条件的有关资料，如该工程项目的政治经济意义等。

④ 如果是参与国际工程承包，应当熟悉当地法律条款、当地风土民情、风俗习惯等。

(2) 企业外部制约因素

① 针对工程的性质、质量、技术难易，考虑本企业在技术上是否力所能及。

② 针对时间上的制约因素，考虑企业能否按期提出投标报价、按期完工。

③ 针对竞争的态势，考虑竞争力量的大小。

④ 针对地理位置、风土民情，考虑本企业能否适应环境、机构与设备搬迁的费用大小。

⑤ 针对施工现场的具体情况，考虑现场运输、施工组织有无困难。

(3) 企业自身的制约因素

① 针对本企业有无后续工程、任务饱满程度决定投标报价的高低。

② 针对本企业技术管理专长、设备配置状况决定选择投标工程的类型。

③ 针对本企业的资金条件是否雄厚，决定对哪种投资性质的工程投标。

④ 考虑参与投标是否出于某种策略上的需要。例如：参与投标是为了争取后续更大的工程项目；为企业"创牌子"，扩大社会影响；为开拓新的工程领域，占领新的工程承包市场等。

⑤ 企业经营决策上的需要。对招标单位来说，投标企业越多，标价就越压低一些。因此，建设单位往往主动邀请施工单位参与投标。在这种情况下，施工单位为搞好与建设单位的关系，也可参加投标，但不企求中标，这时就可适当地把报价提高一些。

(4) 经济效益的预估和评价

根据掌握的资料和有关数据，采用定量分析方法对拟选择的投标对象的经济效益进行预估和分析。常用的方法有：

① 线性规划法

【例 6-1】 设有施工企业得到以下工程招标的信息，试确定如何参与投标。

甲型工程：6 项，其中标预计每项可获利 7 万元；

乙型工程：3 项，其中标预计每项可获利 5 万元。

该施工企业现有资源和甲、乙型工程消耗资源如表 6-1 所列。

表 6-1 资源拥有量及消耗量

资源名称	拥有量	一项甲型工程耗用量	一项乙型工程耗用量
××工种/工日	35 000	6 600	4 800
××工种/工日	50 000	7 500	5 600
××设备/台班	25 000	4 000	4 000
××设备/台班	25 000	3 000	3 000

解 在上述情况下，利用现有资源以获得最大的经济效益，这就是一个线性规划问题。设承包甲型工程项数为 X_1，承包乙型工程项数为 X_2，则有约束方程：

$$6\,600X_1+4\,800X_2\leqslant 35\,000$$
$$7\,500X_1+5\,600X_2\leqslant 50\,000$$
$$4\,000X_1+4\,000X_2\leqslant 25\,000$$
$$3\,000X_1+3\,000X_2\leqslant 25\,000$$
$$X_1,X_2\geqslant 0$$

目标函数为：

$$\Phi(X)=70\,000X_1+50\,000X_2$$

取得最大值。

解此线性规划问题，得 $X_1=3$，$X_2=3$，即承包甲型工程 3 项和乙型工程 3 项。

② 决策树分析

现有 A、B 两个工程项目，由于能力有限，只能参加一项，即投 A 不投 B，投 B 不投 A。投标策略有两个：高报价和低报价。高报价中标率 0.3，低报价中标率 0.6。中标与否有两个状态：中标与不中标。若投标失败，其相应的损失为：工程 A 为 1 000 元，工程 B 为 600 元。中标后的得利可能有三种状况：得利较优、得利一般和得利较低，其概率分别是 0.3、0.5 和 0.2。各方案实施效果、概率及损益情况见表 6-2。

表 6-2 方案实施效果、概率及损益情况表

工程项目	方案	效果	概率	损益值	方案	效果	概率	损益值
工程 A	高标	好	0.3	12 000	低标	好	0.2	8 000
		中	0.5	8 000		中	0.5	4 000
		差	0.2	4 000		差	0.3	−1 000

表 6-2(续)

工程项目	方案	效果	概率	损益值	方案	效果	概率	损益值
工程 B	高标	好	0.1	30 000	低标	好	0.2	6 000
		中	0.6	4 000		中	0.6	2 000
		差	0.3	1 000		差	0.2	0

根据已知数据资料，画出决策树图，如图 6-1 所示。

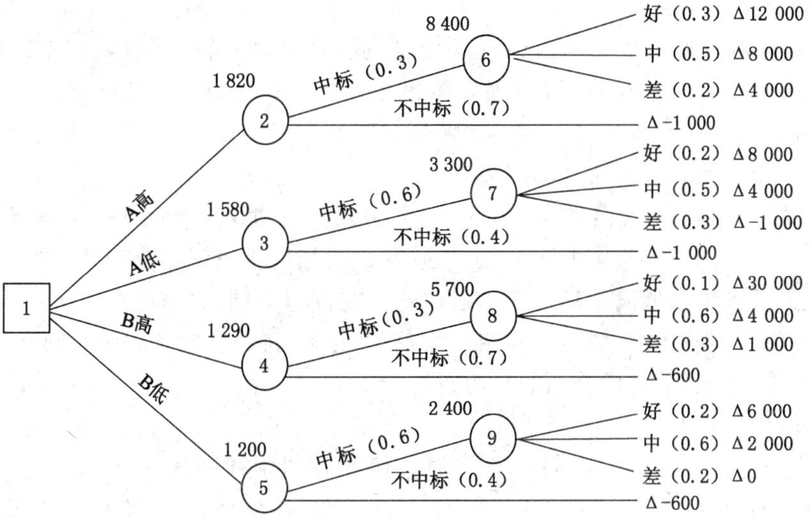

图 6-1　决策树图

各方案的收益期望值可计算出来，并标注在决策树图上。由此可见，可推荐收益期望值为最大的“按高价标方案投 A 工程”的方案，供领导决策参考。

除利用线性规划、决策树分析外，考虑到施工企业承包工程要先垫付工程款，这意味着要投资，所以，还应从投资收益角度进行方案分析。

选择承包工程对象，确定是否参加投标，影响因素有很多，并没有固定的数学模型可用以直接计算出答案，最后仍然要从企业的经营目标和经营策略出发，以企业经营上的需要为主进行分析。例如，条件好的工程正因为有其好条件，竞争的单位就多，在这种情况下，标价就可能压得较低，即使中标得利也可能甚微；相反，有些所谓“骨头”工程，谁都不愿意干，投标竞争的单位就少，此时，较高的标价也可能中标。另外，如果企业任务不饱满，并有窝工的危险，这时就应积极参加投标，并且争取中标；因为窝工是一种损失，即使按较低报价，对企业也可能是有利的。

6.2.4　中标后的手续办理及准备

承包商在接到中标通知书后，要积极办理各种手续，认真学习合同文件，并尽快熟悉和掌握国际、国内、当地政府的有关法律、法规和规章制度。

1. 承包商需要办理的各种手续

(1) 设立办事处

公路工程项目施工场地大多远离企业大本营，为便于与当地政府及各部门协调，便于前方施工队伍与企业大本营的联系，需要根据当地政府的有关规定申报成立办事处。

(2) 合同条款谈判和签署合同

接到中标通知书后 28 天内，按照招标文件规定格式的合同协议书就以下问题进行谈判：

① 价格问题。根据单位工程量的投标报价和预算工程量计算合同总报价，由工程量变更引起的总价超出由业主负责，而单位工程价格中的成本增加则由承包商负责，所以，单价的确定十分重要。

② 货币问题。如果是在国内施工的项目，业主一般要求投标者采用单一的人民币报价；用美元支付的数额和比例，按中国人民银行兑换汇率计算。外币主要用于购买进口材料、设备，并按合同的有关规定办理。如果是在国外施工的项目，则按业主的要求办理。作为承包商，一定要熟悉合同文件的有关规定。

③ 支付款方式。主要商讨支付时间、支付方式和支付保证等问题。商定预付款的偿还按月等分扣回，合同另有规定的除外；工程进度款按月工程量计算支付，合同另有规定的除外；工程竣工缺陷维修期满结清全部工程价款。在进行合同条款谈判时，要先易后难，不纠缠细小的问题；谈判过程中应当以互相信任、平等互利，符合合同条款为原则，同时结合工程所在地的政策、法规等，达成合同的签约条件。

(3) 履约担保

菲迪克条款规定："按标书附录规定的金额在收到中标通知书 28 天以内向雇主提供……提供这种担保的单位应经监理工程师批准。"通过担保公司、保险公司等机构为承包商履行义务而开出的具有一定金额和具体期限的书面函件称作保函。

工程承包中常见的担保有：

① 履约担保。履约担保是承包商根据合同条款向业主提交正常履约的担保。履约担保在标书中有明确规定，一般为合同价的 10%。业主要求"履约担保"是不可撤销的，而承包商则要求是不可转让的，履约担保格式通常放在标书附录中。

② 动员预付款担保。动员预付款担保是业主向承包商支付一笔工程动员预付款，作为工程项目的启动费用。其担保金额与动员预付款的金额相等，一般为合同价的 10%～15%。当币种不同时，按合同中规定的比例支付，其格式也放在标书附录中。

③ 保留金担保。保留金担保是在第一次及每月的支付中向承包商扣除的质量保证金，一般为每次结算总额的 5%，在保修期结束后返还。

④ 临时进口设备关税担保。这是一种担保承包商在工程竣工后将临时进口设备向海关办理再出口的关税担保，其金额与临时进口设备的关税相等，期限自进口之日至清关手续结束为止。

(4) 企业法人登记

根据国家工商行政管理局关于办理企业分支机构等级注册手续的有关规定，承包商应到当地工商局申请办理注册手续，并办理企业法人授权书证明。经当地工商局核准等级注册，领取"营业执照"，并刻制公章，开立银行账户，方可进行业务活动。

(5) 税务登记的申请办理

《中华人民共和国税收征收管理法》规定：企业在外地设立的分支机构和从事生产、经营场所，个体工商户和从事生产、经营的事业单位（以下统称从事生产、经营的纳税人）自领取营业执照之日起三十日内，持有关证件，向税务机关申报办理税务登记。税务机关审核后发给税务登记证件。

(6) 办理进口材料、设备报批手续

凡国内单位直接使用世界银行贷款进口的机械设备、材料可予以减免进口关税和工商税，以此配合业主设备管理部门办理进口材料、设备和产品税手续；同时，报商检部门备案，加强联系，以利工作。

(7) 保险

菲迪克条款（FIDIC）规定：保险具有强制性，是承包商弥补经济损失的一种方法，一般由业主指定保险公司投保。工程承包中主要有以下几种保险：

① 工程一切险。其内容为施工期工程本身、临时设施、现场材料、试验设备、施工机具等，凡保险单中规定的保险内容都属于保险范围。其保险金额以合同总价为准，保险期限自开工之日起至缺陷责任期结束。

② 第三方责任险。凡发生不属于施工双方即第三方造成的人身或财产的损失向保险公式投保的险种。

③ 人身意外险。合同中规定对所有参加施工的人员进行人身意外事故保险，其保险金额一般为每人每年 40 000～100 000 元。

④ 货物运输险。由保险公司承担货物运输过程中意外或自然灾难造成的部分损失。在国际工程承包中需要进口大量的材料和设备，在签订采购合同时应明确价格中保险的条件：离岸价即货价；到岸价包括货价、运费和保险费。

(8) 联合施工协议

承包商如果是一个联合体，还要签订《联合施工协议》。

(9) 需要业主办理的各种手续

如开工许可证、土地征用、青苗树木等的处理和赔偿，现场原有居民或其他房屋、设施的拆迁，施工所需的各种证件、批件和临时用地、占道等的申报手续，要敦促业主及时办理，以免延误工期。

2. 法律准备

包括熟悉和掌握与承包商有关的国家法规、地方规章；了解当地政府的有关规定，尽量避免在施工中与当地发生纠纷；学习和掌握菲迪克条款和有关合同文件，在施工前准备时，应组织管理人员认真学习，一切按合同办事；制定承包商内部各类规章制度，依照法律与合同组织施工生产。

6.2.5　建立施工的技术条件

1. 编制施工组织设计

施工组织设计是指导施工全过程的重要技术条件，编制施工组织设计是工程开工前的必要准备工作。它以工程项目为对象，按照施工规律和客观条件，对工、料、机和资金等因素进行统筹和平衡，对施工部署、计划、施工方法和技术措施等进行科学安排。通过施工组织设计，充分体现完成整个工程任务的战略构想。

施工组织设计是开工前必须提交的技术文件，它是准备、组织、指导施工和编制施工计划的基础。施工组织设计必须在合同条款规定的时间内报监理工程师审批后方可实施。做好施工组织设计的关键是根据客观条件选择适当的施工方案和施工组织方法。

2. 编制施工图预算

施工技术准备还包括施工图预算的编制，即根据审定后的施工图纸及说明书、施工组织设计及有关文件和资料，计算工程量，并严格按照工程量的计算规定、预算定额取费标准和有关材料调价等合同规定进行编制。编制施工图预算是在设计技术交底、图纸会审的基础上进行的，其主要作用是帮助承包商进行准确的工程计量和取费，以便取得良好的经济效益。

3. 编制施工生产计划

(1) 施工生产计划的内容

施工生产计划是指导整个施工项目生产活动的计划，具有控制总工期的作用，包括年度施工计划、用人规划和部署一年内的施工生产活动。施工生产计划的内容随计划期长短的不同而不同，计划期长的计划因不易落实，一般起规划和指导的作用；计划期较短的计划因易于落实，如季、月、旬的施工生产计划属于作业计划性质，是直接组织施工生产活动的依据，因此计划指标较强。总进度(年度)施工生产计划的主要内容包括：主要工程项目施工进度计划；分季工程量及主要实物工程量计划；分季物资供应计划；主要施工机械设备保证计划等。季度施工生产计划的主要内容有：主要工程项目形象进度计划；分月工程量及主要实物工程量计划；附属、辅助生产计划；分月物资供应计划；施工机械设备保证及平衡计划；主要工程保证及平衡计划。月、旬生产计划主要包括：工程项目形象进度计划；实物工程量计划；分日综合施工进度；材料半成品保证计划；机械运输保证计划；劳动力保证计划等。

随着项目法施工的推行，施工项目的计划由项目经理自行编制，不需要公司审批，但可以报公司计划部门备案。

(2) 施工生产计划的编制原则

鉴于公路施工生产的特点，编制施工生产计划时应遵循以下指导原则：

1) 以完成最终公路产品为施工项目生产活动的目标。

最终公路产品往往由几个施工项目经理部或几个施工企业协同完成的。一个施工项目经理部完成的最后产品，对最终产品来说，往往只是中间产品。中间产品不满足设计能力要求，还需要进一步施工。所以，各个施工项目经理部要为完成最终公路产品协调地进行施工。在编制施工生产计划时，要求：

① 安排项目及进度时，要保证项目的配套、协调，更不能影响其他项目的施工。

② 计划指标要做到工程量、工作量、形象进度三统一，并以形象进度为主要推算和控制工作量和工程量的指标。

2) 遵循施工工艺要求，坚持合理的施工程序。

在编制施工计划时要求：

① 做好开工前的准备工作。一方面，开工前的准备工作内容要列入施工计划，从计划上得到监督和保证；另一方面，单位工程和分部工程只有具备开工条件，才能列入作业计划。

② 施工程序、计划持续时间和计划间隔期的确定，要符合施工工艺顺序和有关工艺技术的要求。

3) 讲求经济效果，注意施工的连续性和均衡性，建立和维护正常的生产秩序。

首先要把下期计划开工的工程所需的准备工作列入本期的施工计划，在制订本期计划时，要着手准备下一期的施工条件，看到第三期的施工需要。

4）注意综合平衡，落实计划条件。

在制订计划时，要注意以下方面的平衡：

① 目标利润与生产任务间的平衡，确保合同工期和目标利润的实现。

② 任务与材料物资供应的平衡，包括任务与主要材料的数量、质量、品质、供应时间的协调平衡。

③ 任务与生产能力的平衡，包括任务与主要工种力量间的平衡以及工种间的协调。

④ 任务与专业化协作条件之间的平衡，包括任务与构配件的供应、运输力量、分包单位之间的平衡。

⑤ 各计划指标间的平衡，即在质量、成本、工期、工效等指标之间保持协调和平衡。

⑥ 其他条件如设计图纸供应、场地准备等的平衡和落实。

6.3　网上招投标和大宗原材料的网上采购

网上招标投标是网络经济时代各种招投标形式的综合演变。在网络经济的时代，我们最初的尝试是要把传统的招投标这种高级规范化的交易模式移植到互联网上，但随着互联网和电子商务的发展，网上招标投标将可能被注入全新的概念，成为一种更为先进的交易模式和商务管理手段。

6.3.1　网上招标投标的认识

1. 招标是采购的特殊方式

我们在谈到招标的时候，通常会遇到另外一个概念“招标采购”，那么“招标”与“采购”之间到底是一种什么样的关系呢？它们之间存在着什么联系和区别呢？实际上无论从字面上还是从本质上理解，“招标”的范畴都没有“采购”广泛，“招标”是“采购”的一种方式。

采购在我们日常生活中是一种经常可以遇到的商务行为，大致可以分为两种类型，即目标型和经济型。

所谓目标型采购，是指需求方所要采购的商品存在大量的供应商，且标准统一，品牌、型号、规格以及相关服务都已确定，在最后决定是否购买时只需要对价格进行比较和选择。如材料等大宗货物的采购。

所谓条件型采购，是指需求方在产生购买需求时尽管可能存在着某些参考条件，如商品的品牌、型号、服务、功能和价格等，但这并不能完全满足需求方的实际需求。需求方要根据最后所要达到的目的，参考上述条件，制定出针对本次采购需求特定的一些商务和技术条件，如交货期、付款比例和方式、技术参数性能等。需要特别说明的是，需求方在制定这些商务和技术条件时，是不受价格因素所左右的。

针对条件型采购，潜在的供应商必须满足需求方制定的那些商务和技术条件。只有在供应商满足了需求方所有条件的基础上，商品的报价才能被作为选择成交的最后判定，即条件满足后，价格最低者获得购买合同。

因此，针对上述目标型采购的特点，单纯的竞价购买就可以满足需求。而条件型采购则更适合于使用招标方式，因为它需要专家的参与，对供应商能否合理地满足所有条件做出判断，这是一个复杂的特殊过程。

由此可见，招标是采购的一种特殊应用方式。

2. 网上招标的含义

网上招标在现阶段就是通过互联网络实施项目招标采购。我们所知道的招标程序实质上是一种需求方有条件的选择过程——从两个以上的潜在供应商之处，通过对供应商进行商务、技术及价格的综合评定，选择性能价格比最优的供应商，并签订最终的购买合同。如果我们能够将上述这一过程在互联网上整体实现，那么就可以说我们阶段性地实现了网上招标。

3. 网上招标的优势

招标作为采购的一种特殊方式，它的先进性和优越性是不言而喻的，因而正在被广泛地应用到经济生活的方方面面。网上招标相对传统招标而言，在简化操作、缩短周期、扩大宣传、降低成本和增加透明度等方面都有更大的优势。概括起来，主要体现为：

(1) 实施招标准备

相关的项目管理信息通过一次性录入数据库，实现在项目审批、文件编制、评标汇总、合同执行等阶段中反复调用，避免了劳动的重复和差错的产生。

(2) 编制招标文件

招标人在编制招标文件时，可以通过调用数据库里的信息资源，快速完成项目招标文件的编制工作。由于电子文档具有可复制性和可传输性，多个编制人员可以对所有招标文件实现共享，并且可以通过网络实现招标文件的远程编制。

(3) 发布招标信息

招标信息在传统媒体上发表的同时，通过在互联网上的同步发送，可以被更多的潜在投标人所获得，从而扩大招标范围，增强了竞争性。同时通过可下载的电子招标文件，投标人能更直接地获得详细的招标信息，并即时投入投标准备工作。

(4) 开标与竞价

在投标人充分完成投标准备以后，招标方可以通过网络收取投标人网上所递交的电子投标文件，实现跨地域的同时开标。不论是一次报价还是多次竞价，投标报价都可以通过网络同时反馈到招标与投标双方，最大程度上保证了招标的公开和公正。

(5) 评标与中标

针对投标人所递交的电子投标文件，专家评委可通过网络在线的方式进行综合评定，大大缩短了评标时间，增加了评标的公正和安全。系统将根据专家评委们的综合评定，自动按照事先公布的评分办法，计算出每一个投标人的综合得分，使招标方确定中标更加准确合理。

6.3.2 网络招投标的实施阶段

1. 初级阶段：部分招标程序的网络化

在网络招标的初级阶段，我们还不能够全面实施网络招标，尤其是在基础设施不健全、操作者水平不够高的情况下，只能实现部分招标程序的网络化。这些可网络化的招标程序包括：项目招标预告、交流技术方案、编制招标文件、发布招标文件和进行公开开标。

(1) 项目招标预告

项目业主单位或代理机构对将要开展招标的项目进行预告，主要是把有关项目的背景材料、分包方案、采购清单和采购计划等通过网络发布出去，让潜在的投标人能够尽早获取有关项目信息，保证有充裕的时间进行项目跟踪准备。

(2) 交流技术方案

招标采购中技术方案和技术参数的合理性和先进性是非常重要的，在编制招标文件技术部分前，招标方通常要就各种不同设计思想的技术方案和具体技术参数与各个潜在投标人进行交流。为获得合理可行的技术方案及先进的技术参数和规格，双方必须经过多次反复交流，既费时又费力。网络技术的发展，使招标方在不同的地点同时进行"一对多"的在线技术交流成为现实。实时的商谈、鲜明的对比、真实的记录，将大大提高技术方案交流的效率和质量，缩短项目准备时间，保证项目单位尽早投入项目实施工作。

(3) 编制招标文件

招标文件的主体包括商务部分和技术部分。通常情况下，商务部分包括投标人须知、投标数据表(投标书附录)、合同的通用条款及专用条款、需求一览表、报价单格式、投标资格要求文件等内容，即使在不同类型的招标(设备材料、土建施工、人员咨询、集成安装和网络系统等)中，也基本上是大同小异的。针对这些通用性的内容，我们可以建立健全相关的商务文件数据库，供历次招标反复使用。编标人员可以通过互联网调用商务文件数据库里的数据，在项目所在地即时编制商务招标文件。由于招标文件的技术部分涉及的行业不同，不具备普遍共性，在编制的过程中需要专家的参与，因此在初级阶段还不能够实现网络化。随着一定量的积累和专家库的逐步健全丰富，将最终形成相关行业技术文件数据库，如《公路工程国内招标范本》。

(4) 发布招标文件

传统的招标信息的发布是通过报纸、杂志这些传统媒体，目的是使尽可能多的供应商获得招标信息，以便形成广泛的竞争，从而达到物美价廉的采购效果。供应商在获得有关的招标信息后，必须到指定地点按要求取得招标文件。互联网作为一种飞速发展并应用的新型载体，同时具备信息发布和文件传输的双重功能，较传统媒体而言，不仅具有广泛性——可以使任何潜在的供应商在任何地点获得招标信息，而且具有时效性——供应商在获得招标信息的同时，立即可以通过网络下载招标文件。这样一来，招标的范围扩大了，供应商获取招标文件的手续简化了，招标的竞争程度也相应增强了，有可能达到更好的招标结果。

(5) 进行公开开标

现场的公开开标是传统招标程序中体现招标公正的标志。通过公开开标，招投标双方产生了招标过程中的第一次真正意义上的信息交流，意义是十分重大的。但是，在互联网广泛应用的今天，传统的开标方式越来越表现出它的局限性。伴随着网络文件数字信号在网络传输中的应用，公开开标这一标志性的环节在今天有了通过网络实现的可能。投标人可以在各自的办公室里实时参与千里之外公开开标的全过程，而且能够在开标结束后立即获得全部的开标记录。因此，网络开标不仅可以为投标人节省时间和费用，而且在具有安全保证的前提下是更加公开、公正的。

2. 发展阶段：在线投标、专家参与以及网络评标

在网上招标的发展阶段，有了初级阶段基础设施的建设、人员的培训以及部分招标程序

的网络化作为基础，使得我们可以通过实现在线投标、专家参与以及网络评标，完成全过程网络招标。

（1）在线投标

投标人为实现中标的目的，必须完成满足招标文件各项要求的投标文件，即响应。而且，投标文件的质量是决定中标与否的关键性因素。由于针对不同项目的招标文件在商务和技术条件上存在着复杂多样的要求，即使是行业内专业的制造厂商或施工单位，一般也很难在初期参与投标的过程中就能高质量地完成投标文件，当然也就不能达到中标的目的。因此提供给供应商一份标准化的电子表格式的投标文件是十分必要的（目前一般如此）。而且，ASP(active server page)和JSP(java server page)等程序语言在网络中的应用使这一愿望成为可能。投标人在投标的过程中只需要通过浏览器填写标准化的电子表格，就可以完成一份对招标文件做出充分响应的标准化投标文件。这样，不仅减少了投标人由于无法响应招标文件而落标的可能，而且也为招标方简化了评标工作。

（2）专家参与以及网络评标

即使在网络招标中，人的智慧也是不容忽视的重要因素。随着招标在经济活动中的普遍应用，各行各业专家将更频繁、更广泛地参与其中。在传统招标中，行业专家参与招标的全过程，其中一些环节的介入对招标的结果反而会产生人为的影响，不能很好地保证招标的公正性，因此他们的意见往往在选择中标人时不具有决定性。但在网络招标中，由于招标过程绝大部分实现了网络化和自动化，专家的参与将更直接、更集中在评标的最后阶段，专家的意见将成为投标人中标与否的决定条件。因此在实施网络招标时，必须在拥有健全的涉及各行业的专家数据库的基础上，有针对性地从其中选择聘请招标所需要的行业专家参与招标工作。专家的参与作用除在编制招标文件技术部分中体现之外，将更集中体现于通过网络进行评标之中——每个投标人的投标文件将通过网络匿名发送给所有已选定的行业专家进行评审，专家们根据个人的意见分别进行评标打分，然后网络系统按照招标文件的规定，将专家们的评分进行综合汇总，计算得出各投标人的最后评标分数，并按照得分由高到低的顺序对投标人进行排序，得分高且终审合格的投标人中标。

3. 高级阶段：电子商务交易市场中针对特殊需求的特殊交易模式

由于网络时代电子商务的飞速发展，另外一些较先进的交易模式（如网络拍卖、电子化自动交易系统等）已经出现，它们可以连续、自动地将需求方与供应方进行匹配，从而形成实时的动态定价，其一方面提高了效率，另一方面增加了供需双方的收益。而当网络招标的发展阶段全面实现以后，网络招标在成熟的电子商务市场中，将作为针对特殊需求的特殊交易模式得以独立发展。就前面所提到的两种不同的采购类型，可以分别应用上述模式进行采购。

在目标型采购中，对买方列明的待购商品，卖方是通过竞价来获得订单的。这种方式明显有利于买方，尤其在众多卖方针对同一标准商品相互压价时，这种优势将更为明显。价格作为唯一的决定因素，随着时间的推移、竞争的激烈而逐步下降，买方最终将与那些价格最低廉的卖方签订合同，并授予订单。由于待购商品本身特征明显、易于描述、标准统一，具备众多的生产供应商，因此无论是买方还是卖方都无须对商品要本身作任何形式的谈判和交流。买方只需要设定一个限定的时间段，以保证卖方之间能够进行相互的单纯的价格竞争。鉴于网络拍卖和电子化自动交易系统能够吸引大量涌入的卖方报价，而且互动性和实时性强，可以大大降低采购成本，所以这些以买方驱动型的网络交易模式必将在目标型采购中被广泛应用并流行起来。

在条件型采购中，需求方的需求是复杂的、综合的、难以描述的，在现有市场中难以直接获取。需求方只能够描述他的最终愿望以及为实现这些愿望所必须满足的条件，任何供应方一定要对这些条件做出回应。供应方对需求方所提出的所有强制性条件的回应与满足将是所有供应方之间竞争的重点。供应方的报价尽管也是获得需求方合同或订单的必要环节，但一般只作为次要条件予以考虑，因此，供应方的多次反复竞价是完全没有必要的。在保证需求方需求获得最大程度满足的基础上，选择性能价格比最优的供应方，是实现需求方愿望的最佳选择。网络招标由于能够实现这种选择，因此必将是电子商务市场中针对特殊需求的特殊交易模式。

6.3.3　网络招标中的角色转变

1. 从招标代理到商务解决专家

在招标市场中，招标公司作为招标代理存在是有一定的历史原因的。在我国，专门的招标公司的形成一般是两种情况。

一种是由大型国有进出口公司的专门子公司发展起来的。他们的业务主要来自利用国际金融组织的贷款，引进设备和技术，作为外贸进口代理的一种变相延伸。其在实际操作进程中作为进出口公司所扮演的角色往往比作为招标代理的角色显得更为突出。他们在作为进出口公司执行进出口业务时，由于必须按照国际金融组织对华贷款项目指南的规定进行采购运作，为了突出和强调采购过程的规范性，渐渐地把这种特殊的进出口业务称为“招标”。具备执行这种特殊的进口采购业务的专门子公司，也就称之为“国际招标公司”。

另一种是国家有关机电产品进口审批部门通过职能转变而发展过来的。在中国改革开放的初期，为了保护民族工业免受外来冲击，国家对涉及使用外汇引进关键性机电设备，均需通过进口审查部门的批准。随着我国国民经济的发展，以及中国为了加入世界贸易组织，为了促进自由贸易竞争，加强国内工业产品的国际竞争力，国家将上述机电产品进口审查部门的职能调整成“以招代审”，即以“招标”的方式代替纯粹的审批程序，相关审批部门也转变成“机电设备招标公司”。国家强制性规定了国内新开发项目在采购机电设备时必须通过招标程序进行。通过这样的招标，促进国内产品从保护性的销售转变成与国外产品在同一起跑线上的公平竞争——参与投标。

从上述两种招标公司的发展历史看，招标作为一种采购方式，是国家赋予个别国有企业或部门的一种特殊的手段或权力。但随着招标的实际应用范围的扩展，以及招标程序的标准化和法制化，招标这种特殊的采购方式的优越性，越来越被项目业主单位所认同。伴随着网络招标的全过程实现，以及网络招标所特有的优势，使项目业主单位在实施采购过程中通过网络自行招标成为可能。同时从市场和用户的角度看，在依法可以自行开展招标的基础上，如何更简便地应用招标程序并获得更好的招标效果，对每一个用户来说都是迫切需要解决的问题。在这种情况下，招标公司仅仅作为招标代理存在既不能完全满足市场需求，也无法为客户提供所需的全方位服务。因此，在网络招标时代，招标公司必将转变经营理念，从单纯的招标代理向提供全方位商务解决方案的服务商方向发展。

在传统的招标中，招标公司作为招标代理起到的作用只是招标进程的操作员，通常承担传递相关文件、公告招标信息、修改招标文件商务部分、汇编印刷装订全部招标文件、登记发售招标文件、主持开标、参与评标、整理评标材料、汇总打印呈送报告等。在网络招标全面应用的情况下，上述程序性的操作完全可以通过网络自动化实现，在这些方面招标公司的作用将完全消失。但是，对招标公司所拥有的专业招标人员，也面临着一个新的机遇，即结合他们的专业采购知识和商务管理经验，与相关行业背景相结合，替有关行业内的用户提供商务服务。

招标公司提供给用户的商务服务，可以向两个方面延伸。一方面，针对用户项目采购的前期准备，招标公司协助用户单位做好项目分析、采购计划，制定相关的采购清单，落实具体的采购需求，选择适当的采购方法，并辅助用户单位人员充分利用各种资源开展网络招标或其他方式采购；同时，在网络招标采购过程中，实时通过网络为用户提供在线增值服务，包括项目招标信息的管理、具体技术方案的谈判与交流、招标文件资料库的维护、开标程序的公正与记录、行业专家的推荐与聘用、辅助评标及中标确定。另一方面，通过网络招标确定中标单位以后，招标公司协助用户签订合同和执行合同，并通过利用其他网络服务手段，如网络银行支付、网络货物运输等，对用户合同的执行起到全方位管理的作用，使用户能够放心地把全部精力专注于项目本身的进展，而与招标采购相关的商务问题全部由招标公司解决。

2. 从审查、管理到依法监督与公证、仲裁

在传统项目招标采购中，国家有关部门要求必须对招标项目进行预先审查，对招标全过程进行管理，并对招标结果进行再次评审。而在网络招标中，由于网络具有范围广、时效性强的优点，在网络系统自动化运转的情况下，人为因素干扰相对来说比较小。因此，作为国家有关部门，上述审查程序就显得过于繁复。同时，随着中国加入世界贸易组织（WTO），给予国外企业国民化待遇是国际贸易发展的必然。在此情况下，国家有关部门的审批权限作为一种国家贸易保护手段，在加入 WTO 后依然存在是不适当的。但是招标作为一种有法可依的手段，国家相关部门对招标进行监督还是十分必要的，当然这种监督可能更侧重于技术的实施。同时，由于网络招标的实时性、准确性、保密性完全是基于网络技术实现的，为了保证网络开标的公正性，避免引起投标人不必要的疑惑，国家有关部门对网络开标的合法性进行公证是十分必要的。另外，由于网络招标中采用了网络评分与专家终审相结合的综合评标办法，虽然大大降低了人为因素的干扰，但对于某些复杂项目的招标仍然存在可能发生的中标纠纷。为此，国家有关部门在削弱审批权限的同时，反而应该增加依法仲裁的权限。

总之，国家有关部门在网络招标全面实施的情况下，法律所赋予的权力不是减弱了，而是在另一方面得到了加强。国家有关部门的依法监督与公证、仲裁能够为项目单位应用网络招标起到很好的保驾护航作用。

3. 从被动采用到主动选择和自主实施

招标作为一种特殊的采购方式，在项目单位（业主）没有认识到这种采购方式的优越性之前，是国家强制规定某些项目单位必须应用的。从项目单位的角度看，采用招标的方式进行采购是不得不按照国家的规定进行，因而是被动的。但是，可能通过几次实际的招标运作，在国家有关部门的管理指导下，通过招标公司协助，项目单位的项目运行往往比较顺利并产生相当的经济效益。在这种情况下，项目单位在其后的采购中也会渐渐地主动选择采用招标的方式进行采购。而且随着宣传推广，越来越多的项目单位逐步认识到招标采购的优越性，也都逐渐采用这种方式进行采购。但是，招标毕竟是一种特殊的采购方式，由于本

身的一些特点以及其所针对的采购项目的复杂性，大部分项目单位不管是被动应用还是主动选择，在招标实施过程中，都不免碰到这样或那样的困难，以至于招标采购的结果不是很理想。这样一来，对于某些对招标本来就不是很理解，甚至于对招标有些盲目的项目单位就产生了不良的负面影响。他们会错误地以为招标方式很落后，程序很麻烦，效果很不好，这是传统招标采购所面临的一种“瓶颈”现象。如果不能很好地处理解决这些项目单位所遇到的困难，即便有国家的强制性法律法规，还有招标公司专业人员的热忱服务，也不可避免将导致招标的发展趋势甚微。由于网络招标具有范围广泛、应用简便、竞争实时、效果显著等特点，因此应用网络招标是实现国家有关部门的指导和管理以及获得招标公司的辅助和服务的最佳途径。通过网络招标这种途径，项目单位可以顺利地实施招标采购工作，显现出传统招标所不能比拟的显著效果。同时，招标公司全方位的商务服务，必然使所有项目单位顺利地逾越所谓的“瓶颈”，踏上一条项目实施和执行的高速公路，畅通无阻地实现最终的项目目标。

项目单位在充分运用网络招标的基础上，通过一定阶段的培训与锻炼，积累了一定经验，在以后的项目中会自主地实施网络招标，并将其作为项目执行与管理的一种先进手段。

6.3.4　网上招标投标的发展

在阐述了网络招标的概念、实施阶段和角色转换之后，让我们来憧憬一下网络招标的未来。我们相信在未来的一段相当长的时间内，网络招标可能同时具备两种发展的潜力。

在网络时代电子商务飞速发展的情况下，网络招标完全可以成为一个独立的、高级的市场交易模式，在整合了一体化的支付、物流、资信、保险以及后台合同管理功能以后，将成为独立的交易功能平台，通过授权或链接，供其他垂直行业的交易市场使用。在未来的垂直行业市场中，有关行业内的企业，在行业市场中开展电子商务的同时，完全结合自身的采购需求，在合理选择相适应的交易的前提下，通过招标公司的专业采购专家的协助，将从容地登录到网络招标这一交易功能平台上，自主管理实施项目的招标采购与执行。在不同的垂直行业市场中，针对不同的行业特点，网络招标可能有不同的行业版本。这些不同的行业版本是采购专家们结合不同的行业需求和行业特点，做出的有针对性的商业模式的调整。也就是说，垂直行业市场里的网络招标平台，在主程序不变的基础上，存在结合实际的具体调整。

由于网络招标作为一种电子商务交易平台独立存在于各个不同垂直行业市场中，它可以同时支持许许多多不同行业的所有供需双方的行为，因此对于所有的垂直行业市场来说，网络招标平台是一种共性的、共享的应用型平台。随着供需双方招标投标行为的扩大化，网络招标可能从一种采购方式进而升华成一种选择方式，甚至作为需求方的一种控制手段或者介质中间体，实时地针对商品生产流程中不同环节的不同供给方进行控制，实现需求满足的集约化和效益最大化。此时的网络招标将不仅仅是一种特殊的交易功能平台，而更可能已经发展成为相对于各个垂直行业市场而独立的第三方交易市场。通过这个交易市场，实现的不仅仅是需求方对供应方的选择，更可能是上游组织对下游组织的机构组成和管理的一种控制。

在未来的网络世界里，包括人在内的所有事物，都将成为网络的终端或中间体。网络招标必将成为网络世界里通行的智能化的控制手段。我们希望网络招标在不久的将来能够发扬光大。

6.3.5 网上招标投标系统简介及其管理现状

国内外网上建筑市场的发展尤其是网上招标的发展情况，从日本和德国以及我国的相关研究、开发与应用可见一斑。

1. 日本关于网上招标投标管理的发展情况

日本的“公共工程综合信息系统”是目前工业发达国家中规模最大、投资额最高的政府建筑业市场和建筑产品管理信息系统。该系统总投资达1亿美元，预计在15年内完成。预期目标是对政府公共工程的管理从项目立项到项目实施、项目投入使用、项目报废都通过政府的计算机管理系统完成。项目参与的各方在可行性分析、项目准备、设计、招投标、材料供应、施工、验收中的信息沟通和资料传输，如招投标文件、图纸、合同文本等都能在互联网上实现。

根据总体规划，“公共工程综合信息系统”分三阶段实现：

(1) 短期目标(1996—1998年)

实现建设省办公系统电子化、建设省与建筑企业的信息传递电子化。

(2) 中期目标(1999—2005年)

构筑综合项目数据库、企业数据库和技术资料数据库，部分项目的招投标、采购和政府管理实现电子化。

(3) 长期目标(2006—2010年)

完全实现所有公共工程的电子化管理，建成综合的数据库系统，确立新的21世纪公共工程管理系统。

本系统的实现，对提高公共工程实施效率、保证和提高公共工程质量、降低成本起到重要作用，也是增加政府工程的透明度、防止政府工程的腐败行为的有力保障。

2. 我国网上招标投标管理的发展情况

类似于工业发达国家和地区，我国正在进行建筑市场和建筑产品管理的信息系统的开发。典型的如天津市的“建设项目政府管理信息系统”(GIS-GPA/NT)。该项目由世界银行资助，由同济大学建设监理研究所主持开发，旨在帮助天津市建委对建设项目实行全过程计算机辅助管理，提高管理效率和政府管理的透明度，简化和规范项目报建程序。

天津市“建设项目政府管理信息系统”的开发思路与日本的“公共工程综合信息系统”类似，也分三个阶段：

(1) 第一阶段：基本功能的实现

在试点区内实现利用计算机处理项目决策和实施阶段信息的预定功能。

(2) 第二阶段：试用和完善

通过试用，完善整个系统，使预定的功能全部实现。

(3) 第三阶段：商品化和推广

尽可能使其产品化、商品化，推动国内其他大中型城市建设项目的计算机管理，提高我国政府管理项目的水平。

3. 信息技术在建筑业的应用

信息技术的发展是一场革命，它将深刻地变革固有的工作方式和管理模式。在这场风暴式的革命中，任何行业只有迎头赶上，如果错过，只能使差距越来越大，越来越难以弥补。综观工业发达国家和地区的建筑业的应对措施，不难发现有下述共同点：

(1) 最高建设主管部门的高度重视，是建立信息系统的组织保证

如日本的建设省、英国的环境交通区域部，作为本国的最高建设主管部门，都直接参加并领导建筑市场和建筑产品信息系统的筹建工作，并作为政府主管部门的重要任务来抓。这样，不但有利于建筑行业内的协调，也有利于同其他部门的协作，是信息系统建立的组织保证。

(2) 建筑行业研究机构的参与是建立信息系统的技术保证

建立整个行业的市场和产品信息系统，不只涉及计算机信息的传递、交换和储存，更重要的是建筑业本身的信息分类和信息核心模型的建立。计算机方面的问题基本已经解决，建筑业本身的基础却未建立。国际标准化组织(ISO)、美国、加拿大、英国、芬兰等国对建筑项目信息分类和信息核心模型进行了大量的研究，并取得了一定的成果。我国在这方面尚处于起步阶段。所以，委托建筑业内的具有丰富理论基础和实践经验的研究机构作为整个信息系统工程的技术负责，是信息系统成功的技术保证。

(3) 政府投资是建立信息系统的物质保证

建立建筑市场和建筑产品管理信息系统的特点是高投入。工业发达国家的政府主管部门投入大量资金进行研究与开发。如日本"公共工程综合信息系统"预算总投资是 1 亿美元，相当于是一座南浦大桥！没有足够的投资，整个信息系统工程就只是无源之水、无本之木。在我国目前经费紧张的情况下，政府应尽量拨出经费进行这方面的研究和开发。否则，差距只会越来越大，10 年、20 年后的研究课题，将不再是建筑业体制方面的问题，而是信息技术的应用问题了。

6.4　合同与合同管理

公路工程项目合同是指项目组织机构为完成既定的工程目标而与各方达成的明确项目权利义务的具有法律效力的协议。合同作为工程项目正常运作的基础和工具，在工程项目的实施过程中具有重要作用。工程项目合同管理是指对工程项目合同的签订、履行、变更和解除进行监督和检查，对合同履行过程中的争议或纠纷进行处理，以确保合同依法订立和全面履行。

工程项目合同管理贯穿于合同签订、合同履行、合同终止和归档等全过程。对合同进行归纳管理，分清其主次轻重，使项目合同管理有效、顺利地开展，对整个工程项目的成功建设将会起到积极的影响作用。

6.4.1　公路工程项目合同种类

(1) 按承包方式分类，公路工程项目合同可以分为工程总承包合同、承包合同、专业分包合同和劳务分包合同。

(2) 按工程实施的不同阶段和职能，公路工程项目合同可以分为勘察合同、设计合同、施工合同、招投标代理合同、监理合同、物资采购合同、工程保险合同和工程担保合同等。

(3) 按照合同计价方式不同，公路工程施工项目承包合同的种类主要有总价合同、单价合同和成本补偿合同。

1. 总价合同

(1) 固定总价合同。按照双方商定的总价承包工程，它以图纸和技术规范为依据，明确

承包内容和计算包价，签订合同时一次包死，在合同执行过程中，除非发包人要求变更原定承包内容，承包人一般不得要求变更包价。这种方式对图纸、技术规范、机料价格等要求比较高，如果了解不够详细，遇到材料涨价等不可预知因素，承包人将承担较大的风险。因此这种方式通常适用于规模小且工程量能精确计算、工期短、技术不太复杂、风险不大、设计图纸准确详细的工程。

(2) 变动(调值)总价合同。合同总承包价款随着工程进展中的变更、违约索赔、材料涨价等因素变化，可变动合同总价。变动或调值依据为公式法或文件证据法，一般适用于公开招标、工期较长的大规模工程。

2. 单价合同

由发包方列明工程量清单，然后由投标方进行报价，从中选择一家总报价低且各方面实力较强的投标方作为中标方。项目实施过程中，工程付款将根据所完成的工程数量按工程量清单中的单价进行计算。这种方式能避免工程变更给承包合同双方带来的风险，有利于降低风险报价，因此在公路施工承包合同中应用非常广泛。

单价合同又分固定单价合同和可调单价合同。固定单价合同是指单价不变，工程量调整时按单价追加合同价款，工程全部完工时按竣工图工程量结算工程款。可调单价合同是指签约时，因某些不确定性因素存在而暂定某些分部、分项工程单价，实施中根据合同约定调整单价，或者根据约定，如在施工期内物价发生变化时，单价可以调整。

3. 成本加酬金合同

按照工程实际发生的成本(包括人工费、材料费、施工机械费、其他直接费和施工管理费以及各项独立费，但不包括承包方的总管理费和应缴所得税)，加上商定的总管理费和利润，来确定工程总造价，由业主承担全部费用和风险。

这类合同主要适用于：

(1) 工程特别复杂，工程技术、方案不能预先确定，或者尽管可以确定工程技术和结构方案，但是不可以进行竞争性投标活动并以总价合同或单价合同的形式确定承包商，如保密工程或科学研究工程等。

(2) 时间特别紧迫，如抢险、救灾等工程。

6.4.2 公路工程项目合同管理制度

公路工程施工企业为了更好地落实合同管理工作，必须建立完善的项目合同管理制度。在公路工程项目实施中，需要建立以下几种项目合同管理制度。

1. 施工企业内部合同会签制度

由于施工企业的合同涉及施工企业各个部门的管理工作，为了保证合同签订后得以全面履行，在合同未正式签订之前，由办理合同的业务部门会同企业施工、技术、材料、劳动、机械动力和财务等部门共同研究，提出对合同条款的具体意见，进行会签。在施工企业内部实行合同会签制度，有利于调动企业各部门的积极性，发挥各部门管理职能作用，群策群力，集思广益，以保证合同履行的可行性，并促使施工企业各部门之间相互衔接和协调，确保合同的全面及实际履行。

2. 合同签订审查批准制度

为了使施工企业的合同签订后合法、有效，必须在签订前履行审查、批准手续。即将准备签订的合同在部门之间会签后，送给企业主管合同的机构或法律顾问进行审查；再由企业主管或法定代表人签署意见，同意对外正式签订合同。严格的审查、批准手续，可以使合同的签订建立在可靠的基础上，尽量防止合同纠纷的发生，以维护企业的合法权益。

3．印章制度

施工企业合同专用章是代表企业在经营活动中对外行使权利、承担义务、签订合同的凭证。因此，企业对合同专用章的登记、保管和使用等都要有严格的规定。合同专用章应由合同管理员保管、签印，并实行专章专用。合同专用章只能在规定的业务范围内使用，不能超越范围使用；不准为空白合同文本加盖合同印章；不得为未经审查批准的合同文本加盖合同印章；严禁与合同洽谈人员勾结，利用合同专用章谋取个人私利。若出现上述情况，要追究合同专用章管理人员的责任。凡外出签订合同时，应由合同专用章管理人员携章陪同负责办理签约的人员一起前往签约。

4．管理目标制度

合同管理目标是指各项合同管理活动应达到的预期结果和最终目的。合同管理的目的是施工企业通过自身在合同的订立和履行过程中进行的计划、组织、指挥、监督和协调等工作，促使企业内部各部门、各环节互相衔接、密切配合，进而使人、财、物各要素得到合理组织和充分利用，保证企业经营管理活动的顺利进行，提高工程管理水平，增强市场竞争力，使建设项目高质量、高效益地完成，满足社会需要，更好地为发展和完善建筑业市场经济服务。

5．管理质量责任制度

这是施工企业的一项基本管理制度，规定企业内部具有合同管理任务的部门和合同管理人员的工作范围、职责及权利。这一制度有利于企业内部合同管理工作分工协作，责任明确，任务落实，逐级负责，人人负责，从而调动企业合同管理人员以及合同履行中涉及的有关人员的积极性，促进施工企业合同管理工作正常开展，保证合同圆满完成。公路工程施工企业应当建立完善的合同管理质量责任制度，确保人员、部门、制度的落实。

6．统计考核制度

合同统计考核制度是施工企业整个统计报表制度的重要组成部分。完善的合同统计考核制度，是运用科学的方法，利用统计数字，反馈合同订立和履行情况，通过对统计数字的分析，总结经验、教训，为企业经营决策提供重要依据。

7．评估制度

合同管理制度是合同管理活动及其运行过程的行为规范，其是否健全是合同管理能否奏效的关键所在。因此，建立一套有效的合同管理评估制度是十分必要的。建立合同管理评估制度，必须满足以下要求：

（1）合法。合同管理制度符合国家有关法律、法规的规定。

（2）规范。合同管理制度具有规范合同行为的作用，对合同管理行为进行评价、指导和预测，对合法行为进行保护奖励，对违法行为进行预防、警示或制裁等。

（3）实用。合同管理制度能适应合同管理的需求，以便于操作和实施。

（4）系统。各类合同的管理制度是一个有机结合体，互相制约、互相协调，在工程建设合同管理中能够发挥整体效应。

（5）科学。合同管理制度应能够正确反映合同管理的客观经济规律，保证人们利用客观规律进行有效的合同管理。

8. 检查和奖惩制度

为更好地发现和解决合同履行中的问题，协调企业各部门履行合同中的关系，施工企业应建立合同签订、履行的监督检查制度。通过检查及时发现合同履行管理中的薄弱环节和矛盾，以提出改进意见，促进企业各部门不断改进合同履行管理工作，提高企业的经营管理水平。通过定期的检查和考核，对合同履行管理工作完成好的部门和人员给予表扬鼓励；对于工作不负责任、玩忽职守的部门和人员，要给以批评教育和处罚。

6.4.3 项目合同管理程序

合同管理就是要通过合同的策划、签订及合同实施控制等工作，全面完成合同责任，保证公路工程项目目标和企业目标的实现。合同管理应遵循以下程序：

1. 合同策划和合同评审

在工程项目的招投标阶段的初期，业主的主要工作是合同策划，而承包商的主要合同管理工作是合同评审。

在公路工程中，发包商是通过合同分解项目目标，委托项目任务，实施对项目的控制，因此，合同策划对工程项目有重大影响。在进行合同策划时，首先要进行项目总目标和战略分析，确定企业和项目对合同的总体要求；然后，进行相应阶段项目技术设计的完成和总体实施计划的制订；再进行工程项目的结构分解工作；而后，确定项目的实施策略，如工作的具体分配、承发包方式的确定等；还需进行与具体合同相关的策划，包括合同种类的选择、合同风险分配策划等；项目管理工作过程策划，包括项目管理工作流程定义、项目管理组织设置和项目管理规则制定等；最后是招标文件和合同文件的起草，这项工作是在具体合同的招标过程中完成的。

公路工程合同评审应在合同签订之前进行，主要是对招标文件和合同条件进行审查认定、评价，对合同的合法性、条款的完备性及合同的风险进行分析。通过合同评审，可能发现合同中存在的内容含糊、概念不清之处或自己未能完全理解的条款，对此进行仔细研究，认真分析，制定相应的措施，以减少合同中的风险，减少合同谈判和签订中的失误，这样将有利于合同双方合作愉快，促进公路工程项目施工的顺利进行。

2. 合同签订

经过合同对分析、评审和谈判之后，就可以签订合同了。

3. 合同实施计划

合同签订之后，公路工程施工单位应该按合同的约定履行合同。为更好地履行合同，防止违约事件的发生，应首先制订合同实施计划。

4. 合同实施控制

在项目实施过程中通过合同控制确保承包商的工作满足合同要求，包括对各种合同的执行进行监督、跟踪、诊断，以及工程的变更管理和索赔管理等。

合同的履行是指合同双方按照合同规定的标的、数量和质量、价款或酬金、履行期限、履行地点和履行方式等，全面地完成各自承担的义务。在合同履行过程中，由于各种原因，会出现合同变更。合同变更的范围很广，一般在合同签订后所有工程范围、进度、工程质量要求、合同条款内容、合同双方责权利关系的变化等都可以被看作合同变更。公路工程项目合同变更包括设计变更、进度计划变更、施工条件变更以及原招标文件和工程量清单中未包括的“新增工程”，合同变更是合同实施调整措施的综合体现。当发生合同变更时，应按下列程序进行处理：

(1) 发包人对原设计进行变更。施工中发包人如果需要对原工程设计进行变更，应不迟于 14 天以书面形式向承包人发出变更通知。承包人对发包人的变更通知没有拒绝的权利，但是当变更超过原设计标准或者批准的建设规模时，需经原规划管理部门和其他有关部门审查批准，并由原设计单位提供变更相应的图纸和说明。

(2) 承包人对原设计进行变更。施工中承包人提出的合理化建议涉及对设计图纸或施工组织设计的更改及对原材料、设备的更换，需经工程师同意，工程师同意变更后，也需经原规划管理部门和其他有关部门审查批准，并由原设计单位提供变更相应的图纸和说明。

(3) 其他变更的程序。除设计变更外，其他能够导致合同内容变更的都属于其他变更。这些变更的程序，首先应由一方提出，与对方协商一致签署补充协议后，方可进行变更。

在合同履行过程中，对于并非自己的过错，而是应由对方承担责任的情况造成的实际损失，应向对方提出索赔，要求给予经济补偿和(或)工期顺延。承包商应该在施工过程中，通过加强合同管理、重视施工计划、注意工程成本控制、提高文档管理等措施，及时、合理地提出施工索赔，以维护自己的正当权益。

5. 合同后评价

项目结束阶段后对采购和合同管理工作进行总结和评价，以提高以后新项目的采购和合同管理水平。

6.4.4　合同管理内容

公路工程的不同阶段，合同管理的重点和内容不同。

1. 施工准备阶段

施工准备阶段合同管理的主要内容如下：

施工图纸：施工图纸经审核签认后，在合同约定日期前发给承包人，以保证承包人及时编制施工进度计划和组织施工。

施工组织计划(施工方案)和进度计划：签订施工合同协议后，承包人应按照合同约定，向监理人报送施工进度计划和施工方案，监理人对承包人施工进度计划和施工方案予以批复或提出修改意见。

发包方和承包方施工前准备工作：发包方根据合同协议要求做好场地、资金、材料、设备和技术资料等施工前的准备工作，承包方根据协议进行施工驻地建设，落实人员、施工设备和材料等。

开工审批：承包人应在签订合同协议 14 天内向监理人员提交开工报告。

分包管理：承包人不得将工程主体和关键工作分包给第三人，经发包人同意，承包人可将工程的其他部分或工作分包给第三人。

2. 施工过程

施工过程合同管理的主要内容如下：

工程质量管理：承包人应保证其施工的工程质量达到约定的质量标准。

材料、工程设备管理：包括材料、工程设备及工程的试验和检验，材料设备的质量管理，施工质量和检验，隐蔽工程验收和检验，施工进度管理，工程变更管理，工程量确认管理，支付管理,不可抗力管理等。

其他内容管理:安全管理、环保管理等。

3. 竣(交)工验收阶段

竣(交)工验收阶段合同管理的主要内容如下:

交工验收:交工验收由发包人主持,由发包人、监理人及质监、设计、施工、运营、管理养护等有关部门代表组成交工验收小组,对本项目的工程质量进行评定,并写出交工验收报告报交通运输主管部门备案。承包人应按照《公路工程竣(交)工验收办法》和相关规定编制竣工资料,完成交工验收准备工作。经验收合格工程的实际交工日期,以最终提交交工验收申请报告的日期为准,并在交工验收证书中写明。

竣工验收:竣工验收由交通主管部门组织实施,承包人应按照《公路工程竣(交)工验收办法》的相关规定,在缺陷责任期内为竣工验收补充竣工资料,并在签发缺陷责任期终止证书之前提交。

最终结清:缺陷责任期终止证书签发后 28 天内,承包人向监理人提交最终结清申请单(包括相关证明材料),最终结清申请单中的总金额应认为是代表了根据合同规定应付给承包人的全部款项的最后结算。发包人应在监理人出具最终结清证书且承包人提交了合格的增值税专用发票后的 14 天内,将应支付款支付给承包人。

工程质量保修:根据《公路工程标准施工招标文件》(2018 年版),工程交工验收后,即进入缺陷责任期,缺陷责任期一般为自实际交工日期起计算 1 年,最长不超过 2 年。交工验收证书签发后 14 天内,承包人应向发包人缴纳质量保证金,质量保证金可采用银行保函或现金、支票形式,金额应符合项目专用合同条款数据表的规定。对在保修范围和保修期限内发生质量问题的工程,应当履行保修义务,保修期一般应为自实际交工日期起计算 5 年。

6.4.5 合同管理注意事项

项目合同一经签署就对签约双方产生法律约束力,任何一方都应严肃、认真、积极地执行合同,否则将承担相应的违约责任。为此,在工程项目合同管理中应注意下面几个事项:

(1) 签约前注意了解对方是否具有法人资格,对方的信誉如何及其他有关情况和资料。当由代理人签约时,则要了解是否有具有法律效力的法定委托书。

(2) 合同本身用词要准确,不能发生歧义,要符合《中华人民共和国民法典》等规定,要注意合同主要条款是否齐全,用词是否确切。

(3) 合同签订后应按有关规定及时送交合同主管部门审查及向有关部门备案,因为有些合同必须经相关部门批准方能生效。

(4) 要主动及时地组织和督促各职能部门严格按合同规定履行义务。

(5) 全部合同文件应由专人负责整理保管,包括合同文本、附件及工程施工变更洽商等资料,以及涉及经济责任的会议纪要往来函电等。坚决避免工程尚未完成,合同及有关资料丢失现象的发生。

(6) 项目合同的变更、解除应经过认真的调查研究,且不能违背法定的程序及企业的有关规定。

(7) 利用合同及时、合理提出索赔。

第 7 章　公路工程项目进度管理

对一个工程建设项目，其建设进度安排是否科学合理，在实施过程中是否按照计划进度执行，将直接关系到项目能否按期完成以及参建各方的经济利益，因此对项目的进度进行科学的管理，具有重要的意义。

7.1　公路工程项目进度管理概述

项目管理中一项关键内容就是合理地安排项目进度，它的目的是保证按时完成项目、合理分配资源、提高项目的经济效益。进度管理就是采用科学的方法确定进度目标，编制进度计划和资源供应计划，对制订的进度计划与实际的进度进行管理，控制整个项目的总进度。

7.1.1　公路工程项目进度管理的概念

1. 公路工程施工进度管理的特点

公路工程的施工生产是劳动过程和自然过程的结合，施工中受自然条件的影响很大，使施工组织、施工程序及施工工艺因实施条件的变化而相应地调整与改变。因此，公路工程施工计划管理非常复杂，任何计划不周全或草率从事的施工计划，均会给项目施工管理带来困难，所以应予以足够的重视。施工计划管理是通过计划把承包人项目施工管理的各项工作组织起来，以施工生产活动为主体，制订各项专业性计划，并对其进行平衡、协调、监督和控制。公路工程施工计划管理具有下列特点：

(1) 计划的被动性

施工任务来源于工程招标市场，施工单位每年有多少任务、性质和规模的大小都很难确定，给计划编制带来被动。要想改变被动局面，必须做好招揽工程任务的预测、调查研究和信息资料的搜集工作，从而提高施工计划的编制质量。

(2) 计划的多变性

公路工程项目的多样性、结构工程的复杂性及施工条件的差异性，造成施工中不可预见的因素较多。工程施工现场的分散使劳动力、材料及施工机具设备处于流动供应状态；同时，业主、监理及其他有关单位的影响等均会带来施工计划的变化。这种多变性要求编制施工计划时，要留有一定的调整余地。

(3) 计划的不均衡性

公路工程结构特点及不同工程部位的施工性质，以及不同季节的影响，都会造成施工计划的不均衡性。为此要求编制施工计划时力求均衡，以取得较好的经济效益。

2. 进度管理的原理

公路工程项目进度管理以现代科学管理原理作为理论基础，主要有系统控制原理、封闭原理、动态控制原理、弹性循环原理和信息反馈原理等。

3. 进度管理的作用

公路建设项目的特征是技术要求高、投资大、建设周期长、涉及面广、干扰因素多。为使项目的执行能够按照预期的计划目标实现，并争取早日投入使用而获取经济效益，针对施工全过程的进度控制十分必要。进度管理的目的是按照承包合同规定的进度和质量要求完成工程建设任务，同时把项目费用控制在预算范围内，为企业获得合理的利润。而要保证进度管理作用的实现，需要做好以下几项工作：

(1) 对项目工作进行分解。要对项目的进度进行管理，必须首先对项目工作进行分解。工作分解就是先把复杂的项目逐步一层一层地分解，直到将项目工作拆分成一个个单独的、可执行的工作，形成被称为工作分解结构的 WBS(work breakdown structure)，并在此基础上对项目工作进行逻辑关系排序，分配资源、估计工期，然后形成计划。项目工作分解是项目目标进一步明确的前提，也是进行项目进度计划控制的基础。

(2) 制订施工进度计划。所谓进度计划，是指在工作分解结构的基础上对项目、任务所做出的一系列时间、资源方面的规划。在项目进行之前编制进度计划是一件必要的事情。一方面，进度计划给出了任务在时间上的安排，同时也反映出任务在整个项目中所处的位置、任务由谁来负责完成、需要什么样的资源、任务之间的逻辑关系等；另一方面，通过编制进度计划可以对任务的工期、资源和成本做出优化选择，得出切实可行的进度计划。

在工程投标时，已经按照招标文件或规定编制粗略的施工方案和进度计划，中标后又根据现场施工条件和合同中的工期编制出详细的施工进度计划。计划的内容包括确定开工前的各项准备工作、选择施工方法和组织流水作业、协调各个工种在施工中的搭接和配合、安排劳动力和各种施工物资的供应、确定各分部分项工程的目标工期和全部工程的完工时间等。施工计划安排应适当，既不能太紧又不能太松。计划太紧易造成其无法完成，计划太松则不能发挥施工效率。

(3) 组织进度计划的实施。施工进度计划须报业主审批后严格执行，把进度计划布置下去，调配人力、施工物资和资金，确保到位。及时检查和发现影响进度的问题，并采取适当的技术和组织措施，必要时修订和更新进度计划。

(4) 与业主保持密切的沟通。定期向业主报告工程进展，对业主提出的“变更指令”和“赶工”或“加快指令”及时做出反应和处理。与业主的良好合作是顺利实施进度计划的一个重要条件。

(5) 监督各分包单位的工作，及时协调分包单位的施工配合。

4. 进度管理的要求

(1) 科学预测工程招标市场，确定合理的计划管理目标。

(2) 承包签约的项目以合同工期为目标，倒排或正排施工计划。

(3) 施工计划管理时既要保证重点工程，又要协调兼顾一般项目。

(4) 施工方案、施工工艺及施工顺序均应合理安排。

(5) 力求各项工程的施工计划均衡、紧密配合，还应留一定的调整余地，以适应施工中实际变化的情况。

(6) 项目施工管理中的各项工作在计划编制上要紧密衔接。

7.1.2　公路工程进度管理的基本程序

公路施工项目进度管理是公路工程项目施工管理的中心环节，是一个周期性的循环过程，即编制计划、执行计划、检查计划的结果和计划的偏差及影响因素、采取纠正措施，然后进入下一个循环。进度管理过程如图 7-1 所示。

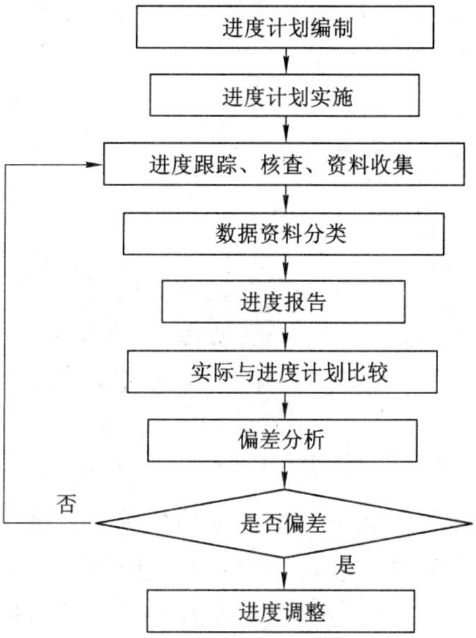

图 7-1　进度管理过程

1. 确定施工进度目标

根据施工合同确定的开工日期、总工期和竣工日期，确定施工进度目标，明确计划开工日期和计划竣工日期，并确定项目分期分批的开工、竣工日期。

2. 编制施工进度计划

施工进度计划应根据工艺关系、组织关系、搭接关系、起止时间、劳动力计划、材料计划、机械计划及其保证性计划等因素综合确定。

3. 报送开工申请报告

向监理工程师提出开工申请报告，并应按监理工程师下达的开工令指定的日期开工。

4. 实施施工进度计划

承包人实施计划时必须对照原计划进行检查，在工程实施期间，应及时掌握影响和妨碍工程进展的不利因素，促进工程按计划进行。在项目实施过程中，由于外部各种不确定因素的存在，实际进度往往与计划进度发生偏差，如不能及时发现并纠正这些偏差，必然会影响项目进度管理目标的实现。因此，当出现进度偏差时，项目管理者应根据项目跟踪提供的信息，对计划进度目标与实际进度完成目标值进行比较，找出偏差及其原因，采取措施调整纠正，并不断预测未来进度状况。

5. 进度计划的调整

跟踪计划的实施并进行监督，当发现工程现场的组织安排、施工顺序或人力和设备与计划进度上的方案有较大不一致时，应对原工程进度计划及现金流动计划予以调整，调整后的工程进度计划应符合工程现场实际情况，并应保证满足合同工期的要求。

6. 进度控制总结

进度控制是指在限定的工期内，以事先拟定的合理且经济的项目进度计划为依据，对整个项目过程进行监督、检查、指导和纠正的行为过程。在施工进度计划完成后，项目经理部应及时进行施工进度控制总结，并编写进度控制报告，可体现在“项目管理工作总结”中。

7.1.3 进度管理的措施

公路工程施工项目进行进度管理采取的措施，主要有组织措施、技术措施、合同措施、经济措施和信息措施。

1. 组织措施

组织措施主要是指落实各层次的施工进度管理人员、具体任务和工作责任，监理进度管理的组织体系；根据施工项目的结构层次、进展阶段、专业工种或合同结构等进行项目分解，确定进度目标，建立进度目标控制体系；确定进度管理工作制度；对影响施工进度的因素进行全面分析和预测。

2. 技术措施

技术措施主要是指采用有利于加快施工进度的技术和方法，以保证在进度调整后，工程能够提前或如期竣工。技术措施主要包括：一是能保证质量、安全、经济、快速的施工技术与方法；二是施工进度管理技术与方法，主要包括流水作业方法、网络计划技术等。

3. 合同措施

合同措施是指以合同的形式保证工程工期进度的实现，即保持总进度控制目标与合同总工期一致，分包合同的工期与总包合同的一致；供料、供电、供水、构件加工等合同，对施工项目提供服务配合的时间与有关的进度管理目标一致。

4. 经济措施

经济措施是指实现工程进度计划的资金保证措施和有关进度管理的经济核算方法。公路工程进度管理的经济措施主要有：落实公路工程进度目标的保证资金，确保资金按期如数到位；与有关部门或个人签订并实施关于工期和进度的经济承包责任制；建立并实施关于工期和进度的奖惩制度；各级财务管理部门要切实加强工程成本核算。

5. 信息措施

信息措施是指建立监测、分析、调整、反馈进度实施过程中的信息流动程序和信息管理工作制度，使工程施工进度的信息及时、准确地反馈，针对出现的问题采取必要措施，以便实现连续的、及时的、动态的全过程进度目标控制。

7.2 公路施工项目进度计划的编制及实施

7.2.1 施工进度计划编制依据及原则

1. 施工进度计划编制依据

公路工程项目施工进度计划是对工程实施过程进行管理的前提。因此，在工程开始施工前，必须制订一份科学、合理的工程项目进度计划，确定一个合理的计划工期。进度计划的编制应依据：

（1）合同或上级规定的开工、竣工日期。

（2）工程图纸。

（3）各类定额。

（4）各类人员、材料、机械供应情况。

（5）主导工程的施工方案（施工顺序、施工方案、作业方式）。

（6）有关施工现场的条件，如水文、地质、气象、环境、交通运输条件、能源供应情况、辅助生产能力和经济资料。

（7）已建成的同类工程或相似项目的实际工程进度情况是编制本项目施工进度计划的重要参考资料。

承包商在接到中标通知书后，应认真阅读技术规范、设计图纸，并对现场的地形地貌、征地拆迁等情况进行认真调查研究，做好相关的施工组织设计，编制切实可行、符合合同、能指导施工的施工计划。

2. 施工进度计划编制原则

在编制施工进度计划前，必须深入做好调查研究，充分估计可能发生的各种情况；安排进度计划时，应扣除法定的节假日，估计雨季或其他原因需停工的时间，指令工期或合同工期与这些必要的停工时间之差，根据实际安排施工作业时间。另外，还要考虑在机械设备、工程材料、劳动力及施工日期上保留一定的机动时间，以便出现意外时可以进行调整和补救。

在制订施工进度计划时，应该遵守以下原则：

（1）确保工期的原则

以合同工期为目标，符合合同条件及技术规范。根据工程量、业主的总体施工计划和阶段施工计划编制和调整实施性施工计划，并以此为基础进行生产要素的资源配置，确保工期进度和工程质量。

（2）均衡生产和重点突出的原则

既要保证重点工程，又要兼顾一般项目。对于重点项目，预料可能的施工障碍及变化，着重考虑相应的施工方案和措施，优先安排，重点保障，组织专业化施工，力争提前竣工。其余工程按照均衡生产的原则组织施工。各项工程的施工计划均衡、紧密配合，还应留一定的调整余地，以适应施工中实际变化的情况。

（3）技术创新与管理创新的原则

工程建设中积极推进技术创新和既有技术成果的转化，优化施工方案；积极进行管理创新，工程进度实行适时网络技术，始终把握关键线路，优化生产要素配置，努力提高作业效率，保证施工进度。

（4）合理分段、科学组织的原则

结合项目的工程数量和技术要求合理划分作业区段，分段应清楚明了，便于管理，表明施工中全部活动及其他活动的相关联系，充分利用人力及设备。同时，在施工中，应优化施工组织管理，根据具体情况可采取平行作业、顺序作业或者流水作业的方法组织施工。

3. 进度计划的主要作用

(1) 通过项目计划确定项目各项任务范围,并制定各项任务的时间表,阐明每项任务必需的人力、物力、财力并确定预算,保证项目顺利实施和目标实现。

(2) 可借以确定项目各成员及工作的责任范围和相应的职权,以便按要求指导和控制项目的工作,减少风险。

(3) 通过科学的组织和安排,可以保证有秩序地实施项目,合理地协调项目各工作的关系,提高项目的整体效益。

(4) 可作为分析、协商及记录项目范围变化的基础。这样就为项目的跟踪控制过程提供了一条基线,用以衡量进度、记录各种偏差及决定预防或整改措施,便于对项目进度进行管理。

7.2.2 施工进度计划的编制

1. 施工进度计划的主要内容

根据工程项目实施的阶段,工程项目进度计划可分为总体进度计划及年、月进度计划。对于某些重要项目,如桥梁、隧道、立体交叉等,还要单独编制关键工程进度计划。

(1) 总体进度计划

工程项目的施工总体进度计划是用来指导工程全局的,是工程从开工到竣工各个主要环节的总体进度安排,起着控制工程总体各个单位工程或各个施工阶段工期的作用。承包商在接到中标通知书之日起,在合同约定的时间内,提交一份格式和细节都符合监理工程师规定的工程总体进度计划以取得监理工程师的同意。总体进度计划的编制可以采用横道图、斜线图、进度曲线或网络计划图,但不论采用何种方式,在总体进度计划中均应包括工程项目的合同工期,完成各单位工程及各施工阶段所需要的工期、最早开始和最迟结束时间,各单位工程及各施工阶段需要完成的工程量及现金流动估算,各单位工程及施工阶段所需配备的人力和机械数量,各单位工程或分部工程的施工方案和施工方法等。

(2) 年、月进度计划

比较大的工程项目需要编制年度和月度进度计划,年度进度计划要受工程总体进度计划的控制,而月度进度计划又受年度进度计划的控制。

① 年度进度计划。年度进度计划统一安排全年的施工任务;确定各项年度生产指标;根据年度季节、气候的不同,合理安排施工进度。因此,在年度进度计划中应反映:本年度计划完成的单位工程及施工阶段的工程项目内容、工程数量及投资指标;施工队伍和主要施工设备的数量及调配顺序;不同季节及气温条件下各项工程的时间安排;在总体进度计划下对各分项工程进行局部调整或修改的详细说明等。因此,在年度进度计划的安排中,应重点突出组织顺序上的联系,如大型机械的转移顺序、主要施工队伍的转移顺序等。首先安排重点、大型、复杂、周期长、占劳动力和施工机械多的工程,优先安排主要工种或经常处于短线状态的工种施工任务,使其能连续工作。

② 月度进度计划。月度进度计划可以确定月度施工任务,如:本月施工的工程项目,主要的工程量,由谁完成及其相互的配合;指导施工作业;进行月度施工各项指标的平衡、汇总,以便综合衡量完成的工程数量和工程投资,作为考核月度施工进度情况的依据。因此,在月度施工进度计划中,应反映:本月计划完成的各项工程内容及顺序安排;完成本月及各

项工程的工程数量和投资额；完成各分项工程的施工队伍及人力和主要设备的配额；在年度计划下，对各单位工程或分项工程进行局部调整或修改的详细说明等。

(3) 关键工程进度计划

关键工程进度计划是指一个公路工程项目中起控制作用的关键工程，如某一桥梁工程、隧道工程或立体交叉工程的进度计划。由于关键工程的施工工期常常关系到整个工程项目施工总工期的长短，因此，在施工进度计划的编制过程中将单独编制关键工程进度计划。关键工程进度计划中应包括：具体施工方案和施工方法；总体进度计划及各道工序的控制日期；现金流动估算；各施工阶段的人力和设备的配额及运转安排；施工准备及结束清场的时间安排；对总体进度安排计划及其他相关工程的控制、依赖关系和说明等。

2. 施工进度计划的形式及其编制方法

施工进度计划一般用横道图、斜线图、网络计划技术等表示。

(1) 横道图

横道图又称甘特图，是美国工程师亨利·甘特在第一次世界大战期间创造的一种生产进度表达方法。横道图是以时间为横坐标，以各分项工程或施工工序为纵坐标，按一定的先后施工顺序和工艺流程，用带时间比例的水平横道线对应项目或工序持续时间的施工进度计划图表。

横道图的常用格式，一般由两大部分组成：左边部分为主要表格，其内容应包括编号、工程名称(施工工序)、施工方法、工程量或工作量单位及数量等；右边部分为指示图表，用水平横道线形象地表示出分项工程或施工工序的施工进度，其线条长度代表施工持续时间长短，线条的位置表示施工过程，线条上方的数字表示该项目所需的劳动力数量。图 7-2 为某工程的施工进度横道图。

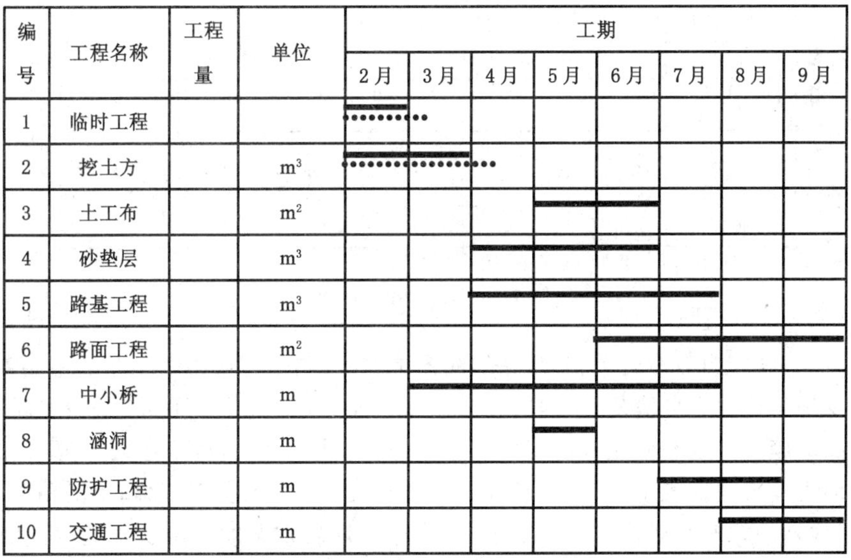

图 7-2　施工进度横道图

横道图的优点是可以方便地表达施工计划的总工期和各分项工程或施工工序的持续时间；便于计算完成施工计划所需的劳动力、材料、机械设备及资金等各种资源用量。用横道图编制施工进度计划的优点有:简单、形象、直观、易懂,便于检查和计算资源用量。但横道图不能很好地表达各分项工程或施工工序之间的逻辑关系;无法反映工作的机动使用时间,反映不出关键工作;不能定量分析;计划执行过程中实施计划偏离原计划时,只能进行局部简单调整;施工期限与地点关系无法表达;无法进行施工组织及施工方案的比较与优化。因此,横道图只适用于小型项目或大型项目的子项目,编制集中性工程进度计划、材料供应计划或简单工程进度计划。

一般情况下,横道图与其他进度计划编制方法并用,作为其他进度计划编制的补充。

(2) 斜线图

斜线图又称为垂直图法或垂直坐标表示法,以纵坐标表示施工工期,横坐标表示里程或工程位置,各施工项目的施工进度则以不同形式的斜线或垂线表示,工程量和简易的施工平面图在其下方表示。图 7-3 为某工程的施工进度斜线图。

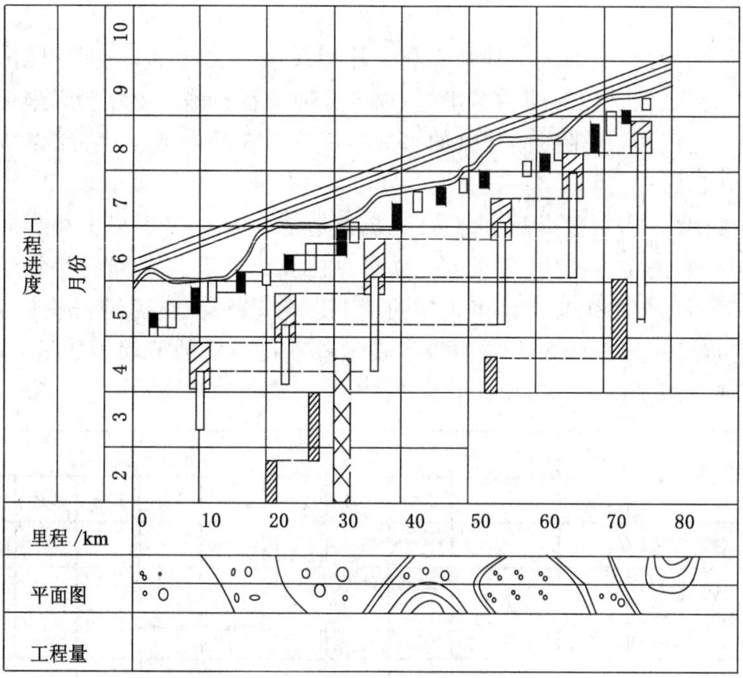

图 7-3 施工进度斜线图

由此可见,斜线图与横道图相似,在斜线图中,各分项工程或施工工序的相互关系、施工紧凑程度及施工速度十分清楚,工程的分布情况和施工日期清楚,可直接确定各时间点上施工队伍所在的施工位置和应完成的工程数量。但斜线图不便于将工序划分得很细;不能反映各项目或工作之间的复杂关系;不能确定工作的机动时间及关键工作;不能用计算机进行定量分析;计划的编制及修改工作量较大;不能进行计划方案的比较及优选等。因此,斜线图法主要用于里程较长、等级较低、管理较粗的施工组织。

(3) 网络计划图

1) 网络计划基本原理

网络计划技术是 20 世纪 50 年代国外陆续出现的一种计划管理新方法。由于这种方法是将计划的工作关系建立在网络模型中，把计划的编制、协调、优化和控制有机结合起来，因此称为网络计划技术。其基本原理是：首先根据工作间的相互关系和工作先后顺序流程绘制工程项目施工进度计划网络图；其次通过计划找出计划中的关键工作及关键线路；最后通过不断调整、改善网络计划，选择最优的方案付诸实施。

2）网络计划方法

网络计划技术有许多方法，主要有关键线路法（CPM 技术）、计划评审技术（PERT）、流水作业网络计划、搭接网络计划、图例评审法、决策网络计划等。

① 关键线路法（CPM 技术）

CPM 技术是计划中所有工作都必须按既定的逻辑关系全部完成，且对每项工作只估计一个固定的持续时间的网络计划技术。CPM 技术适合于有经验的工程项目，其任务时间是肯定的单一的。它将时间和成本都看成是可控制的变量，对时间和成本估算要力求准确。这种方法同样借助于网络表示各项任务及所需时间，并表示出各项任务之间的相互关系，从而找出计划的关键路线。这种方法很好地反映了项目中任务间错综复杂的工作关系，便于统筹安排众多工作人员与各个工作环节，便于对资源进行合理的安排。关键线路法作为项目计划与进度控制系统理论，已成功运用于许多大型复杂项目上。

② 计划评审技术（PERT）

计划评审技术是计划中所有工作都必须按既定的逻辑关系全部完成，但工作的持续时间不肯定，应进行时间参数估算，并对按期完成任务的可能性做出评价的网络计划技术。因此，它属于非肯定型网络计划，其理论基础是假设项目持续时间以及整个项目完成时间是随机的，且服从某种概率分布。PERT 采用悲观工期、乐观工期和最可能工期三种情况估算不确定性较大的任务时间，计算出整个工程项目在某个时间内完成工期的概率。

③ 流水作业网络计划

流水作业网络计划是我国土建工程技术人员在 20 世纪 70 年代研制的一种新型网络计划技术，它综合运用流水施工和网络计划的特点，计划中工作安排以保证连续均衡为出发点，体现流水作业原理的网络计划技术，为流水施工网络计划提供了简便有效的方法。

④ 搭接网络计划

搭接网络计划是网络计划中前后工作之间可能有多种顺序关系的肯定型网络计划技术，能反映工作间的各种搭接关系，可大大简化网络图的形成和计算工作，特别适用于高等级公路及大型工程项目施工进度计划安排。

⑤ 图例评审法

图例评审法也称为随机网络计划，是计划中工作与工作之间的逻辑关系都具有不肯定性质，且工作持续时间也不肯定，而按随机变量进行分析的网络计划技术，是一种广义的随机网络分析方法，主要用于编制施工进度计划中的排队、存储及可靠度分析等诸多统筹问题。

⑥ 决策网络计划

决策网络计划是计划中某些工作是否进行要依据紧前工作执行结果做决策，并估计相应的任务完成时间及实现概率的网络计划技术。

3）网络计划技术的作用

网络计划技术能够充分反映各项工作之间的相互制约、相互依赖的关系；可以区分关键工作和非关键工作，找到关键线路，反映各项工作的机动时间；能提供项目管理的诸如总工期、每项任务的最早开始时间和最迟开始时间、最早完成时间和最迟完成时间、总浮时和自由浮时等许多信息，有利于加强管理；不仅能完整揭示一个项目所包含的全部任务以及它们之间的关系，而且还能根据数学原理，应用最优化技术，揭示整个项目的关键任务并合理安排计划中的各项任务。因此，网络计划技术对于项目进展中可能出现的工期延误等问题能够防患于未然，并进行合理的调整，从而使项目管理人员能依照计划的执行情况，对未来进行科学的预测，使得计划始终处于项目管理人员的监督和控制之中，从而以最佳的工期、最少的资源、最低的成本完成所控制的项目。根据国内统计资料，工程项目的计划与管理应用网络计划技术，可平均缩短工期 20%，节约费用 10%左右。

4）网络计划技术的特点

网络计划技术既是一种科学的计划方法，又是一种有效的科学管理方法，适用于计划复杂、特别是大型且复杂的工程项目。其基本特点如下：

① 网络计划技术能清楚地表达各任务之间的关系，项目中的相关任务构成一个有机的整体，使人们对复杂项目以及难度大的项目做出有序而可行的安排。

② 利用网络计划图，通过计算，可以找出对全局有影响的关键线路和关键任务，便于人们集中力量抓住主要矛盾，确保进度计划的实现。

③ 利用网络计划图，可以计算出非关键任务的机动时间，这样做有利于在实际任务中利用这些机动时间，合理分配资源、调整任务顺序、降低成本、提高管理水平。

④ 能够利用计算机绘图、计算、优化、调整和跟踪管理，整个控制、统计与分析等管理过程都可由计算机完成，为实现企业自动化管理创造了条件。

5）网络图的概念

网络图是网络计划技术的基础。它是用图解的方式表示一个项目中各组成要素之间的逻辑关系，并形成时间的流程图。一个项目总是由许多任务组成的，如果有了初步的计划，就可按照这个计划和各任务之间的相互衔接关系，画出一个用箭头和圆圈来表示它们依存关系的时间流程图解模型，称为网络图。网络图沿着时间展开的。网络图是由节点、箭线和路线三部分组成。不同类型的网络图，节点与箭线表示的意义有所不同。路线又称线路、路径，在网络图上由总开工节点开始，沿箭线的方向，通过一系列任务到达终点所形成的一条通路叫作路线。路线上所有任务的持续时间之和称为该条路线的长度，一个网络图有多条路线，其中最长的路线称为关键路线，关键路线上的各个任务称为关键任务，关键路线的长度就是总工期。关键任务提前或推迟，对总工期有直接影响。找出关键路线并重点加以管理和控制，是网络计划技术的特点和精华之一。网络图可以用于详细的项目计划编制，在执行阶段，可以作为进度计划编制备选方案的分析、控制工具。

6）网络图的分类

网络图的种类繁多，按照网络图标准方式的不同，可分为双代号网络和单代号网络。

① 单代号网络图

单代号网络图又称单节点网络图。它是用节点表示任务，用节点间的箭头连线表示任务之间的逻辑关系。箭尾节点为前置任务，箭头所指节点为后继任务。它支持四种逻辑关系：FTS(结束—开始)——后继任务的开始取决于前置任务的结束，只有前置任务结束，后继任务才能开始；FTF(结束—结束)——后继任务的结束取决于前置任务的结束，只有前置任务结束，后继任务才能结束；STS(开始—开始)——后继任务的开始取决于前置任务的开始，只有前置任务开始，后继任务才能开始；STF(开始—结束)——后继任务的结束取决于前置任务的开始，只有前置任务开始，后继任务才能结束。如图 7-4 所示。

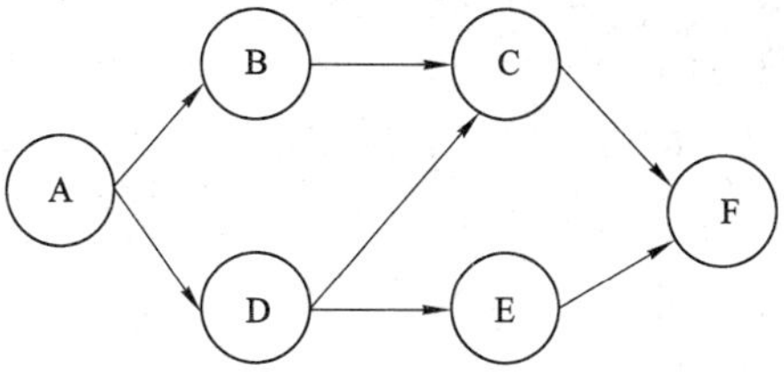

图 7-4　单代号网络图

在图 7-4 中，节点 A、B 分别表示两个任务，节点 A、B 间的箭头连线表示两任务之间的某种逻辑关系。单代号网络图表达逻辑关系简洁明了，而且能反映各种逻辑关系。随着网络计划技术的发展，以及计算机技术在项目管理上的应用，国外所有基于网络计划技术的项目管理软件现在都只采用单代号网络图这种形式。

② 双代号网络图

双代号网络图又称双节点网络图。在双代号网络图中，节点表示一个任务的开始或结束这样一个事件，而两个节点之间的箭线才表示一个任务，同时任务之间的逻辑关系通过节点来表示。由于在双代号网络计划图中两个节点对应一个任务，故称为双代号网络图。如图 7-5 所示。

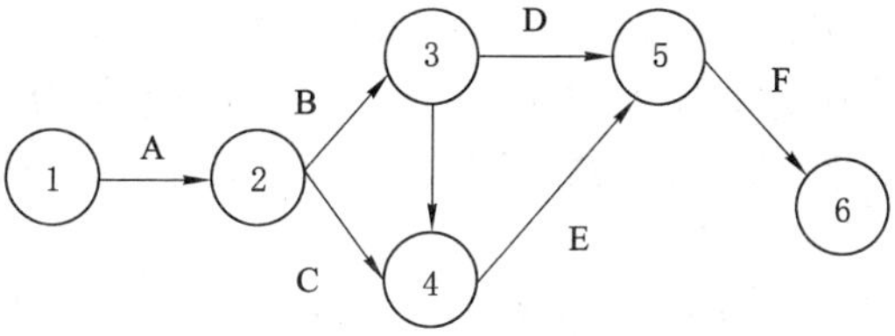

图 7-5　双代号网络图

在双代号网络图中，箭尾表示任务的开始，箭头表示任务的结束。任务名称注在箭线水平部分的上方。如图 7-5 所示节点 1、2 间的箭线表示任务 A，节点 1 表示任务 A 的开始，而节点 2 表示任务 A 的结束。对某项任务而言，紧靠其前面的叫前置任务，紧靠其后面的任务叫后继任务，与之平行的叫平行任务。双代号网络仅能表示 FTS(结束—开始)这种逻辑关系，有时为了确切地反映任务间的逻辑关系，往往需要增加用一种一端带着箭头的虚线表示的虚任务，这种虚任务是虚拟的，项目中实际并不存在，它没有任务名称，不占时间和资源，因而表达比较烦琐，故现在已渐渐很少有人用，有被单代号网络图替代的趋势。

7) 网络时间参数的概念

通过网络计算可以得出任务的时间参数，寻找出项目中的关键路径(最长路径)与关键任务。网络计算时间参数主要有：

① ES——任务 i 的最早开始时间，用下式确定：

$$ES(i) = \max_{j \in P(i)} \{ES(j) + D_j\} \tag{7-1}$$

式中　$P(i)$——任务 i 的前置任务集；

D_j——任务 j 的持续时间。

② EF——任务 i 的最早结束时间，用下式确定：

$$EF(i) = ES(i) + D_i \tag{7-2}$$

式中　D_i——任务 i 的持续时间。

③ LF——任务 i 的最迟结束时间，用下式确定：

$$LF(i) = \min_{k \in V(i)} \{LF(k) - D_k\} \tag{7-3}$$

式中　$V(i)$——任务 i 的后置任务集；

D_k——任务 k 的持续时间。

④ LS——任务 i 的最迟开始时间，用下式确定：

$$LS(i) = LF(i) - D_i \tag{7-4}$$

式中　D_i——任务 i 的持续时间。

⑤ FF——自由时差 FF(free float)，是在一个任务不影响后继任务最早开始的前提下，该任务可机动使用的时间，用下式确定：

$$FF(i) = \min_{k \in V(i)} \{ES(k) - EF(i)\} \tag{7-5}$$

式中　$V(i)$——任务 i 的后置任务集。

⑥ TF——总时差，是任务在不影响整个项目完工日期的前提下可机动使用的时间，用下式确定：

$$TF = LF - EF \tag{7-6}$$

8）网络时间参数的计算

计算网络的时间参数的方法主要有两种，即正推法和逆推法。

① 正推法是从工程开始计算任务的最早时间。某项任务的最早时间是指这项任务最早开始和结束时间。也就是根据网络逻辑关系从工程的某一计划开始日期开始一项一项安排任务。

② 逆推法是在确定项目结束日期的前提下，不推迟项目结束日期，计算出某项任务最迟开始和结束时间。逆推法与正推法相反，当工程未确定结束日期时，采用正推法计算出来的项目最早结束日期(即最后一个任务的最早结束日期)作为逆推的时间起点。

7.2.3　项目初始进度计划的优化

初始的进度计划可能在时间方面超出要求，在资源方面出现供不应求或不平衡的情况；或者在时间和资源方面的潜力尚未得到最佳的发挥。因此，要使项目进度计划如期实现，并使项目工期短、资源消耗少、成本低，就必须优化和改进初始的进度计划。狭义的进度计划的优化是指对初始网络计划的调整和优化方法，是在初始计划形成后，根据已构建的网络计划模型和各任务的时间参数分别为解决进度计划的工期、成本和资源等问题所作的分析和计算。广义的进度计划的优化是指在进度计划形成的全过程中对进度计划的优化。进度计划优化的内容包括工期优化、成本优化和资源优化等。

7.2.4　施工进度计划的实施

施工项目进度计划的实施就是按施工进度计划开展施工活动，落实和完成计划。施工项目进度计划逐步实施的过程就是项目施工逐步完成的过程。为保证项目各项施工活动，按施工进度计划所确定的顺序和时间进行，以及保证各阶段进度目标和总进度目标的实现，应做好下面的工作：

(1) 检查各层次的计划，并进一步编制月(旬)作业计划。

(2) 综合平衡，做好主要要素的优化配置。

(3) 层层签订承包合同，并签发施工任务书。

(4) 全面实行层层计划交底，保证全体人员共同参与计划实施。

(5) 做好施工记录，掌握现场实际情况。

(6) 做好施工中的调度工作。

(7) 预测干扰因素，采取预控制措施。

7.3　公路施工项目进度计划调整及优化

公路工程进度受自然因素影响较大，尤其是天气、工艺环节、组织方式和机械等因素的影响很大，实际施工进度往往与计划发生偏差，施工组织及进度控制具有很大的困难和风险。因此，在施工进度出现偏差时，需要动态调整与优化，制订新进度计划并执行，为公路工程施工进度管理提供服务。

7.3.1　施工进度计划检查

在施工项目的实施过程中，进度计划的不变是相对的，变是绝对的，平衡是相对的，不平衡是绝对的，实际进度与计划进度完全一致几乎是不可能的。要经常检查施工实际进度情况，与计划进度相比较，密切关注关键工作，避免造成工作盲目和被动。若出现偏差，应分析产生偏差的原因及对原计划的影响程度，采取一定的措施加强调整后续进度计划，使进度符合目标要求。

进度检查主要是了解工程进度是否发生了延误，即正在施工的各工作或分项工程的实际进度与计划进度相比有无偏差。若正在施工的工作出现延误，则可能会影响后续工作的开工时间及原定工期，需要对原工程计划和现金流动计划进行调整，施工进度计划在实施中的调整必须依据施工进度计划检查结果进行。

7.3.2　公路工程施工进度偏差识别

进度偏差的识别与分析是项目进度管理的一个重要环节，同时又是进度计划调整的基础。常用的进度偏差识别方法有横道图检查法、S形曲线比较法、香蕉曲线比较法、前锋线比较法和列表比较法。

1. 横道图检查法

横道图比较法是指将在项目实施中检查实际进度收集的信息，经整理后直接用横道线并列标于原计划的横道线处，进行直观比较的方法。根据工程项目实施中各项任务的速度不同，以及提供的进度信息不同，它可以分为匀速进展横道图比较法、双比例单侧横道图比较法和双比例双侧横道图比较法。

(1) 匀速进展是指工程项目中每项任务的实施进展速度都是均匀的，即在单位时间内完成的任务都是相等的，累计完成的任务量与时间成线性变化。匀速进展横道图比较法只适用于任务从开始到完成的整个过程中进展速度不变、累计完成的任务量与时间成正比的情况。若任务的进展速度是变化的，用这种方法就不能进行实际进度与计划进度之间的比较。

(2) 双比例单侧横道图比较法是适用于任务的进度按变速进展的情况下，对实际进度与计划进度进行比较的一种方法。该方法用涂黑粗线(或其他填实图案线)表示工作任务实际进度的同时，在表上标出其对应时刻完成任务的累计百分比，将该百分比与其同时刻计划完成任务累计百分比相比较，判断工作实际进度与计划进度之间的关系。这种比较法不仅适合于进展速度变化情况下的进度比较，还能提供某一指定时间二者比较的信息。当然，这要求实施部门按规定的时间记录当时的任务完成情况。

(3) 双比例双侧横道图比较法是将表示任务实际进度的涂黑粗线，按着检查时间和完成的百分比交替绘制在计划横道线上下两侧，其长度表示该时间内完成的任务量。如图 7-6 所示，任务计划完成累计百分比标于横道线上方，任务实际完成累计百分比标于横道线下方的检查日期处，通过两个上下相对的百分比来比较该任务的实际进度与计划进度。

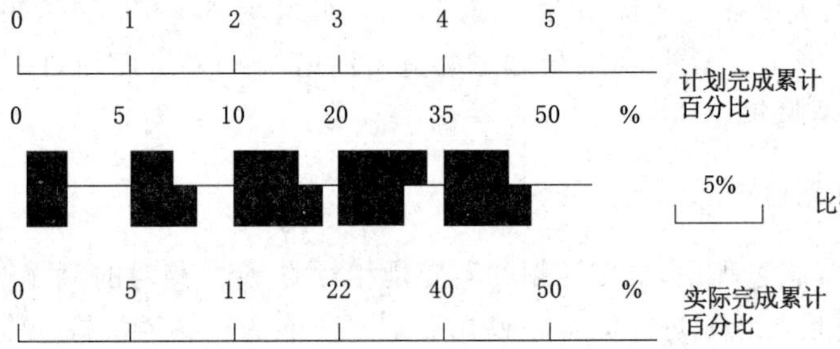

图 7-6　双比例双侧横道图

2. S 形曲线比较法

对于大多数项目来说，单位时间的资源消耗通常是中间多而两头少，即前期资源消耗较少，中间阶段单位时间投入的资源量较多，在到达高峰后又逐渐减少直至项目完成，累加后的曲线呈 S 形变化。在 S 形曲线图上有两条曲线，一条是按计划时间累计完成任务量的 S 形曲线，另一条是按项目的各检查时间实际完成的任务量绘制的曲线。

(1) S 形曲线的概念

S 形曲线即工程进度曲线，也称现金流动曲线，因其曲线形状呈 S 形而得名。S 形曲线是以工期为横轴、以累计完成的工程费用百分比或累计完成的工程量百分比为纵轴的图表化曲线，是针对横道图监控工程进度时，计划进度与实际进度的比较只能在各个分项工程或工作之间，无法对整个工程进度情况进行全局性的管理这一不足而提出的。

一般情况下，项目施工初期应进行临时工程建设或各项施工准备工作，劳动力和施工机械的投入逐渐增多，每天完成的工作量逐渐增加，因此施工速度逐渐加快，即工程进度曲线的斜率逐渐增大，此阶段的曲线呈凹形；在项目施工稳定期间，施工机械和劳动力投入量大而保持不变时，若不出现意外作业时间损失，且施工效率正常，则每天完成的工作量大致相等，这时施工速度近似为常数，工程进度曲线的斜率几乎不变，该阶段曲线接近为直线；在项目实施后期，主体工程项目已经完成，剩下修理加工及清理现场等收尾工作，劳动力和施工机械逐渐退场，每天完成的工作量逐步减少，此时，施工速度也逐步减小，即工程进度曲线的斜率逐步减小，此阶段的曲线为凸形。由此可见，一般工程进度曲线大致呈 S 形，图 7-7 为某一工程的 S 形曲线图。

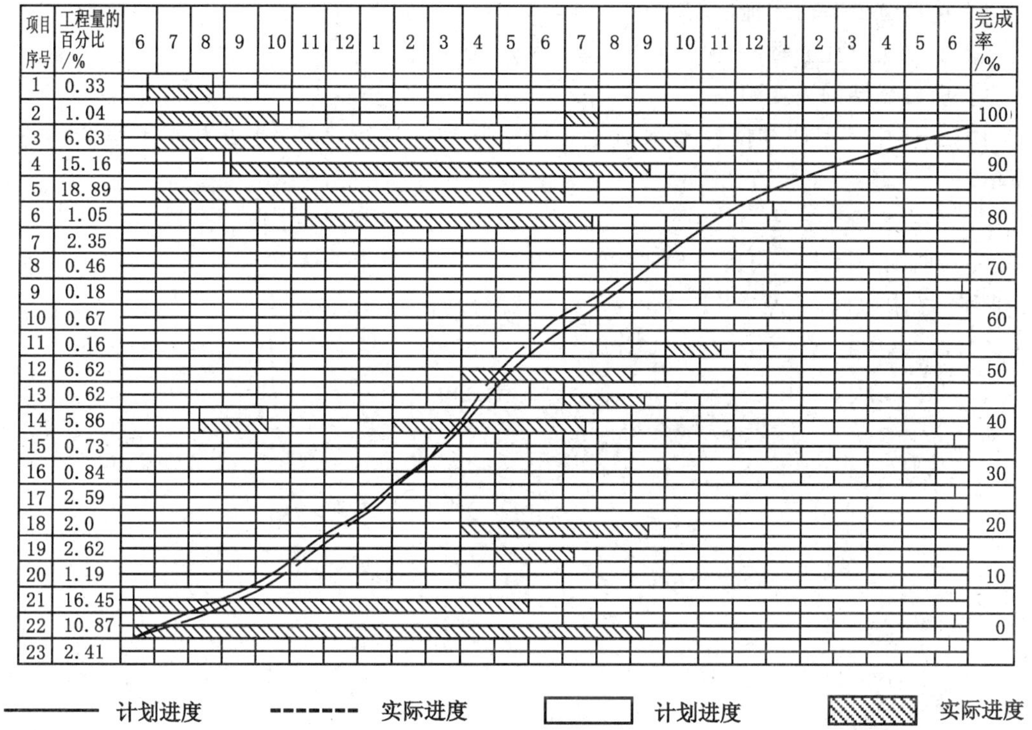

图 7-7　施工进度 S 形曲线图

（2）S 形曲线图的作用

由于 S 形曲线是工程进度曲线，同时也是现金流动曲线，因此，它在公路工程项目施工进度及费用管理中均可使用。其在工程中的具体作用如下：

① 判断编制的施工进度计划是否合理。合理的施工进度计划曲线形状大致呈 S 形，劳动力、材料和施工机具设备供应及工程费用使用分配符合一般规律。若工程初期曲线不是凹形，或施工稳定期间曲线不是直线，或工程后期曲线不是凸形，则说明施工中资源配置违背了一般规律，应对计划进行重新修订。

② 监控施工进度计划。当实际工程按计划进度正常施工时，其实际进度与计划进度曲线相吻合，此时说明实际进度正常。但如果实际进度比计划进度提前，则用虚线表示的实际进度曲线在 S 形曲线上方，此时说明实际施工速度比计划速度快，照此施工工期会提前；如果实际进度比计划进度滞后，则用虚线表示的实际进度曲线在 S 形曲线下方，此时实际进度比计划进度慢，如此施工工期将延后。

③ 工程计量及费用支付的依据。S 形曲线是工程进度与累计完成的工程量或工作量的百分比图表化曲线，也是工程项目实施中进度与现金流动关系曲线。项目实施期间完成了多少工程量或工作量，在实际进度曲线上一目了然，据此可方便进行中期工程量的计量与

支付。

(3) S形曲线的信息表达

比较两条S形曲线可以得到如下信息：

① 项目的实际进度与计划进度比较情况。

② 项目进度超前或拖后的时间。

③ 项目实际任务量的完成情况。

④ 项目后期的进度预测。

因此，使用S形曲线能够有效对工程的实际进度进行管理，并可判断工程全局进度情况。

3. 香蕉曲线比较法

香蕉曲线实际上由两条S形曲线组成的闭合曲线，且这两条S形曲线具有同一开始时间和同一结束时间，如图7-8所示。

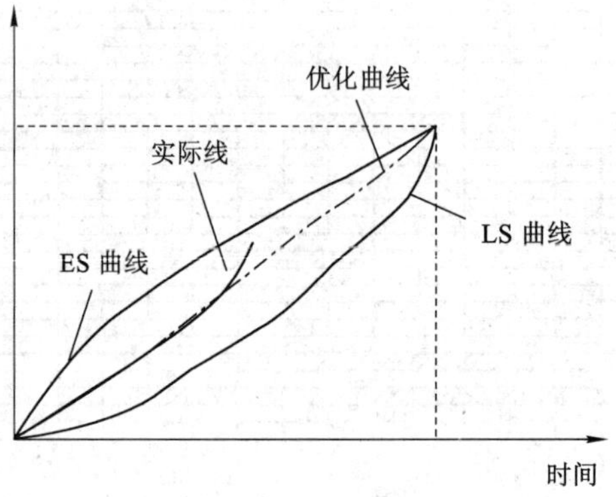

图7-8　香蕉曲线图

其中一条是以各项任务的计划最早开始时间安排进度而绘制的S形曲线，称为ES曲线；另一条是以各项任务的计划最迟开始时间安排进度而绘制的S形曲线，称为LS曲线。这两条曲线都起始于计划的开始时刻，终止于计划完成时刻，因此图形是闭合的。

在项目实施过程中，理想的状况是任一时刻按实际进度描出的点应落在这两条曲线所包围的区域内。

4. 前锋线比较法

所谓前锋线，是指在原时标网络计划上，从检查时刻的时标点出发，用点画线依次将各项工作实际进展位置点连接而成的折线。前锋线比较法就是根据一定的步骤，通过项目实际进度前锋线来比较和分析实际进度与计划进度偏差。

5. 列表比较法

当工程进度计划用非时标网络图表示时，可以采用列表比较法进行实际进度与计划进度的比较。这种比较方法是记录检查日期应该进行的工作名称及其已经作业的时间，然后列表计算有关时间参数，并根据工作总时差进行实际进度与计划进度比较的方法。

7.3.3 公路工程施工进度预测

由于公路工程施工过程总是具有很强的随机性和不确定性，实际的施工进程与原始的工程计划可能会存在较大的差异，因此施工中需要不断根据实际已经完成的进度内容来调整后期的安排方案，以贴近实际施工过程。已经完成的工程不再具有不确定性，从施工现场采集到这些确定性信息后，根据这些信息对剩余的工程进行预测。在进行公路工程施工进度预测时，应注意以下几点：

(1) 进度预测的初始状态根据当前实际施工进度面貌确定。如根据已完成的路基土石方高程、施工时间及顺序形成当前的施工面貌进行以后工程的预测。

(2) 施工参数根据实际施工情况动态调整。在最初的计划制订中，施工参数的选取只能依据经验或者类似工程的数据，如机械配套的选取，设备的数量、服务时间、工序环节等，这样制订的计划可能与实际有一定的出入。现场施工不仅与机械的性能、仓面的空间有关，还与操作人员技术水平、自然因素等相关，因此，在进行后续工作的预测时需要根据实时监控系统反馈的现场施工参数作动态调整分析。

(3) 进度预测可以从工程初始到全部工序完成为止，涉及整个施工过程的工程进度；也可以根据实际施工过程中的需要，从任意时刻起始到任意时刻终止的任意时间段进行进度的预测。

这些表明了公路工程施工进度预测和控制工程中，应重视进度控制的动态性、实时性，从而使得预测结果更加符合施工真实情况，实现施工过程的实时控制。

7.3.4　施工进度偏差分析

施工进度的控制是施工方案优化的关键。基于实时监控的信息，仿真预测未来施工面貌，若与计划存在偏差，则分析进度偏差产生的原因并采取相应措施。一般，公路工程进度的调整是不可避免的，因此，应及时了解和掌握工程实际进展情况，分析影响进度偏差的原因，为工程施工进度的调整和控制提供信息依据。进度管理中，尤其要注意对进度偏差的分析，分析步骤为：

(1) 分析是否是在施工的关键环节出现了进度偏差。若是，无论偏差大小，都必须及时采取应对措施；若不是，就要进一步比较偏差是否大于总时差。

(2) 进度偏差与总时差关系分析。进度偏差大于总时差时，采取措施进行调整；进度偏差小于总时差时，进度偏差不影响总工期。

(3) 进度偏差与自由时差关系分析。若进度偏差大于自由时差，则对后续工作有影响；若进度偏差等于或小于自由时差，则不影响后续工作。

7.3.5　公路工程施工进度计划调整及优化

1. 公路工程进度计划调整

在公路工程施工进度控制中，一方面要分析当前形象进度与计划的偏差，另一方面要分析当前施工参数条件下将来的形象进度与计划的偏差，可以根据实际工程施工面貌或动态仿真预测得到的形象面貌与计划形象进度做比较，分析偏差是否存在。若有偏差，则需对施工方案采取适当的调整措施，以尽可能保证计划的施工进度得以顺利实施。

如果发现原有的进度计划已落后、不适应实际情况，为了确保工期，实现进度控制的目标，就必须对原有的计划进行调整，形成新的进度计划，作为进度控制的新依据。但采取的调整措施到底会对进度带来多大的影响，能否保证工程按期完工等问题仍需要进行分析。

可以根据得到调整后的形象进度与计划做比较，分析进度的改善情况，从而评价调整措施的有效性。这样，通过对多个可行的调整方案进行评价分析，从中可寻求出一个较优的调整方案。通常，调整公路工程进度计划的主要方法有以下几种：

（1）采用内外平衡的方法，加大协调攻关力度，理顺各方关系和管理环节，创造有利于施工的内外环境，采用一定的激励、奖励措施，发挥员工的主观能动性和创造性，合理加大资源配置，科学施工，以达到完成施工计划进度的目的。

（2）压缩关键工作的持续时间：不改变工作之间的顺序关系，而是通过缩短网络计划中关键线路上的持续时间来缩短已被拖长的工期。具体采取的措施有：增加工作面、延长每天的施工时间、增加劳动力及施工机械的数量的组织措施；改进施工工艺和施工技术以缩短工艺技术间歇时间、采取更先进的施工方法以减少施工过程或时间、采用更先进的施工机械的技术措施；提高资金数额、对所采取的技术措施给予相应补偿的经济措施；改善外部配合条件、改善劳动条件等其他配套措施。在采取相应措施调整进度计划的同时，考虑选择费用增加较少的关键工作为压缩的对象。

（3）组织搭接作业或平行作业：不改变工作的持续时间，而只改变工作的开始时间和完成时间。这种调整的情况有：对于大型工程项目，有多项的单位工程，而这些单位工程之间的制约比较小，从而可调整的幅度比较大，因此比较容易采用平行作业的方法来调整进度计划；对于单位工程项目，由于受工作之间工艺关系的限制，可调整的幅度较小，通常采用搭接作业的方法来调整施工进度计划。

当工期拖延得太多，或采取某种方法未能达到预期效果时，或可调整的幅度又受到限制时，还可以同时用这两种方法来调整施工进度计划，以满足工期目标的要求。

在进度管理过程中，若发现有较大延误的事件，应认真处理好这些延误事件。首先，通过进度检查判断其延误是否对工期造成影响。若对工期无影响一般无须处理，对虽然还未造成工期延误但本身延误较大的非关键工作也要特别关注；若影响工期，则要考察工期将拖延多少。其次，通过现场记录和有关文件或资料分析这些延误事件的原因或责任，若是非承包商原因造成的工期延误，应及时提出索赔意向书，计算索赔金额和时间；若是承包商自身的原因，对工期延误不大的，要加强内部管理、优化资源配置，争取在后续施工中抢回失去的时间，若对工期影响较大，应及时采取加快进度的措施。

2. 公路工程进度计划优化

项目进度计划就是根据项目实施具体的日程安排，规划整个工作项目的工作进展，其目的就是控制、节约时间，而项目的严格时间要求决定了进度计划在项目管理中的重要性。工程项目进度计划优化是指对项目进度计划进行调整，使之更加经济、高效，符合项目合同工期及质量要求的过程。对进度计划的优化就是通过不断调整计划的初始方案，在满足各种约束条件下的同时按照某个衡量指标来制定最优的计划方案。从以上对进度计划的影响因素来看，资源与费用对进度计划的影响最大，在实际工程中也是最为关注的部分。项目进度计划优化一般可以通过以下几个途径来实现：

（1）在不增加资源的前提下压缩工期。在进行工期优化时，首先应在保持系统原有资源的基础上对工期进行压缩，如果还不能满足要求，再考虑向系统增加资源。在不增加系统资源的前提下压缩工期有两条途径：一是不改变网络计划中各项工作的持续时间，通过改变某些活动间的逻辑关系达到压缩总工期的目的；二是改变系统内部资源配置，削减某些非关键活动的资源，将削减下来的资源调到关键工作中去以缩短关键工作的持续时间，从而达到缩短总工期的目的。

(2) 平衡资源供应，压缩关键活动工期。从关键路线的定义可以看出，关键路线的长度就是项目的工期，所以要压缩项目工期就必须缩短关键活动时间，将初始网络计划的计算工期与合同指令工期相比较，求出需要缩短的工期，通过压缩关键路线的方法进行多次测试计算直至符合指令工期的要求为止。

在网络计划中，关键线路控制着任务的工期，因此缩短工期的着眼点是关键线路。但是采取硬性压缩关键工作的持续时间来达到缩短工期的目的，并不是很好的办法。在网络计划中的时间优化、缩短工期主要是通过调整工作的组织措施来实现的，可以采取以下几种方法：

① 顺序作业调整为搭接作业。前后工序投入施工的时间间隔(流水步距)越小，施工的搭接程度越高，总工期就越短。

② 对工程项目进行合理排序。如果一个施工可以分成若干个流水段，不同的流水顺序总工期不同，可以找总工期最短的最优流水次序。

③ 相应地推迟非关键工序的开始时间。

④ 相应地延长非关键工作的持续时间，而将其人力物力调到关键工作上去以便达到压缩关键工作持续时间、缩短工期的目的。

⑤ 从计划外增加资源。由于项目进度计划的总工期是由关键线路的长度决定的，因此，要缩短计划工期，必须压缩关键线路，可以通过增加资源投入等方法来达到压缩工期的目的。

其中，后三种方法，当关键线路压缩以后，原来的次关键线路可能成为新的关键线路，如果其长度仍超过规定工期，则还要对这条线路进行压缩，压缩这条线路上的工序施工时间，直到满足规定工期的要求为止。因此，在压缩工期时，应选择那些既是关键工作又是组成次关键线路的工作来压缩，将会同时缩短关键线路和次关键线路，从而收到事半功倍之效。

7.4　公路工程施工进度管理的总结

国内公路工程建设单位一般采用资本金 30%的条件，以贷款方式启动项目。受还贷压力和自身经济利益的驱动，建设单位都要求按计划进行工程控制，甚至要求提前达标完工，也就是对工程进度尽可能地进行压缩。而公路工程受诸多因素的限制，进度影响问题特别突出，这样就导致了作为建筑承包商的施工企业的进度风险越来越大，这就给建筑工程建设进度管理带来巨大的压力，也使得建筑施工企业的进度管理动机也越来越成为自觉行为。

工程实践证明，切实有效的进度控制能够准确掌握项目建设所需的时间及各项资源，有利于管理者在项目的施工过程中合理地编制施工进度计划并进行资源调配，进而加快施工进度、降低工程成本。在项目进度的控制中，应该把握以下几点。

7.4.1　建筑项目进度管理核心问题是对员工的管理

改革开放以来，我国的经济飞速发展，机械制造技术大踏步前进，设备国产化快速。经济的发展和设备制造成本的降低，使得设备的购置和投入已经不是当前建筑工程施工进度管理的核心问题;特别是进入21世纪后,建筑行业发展势头强劲,随着工程设计与施工技术的进步,现代建设工程的规模变得越来越庞大,施工过程也因此成为一项十分复杂的生产活动。施工过程不但要投入大量人工和机械设备,还有大量的施工建筑材料制品的生产、运输、贮存和供应工作,要使人、财、物等各种生产要素统一协调地发挥其效用,其难度与复杂性与日俱增,稍有不慎就有可能出现因窝工、停工进而影响到整个工程施工的顺利进行。因此,在现代公路工程工程项目施工中,对人的管理就成了工程进度管理的核心问题。

7.4.2 多目标综合管理

在项目的具体管理实施过程中,需要在精确分析进度、安全、质量、成本四者之间的逻辑关系以及相互影响的基础上,研究在安全、质量、成本约束下如何进行进度优化,以便在项目管理过程中,通过进度计划的制订和实施,实现进度目标、安全目标、质量目标和成本目标的综合优化。根据各项任务目标的要求,精心规划、科学组织、合理安排,对任务目标进行具体分解,并细化到每天、每人,具体落实到每个施工队伍。全员、全过程、全面参与进度控制,每月(周)按时检查施工任务的完成情况,并对检查中存在的实际问题进行分析与研究,及时制定解决办法,并具体落实,实现各项分期目标。

7.4.3 项目进度计划的合理编制和实施

在施工过程中,项目经理部应根据项目总体进度计划编制出月进度计划,为了确保计划的实施,坚持召开工程例会,每月月底检查现场施工进展状态,并且与计划进度作比较,做出施工总结。对没能按时完成的施工任务,分析其影响进度的关键因素并制定出切实可行的调整措施,加强施工现场的调度与管控力度,加强人员、机械设备、物资材料的调配及供应力度,保证施工活动的有序进行。

施工进度计划实施检查后,应向企业提供进度计划报告。承包商应根据现场提供的每月施工进度记录,及时进行统计和标识,通过分析和整理,每月向总监理工程师及其代表和业主提交一份每月工程进度报告。在施工进度计划完成后,项目经理部应根据施工进度计划、实际记录、检查结果、调整资料,及时对施工进度控制经验、施工进度控制中存在的问题、施工进度计划方法及施工进度控制的意见进行分析和总结。

7.4.4 提高进度控制的信息化

在进度控制过程中,应当将工作信息流程与网络技术相结合,使工程项目进度控制高效率运行。还有些软件可以实现工程项目进度的可视化,控制或演示工程形象进度和实体结构的完工情况,使项目参与者感官认识工程施工状态,既可监督项目进展状况,又可提高项目实施者的积极性。在我国许多大型的工程项目实践中,正在使用相关专业软件对项目要素进行科学的控制管理,效果很好。但是,也有很多项目的进度管理没有充分利用相关的项目管理软件,使得管理效率较低。所以,项目进度的信息化管理方面还有待于进一步的学习和提高,以望在今后的项目管理中更加日趋完善。

第 8 章　公路工程项目质量管理

8.1　公路工程施工项目质量管理概述

8.1.1　质量与建设工程质量概念

1. 质量的概念

根据《质量管理体系 基础和术语》(GB/T 19000),质量可以定义为“一组固有特性满足要求的程度”。该定义可以从以下几个方面理解:

(1) 质量不仅是产品质量,也可以是某项活动或过程的工作质量,还可以是质量管理体系运行的质量。质量是由一组固有特性组成的,这些固有特性是指满足顾客和其他相关方的要求的特性,并由其满足要求的程度加以表征。

(2) 特性是指区分的特征。特性可以是固有的或赋予的,可以是定性的或定量的。质量特性是固有的,并通过产品、过程或体系设计和开发及其之后实现过程形成的属性。

(3) “满足要求的”就是指应满足明示的(如合同、规范、标准、技术、文件、图纸中明确规定的)、通常隐含的(如组织的惯例、一般习惯)或必须履行的(如法律、法规、行业规则等)需要和期望。

(4) 顾客和其他相关方对产品、过程或体系的质量要求是动态的、发展的和相对的。

2. 建设工程质量

建设工程质量简称工程质量,是指工程满足业主需要的,符合国家法律、法规、技术规范、标准、设计文件及合同规定的特性综合,主要体现在建设工程的适用性、安全性、耐久性、可靠性、经济性以及与环境的协调性等六个方面。

(1) 安全性

安全性是指工程建成后在使用过程中保证结构安全、保证人身和环境免受危害的程度。

(2) 适用性

适用性即功能,是指工程满足使用目的的各种性能,包括使用性能和结构性能等。

(3) 耐久性

耐久性即寿命,是指工程在规定的条件下满足规定功能要求使用的年限。

(4) 可靠性

可靠性是指工程在规定的时间和条件下完成规定功能的能力。

(5) 经济性

经济性是指工程从规划、勘查、设计、施工到整个产品使用寿命周期内的成本和消耗的费用。工程经济性具体表现为设计成本、施工成本和使用成本三者之和。

(6) 与环境的协调性

与环境的协调性是指工程与周围生态环境协调，与所在地区经济环境协调以及与周围已建工程相协调，以适应可持续发展的要求。

3. 质量管理的概念

所谓质量管理，广义地说，是为了最经济地生产出适合使用者要求的高质量产品所采用的各种方法的体系，具体来说是指确定质量方针、目标和职责，并在质量体系中通过质量策划、质量控制、质量保证和质量改进等使其实施的全部管理职能与活动。

最早提出质量管理的国家是美国。日本在第二次世界大战后引进美国的一整套质量管理技术和方法，结合本国实际，又将其向前推进，使质量管理走上了科学的道路，取得了世界瞩目的成绩。质量管理作为企业管理的有机组成部分，它的发展也是随着企业管理的发展而发展的，其产生、形成、发展和日益完善的过程大体经历了以下几个阶段：

(1) 质量检验阶段(20 世纪 20～40 年代)

20 世纪前，主要是手工业和个体生产方式，依靠生产操作者自身的手艺和经营来保证质量。进入 20 世纪，由于生产力的发展，机器大生产方式与手工作业的管理制度的矛盾，阻碍了生产力的发展，于是出现了管理革命。美国的泰勒研究了从工业革命以来的大工业生产的管理实践，创立了"科学管理"的新理论。他提出了计划与执行、检验与生产的职能需要分开的主张，即企业中设置专职的质量检验部门和人员从事质量检验。这使产品质量有了基本保证，对提高产品质量、防止不合格产品出厂或流入下一道工序有积极的意义。由于这个阶段的特点是质量管理单纯依靠事后检验，剔除废品，因此它的管理效能有限。1924 年，管理统计学家休哈特提出"预防缺陷"的概念。他认为，质量管理工作除了事后检查以外，应在有不合格产品出现苗头时，就应发现并及时采取措施予以制止。他创造了统计质量控制图等一套预防质量事故的理论。与此同时，还有一些统计学家提出了抽样检验的办法，把统计方法引入质量管理领域，使得检验成本得到降低。

(2) 统计质量管理阶段(20 世纪 40～50 年代)

第二次世界大战初期，由于战争的需要，美国许多民用生产企业转为军用生产。由于事先无法控制产品质量，废品量很大，耽误了交货期，甚至因军火质量差而发生事故。同时，军需品的质量检验大多属破坏性检验，不可能进行事后检验。于是人们采用了休哈特的"预防缺陷"的理论。美国国防部请休哈特等研究制定了一套美国战时质量管理方法，强制生产企业执行。这套方法主要采用统计质量控制图，了解质量变动的先兆，进行预防，使不合格品率大为降低，对保证产品质量收到良好的效果。这种方法用数理统计方法控制生产过程中影响质量的因素，把单纯的质量检验变成了过程管理，使质量管理从"事后"转到了"事中"，使单纯的质量检验大为改进；但对数理统计知识的掌握有一定的要求，同时，易忽略生产与管理人员的作用。至 20 世纪 50 年代，人们逐步认识到统计质量管理方法不能全面保证产品质量，从而出现了全面质量管理阶段。

(3) 全面质量管理阶段(20 世纪 60 年代以后)

20 世纪 60 年代以后，随着社会生产力的发展和科学技术的进步，经济上的竞争日益激烈，特别是大批高安全性、高可靠性、高科技和高价值的技术密集型产品和大型复杂产品的质量在很大程度上依靠对各种影响质量的因素加以控制，才能达到设计标准和使用要求。人们对质量控制的认识有了升华，意识到单纯靠检验手段已不能满足要求。大规模的工业化生产的质量除了与设备、工艺、材料、环境等因素有关，还与职工的思想意识、技术素质及企业的生产管理技术等有关。同时,检验质量的标准与用户需要的质量标准之间也存在时差,必须及时地收集反馈信息,修改制度满足用户需要的质量标准,使产品具有竞争性。20 世纪 60 年代,美国的菲耿堡姆首先提出了较系统的“全面质量管理”概念(total quality control,简称 TQC)。其中心思想是:不能单纯依靠数理统计方法,必须和企业管理结合起来,才能保证产品质量。

全面质量管理阶段的特点是针对不同企业的生产条件、工作环境及工作状态等多方面因素的变化,把组织管理、数量统计方法及现代科学技术、社会心理学、行为科学等综合运用于质量管理,建立适用和完善的质量工作体系,对每一个生产环节加以管理,做到全面运行和控制,通过改善和提高工作质量来保证产品质量;通过对产品的形成和使用全过程管理,全面保证产品质量;通过形成生产、服务企业全员、全企业、全过程的质量工作系统,建立质量体系以保证产品质量始终满足用户需要,使企业用最少的投入获取最佳的效益。

8.1.2　全面质量管理

1. 全面质量管理的概念

(1) 全面的质量标准

工程质量指工程产品能够满足人们的需要所具有的自然属性。例如:路面要满足行车和行人的需要,必须具有一定的力学强度、抵抗自然因素的能力等。工程质量既要反映工程的客观需要,又要考虑到设计、施工、日后使用与维修的水平及能力,为此,对工程质量需要提出较全面的要求:性能好、安全可靠、造价低廉、使用方便、寿命长、适应性好等。

要保证工程质量,必须做好工作质量。而工作质量是企业各方面工作质量的综合反映,工作质量体现在企业的一切生产技术和经营管理,以及各种辅助服务的活动中,通过施工过程中的工作效率、工作成果,最后可在工程质量、经济效益中表现出来。工程产品质量不仅要体现产品的使用价值,如产品的适用性、可靠性等技术特性;还要体现产品的经济性、交货期和技术服务质量等;同时,用户对产品质量的要求也会不断变化和提高。全面质量管理就是为满足上述质量标准的综合性和动态性的要求而进行的管理工作。

(2) 全过程的质量管理

公路产品的质量不仅取决于施工阶段,而是贯穿于公路项目建设全过程。包括项目策划与决策过程,勘察设计过程,施工采购过程,施工准备与组织过程,检测设备控制与计量过程,施工生产的检验试验过程,工程质量的评定过程,工程竣工验收与交付过程,工程回访维修服务过程等。

(3) 全员参与质量管理

在实施全过程的质量管理时,组织内部的每个部门和工作岗位都承担相应的质量职能,即从项目经理到每个员工,他们的工作都直接或间接与产品质量的形成有关。开展全员参与质量管理的重要手段就是运用目标管理方法,将组织的质量总目标逐级进行分解,使之形成自上而下的质量目标分解体系和自下而上的质量目标保证体系,发挥组织系统内部每个工作岗位、部门或团队在实现质量总目标过程中的作用。

(4) 全面运用各种管理方法和技术的科学管理

全面质量管理要采用科学的态度和科学的方法,一切以数据说话进行科学管理。

2. 全面质量管理的方针原则

(1) 贯彻“质量第一”的方针

质量是企业信誉的基础,也是市场竞争的需要,质量问题应引起全体员工的重视。

(2) 贯彻“预防为主”的方针

质量管理不仅要对产品进行严格检验,而且在产品的形成过程中也要严格控制,对产品的质量形成过程中的每个环节采取预防措施以保证产品的质量。

(3) 用数据说话

在质量管理过程中,尽可能运用质量检验和实验数据来判别质量的优劣,采用数量统计的方法对质量进行控制,使质量管理科学化。

(4) 要有广泛的群众基础

公路工程产品的质量是由项目管理的工作质量保证的,因此,要保证公路产品质量必须确保项目管理的工作质量,而项目管理的工作质量涉及形成产品质量的所有环节、过程和项目管理的各部门和职工,所以,要项目管理的工作质量是广大职工共同创造出来的。

(5) 要有严密的组织保证

要进行全面质量管理,必须设立相应的机构,配备一定的成员,明确划分各成员职责和权限,要有严密的组织保证。

3. 全面质量管理的基础工作

全面质量管理是一个科学的体系,由大量的基础工作有机结合起来而完成。

(1) 标准化工作

标准化包括两个方面的内容:一是技术标准化,包括产品品种、规格的系列化和尺寸、质量、性能的统一化,以及工艺规程、操作方法、检验技术等的标准化,它是判别工序质量和产品质量的基础,也是实现构配件生产工厂化、施工机械化、管理科学化的前提;二是管理业务工作的标准化,包括经营管理工作的系统化、程序化和规范化,它是检验工作质量的基础。

(2) 计量工作

做好计量工作,目的是提供准确、可靠的数据,为实现质量管理的定量化奠定基础。公路施工质量管理的计量包括生产过程中的投料计量、监测计量和对成品的测试、检验、分析计量等。在计量过程中,要做到以下几点:

① 保证计量器具及仪表设备的正确和合理使用。

② 确保量具及仪器按国家的检定规程进行检验。

③ 采用新的测量技术和方法,实现检测手段的现代化,如:快速测定水泥强度、早期预测混凝土强度、无损探伤技术及其他现场监控技术等,以便更好地控制质量。

(3) 质量情报工作

质量情报是反映工程质量的有关信息,如工程的基本数据、原始记录和已经交付使用的工程中反映出来的各种数据资料等。质量情报工作包括:

① 从施工过程和辅助生产过程中收集的反映工作质量和工序质量的情报资料。这些情报资料有:原材料、半成品验收记录、试验记录,施工过程中的操作记录,隐蔽工程及分部分项工作验收记录,设计变更记录,有关质量问题的处理记录,劳动力、材料、物资、资金消耗的原始记录等。

② 从已经交付使用的工程项目中反映出来的情报资料。主要通过组织对施工项目使

用情报的回访调查得到，如使用寿命、常见病害、养护费用与工程质量的关系等。

③ 从国内外同行中收集有关情报资料，以掌握质量管理的新水平、新技术和发展趋势，进而找出差距，明确赶超目标，使公路项目的质量管理不落后、不掉队。

总之，做好质量情报工作是改善工程质量的原始依据，也是认识影响质量变化的因素、提高工程项目质量的基本手段，因此，质量情报工作要做到准确、及时、全面、系统。

(4) 质量责任制

建立质量责任制是把有关质量管理的具体要求落实到每个部门和每个工作岗位，把有关的各项工作组织起来，形成一个严密的质量管理工作体系。完整的质量管理工作体系必须有组织上的保证和健全的规章制度，其中主要是责任制度。组织上的保证在于建立和健全公司、项目经理、施工队和班组的质量管理小组。相应的责任制包括质量管理部门的责任制、质量管理人员的责任制、工人的质量责任制。

(5) 开展质量教育

首先，对职工进行用户服务、对用户负责的质量责任教育，在此基础上，再进行全面质量管理知识的教育，树立新的质量管理理念；然后，进行一定的技术业务培训，使职工具有保证操作质量的技术知识和业务技术能力。

8.1.3　QHSE 管理体系

1. QHSE 的概念

企业的管理体系是企业各种控制的有机组合，它是由多个相对独立的要求有机地组合在一起构成的。在这个总体系下，可能有多个并存的管理体系，如财务管理体系、人力资源管理体系、质量管理体系、安全管理体系、环境管理体系以及营销管理体系等，它们是企业管理的分支。目前，世界上存在很多管理体系标准，如国际标准化组织 ISO 9000 质量管理体系、ISO 14000 环境管理体系、HSE(健康、安全、环境)管理体系和一些国家及地区职业健康安全管理体系等。21 世纪的管理趋势是将质量管理体系、环境管理体系和职业安全卫生管理体系三种管理体系同时运用在企业的日常管理中以达到经济效益、社会效益和其他效益的共同实现。

QHSE 综合管理体系就是在 ISO 9001 标准、ISO 14001 标准、GB/T 28000 族标准的基础上，根据共性兼容、个性互补的原则，将企业的质量(quality)、健康(health)、安全(safety)和环境(environment)这些组织目标整合而成的综合管理体系。QHSE 是质量、健康、安全、环境的英文第一个字母的组合，是一种科学的生产管理体系，已成为企业实施有效管理的趋势和潮流，为企业全面提高管理水平、加强综合实力提供较好的管理手段和工具。

2. QHSE 系列标准的特点

(1) QHSE 管理体系是组织中管理体系的一部分，它致力于使与质量目标有关的输出适当地满足相关方的需求、期望和要求。组织的质量、环境及职业健康与安全目标同其他目标如与增长、资金、利润有关的目标相辅相成。一个组织的管理体系将有助于策划、资源配置、确定互补的目标并评价组织的总体有效性。组织的管理体系可以对照其要求进行评价，也可参照国际标准要求进行审核。

(2) QHSE 管理体系标准提出的质量管理体系方法和组织优秀模式依据的原则相同。QHSE 管理体系为组织管理体系提出了要求，并为业绩改进提供了指南。

(3) 企业可以根据自身的规模、特点,参照标准确定的原理、规律、程序开展工作,不可生搬硬套,因此,该标准的目的是提供指导,并不是 QHSE 管理工作的标准化。

(4) 标准是规范的补充。如:公路施工有一套完整的施工技术规范,是应当首先执行的。如果规范的内容不够完善,则系列标准明确了企业质量管理的工作程序,作为对技术规范的补充,用于控制公路产品形成过程,保证合格的产品质量。

(5) 灵活运用,内容可调整。不同企业可选择不同条款,组合出既符合质量管理原理又适用于本企业的 QHSE 管理体系。

3. QHSE 管理体系要素

QHSE 管理体系中各分体系的共同点是对损失的控制和管理。损失控制可以视为把质量、环境、安全、卫生等管理课题综合起来,针对所有可能导致损失的企业运作的关键点施加有效的管理。这是一项系统的工作,应当找出潜在的损失、评估风险、实行适当的控制并对之进行监测。戴明的"质量改进模式"是 QHSE 管理体系所依据的管理模式,该模式由"计划、实施、检查和改进"四个阶段的循环组成,简称 PDCA 循环模式。QHSE 管理体系的建立是以质量管理国际标准为平台,以环境管理国际标准和职业安全健康管理国际标准为辅助平台,以企业的整体运作过程为主线,通过对影响质量、健康、安全和环境的关键因素的控制,实施有效的 QHSE 综合管理。

QHSE 的总体结构管理体系模式和各要素间相互关联,通过其管理要素的了解,可以全面深刻理解 QHSE,表 8-1 即为 QHSE 管理体系的要素。

表 8-1 QHSE 管理体系要素

一级要素	二级要素
一、QHSE 方针	1. QHSE 方针:总方向、总原则、承诺
二、QHSE 规划	2. 危险源辨识、风险评价和风险控制的策划 3. 法规和其他要素 4. 目标:可测量的目标 5. QHSE 管理方案:行动计划、实现目标的途径与方法
三、QHSE 实施和运行	6. 组织机构和职责 7. 培训、意识和能力:QHSE 履行性 8. 协商和沟通 9. 文件的效率、功能、运行有效性
四、QHSE 检查和纠正措施	10. 文件和资料控制 11. 运行控制:计划和措施 12. 应急准备和响应:紧急突发事件的预案 13. 绩效测量和监控
五、QHSE 管理评审	14. 事故、事件、不符合、纠正和预防措施 15. 记录和记录管理 16. 审核 QHSE 的有效性、目标符合性 17. 管理评审:QHSE 管理体系的适宜性、持续性

4. 公路施工企业 QHSE 管理体系

(1) 一般要求

根据 QHSE 管理体系的含义和公路施工企业的特点,公路施工企业的 QHSE 管理体系应满足以下几点要求:

① 企业为了实施质量、职业健康和安全、环境管理,实现企业的 QHSE 管理目标,必须建立健全的 QHSE 管理体系。

② QHSE 管理体系是一个组织落实、职责明确、有物资保障、有具体工作内容的有机整体。因此,QHSE 管理体系要包括一套专门的组织机构,具有质量、安全、环境、工期、服务等方面的人力和物力,明确有关部门的职责和权力,以及完成任务的程序和活动。

③ 一般情况下,企业的 QHSE 管理体系只有一个,但对于大型公路施工企业,由于施工任务的需要,可能下设多个独立的专业施工单位,这时,除建立大型施工企业实施总的质量、安全、环境控制和管理体系外,其下属的专业施工单位也可能建立各自的质量、安全、环境体系,实施有效的 QHSE 管理,实现各自的质量、安全、环境目标。

(2) 公路施工企业建立 QHSE 管理体系的基本原则

① 适应环境的原则。对于不同的施工任务,公路施工企业要面对各种不同的合同环境,需要有不同的范围、不同程度的外部质量保证,这就要求对质量体系要素的确定与实施存在一定程度的变化。所以,企业建立 QHSE 管理体系,选择体系要素时,首先要了解外部合同环境所需要的质量、安全、环境保证范围和质量、安全、环境保证程度,以确定 QHSE 管理体系的要求和应开展的质量、安全、环境保证活动程度。

② 实现企业目标的原则。企业管理体系的设立必须保证企业目标的实现。在建立 QHSE 管理体系时,应进行合理的质量、安全、环境职能分解,落实质量、安全、环境责任制;确保 QHSE 管理体系正常运转;通过质量、安全、环境审核和评定,提高 QHSE 管理体系运转的有效性,提高满足用户明确或隐含需要的能力。

③ 适应公路项目特点的原则。在建立 QHSE 管理体系时,要考虑公路项目施工的特殊性和翻修翻工的艰巨性,明确了解其各工序应满足的质量、安全、环境要求,以及对各环节影响质量的因素控制的范围和程度要求,以保证稳定地实现工程质量特性和要求。

④ 最低风险、最佳成本、最大利益原则。在保证实现企业目标的同时,QHSE 管理体系要使企业经营机制处于质量与成本的最佳组合,实现社会效益与经济效益的统一。

(3) 公路施工企业 QHSE 管理体系总要求

公路施工企业应按要求建立 QHSE 管理体系,形成文件,加以实施和保持,并持续改进其有效性。公路施工企业应识别 QHSE 管理体系的过程及其在企业中的应用;确定这些过程的顺序和相互作用;确定为确保这些过程的有效运行和控制所需的准则和方法;确保可以获得必要的资源和信息,以支持这些过程的运行和对这些过程的监视;监视、测量和分析这些过程;实施必要的措施,以实现对这些过程规划的结果和对这些过程的持续改进,并按标准和要求管理这些过程。

5. QHSE 运行

QHSE 管理体系的建立标志着企业在安全、环境和健康管理上进入新阶段,为企业真正实现系统化、科学化、标准化的管理提供了保证。但这种管理模式能否长期、有效地在企业内运行,取决于在实施过程中能否将体系文件与工作实践有机结合,克服体系运行过程中所存在的表面化、形式化和教条化的弊端，不断完善管理体系，使之更加符合实际，达到持续改进的目的。

（1）各级领导以身作则，积极参与 QHSE 工作

在 QHSE 管理体系实施过程中，各级领导的重视是体系建立和推动体系运行的前提和动力。企业领导不仅要维系在口头承诺上，还应以身作则，积极参与体系的建设和实施，定期召开 QHSE 例会，签发 QHSE 文件，组织体系审核、管理评审，为 QHSE 管理方案的落实提供人、财、物等方面的支持，在体系实施过程中遇到 QHSE 管理职责的调整和划分、规范化的 QHSE 管理带来原有工作程序改变等问题时，企业领导应及时主持召开 QHSE 工作领导小组会议，协调解决问题。企业部门领导要以身作则，认真履行本部门相关职责，积极配合 QHSE 管理部门完成各项 QHSE 工作；企业基层领导要发动本单位员工严格执行 QHSE 管理制度，积极参加培训，参加危害识别和作业安全分析等 QHSE 活动，规范个人 QHSE 行为，鼓励先进，实现全员的 QHSE 管理，避免出现人为的执行偏差。

（2）大力开展 QHSE 宣传和教育

QHSE 管理体系是一种全新的管理模式，只有使全体员工具备正确的 QHSE 思想意识和观念，并自觉按 QHSE 的管理标准来规范自己的行为，在企业内部逐步形成一种文化，才能使这种管理体系很好地实施。具体可以采取以下办法：

① 开展一系列的宣传活动，提高全体员工对 QHSE 的认识。例如，在企业内部广播站、电视台定期或不定期地播放 QHSE 新闻；编制 QHSE 月度信息公报，利用简报向全体员工公布不安全行为、状况、事故隐患、员工反馈意见等；在工作场所树 QHSE 标志牌；开展 QHSE 宣传周；组织 QHSE 知识竞赛等。

② 分层次对员工进行意识培训。对企业高层管理人员，要求其对国家、集团公司、企业有关的 QHSE 的方针、政策、法律、法规及规章制度、领导承诺、职责、QHSE 管理体系的原理、原则、功能、控制方法等有明确的认识，明确高层管理人员在体系实施中的主导地位和作用。中层管理人员要明确认识国家、集团公司、企业有关的 QHSE 的方针、政策、法律、法规及规章制度、标准 QHSE 的基础理论知识、本部门、本岗位的 QHSE 职责等。对于基层单位负责人、班组长、安全员、员工等，培训重点应放在实施 QHSE 管理体系的重要性、员工的 QHSE 职责及作业指导书上，使执行层人员明白遵守方针、程序和体系要求的重要性，清楚其作业区域存在的风险及个人工作改进带来的 QHSE 好处、处理事故和紧急情况的作用及职责等。

（3）强化基层员工的技能培训和行为训练

为确保 QHSE 管理体系的有效运行，控制风险、避免事故的发生，必须使全体员工了解风险、识别风险、对风险进行评估，从而达到控制风险的目的。这要求强化对员工 QHSE 技能培训和行为训练，如：组织员工学习危害识别方法；组织员工学习涉及本单位的 QHSE 程序文件及运行控制文件，涉及本岗位的 QHSE 作业指导书及安全操作规程、安全作业方案等；加强对事故预防措施的学习和演练；进行 QHSE 专业理论知识的学习和实地操作演练。

（4）加强记录管理，注重信息沟通

记录可为企业实现有效的管理提供信息，为 QHSE 管理体系的改进提供依据，同时也对外提供了管理体系运行的证据。因此，QHSE 管理体系的有效运行需要大量记录的支

持，在体系运行过程中必须加强信息沟通，包括横向信息沟通与纵向信息沟通。横向信息沟通即 QHSE 管理部门与企业其他部门之间的沟通，要注意对 QHSE 记录与其他部门下发到基层单位的记录进行对比，尽量简化，减少员工的工作量；纵向信息沟通主要指 QHSE 管理部门与基层单位之间的沟通，员工在记录过程中碰到操作性问题，应及时将这些问题反馈到 QHSE 管理部门，对现有记录更新，以增加记录的可操作性。

（5）抓好 QHSE 职责的落实，严格检查考核

施工企业应成立专门的 QHSE 检查考核小组，不定期地对各部门、单位、个人的 QHSE 职责落实情况进行检查，实行考核项目标准化、指标定量化、检查记录表格化，检查者和被检查者签字确认，并以此为依据，确定部门、单位、个人的 QHSE 业绩表现，对照年度 QHSE 目标进行考核，考核结果与经济责任挂钩。只有经常考核，才能及时掌握完成情况，把握工作方向，确保 QHSE 管理体系的有效运行。

（6）强化作业现场 QHSE 管理

首先，应做好作业现场的风险管理。组织员工对所有作业活动进行危害识别和风险评估，根据风险量的大小采取适当的风险控制措施，保证作业活动的可靠运行。

其次，要突出抓好检修过程中的 QHSE 管理。以危害识别风险评估为重点，落实 QHSE 职责，制定 QHSE 管理方案，提出 QHSE 保证措施，制度相关应急预案。

然后，加强对作业现场的检查监督，对不合格项及时采取纠正措施。

（7）开展内部审核，使体系持续改进

QHSE 管理体系运行一段时间后，要对 QHSE 管理体系的符合性、有效性、适用性进行审核。内部审核作为审核的一种方式，可以自我诊断和评审企业的 QHSE 管理体系方面取得的成效，进一步督促员工自觉履行 QHSE 职责，达到改善体系的目的。施工企业至少每年对 QHSE 管理体系进行一次内部审核。内部审核应覆盖所有部门、活动和服务。在审核时，审核小组应本着客观、独立、公正的原则，以事实为依据。内审是否有效的关键是纠正措施的落实及其跟踪审查。

QHSE 管理体系是质量、健康、安全、环境为一体的管理模式，该管理体系的建立使企业内的职责和权限更明确、清晰，为企业节省了大量的审核时间及审核经费，为企业带来经济效益。但这并非国际标准本身产生的效益，而是隐含在企业内部无数个管理细胞中的一个，它只是一种有效控制和管理企业的途径。因此，企业要避免僵化，不能主观教条，应按照国际标准管理，不能扼杀人的创造性。

8.2　公路工程施工项目质量管理现状及方法

8.2.1　公路工程项目质量管理现状

随着经济和社会的发展、科学技术的进步与创新、对自然规律认识的深化，人们对基础设施建设的“质量和效益”的意识也在不断增强，跨越了仅仅对工程结构物本身内在质量的要求，认真思考深层次的质量问题，或者说“大质量的”问题，融合“总体规划设计的合理性，工程结构的耐久性，社会效益的可持续性”的工程品质和基础设施的有效服务越来越受到重视。目前，我国公路基础设施建设技术进入世界先进行列，并且我国公路工程质量稳步提

高，主要表现在：各级公路建设主管部门加强了质量管理，制定了明确的质量目标，抓质量的力度明显增强；公路建设各项规章制度得到进一步贯彻落实，大多数的公路重点建设项目较为严格地执行了国家规定的基本建设程序，绝大多数项目贯彻了公路建设的项目法人责任制、招投标制、工程监理制和合同管理制，明确了质量终身责任制；各地普遍建立了公路施工企业资信登记制度，遏制了工程招投标恶性竞争现象；公路工程实体质量明显提高；在路基分层填筑、桥梁伸缩缝、路面平整度、防护工程砌筑等方面，各地都制定了较为有效的质量控制措施。

8.2.2 我国公路工程项目质量管理中存在问题

虽然我国公路工程的质量在稳步提高，但是在公路工程质量方面还存在着一些问题，如不经可行性论证、不做调查分析就拍板定案，没有搞清公路工程地质、水文等情况就仓促开工，进行无证设计、无图施工、任意修改设计，不经验收就交付使用等都会致使不少公路工程项目留有严重隐患，导致公路工程质量事故频繁发生。产生公路工程质量事故的主要原因有：

1. 设计质量问题

(1) 在我国设计与施工相互分离的承包方式下，设计的质量问题相对比较突出。设计文件的错漏缺是设计中的常见病。

(2) 设计质量的另一主要问题是基础工作深度不足，不重视现场调查、勘探，只是通过定性对比，或查手册、套标准图。在设计时，不重视总体设计和多方案的技术经济论证，造成设计不合理、浪费严重，甚至留下工程隐患。

2. 建设单位管理和施工质量问题

(1) 通过对国内几起公路工程质量事故的分析，发现有的建设单位一再压低承包价格；施工单位按国家相应施工与验收规范施工，就无利可图。施工单位势必要在偷工减料、以次充好方面下功夫，这样必然会出现公路工程质量事故。

(2) 有的建设单位肢解工程，把路基工程、路面工程、桥梁工程、365JT 交通工程等分别包给不同的施工单位，加上施工单位之间很少联系，使得路基工程与路面工程配合不好，交通工程与桥梁工程出现矛盾。

(3) 某些建设单位为了进一步有利可图，强行向施工单位提供筑路材料。这些材料往往以次充好，必然造成质量隐患。

(4) 多数建设单位没有懂土建的技术人员，对工程的检测手段、对施工不熟悉，对施工单位的施工质量的检查、监督不够。

(5) 由于施工企业经营责任制的推行，承包商实行工程独立核算、自负盈亏，因而，部分承包商为取得中标，有意压低投标价使标价偏低，在施工过程中出现成本与质量的矛盾，少数承包商还暗中分包，偷工减料现象时有发生；个别施工队伍缺乏施工经验，致使施工质量得不到保证。

3. 监理队伍素质问题

我国现阶段的监理队伍严重存在着“三多三少”，即：兼营监理企业多，专营监理企业少；兼职人员多，专职人员少；返聘人员多，正式职工少。很多监理公司既搞设计又做监理，业务广而不专；大部分监理是临时聘用的设计人员，对监理业务知而不全、懂而不精。同时，公路工程的监理费用支付偏低，还有的是把部分监理费用与施工费用掺和在一起，让施工企业承担监理的吃、住和通讯等开支。这种监理"吃施工"的局面，监理难以理直气壮地行使正常职权。

8.2.3　公路工程施工质量控制特点

施工是形成工程项目质量的关键环节，所以，施工阶段的质量控制是工程项目质量控制的重点。在施工过程中，由于项目施工涉及面广，是一个极其复杂的综合过程，再加上公路工程项目整体性强、建设周期长、受自然条件影响大的特点等，因此，公路工程项目的质量比一般工业产品的质量更难以控制，主要表现在以下几个方面：

1. 影响质量的因素多

如设计、材料、机械、地形、地质、水文、气象、施工工艺、操作方法、组织措施、技术措施、管理制度等，均直接影响施工项目的质量。

2. 容易产生质量变异

不同于工业产品有固定的自动流水线、规范的生产工艺、成套的生产设备和稳定的生产环境等，由于影响施工项目质量的偶然性因素和系统性因素较多，因此，很容易产生质量变异。如材料性能微小的差异、机械设备正常的磨损、操作微小的变化、环境微小的变动等，均会引起偶然性因素的质量变异。而施工方法不妥、操作不按规程、机械故障，以及设计计算错误等，则会引起系统性因素的质量变异，造成工程质量事故。为此，在施工中严防出现系统性因素的质量变异，要把质量变异控制在偶然性因素范围内。

3. 质量隐蔽性

施工项目由于工序交接多，中间产品多，隐蔽工程多，若不及时检查实质，事后再看表面，就容易产生第二类判断错误，即将次判好；反之，若检查不认真，测量仪表不准，读数有误，则会产生第一类判断错误，即将好判次。这点在进行质量检查验收时，应特别注意。

4. 质量检查不能解体、拆卸

公路工程项目建成后，不可能像某些工业产品那样，再拆卸或解体检查内在的质量，或者重新更换零件，即使发现质量有问题，也不可能像工业品一样实行"包换"或"退款"。因此，必须加强质量控制与管理的强度，以确保公路工程项目一次性形成符合标准及要求的质量。

5. 质量问题的暴露性

公路工程质量受全社会的关注和监督，质量问题非常敏感，这是由公路工程产品的特殊性决定的，即：公路工程产品的使用者具有广泛的社会性，公路工程产品一旦出现质量问题会很快引起媒体和社会的广泛关注。这就要求公路工程项目的主管及从业单位必须树立高度的质量责任感，以优质的工作质量来保证公路工程质量，树立政府、企业的良好社会形象。

6. 质量要受投资、进度的制约

公路施工项目的质量受投资、进度的制约较大，一般情况下，投资大、进度慢，质量就好；反之，质量则差。因此，在项目施工中，还必须正确处理质量、投资、进度三者之间的关系，使其达到对立的统一。

8.2.4 公路工程项目质量控制的影响因素

影响公路工程项目质量的因素很多，但归纳起来主要有五个方面的因素，即人（man）、材料（material）、机械（machine）、方法（method）和环境（environment），简称为4M1E因素，事一前对这五方面的因素严格予以控制，是保证公路工程项目质量的关键。

1. 人的因素

人是工程项目建设的实施者，也是质量活动的主体。工程项目建设的全过程，如项目的规划、决策、勘察、设计和施工，都是通过人的活动来实现的。人的素质，即人的思想水平、文化水平、技术水平、管理能力和身体素质等，都将直接或间接地对工程项目勘测、设计和施工的质量产生影响，而规划是否合理，决策是否正确，设计是否符合所需要的功能和使用价值，施工是否满足合同、规范、技术标准的要求等，都将对工程项目的质量产生不同程度的影响，所以人的因素是影响工程项目质量的一个重要因素。

2. 材料因素

材料（包括原材料、成品、半成品和构配件）是工程施工的物质条件，没有材料就无法施工，材料质量是工程质量的基础，材料质量不符合要求，工程质量也就不可能符合标准。所以，加强材料的质量控制，是提高工程质量的重要保证，是创造正常施工条件、实现投资控制和进度控制的前提。

3. 机械设备因素

施工机械设备是实现施工机械化的重要物质基础，是现代化工程建设中不可少的设施，施工机械设备质量的优劣、类型是否符合项目施工的特点、主要性能是否先进和稳定、操作是否方便等，都将会影响到工程项目的质量。控制设备的选型和配套，制定合理的机械化施工方案，可以为保证工程质量提供必要的支撑。

4. 方法因素

方法主要是指施工方法和施工技术，如施工方案、施工工艺和操作方法等。在工程项目施工中，施工方案是否合理、施工工艺是否先进、施工操作是否正确，都将对工程项目的质量产生重大影响。施工方案包括施工技术方案和施工组织方案，其正确与否，是直接影响工程项目的质量控制、进度控制和投资控制三大目标能否顺利实现的关键。施工方案考虑不周，往往会影响质量、拖延进度、增加投资。

5. 环境因素

影响公路工程项目质量的环境因素有很多，概括起来可分为三类，即：工程技术环境，如地形、地质、水文、气象、勘测、规划和设计施工等；工程管理环境，如质量保证体系、管理措施和管理制度等；工程作业环境，如劳动组合、劳动工具、工作面、防护设施、通风照明和通信条件等。环境因素是多变的，不同的工程项目有不同的工程技术环境、工程管理环境和工程作业环境，而且同一个工程项目，在不同时间，环境因素也是变化的，而这些变化都会对公路工程项目的质量产生影响。

对这五方面因素的控制必须贯穿于整个公路工程项目质量的形成过程，同时也需要公路工程项目的每个参与者依据相应的技术标准及合同文件各尽其责，在工程的每个阶段严把质量关，只有这样才有可能产出优质的、经济效益好的公路产品。

（1）人的因素的控制：公路工程项目建设中的人员包括直接参与工程建设的决策者、组织者、指挥者和操作者。为了避免人的失误，调动人的主观能动性，增强人的责任感和质量观，达到保证工程质量的目的，除加强政治思想教育、劳动纪律教育、职业道德教育、专业技能培训、健全岗位责任制、改善劳动条件、给予公平合理的激励之外，还需根据公路工程项目的特点，从确保质量出发，本着因材施用、扬长避短的原则来控制人力资源的使用。

（2）材料因素的控制：在公路工程建设中，监理单位及施工单位对材料的质量标准、材料的性能、材料取样、试验方法、材料的适用范围和施工要求等方面进行控制，应着重做好有关材料的相应工作，严把材料质量关。

（3）机械设备因素的控制：从保证工程项目施工质量的角度出发，应着重从机械设备的造型、主要性能参数和使用操作要求三方面予以控制。

（4）方法因素的控制：在制定和审核施工方案时，必须结合工程实际，从技术、组织、管理、工艺、操作和经济等方面进行全面分析、综合考虑，力求方案技术可行、经济合理、工艺先进、措施得力、操作方便，顺利提高质量，加快进度，降低成本。

（5）环境因素的控制：对于包含工程地质、水文和气象之类的工程技术环境，它们属于客观存在的硬环境，只有探清工程实地环境，尊重并合理利用之，才能寻求到能保证工程质量的工作环境。对于属于主观因素的工程管理环境，则完全可以凭借主观努力、加强管理力度来完善，使公路工程项目在能确保质量的软环境下有序地进行。

8.2.5　公路工程施工质量分析方法

公路工程施工有它的复杂性，要认真完成好公路工程的施工，需推行全面质量管理体系，尤其要扎扎实实地进行质量管理，而进行管理的方法对于一个公路工程施工企业，需要有一套科学的统计方法，定期分析企业内部的各项指标，依靠企业全体职工的努力，综合运用各种科学方法，试验检测，取得大量的数据，对工程质量及工作质量形成全过程的各种影响因素，进行全面预防、控制和系统的管理，以保证向建设单位提供满意的合格工程。选用有效的质量控制方法，就能实现有效的控制质量，从而保证公路工程的质量。施工过程中，出现质量问题是不可避免的；但要弄清质量问题的原因，才能有针对性地制定改进措施，提高工程质量。

在全面质量管理中，应用的统计方法很多，常用的有分层法、排列图法、因果分析图法、直方图法、控制图法、相关图法和统计调查表法等。

1. *分层法*

由于工程质量形成的影响因素较多，因此，对工程质量状况的调查和对问题的分析，必须分门别类进行，以便准确有效地找出问题及其原因，这也是分层法的基本思想。

根据管理需要和统计目的，进行调查分析的层次划分和分类整理。层次类别划分越明确、细致，就越能准确有效地找出问题及其原因，并能及时采取措施加以预防。常用的分层标志有：操作班组或操作者；合同结构；工程类型；机械设备型号、功能；工艺、操作方法；原材料产地或等级；时间顺序等。

【例8-1】　筋笼加工采取钢筋套筒连接，共有3名操作工人，某次抽检共抽取30个接头进行检测，发现8个不合格，试查找原因。

分层调查统计数据如表8-2所示，由此可以看到，操作工人C的连接质量影响了总体的质量水平。

表 8-2　分层调查统计数据表

作业人员	抽检数量	不合格数量	个体不合格率/%	占不合格点数总数的百分比/%
A	10	2	20	25
B	10	1	10	12.5
C	10	5	50	62.5
合计	30	8		100

2. 排列图法

排列图又称帕累托图或主次因素排列图，是利用排列图寻找影响质量主次因素的一种有效方法。该方法是根据意大利经济学家帕累托提出的“关键的少数和次要的多数”原理，由美国质量管理学家 J. M. Juran 发明的一种质量管理图形。

质量管理用的排列图是把影响工程质量的缺陷、特性或项目，用宽度相等、高度为项目频数的直方，按由高到矮的原则，自左向右排列到直角坐标系中，并对应画出各项目累计比率变化曲线。排列图一般有两个纵坐标和一个横坐标。横坐标表示影响质量的各种不同因素，按因素影响程度的大小，即按造成不合格的多少，从左到右排列。直方图的高度表示某个因素影响的大小；曲线表示各影响因素大小的百分数。通常把累计百分数分为三类：0～80%为 A 类，即主要因素，进行重点管理；80%～90%区间的因素(问题)定为 B 类，即次要因素，进行次重点管理；90%～100%区间的因素(问题)为 C 类，即一般因素，按照常规适当加强管理。因此该方法也称为 ABC 分类管理法。

(1) 排列图作图方法

① 确定调查对象，收集相关数据。

② 排列项目，进行计算。把收集到的数据按照频数的大小重新排列，计算各自比率和累计百分比。

③ 在坐标纸上画出纵、横坐标和各项目的直方。在横坐标上从频数大的项目起自左到右依次写上项目名称，纵坐标表示累计百分率和频数，纵坐标和横坐标的长度比通常为 1∶1～2∶1，各直方宽度相等，直方之间不留空隙。

④ 画出累计百分率曲线。根据累计百分率在各直方图相应部位点上点，连接这些点，便得到“累计百分率曲线”。曲线起点为 0，终点为 100%。

⑤ 写上必要事项，如标题、期间、数字合计和工序名称等。

⑥ 分析主要因素。习惯把主次因素排列图累计百分率分为三类。在 80%和 90%处绘两条横线，把图分成 3 个区域。0～80%为 A 类，80%～90%为 B 类，90%～100%为 C 类。其中 A 类因素是主要因素。

(2) 排列图应用要点及注意事项

① 在制作排列图时，要掌握尽可能多的数据和资料。

② 关键因素不宜过多，突出一两个主要原因，以便集中力量解决。

③ 要变换分层方法，从不同方面进行分类，从不同角度分析问题，画出排列图进行比较，这样容易从复杂问题中找出主要问题。

④ 对一个问题采取措施前后都要画出排列图，对照分析，验证效果。

【例 8-2】 对某混凝土路面结构进行质量检验，发现存在若干质量问题，其数据如表 8-3

所示。

表 8-3　某路面质量问题数据

序号	项目	频数	频率/%	累计百分比/%
1	强度不足	78	56.5	56.5
2	蜂窝麻面	30	21.7	78.2
3	局部露筋	15	10.9	89.1
4	振捣不实	10	7.2	96.3
5	早期脱水	5	3.7	100
合计		138	100	

根据表中数据绘制排列图如图 8-1 所示，由图可知：强度不足是主要因素，蜂窝麻面是次要因素，其他三项是一般因素。为进一步分析主要因素形成的原因，可以对“强度不足”进行因果分析，找出原因，再用排列图找出主要原因。

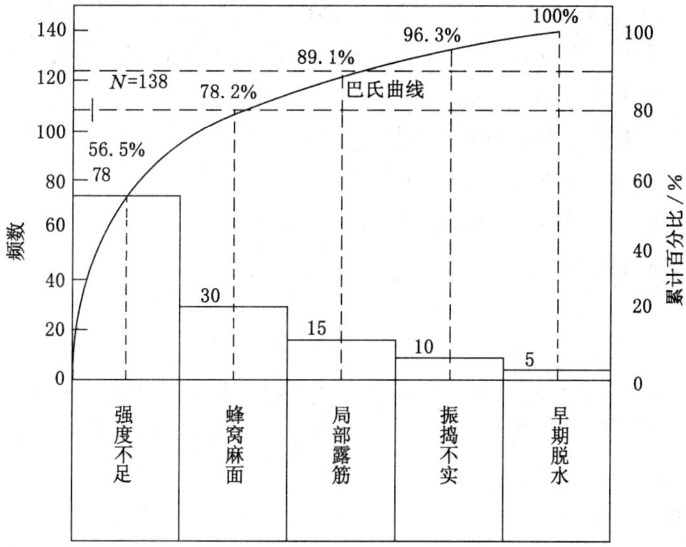

图 8-1　某混凝土结构质量问题排列图

3. 因果分析图法

因果分析图法，也称质量特性要因分析法、鱼刺图法、树枝图法，其基本原理是对每一个质量特性或问题，逐层深入排查可能原因，即将一个大原因分别分成许多具体的小原因，然后确定其中最主要原因，进行有的放矢的处置和管理。

影响工程质量的原因虽然有很多，但从大的方面分析，不外乎材料、机械设备、施工方法、检测仪器、工人本身和施工环境六个大的原因。

(1) 因果分析图的作图方法

首先，从左到右画出粗箭头，并将质量特性写在箭头上。然后，画出大原因，一般将影响质量的六个原因作为大原因，画出箭头。接着，分析影响大原因的因素作为中原因，画出中原因，画上箭头；再分析影响中原因的因素作为小原因，画出小原因，画上箭头……依次分析下去。画完全部大、中、小及更小原因后，检查有无漏画原因。最后，从画入图中的各种原因中选择影响大的原因标出记号。如图 8-2 所示。

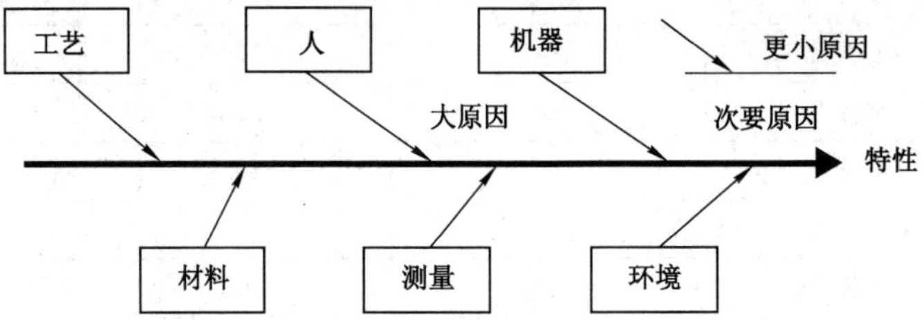

图 8-2 因果分析图

(2) 因果分析图的注意事项

在绘制因果分析图时，要广泛听取各方面的意见，通常采用质量管理小组活动的方式进行，必要时可以邀请小组以外的有关人员尤其是现场人员参加，广泛听取意见。分析时要充分发表意见，层层深入，列出所有可能的原因。在此基础上，由各参与人员采用投票或其他方式，从中选择几项多数人达成共识的最主要原因。在作图时应注意以下事项：

① 质量特性要具体、简单、明确。

② 一个质量特性或一个质量问题作一张图。

③ 主干箭头方向从左向右，以便看图方便。

④ 项目的分析要尽可能深入细致，表达具体、简练。

⑤ 重要原因应有特殊标志。

4. 直方图法

(1) 直方图的概念

直方图也称为频数分布直方图，是将质量检测数据换算成频数，然后画成长方形的统计图，每个长方形的高度代表一定范围内数据所出现的频数，从而由频数的分布情况分析质量问题，了解质量状况是否正常。

(2) 直方图的作图方法

① 收集相关数据。数据不能太少，否则误差很大，准确度不够，一般取 50～200 个。通常令数据总个数为 N，如若某公路实测弯沉值的记录为 100 个，则 $N=100$。

② 求出数据中的最大值 X_{max} 和最小值 X_{min}。这样，即可确定全体数据中的最大值和最小值之差，称为极差或散差 R，R 用于描述数据分布范围。

③ 确定组距和分组。分组要适当，一般分成 10 组。组数用 K 表示，组距用 h 表示，一般先定组数，再定组距。

④ 确定分组区间值（组界值）。为避免数据刚好落在组界上，组界值的数据要比原数据的精度高一位。

⑤ 编制频数分布调查表。分组区间值确定之后，就可以绘制频数分布调查表。在质量检测数据中，每个数据出现的次数为频数。

⑥ 画频数分布直方图。从频数分布调查表上可了解数据的分布情况，但为进一步了解产品质量情况，还可画出频数分布直方图，该图横坐标表示分组区间，纵坐标表示各个组间

数据发生的频数。频数直方图示例如图 8-3 所示。

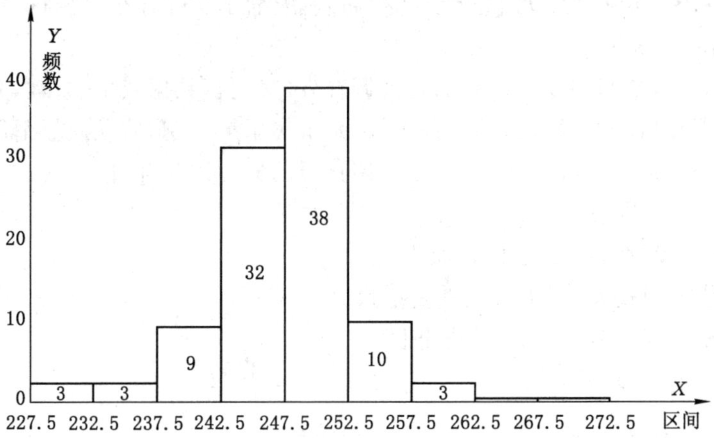

图 8-3　频数分布直方图

(3) 频数直方图的用途

① 直接估算次品率。根据直方图算出两个统计特征值,即平均值 X 和标准偏差 σ,然后估算超过公差上、下限所出现的次品率和合格品率。

② 判断质量分布状态。通过观察图的形状,判断产品质量是否稳定,预测生产过程的不合格品率。基本方法是用直方图与方差进行对比,看直方图是否在公差要求的范围内。图 8-4 中,B 是实际尺寸分布范围,T 是方差范围。

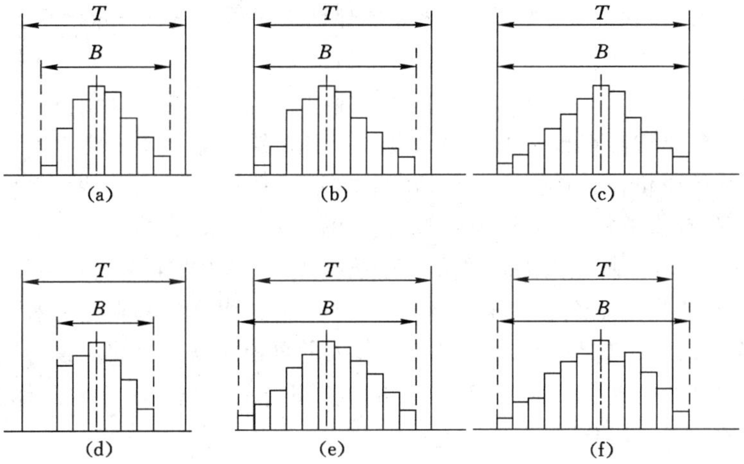

图 8-4　直方图与公差对比图

在图 8-4(a)中,B 在 T 中间,平均值也正好与公差中心重合,实际尺寸两边还有一定余地,这样的产品质量是最理想的。图 8-4(b)中,B 虽然落在 T 内,但因偏于一边,因此仍有超差可能,须采取措施把分布移到中间来。图 8-4(c)中,B 在 T 中间,但两侧完全没有余地,稍有不慎就会超差,必须缩小分布范围。图 8-4(d)中,公差范围远大于实际分布,此时应考虑适当放宽精度、降低成本。图 8-4(e)中,B 过分偏离 T 的中心造成超差,应采取措施纠正。图 8-4(f)中,实际尺寸大于公差,产生超差,应缩小实际分布,提高操作精度。

5. 统计调查表法

统计调查表法,是利用专门设计的统计调查表,来进行数据收集、整理,并给其他数理统计工具提供依据和粗略原因分析的一种工具,是工程了解问题、监视质量情况的一种简单易行的方法。调查表格式各种各样,一般根据调查目的分为以下几种:

(1) 工序分布调查表,可用于作频度分布直方图。

(2) 不良项目调查表,可用于作排列图。

(3) 缺陷位置调查表,可用作调查质量状况。

(4) 不良要因调查表,可用于作散布图。

(5) 检查评定工程用调查表等。

8.2.6 施工项目质量控制

1. 施工质量控制概述

质量控制是质量事故防范和质量管理工作的重点。公路工程施工项目的质量控制即是对公路施工项目的所有环节进行质量控制。

(1) 质量控制的依据

① 设计图纸和相关规范。严格按照设计图纸和技术规范中写明的试验项目、材料性能、施工要求和允许偏差等有关规定进行施工,没有监理工程师的同意,不得引用其他任何标准。

② 合同条款。图纸和技术规范是对工程的具体要求,而合同条款是要求承包人执行规范、按图纸施工的法律保证,二者结合起来才能保证工程质量达到规定水平。

(2) 质量控制程序

① 开工报告。在各单位工程、分部工程或分项工程开工之前,承包商提交工程开工报告给高级驻地监理工程师审批。工程开工报告提出工程实施计划和施工方案;依据技术规范列明本项工程的质量控制指标及检验频率和方法;说明材料、设备、劳力及现场管理人员等项的准备情况;提供放样测量、标准试验、施工图等必要的基础资料。

② 工序自检报告。承包人的自检人员按照监理工程师批准的工艺流程和提出的工序检查程序,在每道工序完工之后首先自检,自检合格后,报监理工程师进行检查认可。

③ 工序检查认可。监理工程师应紧接承包人的自检或与承包人的自检同时,对每道工序完工后进行检查验收并签字认可,对不合格的工序指示承包人进行缺陷修补或返工。前道工序未经检验认可,后道工序不得进行。

④ 中间交工报告。当工程的单位、分部或分项工程完工后,承包人的自检人员再进行一次系统的自检,汇总各道工序的检查记录及测量和抽样试验的结果,提出交工报告。自检资料不全的交工报告,监理工程师应拒绝验收。

⑤ 中间交工证书。监理工程师应对按工程量清单的分项完工的单项工程进行一次系统的检查验收,必要时应做测量或抽验试验。检查合格后,请高级驻地监理工程师签发“中间交工证书”。未经中间交工检验或检验不合格的工程,不得进行下项工程项目的施工。

⑥ 中间计量。对填发的“中间交工证书”的工程,方可进行计量并由高级驻地监理工程

师签发“中间计量表”，完工项目的竣工资料不全可暂不计量支付。

质量控制流程如图 8-5 所示。

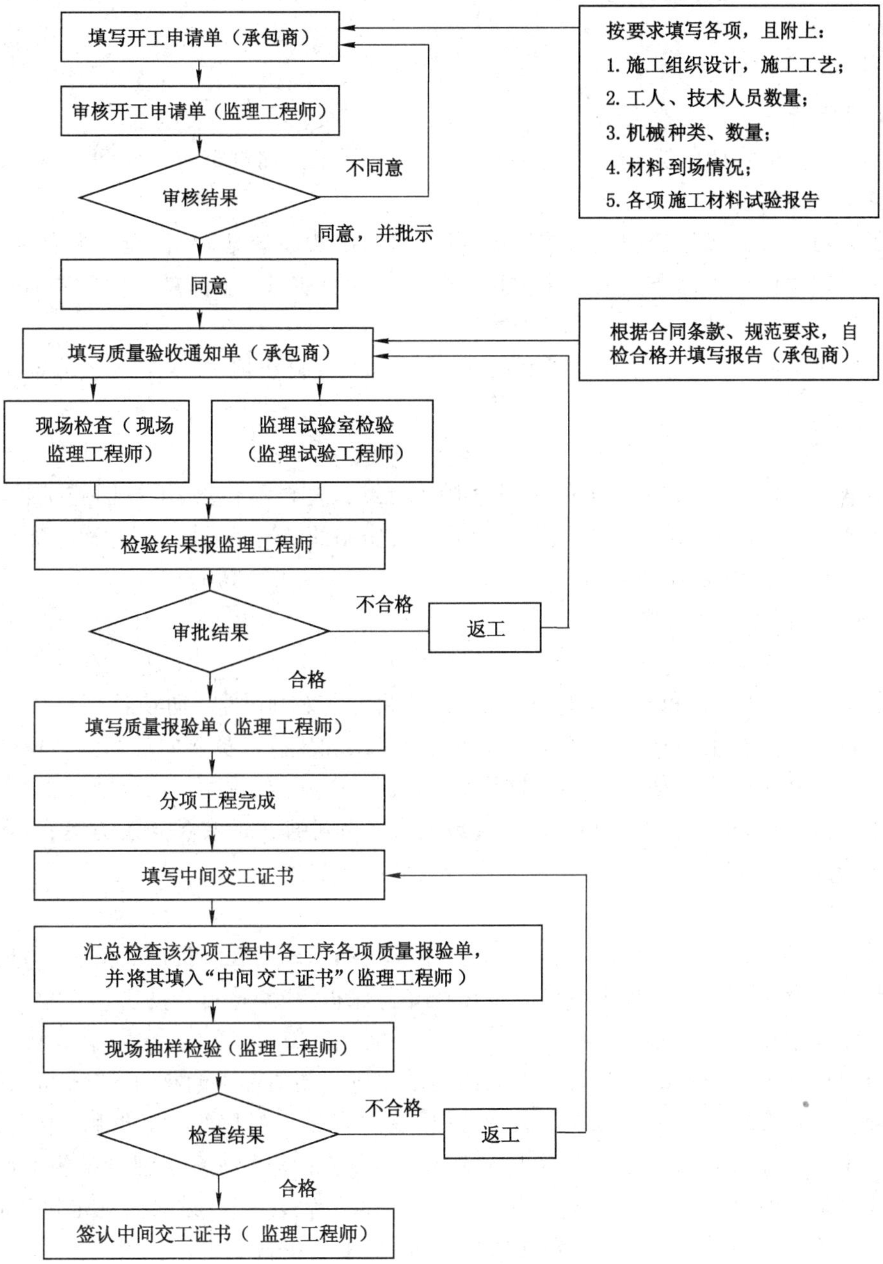

图 8-5　质量控制流程图

从质量控制流程图中可以看出：分项工程开工前，承包商必须向监理工程师提出开工申请，并说明施工材料、设备、人员的准备及施工方案，开工申请得到监理工程师批准后方可施工。同时，在施工过程中承包商必须有自己的内部质量管理系统，对施工质量进行检查，发现不合格的工程，自己就进行修补或返工，直到达到规范标准后才填写“质量检验通知单”，报请监理人员验收。监理人员对报请验收的工程再进行质量检查，不合格的工程仍要修补或返工，直到达到规范标准为止。对于合格的工程，监理工程师签发“中间交工证书”，进入中间计量。

2. 质量控制的基本方法

(1) 设立管理点。

(2) 开展质量统计分析，掌握工程质量动态。开展工人和班组的自检和互检，同时组织专业人员进行专门检验。

为了充分发挥施工过程中质量控制的预防作用，必须系统地、经常地掌握各施工处、施工班组在一定时间内产品质量或工作质量的现状及发展动态，为此，就必须开展质量状况的统计分析。统计分析的指标一般分为两类：

(1) 工程质量指标。它主要有优良品率、合格率及其分布情况，用以考核分部工程的质量水平。

(2) 工作质量指标。它主要有废品率、返修率等。

通过分析，查出发生质量问题的原因，如图纸错误、材料不合格、不按图施工、违反工艺及操作规程、技术指导错误等。在几个原因同时其作用的情况下，要分清主次。原因力求具体，以便采取预防措施和防范对策。

3. 施工阶段的质量控制

(1) 施工技术交底

单位工程、分部工程和分项工程开工前，由项目总工程师主持，向项目部有关人员和施工作业队负责人进行书面技术交底；由作业队负责人、现场技术员再向现场具体操作人员进行技术交底。技术交底资料应办理签字手续并归档。

在施工过程中，项目总工程师对由业主或监理工程师提出的有关施工方案、技术措施及设计变更的要求，应在执行前向执行人员进行书面技术交底。

(2) 工程测量

测量组在项目开工前应编制“测量控制方案”，经项目总工程师批准后实施，测量记录应按要求归档保存。在施工过程中应对测量点线妥善保护，严禁擅自移动。

(3) 材料质量控制

项目部应在公司确定的合格材料供应商名录中按计划招标采购材料、半成品和构配件。材料的搬运和贮存应按搬运贮存规定进行，并应建立台账。项目部应对材料、半成品、构配件进行标识。未经检验和经检验为不合格的材料、半成品、构配件和工程设备等不得投入使用。对业主提供的材料、半成品、构配件、工程设备和检验设备等，必须按规定进行检验、验收和妥善保管，发现不适用、不合格或丢失等情况，应书面报告业主。

(4) 机械设备质量控制

项目部应按设备进场计划进行施工设备的调配和必要的进场验收；现场的施工机械须能满足施工需要；应对机械设备操作人员的资格进行确认，无证或资格不符合者，严禁上岗。

(5) 计量器具质量控制

项目部应按规定控制计量器具的采购、检定、使用、保管、维修和检验。

(6) 工序控制

① 项目质量控制实行先铺设试验段。施工过程均应按要求进行工序“三检”，即自检、互检和交接检。隐蔽工程、指定部位和分项工程未经检验或已经检验定为不合格的，严禁转入下道工序。对查出的质量缺陷应按不合格控制程序及时处置。

② 过程质量控制应由每道工序和岗位的责任人负责。

③ 分项工程完工后，必须经监理工程师检验认可。

④ 施工作业人员应按规定经考核后持证上岗。

⑤ 施工管理人员及作业人员应按操作规程、作业指导书和技术交底文件进行施工。

⑥ 施工管理人员应记录工序施工情况。

(7) 特殊过程控制

对在“项目质量保证计划”中界定的特殊过程，应设置“工序质量控制点”进行控制。对特殊过程的控制，除应执行一般过程的规定外，还应由专业技术人员编制专门的作业指导书，经项目总工程师审批后执行。

(8) 工程变更

应严格执行工程变更程序，经有关程序批准后方可实施。

(9) 成品防护

成品防护是施工生产过程的重要环节，是对施工工程成品的符合性提供有效的保护，以防止成品损坏。项目部应对施工半成品和成品采取有效措施妥善保护。成品防护的期限是从施工开始直至工程交付责任期满为止的项目施工全过程。成品防护的主要范围有：

① 工程设备。如工程系统中的照明设施等。

② 施工过程中的工序成品。如承台、墩身、盖梁及各种预制件等。

③ 完工后交工前的成品。如整个工程。

④ 工程完工至交付业主前的成品保护。

成品防护程序为：制定成品防护方案→技术交底→成品防护→监督检查→对防护不当造成的质量问题进行补救处置和验收。

8.2.7 公路工程项目质量控制流程

1. 施工准备

(1) 承包人在合同规定的时间内向监理部报送施工组织设计。

(2) 监理部审核验收控制测量点、施工测量原始资料。

(3) 承包人完成其他施工准备工作。

2. 开工报告

(1) 承包人在正式开工前，必须向监理部提交开工报告并附有：施工组织设计，现场情况，材料来源及材料试验，审核验收的测量成果资料。

(2) 开工报告由监理部审查，业主审批，由业主签发开工令。

3. 分项工程开工报告

(1) 承包人在每项分项工程开工前，必须向监理部提交分项工程开工申请批复单并附有：施工组织、施工方案、工艺流程、进度计划、原材料及配合比试验结果报验单、施工机械报验单、施工放样报验单、试验段方案及试验段总结报告。

(2) 分项工程开工申请批复单由驻地专业监理工程师签收审查，提请监理部审批，报业主备案。

4. 工序自检报告

(1) 承包人提出已开工分部或分项工程的工艺流程、工序自检程序和方法。该程序和方法应与技术规范、监理工程师批准的施工方法和工艺流程相协调;与验收标准、检验频率和检测(验)方法相配合;并附框图。

(2) 分部或分项工程的工艺流程、工序自检程序和方法由驻地专业工程师签收批准。

(3) 在每道工序完工后,承包人应按照工序检查程序进行自检,填写质检报告、质检表格和编写文字说明,申报驻地专业监理工程师签收。

5. 工序检查认可

驻地专业监理工程师紧接承包人自检或与承包人自检的同时,对每一道工序完工后进行检查验收,对合格工序签认。对不合格的工序指示承包人进行缺陷修补或返工。前道工序未经检查认可,下道工序不得施工。

6. 中间交工报告

(1) 当工程的单位、分部或分项工程完工后,承包人应再进行一次系统的自检,汇总各道工序的检查记录及测量和抽样试验结果,提出交工报告。

(2) 交工报告由驻地专业监理工程师签收。自检资料不全的交工报告,驻地专业监理工程师拒绝签收。

7. 中间交工证书

驻地专业监理工程师对签收的工程量清单中的分项完工的单项工程进行一次系统的检查验收,必要时测量、检测、抽样试验。检查合格后,提请监理部签发"中间交工证书",只有取得"中间交工证书"才能进行工程计量,进行下一工程项目施工。

8. 现场质量控制

(1) 测量。

(2) 试验。

(3) 现场监督检查。

(4) 质量事故的处理。

8.3 质量成本管理

8.3.1 质量成本的含义

质量成本的概念及其质量成本管理是在20世纪60年代之后,推行全面质量管理(TQC)的实践中所逐渐形成和发展起来的成本管理分支学科。20世纪50年代初期,质量成本理论的创立者——费根堡姆首次提出质量成本的概念,即在生产经营活动中,为达到和保持特定的质量水平而支付的一切费用,以及因未达到既定质量标准而发生的一切损失之总和。60年代初,费根堡姆又提出把质量成本划分为预防费用、检验费用、场内损失和场外损失四类。80年代,费根堡姆进一步发展了质量成本的内涵。他提出质量成本应涉及产品的全寿命周期。费根堡姆对质量成本的定义为质量管理理论界所认同,是一种经典的质量成本概念,也是质量成本的经济内涵。

《质量管理体系 基础和术语》(GB/T 19000)中把质量成本定义为:将产品质量保持在规定的质量水平所需的费用,它包括预防费用、检验费用、内部损失费用和外部损失费用。

8.3.2　施工企业质量损失成本源分析

施工企业在组织施工生产时,不同部门、岗位的工作失误都会产生质量成本,为此必须尽快找到发生源,以便制定纠正和预防措施,降低损失和防止类似问题的重复发生。所以,质量成本源的归集问题显得格外重要。研究质量成本源归集问题不是为了在出现质量问题以后去追究责任,而是为了更有效地找出导致质量问题发生的原因,从而帮助相关部门和人员尽可能地预防质量问题的再发生,或者一旦出现问题时能尽快予以消除。

施工企业质量损失成本分析按照归集分析对象不同,可分为外部分析和内部分析两类。

1. 外部分析

在工程项目的施工过程中,施工企业与业主、监理、分包商、材料商等都对建筑产品质量产生影响,因而损失成本源也主要围绕在这几方进行分析。

建筑产品质量的组成因素中,施工质量本着"谁施工谁负责"的明确方针,由承担施工任务的总承包商或分包商负责(延续至保修期结束)建筑材料、构件质量。本着"谁验收谁负责",施工企业只承担由自己供货的材料、构件质量问题带来的质量损失;交付使用后保修服务质量企业做"定期回访、用户回访中心随叫随到",分析引起质量问题的原因,归集分包商、使用者与施工企业的责任。在确定了具体的责任者后,根据损失的数额与相应的责任,进行相应的经济补偿或追偿。

外部分析是建立在一定的法律、法规、施工规范、工程技术以及相关的各类合同基础上,直接关系到利益,因而一直很受重视。外部分析的成效多取决于施工合同的签订、施工文件的完整等。成功的施工企业在质量问题的分析与规避上大都形成了自己的一套方案与措施。

2. 内部分析

根据全面质量管理的理论,企业的每一个职能部门、岗位和工作人员都对企业质量成本的发生产生影响,在质量管理体系中都承担相应的责任。质量损失成本源的分析,其实质是查明质量成本损失原因,发现质量损失位置,明确质量损失责任,及时、准确、到位地采取相应措施,从而达到质量持续改进、降低质量成本的目标。

施工企业内部质量损失成本源的分析过程如下:

(1) 依据施工企业质量损失成本发生原因,进行损失成本分类。

施工企业质量损失成本按照发生的原因一般可分为施工损失成本、安全损失成本、合同损失成本和工作质量损失成本四类,每一类还可以进一步细分,同时确定每一类的质量成本损失源,如表 8-4 所示。

(2) 建立施工质量损失成本源分析明细表。

施工企业可以根据自身管理习惯、管理特点,按照分部分项工程将质量问题通病及其原因进行罗列,并根据特定原因找出相应质量损失成本源,建立施工质量损失成本源分析明细表。分析表格式如表 8-5 所示。

表 8-4　施工企业质量损失分类及成本源分析

损失类型	损失原因		损失源	备　注
	主要原因	原因细分		
施工质量损失	设计原因	勘察报告缺陷	勘察单位	
		施工图纸设计缺陷	设计单位	
		…	…	
	施工原因	施工方案缺陷	技术负责人	
		未按施工规范施工	工长	
		…	…	
	机械材料原因	材料质量不合格	材料员	
		…	…	
	外部原因	业主设计变更	业主	
		…	…	
安全质量损失	安全计划问题	安全管理程序文件缺陷	安全部门	
		…	…	
	安全实施问题	安全措施不当	项目经理	
		…	…	
合同质量损失	合法性缺陷	合同与当地政府政策法规有偏差	合同审计部门	
		…	…	
	风险性缺陷	权利和义务不对等	合同审计部门	
		…	…	
	严谨性缺陷	合同条款存在歧义	合同审计部门	
		…	…	
	分包商缺陷	分包商资质不足	技术负责人	
		…	…	
工作质量损失	工作职能划分缺陷	存在责任空白	企业经理	
		…	…	
	工作流程制定缺陷	工作流程制定不协调	部门负责人	
		…	…	
	流程执行缺陷	流程执行中缺少检查	部门负责人	
		…	…	

表 8-5　施工质量损失成本源分析明细表

分部工程编号及名称	分项工程编号及名称	质量损失编号及名称	质量损失原因	第一责任人	第二责任人	第三责任人	备注
1. 地基与基础工程	1.1 地基工程	1.1.1 沉降不均匀	标高失控 地基土含水量大 …	工长 施工员 …	施工员 质量负责人 …	质量负责人 …	
		1.1.2 边坡塌方	边坡支护不当 坡顶荷载过大 …	技术负责人 技术负责人 …	工长 安全员 …	质量负责人 施工员 …	
		1.1.3…	…	…	…	…	
	1.2 基础工程	1.2.1…	…	…	…	…	
2. 下部构造	…	…	…	…	…	…	
…	…	…	…	…	…	…	

(3) 根据岗位职责和质量损失位置，明确质量损失责任人，确定时可以遵循以下原则：

① 由材料问题产生的工程质量问题，责任人是质检员和材料员。

② 由于具体操作出现质量问题的，主要责任是工长，施工员与质量负责人也要负一定责任。

③ 已按交底施工出现质量问题，技术负责人是第一损失成本源。

④ 在施工过程中，该复检而未复检出现问题，第一损失成本源是施工员。

⑤ 重大施工安全问题，主要责任人是项目经理。

⑥ 形成成品后发现的质量问题第一损失成本源是质检员。

⑦ 技术总负责人对质量问题缺乏认识，说明公司技术水平太低，归咎为公司的问题。

⑧ 非人为因素出现的质量问题，不能确定责任人的，针对具体问题采取对策。

(4) 通过组织结构建立项目与公司之间质量责任的对应关系。

实施项目法施工的施工企业，在项目组织结构与公司组织结构上具有明显的对应性，根据这种对应关系，就可以将项目施工过程中的质量损失成本源通过对应关系由项目层面归集到公司层面。

工程项目的质量成本源的分析，可以在事先进行，也可以在事后进行，或者事先事后都进行。对于事先进行的项目质量成本源的分析，其数据主要来源于质量管理部门的统计、调查资料，国内外同行业的质量成本水平，项目的技术条件和质量要求，类似项目的历史资料，用户的特殊要求等。事先进行项目质量成本源归集的主要目的有以下三个方面：

① 在建立项目质量成本管理体系时，确定项目质量成本源明细表，并在此表的基础上有效地开展预防和减少质量损失成本的活动，为提高质量、降低成本指明方向。

② 一旦发生了质量成本，就可以通过该明细表有效地支持质量管理部门尽快确认质量成本源，进行归集和完善，并帮助拟定纠正措施和预防措施，为完善质量管理提供帮助。

③ 它是编制质量成本计划的基础，是项目质量决策的依据之一。

项目进行事后的质量成本源归集，是指在发生了质量损失成本后进行的质量成本源归集。事后进行质量成本源归集的目的是尽快明确质量成本源的发生部门，以便在尽可能短的时间内找到解决质量问题的途径，迅速有效地采取纠正和预防措施，防止质量成本的继续扩大和质量问题的再次发生。

8.3.3 施工企业质量成本管理的实施

1. 质量成本原始凭证的设置

为了正确记录质量成本数据，可把质量成本的发生分成两类，即计划内和计划外。根据质量成本构成项目的特点，预防费用和检验费用划归计划内，而损失费用归入计划外，外部质量保证成本可根据合同要求纳入计划内。凡是计划内的质量成本只需按计划从企业原有的会计账目中提取数据，不必另外设计原始凭证。而损失费用可根据实际损失情况设计原始凭证，做好原始记录。记录损失费用数据的原始凭证主要有以下几种：

(1) 计划外生产任务单；

(2) 计划外物资领用单；

(3) 返工单；

(4) 返修单；

(5) 停工损失报告单；

(6) 材料降级处理报告单；

(7) 计划外检验或试验通知单；

(8) 缺陷责任保修记录单；

(9) 索赔、诉讼费用记录单。

为了便于质量成本分析，所有的凭证设计具有一些共同的内容，如时间、产品、费用、数量、责任者、发生原因、质量成本科目和审核部门等。

2. 质量成本数据的收集

(1) 质量成本管理初级阶段数据的收集方法

在质量成本管理初级阶段，应使人们确认在此阶段存在着经常性的质量成本同题。成本数据的来源以质量管理部门的统计、调查资料为主，会计资料为辅。由于大部分是一次性的统计，可以按下列不同来源归结成本资料。

1) 从现有账单中直接收集，如废品损失、检验费用等。

2) 对现有账单经过鉴别分析后进行归结。对于难以鉴别分析的项目通常从以下几个方面确认：

① 鉴别哪些是直接归于质量管理部门的成本。例如，质量管理人员、检验人员的工资及提取的职工福利基金、工会经费和各种津贴，质量管理部门和检验部门使用的设备、仪器、仪表的折旧费和修理费，所使用的工具用具、低值易耗品的摊销费用及行政办公费用等。

② 鉴别确认那些不直接属于质量管理部门的成本，但属于项目质量总成本的组成内容，这些也应计入成本费用支出。这些成本通常是由企业其他部门和机构为提高项目质量而开支的费用。例如开发、工艺、检验、计划等部门的质量管理活动所发生的各种费用支出，经鉴别分析后分别计入有关质量成本项下。

以上两项所确认的质量成本主要是预防费用和检验费用。

③ 鉴别确认在计划内应计入的内部损失费用部分。

④ 分析确认不可预见的内部损失费用。

⑤ 分析确认外部损失费用，除账户上直接反映出来的保修等费用外，还要分析质量部门为调查外部损失所发生的费用。

以上三项主要是分析确认损失费用。

3）从各种原始凭证中收集。虽然现在还没有一个严格的收集质量成本数据的健全的原始凭证，但从现有的原始凭证和文件中可以获得。例如：

① 工资和奖金发放单；

② 下达的任务书或任务单；

③ 返修或设备调整报告单；

④ 产成品账单；

⑤ 检查或试验报告单；

⑥ 质量费用措施计划表；

⑦ 材料检验报告单。

4）通过建立原始记录来收集，例如返修损失费用记录报告单等。

5）通过典型调查分析后的记录或资料来收集。由于质量损失所发生的成本开支，收集精确程度不够理想，但对旨在寻找改进质量的机会或鉴定质量改进计划的需要，尚能符合要求。

（2）质量成本管理展开阶段数据的收集方法

质量成本管理展开阶段，需要采用质量成本的计划、统计、核算、分析、报告和控制等方法，将数据纳入会计科目，并从经济的角度来观察和考核质量管理效果，逐步建立健全质量成本数据收集的渠道，完善凭证单据。质量成本数据的来源以会计资料为主，以原始记录或原始凭证为依据，尽量避免使用质量管理人员的统计分析和估计的方法。

3. 质量成本管理工作实施程序

质量成本管理工作的实施，需要建立一个完整的质量成本管理体系，负责组织、协调、落实质量成本管理工作和质量改进计划，并配有专职或兼职质量成本核算和管理人员，负责质量成本信息的收集、分析和处理，在项目经理的领导下按照一定的程序开展项目质量成本管理工作。通常实施程序如下：

（1）培训教育。对项目参与者应进行质量成本管理知识教育。对质量成本管理的有关人员，如财务人员、质量管理人员等应进行质量成本管理业务培训。

（2）建立质量成本管理体系，明确职责，为实施质量成本管理提供组织保证。

（3）制定质量成本管理办法，使质量成本管理有章可循。

（4）根据质量成本目标编制质量成本计划。

（5）定期对项目质量成本的各项费用进行核算和分析。

（6）实施质量成本日常监督控制，对于质量水平的异常变动和超过标准的质量损失费用，结合质量成本源分析，及时查找发生位置、原因，采取有效调节措施。

（7）定期对项目质量成本进行考核。依据质量成本计划和质量成本指标，对完成情况进行考核。

（8）根据质量成本分析编写质量成本报告，为质量改进提供依据。

8.3.4　施工过程的质量成本控制

施工过程中的质量成本与施工质量有着密切的联系，因而施工过程中的质量成本控制应从质量控制入手。

1. 审核有关技术文件

对技术文件、报告、报表的审核是项目经理对工程质量进行全面控制的主要手段。其具体内容如下：

(1) 审核有关技术资质证明文件。

(2) 审核施工方案、施工组织设计和技术措施。

(3) 审核有关材料、半成品的质量检验报告。

(4) 审核反映工序质量动态的统计资料或控制图表。

(5) 审核设计变更、修改图纸和技术核定书。

(6) 审核有关质量问题的调查报告。

(7) 审核有关应用新工艺、新材料、新技术、新结构的技术鉴定书。

(8) 审核有关工序交接检查分项、分部工程质量检查报告。

(9) 审核并签署现场有关技术签证、文件等。

2. 进行现场质量检查

(1) 开工前检查。开工前检查开工条件，其目的是检查开工后能否连续正常施工，能否保证工程质量。

(2) 工序交接检查。对重要的或对质量有重大影响的工序实行交接检查。

(3) 隐蔽工程检查。凡隐蔽工程均应检查认证后方可掩盖。

(4) 停工后复工前的检查。

(5) 分项、分部工程完工后的检查验收。验收签证后方可进行下一项工程项目施工。

(6) 成品保护检查。检查有无保护措施，措施是否可靠。

3. 设置质量控制点

质量控制点是施工过程中必须重点控制的质量特性和环节，是质量成本的重要发生点，也是质量成本管理的切入点。一个分项工程，究竟应设置多少个质量控制点，在何处设置质量控制点，应根据质量特性的重要程度、对工程使用的影响、工序的复杂程度、质量要求和施工单位的管理水平决定。一般而言，施工工艺复杂多设，不复杂少设；施工难度大多设，难度不大少设；建设标准高多设，标准不高少设；施工单位信誉高少设，信誉不高多设。具体设置原则有以下几点：

(1) 对工程的适用性(性能、寿命、可靠性、安全性)有严重影响的关键环节或重要影响因素。

(2) 在工艺上有特殊要求，对下道工序的工作有严重影响的关键质量特性和部位。

(3) 施工中的薄弱环节，质量不稳定的工序或部位。

(4) 隐蔽工程。

(5) 采用新工艺、新材料、新技术的部位或环节。

(6) 施工单位无足够把握的工序或环节。

质量控制点一般可分为长期型和短期型。对于设计、工艺方面要求的关键、重要的项目，必须长期重点控制；而对工序质量不稳定，不合格品多或材料供应、生产安排等在某一时期内有特殊需要的，则要设置短期质量控制点。

表 8-6 是国内某施工企业在施工准备阶段、施工生产过程和竣工验收阶段设置的质量

控制点。

表 8-6　某施工企业质量控制点

控制阶段	控制环节	控制要点	责任人	主要控制内容	工作依据	工作见证
施工准备阶段	1. 收集现场资料	(1) 资料整理	项目经理	列出资料清单	有关文件	所收集的资料
	2. 图纸自审、会审、设计交底	(2) 图纸、技术文件自审	参与施工的工程技术人员	图纸、资料是否齐全，能否满足施工需要	图纸、技术文件	自审记录
		(3) 图纸会审	项目技术负责人	对图纸的完整性、准确性、合法性、可行性进行会审	图纸、技术文件	图纸会审记录
		(4) 设计交底	项目技术负责人	了解设计意图，提出问题	图纸、技术文件	设计交底记录
	3. 工程文件编制申报	(5) 施工组织设计	项目技术负责人	按工程项目质量计划要求进行施工组织设计，上报审批	图纸、质量计划及国家技术标准、验收规范	批准的施工组织设计
		(6) 施工方案	项目技术负责人	按工程项目质量计划要求进行施工方案设计，上报审批	图纸、质量计划及国家技术标准、验收规范	批准的施工方案
	4. 安排发放技术资料	(7) 发放登记	资料员	版本是否有效和发文登记	公司有关规定	发放记录
	5. 物资需用量计划编制	(8) 预算科提出需用量计划	预算科工程技术人员	编制、审核、报批	图纸、规范、定额	物资需用量计划
	6. 现场准备	(9) 施工现场准备	工程技术人员	“四通一平”	图纸、规范	具备开工条件
	7. 劳力准备	(10) 特殊作业人员	项目技术负责人	审核上岗证、资格证	政府有关规定	上岗证、资格证书
		(11) 一般作业人员	项目技术负责人	培训技术交底	施工标准、规范及有关技术资料	培训记录
	8. 施工机械准备	(12) 机械设备进入施工现场	材料设备处处长，机械管理员	机械设备完好整齐	机械、机具计划	施工机械设备清单
	9. 施工材料准备	(13) 材料采购计划	材料设备处处长	编写物资平衡计划，组织进货、建账、立卡	物资需用量计划	物资采购计划
		(14) 材料验收	材料员，质检员	审核质保书，清查数量，检查外观质量，检验和试验	采购合同，采购计划	材料验收单
		(15) 材料保管	保管员	分类存放，建账，立卡	供应计划	进料单
		(16) 材料发放	保管员	核对名称、规格、型号、材质、合格证	物资需用量计划	领料单

表 8-6(续)

控制阶段	控制环节	控制要点	责任人	主要控制内容	工作依据	工作见证
施工生产过程	10. 开工报告	(17) 确认施工条件	项目经理	人员上岗,设备、材料、机具进场	施工准备工作计划	批准的开工报告
	11. 技术交底	(18) 分专业进行技术交底	工程专业技术负责人	设计意图、规范要求、技术关键	图纸、施工方案、评定标准及有关的规章制度	技术交底记录
	12. 分项分部工程	(19) 保证项目、主体项目	工程专业技术负责人、质检员	《建筑工程质量检验评定标准》规定的内容	图纸、施工方案、评定标准及有关的规章制度	施工技术资料
竣工验收过程	13. 工程初验	(20) 施工技术资料、观感质量	公司质检部门	提出问题,进一步整改,确定提出竣工验收时机	图纸、施工方案、评定标准及有关的规章制度	申报记录、检查记录
	14. 竣工验收	(21) 施工技术资料、观感质量	以质量监督部门为主的验收小组	确定工程质量等级	图纸、施工方案、评定标准及有关的规章制度	申报记录、评定记录

项目质量成本管理是从与工程质量有关的成本方面对工程质量管理活动进行监督和评价。进行工程质量成本的数据统计、核算和分析,可以及时掌握工程质量情况、质量改进情况和工作人员的工作质量,以及其对经济效益的影响,同时可以分清质量体系内部各单位应承担的质量责任和经济责任等。通过项目质量成本的核算与控制,可以使工程质量成本处于适宜区域及优化状态,达到提高企业经济效益的目的。

8.3.5 施工企业质量成本开支范围

施工企业质量成本是企业全面质量管理活动的经济表现,质量成本核算是为了正确反映和监督企业在项目实施全过程开展质量管理活动而支付的费用和由质量事故所造成的损失。并为编制质量成本计划,进行质量成本分析和考核,实施质量成本控制,提供准确完整的数据,达到不断提高经济效益和社会效益的目的。

施工企业质量成本核算,依据中国质量管理协会《工业企业质量成本核算推荐办法(草案)》和财政部颁布的《国营施工企业成本核算办法》进行管理与核算。

(1) 凡是企业为保证和提高工程质量所进行的质量管理活动而支付的一切费用以及由质量故障所造成的一切损失,均纳入质量成本。

(2) 质量成本中属于竣工验收后的工程保修费用以及内部的质量故障罚款等应由企业专项基金开支的项目,不得列入工程成本。

(3) 质量成本开支范围如下:

① 开展全面质量管理活动所耗用的各种材料、机具、办公用品等费用的支出。

② 用于对工程部位、原材料、构配件等进行质量检测的工具用具购置费、摊销以及固定

资产使用费。

③ 产品、半成品、试块及外构件的检验试验费，评审费等支出。

④ 专职质量管理、检验人员的工资和奖金。

⑤ 由质量问题造成的企业内部损失。

⑥ 由质量问题造成的企业外部损失。

⑦ 用于质量管理活动的奖励支出。

⑧ 其他与质量管理有关的费用开支。

8.3.6　施工企业质量成本核算科目设置

施工企业质量成本核算的三级会计科目设置如表 8-7 所示。施工企业财务会计明细科目对应设置如表 8-8 所示。

表 8-7　施工企业质量成本核算的三级会计科目设置表

一级科目	二级科目	三级科目	发生源
质量成本	预防费用	质量管理人员人工费用	质量管理部门
		质量宣传费用	项目部
		质量评审费用	质量管理部门
		质量信誉费用	顾客服务中心
		质量培训费用	质量管理部门、人力资源部门
		质量奖励费用	质量管理部门
		质量改进费用	质量管理部门
		供方质量保证费用	材料设备部门
		检验人员人工费用	材料设备部门
	检验费用	质量检验部门办公费用	质量管理部门
		试验检验费用	材料设备部门
		检测设备维修、校验和折旧等费用	材料设备部门
	内部损失费用	内部返修损失 内部返工损失 内部停工损失 质量故障分析处理费用 材料降级损失 加固成本	各部门
	外部损失费用	外部返修损失 外部返工损失 外部停工损失 保修费用 索赔费用 质量罚金	各部门

表 8-8　施工企业财务会计明细科目对应设置表

质量成本明细科目		对应财务会计明细科目
预防费用	质量管理人员人工费	应付工资—质量管理人员
		应付福利费—质量管理人员
		应付社会保障费用—质量管理人员
		应付劳动保险费用—质量管理人员
	质量宣传费用	管理费用—宣传费—项目部
	质量评审费用	管理费用—办公费—质量管理部门
		管理费用—差旅费—质量管理部门
		管理费用—公关费—质量管理部门
		管理费用—资料费—质量管理部门
	质量信誉费用	管理费用—交通费—顾客服务中心
		管理费用—餐费—顾客服务中心
	质量培训费用	管理费用—教育费—质量管理人员培训
	质量奖励费用	管理费用—奖励费—质量奖励
	质量改进费用	管理费用—研发部门开发费用—质量改进
	供方质量保证费用	管理费用—差旅费—质量保证
检验费用	检验人员人工费用	应付工资—质量检验人员
		应付福利费—质量检验人员
		应付社会保障费用—质量检验人员
		应付劳动保险费用—质量检验人员
	质量检验部门办公费用	管理费用—办公费—质量检验部门
		管理费用—差旅费—质量检验部门
	试验检验费用	管理费用—消耗材料—质量检验部门
		管理费用—修理校验费—质量检验部门
	检测设备维修、校验和折旧等费用	管理费用—折旧费—质量检验部门
内部费用	内部返修损失	原始凭证(内部返修单)
	内部返工损失	原始凭证(内部返工单)
	内部停工损失	原始凭证(内部停工单)
	质量故障分析处理费用	营业外支出—处理费—质量原因造成
	材料降级损失	原始凭证(材料降级处理报告单)
	加固成本	工程施工—人工费—项目部
		工程施工—材料费—项目部
外部费用	外部返修损失	原始凭证(外部返修单)
	外部返工损失	原始凭证(外部返工单)
	外部停工损失	原始凭证(外部停工单)
	保修费用	营业外支出—保修费用
	索赔费用	营业外支出—索赔费用
	质量罚金	营业外支出—质量罚金

在工程项目施工过程中，凡属于质量成本费用的支出均在“质量成本”科目内进行记账、算账、报账和核算。报告期末，“质量成本”科目内本期借方发生额应全部结转，并按费用性质分别计入“工程施工”“辅助生产”“管理费用”等有关科目。施工企业及所属单位按照“质量成本”核算内容设置相应的“质量成本明细账”“质量成本费用核算台账”“质量成本支出辅助账”等，用以归结、核算质量成本支出情况及各项目之间的构成比例。施工企业应根据质量成本费用核算情况设置相应的“质量成本报告表”，为企业分析、考核、控制质量成本的支出提供依据。

第9章　公路工程项目安全管理

9.1　公路工程项目安全管理概述

公路工程项目具有施工周期长、协作性高、流动性大、建设环境复杂、露天作业条件恶劣、高空作业多、手工操作多且体力消耗大强度高、队伍流动性大且素质参差不齐、施工场地窄小带来多工种作业的立体交叉性等特点，有时还需要边施工边通车(航)等。

施工安全生产的上述特点，决定了施工生产的不安全隐患多存在于高处作业、交叉作业、垂直运输、个人劳动保护以及使用电气机具等环节，伤亡事故也多发生在高处坠落、物体打击、机械伤害、起重伤害、触电、坍塌等方面。同时，新、奇、个性化的构筑物的出现，给交通建设工程施工带来了新的挑战，也给交通建设工程安全管理和安全防护技术提出了新的要求。

同时，随着国家一系列刺激经济发展的政策措施出台，交通运输基础设施投资猛增，使公路工程项目安全生产管理更加复杂。

从工程项目分布来看，基本转入工程条件更为复杂的山岭，公路桥隧工程比例显著增大，高墩大跨结构显著增多，工程地质状况复杂、施工环境恶劣、建设条件艰苦，工程施工难度增大，质量安全风险更为突出。同时随着路网密度的增大，不可避免地大量增加立体跨线工程，在不能中断交通的开放环境下施工，质量安全风险叠加效应不可忽视。

从工程项目管理来看，建设规模与资源配置失调，制约质量安全水平提升的客观因素仍然存在。工程管理和技术储备不足，建设管理不到位，分包转包屡有发生，从业队伍素质不高的态势尚未根本改变。工程实施将承受自然环境、社会环境和工程管理的多重考验，老问题与新矛盾交织，质量安全风险增大，形势更加严峻。

9.1.1　安全生产与安全管理的概念

公路工程安全生产是指在工程建设施工生产过程中，要努力改善劳动条件，克服不安全因素，防止伤亡事故的发生，使劳动生产在保证劳动者安全健康和国家财产及人民生命财产安全的前提下顺利进行。

公路工程安全管理是指交通建设工程生产、管理单位按照有关安全法律、法规为预防交通建设工程施工中发生安全事故而建立安全管理系统，包括计划、组织、协调和控制等系列活动，对生产因素的具体状态进行控制，使生产因素不安全的行为和状态尽量减少或消除。

9.1.2　安全管理的基本原则

公路工程项目安全管理的基本原则包括：

(1) 管生产同时管安全；

(2) 坚持安全管理的目的性;
(3) 必须贯彻预防为主的方针;
(4) 坚持"四全"动态管理,即全员、全过程、全面、全天候的动态安全管理;
(5) 安全管理重在控制;
(6) 在管理中发展提高。

9.1.3　安全管理的范围

安全管理的重心任务,是按照国家和有关部委关于安全生产的法规,保护在生产活动中人的安全与健康,保证施工活动的顺利进行。宏观的安全管理主要包括劳动保护、安全技术和劳动卫生三方面。

(1) 劳动保护管理:从立法上和组织上研究劳动保护的科学管理方法,以确保劳动者在生产过程中的安全和健康为目的的各种组织措施,主要侧重于政策、规程、条例、制度和规范等方面。

(2) 安全技术管理:以研究防止劳动者在生产中发生工伤事故为目的的各种技术措施,其侧重于对"劳动手段和劳动对象"的管理,主要包括预防伤亡事故的工程技术和安全技术规范、技术规定、标准、条例等。

(3) 劳动卫生管理:研究防止劳动者在生产过程中发生职业中毒和职业病危害,以保护劳动者身体健康为目的的各种组织技术措施。

9.1.4　安全管理制度

根据相关法律法规和要求,工程项目的安全管理制度主要包括:

(1) 安全生产责任制度。
(2) 安全教育制度。
(3) 安全检查制度。
(4) 安全措施计划制度。
(5) 安全生产许可证制度。
(6) 特种作业人员持证上岗制度。
(7) 专项施工方案专家论证制度。
(8) 施工起重机械使用登记制度。
(9) 安全监察制度。
(10) 安全生产事故报告和调查处理制度。
(11) "三同时"制度。
(12) 安全预评价制度。
(13) 意外伤害保险制度。

9.1.5　安全管理主要工作内容

安全管理主要包括以下工作内容:

(1) 安全宣传教育培训活动:日常全面宣传、动员、教育、培训、交流、活动,每月不少于1次。

(2) 工作部署(文件汇编):文件、计划、总结、汇报、材料等。

(3) 安全会议(可与教培结合记录):纪要、签到等,每月不少于1次。

(4) 安全检查:重要的安全现场管理手段,每月不少于2次

(5) 事故报告:有三个层次的不同要求,记录发生、处理和整改等情况,明确及时、准确、得当原则,强调真实、连续、全面性。

(6) 安全及综合治理网络:文件形式公布组织机构;“三类人员”配置及适证;企业安全许可证;对内对外网络。

(7) 安全制度:规章制度、操作规程、岗位职责(消防安全、临时用电、文明施工、安全奖罚、事故及隐患举报等30余种制度)。

(8) 安全预案:实施性组织设计及专项方案和论证;危险源辨识评估资料;消防等自然灾害、突发事件处置预案;施工及特殊季节、活动预案。

预案:预想情况;组织指挥机构、人员及联系方式;各级职责;工作任务;处置方案;保障支持;恢复处理和演练。

(9) 安全责任书:各岗位安全职责;与上级、工区、个人(特别是特殊工种)或作业队等对外责任书。

责任书:双方名称;目标、要求;权利、义务;责任范围;考核奖惩;时间跨度等。

(10)“三级教育”:(厂级制度、工区现场、班组工种教育)培训表;职工花名册;身份证复印件;培训记录、答卷;“三工教育”、安全技术交底等。

(11) 特殊工种(所有需要培训持证上岗的工种):花名册、身份证复印件、动态管理记录。

(12) 职工保险设备检测:工程一切险(第三者责任险)、职工人身意外伤害险复印件;安全投入(防护用品为主);主要设备检测合格证书复印件,重点环节安全验收记录;关键材料、配件的检验合格记录。

(13) 综合治理资料;安全日志;职业病(粉尘、噪声、震动)防治;环境保护等特殊要求。

9.2 项目安全管理体系

公路工程项目必须遵守国家有关法律法规,符合安全生产条件要求,建立安全生产责任制,健全安全生产管理制度,设立安全生产管理机构,足额配备具相应资格的安全生产管理人员。

9.2.1 安全生产监管体系

公路工程施工安全生产管理倡导的是“业主主导、施工单位负责、监理单位监督管理”的监管体系。

业主主导:就是业主应在安全生产管理的理念、体系、措施和手段等多方面发挥主导作用。这是因为业主掌握着工程建设的主要资源。业主的这一责任来源于业主选择承包商的谨慎义务;若发生了事故,业主的有关负责人应承担一定的法律责任。

施工单位负责:公路工程安全生产工作的关键在于施工企业。现场的安全工作必须以施工企业为核心。安全生产的教育培训、安全设施、安全技术以及具体的安全生产管理都由

施工单位负责落实。因为施工单位是具体负责生产的，依据管生产必须管安全的原则，安全管理必须由施工单位全面负责。

监理单位监督管理：监理单位应对安全生产进行有效的监管，使安全与质量、成本、工期具有同等地位，以做到防患于未然。有了监理单位的有效监管，企业才能在外在制约之下，更好地搞好安全生产工作。

在日常安全监管中，要建立责任清晰的分级管理体系，建立监管台账。

9.2.2　安全管理法律体系

法律体系是指一国现行的全部法律规范按照不同的法律部门分类组合而形成的一个呈体系化的有机联系的统一整体。我国目前有七个法律体系：宪法及宪法相关法、民法与商法、行政法、经济法、社会法、刑法和诉讼与非诉讼法。

我国公路工程安全管理法律体系如图 9-1 所示。

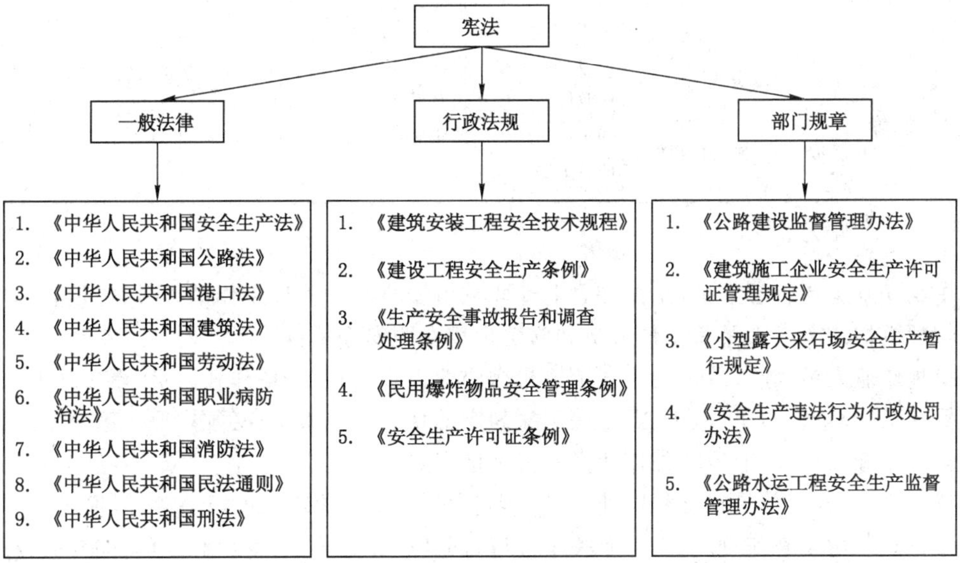

图 9-1　公路工程安全管理法律体系

1.《生产安全事故报告和调查处理条例》

《生产安全事故报告和调查处理条例》中关于事故等级的划分如表 9-1 所示。

2.《公路水运工程安全生产监督管理办法》

施工单位应当取得安全生产许可证，施工单位主要负责人、项目负责人、专职安全生产管理人员（以下简称“安全生产三类人员”）必须取得考核合格证书，方可参加公路水运工程投标及施工。

施工单位主要负责人，是指对本企业日常生产经营活动和安全生产工作全面负责、有生产经营决策权的人员，包括企业法定代表人、企业安全生产工作的负责人等。

项目负责人，是指由企业法定代表人授权，负责公路水运工程项目施工管理的负责人，包括项目经理、项目副经理和项目总工程师。

表 9-1　事故等级的划分表

<table>
<tr><th>事故等级</th><th>划分标准</th><th>上报</th><th>调查处理单位</th></tr>
<tr><td>特别重大事故</td><td>30 人以上死亡，或者 100 人以上重伤；
1 亿元以上直接经济损失</td><td rowspan="2">特别重大事故、重大事故逐级上报至国务院安全生产监督管理部门和负有安全生产监督管理职责的有关部门</td><td>国务院或者国务院授权有关部门组织事故调查组进行调查</td></tr>
<tr><td>重大事故</td><td>10 人以上 30 人以下死亡，或者 50 人以上 100 人以下重伤；
5 000 万元以上 1 亿元以下直接经济损失</td><td rowspan="3">重大事故、较大事故、一般事故分别由事故发生地省级人民政府、设区的市级人民政府、县级人民政府负责调查。省级人民政府、设区的市级人民政府、县级人民政府可以直接组织事故调查组进行调查，也可以授权或者委托有关部门组织事故调查组进行调查。
未造成人员伤亡的一般事故，县级人民政府也可以委托事故发生单位组织事故调查组进行调查</td></tr>
<tr><td>较大事故</td><td>3 人以上 10 人以下死亡，或者 10 人以上 50 人以下重伤；
1 000 万元以上 5 000 万元以下直接经济损失</td><td>较大事故逐级上报至省、自治区、直辖市人民政府安全生产监督管理部门和负有安全生产监督管理职责的有关部门</td></tr>
<tr><td>一般事故</td><td>3 人以下死亡，或者 10 人以下重伤；
1 000 万元以下直接经济损失</td><td>一般事故上报至设区的市级人民政府安全生产监督管理部门和负有安全生产监督管理职责的有关部门</td></tr>
</table>

注："以上"包括本数，"以下"不包括本数。

专职安全生产管理人员，是指在企业专职从事安全生产管理工作的人员，包括企业安全生产管理机构的负责人及其工作人员和施工现场专职安全员。

特种作业人员：施工单位的垂直运输机械作业人员、施工船舶作业人员、爆破作业人员、安装拆卸工、起重信号工、电工、焊工等国家规定的特种作业人员，必须按照国家规定经过专门的安全作业培训，并取得特种作业操作资格证书后，方可上岗作业。

特种机械：施工单位在工程中使用施工起重机械和整体提升式脚手架、滑模爬模、架桥机等自行式架设设施前，应当组织有关单位进行验收，或者委托具有相应资质的检验检测机构进行验收，使用承租的机械设备和施工机具及配件的，由承租单位、出租单位和安装单位共同进行验收，验收合格的方可使用。验收合格后 30 日内，应向当地交通主管部门登记。

培训教育：从业单位应当对从业人员进行安全生产教育和培训，保证从业人员具备必要的安全生产知识，熟悉有关的安全生产规章制度和安全操作规程，掌握本岗位的安全操作技能。未经安全生产教育和培训合格的从业人员，不得上岗作业。

3. 安全责任

(1) 建设单位

建设单位在编制工程招标文件时，应当确定公路水运工程项目安全作业环境及安全施工措施所需的安全生产费用。

建设单位在公路水运工程施工招标文件中应当按照法律、法规的规定对施工单位的安全生产条件、安全生产信用情况、安全生产的保障措施等提出明确要求。

建设单位不得随意压缩合同规定的工期。

(2) 勘察、设计单位

勘察、设计单位及人员对勘察结论或设计负责。

(3) 监理单位

监理单位应当按照法律、法规和工程建设强制性标准进行监理,对工程安全生产承担监理责任。

应当编制安全生产监理计划,明确监理人员的岗位职责、监理内容和方法等。对危险性较大的工程作业应当加强巡视检查。

监理单位在实施监理过程中,发现存在安全事故隐患的,应当要求施工单位整改,必要时,可下达施工暂停指令并向建设单位和有关部门报告。

监理单位应当填报安全监理日志和监理月报。

(4) 施工单位

施工单位应当对施工安全生产承担责任。施工单位主要负责人依法对本单位的安全生产工作全面负责。施工单位的项目负责人依法对项目的安全施工负责。

施工单位应当设立安全生产管理机构,配备专职安全生产管理人员。施工现场应当按照每5 000万元施工合同额配备一名的比例配备专职安全生产管理人员,不足5 000万元的至少配备一名。

施工单位在工程报价中应当包含安全生产费用,一般不得低于投标价的1%,且不得作为竞争性报价。

施工单位应当在施工组织设计中编制安全技术措施和施工现场临时用电方案,对危险性较大的工程应当编制专项施工方案,并附安全验算结果,经施工单位技术负责人、监理工程师审查同意签字后实施,由专职安全生产管理人员进行现场监督。

施工单位应当在施工现场建立消防安全责任制度,确定消防安全责任人。

施工单位应当对管理人员和作业人员进行每年不少于两次的安全生产教育培训,其教育培训情况记入个人工作档案。施工单位应当为施工现场的人员办理意外伤害保险,意外伤害保险费应由施工单位支付。

4. 违法后果

建设单位和施工单位在安全生产工作中需承担的法律责任主要有民事责任、行政责任和刑事责任。

(1) 民事责任

建设单位和施工单位在生产活动中所需承担的民事责任包括因违反有关合同、未提供防护措施、违章作业而造成施工人员或其他人员损失所应承担的赔偿等责任。

(2) 行政责任

建设单位和施工单位的行政处罚有:警告、罚款、责令停工、暂扣证照、吊销资质等。

主要负责人存在违法行为,导致发生生产安全事故尚不够刑事处罚的,给予撤职处分或者罚款。主要负责人违章指挥、隐患不及时治理、拒不接受检查、伪造事故现场的,给予警告,可以并处罚款。

与从业人员订立的“生死合同”无效;对有关责任人处二万元以上十万元以下的罚款。

(3) 刑事责任

刑事责任是最为严厉的一种责任承担方式,由司法机关进行惩罚。

重大责任事故罪:强令工人违章冒险作业,因而发生重大伤亡事故或者造成其他严重后果的，处3年以下有期徒刑或者拘役；情节特别恶劣的，处3年以上7年以下有期徒刑。

重大劳动安全事故罪：劳动安全设施不符合国家规定，经有关部门或者职工提出后，对事故隐患仍不采取措施，因而发生重大伤亡事故或造成其他严重后果的，对直接责任人员，处3年以下有期徒刑或者拘役；情节特别恶劣的，处3年以上7年以下有期徒刑。

违反爆炸性、易燃性、放射性、毒害性、腐蚀性物品的管理规定，在生产、存储、运输、使用中发生重大事故，造成严重后果的，处3年以下有期徒刑或者拘役；情节特别恶劣的，处3年以上7年以下有期徒刑。

建设单位、设计单位、施工单位、工程监理单位违反国家规定，降低工程质量标准，造成重大安全事故的，对直接责任人员，处5年以下有期徒刑或者拘役，并处罚金；后果特别严重的，处5年以上10年以下有期徒刑，并处罚金。

9.3 公路工程项目安全管理要点

9.3.1 专项施工方案

公路工程施工应进行现场调查，应在施工组织设计中编制安全技术措施和施工现场临时用电方案，对于危险性较大的工程（见表9-2）应编制专项施工方案，并附具安全验算结果，或组织专家进行论证、审查。

表9-2 危险性较大的工程

序号	类别	需编制专项施工方案	需专家论证审查
1	基坑开挖、支护、降水工程	1. 开挖深度不小于3 m的基坑（槽）； 2. 深度小于3 m但地质条件和周边环境复杂的基坑（槽）开挖、支护、降水工程	1. 深度不小于5 m的基坑（槽）的土（石）方开挖、支护、降水； 2. 开挖深度虽小于5 m，但地质条件、周围环境和地下管线复杂，或影响毗邻建（构）筑物安全，或存在有毒有害气体分布的基坑（槽）开挖、支护、降水工程
2	滑坡处理和填挖方工程	1. 滑坡处理； 2. 边坡高度大于20 m的路堤或地面斜坡坡率陡于1∶2.5的路堤，或不良地质地段、特殊岩土地段的路堤； 3. 土质挖方边坡高度大于20 m、岩质挖方边坡高度大于30 m或不良地质、特殊岩土地段的挖方边坡	1. 中型及以上滑坡体处理； 2. 边坡高度大于20 m的路堤或地面斜坡坡率陡于1∶2.5的路堤，且处于不良地质、特殊岩土地段、特殊岩土地段的路堤； 3. 土质挖方边坡高度大于20 m、岩质挖方边坡高度大于30 m且处于不良地质、特殊岩土地段的挖方边坡
3	基础工程	1. 桩基础； 2. 挡土墙基础； 3. 沉井等深水基础	1. 深度不小于15 m的人工挖孔桩或开挖深度不超过15 m，但地质条件复杂或存在有毒有害气体分布的人工挖孔桩工程； 2. 平均高度不小于6 m且面积不小于1 200 m^2的砌体挡土墙的基础； 3. 水深不小于20 m的各类深水基础

表 9-2(续)

序号	类别	需编制专项施工方案	需专家论证审查
4	大型临时工程	1. 围堰工程； 2. 各类工具式模板工程； 3. 支架高度不小于 5 m，跨度不小于 10 m，施工总荷载不小于 10 kN/m^2，集中线荷载不小于 15 kN/m； 4. 搭设高度 24 m 及以上的落地式钢管脚手架工程，附着式整体和分片提升脚手工程，悬挑式脚手架工程、吊篮脚手架工程，自制卸料平台、移动操作平台工程，新型及异形脚手架工程； 5. 挂篮； 6. 便桥、临时码头； 7. 水上作业平台	1. 水深不小于 10 m 的围堰工程； 2. 高度不小于 40 m 墩柱、高度不小于 100 m 索塔的滑模、爬模、翻模工程； 3. 支架高度不小于 8 m，跨度不小于 18 m，施工总荷载不小于 15 kN/m^2，集中线荷载不小于 20 kN/m； 4. 50 m 及以上落地式钢管脚手架工程，用于钢结构安装等满堂承重支撑体系，承受单点集中荷载 7 kN 以上； 5. 猫道、移动模架
5	桥涵工程	1. 桥梁工程中的梁、拱、柱等构件施工； 2. 打桩船作业； 3. 施工船作业； 4. 边通航边施工作业； 5. 水下工程中的水下焊接、混凝土浇筑等； 6. 顶进工程； 7. 上跨或下穿既有公路、铁路、管线施工	1. 长度不小于 40 m 的预制梁的运输与安装，钢箱梁吊装； 2. 跨度不小于 150 m 的钢管拱安装施工； 3. 高度不小于 40 m 的墩柱、高度不小于 100 m 的索塔等的施工； 4. 离岸无掩护条件下的桩基施工； 5. 开敞式水域大型预制构件的运输与吊装作业； 6. 在三级及以上通航等级的航道上进行的水上水下施工； 7. 转体施工
6	隧道工程	1. 不良地质隧道； 2. 特殊地质隧道； 3. 浅埋、偏压及邻近建筑物等特殊环境条件隧道； 4. Ⅳ级及以上软弱围岩地段的大跨度隧道； 5. 小净距隧道； 6. 瓦斯隧道	1. 隧道穿越岩溶发育区、高风险断层、沙层、采空区等工程地质或水文地质条件复杂地质环境，Ⅴ级围岩连续长度占总隧道长度 10% 以上且连续长度超过 100 m，Ⅵ级围岩的隧道工程； 2. 软岩地区的高地应力区、膨胀岩、黄土、冻土等地段； 3. 埋深小于 1 倍跨度的浅埋地段，可能产生坍塌或滑坡的偏压地段，隧道上部存在需要保护的建筑物地段，隧道下穿水库或河沟地段； 4. Ⅳ级及以上软弱围岩地段跨度不小于 18 m 的特大跨度隧道； 5. 连拱隧道，中夹岩柱小于 1 倍隧道开挖跨度的小净距隧道，长度大于 100 m 的偏压棚洞； 6. 高瓦斯或瓦斯突出隧道； 7. 水下隧道

表 9-2(续)

序号	类别	需编制专项施工方案	需专家论证审查
7	起重、吊装工程	1. 采用非常规起重设备、方法，且单件起吊重量在 10 kN 及以上的起重吊装工程； 2. 采用起重机械进行安装的工程； 3. 起重机械设备自身的安装、拆卸	1. 采用非常规起重设备、方法，且单件起吊重量在 100 kN 及以上的起重吊装工程； 2. 起吊重量在 300 kN 及以上的起重设备安装、拆卸工程
8	拆除、爆破工程	1. 桥梁、隧道拆除工程； 2.爆破工程	1. 大桥及以上桥梁拆除工程； 2. 一级及以上公路隧道拆除工程； 3. C 级及以上爆破工程、水下爆破工程

专项施工方案应包括下列主要内容：

(1) 工程概况：工程基本情况、施工平面布置、施工要求和技术保证条件。

(2) 编制依据：相关法律、法规、规范性文件、标准、规范及图纸(国标图集)、施工组织设计等。

(3) 施工计划：包括施工进度计划、材料与设备计划。

(4) 施工工艺技术：技术参数、工艺流程、施工方法、检查验收等。

(5) 施工安全保证措施：组织保障、技术措施、应急预案、监测监控等。

(6) 劳动力计划：专职安全管理人员、特种作业人员等。

(7) 计算书及相关图纸。

9.3.2 危险源辨识及控制

危险源是安全管理的主要对象，在公路工程施工前应进行危险源辨识，并应按要求对桥梁、隧道、高边坡路基等工程进行施工安全风险评估，编制风险评估报告，现场应监控。

1. 危险源辨识方法

危险源的识别可采用询问交谈、现场观察、查阅有关记录、获取外部信息、工作任务分析、安全检查表、危险与操作性研究、事故性分析等方法，实际工程中，往往采用两种或以上的方法来识别危险源。

工程上常采用安全检查表法，即将实施安全检查和诊断项目做成明细表，运用该明细表进行系统的安全检查，从而辨识工程项目存在的危险源。

2. 风险评价方法

常用的风险评价方法有等级评价法和 LEC 评价法两种。

风险等级评价法，是根据对危险源的识别，评估危险源造成风险的可能性和大小，对风险进行分级。

LEC 评价法，又称为作业条件危险性分析法，是将可能造成安全风险的大小用事故发生的可能性(L)、人员暴露于危险环境中的频繁程度(E)和事故后果的严重程度(C)三个随机自变量的乘积来衡量，即：

$$R=L\cdot E\cdot C \tag{9-1}$$

式中 R——风险大小；

L——事故发生的可能性；

E——人员暴露于危险环境中的频繁程度；

C——事故后果的严重程度。

根据危险性 R 的值划分危险等级，分级结果如表 9-3 所示。

表 9-3　危险性等级划分表

危险性分数值(R)	危险程度
≥320	极度危险，不容许风险，不能继续作业
160～320	高度危险，重大风险，需要立即改进
70～160	显著危险，中度风险，需要改进
20～70	比较危险，可容许风险，需要注意
≤20	稍有危险，可忽略风险，可以接受

3. 风险评估报告

对危险源辨识后，应编制风险评估报告，报告应包括下列内容：

(1) 编制依据：

① 项目风险管理方针及策略。

② 相关的国家和行业标准、规范及规定。

③ 项目设计和施工方面的文件。

④ 项目各阶段(工程可行性研究、初步设计、详细设计等)审查意见。

⑤ 设计阶段风险评估成果。

(2) 工程概况。

(3) 评估过程和评估方法。

(4) 评估内容：

① 总体风险评估。

② 专项风险评估，包括风险源普查、辨识、分析以及重大风险源的估测。

(5) 对策措施及建议：

① 重大风险源风险等级汇总。

② Ⅲ级和Ⅳ级风险存在的部位、方式等情况。

③ 分析评估结果的科学性、可行性、合理性及存在的问题。

4. 危险源的控制

进行危险源的分析后，应根据风险评价的水平等级，选择不同的控制策略，以消除风险或使风险在可控制之下。基于不同风险等级的风险控制措施表如表 9-4 所示。

表 9-4　基于不同风险等级的风险控制措施表

风险等级	措　　施
不容许风险	只有当风险已经降低时，才能开始或继续施工，如果无限的资源投入也不能减低风险，就必须禁止施工
重大风险	直至风险降低后才能开始施工，为降低风险有时必须配给大量资源，当风险涉及正在进行的施工时，应采取应急措施

表 9-4(续)

风险等级	措　施
中度风险	应努力降低风险，但应仔细测定并限定预防成本，并在规定的时间期限内实现降低风险的措施，在中度风险与严重伤害后果相关的场合，必须进一步评价，以便更准确地确定伤害的可能性，以确定是否需要改进控制措施
可容许风险	不需要另外的控制措施，应考虑投资效果更佳的解决方案或不增加额外成本的改进措施，需要监视来确保控制措施得以维持
可忽略风险	不采取措施且不必保留文件记录

9.3.3 专项人员管理

应对从业人员进行安全生产教育培训，未经培训不得上岗。特殊作业人员应按相关规定经专门培训，取得相应资格证书，持证上岗。

特殊作业人员应包括下列人员：电工；焊接与热切割作业人员；架子工；起重信号司索工；起重机械司机；起重机械安装拆卸工；高处作业吊篮安装拆卸工；锅炉司炉工；压力容器操作人员；电梯司机；场(厂)内专用机动车司机；制冷与空调作业人员；从事爆破工作的爆破员、安全员、保管员；瓦斯监测员；工程船舶船员；潜水员；国家有关部门认定的其他作业人员。

9.3.4 安全技术交底

公路工程施工中的安全技术交底，是一项依据设计图纸、施工技术规范、施工组织设计等中的技术要求和施工安全要求而向作业班组、作业人员进行的安全技术方面的交代和要求，是用于指导施工，保证施工质量和安全的有效措施。

工程施工前应逐级进行安全技术交底，内容包括本项目的施工作业特点和危险点、安全技术要求、风险状况、安全操作规程和标准、应急处置措施等。

施工单位应当对施工安全生产承担责任。施工单位主要负责人依法对本单位的安全生产工作全面负责。施工单位应当建立健全安全生产责任制度和安全生产教育培训制度及安全生产技术交底制度，制定安全生产规章制度和操作规程，保证本单位安全生产条件所需资金的投入，对所承担的公路水运工程进行定期和专项安全检查，并做好安全检查记录。施工单位的项目负责人依法对项目的安全施工负责，落实安全生产各项制度，确保安全生产费用的有效使用，并根据工程特点组织制定安全施工措施，消除安全事故隐患，及时、如实报告生产安全事故。安全生产技术交底制度，是指公路水运工程每项工程实施前，施工单位负责项目管理的技术人员对有关安全施工的技术要求向施工作业班组、作业人员详细说明，并由双方签字确认的制度。

施工安全技术交底编制的内容包括：施工班组担负施工工程的相关内容、施工的组织、安全操作要求，安全生产管理模式，安全设置配置要求，注意事项等。

安全技术交底可以采用会议交底、书面交底或口头交底的形式进行。进行交底时，应做好详细记录，交底人和被交底人应做好签字记录。安全技术交底贯穿施工全过程，可分段进行，但对施工周期较长的分项工程施工，还应间隔一定时间进行重复交底。

9.3.5　应急预案

公路工程施工应编制综合应急预案、专项应急预案和现场应急处置方案，配备应急物资，并应定期组织相关人员进行应急培训和演练。

专项应急预案应包括：事故类型和危害程度分析，应急处置基本原则，组织机构及职责，预防与预警，信息报告程序，应急处置，应急物资与装备保障等。

现场处置方案应包括：事故特征，应急组织与职责，应急处置，注意事项，应急救援预案的附件等。

9.3.6　特种设备

公路工程施工使用的特种设备应按相关规定取得生产许可，应经检验合格并取得使用登记证书。

特种设备包括其所用的材料、附属的安全附件、安全保护装置和与安全保护装置相关的设施。主要包括下列设备：

(1) 锅炉，是指利用各种燃料、电或者其他能源，将所盛装的液体加热到一定的参数，并对外输出热能的设备。其范围规定为容积大于或者等于 30 L 的承压蒸汽锅炉；出口水压大于或者等于 0.1 MPa(表压)，且额定功率大于或者等于 0.1 MW 的承压热水锅炉；有机热载体锅炉。

(2) 压力容器，是指盛装气体或者液体，承载一定压力的密闭设备。其范围规定为最高工作压力大于或者等于 0.1 MPa(表压)，且压力与容积的乘积大于或者等于 2.5 MPa·L 的气体、液化气体和最高工作温度高于或者等于标准沸点的液体的固定式容器和移动式容器；盛装公称工作压力大于或者等于 0.2 MPa(表压)，且压力与容积的乘积大于或者等于 1.0 MPa·L 的气体、液化气体和标准沸点等于或者低于 60 ℃液体的气瓶；氧舱等。

(3) 压力管道，是指利用一定的压力，用于输送气体或者液体的管状设备。其范围规定为最高工作压力大于或者等于 0.1 MPa(表压)的气体、液化气体、蒸汽介质或者可燃、易爆、有毒、有腐蚀性、最高工作温度高于或者等于标准沸点的液体介质，且公称直径大于 25 mm 的管道。

(4) 电梯，是指动力驱动，利用沿刚性导轨运行的箱体或者沿固定线路运行的梯级(踏步)，进行升降或者平行运送人、货物的机电设备，包括载人(货)电梯、自动扶梯、自动人行道等。

(5) 起重机械，是指用于垂直升降或者垂直升降并水平移动重物的机电设备。其范围规定为额定起重量大于或者等于 0.5 t 的升降机；额定起重量大于或者等于 1 t，且提升高度大于或者等于 2 m 的起重机和承重形式固定的电动葫芦等。

(6) 场(厂)内专用机动车辆，是指仅在工厂厂区、施工场地等特定区域使用的叉车、搬运车、牵引车、推顶车等专用机动车辆。

9.4　公路工程施工安全技术措施

公路工程项目施工安全技术措施是公路工程施工组织设计的重要组成部分，是施工方案中的主要内容之一，在施工的各个阶段，应采取相应的施工安全技术措施，以保证工程项目施工的顺利进行。

9.4.1 公路工程施工准备安全

1. 驻地和场站建设

(1) 施工现场驻地和场站应选在地质良好的地段，应避开易发生滑坡、塌方、泥石流、崩塌、落石、洪水、雪崩等危险区域，宜避让取土、弃土场地。

(2) 施工现场生产区、生活区、办公区应分开设置，距离集中爆破区应不小于 500 m。

(3) 施工现场临时用房、临时设施、生产区、生活区、办公区的防火间距应符合现行《建设工程施工现场消防安全技术规范》(GB 50720)的相关要求。

(4) 办公区、生活区宜避开存在噪声、粉尘、烟雾或对人体有害物质的区域，无法避开时应设在噪声、粉尘、烟雾或对人体有害物质所在区域最大频率风向的上风侧。

(5) 施工现场原材料、半成品、成品、预制构件等堆放及机械、设备停放应整齐、稳固、规范、标识清楚，且不得侵占场内道路或影响安全。

(6) 材料加工场应符合下列规定：宜设围墙或围栏防护实行封闭管理，并宜设排水设施；场内应设置明显的安全警示标志及相关工种的操作规程；加工棚宜采用轻钢结构，并应采取防雨雪、防风等措施。

(7) 预制场、拌合场应符合下列规定：应合理分区、硬化场地，并应设置排水设施；拌合及起重设备基础的地基承载力应满足要求，材料及成品存放区地基应稳定；料仓墙体强度和稳定性应满足要求，料仓墙体外围应设警戒区，距离宜不小于墙高 2 倍；拌合及起重设备应设置防倾覆和防雷设施。

(8) 施工现场变电站建设应符合现行《施工现场临时用电安全技术规范》(JGJ 46)的有关规定。

(9) 储油罐的设置应符合下列规定：储油罐与在建工程的防火间距应不小于 15 m，并应远离明火作业区、人员密集区、建(构)筑物集中区；储油罐顶部应设置遮阳棚；应按要求配备泡沫灭火器、干粉灭火器、沙土袋、沙土箱等灭火消防器材及沙土等灭火消防材料；应设防静电、防雷接地装置及加油车接地装置，接地电阻不得大于 10 Ω；应悬挂醒目的禁止烟火等警示标识。

2. 施工便道

(1) 施工便道应根据运输荷载、使用功能、环境条件进行设计和施工，不得破坏原有水系、降低原有泄洪能力，并应符合下列规定：双车道施工便道宽度不宜小于 6.5 m；单车道施工便道宽度不宜小于 4.5 m，并宜设置错车道，错车道应设在视野良好地段，间距不宜大于 300 m。设置错车道路段的施工便道宽度宜不小于 6.5 m，有效长度宜不小于 20 m；路拱坡度应根据路面类型和现场自然条件确定，并应大于 1.5%；施工便道应根据需要设置排水沟和圆管涵等排水设施；施工便道在急弯、陡坡、连续转弯等危险路段应进行硬化，设置警示标志，并根据需要设置防护设施；施工便道中易发生落石、滑坡等危险路段应根据需要设置防护设施。

(2) 施工便道与既有道路平面交叉处应设置道口警示标志，有高度限制的应设置限高架。

(3) 施工便桥应根据使用要求和水文条件进行设计，并应设置限宽、限速、限载标志，建成后应验收。

3. 施工临时用电

(1) 施工现场临时用电应符合现行《施工现场临时用电安全技术规范》(JGJ 46)的有关规定。

(2) 施工用电设备数量在5台及以上，或用电设备容量在50 kW及以上时，应编制用电组织设计。

(3) 施工现场临时用电工程专用的电源中性点直接接地的220/380 V三相四线制低压电力系统，必须符合下列规定：采用三级配电系统；采用TN-S接零保护系统；采用二级保护系统。

(4) 电线架设应符合下列规定：架空线路应避开施工作业面、作业棚、生活设施与器材堆放场地；架空线路边线无法避开在建工程(含脚手架)时，其安全距离应符合表9-5的规定；施工现场的机动车道与外电架空线路交叉时，架空线路的最低点与路面的垂直安全距离应符合表9-6的规定。

表9-5　外电架空线路边线外侧边缘与在建工程(含脚手架)间安全距离

外电线路电压等级/kV	<1	1～10	35～110	220	330～500
安全距离/m	4	6	8	10	15

表9-6　施工现场的机动车道与外电架空线路交叉时的垂直安全距离

外电线路电压等级/kV	<1	1～10	35
垂直安全距离/m	6	1	8

(5) 铺设电缆线应符合下列规定：施工现场开挖沟槽边缘与埋设电缆沟槽边缘的安全距离不得小于0.5 m；地下埋设电缆应设防护管；架空铺设电缆应沿墙或电杆做绝缘固定；通往水上的岸电应用绝缘物架设，电缆线应留有余量，作业过程中不得挤压或拉拽电缆线；水上或潮湿地带的电缆线必须绝缘良好并具有防水功能，电缆线接头必须经防水处理。

(6) 每台用电设备必须独立设置开关箱；开关箱必须装设隔离开关及短路、过载、漏电保护器，严禁设置分路开关；配电箱、开关箱的电源进线端严禁用插头和插座做活动连接。

(7) 配电箱及开关箱设置应符合下列规定：总配电箱应设在靠近电源的区域，分配电箱应设在用电设备或负荷相对集中的区域，开关箱与分配电箱的距离不得大于30 m，开关箱应靠近用电设备，与其控制的固定式用电设备水平距离不宜大于3 m；动力配电箱与照明配电箱宜分别设置，合并设置的配电箱，动力和照明应分路设置；配电箱、开关箱应装设在干燥、通风及常温场所，不得装设在存在瓦斯、烟气、潮气及其他有害介质的场所；配电箱、开关箱应选用专业厂家定型、合格产品；总配电箱中漏电保护器的额定漏电动作电流应大于30 mA，额定漏电动作时间应大于0.1 s，额定漏电动作电流与额定漏电动作时间的乘积不得大于30 mA·s。开关箱中漏电保护器的额定漏电动作电流不得大于30 mA，额定漏电动作时间不应大于0.1 s。潮湿或有腐蚀介质场所的漏电保护器应采用防溅型产品，额定漏电动作电流不得大于15 mA，额定漏电动作时间不得大于0.1 s；配电箱、开关箱应装设端正、牢固。固定式配电箱、开关箱的中心点与地面的垂直距离应为1.4～1.6 m。移动式配电箱、开关箱应装设在坚固、稳定的支架上，其中心点与地面的垂直距离应为0.8～1.6 m。

(8) 遇有临时停电、停工、检修或移动电气设备时，应关闭电源。

4. 生产生活用水

(1) 生活饮用水水质应符合现行《生活饮用水卫生标准》(GB 5749)的有关规定。

(2) 施工现场搭设的水塔、水箱等储水设施应稳固、牢靠，并应采取防倾覆措施。

5. 施工机械设备

(1) 应制定施工机械设备安全技术操作规程，建立设备安全技术档案。

(2) 施工机械设备进场前应查验机械设备证件、性能、状况；进场后，应向操作人员进行安全技术交底。

(3) 特种设备现场安装、拆除应按相关规定具有相应作业资质。

(4) 龙门吊、架桥机等轨道行走类设备应设置夹轨器和轨道限位器。轨道的基础承载力、宽度、平整度、坡度、轨距、曲线半径等应满足说明书和设计要求。

(5) 机械设备集中停放的场所应设置消防通道，并应配备消防器材。

(6) 施工现场专用机动车辆驾驶人员应按相关规定经过专门培训，并应取得相应资格证书。

(7) 施工现场运输车辆应状态良好，车身应设置反光警示标识。

9.4.2 通用作业

1. 测量作业

(1) 密林丛草间施工测量应探明周边环境，遵守护林防火规定，并应采取预防有害动物、植物伤人的个体防护措施。

(2) 外电架空线路附近工作时，测量人员的身体和测量设备外沿与外电架空线路之间的安全距离应符合现行《施工现场临时用电安全技术规范》(JGJ 46)的有关规定。安全距离无法实现时，应与有关部门协商，采取停电、迁移外电线路或改变工程位置等措施。

(3) 不中断交通道路上测量，应设置交通安全标志，并应设专人指挥或警戒。测量人员应穿反光标志服。

(4) 陡坡及不良地质地段测量，测量人员应系安全带、穿防滑鞋等，并应加强监护。桥墩等高处测量，测量人员应正确佩戴和使用个体防护用品。

(5) 水上测量作业，测量船应悬挂号灯或号型，并应设专人负责瞭望。测量人员应穿救生衣。水上测量平台应稳固可靠，并应设置防护围栏和警示标志，作业时应派交通船守护。

(6) 冰上测量前应掌握冰封情况，冰封情况应满足作业要求。冰封不稳定的河段及春季冰融期间不得进行冰上测量。

(7) 夜间测量照明应满足作业要求，测量人员应穿反光标志服。

2. 支架及模板工程

(1) 钢支架设计应符合现行《钢结构设计标准》(GB 50017)的规定，支架钢管应符合现行《碳素结构钢》(GB/T 700)、《建筑施工碗扣式钢管脚手架安全技术规范》(JGJ 166)、《建筑施工扣件式钢管脚手架安全技术规范》(JGJ 130)、《钢管脚手架扣件》(GB 15831)的相关规定。

（2）定型组合模板应符合现行《组合钢模板技术规范》（GB/T 50214）的规定。

（3）支架、模板的强度、刚度和稳定性，应按照现行《公路桥涵施工技术规范》（JTG/T 3650）设计并验算，水中支架基础尚应考虑水流冲刷的影响。

（4）支架周转材料使用前应按照现行《建筑施工扣件式钢管脚手架安全技术规范》（JGJ 130）、《建筑施工碗扣式钢管脚手架安全技术规范》（JGJ 166）要求检查，达不到设计要求时不得使用。

（5）支架支撑体系应符合下列规定：支架基础应根据所受荷载、搭设高度、搭设场地地质等情况进行设计及验算；支架基础的场地应设排水措施，遇洪水或大雨浸泡后，应重新检验支架基础、验算支架受力，冻胀土基础应有防冻胀措施；支架基础施工后应检查验收；支架在安装完成后应检查验收；使用前应预压。预压荷载应为支架需承受全部荷载的1.05～1.10倍；预压加载、卸载应接预压方案要求实施，使用沙（土）袋预压时应采取防雨措施。

（6）支架应设置可靠的接地装置。

（7）使用碗扣式、门式或扣件式钢管脚手架作为支架时，脚手架构造应分别符合现行《建筑施工碗扣式钢管脚手架安全技术规范》（JGJ 166）、《建筑施工门式钢管脚手架安全技术标准》（JGJ/T 128）和《建筑施工扣件式钢管脚手架安全技术规范》（JGJ 130）的规定。扣件应符合现行《钢管脚手架扣件》（GB 15831）的规定。

（8）桩、柱梁式支架应符合下列规定：钢管桩的承载力应满足要求；纵梁之间应设置安全可靠的横向连接；搭设完成后应检查验收；跨通行道路时，应按照现行《道路交通标志和标线》（GB 5768）的要求设置交通标志；跨通航水域时，应设置号灯、号型。

（9）跨通行道路、通航水域的支架应根据道路、水域通行情况设置防撞设施。

（10）模板加工制作应符合下列规定：制作钢木结合模板，钢、木加工场地应分开，并应及时清除锯末、刨花和木屑；模板所用材料应堆放稳固；模板堆放高度不宜超过2 m。

（11）模板吊环不得采用冷拉钢筋，且吊环的计算拉应力不得大于50 MPa；模板应按设计方案设置纵、横、斜向支撑和水平拉杆，拉杆不得焊接。

（12）模板安装应符合下列规定：吊装模板前，应检查模板和吊点。吊装应设专人指挥。模板未固定前，不得实施下道工序；模板安装就位后，应立即支撑和固定。支撑和固定未完成前，不得升降或移动吊钩；模板应按设计要求准确就位，且不宜与脚手架连接；模板安装完成后节点联系应牢固；基准面以上2 m安装模板应搭设脚手架或施工平台。

（13）模板、支架拆除应符合下列规定：模板、支架的拆除期限和拆除程序等应按施工组织设计和施工方案要求进行，危险性较大模板、支架的拆除尚应遵守专项施工方案的要求；模板、支架的拆除应遵循先拆非承重模板、后拆承重模板、自上而下、分层分段拆除的顺序和原则；承重模板应横向同时、纵向对称均衡卸落；简支梁、连续梁结构模板宜从跨中向支座方向依次循环卸落；悬臂梁结构模板宜从悬臂端开始顺序卸落；承重模板、支架，应在混凝土强度达到设计要求后拆除；模板、支架的拆除应设立警戒区，非作业人员不得进入；拆除人员应使用稳固的登高工具、防护用品。

（14）模板存放应符合下列规定：模板存放场地应坚实平整；大型模板应存放在专用模板架内或卧倒平放，不得直靠其他模板或构件。特型模板应存放在专用模板架内；突风频发区或台风到来前，存放的大型模板应采取加固措施；清理模板或刷脱模剂时，模板应支撑牢同，两片模板间应留有足够的人行通道。

3. 钢筋工程

(1) 钢筋加工机械所有转动部件应有防护罩;钢筋冷弯作业时,弯曲钢筋的作业半径内和机身不设固定销的一侧不得站人或通行;钢筋冷拉作业区两端应装设防护挡板,冷拉钢筋卷扬机应置于视线良好位置并应设置地锚。钢筋或牵引钢丝两侧 3 m 内及冷拉线两端不得站人或通行。

(2) 钢筋对焊机应安装在室内或防雨棚内,并应设可靠的接地、接零装置。多台并列安装对焊机的间距不得小于 3 m。对焊作业闪光区四周应设置挡板。

(3) 作业高度超过 2 m 的钢筋骨架应设置脚手架或作业平台,钢筋骨架应有足够的稳定性。

(4) 吊运预绑钢筋骨架或成捆钢筋应确定吊点的数量、位置和捆绑方法,不得单点起吊。

(5) 作业平台等临时设施上存放钢筋不得超载。

4. 混凝土工程

(1) 混凝土拌合前应确认搅拌、供料、控制等系统运行正常;维修、保养或检查清理搅拌系统、供料系统应封闭下料口、切断电源、锁定安全保护装置、悬挂"严禁合闸"安全警示标志,并派专人看守。

(2) 水泥隔离垫板的刚度及稳定性应满足要求。袋装水泥应交错整齐码放,高度不得超过 10 袋,且不得靠墙。砂石料堆放不得超过规定高度。

(3) 混凝土浇筑的顺序、速度应符合施工方案的要求,不得随意更改;吊斗灌注混凝土应设专人指挥起吊、运送、卸料,人员、车辆不得在吊斗下停留或通行,不得攀爬吊斗。

(4) 泵送混凝土应符合下列规定:混凝土输送泵应安装稳固,管道布设应平顺,安装应固定牢靠,接头和卡箍应密封、紧固;泵送前应检查泵送和布料系统,首次泵送前应进行管道耐压试验。泵送混凝土时,操作人员应随时监视各种仪表和指示灯,发现异常应立即停机检查;输送泵出料软管应设专人牵引、移动,布料臂下不得站人;混凝土输送管道接头拆卸前,应释放输送管内剩余压力;清理管道时应设警戒区,管道出口端前方 10 m 内不得站人。

(5) 混凝土浇筑过程中应检查模板、支架、钢筋骨架的稳定、变形情况,发现异常,应立即停止作业,并应整修加固。

(6) 混凝土振捣应符合下列规定:检修或作业停止,应切断电源;不得用电缆线、软管拖拉或吊挂振捣器;装置振捣器的构件模板应坚固牢靠。

(7) 混凝土养护应符合下列规定:覆盖养护时,预留孔洞周围应设置安全护栏或盖板,并应设置安全警示标志,不得随意挪动;洒水养护时,应避开配电箱和周围电气设备;蒸汽、电热养护时,应设围栏和安全警示标志,并应配置足够、适用的消防器材,非作业人员不得进入养护区域。

5. 电焊与气焊

(1) 电工、焊接与热切割作业人员应按照有关规定经专业机构培训,并应取得相应的从业资格;电工、焊接与热切割作业人员应按规定正确佩戴、使用劳动防护用品。

(2) 面罩及护目镜应符合现行《职业眼面部防护 焊接防护 第 1 部分:焊接防护具》(GB/T 3609.1)的有关规定。防护服应符合现行《防护服装 阻燃防护 第 2 部分:焊接服》(GB 8965.2)的有关规定,并应根据具体的焊接和切割操作特点选择。

(3) 储存、搬运、使用氧气瓶、乙炔瓶除应符合现行《焊接与切割安全》(GB 9448)的有关规定外，尚应符合下列规定：气瓶、阀门、焊具、胶管等均不得沾污油脂，作业人员不得使用油污手套操作；压力表、安全阀、橡胶软管和回火保护器等均应定期校验或试验，标识应清晰；使用的气瓶应稳固竖立或装在专用车(架)或固定装置上；气瓶与实际焊接或切割作业点的距离应大于 10 m，无法达到的应设置耐火屏障；气割作业氧气瓶与乙炔瓶之间的距离不得小于 5 m；电、气焊作业点和气瓶存放点应按规定配备灭火器材。

(4) 电焊机一次侧电源线长度不得大于 5 m；二次侧焊接电缆线应采用防水绝缘橡胶护套铜芯软电缆，长度不宜大于 30 m，且进出线处应设置防护罩。

(5) 电焊钳的绝缘和隔热性能应满足要求，钳柄与导线应连接牢固，电缆芯线不得外露；电焊机应置于干燥、通风的位置，露天使用电焊机应设防雨、防潮装置，移动电焊机时应切断电源。

(6) 电焊机外壳接地电阻不得大于 4 Ω，接地线不得使用建(构)筑物的金属结构、管道、轨道或其他金属物体搭接形成焊接回路。

(7) 不宜使用交流电焊机。使用交流电焊机时，除应在开关箱内装设一次侧漏电保护器外，尚应安装二次侧空载降压触电保护器。

(8) 密闭空间内实施焊接及切割，气瓶及焊接电源应置于密闭空间外；密闭空间焊接作业应设置通风、绝缘、照明装置和应急救援装备；密闭空间焊接作业应设专人监护，金属容器内照明设备的电压不得超过 12 V。

(9) 高处电焊、气割作业，作业区周围和下方应采取防火措施，按要求配备消防器材，并应设专人巡视；雨天严禁露天电焊作业。潮湿区域作业人员必须在防爆绝缘物体上焊接作业。

6. 起重吊装

(1) 起重吊装应符合现行《建筑施工起重吊装工程安全技术规范》(JGJ 276)和《起重机械安全规程 第1部分：总则》(GB 6067.1)的有关规定。

(2) 起重机械司机、起重信号司索工、起重机械安装拆卸工应按照有关规定经专业机构培训，并应取得相应的从业资格；起重作业人员应穿防滑鞋、戴安全帽，高处作业时应按规定佩挂安全带。

(3) 吊装作业应设警戒区，警戒区不得小于起吊物坠落影响范围。

(4) 钢丝绳吊索的安全系数应符合下列规定：当利用吊索上的吊钩、卡环钩挂重物上的起重吊环时，安全系数不得小于 6；当用吊索直接捆绑重物，且吊索与重物棱角间采取了妥善的保护措施时，安全系数不得小于 6。

(5) 施工升降机作业应符合现行《建筑施工升降机安装、使用、拆卸安全技术规程》(JGJ 215)、《货用施工升降机》(GB 10054)的有关规定。

(6) 塔吊作业应符合现行《塔式起重机安全规程》(GB 5144)的有关规定。

(7) 流动式起重设备通行的道路、作业场地应平整坚实，吊装前支腿应全部打开，并应按要求铺设垫木。

(8) 高空吊装梁等大型构件应在构件两端设溜绳；安装所使用的螺栓、钢楔(或木楔)、钢垫板、垫木和电焊条等材质应符合设计要求；吊装大、重、新结构构件和采用新的吊装工艺应先进行试吊。

(9) 起重机与架空输电线的安全距离应满足现行《施工现场临时用电安全技术规范》(JGJ 46)的规定。当需要在小于规定的安全距离范围内进行作业时,必须采取严格的安全保护措施,并应按照相关规定经有关部门批准。

(10) 双机抬吊宜选用同类型或性能相近的起重机,负载分配应合理,单机载荷不得超过额定起重量的80%。两机应协调起吊和就位,起吊速度应平稳缓慢。

(11) 缆索吊机系统施工应符合下列规定:吊塔、扣塔及相应索具、风缆、锚碇均应进行稳定性验算,安全系数应满足最不利工况要求;缆索吊机所用材料、设备等进场前,应进行验收,材料应无损伤、无变形,强度、刚度应满足设计要求;主缆宜采用钢丝绳,安全系数不得小于3;吊塔、扣塔塔架前后及侧向应设置缆风索,缆风索安全系数应大于2;缆索吊机正式吊装前应分别按1.25倍设计荷载的静荷和1.1倍设计荷载的动荷进行起吊试验;塔架顶部应设置可靠的避雷装置;人员上下塔架应配备符合要求的电梯或爬梯,不得徒手攀爬。

(12) 起重机严禁吊人;严禁采用斜拽、斜吊,严禁超载吊装,严禁吊装起吊重量不明、埋于地下或黏结在地面上的构件。

(13) 吊起的构件上不得堆放或悬挂零星物件;作业人员严禁在已吊起的构件下或起重臂下旋转范围内作业或通行;吊装作业临时固定工具应在永久固定的连接稳固后拆除。

(14) 雨、雪后,吊装前应清理积水、积雪,并应采取防滑和防漏电措施,作业前,应先试吊。

7. 高处作业

(1) 高处作业应符合现行《建筑施工高处作业安全技术规范》(JGJ 80)的有关规定。

(2) 高处作业不得同时上下交叉进行;高处作业下方警戒区设置应符合现行《高处作业分级》(GB/T 3608)的有关规定;高处作业场所的孔、洞应设置防护设施及警示标志。

(3) 高处作业人员不得沿立杆或栏杆攀登,高处作业人员应定期进行体检。

(4) 高处作业场所临边应设置安全防护栏杆,并应符合下列规定:防护栏杆应能承受1 000 N的可变荷载;防护栏杆下方有人员及车辆通行或作业的,应挂密目安全网封闭,防护栏杆下部应设置高度不小于0.18 m的挡脚板;防护栏杆应由上、下两道横杆组成,上杆离地高度应为1.2 m,下杆离地高度应为0.6 m;横杆长度大于2 m时,应加设栏杆柱。

(5) 安全带使用除应符合现行《坠落防护 安全带》(GB 6095)的规定外,尚应符合下列规定:安全带除应定期检验外,使用前尚应进行检查。织带磨损、灼伤、酸碱腐蚀或出现明显变硬、发脆以及金属部件磨损出现明显缺陷或受到冲击后发生明显变形的,应及时报废;安全带应高挂低用,并应扣牢在牢固的物体上;安全带的安全绳不得打结使用,安全绳上不得挂钩;缺少或不易设置安全带吊点的工作场所宜设置安全带母索;安全带的各部件不得随意更换或拆除;安全绳有效长度不应大于2 m,有两根安全绳的安全带,单根绳的有效长度不应大于1.2 m。

8. 爆破作业

(1) 从事爆破工作的爆破员、安全员、保管员应按照有关规定经专业机构培训,并取得相应的从业资格;爆破作业单位实施爆破项目前,应按规定办理审批手续,批准后方可实施爆破作业。

(2) 爆破作业和爆破器材的采购、运输、储存等应按照现行《民用爆炸物品安全管理条例》和《爆破安全规程》(GB 6722)执行。

(3) 预裂爆破、光面爆破、大型土石方爆破、水下爆破、重要设施附近及其他环境复杂、技术要求高的工程爆破应编制爆破设计方案，制定相应的安全技术措施；其他爆破可编制爆破说明书，并经有关部门审批同意。

(4) 经审批的爆破作业项目，爆破作业单位应于施工前 3 天发布公告，并在作业地点张贴，施工公告内容应包括：工程名称、建设单位、设计施工单位、安全评估单位、安全监理单位、工程负责人及联系方式、爆破作业时限等。

9. 小型机具

(1) 小型机具应有出厂合格证和操作说明书；小型机具应制定管理制度，建立台账，并按要求维修、保养和使用。

(2) 作业人员应了解所用机具性能并熟悉掌握其安全操作常识，施工中应正确佩戴各类安全防护用品。

(3) 各种机具不得带病运转。运转中发现不正常时，应先停机检查，排除故障后方可使用。

(4) 小型起重机具使用应符合下列规定：千斤顶应垂直安装在坚实可靠的基础上，底部宜用枕木等垫平；电动葫芦应设缓冲器，轨道两端应设挡板。电动葫芦不得超载起吊，起吊过程中，手不得握在绳索与吊物之间；卷扬机卷筒上的钢丝绳应排列整齐，不得在转动中用手拉或脚踩钢丝绳。作业中，不得跨越卷扬机钢丝绳。卷筒剩余钢丝绳不得少于 3 圈。

(5) 严禁 2 台及以上手拉葫芦同时起吊重物。

9.4.3　路基工程

1. 土方工程

(1) 取土场(坑)的边坡、深度等应满足设计要求，且不得危及周边建(构)筑物等既有设施的安全：地面横向坡度陡于 1∶1.0 的区域，取土坑应设在路堤上侧；取土坑与路基间的距离应满足路基边坡稳定的要求，取土坑与路基坡脚间的护坡道应平整密实，表面应设 1%～2%向外倾斜的横坡。

(2) 路堑开挖应采取保证边坡稳定措施，边坡有防护要求的应开挖一级防护一级，且应自上而下开挖，不得掏底开挖、上下同时开挖、乱挖超挖。深挖路堑施工应及时施作临时排水设施。边坡应严格按设计坡度开挖，并应监测边坡的稳定性。

(3) 高填方路堤施工应符合下列规定：路堤预留宽度应符合设计要求；应及时施作边坡临时排水设施；作业区边缘应设置明显的警示标志；应进行位移监测。

2. 石方工程

(1) 爆破作业前应设置警戒区；石方开挖严禁采用洞室爆破；近边坡部分宜采用光面爆破或预裂爆破。

(2) 深挖路堑施工过程中，应监测边坡的稳定性。

3. 防护工程

(1) 砌筑施工高度超过 2 m 作业应设置脚手架。

(2) 人工开挖支挡抗滑桩施工除应符合现行《公路路基施工技术规范》(JTG/T 3610)的有关规定外，尚应符合下列规定：现场应配备气体浓度检测仪器，进入桩孔前应先通风 15 min 以上，并经检查确认孔内空气符合现行《环境空气质量标准》(GB 3095)规定的三级标准浓度限值。人工挖孔作业时,应持续通风,现场应至少备用1套通风设备;土石层变化处和滑动面处不得分节开挖;同排桩施工应跳槽开挖,相邻桩孔不得同时开挖,相邻两孔中的一孔浇筑混凝土,另一孔内不得有作业人员;孔口处应设置护圈,护圈应高出地面0.3 m;孔深不宜超过15 m,孔径不宜小于1.2 m;孔内爆破作业应专门设计,采用浅眼松动爆破法,并应严格控制炸药用量,炮眼附近孔壁应加强防护或支护。孔深不足10 m,孔口应做覆盖防护。爆破作业的安全管理应按照现行《爆破安全规程》(GB 6722)中的有关规定执行。爆破前,相邻桩孔人员必须撤离。

(3) 挡土墙施工除应符合现行《公路路基施工技术规范》(JTG/T 3610)的有关规定外,尚应符合下列要求:回填作业应在挡土墙墙身的强度达到设计强度的75%后实施,墙背1.0 m以内不宜使用重型振动压路机碾压;挡土墙墙高大于2 m时,施工应符合本规范第5.7节的有关规定。

9.4.4 路面工程

1. 基层与底基层

(1) 消解石灰,浸水过程中不得投料、翻拌,人员应远避并采取个体防护措施。

(2) 整平和摊铺作业应临时封闭交通、设明显警示标志。

2. 沥青面层

(1) 洒布车行驶中不得使用加热系统。洒布地段不得使用明火。

(2) 小型机具洒布沥青时,喷头不得朝外,喷头10 m范围不得站人,不得逆风作业;大风天气,不得喷洒沥青。

(3) 沥青储存地点应配备灭火器、消防砂等消防设施,并应设置警示标志。

9.4.5 桥涵工程

跨既有公路施工,通行区应搭设安全通道,安全通道应满足通行要求,施工作业面底部应悬挂安全网。安全通道应设防撞设施及限高、限宽、减速标志和设施,梁式桥的模板支架及其他设施宜在防撞栏等上部构造施工完成后拆除。泥浆池、沉淀池周围应设置防护栏杆和警示标志。

1. 预应力混凝土工程

(1) 预应力张拉机具设备应按规定校验、标定。

(2) 张拉作业应符合下列规定:张拉作业应设警戒区;张拉及放张程序应符合设计要求,张拉过程中出现异常现象应立即停止张拉作业,检查、排除异常。

(3) 先张法施工应符合下列规定:张拉台座应经设计验算,强度、刚度和稳定性应符合要求;张拉端后方应设立防护挡墙;正式施工前应进行试张拉;张拉及放张过程中预制台座区域及张拉台座两端不得站人;已张拉的预应力钢筋不得电焊、站人。

(4) 后张法施工应符合下列规定:高处张拉作业应搭设张拉作业平台、张拉千斤顶吊架,平台应加设防护栏杆和上下扶梯;梁端应设围护和挡板;张拉作业时千斤顶后方不得站人;管道压浆作业人员应佩戴护目镜。

2. 钻(挖)孔灌注桩

(1) 山坡上钻(挖)孔灌注桩施工应清除坡面上的危石和浮土;存在裂缝的坡面或可能

坍塌区域应采取必要的防护措施。

(2) 停止施工的钻、挖孔桩,孔口应加盖防护,四周应设置护栏及明显的警示标志,夜间应悬挂示警红灯。

(3) 钢筋笼下放应采用专用吊具。钢筋笼孔口连接时,孔内钢筋笼应固定牢靠。作业人员不得在钢筋笼内作业,安全带不得扣挂在钢筋笼上。

(4) 冲击钻机的卷扬机应制动良好,钻架顶部应设置行程开关。钢丝绳应无死弯和断丝,安全系数不应小于12;钢丝绳夹数量应与钢丝绳直径相匹配,并应设置保险绳夹。

(5) 回旋钻机成孔应符合下列规定:回旋钻机钻进时,高压胶管下不得站人,钻机旋转时,不得提升钻杆;潜水钻机钻孔时,每完成一根钻孔桩后应检查电机的密封状况。

(6) 岩溶、采空区和其他特殊地区钻孔灌注桩施工作业应符合下列规定:施工前,应核对桩位处的地质勘察资料,地质情况有疑问时,应补充完善地质资料;发生漏浆及坍孔等现象,应立即停止作业,采取保证平台、钻机和作业人员安全的措施;大直径、超长桩钢护筒作为平台支撑时,最小埋置深度应满足工作平台受力和稳定性要求。

3. 围堰

(1) 围堰内作业应及时掌握水情变化信息,遇有洪水、流冰、台风、风暴潮等极端情况,应立即撤出作业人员。

(2) 土石围堰施工应符合现行《公路桥涵施工技术规范》(JTG/T 3650)的有关规定。

(3) 钢板(管)桩围堰施工应注意:地下水位高或水中围堰应采取可靠的止水措施;水中围堰抽水应及时加设围檩和支撑系统。

(4) 双壁钢围堰施工应符合下列规定:应按设计要求制造钢围堰;双壁钢围堰浮运、吊装应制定专项施工方案;钢围堰接高和下沉作业过程中,应采取保持围堰稳定的措施。悬浮状态不得接高作业。

(5) 钢吊(套)箱隔堰施工应符合下列规定:应验算悬吊装置、吊杆的安全性以及有底钢吊(套)箱的抗浮性;吊(套)箱就位后应及时与四周的钢护筒连成整体;吊(套)箱内排水应在封底混凝土强度符合设计规定后进行,排水不应过快并应加强监测吊箱变化情况、及时设置内支撑;围堰拆除应符合专项施工方案的要求,内外水位应保持一致,拆除时应设置稳固装置。

4. 明挖地基

(1) 挖基施工宜在枯水或少雨季节进行,并应连续施工,有支护的基坑应采取防碰撞措施,基坑附近有管网或其他结构物时,应有可靠的防护措施。中等以上降雨期间基坑内不得施工。

(2) 大型深基坑除应遵循边开挖、边支护的原则施工外,尚应建立边坡稳定信息化动态临控系统。

(3) 开挖和降水施工应符合下列规定:开挖应视地质和水文情况、基坑深度按规定坡度分层进行,不得采用局部开挖深坑或从底层向四周掏土的方法施工;开挖影响邻近建(构)筑物或临时设施时,应采取安全防护措施;开挖过程中应监测边坡的稳定性、支护结构的位移和应力、围堰及邻近建(构)筑物的沉降与位移、地下水位变化、基底隆起等项目;基坑顶面应设置截水沟。多年冻土地基上开挖基坑,坑顶截水沟距基坑上边缘不得小于10 m,排小水的位置应远离基坑;排作业不得影响基坑安全,排水困难时,应采用水下挖基方法,并应保持基坑中原有水位;爆破开挖宜采用浅眼松动爆破法。爆破作业应符合现行《爆破安全规程》(GB 6722)的规定;冻结法开挖时,制冷设备的电源应采用不同供电所双路输电,应分层冻结、逐层开挖,不得破坏周边冻结层,基础工程施工应在冻融前完成;基坑周边 1 m 范围内不得堆载、停放设备;深基坑四周距基坑边缘不小于 1 m 处应设立钢管护栏、挂密目式安全网,靠近道路侧应设置安全警示标志和夜间警示灯带。

5. 承台与墩台

(1) 现浇墩、台身、盖梁施工除应符合现行《公路桥涵施工技术规范》(JTG/T 3650)的有关规定外,尚应符合下列规定:脚手架及作业平台应搭设牢固,不得与模板及其支撑体系联结,高处作业应符合高空作业的有关规定;墩身高度超过 4 m 宜设施工电梯,电梯司机应按照有关规定经过专门培训,并应取得相应资格证书;墩身钢筋绑扎高度超过 6 m 应采取临时固定措施;高墩且风力较大地区的墩身模板,应考虑风力影响,设置防倾覆设施。

(2) 高墩爬(滑)模施工应符合下列规定:爬(滑)模系统应专门设计,刚度、强度应满足施工要求,安全防护设施应符合有关规定;液压系统顶升应保持同步、平稳;拆模应在混凝土强度达 2.5 MPa 以上后实施,爬升时承载体受力处的强度应大于 15 MPa。

9.4.6 隧道工程

1. 一般规定

(1) 隧道施工前应开展安全风险评估,辨识施工过程中的主要危险源及危害因素,制定安全防护措施,并应根据工程建设条件、技术复杂程度、地质与环境条件、施工管理模式,以及工程建设经验,对隧道工程实施动态风险控制和跟踪处理。

隧道施工应按设计文件规定的施工方法制定施工方案,地质条件发生变化时,应及时进行设计变更。

(2) 隧道内供风、供水、供气管线与供电线路应分别架设,照明和动力线路应分层架设。供电线路架设应遵循“高压在上、低压在下,干线在上、支线在下,动力线在上、照明线在下”的原则。110 V 以下线路距地面不得小于 2 m,380 V 线路距地面不得小于 2.5 m,6～10 kV 线路距地面不得小于 3.5 m。

(3) 隧道洞口管理应符合下列规定:隧道洞口应设专人负责进出人员登记及材料、设备与爆破器材进出隧道记录和安全监控等工作;隧道施工应建立洞内外通信联络系统;长、特长及高风险隧道施工应设置稳定可靠的视频监控系统、门禁系统和人员识别定位系统。

(4) 隧道洞口与桥梁、路基等同一个工点有多个单位同时施工或洞内不同专业交叉作业时,应共同制定现场安全措施。

(5) 隧道内施工不得使用以汽油为动力的机械设备。

(6) 隧道内作业台车、台架应满足施工安全要求,高处作业安全防护设施应符合有关规定。隧道洞口、开关箱、配电箱、台车、台架、仰拱开挖等危险区域应设置明显的警示标志。洞内施工设备均应设反光标识。

(7) 应根据危险源辨识情况编制隧道坍塌、突水突泥、触电、火灾、爆炸、窒息、有害气体等应急预案并应配备相应的应急资源。

(8) 不良地质隧道地段应遵循“早预报、预加固、弱爆破、短进尺、强支护、早封闭、勤量测、快衬砌”的原则施工;超前地质预报和监测方案应作为必要工序统一纳入施工组织管理。

2. 洞口与明洞

(1) 洞口的截、排水系统应在进洞前完成,并应与路基排水顺接。

(2) 石质边、仰坡应采用预留光爆层法或预裂爆破法,不得采用深眼大爆破或集中药包爆破开挖。

(3) 洞口开挖应先支护后开挖、自上而下分层开挖、分层支护。不得掏底开挖或上下重叠开挖。陡峭、高边坡的洞口应根据设计和现场需要设安全棚、防护栏杆或安全网,危险段应采取加固措施。洞口工程应及早完成。

(4) 洞口附近存在建(构)筑物且使用爆破掘进的,应采用控制爆破技术,并应监测振动波速及建(构)筑物的沉降和位移。

(5) 明洞施工应符合下列规定:明洞开挖前,洞顶及四周应设防水、排水设施;明洞应自上而下开挖,石质地段开挖应控制爆破炸药用量,开挖后应立即施作边坡防护;开挖松软地层边、仰坡应随挖随支护;衬砌强度未达到设计的70%、防水层未完成时,不得回填;明洞槽不宜在雨天开挖。

3. 开挖

(1) 长度小于300 m的隧道,起爆站应设在洞口侧面50 m以外;其余隧道洞内起爆站距爆破位置不得小于300 m。

(2) 装药、起爆、通风、盲炮处置等应符合现行《爆破安全规程》(GB 6722)的有关规定。

(3) 两座平行隧道开挖,同向开挖工作面纵向距离应根据两隧道间距、围岩情况确定,且不宜小于2倍洞径。

(4) 隧道双向开挖面间相距15～30 m时,应改为单向开挖。停挖端的作业人员和机具应撤离。土质或软弱围岩隧道应加大预留贯通的安全距离。

(5) 全断面法施工应符合下列要求:应控制一次同时起爆的炸药量;地质条件较差地段应对围岩进行超前支护或预加固。

(6) 台阶法和环形开挖预留核心土法施工,除应符合现行《公路隧道施工技术规范》(JTG/T 3660)的有关规定外,尚应符合下列规定:围岩较差、开挖工作面不稳定时,应采用短进尺、上下台阶错开开挖或预留核心土措施,宜采用喷射混凝土、注浆等措施加固开挖工作面;应根据围岩条件和初期支护钢架间距确定台阶上部开挖循环进尺,上台阶每循环开挖支护进尺Ⅴ、Ⅵ级围岩不应大于1榀钢架间距,Ⅳ级围岩不得大于2榀钢架间距;围岩较差、变形较大的隧道,上部断面开挖后应立即采取控制围岩及初期支护变形量的措施;台阶下部断面一次开挖长度应与上部断面相同,且不得超过1.5 m;台阶下部开挖后应及时喷射混凝土封闭。

(7) 中隔壁法施工应符合现行《公路隧道施工技术规范》(JTG/T 3660)的有关规定,且同侧上、下层开挖工作面应保持3～5 m距离。

(8) 双侧壁导坑法施工应符合下列规定:及时施工初期支护并尽早封闭成环;侧壁导坑形状应近似于椭圆形;导坑跨度宜为隧道跨度的1/3;左右导坑前后距离不宜小于15 m;导坑与中间土体同时施工时,导坑应超前30～50 m。

(9) 仰拱开挖施工应符合下列规定:Ⅳ级及以上围岩仰拱每循环开挖长度不得大于3 m,不得分幅施作;仰拱与掌子面的距离,Ⅲ级围岩不得超过90 m,Ⅳ级围岩不得超过50 m,Ⅴ级及以上围岩不得超过40 m;底板欠挖硬岩应采用人工钻眼松动、弱爆破方式开挖。

4. 支护

(1) 围岩自稳程度差的地段应先进行超前支护、预加固处理,并应符合设计要求。

(2) 喷射混凝土、锚杆、钢筋网、超前小导管、管棚支护施工应符合现行《公路隧道施工技术规范》(JTG/T 3660)的有关规定。

(3) 钢架施工除应符合现行《公路隧道施工技术规范》(JTG/T 3660)的有关规定外,尚应符合下列规定:钢架底脚基础应坚实、牢固;相邻的钢架应连接成整体;已安装的钢架发生扭曲变形时,应及时逐榀更换,不得同时更换相邻的钢架;下部开挖后,钢架应及时接长、落底,钢架底脚不得左右同时开挖;拱脚开挖后应立即安装拱架、施作锁脚锚杆,锁脚锚杆数量、长度、角度应符合设计要求;拱脚不得脱空,不得有积水浸泡。

5. 衬砌

(1) 软弱围岩及不良地质隧道的二次衬砌应及时施作,二次衬砌距掌子面的距离Ⅳ级围岩不得大于 90 m,Ⅴ级及以上围岩不得大于 70 m。

(2) 隧道内不得加工钢筋;衬砌钢筋安装应设临时支撑,临时支撑应牢固可靠并有醒目的安全警示标志;钢筋焊接作业在防水板一侧应设阻燃挡板。

(3) 仰拱应分段一次整幅浇筑,并应根据围岩情况严格限制分段长度。

6. 防水和排水

(1) 隧道防水板施工作业台架应设置消防器材及防火安全警示标志,照明灯具与防水板间距离不得小于 0.5 m,不得烘烤防水板。

(2) 隧道排水作业应符合下列规定:隧道内反坡排水方案应根据距离、坡度、水量和设备情况确定。抽水机排水能力应大于排水量的 20%,并应有备用台数;隧道内顺坡排水沟断面应满足隧道排水需要;膨胀岩、土质地层、围岩松软地段应铺砌水沟或用管槽排水。

(3) 斜井及竖井排水应符合下列规定:斜井应边掘进边排水;涌水量较大的地段应分段截排水;竖井、斜井的井底应设置排水泵站;排水泵站应设在铺设排水管的井身附近,并应与主变电所毗邻;泵站应留有增加水泵的余地。

9.4.7 交通安全设施

(1) 不中断交通施工作业应按现行《道路交通标志和标线》(GB 5768)和《公路养护安全作业规程》(JTG H30)设置作业控制区。

(2) 护栏安装打、压立柱的桩机应安设牢固、平稳。桩机移动时应注意避让地面沟槽、地上架空线路等障碍物。

(3) 标志安装应符合下列规定:标志支撑结构的安装应在基础混凝土强度达到设计要求后进行;安装门架标志时,作业人员不得站在门架横梁上作业。

(4) 交通标线热熔作业时,作业人员应穿着防护服,佩戴护目眼镜、防护手套和防有机气体口罩;热熔釜熔料时最大投料量不得超过缸体的 4/5,热熔釜和漆料保温桶上方不得出现明火。

(5) 隔离栅施工应符合下列规定:隔离栅安装作业人员应佩戴防穿刺手套;混凝土立柱和基础预制块件存放高度不得超过 1.5 m,且应码放整齐,不得滚落卸载。

9.4.8　改扩建工程

1. 一般规定

(1) 不中断交通进行公路改扩建工程施工，应符合下列规定：应按照现行《道路交通标志和标线》(GB 5768)、《公路养护安全作业规程》(JTG H30)和交通组织方案设置作业控制区；应定期对交通安全设施进行检查和维护。

(2) 施工路段两端及沿线进出口处应设置明显的临时交通安全设施。

(3) 爆破作业前应临时中断交通。爆破后应立即清理道路上的土、石，检修公路设施。应确认达到行车条件后开放交通。

(4) 半幅施工作业区与车行道之间应设置隔离设施。应设专人和通信设备，指挥交通，疏导车辆。弯道顶点附近不宜堆放物料、机具。

2. 拆除

(1) 应根据所拆除建(构)筑物的结构特点及施工环境要求确定拆除施工的段落、层次、顺序和方法。拆除施工应从上至下、逐层、分段实施，不得立体交叉作业。

(2) 当拆除工程对周围相邻建筑安全可能产生危险时，应采取相应保护措施；拆除现场应设置围挡、警示标志，非作业人员不得进入拆除现场；拆除旧桥、旧涵时，在旧桥的两端应设置禁止通行的路障及标志，夜间应悬挂警示灯。

(3) 拆除施工中的高处作业、起重作业、爆破作业应符合有关规定。

(4) 拆除梁或悬臂构件应采取防坠落、防坍塌措施；定向拆除墩、柱时，应采取控制倒塌方向的措施。

(5) 隧道拆除二衬前应采取有效预支护措施，控制变形和沉降量；隧道拆除过程中应对施工段进行监控量测；隧道拆除作业应以机械作业为主要施工方法，不得扰动、破坏周边围岩和结构；隧道拆除作业需爆破作业的，应采取有效措施保护既有建(构)筑物。

3. 加固

(1) 加固受力状态下的结构构件过程中对原结构有削弱时，应采取限载或支架支撑措施。所搭设的支架应按最不利荷载进行验算。

(2) 桥梁顶升作业所用千斤顶的规格、型号应一致，顶升速度应一致、随顶随支，并应设置防止梁掉落的支垫保险装置。

(3) 局部凿除二衬混凝土进行修补加固作业，应对二衬背后防排水结构进行保护和修复。其修补的混凝土部分应与原结构有锚固措施。

(4) 隧道治理渗漏水应以“疏、堵、截、排，综合治理”为原则，同时应保证二衬混凝土强度和结构的完整性。

(5) 隧道加固作业需要背后注浆的，应控制注浆压力和注浆量，不得破坏二衬结构。

(6) 隧道二衬表面需要加固补强及安装机械设备的，应满足隧道对净空衔接尺寸的要求。

9.4.9　特殊季节与特殊环境施工

应根据施工所在地季节性变化规律、施工环境，结合施工特点，制定特殊季节、特殊环境防范措施，编制应急预案，并应储备应急物资、定期演练。

1. 冬季施工

(1) 冬季来临前,应检修、保养使用的船机、设备、机具及防护、消防、救生设施,并应采取防冻措施。

(2) 冬季施工现场的道路、工作平台、斜坡道、脚手板、船舶甲板等均应采取防滑措施,及时清除冰雪。冬季施工现场应配备消防设施。

(3) 办公、生活区严禁使用电炉、碘钨灯等取暖,煤炭炉取暖必须采取防火、防一氧化碳中毒的措施。

(4) 冬季进行高处作业应采取可靠的防滑、防寒和防冻措施,并应及时清除水、冰、霜、雪。

(5) 严禁明火烘烤或开水加热冻结的储气罐、氧气瓶、乙炔瓶、阀门和胶管。

(6) 封冻河流上施工应制定专项施工方案,机械设备冰上作业应经论证。

(7) 内河凌汛期,水上在建的建(构)统物和工程船舶等应采取防撞措施,现场上游应布设破冰防线。

2. 雨季施工

(1) 雨季来临前,应检查、修复或完善现场避雷装置、接地装置、排水设施,围堰、堤坝等应采取加固和防坍塌措施,易冲刷部位应采取防冲或导流措施。

(2) 现场的脚手架、跳板、桥梁、墩台等作业面应采取防滑措施。

(3) 大风、大雨后,应检查支架、脚手架、起重设备、临时用电工程、临时房屋等设施的基础。雷雨时,不得从事露天作业。

3. 夜间施工

(1) 夜间施工时,作业场所或工程船舶应设置照明设备,照度应满足施工要求。光束不得直接照射工程船舶、机械的操作和指挥人员。

(2) 夜间施工时,作业现场的预留孔洞、上下道口及沟槽等危险部位应设置夜间警示标志和警示灯。

4. 高温施工

(1) 作业时间应避开高温时段;必须在高温条件下的施工作业应采取防暑降温措施。

(2) 施工现场的易燃易爆物品应采取防晒措施。

5. 汛期施工

(1) 易发生洪水、泥石流、滑坡等灾害的施工现场应加强观测、预警,发现危险预兆应及时撤出作业人员和施工机械设备。

(2) 库区及下游受排洪影响地区施工作业应及时掌握水位变化情况。

9.5 职业健康安全管理

9.5.1 职业健康安全管理的概念

职业健康安全是国际上通用的词语,通常是指影响作业场所内的员工、临时工作人员、合同方人员、访问者和其他人员健康安全的条件和因素。

职业健康安全管理,是指在生产活动中,通过安全生产的管理活动,以及对生产因素的具体状态的控制，使生产因素的不安全行为和状态减少或消除，不引发事件，特别是不引发使人受到伤害的事故，以保护生产活动中人的安全和健康。

公路工程项目具有流动性大、施工周期长、工种多、耗费人力和物力大、人员及作业位置流动性较大等特点，存在很多不安全的因素，因此，做好职业健康安全管理工作对公路工程的进程非常重要。在项目实施过程中，通过运用现代管理的科学知识，明确项目职业健康安全生产的目标要求，进行控制、处理，以提高职业健康安全管理工作的水平。在施工过程中，提高经济效益的同时，改变不安全、不卫生的劳动环境和工作条件，在提高劳动生产率的同时，加强对工程项目的职业健康安全管理。用现代管理的科学方法去组织、协调生产，大幅度降低伤亡事故，这样才能充分调动施工人员的主观能动性。

我国在2020年发布了《职业健康安全管理体系 要求及使用指南》(GB/T 45001—2020)，规定了对职业健康安全管理体系的要求，使组织能够制定有关方针和目标，从而通过应用来控制职业健康安全风险，达到持续改进的目的。

9.5.2 公路工程项目职业健康安全管理的要求

1. 正确处理职业健康安全的关系

(1) 明确职业健康安全与危险并存。职业健康安全与危险是相互对立的且相互依存的，但并非等量并存、平静相处，是随着事物的运动而变化的。

(2) 保证职业健康安全与生产的统一。职业健康安全是生产的客观要求，当生产完全停止，职业健康安全也就失去意义；就生产目标来说，有了职业健康安全保障，生产才能持续、稳定、健康地进行。

(3) 职业健康安全与质量相互包含。质量与职业健康安全工作交互作用、互为因果。

(4) 职业健康安全与速度互为保障。速度应以职业健康安全做保障，在项目实施过程中，应追求职业健康安全加速度，避免职业健康安全减速度。当速度与职业健康安全发生矛盾时，应暂时减缓速度，保证职业健康安全。

(5) 职业健康安全与效益同时兼顾。实施职业健康安全技术措施，会不断改善劳动条件，调动职工的积极性，提高工作效率，带来经济效益，促进效益的增长。

2. 做到“六个坚持”

(1) 坚持生产、职业健康安全同时管。职业健康安全管理是生产管理的重要组成部分，两者存在着密切的联系。管生产同时管安全，不仅是对各级领导人员明确职业健康安全管理责任，同时，也向一切与生产有关的机构、人员明确了业务范围内的职业健康安全管理责任。

(2) 坚持职业健康安全管理的目标。职业健康安全管理是对生产中的人、物、环境因素状态的管理，目的是有效地控制人的不安全行为和物的不安全状态，消除或避免事故，达到保护劳动者的职业健康安全的目标。

(3) 坚持预防为主。职业健康安全生产的方针是“安全第一、预防为主”。职业健康安全管理主要不是处理事故，而是针对生产的特点，对生产要素采取管理措施，有效地控制不安全因素的发生与扩大，把可能发生的事故消灭在萌芽状态，以保证生产经营活动中人的职业健康安全。

(4) 坚持全员管理。职业健康安全管理是一切与生产有关的机构、人员共同的事，缺乏全员的参与，职业健康安全管理就不会取得好的效果。

(5) 坚持过程控制。在职业健康安全管理的主要内容中，虽然都是为了达到职业健康安全管理的目标，但对生产中人的不安全行为和物的不安全状态的控制更应作为职业健康安全管理重点。

(6) 坚持持续改进。职业健康安全管理是为适应变化的生产活动，消除新的危险因素，是不断改进发展的、不断变化的，是一种动态管理，因此，需要不断摸索新的规律，总结控制的办法与经验，不断提高职业健康安全管理水平。

9.5.3 公路工程项目健康安全管理程序

公路工程项目职业健康安全管理应遵循下列程序：

(1) 识别并评价危险源及风险。

(2) 确定职业健康安全目标。

(3) 编制并实施项目职业健康安全技术措施计划。

(4) 职业健康安全技术措施计划实施结果验证。

(5) 持续改进相关措施和绩效考核制度。

9.5.4 公路工程项目职业健康安全管理的内容

1. 职业健康安全组织管理

公路工程施工企业应建立健全职业健康安全管理机构，并对职业健康安全管理机构的构成、职责及工作模式做出明确规定，以保证国家有关职业健康安全生产的政策、法规及建设工程施工现场职业健康安全管理制度的落实。另外，施工企业还应重视职业健康安全档案管理工作，及时整理、完善职业健康安全档案、职业健康安全资料，为预防、预测、预报职业健康安全事故提供依据。

2. 职业健康安全制度管理

当项目确立以后，公路工程施工单位应根据国家及行业有关职业健康安全生产的政策、法规、规范和标准，建立一整套符合项目特点的职业健康安全管理制度，包括职业健康安全生产责任制度、职业健康安全生产教育制度、职业健康安全生产检查制度、现场职业健康安全管理制度、高处作业职业健康安全管理制度、电气职业健康安全管理制度、防火防爆职业健康安全管理制度、劳动卫生职业健康安全管理制度等，用制度约束施工人员的行为，以达到职业健康安全生产的目的。

3. 施工人员操作规范化管理

施工单位要严格按照国家及行业的有关规定，按各工种操作规程及工作条例的要求规范施工人员的行为，坚决贯彻执行各项职业健康安全管理制度，杜绝违反操作规程而引发的工伤事故。

4. 职业健康施工安全技术管理

在施工生产过程中，为防止和消除伤亡事故，保障职工职业健康安全，企业应针对工程特点、施工现场环境、使用机械以及施工中可能使用的有毒有害材料，提出职业健康安全技术和防护措施。职业健康安全技术措施在开工前应根据施工图编制。施工前必须以书面形式对施工人员进行职业健康安全技术交底，对施工中出现的新问题，技术人员和职业健康安全管理人员要在调查分析的基础上，提出新的职业健康安全技术措施。针对不同工程的特点和可能造成的职业健康安全事故，制定不同的技术措施，以消除危险，保证施工职业健康安全。施工中对各项职业健康安全技术措施要认真组织实施，经常进行监督检查。

5. 施工现场职业健康安全设施管理

根据建设部颁发的《建筑工程施工现场管理规定》，对施工现场的运输道路，给排水、动力及照明、通信等管线，材料、构件、设备及工器具的堆放点，附属加工设施，临时性建筑（仓库、工棚、食堂、水泵房、变电所等），施工机械的行进路线，安全防火设施等临时工程设施进行合理的设计和科学管理。

9.5.5　公路工程项目健康安全技术措施计划及实施

职业健康安全技术措施计划包括以改善劳动条件，防止工伤事故，预防职业病和职业中毒为主要目的的一切技术组织措施。为确保职业健康安全技术措施经费真正用于改善劳动条件，企业在编制职业健康安全技术措施计划时，必须划清项目范围。凡属医疗福利、劳保用品、消防器材、环保设施、基建和技改项目中的安全卫生设施等，不应列入职业健康安全技术措施计划中。

公路工程项目施工组织设计或施工方案中必须有针对性的职业健康安全技术措施，特殊和危险件大的工程必须单独编制职业健康安全施工方案或职业健康安全技术措施。

要使公路工程项目健康安全技术措施计划顺利实施，必须做好以下工作：

1. 认真做好公路工程项目职业健康安全生产教育

职业健康安全是生产正常进行的前提，职业健康安全教育又是职业健康安全管理工作的重要环节，是提高全员职业健康安全素质、职业健康安全管理水平和防止事故，从而实现职业健康安全生产的重要手段。

公路工程项目职业健康安全教育主要包括以下四个方面的内容：

(1) 职业健康安全思想教育。职业健康安全思想教育的目的是为职业健康安全生产奠定思想基础，通常从加强思想认识、方针政策和劳动纪律教育等方面进行。

(2) 职业健康安全知识教育。企业所有职工都必须具备一定的职业健康安全基本知识，职业健康安全基本知识教育的主要内容是：企业的基本生产概况；施工、生产流程、方法；企业施工、生产的危险区域及其职业健康安全防护的基本知识和注意事项；机械设备、厂（场）内运输的有关职业健康安全知识；有关电气设备（动力照明）的基本职业健康安全知识；高处作业职业健康安全知识；生产（施工）中使用的有毒、有害物质的职业健康安全防护基本知识；消防制度及灭火器材应用的基本知识；个人防护用品的正确使用知识等。

(3) 职业健康安全技能教育。职业健康安全技能教育就是结合本工种专业特点，实现职业健康安全操作、职业健康安全防护所必须具备的基本技术知识要求。它包括职业健康安全技术、劳动卫生和职业健康安全操作规程。国家规定建筑登高架设、起重、焊接、电气、爆破、压力容器、锅炉等特种作业人员必须进行专门的职业健康安全技术培训。

(4) 法制教育。采取各种有效形式，对全体职工进行职业健康安全生产法规和法制教育，从而提高职工遵纪守法的自觉性，以达到职业健康安全生产的目的。

2. 实行公路工程项目职业健康安全生产责任制

为贯彻落实党和国家有关职业健康安全生产的政策法规，明确项目各级人员、各职能部门职业健康安全生产责任，保证施工生产过程中的人身安全和财产安全，根据国家及相关部门的有关规定，要制定项目职业健康安全生产责任制度。

3. 实行公路工程项目职业健康安全技术交底

职业健康安全技术交底是指导工人安全施工的技术措施，是项目职业健康安全技术方案的具体落实。职业健康安全技术交底一般由技术管理人员根据分部分项工程的具体要求、特点和危险因素编写，是操作者的指令性文件，因而，要具体、明确、针对性强，不得用施工现场的安全纪律、安全检查等制度代替，在进行工程技术交底的同时进行职业健康安全技术交底。

职业健康安全技术交底与工程技术交底一样，实行分级交底制度：

(1) 大型或特大型工程由公司总工程师组织有关部门向项目经理部和分包商进行交底。交底内容：工程概况、特征，施工难度，施工组织，采用的新工艺、新材料、新技术，施工程序与方法，关键部位应采取的安全技术方案或措施等。

(2) 一般工程由项目经理部总(主任)工程师会同现场经理向项目有关施工人员(项目工程管理部、工程协调部、物资部、合约部、安全总监及区域责任工程师、专业责任工程师等)及分包商行政和技术负责人进行交底。

(3) 分包商技术负责人要对其管辖的施工人员进行详尽的交底。

(4) 项目专业责任工程师要对所管辖的分包商的工长进行分部工程施工安全措施交底，对分包工长向操作班组所进行的安全技术交底进行监督与检查。

(5) 专业责任工程师要对劳务分承包方的班组进行分部分项工程安全技术交底并监督指导其安全操作。

(6) 各级安全技术交底都应按规定程序实施书面交底签字制度，并存档以备查用。

4. 实行公路工程项目职业健康安全检查

公路工程项目安全检查是消除隐患、防止事故、改善劳动条件及提高员工安全生产意识的重要手段，是职业健康安全管理工作的一项重要内容。为全面提高项目职业健康安全生产管理水平，及时消除职业健康安全隐患，落实各项职业健康安全生产制度和措施，在确保安全的情况下正常地进行施工生产，公路工程项目实行逐级职业健康安全检查制度：

(1) 公司对项目实施定期检查和重点作业部位巡检制度。

(2) 项目经理部每月由现场经理组织，安全总监配合，对施工现场进行一次职业健康安全大检查。

(3) 区域责任工程师每半个月组织专业责任工程师、分包商(专业公司)、行政、技术负责人、工长对所管辖的区域进行职业健康安全大检查。

(4) 专业责任工程师(工长)实行日巡检制度。

(5) 项目安全总监对上述人员的活动情况实施监督与检查。

(6) 项目分包单位必须建立各自的职业健康安全检查制度，除参加总包组织的检查外，必须坚持自检，及时发现、纠正、整改本责任区的违章、隐患。对危险和重点部位要跟踪检查，做到预防为主。

(7) 施工(生产)班组要做好班前、班中、班后和节假日前后的职业健康安全自检工作，尤其是作业前必须对作业环境进行认真检查，做到身边无隐患、班组不违章。

(8) 各级检查都必须有明确的目的，做到“四定”，即定整改责任人、定整改措施、定整改完成时间、定整改验收人，并做好检查记录。

公路工程项目职业健康安全检查工作主要包括以下内容：

(1) 职业健康安全技术措施。根据工程特点、施工方法、施工机械，编制完善的职业健康安全技术措施并在施工过程中加以贯彻。

(2) 施工现场职业健康安全组织。工地上是否有专、兼职安全员并组成职业健康安全活动小组，工作开展情况，完整的施工职业健康安全记录。

(3) 职业健康安全技术交底、操作规章的学习贯彻情况。

(4) 职业健康安全设防情况。

(5) 个人防护情况。

(6) 职业健康安全用电情况。

(7) 施工现场防火设备。

(8) 职业健康安全标志牌等。

9.5.6　公路工程项目健康安全隐患和事故处理

1. 公路工程项目职业健康安全隐患控制

职业健康安全事故隐患是指可能导致职业健康安全事故的缺陷和问题，包括职业健康安全设施、过程和行为等诸方面的缺陷问题。对检查和检验中发现的事故隐患，应采取必要的措施及时处理和化解，以确保不合格设施不使用、不合格过程不通过、不安全行为不放过，并通过事故隐患的适当处理，防止职业健康安全事故的发生。

项目部对各类事故隐患应确定相应的处理部门和人员，规定其职责和权限，一般问题当天解决，重大问题限期解决。对存在隐患的职业健康安全设施、职业健康安全防护用品的整改措施落实情况，必要时由项目部的职业健康安全部门组织有关专业人员对其进行复查验证，并做好记录。只有当险情排除，采取了可靠措施后方可恢复使用或施工。若是上级或政府行业主管部门提出的事故隐患通知，由项目部及时报告企业主管部门，同时制定措施、实施整改，自查合格报企业主管部门复查后，再报有关上级或政府行业主管部门消项。

2. 公路工程项目职业健康安全事故处理

公路工程项目施工生产场所发生伤亡事故后，负伤人员或最先发现事故的人应立即报告项目领导。项目安全技术人员根据事故的严重程度及现场情况立即上报上级业务系统，并及时填写伤亡事故表上报企业。发生重大伤亡事故，各有关部门接到报告后，应立即转告各自的上级管理部门。公路工程项目职业健康安全事故通常的处理程序如下：

(1) 抢救伤员，保护现场。事故发生后，现场人员切不可惊慌失措，要有组织，统一指挥。首先抢救伤员和排除险情，尽量制止事故蔓延扩大。同时注意，为了事故调查分析的需要，应保护好事故现场。如因抢救伤员和排除险情而必须移动现场构件时，还应准确做出标记，最好拍下不同角度的照片，为事故调查提供可靠的原始事故现场。

(2) 成立调查组。在接到事故报告后，企业主管领导应立即赶赴现场组织抢救，并迅速组织调查组开展事故调查。

(3) 现场勘察。现场勘察是技术性很强的工作，涉及广泛的科技知识和实践经验，调查组对事故的现场勘察必须做到及时、全面、准确、客观。

(4) 分析事故原因，确定事故性质。事故调查分析的目的是通过认真调查研究，搞清事故原因，以便从中吸取教训，采取相应措施，防止类似事故重复发生。

（5）提交调查报告。事故调查组在查清事实、分析原因的基础上，组织召开事故分析会，按照“四不放过”的原则，对事故原因进行全面调查分析，制定出切实可行的防范措施，提出对事故有关责任人员的处理意见，填写“企业职工因工伤亡事故调查报告书”，经调查组全体人员签字后报批。如调查组内部意见有分歧，应在弄清事实的基础上，对照法律法规进行研究，统一认识。对个别问题仍持有不同意见的允许保留，并在签字时写明意见。

（6）事故审查和结案。对事故审查和结案，有以下几点要求：

① 事故调查处理结论，应经有关机关审批后，方可结案。伤亡事故处理工作一般应当在 90 天内结案，特殊情况不得超过 180 天。

② 注意事故案件的审批权限，其权限同企业的隶属关系及人事管理权限一致。

③ 对事故责任者的处理，应根据其情节轻重和损失大小、是否有责任、主要责任、次要责任、重要责任、一般责任、领导责任等，按规定给予处分。

④ 企业接到政府机关的结案批复后，进行事故建档，并接受政府主管部门的行政处罚。

第 10 章　公路工程项目费用和成本管理

10.1　公路工程建设项目费用结构

根据现行《公路工程建设项目投资估算编制办法》(JTG 3820)和《公路工程建设项目概算预算编制办法》(JTG 3830)，公路工程建设项目费用包括建筑安装工程费、土地使用及拆迁补偿费、工程建设其他费用、预备费及建设期贷款利息五部分。

10.1.1　建筑安装工程费

建筑安装工程费包括直接费、设备购置费、措施费、企业管理费、规费、利润、税金和专项费用。建筑安装工程费除专项费用外，其他均按“价税分离”计价规则计算，即各项费用均以不含增值税可抵扣进项税额的价格(费率)进行计算，具体要素价格适用增值税税率执行财税部门的相关规定。

1. 直接费

直接费指施工过程中耗费的构成工程实体和有助于工程形成的各项费用，包括人工费、材料费、施工机械使用费。

(1) 人工费指列入概算、预算定额的直接从事建筑安装工程施工的生产工人开支的各项费用。

(2) 材料费指施工过程中耗用的构成工程实体的原材料、辅助材料、构配件、零件、半成品或成品等，按工程所在地的材料价格计算的费用。

(3) 施工机械使用费指列入概算、预算定额的工程机械和工程仪器仪表台班数量，按相应的施工机械台班费用定额计算的费用。

2. 设备购置费

设备购置费指为满足公路初期运营、管理需要购置的构成固定资产标准的设备和虽低于固定资产标准但属于设计明确列入设备清单的设备的费用，包括渡口设备，隧道照明、消防、通风的动力设备，公路收费、监控、通信、路网运行监测、供配电及照明设备等。

3. 措施费

措施费指为完成工程项目施工，发生于该工程施工前和施工过程中非工程实体项目的费用，包括冬季施工增加费、雨季施工增加费、夜间施工增加费、特殊地区施工增加费、行车干扰施工增加费、施工辅助费、工地转移费等。

(1) 冬季施工增加费指按照公路工程施工及验收规范所规定的冬季施工要求，为保证工程质量和安全生产所需采取的防寒保温设施、工效降低和机械作业效率降低以及技术操作过程的改变等所增加的有关费用。

(2) 雨季施工增加费指雨季期间施工为保证工程质量和安全生产所需采取的防雨、排水、防潮和防护措施、工效降低和机械作业率降低以及技术操作过程的改变等所需增加的有关费用。

(3) 夜间施工增加费指根据设计、施工技术规范和合理的施工组织要求，必须在夜间施工或必须昼夜连续施工而发生的夜班补助费、夜间施工降效、施工照明设备摊销及照明用电等费用。

(4) 特殊地区施工增加费包括高原地区施工增加费、风沙地区施工增加费和沿海地区施工增加费等。高原地区施工增加费指在海拔高度 2 000 m 以上地区施工，由于受气候、气压的影响，人工、机械效率降低而增加的费用；风沙地区施工增加费指在沙漠地区施工时，由于受风沙影响，按照施工及验收规范的要求，为保证工程质量和安全生产而增加的有关费用，内容包括防风、防沙及气候影响的措施费，人工、机械效率降低增加的费用，以及积沙、风蚀的清理修复等费用；沿海地区施工增加费指工程项目在沿海地区施工受海风、海浪和潮汐的影响，致使人工、机械效率降低等所需增加的费用。

(5) 行车干扰施工增加费指由于边施工边维持通车，受行车干扰的影响，人工、机械效率降低而增加的费用。

(6) 施工辅助费包括生产工具用具使用费、检验试验费和工程定位复测、工程点交、场地清理等费用。

(7) 工地转移费指施工企业迁至新工地的搬迁费用。

4. 企业管理费

企业管理费由基本费用、主副食运费补贴、职工探亲路费、职工取暖补贴和财务费用五项组成。

(1) 基本费用指建筑安装企业组织施工生产和经营管理所需的费用，包括管理人员工资、办公费、差旅交通费、固定资产使用费、工具用具使用费、劳动保险费、职工福利费、劳动保护费、工会经费、职工教育经费、保险费、工程排污费、税金和其他费用[其他费用指签署项目以外的其他必要的费用支出，包括技术转让费、技术开发费、竣(交)工文件编制费、招投标费、业务招待费、绿化费、广告费、公证费、定额测定费、法律顾问费、审计费、咨询费以及施工标准化、规范化、精细化管理等费用]。

(2) 主副食运费补贴指施工企业在远离城镇及乡村的野外施工购买生活必需品所需增加的费用。

(3) 职工探亲路费指按照有关规定发放给施工企业职工在探亲期间发生的往返交通费和途中住宿费等费用。

(4) 职工取暖补贴指按规定发放给施工企业职工的冬季取暖费和为职工在施工现场设置的临时取暖设施的费用。

(5) 财务费用指施工企业为筹集资金提供投标担保、预付款担保、履约担保、职工工资支付担保等所发生的各种费用，包括企业经营期间发生的短期贷款利息净支出、汇兑净损失、调剂外汇手续费、金融机构手续费，以及企业筹集资金发生的其他财务费用。

5. 规费

规费指按法律、法规、规章、规程规定施工企业必须缴纳的费用，主要包含养老保险费、失业保险费、医疗保险费、工伤保险费和住房公积金等。

各项规费以各类工程的人工费之和为基数，按国家或工程所在地法律、法规、规章、规程规定的标准计算。

6. 利润

利润指施工企业完成所承包工程获得的盈利，按定额直接费及措施费、企业管理费之和的7.42%计算。

7. 税金

税金指国家税法规定应计入建筑安装工程造价的增值税销项税额，按下式计算：

$$税金=(直接费+设备购置费+措施费+企业管理费+规费+利润)\times 10\% \quad (10\text{-}1)$$

8. 专项费用

专项费用包括施工场地建设费和安全生产费。

(1) 施工场地建设费

① 按照工地建设标准化要求进行承包人驻地、工地试验室建设，钢筋集中加工、混合料集中拌制、构件集中预制等所需的办公、生活居住房屋（包括职工家属房屋及探亲房屋），公用房屋（如广播室、文体活动室、医疗室等）和生产用房屋（如仓库、加工厂、加工棚、发电站、变电站、空压机站、停机棚、值班室等）等费用。

② 它包括场区平整（山岭重丘区的土石方工程除外）、场地硬化、排水、绿化、标志、污水处理设施、围墙隔离设施等的费用，不包括钢筋加工的机械设备、混合料拌合设备及安拆、预制构件台座、预应力张拉设备、起重及养护设备，以及概算、预算定额中临时工程的费用。

③ 它包括以上范围内的各种临时工作便道（包括汽车、人力车道）、人行便道，工地临时用水、用电的水管支线和电线支线，临时构筑物（如水井、水塔等）、其他小型临时设施等的搭设或租赁、维修、拆除、清理的费用，但不包括红线范围内贯通便道、进出场的临时道路、保通便道。

④ 工地试验室所发生的属于固定资产的试验设备和仪器等折旧、维修或租赁费用。

⑤ 施工扬尘污染防治措施费：指裸露的施工场地覆盖防尘网、施工便道和施工场地洒水或喷洒抑尘剂，运输车辆的苫盖和冲洗、环境敏感区设置围挡，防尘标识设置，环境监控与检测等所需要的费用。

⑥ 文明施工、职工健康生活的费用。

(2) 安全生产费

安全生产费主要包括完善、改造和维护安全设施设备费用，配备、维护、保养应急救援器材、设备费用，开展重大危险源和事故隐患评估和整改费用，安全生产检查、评价、咨询费用，配备和更新现场作业人员安全防护用品支出，安全生产宣传、教育、培训费用，安全设施及特种设备检测检验费用，施工安全风险评估、应急演练等有关工作及其他与安全生产直接相关的费用。

安全生产费按建筑安装工程费乘以安全生产费费率计算，费率按不少于1.5%计取。

10.1.2　土地使用及拆迁补偿费

土地使用及拆迁补偿费包含永久占地费、临时占地费、拆迁补偿费、水土保持补偿费、其他费用。

1. 永久占地费

永久占地费包括土地补偿费、征用耕地安置补助费、耕地开垦费、森林植被恢复费、失地农民养老保险费。

（1）土地补偿费包括征地补偿费、被征用土地上的青苗补偿费，征用城市郊区的菜地等缴纳的菜地开发建设基金，耕地占用税，用地图编制费及勘界费等。

（2）征用耕地安置补助费指征用耕地需要安置农业人口的补助费。

（3）耕地开垦费指公路建设项目占用耕地的，应由建设项目法人（业主）负责补充耕地所发生的费用；没有条件开垦或者开垦的耕地不符合要求的，按规定缴纳的耕地开垦费。

（4）森林植被恢复费指公路建设项目需要占用、征用林地的，经县级以上林业主管部门审核同意或批准，建设项目法人（业主）单位按照省级人民政府有关规定向县级以上林业主管部门预缴的森林植被恢复费。

（5）失地农民养老保险费指根据国家规定为保障依法被征地农民养老而交纳的保险费用。失地农民养老保险费按项目所在地省级人民政府的相关规定进行计算。

2. 临时占地费

临时占地费包括临时征地使用费、复耕费。

（1）临时征地使用费指为满足施工所需的承包人驻地、预制场、拌合场、仓库、加工厂（棚）、堆料场、取弃土场、进出场便道、便桥等所有的临时用地及其附着物的补偿费用。

（2）复耕费指临时占用的耕地、鱼塘等，在工程交工后将其恢复到原有标准所发生的费用。

3. 拆迁补偿费

拆迁补偿费指被征用或占用土地地上、地下的房屋及附属构筑物，公用设施、文物等的拆除、发掘及迁建补偿费，拆迁管理费等。

4. 水土保持补偿费

水土保持补偿费根据国家相关法律、法规规定缴纳。

5. 其他费用

其他费用指国务院行政主管部门及省级人民政府规定的与征地拆迁相关的费用。

10.1.3 工程建设其他费用

工程建设其他费用包括建设项目管理费、研究试验费、前期工作费、专项评价（估）费、联合试运转费、生产准备费、工程保通管理费、工程保险费、其他相关费用。

1. 建设项目管理费

建设项目管理费包括建设单位（业主）管理费、建设项目信息化费、工程监理费、设计文件审查费、竣（交）工验收试验检测费。其中建设单位（业主）管理费、建设项目信息化费和工程监理费均为实施建设项目管理的费用，可根据建设单位（业主）、施工、监理单位所实际承担的工作内容和工作量统筹使用。

（1）建设单位（业主）管理费指建设单位（业主）为进行建设项目的立项、筹建、建设、竣（交）工验收、总结等工作所发生的费用。包括工作人员的工资、工资性津贴、施工现场津贴，社会保险费用（基本养老、基本医疗、失业、工伤保险）、住房公积金、职工福利费、工会经费、劳动保护费，办公费、会议费、差旅交通费、固定资产使用费（包括办公及生活房屋折旧、维修或租赁费，车辆折旧、维修、使用或租赁费，通信设备购置、使用费，测量、试验设备仪器折旧、维修或租赁费，其他设备折旧、维修或租赁费等）、零星固定资产购置费、招募生产工人费，技术图书资料费、职工教育培训经费，招标管理费，合同契约公证费、法律顾问费、咨询费，建设单位的临时设施费、完工清理费、竣（交）工验收费（含其他行业或部门要求的竣工验收费用、建设单位负责的竣（交）工文件编制费）、各种税费（包括房产税、车船使用税、印花税等），对建设项目前期工作、项目实施及竣工决算等全过程进行审计所发生的审计费用；境内外融资费用（不含建设期贷款利息）、业务招待费及工程质量、安全生产管理费和其他管理性开支。

(2) 建设项目信息化费指建设单位（业主）和各参建单位用于建设项目的质量、安全、进度、费用等方面的信息化建设、运维及各种税费等费用，包括建设项目全寿命周期的建筑信息模型（building information modeling，简称BIM）等相关费用。建设项目信息化费以定额建筑安装工程费为基数，按费率，以累进方法计算。

(3) 工程监理费指建设单位（业主）委托具有监理资格的单位，按施工监理规范进行全面的监督和管理所发生的费用。包括工作人员的工资、工资性津贴、施工现场津贴、社会保险费用（基本养老、基本医疗、失业、工伤保险）、住房公积金、职工福利费、工会经费、劳动保护费，办公费、会议费、差旅交通费，办公、试验固定资产使用费（包括办公及生活房屋折旧、维修或租赁费，车辆折旧、维修、使用或租赁费，通信设备购置、使用费，测量、试验、检测设备仪器折旧、维修或租赁费，其他设备折旧、维修或租赁费等）、零星固定资产购置费、招募生产工人费，技术图书资料费、职工教育经费、投标费用，合同契约公证费、法律顾问费、咨询费、业务招待费，财务费用、监理单位的临时设施费、完工清理费、竣（交）工验收费、各种税费、安全生产管理费和其他管理性开支。

工程监理费以定额建筑安装工程费为基数，按费率，以累进方法计算。

(4) 设计文件审查费指在项目审批前，建设单位（业主）为保证勘察设计工作的质量，组织有关专家或委托有资质的单位，对提交的建设项目可行性研究报告和勘察设计文件进行审查所需要的相关费用。设计文件审查费以定额建筑安装工程费为基数，按费率，以累进方法计算。

建设项目若有地质勘察监理，费用在此项目开支；建设项目若有设计咨询（或称设计监理、设计双院制），其费用在此项目内开支。

(5) 竣（交）工验收试验检测费指在公路建设项目竣（交）工验收前，由建设单位（业主）或工程质量监督机构委托有资质的公路工程质量检测单位按照有关规定对建设项目的工程质量进行检测并出具检测试验意见，以及进行桥梁动（静）载试验或其他特殊检测等所需的费用。

2. 研究试验费

研究试验费指按项目特点和有关规定，在建设过程中必须进行的研究和试验所需的费用，以及支付科技成果、专利、先进技术的一次性技术转让费。

研究试验费不包括：应由前期工作费（为建设项目提供或验证设计数据、资料等专题研究）开支的项目；应由科技三项费用（即新产品试制费、中间试验费和重要科学研究补助费）开支的项目；应由施工辅助费开支的施工企业对建筑材料、构件和建筑物进行一般鉴定、检查所发生的费用及技术革新研究试验费。

3. 建设项目前期工作费

建设项目前期工作费指委托勘察设计单位、咨询单位对建设项目进行可行性研究、工程勘察设计，以及设计、监理、施工招标文件及招标标底或造价控制值文件编制时，按规定应支付的费用。它包括以下几方面：

(1) 编制项目建议书(或预可行性研究报告)、可行性研究报告、投资估算，以及相应的勘察、设计等所需的费用。

(2) 通过风洞试验、地震动参数、索塔足尺模型试验、桥墩局部冲刷试验、桩基承载力试验等为建设项目提供或验证设计数据所需的专题研究费用。

(3) 初步设计和施工图设计的勘察费、设计费、概(预)算编制及调整概算编制费用等。

(4) 设计、监理、施工招标及招标标底(或造价控制值或清单预算)文件编制费等。

前期工作费以定额建筑安装工程费为基数，按费率，以累进方法计算。

4. 专项评价(估)费

专项评价(估)费指依据国家法律、法规规定进行评价(评估)、咨询，按规定应支付的费用。

专项评价(估)费包括环境影响评价费、水土保持评估费、地震安全性评价费、地质灾害危险性评价费、压覆重要矿床评估费、文物勘察费、通航论证费、行洪论证(评估)费、使用林地可行性研究报告编制费、用地预审报告编制费、项目风险评估费、节能评估费和社会风险评估费、放射性影响评估费、规划选址意见书编制费等费用。

5. 联合试运转费

联合试运转费指建设项目的机电工程，按照有关规定标准，需要进行整套设备带负荷联合试运转所需的全部费用，不包括应由设备安装工程费中开支的调试费用。

联合试运转费包括联合试运转期间所需的材料、燃料和动力的消耗，机械和检测设备使用费，工具用具和低值易耗品费，参加联合试运转的人员工资及其他费用等。

联合试运转费以定额建筑安装工程费为基数，按 0.04%费率计算。

6. 生产准备费

生产准备费指为保证新建、改扩建项目交付使用后满足正常的运行、管理发生的工器具购置、办公和生活用家具购置、生产人员培训、应急保通设备购置等费用。

(1) 工器具购置费指建设项目交付使用后为满足初期正常运营必须购置的第一套不构成固定资产的设备、仪器、仪表、工卡模具、器具、工作台(框、架、柜)等的费用，不包括构成固定资产的设备、工器具和备品、备件，及已列入设备费中的专用工具和备品、备件。工器具购置费由设计单位列出计划购置清单(包括规格、型号、数量)，计算方法同设备购置费。

(2) 办公和生活用家具购置费指新建、改扩建工程项目，为保证初期正常生产、使用和管理所购置的办公和生活用家具、用具的费用，包括行政、生产部门的办公室、会议室、资料档案室、阅览室、宿舍及生活福利设施等的家具、用具。

(3) 生产人员培训费指为保证生产的正常运行，在工程交工验收交付使用前对运营部门生产人员和管理人员进行培训所需的费用，包括培训人员的工资、工资性津贴、职工福利费、差旅交通费、劳动保护费、培训及教学实习费等。该费用按设计定员和 3 000 元/人的标准计算。

(4) 应急保通设备购置费指新建、改扩建工程项目，为满足初期正常营运，购置保障抢修保通、应急处置，且构成固定资产的设备所需的费用。该费用由设计单位列出计划购置清单，计算方法同设备购置费。

7. 工程保通管理费

工程保通管理费指新建或改扩建工程需边施工边维持通车或通航的建设项目，为保证公(铁)路运营安全、船舶航行安全及施工安全而进行交通(公路、航道、铁路)管制、交通(铁路)与船舶疏导所需的费用和媒体、公告等宣传费用及协管人员经费等。工程保通管理费应按设计需要进行列支。

8. 工程保险费

工程保险费指在合同执行期内，施工企业按合同条款要求办理保险的费用，包括建筑工程一切险和第三方责任险。

(1) 建筑工程一切险是为永久工程、临时工程和设备及已运至施工工地用于永久工程的材料和设备所投的保险。

(2) 第三者责任险是对因实施合同工程而造成的财产(本工程除外)损失或损害，或人员(业主和承包人雇员除外)的死亡或伤残所负责进行的保险。

工程保险费以建筑安装工程费(不含设备费)为基数，按0.4%费率计算。

9. 其他相关费用

其他相关费用指国务院行政主管部门及省级人民政府规定的其他与公路建设相关的费用，按其相关规定计算。

10.1.4　预备费

预备费由基本预备费和价差预备费两部分组成。

1. 基本预备费

基本预备费指在初步设计和概算、施工图设计和施工图预算中难以预料的工程费用。包括：

(1) 在进行技术设计、施工图设计和施工过程中，在批准的初步设计和概算范围内所增加的工程费用。

(2) 在设备订货时，由于规格、型号改变的价差，材料货源变更、运输距离或方式的改变以及因规格不同而代换使用等原因发生的价差。

(3) 在项目主管部门组织竣(交)工验收时，验收委员会(或小组)为鉴定工程质量必须开挖和修复隐蔽工程的费用。

基本预备费以建筑安装工程费、土地使用及拆迁补偿费、工程建设其他费之和为基数，按下列费率计算：① 设计概算按5%计列；② 修正概算按4%计列；③ 施工图预算按3%计列。

2. 价差预备费

价差预备费指设计文件编制年至工程交工年期间，建筑安装工程费用的人工费、材料费、设备费、施工机械使用费、措施费、企业管理费等由于政策、价格变化可能发生上浮而预留的费用，及外资贷款汇率变动部分的费用。

价差预备费以建筑安装工程费用总额为基数，按设计文件编制年始至建设项目工程交工年终的年数和年工程造价增长率计算。计算公式见下式。

$$价差预备费 = P\times[(1+i)^{n-1}-1] \tag{10-2}$$

式中　P——建筑安装工程费总额，元；

i——年工程造价增长率,%;

n——设计文件编制年至建设项目开工年+建设项目建设期限,年。

年工程造价增长率按有关部门公布的工程投资价格指数计算,设计文件编制至工程交工在1年以内的工程,不列此项费用。

10.1.5 建设期贷款利息

建设期贷款利息指工程项目使用的贷款部分在建设期内应计取的贷款利息,包括各种金融机构贷款、建设债券和外汇贷款等利息。

根据不同的资金来源分年度投资计算所需支付的利息。计算公式如下:

$$建设期贷款利息 = \sum(上年末付息贷款本息累计 + 本年度付息贷款额 \div 2) \times 年利率$$

即

$$S = \sum_{n=1}^{N} (F_{n-1} + b_n \div 2) \times i \tag{10-3}$$

式中 S——建设期贷款利息;

N——项目建设期,年;

n——施工年度;

F_{n-1}——建设期第 $n-1$ 年末需付息贷款本息累计;

b_n——建设期第 n 年度付息贷款额。

10.2 建设方工程项目费用管理

建设方工程项目费用管理贯穿项目建设全过程,即从项目投资决策阶段、设计阶段、招标发包阶段、施工阶段到竣工验收阶段。其工程项目费用管理可分为两方面:一是在项目建设的各个阶段,合理确定项目的投资估算、初步设计概算、施工图预算、承包合同价、竣工结算和竣工决算;二是在项目建设的各个阶段,把工程项目费用控制在批准的目标限额内,随时纠正发生的偏差以确保工程项目目标的实现。

10.2.1 工程项目投资决策阶段的费用控制

在项目投资决策阶段,项目的各项技术经济决策对工程费用以及项目建成后的降级效益有着决定性的影响,是工程费用控制的重要阶段。该阶段工程费用控制主要包括:

(1) 分析决策阶段影响工程费用的主要因素;

(2) 进行建设项目的可行性研究,并对拟建项目进行经济评价(包括财务评价和国民经济评价)、社会评价、环境影响评价,选择技术可行、经济合理、效益显著的建设方案;

(3) 在优化建设方案的基础上,编制项目投资估算,全面准确地估算建设项目的总费用,并以此作为项目建设过程中控制工程费用的总目标。

10.2.2 工程项目设计阶段的费用控制

设计阶段也是控制过程造价的关键阶段,建设方应通过经济、合同措施,组织设计单位在满足工程质量和功能要求的前提下,尽量降低工程项目费用,最大不应超过投资估算。它可通过以下措施进行控制:

(1) 要严格执行设计标准和标准设计。设计标准是国家的技术规范，是工程建设必须遵循的科学依据。标准设计是按照国家规定的先行标准规范，对各类建(构)筑物等编制具有重复作用性质的整套技术文件，能加快设计速度，节约设计费用，施工时可进行机械化、工厂化生产，提高劳动效率，缩短工期，降低成本。

(2) 可以应用价值工程原理优化设计方案。价值工程中的“价值”的定义是产品的一定功能与获得这种功能所支出的费用之比，即价值＝功能/成本。

(3) 可以推行限额设计。即按照批准的可行性研究和投资估算额进行初步设计，按照初步设计的概算额进行施工图设计，根据施工图预算额对各专业设计进行限额分配，使各专业在分配的投资限额内进行设计并保证各专业满足使用功能的要求。

(4) 编制和审查设计概算。

(5) 编制和审查施工图预算。

10.2.3　工程项目施工发包阶段的费用控制

工程项目施工发包阶段的费用控制主要包括：

(1) 发包方编制招标文件，合理确定招标工程标底；

(2) 承包方编制投标文件，合理确定投标报价；

(3) 通过评标定标，合理选择中标单位，并确定承包合同价。

10.2.4　工程项目施工阶段的费用控制

建设方在施工阶段对工程造价的控制主要应做好工程价款结算、控制工程变更、妥善处理施工索赔等工作。

1. 建筑安装工程价款结算

(1) 工程预付备料款

此预付款是支付给施工方作为该工程储备主要材料、结构件所需的周转金。按工程承包合同规定，由发包方供应材料的，其材料可按材料预算价格转给承包方，材料价款在结算工程款时陆续抵扣，这部分材料，承包方不应收取备料款。

支付备料款时，应注意拨付的时限和要求，预付的数额主要取决于主要材料(包括外购构件)占工程造价的比例、材料储备期、施工工期等，一般可按下式计算：

预付备料款数额＝(年度承包工程总价×主要材料费比重)×材料储备天数/年度施工天数　(10-4)

发包方拨付给施工方的备料款属于预支性质，随着工程的实施所需主要材料的储备会逐步减少，备料款应以抵充工程款的方式陆续扣回。

(2) 工程计量与进度款支付

工程进度款的支付主要涉及两方面：一个是工程量的计量，二是工程单价的确定。采用单价合同的承包工程，工程量清单中的工程量，只是在图纸和规范基础上的估算值，不能作为工程款结算的依据。只有经过监理工程师计量确定的数量才是向承包商支付工程款的凭证。

工程量的计量，先由承包方统计经专业监理工程师质量验收合格的工程量，按施工合同约定填报工程量清单和工程款支付申请表，专业监理工程师进行现场计量，进行审核，并报总监理工程师，总监理工程师签署工程款支付证书，并报建设方。

工程单价主要根据合同约定的计价方法确定，目前我国工程价格的计价方法一般分为工料单价和综合单价两种方法。两者在选择时，既可采取可调价格的方式，也可采取固定价格的方式。工程中采用较多的是可调工料单价法和固定综合单价法。

工程款的支付，一般按当月实际完成工程量进行结算，工程竣工后办理竣工结算。工程竣工前，承包方收取的工程预付款和进度款的总额一般不超过合同总额(包括工程合同签订后经发包方签证认可的增减工程款)的95%，其余5%作为尾款，在工程竣工结算时扣除保修金后清算。

(3) 工程保修金的预留和返还

按照有关规定，工程项目合同总额中应预留出一定比例(3%～5%)的尾款作为质量保修费用。预留方法有两种：当工程进度款拨付累计额达到该建筑安装工程造价的一定比例(95%～97%)时停止支付，剩余部分作为保留金；也可以从第一次支付工程进度款开始，在每次承包方应得的工程款中扣留投标书附录中规定的金额作为保留金。

工程保修金一般应在质量保修期满14天内，将剩余保修金和利息返还给承包商。

(4) 工程其他费用的支付

① 安全施工费。承包方按工程质量、安全及消防管理规定组织施工，采取严格的安全防护措施，承担自身的安全措施不力造成事故的责任和因此发生的费用。非承包方责任造成安全事故，由责任方承担责任和发生的费用。

② 专利技术及特殊工艺涉及费用。发包方要求使用专利技术或特殊工艺，须负责办理相应的申报手续，承担申报、试验、使用等费用。承包方按发包方要求使用，并负责试验等有关工作。承包方提出使用专利技术或特殊工艺，报工程师认可后实施，承包方负责办理申报手续并承担有关费用。

③ 文物和地下障碍涉及费用。当发现文物时，承包方应保护好现场并于4 h内以书面形式通知业主，业主应于收到书面通知后24 h内报告当地文物管理部门，承发包双方按文物管理部门的要求采取妥善保护措施。发包方承担由此发生的费用，延误的工期相应顺延。发现地下障碍物时，承包方应于8 h内以书面形式通知业主，同时提出处置方案，业主应于收到书面通知和处置方案8 h内予以认可或提出修正方案。发包方承担由此发生的费用，延误的工期相应顺延。

(5) 工程竣工结算

工程竣工结算是指施工方按照合同规定的内容和要求完成全部所承包的工程，经验收质量合格，向发包方进行的最终工程价款结算的文件。详见本书第16章相关内容。

竣工结算工程款＝合同价款＋施工中合同价款调整额－预结及已结算工程款－保修金

竣工结算应进行认真审查，这是建设方及审计部门在竣工阶段控制工程费用的一项重要工作，审查的主要内容包括：核对质量验收合格证书；明确结算要求；检查隐蔽验收记录；核对设计变更签证；按图核实工程量；认真核实单价；核实结算子目及计算结果，防止漏算、重算和计算偏差。

(6) 工程价款的动态结算

由于公路工程建设周期长，人工、材料等价格常会发生较大的变化，为准确反映工程实际耗费，维护双方正当权益，可对工程价款进行动态结算，主要有以下几种方法：

① 按实际价格结算法。

② 按主材计算价差。

③ 主料按量计算价差，其他材料按系数计算价差。

④ 竣工调价系数法。按工程造价管理机构公布的竣工调价系数及计算方法计算价差。

⑤ 调值公式法(又称动态结算公式法)。调值公式包括固定部分、材料部分和人工部分三项，按下式计算：

$$P = P_0\left(a_0 + a_1\frac{A}{A_0} + a_2\frac{B}{B_0} + a_3\frac{C}{C_0} + a_4\frac{D}{D_0} + \cdots\right) \tag{10-5}$$

式中　P——调值后合同价款或工程实际结算款；

P_0——合同价款中工程预算进度款；

a_0——固定要素，表示合同支付中不能调整的部分；

a_1、a_2、a_3、a_4…——有关成本要素(如人工、钢筋、水泥等)在合同总价中所占的比重，$a_1+a_2+a_3+a_4+\cdots=1$；

A_0、B_0、C_0、D_0…——基准日期与 a_1、a_2、a_3、a_4…对应的各项费用的基期价格指数或价格；

A、B、C、D…——工程计算部分与 a_1、a_2、a_3、a_4…对应的各项费用的现行价格指数或价格。

2. 工程变更

工程变更是指在工程施工过程中，对施工的程序、工程内容、数量、质量要求和标准等做出的改变，主要包括以下几种：

(1) 变更工程质量标准。

(2) 更改工程有关部分的标高、基线、位置和尺寸。

(3) 增减合同中约定的工程项目内容和工程量。

(4) 改变有关工程的施工时间和顺序。

(5) 其他有关工程变更需要的附加工作。

工程变更会导致工程费用和工期的改变，甚至会影响工程质量，因此应严格控制。设计方提出的工程变更，应编制设计变更文件，报监理工程师审查。建设方或承包方提出的变更，应先交监理工程师审查并批准，再交原设计方编制设计变更文件。当工程变更涉及安全、环保，或超过原批准的建设规模时，应按规定经有关部门批准审定。

3. 工程索赔

(1) 定义

工程索赔是指合同在履行过程中，合同当事人一方因非自身原因而遭受到经济损失或权利损害时，通过一定的合法程序向对方提出经济或时间补偿的要求。

(2) 原因及目的

索赔产生的原因主要有：当事人违约；不可抗力事件；合同缺陷；合同变更；工程师指令以及其他原因引起的索赔。

索赔的目的分为工期索赔和费用索赔。工期索赔是承包方向发包方要求延长工期，推迟竣工日期。费用索赔是承包方向发包方要求补偿费用，调整合同价格，弥补经济损失或额外开支等。

(3) 索赔处理程序

索赔的处理程序主要包括:递交索赔意向通知;提交索赔报告;工程师审查索赔报告;工程师与承包方协商补偿办法,做出索赔处理决定;发包方审查工程师的索赔处理报告,决定是否批准工程师的处理意见;承包方决定是否接受最终索赔处理。

(4) 索赔内容

承包方向业主的索赔主要包括:业主风险、不可抗力、不利自然条件或人为障碍引起的索赔;工程变更引起的索赔;工程延期引起的索赔;加速施工引起的索赔;业主不正当地终止工程而引起的索赔;拖延支付工程款引起的索赔。

业主向承包方的索赔主要包括:工期延误索赔;质量不满足合同要求的索赔;承包方不履行的保险费用索赔;对超额利润的索赔;对指定分包商的付款索赔;业主合同终止合同或承包方不正当地放弃工程的索赔。

(5) 索赔费用组成及计算

索赔费用一般包括人工费、材料费、施工机械费、工地管理费、总部管理费、利息、分包费、保险费、保函手续费和利润等。

索赔费用的计算可采用实际费用法、总费用法和修正总费用法。

实际费用法,它是工程索赔最常用的方法,是以承包方为某项索赔事件所支付的实际开支为依据,向业主要求费用赔偿。每一项工程索赔的费用,仅限于在该项工程施工中所发生的额外人工费、材料费和施工机械使用费,以及相应的管理费。

总费用法,即总成本法,当发生多次索赔事件以后,重新计算出该工程项目的实际总费用,减去投标报价时的估算总费用,即为要求补偿的索赔费用。因为实际发生的总费用中可能包括了承包方自身的原因(如施工组织不善、施工方案不当等)而增加的费用,因此该方法应用较少。

修正总费用法,在总费用计算基础上,只计算受影响的某项工作所受的损失,并按受影响的实际单价重新核算投标报价费用,即:索赔金额=某项工作调整后的实际总费用-该项工作的报价费用。

10.2.5 工程项目竣工验收阶段的费用控制

竣工验收阶段工程费用控制主要包括:及时组织竣工验收;及时准确编报竣工决算;认真做好项目回访和保修工作,以使项目达到最佳使用状况,降低生产运行费用,发挥最大经济效益。

10.3 施工项目成本管理

10.3.1 施工项目成本管理概述

施工项目成本是指施工企业以施工项目作为成本核算的对象,在施工过程中发生的全部生产费用的总和,包括所消耗的主辅材料、构配件费用及周转材料的摊销费或租赁费,施工机械台班费或租赁费,支付给生产工人的工资、奖金,以及项目经理部为组织和管理工程施工所发生的全部费用的支出。

工程项目的成本管理是根据施工企业总体目标和工程项目的具体要求，在工程项目实施过程中，对工程项目的成本进行有效的组织、实施、控制、跟踪、分析和考核的管理活动。加强工程项目成本管理将有助于实现目标利润、提高成本管理水平、降低工程成本、创造良好的经济效益，是公路施工企业积蓄财力、增强企业竞争力的途径。

10.3.2　成本管理体系

1. 成本管理内容

施工企业成本管理的好坏直接影响企业所创造的利润和企业的经济效益。工程项目成本管理一般包括成本预测、成本计划、成本控制、成本核算及成本分析与考核等环节。

(1) 成本预测

成本预测是根据掌握的各种信息资料，采用科学的预测方法，对未来生产经营活动进行定性研究和定量分析，从而预测未来的成本水平及其变动趋势。它按内容可分为制订成本计划阶段的成本预测和成本计划实施进程中的预测。因此，根据施工企业的经营管理需要，可分类、分项或对某一重大经济业务进行成本预测，如对工程投标进行单项成本预测，通过预测技术、测量得失，作为是否投标承包该工程投标报价的依据。

(2) 成本计划

成本计划是以货币形式确定企业完成计划内预定的施工生产任务的生产消耗水平和降低成本的任务。成本计划是企业施工技术财务计划的重要组成部分。施工企业应当在认真总结上期成本计划完成情况的基础上，根据企业计划期内计划完成的施工生产任务和相应的技术组织措施、施工组织设计及成本预测等资料，制订既切实可行又具有先进性的成本计划。

编制成本计划，既要以有关的计划为依据，又要与有关计划特别是与利润计划相衔接。成本计划的实现对于实现企业提高经济效益的要求具有重要意义。因此，成本计划提出的降低成本目标，对于动员企业广大职工挖掘潜力、控制消耗、降低成本具有指导作用。

(3) 成本控制

成本控制是按成本计划制定的成本水平和降低成本目标，对成本形成过程的生产消耗进行严格的计算、调节和监督，及时发现与预定的成本目标之间的差异，并采取措施解决存在的问题，使工程的实际成本被控制在预定的目标范围内，促使成本降低的一项管理活动。施工企业进行成本控制，必须确定成本控制的标准。同时，为了有效地发挥成本控制的作用，施工企业应当建立事前控制、事中控制和事后控制的成本控制体系。事前控制是指通过成本的预测和决策，确定计划期的目标成本的活动；成本的事中控制是在成本的形成过程中，用具体的成本控制标准加以衡量，及时解决存在的问题，以达到控制生产耗费为目标的一种管理工作；成本的事后控制，又称为反馈控制，它主要是在一定时期内将各类生产的实际成本与计划成本加以比较，检查成本计划的执行情况。

由于成本费用涉及企业生产经营活动的各个方面和各个环节，因此，必须实施全面的成本控制。所谓全面的成本控制，是指在生产经营全过程实施成本控制，对全部生产耗费实施成本控制和全体职工都参与成本控制。实施成本控制还必须采取一定的组织形式，建立有效的成本责任制，降低成本任务，即将构成成本的生产耗费，按生产耗费发生的范围进行分解，具体落实到有关职责部门或个人，实行责任成本，采取责权利相结合、成本控制与业绩考核相结合的办法，促进成本得到控制，实现降低成本、提高经济效益的目标。

(4) 成本核算

成本核算是对企业工程施工所发生的生产费用进行事后核算，以便确定产品实际制造成本和归集期间费用，及时反映成本目标和成本计划的完成情况。在进行工程成本核算时，首先应对发生的费用进行审核，确认其是否属于生产耗费，能否计入工程成本，应计入哪类产品的成本等；其次还要将确认的生产费用按用途进行归集、分配，按既定的成本核算对象分别计算其制造成本，确定最终产品的成本。

(5) 成本分析与考核

成本分析是利用成本核算以及有关计划、统计、定额和技术资料，运用一定的分析方法，研究影响成本升降的诸因素及其形成的原因，挖掘降低成本的潜力的一种管理活动。

成本分析按其用途可分为成本预算分析、成本控制分析和成本计划执行情况的综合分析。通过成本预算分析，提出获得最佳经济效益的降低成本方案，为制订成本计划提供依据。成本控制分析是成本计划实施过程中的分析，通过分析，及时发现差异，采取措施，使生产耗费在预定的限额内，保证成本计划的实现。成本计划执行情况的综合分析，是计划期终了对成本的终结分析。通过成本计划执行情况的综合分析，可以对执行成本计划的情况做出客观的评价，既肯定加强管理、降低成本的成绩和经验，又揭示存在的问题不足，指出进一步降低成本的潜在途径。在对成本计划执行情况分析的基础上，按成本责任制的有关规定，体现责权利相结合的原则，进一步推进成本管理工作。

上述成本预测、成本计划、成本控制、成本核算、成本分析和考核，互为条件，紧密联系，构成施工企业成本管理的完整体系。成本预测为制订成本计划提供依据；成本计划为成本控制提出目标和要求；成本控制与成本核算为成本分析和成本考核提供。

2. 项目成本管理程序

施工项目成本管理的程序是指从成本估算开始，经过编制成本计划、采取降低成本的措施、进行成本控制，直到成本核算与分析为止的一系列管理工作步骤，一般程序如图 10-1 所示。

3. 项目成本管理的主要内容

成本管理是企业为降低建筑产品的成本而进行的各项管理工作的总称。其具体内容如下：

(1) 确保项目的目标成本，为编制标书报价提供依据，尽量为中标创造条件。

(2) 在中标价格的基础上，编制施工项目成本计划。

(3) 参与制定施工项目目标成本保证体系，协调项目部中的各有关人解决项目目标成本在实施过程中出现的问题。

(4) 开展项目目标成本管理活动，设计出项目施工的“成本方案”，使项目成本总目标落到实处，包括目标分解、提出阶段性目标、实施目标检查、考核和控制等。

(5) 向项目部各有关部门提供成本控制所需要的成本信息。

(6) 计算出成本超支额，调查引起超支的原因，并提出应采取的纠正措施的建议和方法。

(7) 对成本进行预测，按项目经理要求，定期提出项目的成本预测报告，监视项目成本变化情况，并及时将影响成本的重大因素向项目经理报告。

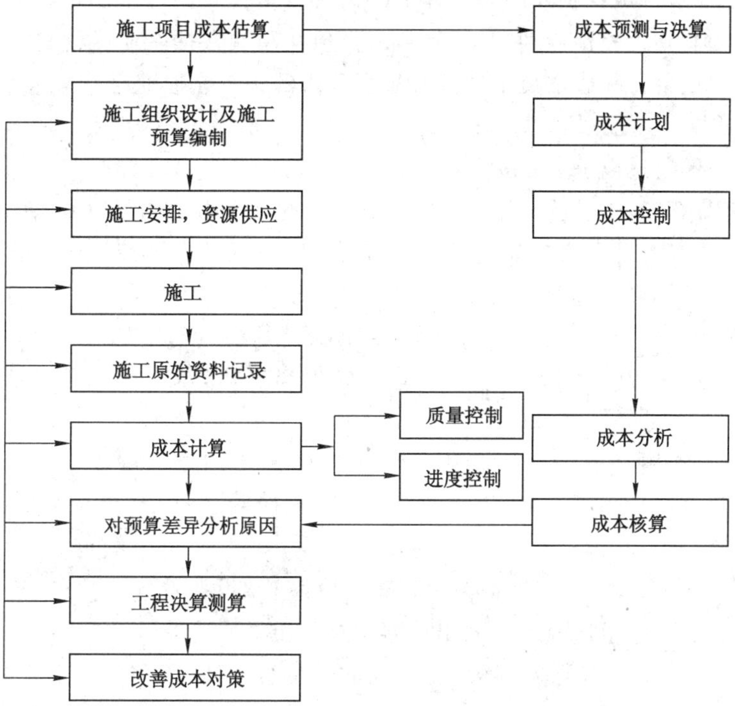

图10-1 施工项目成本管理的一般程序

(8) 对施工项目的变更情况做出完整记录，对替换用设计方案提出快速、准确的成本估算，并与索赔工程师商定索赔方案。

(9) 向企业和信息中心反馈成本信息并存储。

(10) 对项目经理部各个部门的成本目标进行考核。

10.3.3 施工项目成本预测与计划

1. 施工项目成本预测

成本预测是项目施工以前，根据企业利润目标、合同价格、施工项目具体情况、项目计划工期内影响其成本变化的各个因素及影响程度、项目成本估算、企业同类项目施工的降低成本水平等有关资料，运用一定的专门方法，对项目未来的成本水平及其可能发展趋势进行的预算和估计。通过成本预测，可以在满足项目业主和本企业要求的前提下，选择成本低、效益好的最佳施工方案，并能够在施工项目成本形成过程中，针对薄弱环节，加强成本控制。

(1) 降低成本目标的确定

公路项目降低成本目标可用下式确定：

$$工程项目目标成本=工程项目预算收入-税金-项目计划利润 \tag{10-6}$$

工程项目降低成本目标：

$$成本降低率=\frac{项目预算成本-目标成本}{项目预算成本}\times 100\% \tag{10-7}$$

上式中，工程项目预算收入即为工程中标标价或承包合同确定的价格。项目计划利润包括工程法定利润和工程预计利润。其中，工程预计利润根据企业经营目标计划中的利润目标确定。工程项目目标成本可根据盈亏平衡分析的基本原理确定。

(2) 降低成本的途径

降低成本一般通过以下途径实现：

① 改进施工工艺，合理组织施工。施工过程中的劳动力消耗、材料消耗、机械台班消耗以及费用支出，很大程度上都是由施工方案和施工组织设计水平控制的。施工方案和施工组织设计的合理性是最大可能节约之处，应尽可能多地提出方案，并对各方案认真研究，进行多方案比较。

② 提高劳动生产效率，节约开支。提高劳动生产率就是以一定的劳动消耗完成较多的工程量。

③ 节约材料费用。节约材料费用应从量差和价差两方面着手，即从订货、采购、运输、入库验收、仓库管理、集中加工、合理下料、节约代用、回收利用到综合利用各环节严格控制。

④ 节约机械使用费。合理配备施工机械，加强机械设备的维修保养，提高机械设备的利用率，降低机械使用台班费，科学做出设备购置与租赁的选择。

⑤ 保证施工质量，减少返工损失，实行全面质量管理，减少和防止不合格品、废品损失和返工损失。

⑥ 加强安全管理，杜绝安全事故，减少事故损失。

⑦ 节约施工现场管理费用。公路工程项目涉及面广，协作关系复杂，在施工管理过程中，应量人而为、精打细算、节约开支，实行指标分层管理，提高管理效率、压缩编制，避免人浮于事的现象。

2. 施工项目成本计划

施工项目成本计划是在成本预测的基础上，以货币形式编制的施工项目在计划期内的生产费用、成本水平、成本降低率，以及为降低成本所采取的主要措施和规划的书面方案。

施工项目成本计划编制依据主要包括：投标报价文件；企业定额、施工预算；施工组织设计或施工方案；人工、材料、机械台班的市场价；企业颁布的材料指导价、企业内部机械探班价格、劳动力内部挂牌价格；周转材料内部租赁价格、摊销耗材标准；已签订的工程合同、分包合同(或估价书)；结构件外加工计划和合同；有关财务成本核算制度和财务历史资料；施工成本预测资料；拟采取的降低成本的措施；其他相关资料。

施工项目成本计划主要包括以下几部分内容：

(1) 材料成本控制

按投标报价计算的单位估价表中的材料用量汇总统计。由于材料一般是分批购买的，可将实际发生的单价及总价多列几栏，以便在控制过程中根据实际情况登记和调整。材料成本可按表 10-1 的形式进行计划、控制。

(2) 设备成本控制计划

其控制方法与材料成本控制基本相同，设备采购控制计划表见表 10-2。

表10-1　材料成本控制计划表

序号	材料名称	单位	用料量		单价/元			总价/元			备注
			控制数	发生数	投标估价	控制价	实际发生价	投标计算	控制数	实际发生	
一	钢材										
1	钢筋 $\phi6\sim\phi10$	t									
2	钢筋 $\phi12\sim\phi25$	t									
3	……										
二	水泥										
1	普通水泥	t									
2	耐酸水泥	t									
3	……										
三	……										
…											
总计								××	××	××	

表10-2　生产设备成本控制计划表

序号	设备名称	规格型号	单位和数量	单价/元			总价/元			备注
				投标估价	控制价	实际发生价	投标计算	控制数	实际发生	
一	××分部工程									
1	××机械	T								
2	××动力设备	T								
二	…									
…										
总计							××	××	××	

(3) 劳务费成本控制计划

劳务费可按投标报价计算中的劳务数量进行估计，劳务来源和工资等各项成本费用应按实际情况核算。控制劳务费用的主要措施是合理安排进场和退场人员的时间，避免窝工现象，减少辅助生产人员，提高工效、降低劳务成本等。

(4) 临时工程费用成本控制计划

根据施工组织设计中临时工程项目内容编制计划，因工程规模和工期长短不同而不同，工程费用的区别很大。例如，工期较长的工程，合理安排各类工人进场和退场时间，可以最大限度地利用工人的住宿营地，以减少临时建筑的面积。

(5) 管理费用成本控制计划

在投资估算时，管理费估算比较粗，签订合同后，可详细分项估算，编制出比较接近现实的控制计划。

根据上述工程成本计划的方式编制完，还应将各类成本计划再详细深入地编制成分部、分项工程的成本计划，并按工程成本的分类，将工程成本统一分类、编码，以便成本计划与今后的成本控制和成本核算相互对应。

10.3.4 施工项目成本控制与核算

1. 施工项目成本控制

所谓成本控制，即在工程项目施工过程中，对工程成本的形成进行监督，并及时纠正，使工程成本限制在计划范围内，以实现降低工程成本的目标。

(1) 成本控制的基本要求

在进行工程项目成本控制时，应把握以下几个基本要求：① 掌握标准，在确定了成本控制的目标和标准后，各职能部门、生产岗位和职工就要依据成本进行控制；② 分析差异，对实际发生的成本数额与预定的目标成本不一致时，应及时对成本进行分析，研究节约或超支的各种原因及其对完成成本计划的影响；③ 调整偏差，对有成本差异的情况，分析原因，提供成本差异信息，以便及时对原有不切实际的成本进行调整或修改。

(2) 成本控制的基本内容

1) 事前控制，即要做到"算了再干"，即要做好成本预测和成本计划的编制工作。

2) 成本计划执行过程中的控制，要确定成本控制的对象和注意项目施工过程中的成本控制。

(3) 施工项目成本控制的对象

施工项目的各个阶段均贯穿着施工项目的成本控制。其中，在工程投标阶段，施工单位应根据工程概况和招标文件，对项目成本进行预测，提出投标决策的意见。在施工准备阶段，应结合设计图纸的自审、会审和其他资料，编制施工组织设计，通过多方案的技术经济比较，从中选择经济合理、先进可行的施工方案，编制具体的成本计划，对项目成本进行事前控制。在施工阶段，应以施工图预算、施工预算、劳动定额、材料消耗定额和费用开支标准等，对实际发生的成本费用进行控制。在竣工交付使用和保修期阶段，应对竣工验收过程发生的费用和保修费用进行控制。成本控制的具体内容是日常发生的各种费用和损失，这些费用和损失都发生在各个部门和生产班组，因此，在成本控制时，应以各部门、施工队和班组为成本控制对象，接受项目经理和相关部门的指导、监督、检查和考评。

(4) 公路工程项目成本控制的方法

项目成本控制的方法很多，但这些方法需要满足质量、工期、安全的要求，且能够达到成本控制目的。因此，需要根据不同的情况，选择与之相适应的控制手段和控制方法。一般来说，公路工程项目成本控制常选用价值工程与赢得值法。

1) 价值工程

价值工程的目标是以最低的寿命周期成本，使产品具备它所必须具备的功能。其核心是对产品进行功能分析。价值工程强调不断改革和创新，开拓新构思和新途径，获得新方案，创造新功能载体，从而简化产品结构，节约原材料，提高产品的技术经济效益，是以集体智慧开展的有计划、有组织的管理活动。

价值工程工作程序的详细步骤为：对象的确定；收集情报；功能定义；功能整理；功能评价；确定对象范围；创造；概论评价；具体化调查；详细评价；提案。这些具体步骤可以概括为三个阶段(准备阶段、分析阶段和综合评价阶段)和三个基本步骤(功能定义、功能评价和制定改进方案)。

在项目成本控制中，应用价值工程可以分析功能与成本的关系，提高项目的价值系数；同时，通过价值分析来发现并消除工程设计中的不必要功能，达到降低成本和投资的目的。结合价值工程活动，制定技术先进、经济合理的施工方案，实现项目成本控制。具体的运用步骤如下：

① 通过价值工程活动，进行技术经济分析，确定最佳施工方法。

② 结合施工方法，进行材料使用的比选，在满足功能要求的前提下，通过代用、改变配合比、使用添加剂等方法降低材料消耗。

③ 结合施工方法，进行机械设备选型，确定最合适的机械设备的使用方案。如：机械要选择功能相同、台班费最低或台班费相同、功能最高的机械；模板要联系结构特点，在组合钢模、大钢模、滑模等当中选择最合适的一种。

④ 通过价值工程活动，结合项目的施工组织设计和所在地的自然地理条件，对降低材料的库存成本和运输成本进行分析，以确定最节约的材料采购和运输方案，以及合理的材料储备。

2）赢得值法

赢得值法又称曲线法，是用项目成本累计曲线来进行施工成本控制的一种方法，如图 10-2 所示。图 10-2 中，a 表示施工成本实际值曲线，p 表示施工成本计划值曲线，两条曲线之间的竖向距离表示施工成本偏差。

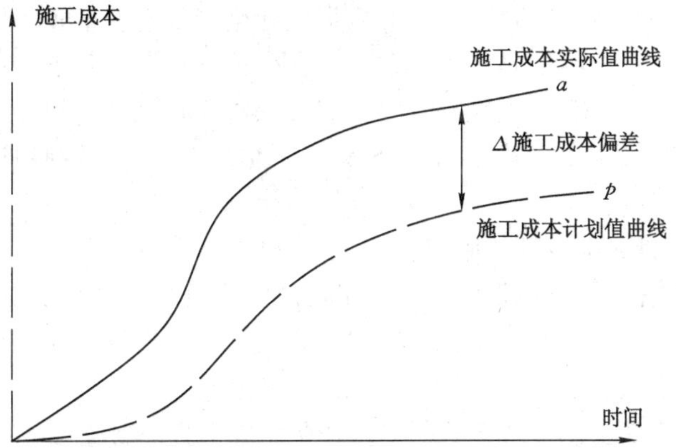

图 10-2　施工成本计划值与实际值曲线

在用曲线法进行施工成本偏差分析时，首先要确定施工成本计划值曲线。施工成本计划值曲线是与确定的进度计划联系在一起的。同时，也应考虑实际进度的影响，引入三条施工成本参数曲线，即已完工程实际施工成本曲线 a、已完工程计划施工成本曲线 b 和拟完工程计划施工成本曲线 p，如图 10-3 所示。

图 10-3 中曲线 a 与曲线 b 的竖向距离表示施工成本偏差，曲线 b 与曲线 p 的水平距离表示进度偏差。用曲线法进行成本控制，同样具有形象、直观的特点，但这种方法很难直接用于定量分析，只能对定量分析起一定的指导作用。

2. 公路工程项目成本核算

成本核算就是记录、汇总和计算工程项目各项费用的支出，核算工程实际成本。搞好成本核算，可以划清工程成本与其他费用开支的界限。项目经理部应根据财务制度和会计制

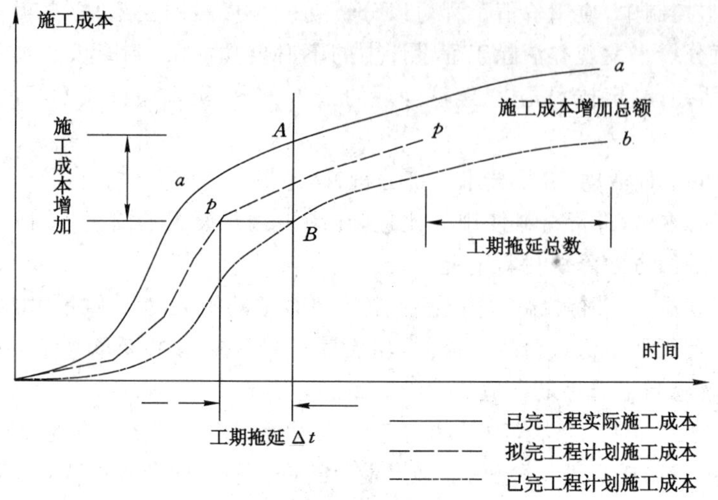

图 10-3　三种施工成本参数曲线

度的有关规定，建立项目成本核算制，明确项目成本核算的原则、范围、程序、方法、内容、责任及要求，并设置核算台账，记录原始数据。

项目成本核算是公路工程施工企业成本管理的一个极其重要的环节。认真做好成本核算工作，对于加强成本管理、促进增产节约、发展企业生产都有着重要的作用。

由于公路工程具有固定性、地域性、规模庞大、价值巨大等不同于其他工程的特点，因此公路产品的成本核算内容繁杂、周期长；需要全员的分工与协作，共同完成；在项目总分包制条件下，对分包商的实际成本很难把握；数据处理工作量大，应充分利用计算机，使核算工作程序化、标准化。

(1) 公路工程项目成本核算的原则

1) 遵守成本开支范围，正确划分应计入工程成本费用的界限的原则。成本开支范围是指建安企业在生产经营过程中发生的各项费用，在成本中列支的项目、内容和界限。成本开支范围由国家统一规定。

2) 专业核算与群众核算相结合的原则。企业的成本是一项综合性指标，其核算是一项群众性的工作，必须由全体职工参与，在共同的目标下相互合作，才能搞好。

3) 根据实际完成工程量、实际消耗、实际价格，按照权责发生制核算工程成本的原则。即凡是当期成本应负担的费用，不论款项是否支付，均应计入当期成本；凡不属于当期成本负担的费用，即使款项已经支付，也不应计入当期成本。当期一次支付或发生数额较大、受益期长的费用，可以作为待摊费用分期摊销。

(2) 公路工程项目成本核算的过程

成本的核算过程，实际上也是各成本项目的归集和分配的过程。成本的归集是指通过一定的会计制度，以有序的方式进行成本数据的搜集和汇总；而成本的分配是指将归集的间接成本分配给成本对象的过程，也称间接成本的分摊或分派。因此，对于不同性质的成本项目，分配的方法也不尽相同。

一般来说，根据费用产生的原因，工程直接费在计算工程造价时可按定额和单位估价表直接列入，但是在项目多的单位工程施工情况下，实际发生时却有相当部分费用也需要通过分配方法计入。间接成本一般按一定标准分配计入成本核算对象。实行项目管理进行项目成本核算的单位,发生间接成本可以直接计入项目,但需分配计入单位工程。

（3）公路工程项目成本核算的方法

1）项目成本会计核算法

会计核算法是指建立在会计核算基础上,利用会计核算所独有的借贷记账法和收支全面核算的综合特点,按项目成本内容和收支范围,组织项目成本核算的方法。会计核算法以传统的会计方法为主要手段,其优点是核算严密、逻辑性强、人为调节的可能因素较少、核算范围较大。

使用会计法核算项目成本时,项目成本直接在项目上进行核算的称为直接核算,不直接在项目上进行核算的称为间接核算,介于直接核算与间接核算之间的是列账核算。

项目成本的直接核算指项目除及时上报规定的工程成本核算资料外,还要直接进行项目施工的成本核算,编制会计报表,落实项目成本的盈亏。直接核算是将核算放在项目上,便于项目及时了解项目各项成本情况,也可以减少一些扯皮。但是,这样每个项目都要配有专业水平和工作能力较高的会计核算人员。因此,此种核算方式一般适用于大型项目。

项目成本的间接核算指项目经理部不设置专职的会计核算部门,由项目有关人员按期、按规定的程序和质量向财务部门提供成本核算资料,委托企业在本项目成本责任范围内进行项目成本核算,落实当期项目成本盈亏。企业在外地设立分公司的,一般由分公司组织会计核算。间接核算是将核算放在企业的财务部门,项目经理部不配专职的会计核算部门,由项目有关人员按期与相应部门共同确定当期的项目成本收入。项目按规定的时间、程序和质量向财务部门提供成本核算资料,委托企业的财务部门在项目成本收支范围内,进行项目成本支出的核算,落实当期项目成本的盈亏。这样可以使会计专业人员相对集中,一个成本会计可以完成两个或两个以上的项目成本核算。但是,项目部了解成本情况不方便,项目对核算结论信任度不高;核算不在项目上进行,项目开展管理岗位成本责任核算,可能会失去人力支持和平台支持。

项目成本列账核算是介于直接核算和间接核算之间的一种方法。项目经理部组织相对直接核算,正规的核算资料留在企业的财务部门。项目每发生一笔业务,正规资料由财务部门审核存档后,与项目成本管理人员办理确认和签认手续。项目凭此列账通知作为核算凭证和项目成本收支的依据,对项目成本范围的各项收支,登记台账会计核算,编制项目成本及相关的报表。企业财务部门按期确认资料,对其审核。列账核算法的正规资料在企业财务部门,方便档案保管,项目凭相关资料进行核算,有利于项目开展项目成本核算和项目岗位成本责任考核。但是,企业和项目要核算两次,相互之间往返较多,比较烦琐,一般适用于较大工程。

2）项目成本表格核算法

表格核算法是建立在内部各项成本核算基础上,各要素部门和核算单位定期采集信息,填制相应的表格并通过一系列的表格,形成项目成本核算体系,作为支撑项目成本核算平台的方法。

表格核算法是依靠众多部门和单位支持,专业性要求不高。一系列表格由有关部门和相关要素提供单位按有关规定填写,完成数据比较、考核和简单的核算。这种方法比较简洁明了,直观易懂,易于操作,实时性较好。但是,它的覆盖范围较窄,如核算债权债务等比较困难;较难实现科学的严密的审核制度,有可能造成数据失实,精度较差。

表格核算法一般有以下几个过程:

① 确定项目责任成本总额。根据确定"项目成本责任总额"分析项目成本收入的构成。

② 项目编制内控成本和落实岗位成本责任。在控制项目成本开支的基础上,落实岗位成本考核指标,制定项目内控成本。

③ 项目责任成本和岗位收入调整。编制岗位收入变更表,分析工程施工过程中的收入调整和签证而引起的工程报价变化或项目成本收入的变化,而且后者更为重要。

④ 确定当期责任成本收入。在已确认的工程收入的基础上,按月确定本项目的成本收入。这项工作一般由项目统计员或合约预算人员与公司合约部门或统计部门,依据项目成本责任合同中有关项目成本收入确认方法和标准,进行计算。

⑤ 确定当月的分包成本支出。项目依据当月分部分项的完成情况,结合分包合同和分包商提出的当月完成产值,确定当月的项目分包成本支出,编制"分包成本支出预估表"。这项工作一般执行由施工员提出,预算合约人员初审,项目经理确认,公司合约部门批准的程序。

⑥ 材料消耗的核算。以经审核的项目报表为准,由项目材料员和成本核算人员计算后,确认其主要材料消耗量和其他材料的消耗值。在分清岗位成本责任的基础上,编制材料耗用汇总表。由材料员依据各施工员开具的领料单而汇总计算的材料费支出,经项目经理确认后,报公司物资部门批准。

⑦ 周转材料租用支出的核算。以施工员提供的或财务转入项目的租赁费确认单为基础,由项目材料员汇总计算,在分清岗位成本责任的前提下,经公司财务部门审核后,落实周转材料租用成本支出,项目经理批准后,编制其费用预估成本支出。

⑧ 水、电费支出的核算。以机械管理员提供的或财务转入项目的费用确认单为基础,由项目成本核算员汇总计算,在分清岗位成本责任的前提下,经公司财务部门审核后,落实水电费用成本支出,项目经理批准后,编制其费用成本支出。

⑨ 项目外租机械设备的核算。所谓项目外租机械设备,是指项目从公司或公司从外部租入用于项目的机械设备。不管此机械设备是公司的产权还是公司从外部临时租入用于项目施工的,对于项目而言都属于周转材料,真正属于项目拥有的机械设备,往往只有部分小型机械设备或部分大型工器具。

⑩ 项目自有机械设备、大小型工器具摊销、临时设施摊销等费用开支的核算。由项目成本核算员按公司规定的摊销年限,在分清岗位成本责任的基础上,计算按期进入成本的金额。经公司财务部门审核并经项目经理批准后,按月计算成本支出金额。

⑪ 现场实际发生的措施费开支的核算。由项目成本核算员按公司规定的核算类别,在分清岗位成本责任的基础上,按照当期实际发生的金额,计算进入成本的相关明细。经公司财务部门审核并经项月经理批准后,按月计算成本支出金额。

⑫ 项目成本收支核算。按照已确认的当月项目成本收入和各项成本支出,由项目会计编制,经项目经理同意,公司财务部门审核后,及时编制项目成本收支计算表,完成当月的项目成本收支确认。

⑬ 项目成本总收支的核算。首先由项目预算合约人员与公司相关部门,根据项目成本责任总额和工程施工过程中的设计变更,以及工程签证等变化因素,落实项目成本总收入。

由项目成本核算员与公司财务部门，根据每月的项目成本收支确认表中所反映的支出与耗费，经有关部门确认和依据相关条件调整后，汇总计算并落实项目成本总支出。在以上基础上由成本核算员落实项目成本总的收入、总的支出和项目成本降低水平。

10.3.5　公路工程项目成本分析与考核

1. 公路工程项目成本分析

项目成本分析，就是根据统计核算、业务核算和会计核算提供的资料，对项目成本的形成过程和影响成本升降的因素进行分析，以寻求进一步降低成本的途径(包括项目成本中的有利偏差的挖潜和不利偏差的纠正)；另外，通过成本分析，可从账簿、报表反映的成本现象看清成本的实质，从而增强项目成本的透明度和可控性，为加强成本控制，实现项目成本目标创造条件。因此，公路工程项目成本分析是降低成本、提高项目经济效益的重要手段之一。

(1) 公路工程项目成本分析的原则

公路工程项目成本分析应遵循以下原则：

1) 实事求是的原则。在成本分析中，一定要有充分的事实依据，对事物进行实事求是的评价，要注意人为因素的干扰。

2) 用数据说话的原则。成本分析要充分利用统计核算和有关台账的数据进行定量分析，尽量避免抽象的定性分析。

3) 注重时效的原则。项目成本分析贯穿于项目成本管理的全过程。这就要求及时进行成本分析，及时发现问题，及时纠正，否则，就有可能贻误解决问题的最好时机，造成成本失控、效益流失。

4) 为生产经营服务的原则。成本分析不仅要揭露矛盾，而且要分析产生矛盾的原因，提出积极有效的解决矛盾的合理化建议。这样，才能得到项目经理部有关部门和人员的积极支持与配合，使项目的成本分析更健康地开展下去。

(2) 公路工程项目成本分析的主要内容

项目成本分析的内容就是对项目成本变动因素的分析。一般来说，公路工程项目成本分析的内容主要包括以下几个方面：

1) 人工费用水平的合理性

在实行管理层和作业层两层分离的情况下，项目施工需要的人工和人工费，由项目经理部与施工队签订劳务承包合同，明确承包范围、承包金额和双方的权利、义务。对项目经理部来说，除按合同规定支付劳务费以外，还可能发生一些其他人工费支出，如：因工程量增减而调整的人工和人工费；定额人工以外的估点工工资；对在进度、质量、节约、文明施工等方面做出贡献的班组和个人进行奖励的费用等。项目经理部应分析人工费的合理性，既不能过高，也不能过低。如果人工费过高，就会增加工程项目的成本；而人工费过低，工人的积极性不高，工程质量就有可能得不到保证。

2) 材料、能源利用效果

材料、能源利用的效果及其价格水平是影响产品成本升降的重要因素，材料、能源消耗定额的高低直接影响材料、燃料成本的升降。因此，在项目成本分析时，应注意考察材料、能源利用的效果。

3）机械设备的利用效果

施工企业的机械设备有自有和租用两种。在机械设备的租用过程中，存在着两种情况：一是按产量进行承包，并按完成产量计算费用的，如土方工程，项目经理部只要按实际挖掘的土方工程量结算挖土费用，而不必过问挖土机械的完好程度和利用程度；另一种是按使用时间（台班）计算机械费用的，如塔吊、搅拌机、砂浆机等，如果机械完好率差或在使用中调度不当，必然会影响机械的利用率，从而延长使用时间，增加使用费用，项目经理部应对其机械完好率和利用率给予一定的重视。自有机械若停用，仍要负担固定费用。因此，项目经理部应对其利用率给予一定的重视。

4）施工质量水平的高低

施工质量水平的高低也是影响项目成本的主要因素之一。因为对施工企业来说，提高工程项目质量水平就可以降低施工中的故障成本，减少未达到质量标准而发生的一切损失费用，但这也意味着为保证和提高项目质量而支出的费用就会增加。

5）其他影响因素

其他影响项目成本变动的因素，包括除上述四项以外的措施费用以及为施工准备、组织施工和管理所需要的费用，这些费用对工程成本也会有一定的影响。

（3）公路工程项目成本分析的方法

项目成本分析可采用比较法、因素分析法、差额分析法和比率法等基本方法。

1）比较法

比较法，又称指标对比分析法，就是通过技术经济指标的对比，检查目标的完成情况，分析产生差异的原因，进而挖掘内部潜力的方法。这种方法具有通俗易懂、简单易行、便于掌握的特点，因而得到了广泛的应用，但在应用时必须注意各技术经济指标的可比性。

比较法通常有下列应用形式：

① 将实际指标与目标指标对比。以此检查目标完成情况，分析影响目标完成的积极因素和消极因素，以便及时采取措施，保证成本目标的实现。在进行实际指标与目标指标对比时，还应注意目标本身有无问题。如果目标本身出现问题，则应调整目标，重新正确评价实际工作。

② 本期实际指标与上期实际指标对比。通过这种对比，可以看出各项技术经济指标的变动情况，反映施工管理水平的提高程度。

③ 与本行业平均水平、先进水平对比。通过这种对比，可以反映本项目的技术管理和经济管理与行业的平均水平和先进水平的差距，进而采取措施赶超先进水平。

2）因素分析法

因素分析法，又称连环代替法或连锁代替法，可用来分析各种因素对成本的影响程度。在进行分析时，首先要假定众多因素中的一个因素发生了变化，而其他因素则不变，然后逐个替换，分别比较其计算结果，以确定各个因素的变化对成本的影响程度。

因素分析法是把项目施工成本综合指标分解为影响各个项目的原始因素，以确定引起指标变动的各个因素的影响程度的一种成本费用分析方法，它可以衡量各项因素影响程度的大小，以便查明原因，明确主要问题所在，提出改进措施，达到降低成本的目的。

3）差额分析法

差额分析法是因素分析法的一种简化形式，它利用各个因素的目标与实际的差额来计算其对成本的影响程度。

4）比率法

比率法是指用两个以上的指标的比例进行分析的方法。它的基本特点是：先把对比分析的数值变成相对数，再观察其相互之间的关系。常用的比率法有以下几种：

① 相关比率法。由于项目经济活动的各个方面是相互联系、相互依存、相互影响的，因而可以将两个性质不同而又相关的指标加以对比，求出比率，并以此来考察经营成果的好坏。例如：产值与工资是两个不同的概念，但它们的关系又是投入与产出的关系。在一般情况下，都希望以最少的工资支出完成最大的产值。因此，用产值工资率指标来考核人工费的支出水平，就很能说明问题。

② 构成比率法。又称比重分析法或结构对比分析法。通过构成比率，可以考察成本总量的构成情况及各成本项目占成本总量的比重，同时也可看出量、本、利的比例关系，从而为寻求降低成本的途径指明方向。

③ 动态比率法。动态比率法就是将同类指标不同时期的数值进行对比，求出比率，用以分析该项指标的发展方向和发展速度。

2. 公路工程项目成本考核

成本考核主要是指定期审核成本计划指标的完成情况，确定成本超支或降低的程度，评价成本管理工作的成绩，据以衡量经营管理水平，考察项目经理部的经济责任，落实经济利益，调动施工项目节约耗费、降低成本的积极性，努力提高经济效益。

公路工程项目成本考核，首先根据施工项目汇编成本分析报告，综合分析成本完成情况，与预算成本、计划成本和上级下达的成本指标对比，并按成本各项目分析说明节约和超支的主客观原因。在分析时，应突出论述左右成本的重大问题和采取技术组织措施造成的浪费和节约情况。在分析的基础上，总结正反面经验和教训，有针对性地提出改进措施和建议，督促项目经理、责任部门和责任者更好地完成自己的责任成本，从而形成实现项目成本目标的层层保证体系。公路工程项目成本考核，可以分为两个层次：一是企业对项目经理的考核；二是项目经理对所属部门、施工队和班组的考核。

（1）企业对项目经理考核的内容

1）项目成本目标和阶段成本目标的完成情况。

2）建立以项目经理为核心的成本管理责任制的落实情况。

3）成本计划的编制和落实情况。

4）在成本管理中贯彻责权利相结合原则的执行情况。

（2）项目经理对所属各部门、各作业队和班组考核的内容

1）各部门的考核内容：本部门、本岗位责任成本的完成情况；本部门、本岗位成本管理责任的执行情况。

2）各作业队的考核内容：对劳务合同规定的承包范围和承包内容的执行情况；劳务合同以外的补充收费情况；对班组施工任务单的管理情况，以及班组完成施工任务后的考核情况。

3）生产班组的考核内容：以分部分项工程成本作为班组的责任成本。以施工任务单和限额领料单的结算资料为依据，与施工预算进行对比，考核班组责任成本的完成情况。

公路工程项目的成本考核，可分为月度考核、阶段考核和竣工考核三种。为贯彻责权利

相结合原则，应在项目成本考核的基础上，确定成本奖罚标准，并通过经济合同的形式明确规定，及时兑现。月度成本考核和阶段成本考核实施奖罚应留有余地，待项目竣工成本考核后再进行调整。

在确定公路工程项目成本考核奖罚标准时，必须从本项目的客观情况出发，既要考虑职工的利益，又要考虑项目成本的承受能力。具体的奖罚标准，应该经过认真测算后再确定。另外，项目成本考核奖罚的标准，应通过经济合同的形式明确规定。通过经济合同明确奖罚标准以后，职工群众就有了奋斗目标，因而也会在实现项目成本目标中发挥更积极的作用。

10.3.6　公路工程项目施工成本管理优化

1. 公路工程项目施工成本管理现状

施工阶段是将设计转化为路桥产品的阶段，是在建设程序各阶段中唯一的生产活动阶段，也是投资最多、所需资源最多的阶段，是有着广泛的社会性、技术性、经济性且与国民经济的发展有着密切联系的阶段，因此避免施工管理工作中的“浪费”必然具有经济性、社会性等重要意义。

(1) 公路工程施工项目成本管理思路现状

长期以来，我国公路施工企业大多隶属交通部门，缺乏自主经营、自我约束的意识，从而一定程度上造成其成本管理观念淡薄，与现代企业战略成本管理思想有较大差距。引入市场竞争机制以后，施工企业面临新的挑战，过去粗放的经营管理形式逐渐转向集约管理的形式，但成本管理仍然不能很好地适应多变的复杂环境，经常造成施工项目成本失控而不能达到预期的效果。其在管理思路上主要表现为以下几个方面：

1) 认为成本管理是财务部门的事，和其他部门、其他人员无关。项目成本由财务部门管理，实质上仍然是粗放型的管理形式。成本费用的发生贯穿于施工的全过程，对于每个部门、每个环节、每个工作岗位来说，都是成本费用的支出者。而财务人员则不可能时时刻刻都能深入到施工环节、施工的全过程中去控制每一项费用的支出，只能从总量上去核算和控制，因而会造成成本失控的局面。

2) 认为成本管理主要是施工过程中成本费用的控制。认为成本费用的发生主要是施工过程中人工、材料、机械的消耗以及间接费用的发生，只要把这部分费用控制好，就算是达到目的了，而对于其他方面诸如因前期准备工作、后期维修等发生的成本费用则不做考虑。

3) 认为成本管理就是“先干后算”中的“后算”部分。一直以来，施工企业都存在着一种观念：公路工程建设的主要任务就是按期完成特定质量的工程项目，对于其中发生的成本费用则不去考虑，无论是发生多大的代价，只要按期完成施工任务，就算目标达到了；至于成本管理，只是注重事后算账，即工程任务完成之后再进行成本核算，而成本管理也只是收集成本费用资料进行归集计算的过程，不能有效进行施工项目成本的事先预测、事中控制调整、事后总结改进。

(2) 公路工程施工项目成本管理内容现状

施工项目成本管理的内容应该是施工项目实施中发生的所有成本费用。但是，由于受到管理思路的限制，大多数施工项目成本管理只重视施工过程中直接费用(人工、材料、机械费用)与间接费用的控制和核算。当然，直接费用在整个工程成本中的比例很大，几乎占90%左右，能切实抓好直接费用的管理对项目成本管理的整体效果也是至关重要的，可在实际操作的过程中却是大打折扣。

1）对于人工费的管理在价格控制上是比较严格的，但在用工数量上却不能很好地控制，尤其是零散用工的数量比较混乱。另外，对用工结算单上的数量也不能严格把关，并没有经过认真核对，造成用工数量夸大，而人工费用却增加了很多。

2）材料费用的控制也未必能达到预期的效果。首先，对材料供应商的选择并不重视，没有经过货比三家的过程，材料价格偏高；其次，对材料用量的控制，施工人员在施工过程中，没有严格按照图纸和定额来控制材料的用量，造成材料的浪费、费用的增加；另外，材料存储费用居高不下，材料部门对于采购材料没有一个很好的计划，没有计算材料采购和存储的经济批量，而多数是凭经验去采购，这样，既给施工部门和施工人员在使用的过程中带来诸多不变，也使得材料存储费用大大地增加。

3）机械费用的管理不到位，主要表现在机械利用率上。一般情况下，机械台班费用单价是由市场来决定的，但是机械使用的台班数量是可以控制的。机械利用率过低是大多数施工项目普遍存在的现象，会同时出现个别机械设备闲置和另一种机械设备数量不足的情况，这将会造成机械费用的上升、机械成本的增加。另外，在使用过程中，不注重对机械的日常保养，因此机械的修理费用也会增加。

（3）公路工程施工项目成本管理方法现状

改革开放以后，随着市场经济体制的建立和不断完善，我国项目成本管理的方法有了很大的改进，也借鉴了一些西方先进的管理方法。但由于长期受到传统管理方法的影响，公路施工企业的成本管理方法仍然难以适应社会主义市场经济的需要、适应现代科学技术发展和管理水平提高的需要。

目前，许多施工企业施工项目成本管理的一般过程包括成本预测、成本计划、成本核算、成本分析和成本考核。但由于成本的基础管理工作不完善，无有效的项目管理台账，各种原始资料纪录、统计工作不准确，虚假成分多，不能有效进行成本的分析和控制；而成本管理核算也只是被动地记账、算账，其侧重点是对施工过程中发生的各项支出进行归集、分配，很少在成本控制方面做出必要的反映和会计监督，成本支出的随意性很大；而且，对于影响成本高低的因素，往往只注重从结果上找原因，由于公路工程施工周期长，事后的成本分析对施工的指导和控制不能起到直接作用。现行的大部分工程施工项目对成本的控制也没有拓展到技术领域和流通领域，在整个生产过程中往往只重视工程量、工期、质量的完成情况，而对采购成本、工期成本、质量成本等，以及施工技术组织措施对成本的影响则很少关注。另外，在管理体系上，偏重于事后管理，忽视了事前的预测和决策，难以充分发挥成本管理的预防作用，在成本责任方面，没有形成一套责任预算、责任核算和责任分析的管理体系，没有与项目的经济责任制度密切结合。

2. 公路工程项目施工成本管理存在问题及原因分析

公路施工企业经过了从计划经济体制向市场经济体制的转轨，在引入市场竞争机制的过程中，在施工管理、施工技术水平等多方面得到了提升，但企业效益未能得到根本改善。作为企业的成本中心，施工项目成本管理水平差是主要原因。我国公路工程施工项目成本管理中存在的主要问题和原因如下：

（1）成本竞争意识薄弱

我国的公路施工企业在长期以来，一直是靠国家指令性计划下达施工任务，企业对成本、利润不承担任何风险，只注重施工任务的完成，不管效益的好坏，整个企业都不必担心其他企业与之竞争，也不必面临难以生存和发展的危机。所以上至企业领导，下到每个职工，都没有形成竞争的观念。在市场经济的条件下，企业之间的竞争日益激烈，而企业竞争的实质就是成本的竞争，企业要想得以生存和发展，就必须对市场动态了如指掌，对竞争环境和竞争对手相对熟悉。作为公路施工企业的成本中心，施工项目部的管理人员更应加强成本竞争意识的培养。施工项目成本管理的效果直接影响着项目的经济效益，影响着施工企业的生存和发展。面对市场竞争的沉重压力，有很多施工项目没有深入调查所处的市场环境，与同类竞争对手没有比较，对项目施工所需物料的市场价格了解不够，对价格随着市场变化发生的变动没有充分的心理准备和足够的应付能力，随意选择材料供应商和劳务队伍等，结果使得施工项目成本无形中增加了许多，这些都是项目管理人员缺乏成本竞争意识的直接表现。

(2) 缺乏切实可行的成本管理体制

施工项目成本管理作为一种经济管理活动，必须有一套与其相适应的管理体制，才能真正发挥其效果。成本管理体系中权利的最高执行者是项目经理，其在成本管理及项目效益方面负直接责任，各业务部门主管及管理人员都应有相应的责任及与利益分配等相配套的管理体制加以制约。现行的施工项目管理体制，有很多不能很好地将责、权、利三者结合起来。

有些施工项目的规章制度内容很全面，但是对于成本管理的规章制度却并不完善。要么简单地将项目成本管理的责任归于成本管理主管，责任分工不明确，造成各部门相互推卸责任；要么奖惩办法不得力，难以调动施工项目职工对于成本管理的积极性，不利于鼓励全员参与共同进行项目成本管理的有效实施。更有甚者，有的项目无论是领导还是职工都没有严格按照规章制度进行成本管理活动，干脆将其束之高阁。发生这种情况，究其原因无非有二：其一是整个施工项目对成本管理都不重视，认为成本管理是可有可无的，之所以还有规章制度，也许只是为了应付上级检查；其二就是这个规章制度与实际不相符，不具备操作可行性，所以只好把它束之高阁。

(3) 缺乏全局性的认识和全过程的控制

由于受到传统观念的影响，一些施工企业在进行成本管理活动的时候仍然只注重施工过程的控制，成本管理的内容不够全面。施工项目成本的发生和形成是贯穿于从施工准备到工程竣工交付直至保修期满的全过程，要经历施工准备、工程施工、竣工验收、回访保修等阶段，每一个阶段都伴随着人力、物力的消耗及费用的支出。但是，目前仍有很多施工项目缺乏全局性的认识，对于成本的发生、形成过程和阶段没有认真系统地进行研究，没有追根溯源，尤其是经常会忽略工程项目施工准备以及竣工之后到保修期满这两个阶段中成本的发生，而对其成本费用的发生自然就不能有效地管理和控制了。

另外，在成本管理过程中，还会出现一味降低某个分部分项工程的成本，而忽略其对整个施工项目总体成本负面影响的现象。由于没有对项目整体成本进行详细的规划和研究，各施工班组缺乏相互协调与配合，致使有些时候施工班组不能从大局出发，为了追求分项工程或单位工程的个别施工效益，而将施工项目的总体成本置于脑后，仅考虑局部成本费用的控制。

(4) 忽视外部环境的影响

在我国市场经济体制不断完善的过程中，政治、经济的形势也在不断地发生变化，一系列有利于市场经济发展、有利于社会进步的政策相继出台，给企业甚至整个行业都带来了机遇和挑战，公路建筑市场也因此而发生了巨大的变化。在这样一个充满竞争和不断变化的环境中，施工企业和施工项目必须对整个外部环境作详尽的探讨和研究，找出并利用对企业和项目有利的各种因素，使企业和项目的社会经济效益得以提高。

但是一直以来，施工企业和施工项目对于成本的控制只是限于企业(项目)的内部，而对于外部环境因素则很少去研究和分析。例如，国家对行业扶持而制定的优惠政策、国家为完成长远规划而制定的近期目标、省市地区为规范公路建设市场而制定的各种规章制度、行业的整体发展状况、公路建设市场中各竞争对手的状况，以及原材料市场价格及供求的情况变化，还有国家对公路建设的环境保护的要求等等。这些外部因素都会直接或间接地影响着施工企业和施工项目成本的发生和形成，若是对其中的任何因素视而不见，都会降低施工项目成本管理的效果，以至于最终影响施工项目经济社会效益。

(5) 成本动因分析不合理

当前许多施工项目在进行成本管理时，对引起成本费用发生和形成的原因都没有给予足够的重视，或者是根本不去究其原因，或者是对其原因分析不全面、不合理，从而使成本管理作用的发挥大大降低。

由于长期以来，公路施工项目在进行成本管理活动时，只重视对直接费用的管理，如对材料费、人工费、机械费等的分析和控制，而对其他成本如工期成本、质量成本、安全成本、人力资源成本、采购成本等则考虑得很少，更别说对其原因进行分析而逐步改进了。有很多施工项目在实施成本管理活动的过程中，只看重表面现象，而不去研究和分析其发生的根源，挖出影响成本的潜在因素，以至于忽略了很多隐性成本的发生，使施工项目的成本很难真正降下来。

(6) 缺乏科学有效的成本管理方法

为了适应市场经济发展的需要，为了跟上社会和经济快速发展的步伐，公路施工项目在成本管理过程中必须形成自己的行之有效的成本管理方法和手段。

但是就目前来看，很多施工项目并没有根据自身特点而形成一套切实可行的成本管理方法。不仅如此，很多施工项目仍然沿用一些传统的、过时的成本管理方法和手段，许多项目的成本管理只是事后的成本核算和简单的成本分析，不能有效做到事前成本预测、事中成本控制和事后成本考核分析。当然，也有一些施工项目采用了某些现代成本管理方法如ABC分析法、量本利分析法、价值工程以及一些经济数学模型的应用，但也只是从表面进行分析和研究，没有进一步地推广和利用。另外，有些施工项目成本管理的操作手段相对落后，办公自动化系统不能得到广泛推广应用。这使得施工项目成本管理信息资料的收集、传递、分析和处理不及时、不准确，从而对成本管理中存在的问题和原因不能及时分析并采取相应的改进措施，难以达到及时有效管理控制的目的。

3. 公路工程项目施工成本管理优化措施

为提高公路工程项目施工成本管理效率，针对上述问题，可采取以下优化措施：

(1) 成本管理理念的更新

成本管理理念是指人们对成本管理有关问题的认识。在市场经济的条件下，企业作为竞争的主体，应树立怎样的成本管理观念来支配企业的成本管理工作，是一个既有理论意义又有现实意义的问题。从公路施工企业的角度去考虑,公路施工项目仍然是施工企业的一个部分、一个成本中心。但由于公路建筑产品具有一次性和单件性的特点,无论是施工生产、资金运作,还是成本、效益的核算,都具有一定的独立性。从工程项目中标开始,经过组织施工生产到工程竣工直至保修期满为止,整个运行过程都将影响其成本的变化。伴随着市场经济的发展,企业外部环境的变化不断向深度和广度扩展,而现代成本管理正是紧紧围绕影响成本变化的各个因素去实施运作的。因此,树立新的成本管理理念将是搞好成本管理工作的前提条件。

战略成本管理是战略管理与企业成本管理相结合,旨在提高企业的竞争优势的同时进行的成本管理,是指管理人员运用专门方法提供企业本身及其竞争对手的分析资料,帮助管理者形成和评价企业战略,从而创造竞争优势,以达到企业有效地适应外部持续变化的环境的目的。它区别于我国现行成本管理的最大特征是:在进行成本管理的同时关注企业在市场中的竞争地位,并借助成本管理,使企业更有效地适应持续变化的外部环境。战略成本管理的范围一般包括价值链分析、战略定位和成本动因分析。

(2) 价值链分析

价值链最早由波特在其所著的《竞争优势》中提出。波特认为将企业作为一个整体来看无法认识竞争优势,因此他把企业生产经营活动分为主要活动和辅助活动两大类,在此基础上引入价值链作为进行分析的工具。约翰·沙恩克和菲·哥芬达拉加 1993 年所描述的价值链比波特的范围更广一些。他们认为:“任何企业的价值链都包括价值生产的整个过程。这个过程包括从最初的供应商手里得到原材料直到将最终产品送到客户手中的全过程。”这一概念将企业看成是价值生产过程整个系列中的一个过程。价值链分析是一种战略分析工具,它关注产品的整个价值链,包括行业价值链分析、企业内部价值链分析、竞争对手价值链分析三个方面的内容。战略定位分析就是要求通过战略环境分析,确定应采取的战略,从而明确成本管理的方向,建立与企业战略相适应的成本管理战略。成本动因分析是要找出成本的驱动因素,以便对症下药,保证成本管理战略的有效性。公路施工项目价值链的分析可以从行业、竞争对手、公路施工企业和公路施工项目内部四个角度进行。

1) 行业价值链分析

对于建筑行业来说,其行业价值链相对显得比较复杂,如图 10-4 所示。价值链的主线就是投标—施工—完工,但是在这一过程当中又有很多的支线,例如人、材、机的供应,在工程的建造过程当中利用各种工程咨询服务和各种施工后勤服务。作为一家施工企业,当然可以跨越从头至尾的所有行业价值链,但也可以根据自身的特点选择价值链的不同位置。比如,以从事专业工程施工为主,即通常所说的从总包商的总包任务中进行施工分包,也可以成为以工程的工期、成本和质量为主要管理目标的管理型公司,当然也可以成为专门的劳务分包公司、材料供应商等。

公路施工项目行业价值链的分析包括以下两个方面:

① 对劳务及物料供应链进行分析。劳务及物料供应链包括施工生产中所需的劳务工人、材料以及施工机械的供应情况。而这三项费用在项目成本中所占的比例是很大的,其中任何一项的供应出现偏差,都会对施工项目的进度、成本和质量造成很大的影响。

劳务队伍的选择必须综合考虑其劳务工人的施工操作能力、工作经验、各工种的搭配结构以及所能提供的劳务数量等整体情况进行考察。在选择了劳务队伍之后,还要对其供应

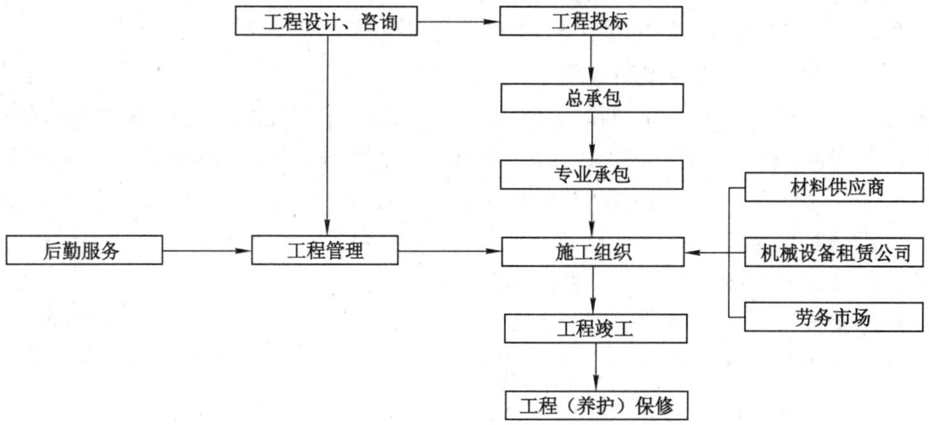

图 10-4　建筑业行业价值链示意图

方式进行分析。劳务供应可以通过联合的形式取得长期合作的关系，将其纳入施工企业甚至项目的内部运转程序中去。物料的消耗在公路施工项目成本中往往占有很大的比例，所以物料供应极其重要。首先是对供应商的选择，可以通过竞标的方式，结合实地考察，掌握所需物料价格、质量、供应能力、供应方式及运输方式等各个方面的情况，并根据项目自身的状况，尽量选择合适的供应商。同时可以考虑直接与生产厂家取得长期的合作关系，使其将所需物料直接向施工项目供应，减少中间代理的环节；或者也可以根据企业的经济实力考虑将生产厂家并购或与其联营，同样是将物料的供应纳入企业内部的程序中去。

② 从公路基础设施使用者的角度考虑。公路建设的目的就是提供方便快捷的出行方式，而使用者首先考虑的是公路的使用质量。因此，公路施工项目必须实施全面质量管理，提高工程质量，提高使用效率。

2）竞争对手价值链的分析

① 将施工项目放入公路施工企业中去进行分析。站在行业的高度，对企业的竞争对手进行全面细致的考察分析，尽可能地掌握竞争对手的总体发展规划、经济实力、内部运作程序、有无地方优惠政策的保护以及可能对本企业造成的威胁程度等各方面的状况，并通过分析比较制定出能够保持竞争优势的成本管理战略。

② 对同一建设工程不同标段项目经理部的分析。由于这些项目部共同进行同一路线的工程施工，所以既是战友，也是对手，既有合作也有竞争。尤其是应该掌握其他标段项目部的供应链状况，通过对其他标段项目的分析，可以更直观地比较出各自的优势劣态，充分利用自身优势，灵活采取不同的成本战略来保持领先的竞争地位。或者也可以同其他标段项目部互相合作，在物料供应上取得联合优势，在降低成本上获得更大的空间。

3）公路施工企业内部价值链的分析

一个公路施工企业往往包括若干个施工项目和其他各职能部门，虽然施工项目是作为一个独立的个体，但企业中的其他施工项目和各职能部门的某些活动例如计划、财务、人事、市场开发等都对施工项目成本的形成有着很大的影响。通过对企业内部各环节的分析研究，可以更好地加强企业职能部门与各项目之间的协作，避免不必要的时间和资金的浪费，而且企业内各项目之间在人工、物料、机械的消耗和使用上还可以互通有无，从而实现共享，节约资源，达到各项目共同降低施工成本、提高企业整体效益的目的。

4）施工项目部内部价值链的分析

由于施工项目具有单件性和独立性，为了使项目施工管理及时有效，职能部门的设置一般是比较齐全的，如施工技术、财务、采购、机械、工程计划等部门，由项目经理总体负责，所以项目内部各部门及施工班组也是价值链的一个重要环节。施工项目部的资金调度、人力资源、物料采购、机械管理及施工技术管理等，直接关系到公路工程施工的整个过程，所以必须对其进行详尽的分析，从源头上对施工项目成本加以控制。

（3）战略定位

从战略的角度来讲，公路施工项目的战略定位应该归集到公路施工企业的战略定位中去，因为公路施工项目始终只是公路施工企业的一个成本责任中心。公路施工企业应当根据自身的状况，来决定是采取成本领先战略还是差异化战略或集中战略。

1）对于业务范围遍及全国甚至国外的大型的公路施工企业，应考虑采取成本领先战略或成本差异化战略。因为大型公路企业下属若干子公司，资金实力雄厚，有足够的开发能力，项目分布范围广泛，可以充分发挥集团优势，形成规模经济效益；另外，为了更好地发展，也可以考虑建立自己的人工、物料供应渠道，减少流转环节，始终保持成本领先地位。

2）对于业务范围仅限于某一地区的中、小型公路施工企业，则应采取集中战略。由于各省、市、地区为了促进本地区的经济发展，对本地区各企业实行优惠政策，即所谓的地方保护政策，因此，地方中、小型的公路施工企业可以充分利用地方优势，将目标市场集中在某个固定的地区。另外，中、小型施工企业也可以采取成本领先战略，即将目标区域扩大，与周边地区的同类型企业合并、联营，取得优势互补，加强企业的实力，开发更大的市场，保持成本领先地位。

总之，各类公路施工企业可以根据所处环境和自身特色，选择不同的成本战略进行成本管理，达到提高经济效益的目的。

（4）成本动因分析

公路施工项目成本发生和形成的原因很多，应该从整个价值链的形成过程去研究和分析。从外部市场环境、供求状况到项目内部管理，从项目经理到现场施工人员，从施工准备到竣工结算的全过程等的各个环节都必须进行分析，分析成本发生的原因，挖掘成本降低的潜力，不仅可以降低成本，还可以尽量避免不必要成本的发生。

1）结构性成本动因分析

对公路施工项目结构性成本动因的分析包括对施工企业规模、物料供应环节、工程经验、技术等因素的分析。

① 对公路施工企业规模进行分析，也就是对当前企业的规模是否达到了适度规模、是否存在规模经济效应、是否还有扩大的空间、在扩大规模之后的资源配置上是否会更合理等各因素的分析。从中找到能够降低成本的空间，从而选择和制定企业的战略成本目标，为保持企业的成本优势服务。

② 对物料供应环节中所存在的影响成本因素的分析。例如：供应商供应物料的及时性和频率会影响施工项目的库存；供应商原料包装方式会影响项目的原料处理成本；还有诸如物料价格、市场供求、中间代理的多少等因素都直接影响施工项目的成本。通过对各因素的

分析，施工项目可以采取各种措施来降低成本、保持成本领先的地位。

③ 对工程经验的分析过程也是对以往累积的施工经验的总结和学习的过程，项目的施工生产活动会由于经验的积累提高其效率，从而其成本可能会随着时间的推移而下降。

④ 对技术因素的分析。技术因素存在于施工项目的整个价值中，而且对项目价值的贡献份额越来越大。先进技术的采用往往会降低成本，使企业保持成本领先的地位，但有些技术的变革也常常会伴随着较高的变革成本，包括技术开发成本、巨额投资和可能的变革失败等。这就必须对技术成本动因进行确认和分析，谨慎地选择有利于企业和施工项目成本降低的技术战略。

2）执行性成本动因的分析

执行性成本动因是与公路工程施工项目实施的执行作业程序有关的成本动因。公路施工项目执行性成本动因包括项目员工参与、施工质量管理、施工生产能力的运用以及联系等。

① 现代成本管理要求重视人的因素，强调以人为本。在公路工程施工项目实施的全工程中，价值形成的过程也同时是项目所有员工活动的集合过程，每一个员工的活动都与成本直接相关。只有增强项目对员工的凝聚力，依靠全体员工相互配合、共同努力，才能将成本置于真正的控制中，实现成本降低，提高竞争力。

② 施工质量在价值链中表现为“顾客价值”。公路建筑产品为顾客提供的是满足的、便捷的出行方式。施工质量则影响顾客的需求满足度，从而影响公路建筑产品和服务对顾客的价值。因此，质量管理对项目成本的影响有着举足轻重的作用。施工项目既要保证满足需要的质量，又要保持成本优势，在消耗资源形成价值的过程中，二者存在相互依赖和相互制约的关系。

因此，施工质量管理的分析必须建立在正确处理质量和成本的关系的基础上，找到同时满足质量高、成本低的平衡点或者平衡范围，达到提高项目整体效益的目的。

③ 在公路工程施工的过程中，生产能力的运用主要是指项目全体员工、设备和管理能力的利用和发挥，而且生产能力的利用受到季节、气候变化的影响。因此，对生产能力的运用要进行全面分析，并根据需要及时对以上因素进行调整，提高生产能力的利用率，尽可能地节约各种资源的消耗。

④ 联系是指各项活动连接起来构成价值链的方式。在公路施工项目中，项目的实施过程也同时是价值形成的过程，各项价值活动之间的连接方式就表现为联系。公路施工项目的联系有两个方面：一是项目内部的联系，即各部门、各班组以及上下级之间的相互协调、相互补充和合作的关系；二是项目与业主、供应商以及顾客（即公路建筑产品和服务的消费者）的联系。对联系的各个环节进行分析，可以更有效地实施项目的成本管理。

综上所述，要适应瞬息万变的外部市场环境，取得持续性的竞争优势，公路施工企业就必须站在战略的高度上去实施成本管理，从战略角度来认识、分析价值链、成本动因问题，在许可的范围内，制定和实施项目的成本战略，并在此过程中引导项目走向成本最低化。

（5）树立“以人为本”的成本管理意识

现代的企业管理理论是，以人的管理为中心，把员工积极性充分调动起来，科学地组织起来，以高经济效益和社会效益为目的的整体管理方式。在项目管理和项目成本管理活动中，人是决定成本高低的关键因素，应始终以人为本，把人的因素放在中心位置，时刻把调动

人的积极性放在主导地位。公路施工企业树立“以人为本”的成本管理意识,应主要从以下几个方面考虑:

1)培养全员成本意识,实施全员参与的成本管理。全员参与的人本管理思想,强调依靠从内心深处激发每个员工的内在潜力、主动性和创造精神,从而使员工能够自己解决问题和持续改善作业,改进成本管理。在项目的各项活动中,人是主体,在成本发生和形成的过程中,人也是关键因素,因此,成本管理应以每个员工为起点来进行。所以,必须向全体职工进行成本意识的宣传教育,培养全员成本意识,要求企业各级管理人员及全体员工充分认识到企业成本降低的潜力是巨大的,鼓励参与意识,变少数人的成本管理为全员的参与管理。

2)充分调动职工成本管理的积极性。项目经理作为项目经理部的核心领导,应该起到带头作用,这样才能形成一个以项目经理为核心的成本管理体系,便于调动职工的积极性和主动性,便于大家共同为项目的成本管理献计献策。要鼓励和保护员工展开合理化建议和技术改进活动的积极性、创造性,更有效地利用和节约能源,降低消耗,采用新技术、新工艺、新材料,精打细算,精耕细作,为降低成本提高效益做出贡献。另外,项目部还应该制定一系列的奖励办法来调动职工的积极性,共同参与成本管理。

3)善于发现和挖掘职工参与成本管理的潜能。

① 营造良好的人才成长环境。一是心理环境建设,提高全体职工对“搞好成本管理,人才是关键”的认识。二是政策环境建设,企业在实行技术研究开发和管理创新中,出了问题应由领导承担失误责任,而取得成绩时,荣誉、奖励、署名权都属于研发人员。三是物质环境建设,改善人才的工作环境和生活环境,保证充分发挥他们的潜能。

② 建立人才培训体系。一是设立专职的责任部门和责任人,制定以岗位培训为主,以脱产培训、专题进修为辅的教育培训计划制度等。二是在岗锻炼,迅速提高职工成本管理的理论认识和技能。

4)满足项目职工不同层次的需求,创造一个各尽所能的氛围,以充分发挥人的主观能动性。因为人的任何活动,归根到底都是为了满足自身的各种需求,所以,项目部应该根据员工的不同需要,正确引导,主动营造一个能够发挥员工主动性的环境,激励每个员工各尽所能,并将其应用到项目的成本管理中。

(6)系统化管理的观念

由于长期受到传统经济观念的束缚,施工项目在成本管理中往往只注重施工过程的成本管理,没有对成本进行系统的分析与研究,这种成本管理观念远远不能适应市场经济环境的要求。

在市场经济环境下,企业应树立成本的系统管理观念,将企业的成本管理视为一项系统工程,强调整体与全局,对企业成本管理的对象、内容、方法进行全方位的分析研究。凡是影响成本的一切因素,不论是技术、行政,还是党群管理等方面,都应纳入成本管理的范畴,都要进行成本与功能、成本与方案、成本与资源、成本与工艺、成本与质量、成本与规模、成本与体制机制、成本与市场竞争等的分析和研究,要求成本管理必须与生产经营的动态因素结合,从整体上把握总体成本管理的水平。

首先,施工项目对成本要进行全程管理,使其不再局限于施工过程中,而是应对其从投标开始,到项目中标后的前期准备、施工过程、竣工验收、保修期内保养维修的整个过程的总体成本来全面考虑,才可以使企业和项目始终保持强大的竞争力。同时,按照成本全过程管理的要求，对所有成本内容都应以严格、细致的科学手段进行管理，以增强产品在市场中的竞争力，使企业在激烈的市场竞争中立于不败之地。

其次，在市场经济条件下，项目成本管理的重心应由内部转向外部，由重生产管理转向重经营决策管理，既要充分了解相关技术的发展态势、掌握市场动态、对市场供求进行分析，又要研究分析各种决策成本如相关成本、差量成本、机会成本、边际成本、付现成本、重置成本、可避免成本、可递延成本、未来成本等等，有效地避免决策失误给企业带来的巨大损失，为保证企业做出最优决策、获取最佳经济效益提供基础。

(7) 效益驱动的成本观念

在市场经济环境下，经济效益始终是企业管理追求的首要目标，成本管理工作也应该树立成本效益观念，实现由传统的“节约、节省”观念向现代效益观念转变。

公路施工项目作为施工企业的一个独立单元，也要具备现代成本效益观念，尤其是在我国市场经济体制逐步完善的今天，更应该以市场需求为导向，通过提供质量尽可能高、功能尽可能完善的公路建筑产品，力求获得尽可能多的利润。因此，成本管理应与项目的整体经济效益直接联系起来，以一种新的认识观—效益驱动观念看待成本管理问题。

项目的一切成本管理活动应以效益驱动的观念作为支配思想，从“投入”与“产出”的对比分析来看待“投入”(成本)的必要性、合理性，即努力以尽可能少的成本付出，创造尽可能多的使用价值，为项目获取更多的经济效益。这里，值得注意的是，“尽可能少的成本付出”与“减少支出、降低成本”在概念是有区别的。“尽可能少的成本付出”，不仅仅是节省或减少成本支出，它是将项目总体效益最大化作为主要目标，来实施成本管理工作的，同时也体现了成本管理的全局观念。

在项目施工中，对某分部分项工程的施工做一些改进，使该分部分项工程的成本增加，但是却会使项目的总体成本降低，提高项目的整体效益，那么这部分增加的成本就是符合成本效益观念的。又比如，项目推广合理化建设，虽然要增加一定的费用开支，但能使项目获取更好的效益；为充分论证决策备选方案的可行性及先进合理性而发生的费用开支，可保证决策的正确性，使项目获取最大的效益或避免可能发生的损失。这些费用的支出都是必要的。这种成本观念可以简单地说是“花钱是为了省钱”。

总之，我们应该从效益出发来进行项目的日常成本管理活动，研究收益增减与成本增减的关系，以确定最有利于提高效益的成本预测和决策方案。

(8) 科技驱动的成本管理观念

科技进步和技术创新是增强企业综合竞争力的决定性因素。随着科学技术的发展，成本管理正在从经验型走向科技型管理。降低成本的根本出路在于科技创新。为增强竞争力，企业必须加快科技创新的步伐，提升企业技术水平。随着市场经济体制的逐步完善，公路建设市场逐步实现规范化，公路施工行业内的竞争日益激烈，逐步迈进“微利”的时期，公路施工企业已经不可能依靠较高的标价去获取利润。因此，科学时代的施工企业成本管理必将与施工生产、技术工艺、企业信誉等交融在一起，在改进技术、提高工艺、降低成本消耗的同时，通过强化成本控制、提高经济效益来促进科技进步。

一方面，要重视施工方案的优化、工艺技术的创新、新材料的运用、设备技术的改进、员工素质的提高和采用计算机管理等措施，实现管理手段、方法的科学化，进而把降低成本与技术进步有机结合起来，由此形成一个比较完整、系统的、能够适应市场经济发展要求的现代成本管理体系。

另一方面，在实施成本管理时，要时刻以市场为导向，通过优化企业资源配置，把企业的各种生产要素有机结合起来，运用现代科技方法和手段，建立以科技驱动为核心的成本管理体系，使企业生产组织更趋现代化，资源配置更加合理，从而加快企业从劳动密集型向技术型转变，并确定合理的组织结构和责任制度以及完善的激励机制。

4. 成本管理方法的选择

(1) 作业成本法的应用

1) 作业成本计算的基本原理：成本对象消耗作业，作业消耗资源，即成本对象引起作业需要，而作业需要又引起资源的需求。

用作业成本法计算产品成本时，需要将着眼点从传统的"产品"上转移到"作业"上，以作业为核算对象。首先，根据作业引起资源的消耗，将资源成本归集到作业。作业耗用资源的过程意味着成本发生，也就是说，作业是导致资源消耗的直接原因。其次，根据作业动因把作业成本分配到成本对象，而成本对象耗用作业，这个过程意味着有作业的实施才形成具有价值的产出。用成本归集与分配的术语来说：资源价值由于作业的需要归集到作业上；由于产出需要作业的消耗，才将作业成本分配给成本计算对象。

因此，作业成本计算不仅仅对成本对象的成本进行控制，而是把成本发生的前因后果作为着眼点与着重点，并以作业为核心，以资源的消耗为导线，研究和分析所有作业活动，对最终成本对象形成过程中所发生的作业成本进行有效的控制。所以，作业成本计算并不是"就成本论成本"，而是把重点放在作业及其动因上，充分体现了战略成本管理的思维。

2) 将作业成本法运用到公路施工项目成本管理中，体现了战略成本管理的思想。其优点具体表现在以下几个方面：

① 它是一种全面管理的方法。第一，它是对施工项目全过程的管理，在施工项目实施的过程中，每一道工序都伴随着价值的形成，而作业链—价值链的不断完善和优化过程，就是对施工项目成本的全程管理过程。第二，它是对公路施工项目成本进行全员管理的一种方法，在对施工项目实施的过程中，人始终处在主体的地位，每道工序的进行、每种资源的消耗，都是由人来操作和进行的。因此，作业链的优化过程，是施工项目全体员工共同进行成本管理的过程。第三，作业成本管理是一种全面质量管理。由于公路施工项目具有单件性和一次性的特点，每个分部分项工程的价值集合为项目的总体价值，对施工项目中每个不增值作业的消除和每个增值作业的优化，就是对每个分部分项工程进行质量管理的过程，因此，作业链—价值链的优化过程，就是施工项目全面质量管理的过程。

② 作业成本法体现一种系统管理的观念。作业成本法在公路施工项目成本管理中的实施，不是哪个部门、哪个班组或者哪个岗位能独立完成的，它要求项目从管理层到施工操作层，从资源采购消耗到价值形成，以及各部门、各岗位的相互协调，形成一个从上到下、由此及彼的循环过程，直至施工项目的最终完成，形成一个完善的系统工程。

③ 作业成本法是一个动态管理的过程。施工项目中作业链—价值链优化的整个过程都体现了动态管理的思想。在以作业为起点和核心的管理过程中，要求施工项目把重点放在每一作业的完成及其所消耗费的资源上，并通过作业分析，溯本求源，根据技术与经济相统一的原则，不断改变作业方式，重新配置有限资源，从而达到持续降低成本的目标。这种不断消除不增值作业、优化增值作业的过程，正是全过程的动态管理。

3）公路施工项目开展作业成本管理的具体步骤：

① 建立作业中心，认定增值作业，消除不增值作业。第一，在熟悉施工生产流程的基础上识别和认定作业，并根据同质性原理归集相关作业，建立作业中心；第二，认定增值作业和不增值作业，并计量每项增值作业、不增值作业成本；第三，努力消除不增值作业，降低增值作业成本。

② 建立作业成本控制标准。这里的作业是指增值作业，标准的讨论是针对低效、高效而言。作业成本控制标准的确定，实质是确定了增值作业的资源耗费水平。

③ 计算实际作业成本。实际作业成本是指一定期间内作业中心归集的实际资源费用之和，它与标准作业成本的计算期、计算口径应保持一致。实际作业成本不全是增值作业，它可能包含着不增值作业，例如返工作业成本、废品作业成本、库存作业成本等。

④ 作业成本差异计算与分析。一般来讲，由于生产经营内外条件偏离预期，实际作业成本往往与标准作业成本发生偏离，这种偏离称为“作业成本差异”。为了寻找差异的原因，判定施工作业减耗增值的实际效果，需要进行差异分析。差异分析的一般步骤是：首先，计算差异数额并分析其种类；其次，差异调查，寻找原因；再次，判明责任，采取措施，改进工作。

⑤ 业绩评价、持续改进。建立的作业成本控制机制可以用于业绩评价，下一步应建立动态控制目标；并辅以相应配套的激励措施，来保证施工作业过程的持续进步。

（2）目标成本管理法的运用

1）目标成本管理的基本内容

目标成本管理是现代企业管理的重要手段之一，是将目标管理的一套思想和方法应用于成本管理中，形成成本管理的一种新思想、新方法，是指企业在成本经营活动中，把成本目标从企业目标体系中抽取出来，用它来指导、规划和控制成本的发生和费用的支出，藉以达到降低成本管理，对于严格限制项目的各项成本支出、提高企业的经济效益、提高工程项目的管理水平、发挥员工的积极性等，都有着重大的意义。

施工项目目标成本管理的基本思想是：从工程项目中标开始，即处于目标锁定状态，工程施工的一切活动都以目标为导向，而工程施工的最终结果也是以完成目标的程度来评价的，目的在于从企业内部挖掘潜力，节约资源，降低消耗和增加效益，使广大员工增强成本意识，充分发挥积极性、主动性和创造性，为增强企业竞争力、提高企业经济效益做出贡献。

公路施工项目目标成本管理可以分为三个阶段：目标成本确立和分解阶段、目标成本控制阶段、目标成本的考核阶段和改善阶段。根据工程项目的施工特点，整个施工项目的成本是以工程项目为中心展开的。因此，施工项目成本的目标制定、实施及达成都应是一个完整的系统，从根源上限制了施工成本的支出额度，通过不断地设定目标、分解目标，最终实现对施工成本的有效控制。

2）目标成本管理的步骤

① 成本目标的确定。成本目标的确立是施工项目实施成本管理的起点，目标成本制定的科学性和合理性直接影响到目标成本管理的有效性。

首先在项目实施之初，项目经理部要充分掌握市场动态和国家有关的方针政策，结合项目自身状况，对未来的施工成本进行科学的预测，并进行认真分析和研究，避免盲目性和减少风险性；然后再制定出切实可行的成本计划，进一步确定施工项目在计划期内的生产费用、成本水平、降低成本率，以及降低成本额所采取的主要措施和方案。

② 成本目标的分解。成本目标确定后，将目标成本分解到部门、分包单位、班组、岗位等各个层次上，并根据项目的工期要求，按时间分解为年、月、季度、旬的成本目标，按费用项目标体系分解为人工费、材料费、机械费、管理经费等成本目标，形成各自的成本目标体系。其基本分解方法是自上而下、由粗到细，将施工项目成本依次分解、归类，形成层层保证、相互联系的分解结构。在进行成本目标分解的同时，应注意与各部门和个人的岗位责任制和经济责任制结合起来，做到责权利相互结合。而且，分解到各个部门和个人的目标成本必须是部门和个人能控制的成本，具有可操作性，否则，将失去成本管理的意义。

③ 成本目标的控制。成本目标的控制即对成本发生和形成的过程进行全过程控制。目标成本能否实现取决于目标成本的实际执行情况，即目标成本的控制。根据设定的目标成本，选定合适的施工技术与方法等，采用各种控制手段，进行指导、调节、限制和监督，保证目标成本的实现。既要找出影响目标成本实现的重点因素，采用科学的方法，对这些重点因素进行重点跟踪控制，又要对发生的偏差或出现的问题及时进行分析研究，查明原因，并立即采取有效措施，以保证所发生的成本在预定范围内。

④ 成本核算。目标成本管理要求成本核算过程不仅能够反映成本的实际发生情况，更应将所设定的目标成本在一定时期分解的目标与实际发生情况表示出来，供下一步的成本控制使用。成本的核算工作一定要及时，以便准确地进行成本分析。

⑤ 成本分析。成本分析主要是将通过成本核算获得的实际成本结果与设定的成本目标进行比较分析，帮助成本管理部门了解成本节约或超支的情况，为分析原因并找出改进措施提供信息。成本分析作为成本管理工作的重要组成环节，对成本降低起到极其重要的作用。尤其是对于那些占成本比重很大、经常发生波动并且控制比较困难的目标成本更要经常性地进行检查，并在此基础上深入分析主观因素和客观因素、有利因素和不利因素以及主要因素和次要因素，对比差距，揭露矛盾，充分挖掘项目内部潜力，为今后制定目标成本提供新的依据。

⑥ 成本考核。成本管理绩效的好坏，需要按目标责任考核对象进行考核。将经济责任与目标成本控制水平紧密联系在一起，用经济责任来保证成本目标的实施，使目标责任制度化、规范化，有利于成本管理的深化。其基本做法是：首先，层层签订责任状。即由项目部将成本目标责任分解到各具体施工人员，明确目标责任与经济利益的考核措施，充分体现施工成本目标管理责、权、利相结合的原则。其次，要定期检查。由项目部组织有关人员进行目标执行情况的检查，检查成本实际支出情况是否符合目标要求；同时，检查目标责任的落实情况，为最终考核提供依据。最后，对成本目标的相符率和达成率进行考核和评价，运用有效的激励手段，奖优罚劣，从而调动各方面降低成本的积极性。

管理方法的选用，必须根据项目自身特点和实际情况，全面考虑企业的经济实力、技术状况、人员因素以及项目的工期、质量要求等各方面的因素，合理选用科学的方法，认真贯彻落实，才能真正达到降低成本、提高效益的目的。

(3) 价值工程在施工项目成本管理中的应用

价值工程是以功能分析为核心，使产品或作业达到适当的价值，即用最低的成本来实现其必要功能的一项有组织的活动。价值工程的目的是力图以最低的成本使产品或作业具有适当的价值，亦即实现其应该具备的必要功能。因此，价值、功能和成本三者之间的关系是：

$$价值=功能(或效用)/成本(或生产费用) \tag{10-8}$$

价值工程与一般的投资决策理论不同。一般的投资决策理论研究的是项目的投资效果，强调的是项目的可行性，而价值工程是研究如何以最少的人力、财力、物力和时间获得必要的功能的技术经济分析方法，强调的是产品的功能分析和功能改进。通过价值工程活动，可使企业确定最佳施工工艺、施工方法，在保证质量的前提下，为业主节约投资，提高功能，降低寿命周期成本，增强企业市场竞争力；价值工程活动可以把施工环节各工序以及后勤、财务等部门和各类人员的活动，都以提高公路的价值为目标，有组织地结合起来，从而提高工作效率和工作质量；通过价值工程活动，可以使企业充分利用已有的生产条件，合理使用各类资源，在保证质量的前提下，提高功能，降低成本，提高效益，同时，还可以提高施工项目人员的整体素质，改善内部组织管理，降低不合理消耗，提高企业自身的价值，增强企业的市场竞争力，从而提高企业自身的社会知名度。

5. 建立科学的成本管理保障体系

(1) 建立完整高效的组织机构

任何管理工作的顺利进行都是以组织为保障的。只有一个完善的、运行有序的严密组织管理体系，才能保证管理工作沿着既定的目标前进。成本管理体系中组织结构是指企业员工为实现相应的成本管理目标，按照其相应的管理岗位在工作中进行分工协作，在职务、责任、权利方面所形成的结构体系。组织结构的本质是权利分配和员工的分工协作关系。

施工项目管理组织结构可以分为三个层次：一是项目管理决策层，它是项目管理的核心，从总体上把握施工项目的施工生产和成本管理，它掌握着施工生产要素的调配权；二是中级管理层，它是由一批施工、生产管理和技术方面的复合型人才组成的，包括各类专业技术人员、财会人员和其他管理人员，负责实施项目决策层的施工、管理决策，并从不同角度对劳务作业层的施工操作过程进行控制；三是劳务作业层，这是为工程项目的施工输出劳务的一级组织，包括施工队一级的管理人员和操作人员，是现场实际操作的执行者，并对其任务目标负责。项目经理部必须结合本项目的实际情况和特点确定成本管理的组织及人员，负责本项目部所承担工程的施工项目成本管理，对本项目的施工成本及成本降低率负责。而且，随着成本管理活动的展开，根据不同的管理范围和管理特点，各部门、各岗位的权力和责任也有不同。因此，在确定成本管理的职权结构时，要注意权力的要有层次，严格分清决策、落实和执行层次的责任和管理权限，职责要有范围，分工要明确，关系要清晰，防止责任不清造成相互扯皮推诿，影响成本管理职能的发挥。只有建立完整高效的组织机构，才能保证成本管理活动的有效运行。

(2) 建立合理可行的成本管理制度

明晰的运行程序和严格的管理制度是成本管理工作顺利进行的基础。制定合理的成本管理制度，用来规范、指导项目的成本管理工作，在成本管理体系中是极其重要的。尤其是对一个独立的工程项目而言，为了保证成本管理的有效性，项目成本管理制度必须是可操作性较强的执行文件，要求每个员工都要严格遵循。因此，在编制成本管理制度时，要做到以下几点：

1) 要选择结合时间的成本管理方法，采取的措施要具有可操作性。

2) 成本管理目标的制定要明确。成本管理范围的界定要清晰、简明，方便操作，否则将失去指导意义。

3) 各部门、岗位的职责要具体，人员分工要明确。只有分工明确才能使各部门、各岗位的人员明确各自的职责。并做到各司其职,发挥项目管理的整体优势,确保项目成本管理目标的实现。

4）要有明确严格的工作程序。包括原材料供应、劳务分包、机械租赁等要素的供应时间、供应方式、组织方式等都要给予认真设计和准确描述。成本管理不仅涉及成本生产的全过程,而且涉及对成本管理成果的测定。因此,对施工生产过程成本费用数据的收集、整理、核算等都要有明确严格的规定。

5）要制定严格的考核制度和奖惩办法,对各部门、各岗位职工管理工作成果与其目标进行比较,对其成本管理活动效果做出评价,并做出奖励或者处罚。考核内容包括施工项目成本考核和成本管理体系及其运行质量考核。

施工项目成本管理是施工项目施工全过程的实时控制。因此,考核也是全过程的实时考核,要以全过程的实时考核确保最终考核的通过。同时,要将考核与奖惩办法挂钩,根据考核的结果确定奖惩,以调动职工进行成本管理活动的积极性。

(3）建立完善的信息沟通体系

成本管理的信息来源非常广泛,要从企业内部、外部市场、竞争对手、顾客、供应商乃至政府等多处搜集信息。所提供的信息也要求全面而多样化:既包括企业内部生产经营信息,又包括企业外部环境信息;既包括货币性的财务成本信息,又包括诸如市场供求量、顾客满意度等与企业战略管理相关的非财务信息。而成本管理的过程也同时是对各类信息体系进行处理的过程。要想加强成本管理,保持成本优势,提高企业效益,就必须建立完善的信息体系。

公路施工项目的成本管理活动,也是离不开对信息的收集和处理的,不仅要注意收集市场供求、竞争对手、供应商等外部信息,也需要项目内部各部门之间信息的准确传递。上至管理决策层的指令任务的下达、中间各部门对目标任务的分析及落实,下到施工操作层的具体实施等各环节工作的有效完成,都有赖于对信息的准确、及时地传递和处理。

建立完善的信息体系要着重注意以下几点:

1）信息来源要准确。无论是外部市场信息还是内部管理信息,如果不准确则会造成成本管理决策失真,导致不必要的成本费用的发生。

2）信息收集要及时。及时对相关信息的收集,有利于项目抓住先机,对各种有利和不利情况做出快速反应,继而采取相应措施。

3）信息传递要完整、准确、及时。信息传递是上下级之间或者部门之间互相协作,共同完成目标任务的前提条件,若不能做到完整、准确、及时,施工项目的整体目标就难以实现。

4）充分利用办公自动化系统和 Internet 技术,构建企业内部的管理信息网络,使有关管理信息能规范化、标准化、及时、准确地互相沟通传递,同时有利于内部管理信息保密的要求。

10.4　工程费用结算与工程决算

10.4.1　工程费用结算

1. 工程费用结算的概念

工程费用结算是指业主、承包人和监理工程师对工程的合同价款进行约定和依据合同约定进行工程预付款、工程进度款、工程竣工费用结算的活动。工程费用结算是业主、承包人、监理工程师共同参与的活动，应当遵循合法、平等、诚信的原则，并符合国家有关法律、法规和政策。

正确合理地办理工程费用结算，对于贯彻国家的方针、政策、财务制度，加强建设资金管理，合理确定、筹措和控制建设资金，优质完成建设任务，具有十分重要的作用：可以促使各方严格遵守合同，确保工程施工正常进行；强化监理工程师监督作用，保证工程质量；促进资金周转，提高经济效益；确定工程费用的实际数额；是业主和承包人办理财务对账的依据；是建设单位编制竣工决算报告的基础资料；是承包人核对工程成本、考核企业盈亏的依据。

业主、承包人应当在合同条款中对涉及工程费用结算的下列事项进行约定：

(1) 预付工程款的数额、支付时限及抵扣方式。

(2) 工程进度款的支付方式、数额及时限。

(3) 工程施工中发生变更时，工程费用的调整方法、索赔方式、时限要求及金额支付方式。

(4) 发生工程费用纠纷的解决方法。

(5) 约定承担风险的范围及幅度以及超出约定范围和幅度的调整办法。

(6) 工程竣工费用的结算与支付方式、数额及时限。

(7) 工程质量保证(保修)金的数额、预扣方式及时限。

(8) 安全措施和意外伤害保险费用。

(9) 工期及工期提前或延后的奖惩办法。

(10) 与履行合同、支付价款相关的担保事项。

业主、承包人在签订合同时对于工程费用的约定，可选用下列一种约定方式：

(1) 固定总价：合同工期较短且工程合同总价较低的工程，可以采用固定总价合同方式。

(2) 固定单价：双方在合同中约定综合单价包含的风险范围和风险费用的计算方法，在约定的风险范围内综合单价不再调整。风险范围以外的综合单价调整方法，应当在合同中约定。

(3) 可调价格：可调价格包括可调综合单价和措施费等，双方应在合同中约定综合单价和措施费的调整方法。调整因素包括：① 法律、行政法规和国家有关政策变化影响合同价款；② 工程造价管理机构的价格调整；③ 经批准的设计变更；④ 发包人更改经审定批准的施工组织设计(修正错误除外)造成费用增加；⑤ 双方约定的其他因素。

2. 工程费用结算的内容

根据《公路工程国内招标文件范本》(2018年版，以下简称《范本》)，施工正常结算的费用项目按其内容一般可以划分为两类：一类是工程量清单内的费用项目，它包括清单内各章、节、细目实际完成的工程数量按合同单价计算应支付的费用项目；另一类是清单以外、合同以内的费用项目，它包括开工预付款、材料预付款、保证金、工程变更费用、价格调整费用、索赔费用、拖期违约损失偿金、提前竣工奖金、迟付款利息等费用项目。合同终止后的费用结算有三种不同情况：承包人违约造成的合同终止、特殊风险造成的合同终止和业主违约造成的合同终止。

(1) 工程量清单内费用项目

《范本》中的工程量清单内容包括:第100章总则、第200章路基、第300章路面、第400章桥梁涵洞、第500章隧道、第600章安全设施及预埋管线、第700章绿化及环境保护。

工程量清单所列工程数量是估算的或设计的预计数量,不能作为承包人最终结算和支付的依据。实际支付按应按实际完成的工程量,由承包人按技术规范规定的计量方法,以监理工程师认可的尺寸、断面计量,按工程量清单的单价和总额价计算支付金额;或者根据具体情况,按合同条款规定,由监理工程师确定的单价或总额价计算支付额。

(2) 工程量清单以外、合同以内的费用项目

1) 开工预付款

根据合同规定,承包人有权得到业主提供的一笔相当于合同价值一定比例(通常规定为合同价的10%)的无息开工预付款,用于支付开工初期各项准备工作的款项。具体数额根据报价中的选择或合同规定而定。一旦签订合同,该选择数据将作为开工预付款的支付依据,并且在施工期间按合同规定分批扣回。

2) 材料、设备预付款

材料、设备预付款是由业主预先支付给承包人的一定比例的材料、设备款项,以供购进将用于和安装在永久工程中的各种材料、设备,并在施工期间按合同规定方式予以扣回。

3) 保留金

保留金是在中期支付中将承包人已完工程应得的款项扣留一部分,用以促使承包人履行合同中规定的责任。

保留金的扣留是按投标书附录中规定的百分率(一般为10%)乘以规定的保留金计算基数。保留金从每期应支付给承包人的工程结算款额中扣留,直至金额达到投标书附录中规定的限额(一般为合同价的5%)为止。

保留金要在整个合同工程缺陷责任期满并发给承包人缺陷责任终止证书后14天内,由监理工程师核证后,由业主一次性退还给承包人。

4) 工程变更费用

工程变更是指在工程实施中,对某些工作内容做出修改或者追加或取消某一工作内容。由于勘测、设计、试验与实际的差异,在合同执行过程中,工程变更是不可避免的,为了更加合理地完成工程,工程变更也是很有必要的。

根据合同通用条款52条规定,业主或监理工程师如果认为有必要,可对合同工程或其任何部分的结构形式、质量、等级或数量发出变更指令,承包人必须执行。没有监理工程师的变更指令,承包人不得进行任何工程变更。

变更工程价格的增加或减少额,应以工程量清单中的单价或总额价为依据。如果工程量清单中未包含适用于变更工程的单价,则采用工程量清单中监理工程师认为适合的单价作为作价的依据。如果不合适,则由监理工程师和承包人协议一个合适的单价或总额并报业主审批。如果不能达成协议,则监理工程师应根据情况在报业主审批后,定出他认为合理的单价或总额价,并通知承包人,抄送业主。如果此单价或总额价一时不能议定,监理工程师可以确定暂时的单价或总额价,作为暂付账款列入期中支付证书中,待议定后再在其后的期中支付证书中调整。

5) 计日工

在工程施工过程中,监理工程师如认为必要或可取,可以指令计日工完成任何需变更的

工作。对于这种变更的工作，应按合同中包括的计日工明细表中所定的细目和承包人在其投标书中对此所报的单价或总额价，向承包人付款。

6）价格调整费用

工程建设的周期往往都较长，在这样的一个比较长的建设周期中，无论是业主还是承包人都必须考虑到与工程有关的各种价格变化。为了避免双方的风险损失，降低投标报价和合理确定工程造价，合同通用条款70条对价格调整做出了专门规定。

凡是合同预期工期在24个月以上者，在合同执行期间，由于人工和材料的价格涨落因素应对合同价格进行调整，调价时，应按下述公式计算，每年进行一次调整：

$$TJE=ZFE\cdot ZH=ZFE\left(X+a\frac{RG}{RG_0}+b\frac{GC}{GC_0}+c\frac{SN}{SN_0}+d\frac{LQ}{LQ_0}+e\frac{JX}{JX_0}+f\frac{YL}{YL_0}+\cdots-1\right) \tag{10-9}$$

式中　TJE——对年累计支付额的调价额；

ZFE——年累计支付额；

ZH——综合调价系数；

$a,b,c,d,e,f,\cdots$——分别为人工费，钢材、水泥、沥青、机械使用费，燃油料费用等其他材料费用在合同价格中所占的权重系数；

$X=1-(a+b+c+d+e+f+\cdots)$；

RG_0——人工费基期价格指数；

RG——人工费当期价格指数；

GC_0——钢材基期价格指数；

GC——钢材当期价格指数；

SN_0——水泥基期价格指数；

SN——水泥当期价格指数；

LQ_0——沥青基期价格指数；

LQ——沥青当期价格指数；

JX_0——机械使用费基期价格指数；

JX——机械使用费当期价格指数；

YL_0——燃油料费用基期价格指数；

YL——燃油料费用当期价格指数。

在采用价格调整公式进行调价时，还应遵守以下规定：

① 合同价格在投标所在年份不作调整，此后每年调整一次。

② 式中基期价格指数，指投标年份（即送交投标书截止期前28 d的所在年份）的价格指数，计算时采用100。

③ 式中当期价格指数，采用本合同工程所在省（自治区、直辖市）统计部门正式公布的该计算年份的《建筑业产值价格指数》统计资料中的各项相关的价格环比指数。

④ 权重系数由业主根据标底资料测定确定范围，在招标文件发出前填写；承包人应在投标时在此范围内填写各因素的权重系数，合同实施期间将按此权重系数进行调价，除非由于工程的实施或变更或其他原因，监理工程师认为某一因素的权重系数不合理或不合适，则对权重系数予以调整。

【例 10-1】 某项目2013年9月完成工程价款为100万元,其组成为:土方工程费10万元,占10%;砌体工程费40万元,占40%;钢筋混凝土工程50万元,占50%。这三个组成部分的人工费和材料费占工程价款的85%,人工材料费中各项费用比例如下:

土方工程:人工费50%,机具折旧费26%,柴油24%。

砌体工程:人工费53%,钢材5%,水泥20%,骨料5%,片石12%,柴油5%。

钢筋混凝土工程:人工费53%,钢材22%,水泥10%,骨料7%,木材4%,柴油4%。

根据合同规定,该工程的其他费用不调整(即不调整的费用),占工程价款的15%,该合同的原始报价日期为2013年1月5日,2014年9月完成的工程量价款为100万元,有关月报的工资、材料物价指数见表10-3。

表 10-3 工资、材料物价指数表

费用名称	2013年1月5日指数	2014年9月指数
人工费	100.0	116.0
钢材	153.4	187.6
水泥	154.8	175.0
骨料	132.6	169.3
柴油	178.3	192.8
机具折旧	154.4	162.5
片石	160.1	162.0
木材	142.7	159.5

解 计算出各项参与调值的费用占工程价款的比例如下:

人工费:(50%×10%+53%×40%+53%×50%)×85%≈45%

钢材:(5%×40%+22%×50%)×85%≈11%

水泥:(20%×40%+10%×50%)×85%≈11%

骨料:(5%×40%+7%×50%)×85%≈5%

柴油:(24%×10%+5%×40%+4%×50%)×85%≈5%

机具折旧:26%×10%×85%≈2%

片石:12%×40%×85%≈4%

木材:4%×5%×85%≈2%

根据"价格指数法"进行价格调整,则2014年9月的工程款经过调值之后其调值金额为:

$$TJE=100\times(0.15+0.45\times116\div100+0.11\times187.6\div153.4+0.11\times175\div154.8+0.05\times169.3\div132.6+0.05\times192.8\div178.3+0.02\times162.5\div154.4+0.04\times162\div160.1+0.02\times159.5\div142.7-1)=13.3(\text{万元})$$

如果在送交投标文件截止期前28天之后,国家或省(自治区、直辖市)颁布法律、法规出现修改或变更,因采用上述法律、法规使承包人在履行合同中的费用发生了价格调整以外的增加或减少,则此项增加或减少的费用应由监理工程师在与承包人协商后报业主批准后确定,增加到合同价上或从合同价中扣除,监理工程师应通知承包人,并抄送业主。

7）索赔

索赔是当事人一方在工程承包合同履行过程中，由于另一方未履行合同所规定的义务或不可抗力因素而遭受损失，向另一方提出赔偿要求的行为。承包人向业主索赔为施工索赔，业主向承包人索赔为业主反索赔。索赔的内容包括工期索赔与费用索赔，费用索赔是索赔的最终目的，工期索赔在很大程度上也是为了费用索赔。

如果承包人根据合同条款中任何条款提出任何附加支付的索赔时，他应在该索赔事件首次发生的21天之内将其索赔意向书提交监理工程师，并抄送业主。在发出索赔意向书后的21天内，或监理工程师同意的另一期限内，承包人应送交监理工程师一份拟索赔款额的详细账目，并说明索赔所依据的理由。如果索赔的事件具有连续性，上述账目应认为是一笔暂时账目。承包人应在监理工程师要求的间隔时间内，送交继发的暂时账目和索赔理由，并在此索赔事件终止后的21天之内送出最后账目。承包人还应将送交监理工程师的全部账目复印件一并送交业主。

监理工程师应对承包人根据合同条款规定提供的索赔证据和详细账目进行审查核实，在与业主和承包人协商后，确定承包人有权得到的全部或部分的索赔款额，并列入核签的期中支付证书或最后支付证书内予以支付。监理工程师应将此决定通知承包人，并抄送业主。

8）拖期损失偿金

如果承包人未能按照规定的工期完成合同工程，则必须向业主支付按投标书附录写明的金额，作为拖期损失偿金。时间自预定的交工日期起到合同工程交工证书中写明的交工日期或已批准的延长工期止，按天计算。拖期损失偿金应不超过投标书附录中写明的限额。业主可以从应付或到期支付给承包人的任何款项中扣除此偿金，但不排除其他扣款方法。扣除拖期损失偿金，并不解除合同规定的承包人对完成工程的义务和责任。

9）提前竣工奖励

如果合同中有此条款，而承包人比规定的工期提前完工，则可以得到提前竣工奖。该奖金时间是按工程移交证书的签署日期与合同规定的完成时间之差，按天数计算，奖金的比率在合同中规定。

10）迟付款利息

这是合同赋予承包人的权利，即承包人有权在合同规定的时间期限内从业主处得到付款。如果业主不按合同规定时间付款，则应支付承包人迟付款额的利息。

《范本》合同通用条款60.15规定，如果业主未能在规定期限内付款，则业主应按投标书附录中规定的利率向承包人支付全部未付款的利息，付息时间从应付而未付该款额之日算起(不计复利)。

3. 工程结算费用支付

(1) 开工预付款

在承包人提交了履约保证和签订了合同协议书并提交了开工预付款担保14天内，监理工程师应按投标书附录规定的金额签发开工预付款支付证书，并报业主审批。

开工预付款的担保金额应等于开工预付款额，由承包人从国有商业银行或股份制商业银行开具并保证其时效，所需费用由承包人承担。银行保函的正本由业主保存，该保函在业主将开工预付款全部扣回之前一直有效，担保金额将随开工预付款的逐次扣回而减少。

业主应在支付证书收到14天内核批,并支付开工预付款的70%的价款;在投标文件载明的主要设备进场后,再支付预付款的30%。承包人不得将该预付款用于与本工程无关的支出,监理工程师有权监督承包人对该项费用的使用,如经查实承包人滥用开工预付款,业主有权立即通过向银行发出通知收回开工预付款保函的方式,将该款收回。

开工预付款在期中支付证书累计金额未达到合同价格的30%之前不予扣回,在达到合同价格的30%之后,开始按工程进度以固定比例(即每完成合同价格的1%,扣回开工预付款的2%)分期从各月的期中支付证书中扣回,全部金额在期中支付证书的累计金额达到合同价格的80%时扣完。

(2) 材料、设备预付款

此项金额按投标书附录中写明的主要材料、设备单据所列费用(进口的材料、设备为到岸价,国内采购的为出厂价或销售价,地方材料为堆场价)的百分比支付。其条件是:

1) 材料、设备符合规范要求并经监理工程师认可;

2) 承包人已初具材料、设备费用凭证或支付单据;

3) 材料、设备已在现场交货且存储良好,监理工程师认为材料、设备的存储方法符合要求。

满足上述条件,则监理工程师应将此项金额作为材料、设备预付款计入下一次的期中支付证书中,这种支付不应被视为对上述材料或设备的批准。在预计竣工前3个月,将不再支付材料、设备预付款。

当材料、设备已用于或安装在永久工程中时,材料、设备预付款应从其中支付证书中扣回,扣回期不超过3个月。已经支付材料、设备预付款的材料、设备的所有权应属于业主,工程竣工时所有剩余的材料、设备的所有权应属承包人。

(3) 月支付

承包人应在每月末向监理工程师提交由其项目经理签署的按监理工程师批准格式填写的月结账单一式6份,该结账单包括以下栏目,承包人应逐项填写清楚:

1) 自开工截至本月末已完成的工程价款。

2) 自开工截至上月末已完成(已实际结算)的工程价款。

3) 本月完成的(应结算的)工程价款。

4) 本月完成的(应结算的)计日工价款。

5) 本月应支付的暂定金额价款。

6) 本月应支付已进场将用于或安装在永久工程中的材料、设备预付款。

7) 根据合同规定,本月应结算的其他款项。

8) 费用和法规变更发生的款额。

9) 本月应扣留的保留金和扣回的材料、设备预付款及开工预付款。

10) 根据合同规定,本月应扣除的其他款项。

监理工程师在收到上述月结账单后21天或专用条款数据表中另有规定的天数内应签发期中支付证书,签发时应写明他认为应该到期结算的价款及需要扣留和扣回的款额并报业主审批。如果该月结算的款额经扣留和扣回的少于投标书附录中列明的期中支付证书的最低金额,则该月监理工程师可不核证支付,上述款额将按月结转,直至累计应支付的款额达到投标书附录中列明的期中支付证书的最低金额为止。

业主应在收到该期中支付证书后 21 天内或在投标书附录规定的天数内向承包人支付。

(4) 交工结账

在合同工程交工证书签发后 42 天之内,承包人应以监理工程师批准的格式向监理工程师提交一份交工结账单,并附上用详细资料说明的证实文件,具体为:

1) 合同规定,直到交工证书中写明的交工日期为止按合同完成的全部工程的最终价值;

2) 承包人认为应支付给他的其他款项;

3) 承包人认为本合同项下(整个合同期)到期应付给他的各项款额的估算值。

上述 3 款各项款额估算值应在完工结账单内单独填报。监理工程师应根据规定核证此支付,并报业主审批。

(5) 最后结账

在缺陷责任中止证书后的 28 天之内,承包人应以监理工程师批准的格式向监理工程师提交一份最后结账单草案,并附上详细的证实文件,供监理工程师考虑,表明:

1) 根据合同规定已完成的全部工程的价值;

2) 承包人根据合同规定认为应该付给他的任何其他款项。

如果监理工程师不同意或者不核证最后结账草案的任一部分,则承包人应按监理工程师的合理要求,提供进一步的资料,并对最后结账单草案做出他们之间协商同意的修改,然后由承包人编制,并向监理工程师提交双方同意的最后结账单。如果监理工程师讨论和商定的最后结账单草案明显存在纠纷,则监理工程师应对最后结账单草案中不存在纠纷的部分(如果有),向业主提交期中支付证书,然后按合同规定程序解决纠纷。

在提交最后结账单时,承包人应给业主一份书面清账书,并抄送监理工程师,确定最后结账单中的总金额代表了根据合同规定应付给承包人的全部款项的最后结算。

在最后结账单和清账书收到 14 天之内,监理工程师应签发一份最后支付证书报业主审批,并抄给承包人。需要说明的是:

1) 监理工程师认为根据合同规定的最后应付的款额;

2) 在对业主之前所付的全部款额和业主根据合同规定应得的全部款项予以确认后,业主欠承包人或承包人欠业主(视具体情况)的差额(如有)。

业主应在收到最后支付证书 42 天内向承保人付款。

10.4.2　工程决算

1. 工程决算的概念

公路建设项目工程决算(以下简称工程决算)是指项目实际完成的工程量、采用的单价和费用支出,以及与批准的概(预)算对比情况。

公路建设项目工程决算,作为建设项目完成后从工程投资控制角度形成的成果,是工程估、概、预、决算管理环节中的重要一环,同时满足不同管理部门对工程造价管理信息的需求。政府主管部门,作为投资宏观控制的主体,需从中得到的是造价管理的最终结果,即控制目标的实现程度;审计监督部门的工作重点是对资金的流向及使用的合法性的判断,但需以其使用的必要性及形成的实物工程量为基础;造价管理部门,作为多次计价的最后一次确定造价,需要了解的重点是项目过程管理计价的必要性、合理性,并为造价资料的积累提取信息；建设单位则需从中总结管理经验，提高管理水平。通过工程决算的编制，能够真实地反映项目费用的形成，考核各项费用支出的必要性和合理性，与批准的概(预)算对比反映概(预)算执行情况，从而达到规范管理、堵塞漏洞的目的；使竣工财务决算的编制有一个良好的基础；同时为进一步修订计价依据和建立造价数据库积累造价资料。

工程决算是建设项目竣工验收工作的重要组成部分。未编制工程决算的建设项目，不得组织竣工验收。

2. 工程决算编制的依据

工程决算编制的依据是：

(1) 经交通主管部门批准的设计文件，以及批准的概(预)算或调整概(预)算文件；

(2) 招标文件、标底(如果有)及与各有关单位签订的合同文件；

(3) 建设过程中的文件及有关支付凭证；

(4) 竣工图纸；

(5) 其他有关文件、资料、凭证等。

3. 工程决算的编制

工程决算总费用由建筑安装工程费，设备、工具及器具购置费，工程建设其他费用三部分构成。对于概(预)算编制办法规定的项目及批准概(预)算文件中未列明且不能列入第一、二部分的费用列入第三部分。

工程决算通过工程决算表进行计算，各表格的相互关系如图 10-5 所示。

工程决算文件由项目法人在交工验收后负责组织编制，竣工验收前编制完成，并将工程决算文件及工程决算数据软盘各 1 份上报交通主管部门，同时抄送工程造价管理部门。

工程决算文件包括工程决算编制说明和工程决算表。

工程决算编制说明应包括以下内容：

(1) 工程决算概况。

(2) 工程概(预)算执行情况说明，其中应说明招标方式、结果及重大设计变更情况。

(3) 设备、工具、器具购置情况的说明。

(4) 工程建设其他费用使用情况的说明(包括征地拆迁费、建设单位管理费、监理费等)。

(5) 预留费用使用情况的说明。

(6) 工程决算编制中有关问题处理的说明。

(7) 造价控制的经验与教训总结。

(8) 工程遗留问题。

(9) 其他需要说明的事项。

工程决算表包括：

(1) 建设项目概况表(01 表)。

(2) 投资控制情况比较表(02 表)。

(3) 工程数量情况比较表(03 表)。

(4) 概(预)算分析表(04 表)。

(5) 标底及合同费用分析表(05 表)。

(6) 项目总决算(分析)表(06 表)。

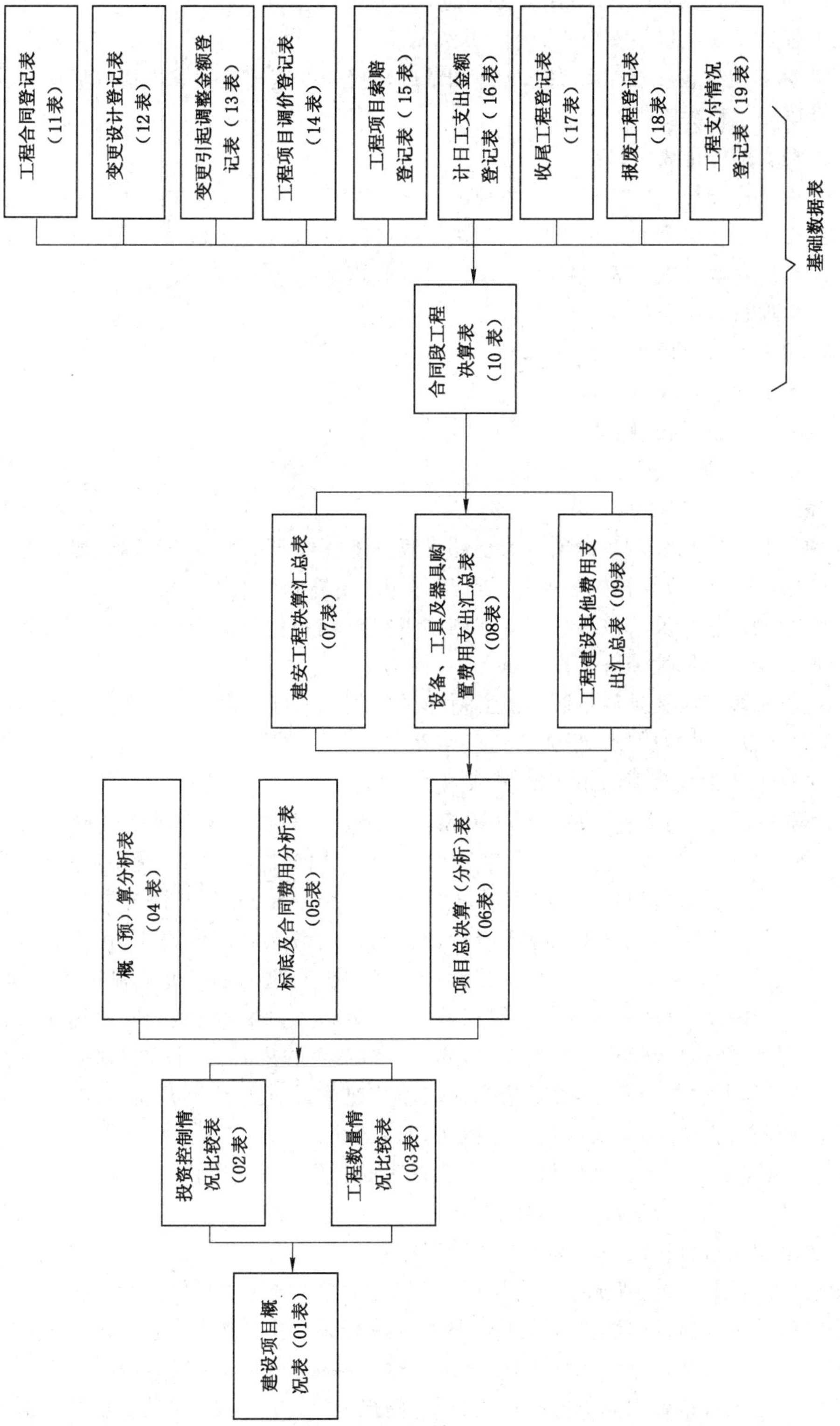
工程合同登记表（11表）
变更设计登记表（12表）
变更引起调整金额登记表（13表）
工程项目调价登记表（14表）
工程项目索赔登记表（15表）
计日工支出金额登记表（16表）
收尾工程登记表（17表）
报废工程登记表（18表）
工程支付情况登记表（19表）
基础数据表
合同段工程决算表（10表）
建安工程决算汇总表（07表）
设备、工具及器具购置费用支出汇总表（08表）
工程建设其他费用支出汇总表（09表）
概（预）算分析表（04表）
标底及合同费用分析表（05表）
项目总决算（分析）表（06表）
投资控制情况比较表（02表）
工程数量情况比较表（03表）
建设项目概况表（01表）

图 10-5　工程决算表

(7) 建安工程决算汇总表(07表)。

(8) 设备、工具及器具购置费用支出汇总表(08表)。

(9) 工程建设其他费用支出汇总表(09表)。

工程决算数据软盘包括工程决算文件和基础数据表。基础数据表包括以下内容：

(1) 合同段工程决算表(10表)。

(2) 工程合同登记表(11表)。

(3) 变更设计登记表(12表)。

(4) 变更引起调整金额登记表(13表)。

(5) 工程项目调价登记表(14表)。

(6) 工程项目索赔登记表(15表)。

(7) 计日工支出金额登记表(16表)。

(8) 收尾工程登记表(17表)。

(9) 报废工程登记表(18表)。

(10) 工程支付情况登记表(19表)。

4. 工程决算与竣工决算的关系

竣工决算是指根据公路建设项目的全部工程完工并经业主方和工程建设监督部门等验收合格交工后，由业主或委托方根据各局部工程竣工结算和其他工程费等实际开支的情况，进行计算和编制的综合反映该项目从筹建到竣工投产或交付使用全过程中，各项资金使用情况和建设成果的总结性经济文件。

工程决算和竣工决算是从不同的侧面对建设单位在项目管理过程中费用支出情况的反映，是对项目建设成果的反映。但两者之间存在着一定的差异。

工程决算是从工程管理的角度出发，侧重于工程实体形成过程中"量""价""费"的分析，以建安工程费用为重点，以签订的合同为基础，以实施工程量、合同单价及合同相关条款为核算依据，同时反映工程管理过程中量的变化引起的费用变化和非量变化引起的费用变化，最终形成以建设项目的费用构成为表现形式并反映项目分部、分项工程的工程量大小以及综合单价的高低。在编制过程中侧重于对计价依据执行情况的考核，能够确定费用支出的必要性和合理性，因此它不仅是对项目实际造价的反映，同时也是规范工程管理过程、提高管理水平的一个重要手段，并且完善了以"量""价""费"为主线的估、概、预、决算体系。

竣工决算则是从财务管理的角度出发，侧重于对资金的流向、大小和在时间上分布的分析，以现行的财税制度为依据，通过对资金的流动情况为重点进行分析，形成符合基本建设财务管理办法的科目体系，来反映竣工工程从开始建设起至竣工为止的全部资金来源和运用情况，达到核定使用资产价值的目的。由于它侧重于对财务制度执行情况的反映，能够确定资金流动的真实性和合法性，是办理资产交付使用手续的依据。

作为工程建设过程中缺一不可的两个管理体系——工程管理和财务管理，是紧密联系、相互制约的，那么同为对管理成果的直接反映，工程决算与竣工决算也是相辅相成的。工程决算是在基础数据表所反映的内容的基础上对工程管理过程的监督，在一定程度上满足了工程管理人员对有关造价信息的需求，也是编制竣工决算的基础和依据；而竣工决算是通过对财务管理过程中日常费用支出的监督检查，达到规范管理的目的，同时也是对工程决算的归纳和总结。

第 11 章　公路工程项目风险管理

11.1　公路工程项目风险管理概述

公路工程建设项目具有规模大、周期长、线路长、技术复杂等特点，在项目实施过程中存在着众多的不确定因素，再加上人们认识能力所限以及信息本身的滞后特性，公路工程建设项目比一般产品生产或者经营具有更大的风险，而且相对更加集中。尤其近些年来，公路工程项目的规模和复杂性日益增大，包括极端地质条件下的公路工程、跨江跨海桥梁通道工程、超长及跨江(海)隧道工程等，规模庞大，风险因素众多，进一步增大了公路工程项目风险，对项目的管理提出了更好的要求，这就使得对项目的风险管理变得尤为重要。

11.1.1　风险概述

1. 风险的概念

风险(risk)，即可能发生的危险，风险管理人员根据各自特定的活动，给出过不尽相同的含义。*Risk Management and Insurance* 一书将风险定义为“给定情况下存在的可能结果的差异性”。而保险理论中将风险定义为：风险是对被保险人的权益产生不利影响的意外事故发生的可能性。

在论述风险的概念时，应明确几个关键概念：风险因素、风险事故和风险损失。

风险因素是指可能产生风险的各种问题或原因，包括触发条件和转化条件。它是风险事故发生的潜在原因，具有必然存在性。

风险事故是指直接造成损失或伤害的风险事件。它具有发生的不确定性。

风险损失是指非故意的、非计划的和非预期的经济价值和时间的减少，损失可分为直接损失和间接损失，其中间接损失又包括额外费用损失、收入损失和责任损失三种。

2. 风险的属性

(1) 风险的客观性

风险是在一定空间和时间内客观存在的，是不以人的意志为转移的。人们无法完全回避它，也不可能彻底消除它，只能通过各种手段来应对风险，从而尽量降低风险发生的概率或损害产生的破坏程度。

(2) 风险的随机性

风险的发生及其后果都具有偶然性。风险事件是否发生、何时发生、何地发生、发生造成什么样的后果等，都具有随机性。尽管单个风险事件的发生具有不确定性，但通过长期的观察总结，大量风险事件的发生遵循一定的统计规律，即风险事件的发生具有一定的概率。

(3) 风险的相对性

风险总是相对于项目主体而言的，同样的风险对于不同的主体有不同的影响。人们对于风险事故都有一定的承受能力，这种能力因活动、人和时间而异。

(4) 风险的可变性

任何事物和矛盾都可以在一定条件下向自己的反面转化，风险同样如此。当一个项目设计的风险因素发生变化时，必然会引起风险的变化，包括：

① 风险性质的变化。有些风险将由不利风险转化为非风险。

② 风险后果的变化。风险后果包括后果发生的概率、收益或损失大小。随着科学技术大发展和生产力的提高，人们认识和抵御风险事故的能力已逐渐增强，能够在一定程度上降低风险事故发生的频率并减少损失和损害。

③ 出现新风险。随着项目或其他活动的展开，会有新的风险出现，特别是在项目主体为回避某些风险而采取行动时，另外的风险就会发生。

(5) 风险的可识别与可控性

虽然风险是不可避免的，但我们可以根据过去的统计资料以及对事物自身特征的认识，通过有关方法来判断某种风险发生的概率与风险造成的不良影响的程度，即风险是可识别的。通过风险识别，我们可以通过适当的手段来降低风险发生的概率以及其不利影响的破坏程度，即风险是可控的。

(6) 风险收益与损失的可转化性

风险具有不确定性，会带来费用的增加、损失，但如果有效地管理风险，则风险将会转为收益。对于工程建设项目来说，风险大的项目将有更高的盈利机会，所以风险也是对项目管理者的挑战。

3. 风险分类

按照不同的标准可以将风险因素分为不同类型：

(1) 按风险后果划分

按照风险造成的后果性质的不同，风险可以划分为纯粹风险和投机风险。

① 纯粹风险。有些风险不能带来机会，是完全没有可能从中获得利益的风险，所以叫纯粹风险。纯粹风险造成的损失是绝对的损失，无法从中获得收益，比如工程建设中的自然灾害和安全事故。

② 投机风险。有些风险是既可能带来机会、获得收益，又隐含威胁、造成损失的风险，所以叫投机风险。投机风险有三种可能的后果：造成损失、不造成损失和获得利益。

(2) 按风险来源划分

按照风险的来源划分，风险可分为自然风险和人为风险。

① 自然风险，是指自然力的作用造成财产损毁或人员伤亡的风险。

② 人为风险，是指由于人的活动而带来的风险。人为风险又可以分为行为风险、经济风险、技术风险、政治风险、市场风险、政策法律风险和组织风险等。

(3) 按风险对象划分

按照风险对象的不同，风险可以划分为财产风险、人身风险和责任风险。

① 财产风险，是指财产所遭受的损害、破坏或贬值的风险。

② 人身风险，是指有关人员遭受疾病、伤残或死亡所引起的风险。

③ 责任风险，是指法人或自然人的行为违反了法律、合同或其他规定，给他人造成财产损失或人身伤害。

由于风险的复杂性和相对性，其分类也不是绝对的，往往要使用多个方法综合划分。

11.1.2　风险管理

关于风险管理，不同的人有不同的定义。美国的威廉斯认为：风险管理是通过对风险的识别、衡量和控制，以最少的成本将风险导致的不利后果减少到最低限度的科学方法。台湾学者袁宗慰认为：风险管理是旨在对风险的不确定性及可能性等因素进行考察、预测、收集分析，制定出包括识别风险、衡量风险、积极管理风险、有效处置风险及妥善处理风险所致损失等一整套系统而科学的管理方法。

从上述定义可以看出，风险管理过程主要包括以下内容：

1. 风险识别

风险识别是指确定可能影响项目风险的种类，即可能有哪些风险发生，并将这些风险的特性整理成文档，决定如何采取和计划一个项目的风险管理活动。只有对项目过程中的各种风险因素全面了解，才能对项目风险进行正确识别，对识别出的各种风险进行评估，确定风险的具体影响。在风险识别过程中应不断积累经验，以达到对风险的有效识别，提高风险识别的准确性。

2. 风险评估

风险评估是在项目风险识别的基础上，对项目风险发生的条件、概率及风险事件对项目的影响进行分析，并评估它们对项目目标的影响，按它们对项目目标的影响顺序排列。在估测出项目风险的损失概率和损失幅度后，要根据安全指标的标准来衡量风险的大小，以便对项目风险进行确切的评价，衡量出项目风险对工程项目所带来的影响程度和处理该风险所要付出的费用成本，确定是否该采取措施，采取哪些措施才能对项目风险进行有效的处理。

3. 风险应对

风险应对是根据风险评估结果，综合考虑项目的目标、规模和可接受的风险大小，以一定的方法和原则为指导，编制风险应对计划，制定一些程序和技术手段，以降低风险发生的概率和风险事故发生带来的损失程度，提高项目目标实现的概率和减少风险的威胁。风险应对措施有很多，根据损失大小和风险发生概率的大小，可以采取避免风险、转移风险、降低风险、风险自留等措施。

4. 风险控制

在项目的整个生命期阶段进行风险预警。在风险发生的情况下，实施降低风险计划，保证对策措施的应用和有效性，监控残余风险，识别新的风险，更新风险计划，以及评估这些工作的有效性等。

11.1.3　公路工程项目风险特点

根据公路工程的特点，综合已有的结论，可以将公路工程风险定义为：影响公路工程项目目标实现的事件发生的可能性，项目目标是指项目的费用、进度、质量、安全和环保。

公路工程项目风险一般具有以下特点：

(1) 客观性与必然性。在公路工程项目建设中存在着人力无法改变的一些客观现实，不光是地震和地质滑坡等自然情况，还有与建设项目紧密相关的施工方案、施工技术等一些风险损失。这些情况的存在与发生，也是一种必然现象，说明项目风险的发生也是客观必然的。

(2) 多样性。在一个工程项目建设过程中会存在多种风险，各风险之间还有复杂的相互联系。

(3) 全局性。当风险发生时，不一定会在局部存在，可能由多个部分影响到全局性的。由于前期各种条件的影响耽误工程进度会直接影响到后期所有的工作，不仅会延长工期，还可能造成费用的增加，严重的甚至对工程质量造成影响。

(4) 规律性。工程项目在建设过程中发生的各种变化和施工进程也存在着一定的规律性，当风险发生时也会有一定的规律性，可以在项目执行过程中进行提前预测。

11.1.4 公路工程项目风险要素

公路工程建设是一项复杂的系统工程，风险是公路工程施工企业难以预料的随机事件，风险的发生会给施工企业带来难以估计的损失。公路施工中之所以会出现风险，主要是由于在施工过程中有现实存在的影响因素，风险因素是指能产生或增加损失概率和损失程度的条件，是风险事件发生的潜在原因，是造成损失的内在的或间接原因。只有通过认真分析研究，并采取相应措施，才能合理规避及转移风险，从而做到有效控制工程风险。公路施工企业面临的主要风险要素如下：

1. 成本风险

在公路施工企业中，首先，成本风险表现为报价风险，随着公路项目工程市场竞争逐渐激烈，企业为了获得更多的发展空间，在项目投标时会竞相压价，这往往最终只能以微利承包工程。此外，在业主发包时一般需要签订固定价合同，如果施工企业在具体的项目承包过程中有管理不规范的地方，就非常有可能亏本经营。其次，成本风险表现为资金风险，在公路工程项目中，对于施工企业来说，拖欠工程款是企业无法避免而又不得面对的一个重大风险因素，这在本质上也是业主将项目投资成本以及投资风险转嫁给实际施工企业的一种市场行为，于是大多数施工企业都在不同程度上承受了巨大的财务风险。最后，成本风险体现在运营成本风险上，公路项目施工建设一般需要用到比较先进的大型设备，比如大跨度架桥机等，而这些机械设备成本较高，如果企业花巨资购买了相关机械而最终又没有中标，那么施工企业就要承担机械设备闲置浪费的风险。

2. 施工工期风险

施工工期风险具体表现为公路工程局部或者整个工程工期的延长，这也会导致建设项目不能按期及时投入使用。具体来说，影响施工工期风险的原因主要有三点。一是与工程实施直接关联的单位造成的，如业主不能提供正常作业面、未按时支付、设计变更、图纸延误等原因引起的工期延误。事实上，在具体施工过程中，只要与公路工程项目建设有关的单位，其自身工作进度的拖后都会对工程进度产生很大的影响。二是施工单位自身造成的，如来自于承包商人员组织机构变动、机械故障、材料不合格、资金短缺、分包方违约等问题造成的工期延误的风险；物资供应对进度的影响。在公路施工的过程中，如果需要的建设材料、构配件以及相关设备不能按期运抵项目施工现场的时候，或者说在相关设备运抵施工现场后却出现质量不符合要求的情况，这都会对具体的施工进度产生影响。三是来自于路政、水政、交警等行政管理部门的越权干预及地方村民肆意阻挠等第三方干扰造成的工期延误的风险。

3. 质量风险

质量风险主要是指建设材料、施工工艺、工程流程等不能通过验收，最终工程验收不合格，或者工程质量未达到一定的标准和要求等。公路工程施工过程中的质量风险主要表现为：施工人员不按工艺要求施工产生的质量风险；质检人员未按规定的频率及方法检测产生的质量风险；机械出现故障不及时修理“带病作业”产生的质量风险；使用不达标或有瑕疵的材料产生的质量风险，如混凝土配合比不标准、掺量不符合相关要求等；达不到规定作业环境要求，一味抢工期产生的质量风险；没有进行有效的成品保护，二次破坏产生的质量风险。

4. 安全风险

安全风险主要指在公路工程项目施工的过程中，发生人员伤亡或者因设备损坏而引起的损失。公路工程项目因施工人员复杂，工程工期紧，作业环境差，施工过程危险源多，作业人员的安全意识偏低，安全的风险无处不在。如施工过程中的人员、机械、材料都有来自于安全方面的风险；工程项目资金（财务）安全的风险；因环境污染而面对行政管理、经济处罚的风险；工程项目所在地社会治安环境恶劣的风险。施工过程中安全事故的发生往往会对整个公路工程项目产生难以估量的经济损失，施工企业保证施工过程的安全也会直接关系到整个施工项目的经济效益与企业的外在形象。所以，安全问题是项目施工中常抓不懈的永恒的问题，安全风险因素对于公路工程项目整体风险管理十分重要，在施工过程中控制好人的不安全行为和物的不安全状态在时空上的交叉是预防事故的关键之所在。

5. 其他风险

其他风险主要表现为业主或者承包单位资信等级比较低，不能及时获得所需要的银行贷款；承包商信誉差，对公路工程项目中出现的质量事故采取逃避的方式，故意推卸责任的信誉风险；业主故意拖延不结算的风险；业主滥用权利，施行罚款或扣款，使承包商的实际利益受损的风险；业主苛刻刁难承包商，借故托辞不予以顺利验收的风险；以及其他的规划、法律责任风险、环境风险等等。

11.2 公路工程项目风险管理体系

目前，我国许多公路工程施工企业普遍存在着管理者风险防范意识不强、企业风险管理机制不健全、工作中风险管理的方法比较单一的不足之处，因此公路工程施工企业必须建立项目风险管理制度体系，明确各层次管理人员的风险管理责任，减少在项目实施过程中的不确定因素对项目的影响。建立风险管理制度的核心，就是针对公路工程建设领域中存在的突出问题（如招投标行为不规范、合同履约率低、拖欠工程款严重、工程质量安全问题突出等），尽快建立起参照国际惯例并符合国情的工程担保和工程保险制度。

（1）投标信用担保制度。投标担保是担保人为保障投标人正当从事投标活动而做出的一种承诺。投标信用担保目前已在一些工程上实行，关键是要完善制度，规范操作。根据建筑施工企业现状，当前宜采用银行保函、担保公司保证书和投标保证金等方式，具体可由招标人在招标文件中规定。

（2）履约信用担保制度。履约担保是担保人为保障承包人履行承包合同而做出的一种承诺。履约担保可以采用银行保函或担保公司担保书、履约保证金的方式，也可以引入承包商的同业担保，即由实力强、信誉好的承包商为其他承包商提供履约担保。对于履约担保，如果是非业主的原因，承包商没能履行合同义务，担保人应承担其担保责任：一是向该承包商提供资金、设备、技术援助，使其能继续履行合同义务；二是直接接管该工程或另觅经业主同意的其他承包商，负责完成合同的剩余部分，业主只按原合同支付工程款；三是按合同约定，对业主蒙受的损失进行补偿。

（3）预付款信用担保制度。预付款担保是指业主预先支付一定数额的工程款以供承包人周转使用，为了保证承包人将这些款项用于工程建设和业主的资金安全而建立的信用担保制度。根据建筑施工企业现状，参照西方发达国家的常见做法，可按下列办法实行：承包人在取得业主提供的工程预付款时，需向业主提供与预付款额相同的银行保函。预付款保证金按合同价的10%～30%，并与合同确定的预付款比例相同。对承包人来说，在已定的比例区间内，由银行提供的保函金额大，预付款额度可相应增大；反之则减少。若承包人不能提供预付款保函，业主可以取消预付款。采用这种办法，既可以有效保障业主合法权益，又可对施工企业提高资本有机构成形成一种激励机制，促使企业合理配置资金，增强企业活力，逐步改变企业经营机制，为企业更好地参与竞争奠定经济基础。预付款银行保函随着业主按照工程进度支付工程款并逐步扣回，预付款担保责任随之逐渐降低直至最终消失。

（4）业主支付信用担保制度。业主支付担保是指业主通过担保人为其提供担保，保证业主按照合同规定的支付条件，如期将工程款支付给承包人。如果业主不按合同支付工程款，将由担保人代向承包人履行支付责任。业主支付担保，实质上是业主的履约担保，因此，应当与承包商履约担保对等实行，即业主要求承包商提供履约担保的，也应同时向承包商提供支付担保。业主支付担保可以是银行保函或者是担保公司的担保书。

根据公路工程建设领域现状，业主支付担保宜采用以下办法：业主在进行招标时应出具项目资信证明，在正式签订工程合同时需按合同价款提供银行保函。其担保责任随着业主按照工程进度支付工程款至工程竣工结算结清尾款而逐渐降低直至消失。施工中业主因提高标准或扩大规模等需要增加工程造价，在提出设计更改时，应提供相应额度的补充银行保函。建立业主支付信用担保制度，对于规范市场交易行为，有效防止业主拖欠工程款，保障工程建设的顺利完成，具有重要的制约作用。

总之，风险管理制度的落实与推广需要一个循序渐进的过程，目前应加强政策引导和宣传，完善各项规章制度和法律规范，努力培育实力雄厚的担保人市场和保险中介咨询市场，并以此为基础，最终形成具有中国特色的建设工程风险管理制度体系。

11.3 公路工程项目风险识别

公路工程项目在整个运作过程中存在着大量的风险，这些风险如果不给予重视或处理不当将给业主、承包商带来巨大的损失。因此，风险是公路工程项目成败的一个重要因素，为避免或减少风险带来的损失，有必要对公路工程项目风险管理进行研究。

11.3.1 风险识别的含义

风险识别就是通过收集资料、调查研究，找出在工程项目实施中可能存在的风险，确定这些风险可能会对项目产生的影响，对其进行列举，形成风险清单。

公路工程项目风险识别是公路工程项目风险分析的第一步，它是公路工程项目风险分析的基础。公路工程项目风险识别是指找出公路工程项目中存在的风险，分析风险产生的原因和风险对公路工程项目的影响，并将找出的风险分类归档的过程。由于风险具有可变性，因此风险识别工作是一项系统性、连续性、制度性的工作。风险识别是风险管理过程中最基本和最重要的过程，它是风险评估的基础，也是选择风险处理策略的基础，风险识别工作进行得是否全面、深刻，将直接影响到整个风险管理工作的最终效果。

对风险的识别，一方面可以通过感性认识和经验进行判断，识别风险的存在；另一方面，也是更重要的是依靠对各种客观的统计、经验资料和风险记录进行分析、归纳和整理，掌握风险产生的原因和条件以及鉴别风险的性质和了解风险产生的影响。风险识别不仅要识别所面临的风险，更重要的，也是最困难的是识别各种潜在的风险。在此基础上，还要鉴定可能发生的风险是动态风险还是静态风险，是可管理风险还是不可管理风险，只有对风险进行充分认识，才能采取有效的处理措施。

11.3.2　风险识别的过程

1. 收集数据和信息资料

公路工程项目的风险不是孤立的，它与公路工程项目的数据和信息总是有着或多或少直接或间接的联系，通过分析公路工程项目的数据和信息资料可以识别出公路工程项目中存在的一些风险。因此，公路工程项目的数据和信息资料是公路工程项目风险识别的基础，公路工程项目风险识别应注重公路工程项目数据和信息资料的收集。一般来说，公路工程项目风险识别应注意下列几方面数据和信息资料的收集：

(1) 公路工程项目环境方面的数据和信息资料

公路工程项目环境包括自然环境和社会环境，自然环境的气象、水文、地质和社会环境的政治、经济、文化等方面的变化对公路工程项目施工具有重要的影响，会给公路工程项目目标的实现带来威胁。

(2) 过去的或类似的公路工程项目的有关数据和信息资料

这两方面的数据和信息资料对公路工程项目风险识别具有重要的借鉴意义，通过分析这些公路工程项目中发生风险事件的数据和信息资料，就可能发现当前公路工程项目中存在的风险。

(3) 公路工程的设计、施工文件

公路工程的设计文件规定了公路工程的结构布置、形式、尺寸，以及采用的建筑材料、规程规范和质量标准等；公路工程的施工文件确定了公路工程的施工方案、质量控制要求和公路工程的验收标准等。某些原因导致这些内容的改变均可能产生风险。

(4) 公路工程项目的前提、假设和制约因素

公路工程项目的项目建议书、可行性研究和设计文件等一般都是在若干前提和假设的基础上做出来的，这些前提和假设在施工阶段可能成立也可能不成立，如果这些前提和假设不成立，那么就可能给公路工程项目带来风险。公路工程项目总是受着各种制约因素(如法律、法规等)的限制，这些制约因素严重地影响了公路工程项目目标的实现，使公路工程项目经常面临着进度、费用等风险的威胁。

2. 分析资料找出风险

在收集数据和信息资料后，就要着手分析这些资料。通过分析这些资料可以找出公路

工程项目中存在的大部分风险。此外，还需对公路工程项目进行不确定性分析，这些不确定性分析包括不同目标的不确定性分析、工程结构的不确定性分析、施工环境的不确定性分析等。通过不确定性分析能够找出公路工程项目中存在的不确定性因素，这些不确定性因素是引发风险的直接或间接原因，找出了不确定性因素就相当于找出了公路工程项目风险。

3. 风险并归类

在初步找出公路工程项目存在的风险后，就要对这些风险进行分析确认，看看是否有重复的风险，是否有遗漏的风险。确认无误后，就要对这些风险进行分类归档，以方便进行风险管理。

4. 公路工程项目风险识别报告

公路工程项目风险识别报告是公路工程项目风险识别的总结，它通常包括如下内容：

(1) 已识别出的风险

该结果经常以风险清单的形式出现，通过风险清单，将公路工程项目所面临的风险汇总并按类进行排列。

(2) 潜在的公路工程项目风险

潜在的公路工程项目风险是指尚没有迹象表明将会发生的风险，是人们主观判断的风险。

(3) 工程项目风险的征兆

公路工程项目风险的征兆是指公路工程项目风险发展变化的可能趋向。

11.3.3 风险识别方法

公路工程项目风险识别的方法很多，从不同的角度出发有不同的风险识别方法。一般来说，常用的公路工程项目风险识别方法有如下几种：

1. 核查表

人们考虑问题有联想的习惯，在过去经验的启示下，思想常常变得异常活跃，浮想联翩。如果把以前的或类似的公路工程项目发生的风险事件及其原因、后果等罗列出来，写成一张核查表，那么，项目风险管理者就容易开阔思路，容易想到当前公路工程项目会存在哪些风险。核查表可以包含多种内容，例如，以前公路工程项目成功或失败的原因，项目成本、质量、进度等方面规划的结果，公路工程项目管理者的技能等。除了这些内容以外，还可以到保险公司索取资料，认真研究其中的保险例外，这些例外能够提醒人们还有哪些风险尚未考虑到。

2. 使用第二手资料法

进行风险识别可以根据已有的资料，包括项目建议书、可行性研究报告以及其他相似项目的经验资料等，甚至可以通过研究保险公司的有关保险单补充风险源信息；获得资料的途径也有很多，比如市场调研、实地勘探、查阅文献等。得到相当数量的资料后，就可以使用列表法或图解法进行分析汇总。

3. 专家调查法

专家调查法是指利用风险专家在其研究领域的理论与实践优势，通过征求风险专家们对公路工程项目风险的意见，找出公路工程项目中存在的风险并对风险进行初步分析的风险识别方法。专家调查法的优点是在缺乏足够统计数据和原始资料的情况下，可以做出定量的估计；缺点是容易受人为因素的影响，因此也需要与其他识别方法结合起来。专家调查法有十多种方法，头脑风暴法和德尔菲法是其中具有代表性的两种方法。

(1) 头脑风暴法

头脑风暴法是一种刺激创造性、产生新思想的风险识别方法。该方法是根据公路工程项目风险识别的目的和要求，邀请数十位风险专家组成专家小组，通过会议形式，用民主的方式，让风险专家们畅所欲言，最后综合风险专家意见，做出判断，得出结论。

(2) 德尔菲法

德尔菲法是一种集中众人智慧的风险识别方法，该方法通过通信或会议的形式征询风险专家的意见，风险专家们彼此匿名，征询分多轮进行，每一轮都要把风险专家意见汇总整理，然后作为参考资料发给各位风险专家，供他们分析判断，提出新的论证，如此多次反复，风险专家们的意见渐趋一致，最终获得一系列独立或随机的风险因素。

4. 分解分析

分解分析是指将大系统分解成小系统，将复杂的事物分解成简单的容易被关注和操作的事物，从而识别大系统和复杂事物风险的风险识别方法。对于一个公路工程项目来说，很难从整体上找出存在的风险，而通过将公路工程项目的层层分解，原本深藏在公路工程项目内部的风险就会被逐渐暴露出来，这样就可以比较容易地找出公路工程项目风险。采用分解分析对公路工程项目风险进行识别，可以按照公路工程项目的结构将公路工程项目分解为单项工程、单位工程、分部工程和分项工程，然后，从最小单位开始，逐步找出公路工程项目中存在的风险。

5. 敏感性分析

敏感性分析研究的内容是在公路工程项目寿命期内，当公路工程项目变数(如材料价格、变动成本等)以及公路工程项目的各种前提与假设发生变化时，公路工程项目的性能(如现金流的净现值、内部收益率等)会出现怎样的变化以及变化程度如何的问题。敏感性分析能够回答哪些公路工程项目变数或前提与假设的变化对公路工程项目的性能影响最大，这样，公路工程项目风险管理者就能根据敏感性分析找出公路工程项目变数或前提与假设中存在的风险。

6. 现场调查

到目前为止研究的公路工程项目风险识别的方法都是在室内完成的，通过这些方法，项目风险管理者可以发现大多数公路工程项目风险。然而，有些风险是在室内发现不了的，因为这些风险与公路工程项目实际所处的环境和施工状况有着密切的联系，只有亲自到公路工程现场进行调查，才可能发现这些风险。此外，通过亲自到公路工程现场进行调查，项目风险管理者有机会与第一线的施工人员进行交流，听取他们对公路工程项目风险的意见。由于现场施工人员对自己从事的工作已经非常熟悉，所以他们对公路工程风险发生的情况也特别地清楚，如果给予充分利用的话，那么一定能够从这些施工人员身上获得重要的风险信息。现场调查有时会受经费限制，不能保证所收集信息的数量和质量，因此，这种方法一般要与其他方法结合起来进行。

公路工程项目风险识别方法除了上述方法以外，还有标准调查表(包括保险调查、保单对照分析、资产-损失分析)、财务报表及原始会计资料分析(包括资产负债表法、损益表法、财务状态变动表法)、事故树、流程图、威胁分析、风险清单法、环境分析法、幕景分析法、组织图分析、安全检查表法、投入产出分析法、公路工程项目记录和文件、实验或试验结果法等，这些风险识别方法各有自己的优缺点，在实际使用中应该注意取长补短、综合利用。

11.3.4 风险识别表

公路工程项目风险识别表是指逐一列出公路工程项目中所有可能存在的风险的表格。编制风险识别表，对公路工程项目风险识别具有重要的意义。通过风险识别表，项目风险管理者能够对公路工程项目中可能存在的风险有一个总体的认识，并且能够结合当前公路工程项目的具体情况，很容易地找出当前公路工程项目中存在的风险。

公路工程项目风险识别应该从不同的角度和不同的方位进行，即应该对公路工程项目风险形成透视，这样，项目风险管理者才能准确和全面地找出公路工程项目中存在的风险。公路工程项目风险识别表见表 11-1。

表 11-1　公路工程项目风险识别表

风险名称	风险原因
1.项目环境要素风险	
(1) 政治风险	政局不稳定性，战争状态、动乱、政变的可能性，国家的对外关系，政府信用和政府廉洁程度，政策及政策的稳定性，经济的开放程度或排外性，国有化的可能性，国内的民族矛盾、保护主义倾向
(2) 法律风险	法律不健全，有法不依、执法不严，相关法律的内容的变化，法律对项目的干预，对相关法律未能全面、正确理解，工程中有触犯法律的行为
(3) 经济风险	国家经济政策的变化，产业结构的调整，银根紧缩；项目产品的市场变化，项目的工程承包市场、材料供应市场、劳动力市场的变动；工资提高，物价上涨，通货膨胀速度加快；原材料需要进口，金融方面的变化，外汇汇率的变化
(4) 自然环境风险	
① 地理环境风险	泥石流、河塘、垃圾场、流沙、泉眼、地下水，地形地貌状况、土壤地质情况
② 自然灾害风险	地震、洪水、暴雨、火山喷发、龙卷风
③ 气候条件风险	特殊的、反常的恶劣的雨、雪天气，冰冻天气
(5) 社会文化风险	宗教信仰的影响和冲击，社会治安的稳定性，社会的禁忌，社会的风气，社会舆论导向，劳动者的文化素质，传统的价值观念
2. 项目系统结构风险	
(1) 路基土石方风险	特殊路基，深挖高填路基，石方爆破，土石混填
(2) 路面风险	路面材料质量不合格，机械设备故障，施工人员素质低
(3) 桥梁风险	人身伤亡，混凝土发生裂缝，测量控制不好
(4) 排水与涵洞风险	涵背回填不好，基底处理不当
(5) 防护风险	滑坡抗滑桩施工不好，膨胀土边坡坡面处理不好，喷锚混凝土施工不好
(6) 技术风险	应用新技术、新工艺方法困难或失败，施工技术和方案不合理，场地沉降或地基移动对周围建筑物产生影响，临时设施的设计和施工的失误，施工工艺落后，现场进度计划不合理，行政和外界对施工方案和技术的干扰，承包商对技术文件、工程说明和规范理解不正确，外文条款翻译与理解不正确

表 11-1(续)

风险名称	风险原因
(7) 现场条件风险	不充分的现场调查,征地、拆迁拖延,地质资料不充分,不可预见的地下问题,三通一平拖延,不稳定的供水供电,通水不畅
(8) 机械设备风险	施工设备供应或进场拖延,施工设备类型不配套或不合格,施工设备生产效率低,施工设备备料和燃料不足,施工机械故障,施工设备安装或调试失败,设备维修保养不当或超负荷
(9) 材料风险	原材料和成品、半成品订货或供应不足,原材料和成品、半成品数量差异,原材料和成品质量和规格不合格,运输储存和施工中的损耗,特殊材料和新材料的使用问题,失窃事故的发生
(10) 人员风险	一般工人、技术人员、管理者的素质不高;监理和承包商不合作;人身意外事故,关键人员损失;工作人员罢工、抗议或软抵抗
3. 项目主体风险	
(1) 业主风险	业主违约、苛求、刁难、随便改变主意,但又不赔偿;错误的行为和指令,非程序地干预工程;业主不能完成合同责任;业主提供的招标要求不清楚,设计基础资料不完全;业主与承包商签订的合同的责任划分不清;业主的资金和信用状况差;业主的管理能力(包括管理水平、管理力量、组织能力、支付能力等)差;业主对承包商的信任度低;业主外部协调能力差
(2) 承包商风险	
① 职业责任风险	施工人员在施工中缺少质量责任意识和投资控制意识,项目管理者责任心不强或私心重,贪污受贿,管理混乱
② 不规范行为风险	采取行贿等非法手段,盲目压价,转卖资质,转包、分包施工任务;一些小的承包商无证挂靠;某些施工人员搞兼职施工;施工中不执行国家及行业的规范和强制性标准,某些施工人员推销关系单位产品
③ 管理风险	项目领导班子配备不合理,没有适合的技术专家和项目经理,合同管理不善(未能严格履行合同),对工期、质量、安全各项指标的落实措施不严格,现场工序安排不合理、协调不力,施工准备工作不充分,内部管理制度不完善、执行不严,下属施工队伍计量超合同、材料超供应
(3) 分包商风险	分包商过多,协调组织工作不好,分包商履约不力,分包商技术能力不足,分包商管理能力不足,分包商没有得力措施,分包商工作人员不服从承包商管理,施工方案错误
(4) 监理风险	监理的管理能力、组织能力、工作热情和积极性、职业道德、公正性差;监理有文化偏见,不正确地执行规范或合同,在工程中苛刻要求;在工程中起草错误的文件、下达错误的指令;监理工作效率低,拖延签署支付,对一些索赔问题迟迟提不出建议或作不出决定;监理责任心不强,擅离职守
(5) 其他主体风险	中介人的资信、可靠性差,政府机关工作人员、城市公共供应部门(如水、电等部门)的干预、苛求和个人需求,业主方的咨询顾问对承包商的信任度低,业主方的咨询顾问管理能力和专业水准差

11.4　公路工程项目风险评估

11.4.1　风险评估的定义

公路工程项目风险评估是公路工程项目风险分析的第二步,它是公路工程项目风险分析的关键。风险评估是指在风险识别的基础上,通过对收集的大量详细资料加以分析,运用概率理论和统计方法,估计和预测风险发生的概率和损失幅度,建立风险模型,用适当的方法去估计每一风险事件发生的概率和可能造成的损失(费用损失或工期延迟)。

11.4.2 风险评估的步骤

1. 收集信息

风险评估分析时必须收集的信息主要有:承包商类似工程的经验和积累的数据;与工程有关的资料、文件等;对上述两来源的主观分析结果。

2. 对信息整理加工

根据收集的信息和主观分析加工,列出项目所面临的风险,并将发生的概率和损失的后果列成一个表格,风险因素、发生概率、损失后果、风险程度一一对应,见表 11-2。

表 11-2 风险程度分析

风险因素	发生概率 P/%	损失后果 C/万元	风险程度 R/万元
物价上涨	10	40	4
恶劣天气	20	30	6
工期拖延罚款	20	50	10
地质特殊处理	10	30	3
设计错误	30	80	24
业主拖欠工程款	10	60	6
项目管理人员失误	20	200	40
合计	—	—	93

3. 评价风险程度

风险程度是风险发生的概率和风险发生后的损失严重性的综合结果。其表达式为:

$$R = \sum_{i=1}^{n} R_i = \sum_{i=1}^{n} P_i C_i \tag{11-1}$$

式中 R——风险程度;

R_i——每一风险因素引起的风险程度;

P_i——每一风险发生的概率;

C_i——每一风险发生的损失后果。

公路工程项目损失概率和损失值可以利用过去的或类似的公路工程项目风险数据和信息资料或者通过有经验的项目风险管理者或风险专家的主观估计等途径给予确定。

4. 提出风险评估报告

风险评估分析结果必须用文字、图表表达说明,作为风险管理的文档,即以文字、表格的形式作风险评估报告。评估分析结果不仅作为风险评估的成果,而且应作为人们风险管理的基本依据。

11.4.3 风险评估目标

工程项目是否成功要看它是否达到了预设的目标。对项目进行风险评价,也要看风险对项目目标实现的威胁程度。不同的项目主体必然会有不同的项目风险评价标准，同时项目目标又是多方面的。

11.4.4　风险评估方法

1. 主观评分法

主观评分法也叫综合评分法，是最简单、最常用的风险评估方法之一。这种方法是在已列出的风险清单的基础上，将风险值规定为 0～10，风险值最低为 0，风险值最高为 10。请有经验的项目风险管理者或风险专家对每一个风险因素或风险事件赋予一个分值，然后对风险分值进行综合计算，并与风险评价标准对比。

主观评分法原理简单，可操作性强，其评价结果考虑了多因素对整体风险的影响，可信度比单因素时高。但评价结果取决于项目风险管理者或风险专家打分的客观性，如打分客观则该方法基本可信，如打分不客观则该方法基本不可信。

2. 方差法

方差法也称离差法，这种方法用影响风险的随机变量的方差来评估风险值。

当随机变量为连续情况时，风险值为：

$$R = \sigma^2 = \int_{-\infty}^{+\infty} (x - \bar{x})^2 f(x) \mathrm{d}x \tag{11-2}$$

式中　$f(x)$——随机变量的密度函数；

$\bar{x}$——随机变量的期望值，即：

$$\bar{x} = \int_{-\infty}^{+\infty} x f(x) \mathrm{d}x \tag{11-3}$$

当随机变量为离散情况时，风险值为：

$$R = \sigma^2 = \sum_{i=1}^{n} (x_i - \bar{x})^2 p(x_i) \tag{11-4}$$

式中　$p(x_i)$——随机变量的分布律；

$\bar{x}$——随机变量的期望值，即：

$$\bar{x} = \sum_{i=1}^{n} x_i p(x_i) \tag{11-5}$$

方差法只用期望值和方差两个特征数来度量风险值，比较粗略，不具有唯一性和全面性，因此，只可作大概估计之用。

3. 熵度量

熵是不确定性的度量，而风险可以看成损失的不确定性，因此，可以用熵来度量风险值。当损失值为连续情况时，风险值为：

$$R = -\int_{0}^{+\infty} \ln[f(l)] f(l) \mathrm{d}l \tag{11-6}$$

式中　$f(l)$——损失值的密度函数。

当损失值为离散情况时，风险值为：

$$R = -\sum_{i=1}^{n} [\ln p(l_i)] p(l_i) \tag{11-7}$$

式中　$p(l_i)$——损失值的分布律。

熵与分布并不是一对一的关系，且一般熵与分布的位置无关，因此，只用熵来单独度量风险达不到全面描述的目的。

4. 损失期望值法

损失期望值法认为，风险值与损失概率和损失值有关，风险值 R 是损失概率 p 和损失值 l 的函数，即：

$$R=f(p,l) \tag{11-8}$$

为研究方便，常将函数简化为损失概率和损失值的乘积，即：

$$R=p\cdot l \tag{11-9}$$

损失期望值法与前面几种方法相比具有较大的进步，它不但考虑到损失概率对风险值的影响，还考虑到损失值对风险值的影响，能够比较准确、全面地度量风险值。

5. 层次分析法

并不是所有的风险都可以方便地量化排序，这时可以采用层次分析法（analytical hierarchy process，简称 AHP）。AHP 法是由美国运筹学家、匹兹堡大学 T. L. Saaty 教授于 20 世纪 70 年代提出的。AHP 法是一种定性与定量相结合的、系统化的、层次化的分析方法，尤其对于多目标、多方案的决策，这种方法可以有效地进行处理。这一方法的特点，是在对复杂系统的决策思维过程模型化、数量化的过程。应用这种方法，决策者通过将复杂问题分解为若干层次和若干因素，构建一个层次结构模型，在各因素之间进行简单的比较和计算，就可以得出不同方案的权重，从而求解多目标、多准则或无结构特性的复杂决策问题，为最佳方案的选择提供依据。

层次分析法的基本原理是将问题层次化，按问题性质和总目标将此问题分解成不同层次，构成一个多层次的分析结构模型，分为最低层（供决策的方案、措施等）、中间层和最高层以，再根据相对于最高层（总目标）的相对重要性确定权值或相对优劣次序进行排序。它体现了人的决策思维的基本特征，即分析、判断、综合。它不但能对问题进行整体判断，而且能较全面地反映评价对象的整体情况，避免片面性，它也是一种将人的主观判断用数量形式表达和处理的方法。

其求解过程可分为以下五步：

（1）明确问题，提出总目标

明确问题的总目标是应用 AHP 法的起点，也是 AHP 法应用效果的关键。在实际问题中，我们应该广泛调研，明确问题所涉及的对象、对象间的关系及其特点，找出相应的影响要素，并做出必要的归纳，从而为下面的层次结构做准备。

（2）构建所研究问题的递阶层次结构

这是 AHP 法中最为重要的一步，是进行相关计算与分析的基础和前提。一个好的递阶层次结构对于解决问题至关重要。首先根据对问题的了解与初步分析，把复杂问题分解成称之为元素的各组成部分，把这些元素按照属性不同分成若干组，以形成不同的层次。同一层次的元素作为准则，对下一层次的某些元素起支配作用，同时它又受上一层次元素支配。这种从上到下的支配关系形成了一个递阶层次。处于最上边的层次称为目标层，通常它只有一个要素，一般是分析问题的预定目标或理想结果。中间的层次一般是准则、子准则，称为准则层。最低一层是方案层（或指标层），其中排列了各种可能采取的方案或措施。层次之间的支配关系不一定是完全的，即可以存在这样的元素，它不支配下一层次的所有的或部分的要素。一个典型的层次结构可以用图 11-1 表示。

公路工程风险评价包含的因素很多，结构复杂。根据工程特点、评价的主要因素、各因素间关系和层次分析法的原理，可建立相应的递阶层次结构。

(3) 构造两两比较判断矩阵

递阶层次结构建立以后，上下层因素间的隶属关系就被确定。根据各层元素间的隶属关系，下层元素以上层某元素为准则，进行两两比较，构造比较判断矩阵。比如，上层元素 A 对下层元素 $B_1, B_2, \cdots, B_n$ 有支配关系，那么就可以建立以 A 为判断准则的 $B_1, B_2, \cdots, B_n$ 的两两比较判断矩阵。记该判断矩阵为 $\boldsymbol{C}$，则：

A	B_1	B_2	$\cdots$	B_n
B_1	C_{11}	C_{12}	$\cdots$	C_{1n}
B_2	C_{21}	C_{22}	$\cdots$	C_{2n}
$\cdots$	$\cdots$	$\cdots$	$\cdots$	$\cdots$
B_n	C_{n1}	C_{n2}	$\cdots$	C_{nn}

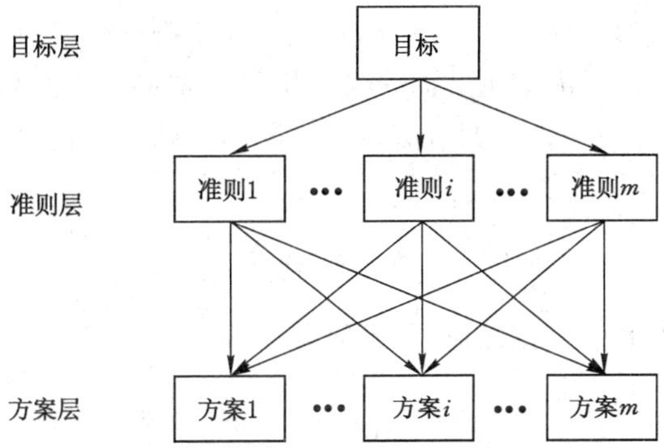

图 11-1　AHP 法层次结构示意图

C_{ij} 的值由 B_i、B_j 两两比较确定。以"重要性"为衡量尺度，按照 Saaty 建议的 1-9 比较标度对比较结果进行量化。具体含义如下：

若 B_i 与 B_j 同等重要，则 $C_{ij}=1, C_{ji}=1$；

若 B_i 比 B_j 稍微重要，则 $C_{ij}=3, C_{ji}=1/3$；

若 B_i 比 B_j 明显重要，则 $C_{ij}=5, C_{ji}=1/5$；

若 B_i 比 B_j 强烈重要，则 $C_{ij}=7, C_{ji}=1/7$；

若 B_i 比 B_j 绝对重要，则 $C_{ij}=9, C_{ji}=1/9$。

如果重要程度介于以上判断之间，则 C_{ij} 可取 2,4,6,8；C_{ji} 相应地取 1/2,1/4,1/6,1/8。通过这种比较与量化，可以构造出一个互反的两两判断矩阵。

(4) 计算单一准则下各元素的相对权重及矩阵的一致性检验

在这一步，要根据判断矩阵 $\boldsymbol{C}$ 求出因素 $B_1, B_2, \cdots, B_n$ 对于上层因素 A 的相对重要性排序权重 $w_1, w_2, \cdots, w_n$，把它们写成向量形式：

$$\vec{W}=(w_1,w_2,\cdots,w_n)^{\mathrm{T}}$$

式中　$\vec{W}$——层次单排序权重向量。

比较判断矩阵是由评价者通过两两比较得到的，但评价者往往很难精确地判断出比较矩阵中各个元素的值，而只能对它们进行估计。如果在估计过程中偏差过大，出现严重的思维判断不一致的情况，就必须对比较判断矩阵进行修正。通过一致性检验，可以判断矩阵是否存在逻辑错误，同时确定这种错误是否可以接受，只有通过一致性检验的比较判断矩阵才被认为是有效的，否则要进行修正。

根据 AHP 理论，求权重 $w_1,w_2,\cdots,w_n$ 的方法有和法、根法、对数最小二乘法和特征根法。和法的计算公式为：

$$w_i=\frac{1}{m}\sum_{j=1}^{m}\frac{a_{ij}}{\sum_{i=1}^{m}a_{ij}},i=1,2,\cdots,m \tag{11-10}$$

根法的计算公式为：

$$\omega_i=\frac{\left(\prod_{j=1}^{m}a_{ij}\right)^{1/m}}{\sum_{i=1}^{m}\left(\prod_{j=1}^{m}a_{ij}\right)^{1/m}},i=1,2,\cdots,m \tag{11-11}$$

因为权重 w_i 是依据判断矩阵计算出来的，所以要求判断矩阵有大体上的一致性。如果出现甲比乙极端重要、乙比丙极端重要而丙又比甲极端重要这样的判断，那么一般来说是违反常规的，将会导致评价的失真。因此，需要对判断矩阵的一致性进行检验，其步骤如下：

计算一致性指标 CI，其计算公式为：

$$CI=\frac{\lambda_{\max}-m}{m-1} \tag{11-12}$$

式中　$\lambda_{\max}$——判断矩阵的最大特征值，其计算公式为：

$$\lambda_{\max}=\frac{1}{m}\sum_{i=1}^{m}\frac{(M\vec{W})_i}{w_i}=\frac{1}{m}\sum_{i=1}^{m}\frac{\sum_{j=1}^{m}a_{ij}w_j}{w_i} \tag{11-13}$$

式中　$(M\vec{W})_i$——向量$(M\vec{W})$的第 i 个分量。

为了排除随机因素对一致性的影响，需要将 CI 值与随机一致性指标 RI 进行比较。对于 1-9 维的判断矩阵，RI 已给定（见表 11-3）。

表 11-3　平均随机一致性指标

维数	1	2	3	4	5	6	7	8	9	10
RI	0	0	0.58	0.90	1.12	1.24	1.32	1.41	1.45	1.49

CI 与 RI 的比值记为一致性比率 CR，即 $CR=CI/RI$。一般认为，$CR\leqslant 0.1$ 时，判断矩阵具有满意的一致性；否则应对判断矩阵作适当修正，直到 $CR\leqslant 0.1$ 时为止。

(5) 各因素对目标层的相对重要性排序权重的计算以及组合一致性检验

设第二层各因素对总目标 A 的层次单排序权重向量为$\overrightarrow{W^{(2)}}=(w_1^{(2)},w_2^{(2)},w_3^{(2)},w_4^{(2)})^{\mathrm{T}}$，第三层因素对第二层因素 B_i $(i=1,2,3,4)$ 的层次单排序权重向量为$\overrightarrow{W_i^{(3)}}=(w_{1i}^{(3)},w_{2i}^{(3)},$

$w_{3i}^{(3)}, w_{4i}^{(3)})^T (i=1,2,3,4)$，其中不受 B_i 支配的权重取为零，n 为第三层因素的总数，令矩阵：

$$\boldsymbol{W}^{(3)}=(\overrightarrow{w_1^{(3)}}, \overrightarrow{w_2^{(3)}}, \overrightarrow{w_3^{(3)}}, \overrightarrow{w_4^{(3)}})$$

则第三层各因素对总目标 A 的排序权重向量为：

$$\boldsymbol{W}^{(3)}\overrightarrow{W^{(2)}}\overrightarrow{V^{(3)}}=(v_1^{(3)}, v_2^{(3)}, \cdots, v_n^{(3)})^T$$

类似地，设第四层各因素对第三层因素 $C_{ij}(i=1,2,3,4; j=1,2,3,\cdots)$ 的层次单排序权重向量为 $\overrightarrow{W_j^{(4)}}=(\overrightarrow{w_{1j}^{(4)}}, \overrightarrow{w_{2j}^{(4)}}, \cdots, \overrightarrow{w_{kj}^{(4)}})^T (j=1,2,\cdots,n)$，令矩阵：

$$\boldsymbol{W}_j^{(4)}=(\overrightarrow{W_1^{(4)}}, \overrightarrow{W_2^{(4)}}, \cdots, \overrightarrow{W_n^{(4)}})$$

则第四层各因素对总目标 A 的排序权重向量为：

$$W^{(4)}W^{(3)}\overrightarrow{W^{(2)}}=W^{(4)}\overrightarrow{V^{(3)}}\overrightarrow{V^{(4)}}=(v_1^{(4)}, v_2^{(4)}, \cdots, v_k^{(4)})^T$$

$\overrightarrow{V^{(4)}}$ 中各分量值的大小反映了对相应绩效评价的高低。

在层次分析的整个过程中，除要对每个判断矩阵的一致性进行检验以确定层次单排序权重向量是否合理、是否可用外，还要进行组合一致性检验，以确定各层因素对目标层的排序权重向量是否合理、是否可以作为最终的评价依据。

组合一致性检验应逐层进行。设第三层各因素对所隶属于的上层因素的两两比较的判断矩阵的一致性指标分别为 $CI_1^{(3)}, CI_2^{(3)}, CI_3^{(3)}, CI_4^{(3)}$，相应的随机一致性指标分别为 $RI_1^{(3)}$，$RI_2^{(3)}, RI_3^{(3)}, RI_4^{(3)}$，令：

$$CI^{(3)}=CI_1^{(3)}w_1^{(2)}+CI_2^{(3)}w_2^{(2)}+CI_3^{(3)}w_3^{(2)}+CI_4^{(3)}w_4^{(2)}$$

$$RI^{(3)}=RI_1^{(3)}w_1^{(2)}+RI_2^{(3)}w_2^{(2)}+RI_3^{(3)}w_3^{(2)}+RI_4^{(3)}w_4^{(2)}$$

设第二层各因素对总目标的两两比较的判断矩阵的一致性比率为 $CR^{(2)}$，则第三层对总目标的组合一致性比率为 $CR^{(3)}=CR^{(2)}+CI^{(3)}/RI^{(3)}$。类似地，设第四层各因素针对所隶属的上层因素的两两比较的判断矩阵的一致性指标分别为 $CI_1^{(4)}, CI_2^{(4)}, \cdots, CI_n^{(4)}$，相应的随机一致性指标分别为 $RI_1^{(4)}, RI_2^{(4)}, \cdots, RI_n^{(4)}$，令：

$$CI^{(4)}=CI_1^{(4)}v_1^{(3)}+CI_2^{(4)}v_2^{(3)}+\cdots+CI_n^{(4)}v_n^{(3)}$$

$$RI^{(4)}=RI_1^{(4)}v_1^{(3)}+RI_2^{(4)}v_2^{(3)}+\cdots+RI_n^{(4)}v_n^{(3)}$$

则第三层对总目标的组合一致性比率为 $CR^{(4)}=CR^{(3)}+CI^{(4)}/RI^{(4)}$。通常认为 $CR^{(4)}\leqslant 0.1$ 时，整个层次的比较判断才能通过一致性检验，否则，要对那些一致性指标较大的判断矩阵进行调整，直到 $CR^{(4)}\leqslant 0.1$ 为止。

6. 模糊评价法

我们在进行一项具体的评价工作时，很容易发现“合格”与“不合格”之间没有明显的分界线，即合格与不合格之间存在着一种中介过渡状态。这种中间过渡状态具有亦此亦彼的性质，也就是通常所说的模糊性。而模糊数学用“隶属度”来刻画这种模糊性，以达到定量精确的目的。模糊综合评价法是应用模糊变换原理和模糊数学的基本理论——隶属度或隶属函数来描述中介过渡的模糊信息量，考虑与评价事物相关的各个因素，浮动地选择因素阈值，作比较合理的划分，再利用传统的数学方法进行处理，从而科学地得出评价结论。

模糊综合评价的数学模型可分为一级模型和多级模型。有些因素之间是并列关系，有些因素彼此之间是因果关系，即这些因素间具有不同的层次级别，这是客观存在的现实问题。对于这种情况，如果仍应用一级模型，就会遇到以下难以解决的问题：权重难以细致分配，由于权重总值要满足归一化要求，这样每一因素所分得的权重值必然很小，如果采用主因素突出型算子，微小的权数将会使相应的单因素评价值失去意义。同时，将不同层次的因素放到同一层次划分权重，会使评价结果很不合理。此时就要建立多级模糊综合评价模型。

(1) 单因素模糊评判

建立一级模型一般可归纳为以下几个步骤：

1) 建立评价对象的因素论域 U

$$U=\{U_1,U_2,\cdots,U_n\} \tag{11-14}$$

这一步就是要确定评价因素体系，解决从哪些方面和用哪些因素来评价客观对象的问题。

2) 确定评语等级论域 V

$$V=\{V_1,V_2,\cdots,V_m\} \tag{11-15}$$

正是由于这一论域的确定，才使得模糊综合评价得到一个模糊评价向量，被评价对象对各评语等级隶属程度的信息通过这个模糊向量表示出来，体现评价的模糊特性。

通常评语等级个数 m 要大于等于 4 而小于 9。一方面，m 过多，超过人的语义区分能力，不易判断对象的等级归属；另一方面，m 过少，又不合模糊综合评价的质量要求。故 m 过多或过少都对评价结果有不良影响，以适中为宜。一般选择评语等级论域时，取 $m=4$，即优、良、中、差等四个等级。

3) 进行单因素评价，建立模糊关系矩阵

$$\boldsymbol{R}=\begin{Bmatrix} R_{11} & \cdots & R_{1m} \\ \vdots & & \vdots \\ R_{n1} & \cdots & R_{nm} \end{Bmatrix} \tag{11-16}$$

其中：r_{ij}—U 中因素 U_i 对应 V 中等级 V_j 的隶属关系，即从因素 U_i 着眼评价对象被评为 V_j 等级的隶属关系，因而 r_{ij} 是第 i 个因素对该评价对象的单因素评价，它构成了模糊综合评价的基础。

(2) 多层模糊综合评判

1) 确定评价因素权向量 A

A 是 U 中各因素对被评价对象的隶属关系，它取决于人们进行模糊综合评价时的着眼点，即评价时依次着重于哪些因素。

由于因素集 U 中各因素对被评价对象的重要性不一样，因此，要用模糊方法对每个因素赋予不同的权重，它可表示为 U 上的一个模糊子集 $A=\{a_1,a_2,\cdots,a_n\}$，并且规定 $\sum_{i=1}^{n}a_i=1$。

2) 选择合成算子，进行综合评价

模糊综合评价的基本模型用公式表示为：

$$B=A\circ R \tag{11-17}$$

式中　o——合成算子。

记 $B=\{b_1,b_2,\cdots,b_n\}$，它是评语集 V 上的一个模糊子集。如果模糊综合评价结果 $\sum_{i=1}^{n}b_i\neq 1$，应将它归一化。

我们可以看到，只要给出因素体系中最低层的各模糊变换矩阵，即单因素评价矩阵，再给出各层次的权重值矩阵，便可求得任意层次中的任何综合评价结果和最终的综合评价结果。

总之，多层次综合评价模型可以反映评价对象的各因素的层次性，同时又避免因素过多时难以分配权重的弊病。它比单层次模型更加精细，更加正确地反映相互因素之间的关系。

7. PERT 法

PERT(program evaluation and review technique，PERT 网络分析法)计划评审技术运用网络模型进行风险评价，主要用于揭示项目在时间进度和费用方面的风险。

PERT 法与关键路线法 CPM(critical path method)类似，项目各工序的逻辑关系一定，也要找出关键的线路，但认为各工序时间和项目总工期都是随机变量，并假定各工作持续时间服从 β 分布，总工期服从正态分布。

由于项目各工作的持续时间是随机变量，可根据已有资料和经验给出它的三个估计值：

(1) 乐观估计时间 a。

(2) 悲观估计时间 b。

(3) 最可能估计时间 m，即在正常条件下完成某活动的时间。

则项目(i,j)持续时间的期望值D_{ij}和方差σ_{ij}为：

$$D_{ij}=\frac{a+4m+b}{6} \tag{11-18}$$

$$\sigma_{ij}^2=\frac{(b-a)^2}{36} \tag{11-19}$$

然后可用肯定型网络的关键路线法求各项目的期望时间参数与期望关键线路，对某线路，又可以根据概率论方法得到其期望持续时间 $E(T_n)$和方差σ_n^2：

$$E(T_n)=\sum D_{ij} \tag{11-20}$$

$$\sigma_n^2=\sum \sigma_{ij}^2 \tag{11-21}$$

该项目的计划工期为 T_s，在有关假设条件下，完工概率为

$$P(t\leqslant T_s)=\int_{-\infty}^{T_s}\frac{1}{\sigma_n\sqrt{2\pi}}e^{-\frac{1}{2}\left(\frac{t-T_e}{\sigma_n}\right)^2}dt \tag{11-22}$$

式中　T_e——关键线路上的 $E(T_n)$；

σ_n——标准差。

为计算方便，令$\frac{t-T_e}{\sigma_n}=T$，并引入难度系数$\lambda=\frac{T_s-T_e}{\sigma_n}$，则：

$$P(T\leqslant\lambda)=\int_{-\infty}^{\lambda}\frac{1}{\sqrt{2\pi}}e^{-\frac{T^2}{2}}dT \tag{11-23}$$

则可以从标准正态分布表中根据 λ 值查的计划工期下的完工概率 P。于是，项目风险进度：$P_r=1-P$。

11.5　公路工程项目风险应对

公路工程项目风险应对是指在公路工程项目风险评价后，根据公路工程项目风险评价结果，选择并实施公路工程项目风险处理策略和措施，以避免或减少损失的过程。对分析出

来的风险应制订相应的风险应对计划，即确定针对项目风险的对策。风险应对计划是通过采用将风险转移给另一方或将风险自留等方式，研究如何对风险进行管理，包括风险规避、风险减轻、风险转移、风险自留及其组合等策略。

11.5.1 风险规避

风险规避又称为风险避免，是指当公路工程项目风险事件发生的可能性太大，其不利后果也太严重，而又无其他策略可用时，主动放弃该公路工程项目或改变该公路工程项目目标，从而避免风险事件发生的策略。从对付特定风险的角度而言，风险避免是最彻底的风险处理策略，因为它使风险事件发生的可能性降为零。风险规避远离、躲避可能发生的风险的行为和环境，从而达到避免风险发生的可能性，其具体做法有以下三种。

1. 拒绝承担风险

承包商拒绝承担风险大致有以下几种情况：

(1) 对某些存在致命风险的工程拒绝投标。

(2) 利用合同保护自己，不承担应该由业主承担的风险。

(3) 不接受实力差、信誉不佳的分包商和材料、设备供应商，即便是业主或者有实权的其他任何人的推荐，也应拒绝。

(4) 不委托道德水平低下或其他综合素质不高的中介组织或个人。

2. 承担小风险回避大风险

这在公路工程项目决策时要注意，放弃明显导致亏损的项目。对于风险超过自己的承受能力、成功把握不大的项目，不参与投标，不参与合资。甚至有时在工程进行到一半时，预测后期风险很大，必然有更大的亏损，也可采取中断项目的措施。

3. 为了避免风险而损失一定的较小利益

利益可以计算，但风险损失是较难估计的，在特定情况下，可采用此种做法，如在建材市场有些材料价格波动较大，承包商与供应商提前订立购销合同并付一定数量的定金，从而避免因涨价带来的风险；采购生产要素时应选择信誉好、实力强的分包商，虽然价格略高于市场平均价，但分包商违约的风险减小了。

规避风险虽然是一种风险应对策略，但应该承认这是一种消极的防范手段，因为规避风险虽然避免了损失，但同时也失去了获利的机会，因此，还应采取其他更好的策略。

11.5.2 风险减轻

风险减轻是指在公路工程项目风险事件发生时或发生后，采取应急或补救措施，以减轻损失范围和损失程度的策略。承包商的实力越强，市场占有率越高，抵御风险的能力也就越强，一旦出现风险，其造成的影响就相对显得小些。如承包商承担一个项目，出现风险会使他难以承受；但承担若干个工程，其中某个项目上出现了风险损失，还可以有其他项目的成功加以弥补，这样，承包商的风险压力就会减轻。另外，在分包合同中，通常要求分包商接受建设单位合同文件中的各项合同条款，使分包商分担一部分风险。有的承包商直接把风险比较大的部分分包出去，将建设单位规定的误期损失赔偿费如数订入分包合同，将这项风险分散。风险减轻的方式有如下三种：

1. 控制风险损失

控制风险损失是指在损失不可避免地要发生的情况下，通过各种措施来遏制损失继续扩大或限制其扩展范围。例如，在施工安全事故发生后，应该立即采取紧急救护措施，以减少伤亡人数和伤亡程度的进一步扩大。控制风险损失有如下几种措施：

(1) 预防风险源的产生。

(2) 减少构成风险的因素。

(3) 防止已经存在的风险的扩散。

(4) 降低风险扩散的速度，限制风险的影响空间。

(5) 在时间和空间上将风险与被保护对象隔离。

(6) 借助物质障碍将风险与被保护对象隔离。

(7) 迅速处理风险已经形成的损失，控制其继续蔓延。

2. 分散风险

分散风险是指通过增加风险承担者来减轻个体损失。例如，对于大型公路工程，风险很多，如经济方面的风险、技术方面的风险和管理方面的风险等，这么多的风险如果由一家承包商承担，当风险发生时承包商的损失会很大；而如果由多家承包商共同承担，则当风险发生时各承包商的损失会明显减少。

3. 后备应急措施

后备应急措施是指在风险事件发生后，采用事先考虑好的后备应急措施来减轻损失程度。后备应急措施有如下几种：

(1) 费用后备应急措施是指预算应急费，它是一笔事先准备好的资金，用于补偿由差错、疏漏以及其他不确定性给公路工程项目带来的损失。

(2) 进度后备措施是指在关键路线上设置的一段时差或浮动时间，它是一个比较紧凑的进度计划，用于保证公路工程项目在要求完成的日期前完成。

(3) 技术后备措施是指专门用于对付公路工程项目技术风险的措施，它是一段预先准备好的时间或一笔资金，当意外的不利情况出现时，用这段时间或这笔资金来补偿公路工程项目的损失。

11.5.3　风险转移

风险转移是指承包商不能回避风险的情况下，借用合同或协议，在风险事件一旦发生时，将风险的结果连同对风险的权利和责任转移给他方的策略。转移公路工程项目风险并不能降低公路工程项目损失概率和损失值，它仅仅是将风险管理的责任转移给他方。风险转移并非仅转嫁损失，该项风险可能带来的收益也要转移，因为有些承包商无法控制的风险因素其他主体却可以控制。风险转移一般指对分包商和保险机构。风险转移的方式有如下几种：

1. 出售

出售是指通过买卖契约将公路工程项目风险转移给他方。这种方式在出售公路工程项目所有权的同时把与之相关的风险转也移给了他方。例如，公路工程项目可以通过发行股票或债券筹集资金，股票或债券的认购者在获得公路工程项目一部分所有权的同时也承担了一部分风险。

2. 分包

分包是指在履行合同的过程中，当遇到一些特殊的施工，如水下或地下施工作业时，承包商将面临较大的技术和安全风险，对于这种情况，承包商可以将其分包，把这部分施工作业转移给其他分包商，从而将风险转移。需要注意的是，这种对原承包商具有风险的施工作业，对分包商不一定具有风险，反而可能蕴藏着获利的机会。

工程风险中的很大一部分可以分散给若干分包商和生产要素供应商。例如，对待业主拖欠工程款的风险，可以在分包合同中规定在业主支付给总包后若干日内向分包方支付工程款。承包商在项目中投入的资源越少越好，以便一旦遇到风险，可以进退自如。承包商可以通过租赁或指令分包商自带设备等措施来减少自身资金、设备沉淀。

3. 工程保险

保险是指承包商向保险公司交纳一定数额的保险费，当风险事件发生，造成财产损失或人身伤亡时，由保险公司给予补偿的一种制度。工程保险是指业主和承包商为了工程项目的顺利实施，向保险人（公司）支付保险费，保险人根据合同约定对在工程建设中可能产生的财产和人身伤害承担赔偿保险金责任。公路工程项目保险实质是把原本属于承包商的风险转移给了保险公司，但这种转移是有偿的和有条件的，需要交纳保险费和接受保险条款。购买保险是一种非常有效的转移风险的手段，将自身面临的风险很大一部分转移给保险公司来承担。

4. 工程担保

工程担保是指担保人（一般为银行、担保公司、保险公司以及其他金融机构、商业团体或个人）应工程合同一方（申请人）的要求向另一方（债权人）做出的书面承诺。工程担保是工程风险转移的一项重要措施，它能有效地保障工程建设的顺利进行，许多国家政府都在法规中规定要求进行工程担保，在标准合同中也含有关于工程担保的条款。

11.5.4 风险自留

风险自留是指当无法采用其他风险处理策略或采用其他风险处理策略成本太高且效果不佳时，由承包商自行承担风险、不予转移的策略。风险自留可能是被动的，即在没有充分识别、度量和评价风险的情况下，承包商被迫采取自身承担风险的风险处理方式，它是一种被动的、无意识的风险处理方式，在某些情况下可能会造成严重的财务危机；有时也可以是主动的，即指承包商在已经识别、度量和评价公路工程项目风险的基础上，在明确了风险的性质和风险的后果，并同其他风险处理策略进行比较、权衡利弊后，主动将风险留置内部作为最优选择的风险处理方式。

一般，风险必须符合以下条件之一，才可采取风险自留：

(1) 自留费用低于保险公司所收取的费用。

(2) 企业的期望损失低于保险人的估计。

(3) 企业有较多的风险单位，且企业有能力准确地预测其损失。

(4) 企业的最大潜在损失或最大期望损失较小。

(5) 短期内企业有承受最大潜在损失或最大期望损失的经济能力。

(6) 风险管理目标可以承受年度损失的重大差异。

(7) 费用和损失支付分布于很长的时间里，因而导致很大的机会成本。

(8) 投资机会很好。

(9) 内部服务或非保险人服务优良。

如果实际情况与以上条件相反,则应放弃风险自留的决策。

11.5.5　风险管理计划

1. 风险管理计划的含义

项目风险应对计划的结果形成以项目风险管理计划为代表的书面文件,其中应详细说明风险管理目标、范围、职责,对应的措施、方法,定性和定量计算,可行性,以及需要的条件和环境等。公路工程风险管理计划的编制应该确保在相关的运行活动开展以前实施,并且与各种项目策划工作同步进行。

风险管理计划可分为专项计划、综合计划和专项措施等。专项计划是指专门针对某一项风险(如资金或成本风险)制订的风险管理计划;综合计划是指项目中所有不可接受风险的整体管理计划;专项措施是指将某种风险管理措施纳入其他项目管理文件中,如新技术的应用中风险管理措施可编入项目设计或施工方案,与施工措施有机地融为一体。从操作角度来讲,公路工程项目风险管理计划是否需要形成专门的单独文件,应根据风险评估的结果进行确定。

2. 风险管理计划的主要内容

风险管理计划是对公路工程项目风险处理工作的安排与筹划,是对公路工程项目风险管理的目标、任务、程序、责任和措施等内容的全面规划。公路工程项目风险处理计划的主要内容有:

(1) 已识别的公路工程项目风险的描述,包括风险的成因、风险的评估和风险对公路工程项目目标的影响。

(2) 公路工程项目风险承担人及他们应分担的风险。

(3) 针对每项风险所采取的策略和措施。

(4) 采取措施后,期望残留风险的水平的确定。

(5) 成功的标准,即将风险处理到什么程度可以认为处理好了的标准。

(6) 实施风险管理的开始日期、时间安排和关键的里程碑。

(7) 实施风险处理策略所需资源的分配,包括费用、技术和时间进度。

(8) 处理风险的应急计划和退却计划。

11.6　公路工程项目风险控制

在整个项目风险控制过程中应收集和分析与项目风险相关的各种信息,获取风险信号,预测未来的风险并提出预警,纳入项目进展报告。同时还应对可能出现的风险因素进行监控,根据需要制订应急计划。

11.6.1　风险预警

公路工程项目建设过程中会遇到各种风险,要做好风险管理,就要建立完善的项目风险预警系统,通过跟踪项目风险因素的变动趋势,测评风险所处状态,尽早地发出预警信号,及时向业主、项目监管方和施工方发出警报，为决策者掌握和控制风险争取更多的时间，尽早采取有效措施防范和化解项目风险。在公路工程项目中需要不断地收集和分析各种信息，捕捉风险前奏的信号，可通过以下几种途径进行：

(1) 天气预测警报。

(2) 股票信息。

(3) 各种市场行情、价格动态。

(4) 政治形势和外交动态。

(5) 各投资者企业状况报告。

(6) 在工程中通过工期和进度的跟踪、成本的跟踪分析、合同监督、各种质量监控报告、现场情况报告等手段，了解工程风险。

(7) 在工程的实施状况报告中应包括风险状况报告。

11.6.2 风险监控

在公路工程项目推进过程中，各种风险在性质和数量上都是在不断变化的，有可能会增大或者衰退。因此，在项目整个生命周期中，需要时刻监控风险的发展与变化情况，并确定随着某些风险的消失而带来的新的风险。风险监控常用的方法有以下几种：

1. 风险审计

专人检查监控机制是否得到执行，并定期做出风险审核。对比较重要的阶段点重新识别风险并进行分析，对没有预计到的风险制订新的应对计划。

2. 偏差分析

与基准计划比较，分析成本和时间上的偏差。例如，未能按期完工超出预算等都是潜在的问题。

3. 技术指标

比较原定技术指标与实际技术指标的差异。例如，测试未能达到性能要求，缺陷数大大超过预期等。

11.6.3 风险应急计划

在公路工程项目实施的过程中必然会遇到大量未曾预料到的风险因素，或风险因素的后果比已预料的更严重，使事先编制的计划不能奏效，所以企业必须重新研究应对措施，即编制风险应急计划。公路工程项目项目风险应急计划应清楚地说明当发生风险事件时要采取的措施，以便快速、有效地对这些事件做出响应。

1. 风险应急计划的内容

风险应急计划的编写内容主要包括：

(1) 应急预案的目标。

(2) 参考文献。

(3) 适用范围。

(4) 组织情况说明。

(5) 风险定义及其控制目标。

(6) 组织职能(职责)。

（7）应急工作流程及其控制。
（8）培训。
（9）演练计划。
（10）演练总结报告。

2. 风险应急计划的编制程序

风险应急计划的编制程序如下：
（1）成立预案编制小组。
（2）制订编制计划。
（3）现场调查，收集资料。
（4）环境因素或危险源的辨识和风险评价。
（5）控制目标、能力与资源的评估。
（6）编制应急预案文件。
（7）应急预案评估。
（8）应急预案发布。

公路建设项目在施工过程中影响因素较多，可以说是危机四伏，所以项目管理人员必须要充分认识公路工程项目的风险，合理地对其进行评估和分析，并针对工程项目的具体情况采取相应的风险控制措施，在施工过程中，加强风险因素监控，合理规避和转移相关风险，从而使项目取得预期的经济效益，保证项目顺利完成。

11.7　工程保证担保

11.7.1　担保与工程保证担保

1. 担保概念及方式

担保是为了保证债务的履行、确保债权的实现，在人的信用或特定的财产之上设定的特殊的民事法律关系。

根据担保标的不同，担保可分为人的担保和物的担保。人的担保，又称信用担保，是指债务人通过第三人，即保证人的信用向债权人提供的担保。在人的担保中，涉及债权人、债务人和保证人三方关系。债权人为了确保自身权利的实现，在设定保证担保时，应当严格审查保证人的资信状况。人的担保专指保证担保。物的担保，又称财产担保，是指债务人通过自身的财产，包括有形财产或无形财产，向债权人提供的担保。如果债务人不履行其债务，债权人通过处分担保财产而从中优先受偿。担保一经设立，债权人即对标的物享有担保物权。在物的担保中，只涉及债权人和债务人双方关系，并不涉及第三方。物的担保又可分为不转移占有权的物的担保和转移占有权的物的担保。不转移担保财产占有权的是抵押，转移担保财产占有权的包括质押、留置和定金。

《中华人民共和国民法典》规定的担保方式一共有五种：保证、抵押、质押、留置和定金。这五种方式尽管都属于债权的担保，但它们的性质、特点、适用范围等各有不同，有的适用于给付金钱债权，有的适用于给付特定物债权，有的适用于劳务债权。保证担保，即保证担保人（担保单位）向权利人保证，如果被保证人无法完成其与权利人签订之合同中规定的应由被保证人履行的承诺、债务，则由保证担保人代为履行，或付出其他形式的补偿。

2. 工程保证担保

工程保证担保是银行、金融机构或经营保证担保业务的企业，在事先评估承包商(业主)业绩和信用的基础上，向业主(承包商)保证承包商(业主)履行合同约定完成工程(支付有关工程款项)的信用行为。工程保证担保已成为维护建设市场秩序、保证参与工程的各方守信履约、优化资源配置的风险控制管理手段。

工程项目风险管理中采用保证担保方式是国际工程风险管理长期实践的结果，即以专业保证担保公司(保险公司)履约担保书或银行保函方式进行工程担保，而不采用抵押、质押、留置和定金等方式。工程担保作为一种特定物给付债务的担保，其义务首先是保证履约，保证按质按量按时地实现特定物(工程项目)的给付；其次才是承担赔偿损失责任。而其他四种担保方式只是承担金钱赔偿责任，并无实际履行义务。保证担保提供了独立的第三方(银行或保险公司等)介入的机会，因而可以真正起到担保作用，以避免发包人与承包商陷入长期的债务纠纷，保证合同全面、合理地履行，并保护公共利益和当事人各方的合法权益。

11.7.2 工程保证担保的种类

工程保证担保形式包括多种，应用最多同时也是最具实效的主要有以下四种：

1. 投标担保

投标担保即保证投标人有能力和资格按照竞标价签订合同，完成工程项目，并能提供业主要求的履约和付款保证担保。如果承包商在投标有效期内退出投标或中标后不签订工程合同，担保人将负责偿付业主的损失。国外投标保证担保金额一般为合同价的5%～20%。

目前，投标担保虽已被广泛采用，但大多是现金形式的保证金，即由投标人向业主交纳投标保证金。这种做法都是承包商以现金形式直接向业主提供信用保障，并未涉及第三方保证人出具信用担保，是我国担保法规定以外的一种担保形式。投标担保直接采用押金形式的担保，有着操作手续简便的优点，但存在明显的缺点：① 冻结了承包商的部分周转资金。② 不能有效解决承包商的资格预审问题。为了进一步完善投标担保制度，投标担保应考虑采用保证担保的形式。保证担保将第三方(担保方)引入，如果承包商中标后因故不能与业主签约承揽工程，则保证人将按保函规定赔偿业主的损失。投标保证担保的作用，一方面，可以促使投标人认真对待投标报价，有效防止投标人的轻率投标行为；另一方面，通过保证人对投标人的资格、信誉和管理水平等进行严格的资格预审，确保投标人具有合格的资信以及中标后签约和提供业主要求的履约及维修保证担保。

2. 履约担保

履约担保即保证承包商能够按照合同履约，使业主避免遭受由于承包商违约，不能按合同约定的条款完成承包的工程而遭受经济损失。如果承包商不能按合同要求完成工程且业主并无违约行为，担保人可以向承包商提供资金上的支持或技术上的服务，以避免工程失败的结果。担保人也可以将剩余的工程转给其他承包商去完成，并弥补差价。如果以上手段均不能奏效，担保人则将以现金形式补偿业主的损失。履约保证担保保证承包商100%地履行合同，而保证的金额根据世界银行文件规定，银行保函开具的保证金额为合同价的15%，由保证担保公司担保书开具的金额为合同价的30%。

《中华人民共和国招标投标法》第46条规定“招标文件要求中标人提交履约保证金的，

中标人应当提交”;第 60 条规定“中标人不履行与招标人订立的合同的,履约保证金不予退还,给招标人造成的损失超过履约保证金数额的,还应当对超过部分予以赔偿;没有提交履约保证金的,应当对招标人的损失承担赔偿责任”,从法律角度为实行履约担保的做法做出了规定。同投标担保采用保证金一样,直接采用押金形式的履约担保,操作手续简便,但也有明显的缺点:

(1) 冻结了承包商的周转资金。履约保证金一般为中标合同价的 10%左右,有些达 30%,当中标工程比较大时,工期也较长,则所需保证金数额就高,押置时间也长,这对施工企业形成的财务负担相当沉重。

(2) 不能有效解决承包商的信誉问题及工程转包问题。从表面上看,直接交纳保证金能较好地约束承包商履行合同,有利于保证工程质量和工程建设的顺利进行。但实际上,我国施工企业普遍资金周转困难,有时甚至导致施工企业无法正常运营。有些很难正常运营的承包商,也因高额保证金押在业主手中,为减少损失,就不得不依靠各种不正当的、合同外的一些行为来履行合同,最终受害的是整个社会。

3. 支付担保

支付担保即保证业主(承包商)根据合同向承包商(分包商、材料商)支付全部款项。业主支付保证担保实质上是建设单位的履约担保,是指建设单位通过担保人为其提供担保,保证建设单位按照合同规定的支付条件,如期将工程款支付给建筑企业。如果业主不按合同支付工程款,将由保证人代业主向承包商履行支付责任,其受益人是政府和承包商。推行业主支付担保,由担保人为建设单位提供建设资金担保,保证建设资金及时到位时,以保障工程建设的顺利实施,可解决建设单位在资金不足时千方百计压低造价、拖欠工程款等违约做法。这对于彻底解决我国工程建设领域存在的工程款拖欠、三角债、垫资承包、工期拖延、偷工减料及应付款问题导致的各种纠纷具有特别重要的意义。

承包商付款保证担保是担保承包商对分包商和材料供应商的合同付款责任。

4. 维修保证担保

建筑工程在竣工验收交付使用时,虽然已经验收合格,但由于建筑工程质量的单一性、过程性、隐蔽性(如地基工程和钢筋工程等)等特点,其质量的检测和评价难度较大,使建筑工程在竣工验收时很难将一些隐蔽和潜在的质量问题发现,只有在使用之后,经过一定的时间才能暴露出来。为了保证工程质量,维护业主及使用方的合法权益,《中华人民共和国建筑法》第 62 条规定,建筑工程实行质量保修制度。质量保修制度规定,交付使用的工程在质量保修期内,因勘察设计、施工、材料等原因造成的工程缺陷,应由承包人负责维修、更换,承担质量保修责任。这对于承包人切实履行保修义务,保证建设工程质量,维护业主和用户的合法权益,起了极其重要的作用。

在执行过程中,也存在一些问题,如质量保修金比例过高、质量保修金归还时间过长、质量保修金被发包人无偿占有等。有些建设单位利用质量缺陷等方面的合同条款,不合理没收或扣除工程保修金等。因此,需进一步完善工程保修担保制度,以保证工程质量保修制度能够有效落实,如工程质量保修可采取维修保函方式和保险担保方式。

5. 其他保证担保形式

如预付款担保、不可预见款担保、分包担保等。

11.7.3 相关概念

1. 保函(保证担保书)

保证义务是通过保函(保证担保书)依法设定的。保函是合同,保证人的义务也就是保函中所规定的义务。一般保函由银行出具,而保证担保书由专业保证担保公司出具。

2. 保费

保费是保证担保公司提供保证担保所收取的费用。保证人在提供保函(投标保证担保书)时就承担着风险,每一个保函就是一种资金信用,保证人提供这种信用要收取一定的费用;保证人因承担风险要获得一定的补偿。一般来说,保证人认为风险越大,收取的保费就越高。如果合同的价格增加或履约期超出规定期限,保证人可以索取额外保费。

3. 反担保

保证担保方为了降低自身的风险,作为出具保函的一个条件,向被保证人寻求反担保,即当保证人因承担保证担保的风险而遭受损失时,被保证人应对其予以赔偿。反担保可以采用不同的方式,包括现金、不动产信托契约、股票和其他投资、应收款转让证书、信用证等。保证人也可以采取其他减少风险的措施,包括付款账户的控制或特定的提存协议来使被保证人将来自工程项目的收入确实用于该项目,即保证项目收入首先用于项目开支。

4. 再保证

这是保证人的又一降低风险的措施。保证人将其所承保业务的一部分或全部分给其他保证人承保。接受再保证的保证人称为再保证人。

11.7.4 工程保证担保制度的作用及在国内的发展

1. 工程保证担保制度作用

工程保证担保制度对我国建设工程质量保证监督机制的建立具有重大的意义。

(1) 工程保证担保有利于保障合同履行,确保工程质量和工期。保证合同履行是工程保证担保制度的基本功能,信守合同者,社会信誉高,担保机构愿意担保,容易获得更多的工程项目;相反,失去信誉者,企业形象受损,赔偿巨大,担保机构不愿担保,在激烈的市场竞争中,必然处于劣势甚至遭到淘汰。这种运用信用手段建立起的社会保证、利益制约、相互规范的监督制衡机制,通过正面利益驱动,守信则受益,失信则受制裁,能大大强化工程各方自我约束和自我监督的力度。建设市场参与各方都必然在自身利益的驱动下,提高合同意识,强化责任落实,确保工程质量和工期,形成良好的建设市场运行机制。

(2) 工程保证担保有利于解决工程款拖欠问题。

(3) 工程保证担保有利于转移和规避风险。工程保证担保制度可以将信用风险转移回它的风险源,信用风险转移的结果是债务人增强了履约的自律,从而规避了合同履行的风险。

(4) 工程保证担保有利于工程量清单招标和最低价中标的推行。工程保证担保提供了对承包商的资格预审功能,所以美国的公共项目招投标过程中业主无须自行进行承包商资格预审,通常实行完全的公开招投标制度,通过建筑业企业之间的竞争,使业主以自己满意的价格找到合适的承包商。同时,在评标过程中,也采用最低价中标的评标办法。担保人严格的预审与反担保措施,不仅给市场提供了公平的竞争机会,也能有效约束承包商行为,承包商若以不合理低价中标，其结果是进则亏损、退则被罚。

(5) 工程保证担保制度能够有效地转换政府职能。推行工程保证担保制度能够使担保人从自身经济利益出发，参与工程管理和监督，这样政府就从微观监督中解脱出来，实现有效的宏观调控。

(6) 工程保证担保有助于减少工程建设领域的腐败问题。工程保证担保制度是一项市场保证制度，是对部分政府职能的社会化。它以市场经济的手段建立起一道硬性的市场准入门槛，作为独立的经济利益主体，担保人将为其错误的评审承担责任，政府在整个过程中起到的是管理者的作用。工程保证担保制度所形成的利益约束制将在一定程度上减少我国工程建设领域的腐败问题。遏制腐败是美国当年对公共项目实施强制性保证担保的原因之一。

(7) 工程保证担保有利于与国际市场接轨。在全世界范围内特别是在市场经济发达的国家和地区，工程保证担保制度作为一种信用工具已在工程建设中被广泛运用，以此来规避履约风险。加快全面推行工程担保保证制度的步伐，是与国际市场接轨，满足外国承包商进入国内建设市场的需要，满足国内建筑承包商适应国际市场的要求。

工程保证担保制度还在降低建筑业信息不对称、降低交易成本、增强建筑企业的竞争力、降低工程建设事故发生概率方面具有重要的作用。

2. 我国工程保证担保制度的发展

与发达国家相比较，我国工程担保开展较晚。1998年5月，建设部发布了《关于一九九八年建设事业体制改革工作要点》，明确提出“逐步建立健全工程索赔制度和担保制度”；“在有条件的城市，可以选择一些有条件的建设项目，进行工程、质量保证担保的试点”。1998年7月，国家批准长安保证担保公司挂牌成立。长安保证担保公司是我国首家专业化的工程保证担保公司，商业化运作，以股份制形式组建，以工程保证担保、质量保证担保、信用保证担保和住房保证担保为特色。它的成立标志着我国建设市场运行机制的改革与国际惯例接轨，并按照“菲迪克条款”方式建立起新型的工程质量保证监督机制。长安保证公司成立以后，先后与北京市建委、上海市建委、天津市建委、河北省建委、深圳市建设局签订合作协议书或开展有关合作，在上述五省市具体实施了建立我国工程保证担保制度的试点工作。

目前，我国建设工程担保业务仍处于起步发展阶段，品种单调，业务量很小，地区覆盖面低，交易双方积极性不高，担保市场发育很不成熟。据调查，目前所开展的建设工程担保业务，其特点一是集中在外资项目上，如外商独资项目、国际金融组织贷款项目、中外合资项目，这些项目将国际惯例随同投资一起带入了我国建筑市场。二是集中在经济较发达、建设工程规模比较大、被列为推行建设工程担保制度试点的一些城市，如深圳、北京、天津、大连、宁波、厦门等。三是集中在一些大型工程项目上，如三峡工程、国家大剧院工程、首都博物馆工程、杭州湾大桥工程等。此外，目前一些政府投资的重点工程、一些国家政策性银行贷款工程、一些运作规范的房地产开发公司，也开始在工程建设过程中采用担保方式来规避和化解风险。四是集中在少数的建设工程担保品种上，如建设工程投标担保、履约担保、维修担保等。

11.8 工程保险

11.8.1 工程保险的概念和特点

保险,即投保人根据保险合同(保险单)的约定,向保险人支付保险费,保险人对于合同约定的可能发生的事故发生所造成的财产损失承担赔偿保险责任,或者当被保人死亡、伤残、患病时承担给付保险金责任的商业行为。

工程保险是维护建设市场正常运作、减少工程事故、优化资源配置的风险控制管理手段,主要是指工程业主、承包商、技术咨询顾问(设计、监理)等将工程建设中可能遇到的风险向保险公司进行投保(转嫁风险),同时享受保险公司提供的风险管理服务,以便在保险事故发生时可以获得技术经济赔偿,从而保证工程建设顺利进行。

工程保险属于财产保险的领域,但与普通财产保险区别显著,主要特点为:

(1) 风险的特殊性。工程保险承保的风险具有特殊性,具体表现在:

① 既承保被保险人的财产损失风险,还承保被保险人的责任风险。

② 风险标的中大部分暴露于风险之中,自身抵御风险的能力低。

③ 施工始终处于一种动态过程,且存在大量交叉作业,各种风险因素错综复杂,风险程度高。

(2) 责任范围的综合性。工程保险的主要责任范围一般由物质损失部分和第三者责任部分构成。同时还可针对工程项目风险的具体情况提供运输过程中、人员工地外出过程中、保证期过程中各类风险的专门保障,是一种综合性保险。

(3) 被保险人的广泛性。工程保险在建设中涉及的当事人较多,关系相对复杂,项目参与各方均可能对项目拥有保险利益,因此可能并不只有一方为被保险人。

(4) 保险期限的不确定性。

(5) 保险金额的变动性。工程保险中物质损失部分针对的标的的实际价值在保险期限内是随着工程建设的进度不断增长的。保险期限内,不同时点的实际保险金额是不同的。

11.8.2 工程保险的种类

工程保险种类很多,目前还没有具体的分类标准,一般按照实施形式可以分为强制保险和自愿保险。强制保险也称法定保险,其特点在于国家保险法令范围内的保险对象都必须参加,其保险责任自动产生,不论被保险人是否愿意,一般包括建筑工程一切险、安装工程一切险、社会保险等。自愿保险一般由投保人根据自己的意愿购买,包括财产险、责任险、政治风险保险、汇率保险等。

我国已开办的工程保险包括建筑工程一切险、安装工程一切险和建筑职工意外伤害保险;正在逐步推行勘察设计、工程监理及其他工程咨询机构的职业责任险,工程质量保修保险等。以下主要介绍我国建筑工程一切险、安装工程一切险和建筑职工意外伤害保险的相关规定。

1. 建筑工程一切险(含建筑工程第三者责任险)

建筑工程一切险是承保以土木建筑为主体的工程项目在整个建筑期间自然灾害或意外

事故造成的物质损失，以及依法应承担的第三者责任的保险。

该险种是对各种建筑工程项目提供全面保障的险种，既对施工期间工程本身(含工程质量)、机械、设备遭受的损失给予赔偿，也对因施工给第三者造成的财产损失或人员伤亡承担赔偿责任。该险种一般由业主或承包商购买。保险受益人包括业主、承包商及分包商，保险金额以完工价值为最高限额。国外称作"承包商险"，但承保内容有所不同。

(1) 保险标的与保险金额

建筑工程一切险的保险项目包括物质损失部分、第三者责任及附加险三部分。

1) 物质损失

① 建筑工程。如民用房屋工程、公用工程和工业工程，包括永久和临时性工程及物资材料。这是建筑工程保险的主要保险项。该部分保险金额为承包工程合同的总金额，也即建成该项工程的实际价格，包括设计费、材料设备费、施工费(人工及施工设备费)、运杂费、税款及其他有关费用。

② 业主提供的物料及项目。指未包括在工程合同价格之内的，由业主提供的物料及负责建筑的项目。该项保险金额应按这一部分标的的重置价值确定。

③ 安装工程项目。指承包工程合同中未包含的机器设备安装工程的项目。该项目的保险金额为其重置价值，所占保额不应超过总保险金额的20%；超过20%的按安装工程一切险费率计收保费；超过50%的则另投保安装工程一切险。

④ 施工用机械、装置及设备。如施工用的推土机、钻机、脚手架、吊车等机器设备。此类物品一般为承包商所有，其价值不包括在工程合同价之内，因而做专项承保。该项保险金额应按机器、装置及设备的重置价值确定。

⑤ 场地清理费。指发生承保风险导致损失后，为清理工地现场所必须支付的一项费用，不包括在工程合同价格之内。该项保险金额一般按大工程不超过其工程合同价格的5%、小工程不超过工程合同价格的10%计算。

⑥ 工地内现成的建筑物。指不在承保的工程范围内的，由业主或承包单位所有的或由其保管的工地内已有的建筑物或财产。该项保险金额由双方共同商定，但最高不得超过该建筑物的实际价值。

⑦ 业主或承包商在工地上的其他财产，指上述五项范围之外的其他可保财产。该项保险金额由双方共同商定。

以上各部分之和为建筑工程一切险物质损失部分总的保险金额。货币，票证、有价证券、文件、账簿、图表、技术资料，领有公共运输执照的车辆、船舶以及其他无法鉴定价值的财产，不作为建筑工程一切险的保险项目。

2) 第三者责任

第三者责任是指被保险人在工程保险期内因意外事故造成工地及工地附近的第三者人身伤亡或财产损失而依法应负的赔偿责任。保险金额一般通过一个赔偿限额来确定，该限额根据工地责任风险的大小确定，通常有两种方式：

① 只规定每次事故的赔偿限额，不具体限定为人身伤亡或财产损失的分项限额，也不规定在保险期限内的累计赔偿限额，这种方式适用于责任风险较低的第三者责任。

② 先规定每次事故人身伤亡及财产损失的分项赔偿限额，进而规定对每人的限额，然后将分项的人身伤亡限额与财产损失限额组成每次事故的总赔偿限额，最后再规定保险期

限内的累计赔偿限额，这种方式适用于责任风险较大的第三者责任。

3）附加险

根据投保人的特别要求或某项工程的特殊需要可以增加一些附加保险，保险金额由双方商定。

（2）保险责任与除外责任

1）物质损失的保险责任与除外责任

① 责任范围：

a. 在保险期限内，若保险单列明的被保险财产在列明的工地范围内，发生除外责任之外的任何自然灾害或意外事故造成的物质损失，保险人应负责赔偿。自然灾害包括：地震、海啸、雷电、飓风、台风、龙卷风、风暴、暴雨、洪水、水灾、冻灾、冰雹、地崩、雪崩、火山爆发、地面下陷下沉及其他人力不可抗拒的破坏力强大的自然现象。意外事故是指不可预料的以及被保险人无法控制并造成物质损失或人身伤亡的突发性事件，包括火灾和爆炸等。

b. 上述有关费用包括必要的场地清理费用和专业费用等，也包括被保险人采取施救措施而支出的合理费用。但这些费用并非自动承保，保险人在承保时需在明细表中列明有关费用，并加上相应的附加条款。如果被保险人没有向保险公司投保清理费用，保险公司将不负责该项费用的赔偿。

② 除外责任（保险人对以下情况不承担赔偿责任）：

a. 设计错误引起的损失和费用。

b. 自然磨损、内在或潜在缺陷、物质本身变化、自燃、自热、氧化、锈蚀、渗漏、鼠咬、虫蛀、大气（气候或气温）变化、正常水位变化或其他渐变原因造成的被保险财产自身的损失和费用。

c. 原材料缺陷或工艺不善引起的被保险财产本身的损失以及为换置、修理或矫正这些缺点错误所支付的费用。

d. 非外力引起的机械或电气装置的本身损失，或施工用机具、设备、机械装置失灵造成的本身损失。

e. 维修保养或正常检修的费用。

f. 档案、文件、账簿、票据、现金，各种有价证券、图表资料及包装物料的损失。

g. 盘点时发现的短缺。

h. 领有公共运输行驶执照的，或已由其他保险予以保障的车辆、船舶和飞机的损失。

i. 除已将工地内现成的建筑物或其他财产列入保险范围，在被保险工程开始以前已经存在或形成的位于工地范围内或其周围的属于被保险人的财产的损失。

j. 除非另有约定，在保险期限终止以前，被保险财产中已由工程所有人签发完工验收证书或验收合格或实际占有或使用或接收的部分。

2）第三者责任的保险责任与除外责任

① 责任范围：

a. 在保险期限内，因发生与承保工程直接相关的意外事故引起工地内及邻近区域的第三者人身伤亡、疾病或财产损失，依法应由被保险人承担的经济赔偿责任，保险公司负责赔偿。

b. 对被保险人因上述原因而支付的诉讼费用以及事先经保险公司书面同意而支付的

其他费用，保险公司亦负责赔偿。

② 除外责任：

a. 物质损失项下或本应在该项下予以负责的损失及各种费用。

b. 震动、移动或减弱支撑而造成的任何财产、土地、建筑物的损失及由此造成的任何人身伤害和物质损失。

c. 下列原因引起的赔偿责任：

· 工程所有人、承包商或其他关系方或他们所雇佣的在工地现场从事与工程有关工作的职员、工人以及他们的家庭成员的人身伤亡或疾病；

· 工程所有人、承包商或其他关系方或他们所雇佣的职员、工人所有的或由其照管、控制的财产发生的损失；

· 领有公共运输行驶执照的车辆、船舶、飞机造成的事故；

· 被保险人根据与他人的协议应支付的赔偿或其他款项；但即使没有这种协议，被保险人仍应承担的责任不在此限。

3）总除外责任

建筑工程一切险一般都设有同时适用于物质损失和第三者责任两个部分的除外责任，总除外责任规定保险人对以下各项不承担赔偿责任：

① 战争、类似战争行为、敌对行为、武装冲突、恐怖活动、谋反、政变引起的任何损失、费用和责任；政府命令或任何公共当局的没收、征用、销毁或毁坏；罢工、暴动、民众骚乱引起的任何损失、费用和责任。

② 被保险人及其代表的故意行为或重大过失引起的任何损失、费用和责任。

③ 核裂变、核聚变、核武器、核材料、核辐射及放射性污染引起的任何损失、费用和责任。

④ 大气、土地、水污染及其他各种污染引起的任何损失、费用和责任。

⑤ 工程部分停工或全部停工引起的任何损失、费用和责任。

⑥ 罚金、延误、丧失合同及其他后果损失。

⑦ 保险单明细表或有关条款中规定的应由被保险人自行负担的免赔额。

4）保险期限

保险期限是在保险单列明的建筑期限内，自投保工程动工日或自被保险项目被卸至建筑工地时起生效，直至建筑工程完毕经验收合格时终止。建工险的保险期限分为制造期限、运输期限、主保期限（建筑安装期限）、试车期限和保证期限等。

2. 安装工程一切险（含安装工程第三者责任险）

该险种属于技术险种，目的在于为各种设备安装及钢结构工程施工提供全面的专门保险（含工程质量），风险主要来自人为事故。该险种一般由业主或承包商购买，保险受益人除业主承包商外，还包括设备制造或供应商、设计、监理等。它是以设备的购货合同价和安装合同价加各种费用或以安装工程的最后建成价格为保额、以重置基础进行赔偿的，是指专门承保新建、扩建或改造的工矿企业的机器、设备或钢结构建筑物在安装、调试期间，由保险责任范围内的风险造成的保险财产的物质损失和列明的费用的保险。与建筑工程一切险相比，安装工程一切险具有下列特点：

（1）建筑工程保险的标的从开工以后逐步增加，保险额也逐步提高，而安装工程一切险的保险标的一开始就存放于工地，保险公司一开始就承担着全部货价的风险。在机器安装好之后，试车、考核和保证阶段风险最大。由于风险集中，试车期的安装工程一切险的保险费通常占整个工期的保费的三分之一左右。

（2）在一般情况下，建筑工程一切险承担的风险主要为自然灾害，而安装工程一切险承担的风险主要为人为事故损失。

（3）安装工程一切险的风险较大，保险费率也要高于建筑工程一切险。

建筑工程一切险和安装工程一切险在保单结构、条款内容、保险项目上基本一致，是承保工程项目相辅相成的两个险种。下面主要介绍两者的不同部分。

（1）安装工程一切险的保险对象与标的

1）保险对象

安装工程责任方主要有：业主（应对自然灾害及人力不可抗拒的事故负责）；承包商（应对不属于卖方责任的安装、试车中的疏忽、过失负责）；卖方（应对机器设备本身问题及技术指标导致安装试车过程中的损失负责）。由于安装期间发生损失的原因很复杂，往往各种原因交错，难以截然区分，因此，将有关利益方，即具有可保利益的，都视为安装工程险项下的共同被保险人。因此，其投保对象包括：① 业主；② 承包商（含分包商）；③ 供货商，即负责提供被安装机器设备的一方；④ 制造商，即被安装机器设备的制造商，但因制造商的过失引起的直接损失，即本身部分，不包括在安装工程险责任范围内；⑤ 技术顾问；⑥ 其他关系方。

一般来说，在全部承包方式下，由承包商作为投保人投保整个工程的安装工程保险，同时把有关利益方列为共同被保险人。如非全部承包方式，最好由业主投保。

2）保险标的

① 安装项目。如工厂、矿山的安装机械设备、钢结构工程及机械工程，是安装工程险承保的主要保险项目，包括被安装的机器设备、装置、物料、基础工程以及工程所需的各种临时设施如水、电、照明、通信等设施。

② 土木建筑工程项目。指新建、扩建厂矿必须有的工程项目。保险金额应为该工程项目建成的价格，包括设计费、材料设备费、施工费、运杂费、税款及其他有关费用。该项保险金额不能超过安装工程一切险金额的 20%，超过 20%时应按建筑工程保险费率计收保险费；超过 50%时，则需单独投保建筑工程一切险。

③ 安装施工用机器设备。保险金额按重置价值计算。

④ 业主或承包商在工地上的其他财产。保险金额可由保险人与被保险人商定，但最高不能超过其实际价值。

⑤ 清理费用。此项费用的保险金额由被保险人自定并单独投保，不包括在工程合同价内。保险金额对大工程一般不超过其工程总价值的 5%，对小工程一般不超过工程总价值的 10%。

以上各项之和即可构成安装工程保险物质损失部分总的保险金额。被保险人可以以工程合同规定的工程造价确定投保金额。第三者责任保险金额的确定同建筑工程一切险。

（2）保险责任与除外责任

安装工程一切险的保险责任与建筑工程一切险基本相同，主要承保保单列明的除外责任以外的任何自然灾害或意外事故造成的损失及有关费用。两者除外责任除以下两条外基本相同：

1）因设计错误、铸造或原材料缺陷或工艺不善引起的保险财产本身的损失以及为换置、修理或矫正这些缺点错误所支付的费用，都属于除外责任范围。需注意，安装工程一切险只对设计错误等原因引起保险财产的直接损失及其有关费用不予赔偿，而对由设计错误等原因造成其他保险财产的损失仍予以负责。因为设计错误等原因造成保险财产的直接损失，被保险人可根据购货合同向设计者或供货方或制造商要求赔偿。而建筑工程一切险不承保设计错误引起的保险财产本身的损失及费用，同时也不负责由此造成其他保险财产的损失和费用。

2）由超负荷、超电压、碰线等电气原因造成电气设备或电气用具本身的损失，安装工程一些险不予负责。安装工程一切险只对由电气原因造成的其他保险财产的损失予以赔偿。而建筑工程一切险对于此种原因造成的任何损失都不予赔偿。

3. 建筑意外伤害险

建筑意外伤害险是指为建筑行业所开设的意外伤害保险。由于第三者责任险中的第三者并不包括承包商自身的施工人员，因此该险种用于承保承包商雇员在施工期间遭受到的意外伤害。具体是指建筑企业为施工现场从事施工作业和管理的人员，向保险公司办理建筑意外伤害保险、支付保险费，保险公司对于在施工活动过程中发生的人身意外伤亡事故，对遭受意外伤害的施工人员实施赔付的保险。

建筑职工意外伤害保险是法定的强制性保险，是保护建筑业从业人员合法权益、转移企业事故风险、增强企业预防和控制事故能力、促进企业安全生产的重要手段。

(1) 建筑职工意外伤害保险的投保

建筑职工意外伤害保险以工程项目或单项工程为单位进行投保。投保人为建筑企业，工程项目中有分包单位的由总承包企业统一办理，分包单位合理承担投保费用。建筑企业应在工程项目开工前办理完投保手续。鉴于工程建设项目施工工艺流程中各工种调动频繁、用工流动性大，投保应实行不记名和不计人数的方式。

(2) 责任范围与除外责任

保险公司所制定的建筑意外伤害险对被保险人的工作性质与地点范围进行规定。对被保险人在从事建筑施工及与建筑施工相关的工作或在施工现场或施工期限指定的生活区域内，因遭受意外伤害事故而致身故或残疾，保险人承担赔偿责任。具体包括：① 被保险人在从事建筑施工或与建筑施工有关的工作时，发生意外事故；② 在施工现场范围内；③ 在施工期限指定的生活区域内发生的人身意外伤害所造成的经济损失。

除外责任有以下几点：危险的发生是被保险人故意造成的，并非出于偶然意外（如自杀）；违反国家法律或社会公德的行为（被保险人犯罪导致自身死亡）；事故的发生及后果难以估计（如战争、疾病致死）。

11.8.3 工程保险的作用及其与工程保证担保的异同

1. 工程保险的作用

(1) 分散市场风险，保障建筑市场稳定发展

建设项目具有工艺技术复杂、投资巨大、工期要求高、涉及环节多等特点，一旦发生事故，不仅调查事故原因十分复杂，而且造成的延误损失额巨大。1995 年 12 月，北京罗马花

园工程在装修中发生火灾，损失达 1 700 万元。由于该工程购买了建筑工程一切险，事故发生第二天，中国平安保险公司按规定支付预先赔偿 200 万元，使该工程在查清事故责任前，拥有资金迅速进行清理和修复现场工作，最终使工程销售计划未受影响。

保险公司要对前来投保的建筑承包商的施工能力和管理水平进行严格审查，对资质差的不予投保或提高保费。这客观上起到了规范市场的作用。

(2) 实施全程监督，保证施工安全和建筑质量

作为经济实体，保险公司事先对建筑商的施工能力进行审查，通过保险条例规范其行为，并派出自身监理员全程监督工程施工，有些甚至从工程设计就进行参与，以最大程度降低事故发生概率和损失。许多发达国家保险公司与承包商一起制订项目风险管理计划并进行全程风险管理，保证了施工安全和建筑质量。

(3) 规范统筹事故处理程序，合理保障事故各方的权益

建筑工程事故原因复杂，往往涉及各方利益，事故发生后，经常会引发诸多经济和法律纠纷。工程投保使各参与方对损害赔偿和损失分担有了事先约定，事故一旦发生，损害赔偿、损失分担、协调处理等工作可交由保险公司处理，保险公司按保险合同和完善的处理程序进行事故处理，减轻了政府和企业的负担，合理保障了事故各方的权益。

2. 工程保证担保和工程保险的异同

(1) 二者的相同之处：

① 二者都是风险转移和经济损失补偿的重要手段。

② 二者的目的都是保障债权人在合同中权利的实现。

③ 二者保证的性质相同。担保人或保险人在签发保函或保单时即做出了保证。

④ 二者保证的方式相同。保证方式都包括一般保证和连带责任保证。一般保证指保证人在主合同纠纷未经审判或仲裁，并就债务人财产依法强制执行仍不能履行债务前，对债权人可以拒绝承担保证责任。连带责任保证指所保证的债务人在主合同规定的债务履行期届满没有履行债务的，债权人既可以要求债务人履行债务，也可以要求保证人在其保证范围内承担保证责任，不需要通过仲裁或者法院审判程序。

⑤ 二者的主从合同实质相同。很大程度上依附于工程承包合同。

(2) 二者的不同之处：

① 风险对象不同。工程保险主要针对工程实施中发生的天灾、自然风险、意外事件；工程保证担保主要针对工程实施过程中人为的违约责任、政治经济因素导致的风险。

② 风险承担方式不同。保险合同是在投保人和保险人之间签订的，风险转移给了保险人，保险是谁投保谁受益。保证担保当事人有三方：委托人、权利人和担保保证人。权利人是享受合同保障的人，即受益方。当委托人违约使权利人遭受经济损失时，权利人有权从保证担保人处获得补偿，即保证担保的投保人并不受益，受益的是第三方。

③ 风险责任不同。依据担保法律，委托人对保证人为其向权利人支付的任何赔偿，有返还给保证人的义务，工程保证担保可以通过反担保对投保人追偿。依据保险法律，保险人赔付后是不能向投保人追偿的，工程保险对投保人不予经济追偿。

④ 投保条件不同。同样作为投保人，保险没有选择性，只要投保人愿意，都可以被保险。保证担保不同，它必须通过资信审查、评估等手段选择有资格的委托人。因此，通过保证担保可以建立一种严格的建设市场准入制度。

⑤ 风险预期不同。保险建立在实际可计算的预期损失基础上，而保证担保则建立在委托人的信用等级和履约能力上。工程保险是在对风险有预期，即预计风险可能会出现的，工程保证担保是在对风险无预期，即确信风险不会出现情况下给予担保。保险形成的是互助机制，保证担保形成的是信用机制。

⑥ 目的不同。工程保险是一种商业行为、经济行为，它只注重经济赔偿，以下情况不予赔偿：人为原因导致的风险事故；政治原因导致的风险事故；经济原因导致的风险事故。

工程保证担保是一种信用行为，它以确保履约、完成合同标的为最终目的，其次才考虑对经济损失的补偿。

⑦ 对工程成本影响不同。工程保险因无反担保资金保证，对工程成本影响很大。工程保证担保有反担保资金保证，保费一般为担保合同价的 1%～3%，对工程成本影响很小。

11.9　公路工程项目风险管理实例分析

11.9.1　工程概况和项目建设简介

广东梅河高速公路是改善山区交通条件和投资环境、促进区域经济协调发展的高速公路项目，是广东省高速公路主骨架的重要组成部分，列入了广东省 2003 年重点工程建设项目。路线呈东北至西南走向，起自梅县，与拟建的梅州市西环、南环以及梅畲高速公路相接，横跨粤东山区五县市共 17 个镇，终于东源县蓝口镇，与河（源）龙（川）高速公路柳城至热水段相接，全长 118 km，批复概算 48.35 亿元。项目建设单位为广东梅河高速公路有限公司（以下简称业主），由广东省交通集团有限公司下属的两家业主公司共同投资建设。

梅河高速公路主要工程数量有：土石方数量 3 167 万 m^3，排水防护圬工 76 万 m^3，锚杆、锚索 98 126 m，大、中桥 45 座共 9 611 m，隧道 6 座，互通式立交 10 处，分离式立交 21 处，服务区 2 处，收费站 8 处。

11.9.2　造价控制风险及处理措施

1. 工程建设难度引起的造价控制风险

由于该项目土石方工程数量巨大，平均每千米近 27 万 m^3，高填方、深挖路堑、崩塌滑坡等不良地质段落数量较多，全线高填方大于 20 m 的有 46 处，大于 30 m 的有 12 处，高边坡路堑达 105 处。隧道局部存在岩溶、溶蚀沟现象，给工程实施过程中的造价控制带来了极大的难度。

2. 国家宏观经济形势变化引起的造价控制风险

该项目正式进入建设实施阶段为 2003 年 10 月份，由于受国家宏观经济影响，也正是在这一阶段，钢材、水泥等原材料和油、电等能源市场价格出现强烈震荡，一路走高，甚至发生抢购和断货现象，而且，自 2004 年 6 月至今，受国家治理公路超载、超限影响，材料运输费用普遍增加，导致原材料的价格进一步上涨。最高峰时，钢筋价格超出原招标时信息价格约 1 000 元/吨，水泥价格超出原招标时信息价格约 100 元/吨。

针对上述情况，业主采取了相对应的风险控制措施。

3. 规范施工合同条款,与承包人合理共担风险

由于该项目跨越山区,地形、地质条件极其复杂,为减少施工过程中人为因素导致的费用增加,避免与承包人之间出现不必要的合同纠纷,公司在编制合同条款上投入了极大的精力。在吸收广东省交通集团有限公司下属四家业主公司多年项目建设管理成功经验的基础上,业主制定了严谨的项目合同专用条款和技术规范,针对性地堵塞了其他项目建设管理中的漏洞,做到业主与承包人之间合理共担风险。例如,在路基施工单位的合同条款中做了下述规定:

(1) 取、弃土场位置和数量变更风险。在合同文件专用条款中明确"设计图纸中提供的取、弃土场的位置和数量仅供承包人参考,承包人进场后要立即组织技术力量确定取、弃土场的位置和数量,并报业主和监理工程师批准。但上述批准并不减少承包人应承担的一切与之相关的责任和费用,承包人不得因此提出工程变更,并保证业主免于承担因取、弃土场所引起的一切地方纠纷、指控和赔偿"。

(2) 土、石方施工图数量包干风险。在技术规范专用条款中明确"路基土石方开挖、填筑数量均按施工图设计中的土、石方工程数量包干。除非发生经业主和监理工程师批准的如设计线位、纵断面标高、边坡坡率等变更,土、石方计量总数量不得变更"。

例如,在交通安全设施单位的合同条款中做了下述规定:在合同执行过程中,波型梁钢护栏护栏板、钢管等原材料的涨价风险,当上涨幅度不超过开标时信息价10%时,涨价风险由承包人自行承担;当上涨幅度超出10%时,超出以外部分经业主上级主管部门同意后主要由业主承担。

上述风险共担的处理方式在该项目的施工合同中大量采用,通过以上处理措施,有效地降低了施工过程中各种不利因素引起的费用增加风险。

4. 精心编制保险招标文件,选择信誉优秀的保险公司,合理转嫁风险

该项目建筑工程一切险和第三者责任险由业主统一合并投保,共设三个标段,其中路基、桥隧工程分为两个保险标段,路面工程及后续交通工程、机电工程合并为一个保险标段。采取了邀请招标的方式选择承保人。

项目业主在充分吸收交通系统及建筑行业内多次保险招标经验的基础上,针对项目复杂的地形、地质条件,高填方、高边坡、崩塌滑坡等不良地质段落众多,隧道局部存在岩溶、溶蚀沟等现象,组织技术力量精心编制了符合项目特点的保险招标文件。其中,为区别难度,对隧道、高边坡较多的路段合并作为一个保险标段进行招标。

为确保选择到业绩良好、投标文件内容可行、信誉好、承保能力强、日常服务到位、理赔方案佳的保险公司作为中标人,评标办法中规定标价分为40分,而承保业绩、承包能力和信誉、承包后的日常服务承诺、免赔额报价、理赔方案以及响应业主承保合同等累计占60分。

通过业主和上级主管单位组织的开标、评标,最终中国人民保险公司广东省分公司、中国平安财产保险股份有限公司广东分公司等信誉较好的三家大型保险公司成为了项目保险标段的中标人。

目前的理赔情况基本正常,共计出险92单,共计理赔金额445万元。

11.9.3 保险操作中需要改进的地方

尽管目前广东省内高速公路项目已经基本上采取招投标的方式选择承保人,但从选择

单位的过程以及承包人承保后的效果来看，都存在一定的不足，需要改进的地方还很多。

(1) 急需由权威部门制定一套适合高速公路工程保险的行业保险合同范本。目前的保险合同虽然经过了广东省内几家高速公路业主的修改完善，但限于专业性，基本上还是与原保险公司提供的底版相去不远。虽然没有人身保险、汽车保险条款等所谓的“天书”艰难，但在可操作性、适合行业特点等方面仍然差距很大。大量的条款没有实质性意义，而在高速公路行业方面相关的理赔条款解释方面又语焉不详。

(2) 急需由权威部门出台一套适合高速公路工程保险招投标的评标办法。目前的保险评标办法基本上参照施工评标办法中的综合评估法，但在以下几个方面都需要进一步规范化：

① 标价分和技术分权重的分配；

② 承保业绩、承包能力和信誉、承包后的日常服务承诺、免赔额报价、理赔方案以及响应业主承保合同等各技术分权重的分配；

③ 各项技术分的评分标准。

(3) 加强市场信誉管理，各省的保险市场主管单位(保监会)应设置高速公路工程保险专项管理部门。由于高速公路建设性质与一般的建筑行业差距很大，将高速公路工程保险简单地归纳入建筑工程保险来管理，存在许多的不对应，包括管理内容、管理信息等。对不重视信誉的保险公司进行通报，推荐各业主单位列入“黑名单”。

第12章 公路工程项目信息管理

公路工程项目信息化是解决公路建设项目管理中突出问题的有效措施，是提高项目管理水平、有效控制项目成本的重要途径，其本质就是应用成熟的计算机、网络、通信等硬件及项目管理平台和财务管理、材料机械管理、计量支付管理、劳务管理、成本管理、大数据分析等软件共同组成一个有效的系统化的项目管理集成，用户通过系统进行协同，决策部门通过系统形成的实时动态统计、对比数据进行管理控制和决策。

12.1 公路工程项目信息管理概述

在公路工程项目管理过程中，涉及投标管理、合同管理、材料管理、设备管理和质量安全管理等多方面，数据庞大复杂，用手工汇总不及时且易出错，无法满足现代化施工企业的管理需要；在有些企业，大量的项目历史数据和有用信息或被分散保存在各机构及部门的计算机中，或是被锁在文件柜中。这种信息的存在形式形成了一个个“信息孤岛”，一方面使得信息不能方便迅速地流转与查询，增加了沟通和协调工作的难度，无法进行信息的深度加工分析，形成有效的决策支持数据；另一方面，由于公司员工的频繁流动，企业大量宝贵的信息资源流失，给企业带来巨大损失。企业运营过程中缺乏有效的、先进的信息管理控制手段。

信息在工程实际中是动态的、不断变化的和不断产生的，应及时处理数据，及时得到信息，才能做好工程管理工作，避免事故的发生，真正做到事前管理信息。

12.1.1 信息管理的分类

公路工程项目的信息量大，构成情况复杂，可以按照项目管理的目标、信息的来源及项目的性质等对其进行分类。

1. 按项目管理的目标划分

(1) 投资控制信息。投资控制信息是指与投资控制直接相关的信息，如各种估算指标、类似工程造价、物价指数；设计概算、概算定额；施工图预算、预算定额；工程项目投资估算；合同价组成；投资目标体系；计划工程量、已完工程量、单位时间付款报表、工程量变化表、人工和材料调差表；索赔费用表；投资偏差、已完工程结算；竣工决算、施工阶段的支付账单；原材料价格、机械设备台班费、人工费、运杂费等。

(2) 成本控制信息。成本控制信息是指与成本控制直接相关的信息，如项目的成本计划、工程任务单、限额领料单、施工定额、对外分包经济合同、成本统计报表、原材料价格、机械设备台班费、人工费、运杂费等。

(3) 质量控制信息。质量控制信息是指与项目质量控制直接相关的信息，如国家或地方政府部门颁布的有关质量政策、法令、法规和标准等，质量目标体系和质量目标的分解，质量目标的分解图表，质量控制的工作流程和工作制度、质量保证体系的组成，质量控制的风险分析；质量抽样检查的数据、各种材料设备的合格证、质量证书、检测报告、质量事故记录和处理报告等。

（4）进度控制信息。进度控制信息是指与项目进度控制直接相关的信息，如施工定额；项目总进度计划、进度目标分解、项目年度计划、项目总网络计划和子网络计划、计划进度与实际进度偏差；网络计划的优化、网络计划的调整情况；进度控制的工作流程、进度控制的工作制度、进度控制的风险分析；材料和设备的到货计划、各分项分部工程的进度计划、进度记录等。

（5）合同管理信息。合同管理信息是指与公路工程相关的各种合同信息，如工程招投标文件；工程建设施工承包合同，物资设备供应合同，咨询、监理合同；合同的指标分解体系；合同签订、变更、执行情况；合同的索赔等。

2. 按项目信息的来源划分

（1）项目内部信息。内部信息来自公路项目本身，如工程概况、设计文件、施工方案、合同结构、合同管理制度、信息资料的编码系统、信息目录表、会议制度、监理班子的组织、项目的投资目标、项目的质量目标、项目的进度目标等。

（2）项目外部信息。外部信息是指来自项目外部环境的信息，如国家有关的政策及法规、国内国际市场及原材料和设备价格、物价指数、类似工程造价、类似工程进度、投标单位的实力、投标单位的信誉、毗邻单位情况等。

3. 按项目的性质划分

（1）技术信息。技术信息是公路工程项目信息最基本的组成部分，如工程的设计、技术要求、规范、施工要求、操作和使用说明等，这一部分信息也往往是公路工程信息的主要组成部分。

（2）经济信息。经济信息是公路工程项目信息的重要组成部分，也是经常受到各方面关注的部分之一，如材料价格、人工成本、项目的财务资料、现金流情况等。

（3）管理信息。管理信息有时在公路工程信息中并不很引人注目，如项目的组织结构、具体的职能分工、人员的岗位责任、有关的工作流程等，但它设定了一个项目运转的基本机制，是保证项目顺利实施的关键因素。

（4）法律信息。法律信息指项目实施过程中的一些法规、强制性规范、合同条款等，这些信息与建设工程模型并不一定有直接的对应关系，但它们设定了一个比较硬性的框架，项目的实施必须满足这个框架的要求。

12.1.2 信息管理的基本要求及工作原则

1. 项目信息管理的基本要求

信息管理是指对信息收集、整理、处理、存储、传递和应用等一系列工作的总称。工程项目的信息管理，应根据信息的特点，有计划地组织信息沟通，以保证及时、准确获得各级管理者所需的信息，以达到正确做出决策的目的。为全面、及时、准确地向项目管理人员提供有关信息，公路工程项目信息管理应满足以下几方面的基本要求：

（1）要有严格的时效性。一项信息如果不严格注意时间，那么信息的价值就会随之消失，因此应适时提供信息。

(2) 要有针对性和实用性。信息管理要做到如何根据需要,提供针对性强、十分适用的信息。如果仅仅提供成沓的细部资料,其中又只能反映一些普通的、并不重要的变化,这样便会使决策者不仅要花费许多时间去阅览这些作用不大的繁琐资料,而且仍得不到决策所需要的信息,使得信息管理起不到应有的作用。

(3) 要有必要的精确度。要使信息具有必要的精确度,需要对原始数据进行认真的审查和必要的校核,避免分类和计算的错误,保证信息有效可靠。但信息的精度应以满足使用要求为限,并不一定是越精确越好,过度的精度需耗用更多的精力、费用和时间,易造成浪费。

(4) 要考虑信息成本。各项资料的收集和处理所需要的费用直接与信息收集的多少有关,如果要求越细、越完整,则费用将越高。在进行工程项目信息管理时,要综合考虑信息成本及信息所产生的收益,寻求最佳的切入点。

2. 项目信息管理工作的原则

公路工程产生的信息数量巨大,种类繁多,所以为了便于信息的搜集、处理、存储、传递和利用,在进行项目信息管理具体工作时,应遵循以下基本原则:

(1) 标准化原则。在公路工程项目的实施过程中要求对有关信息的分类进行统一,对信息流程进行规范,产生的控制报表力求做到格式化和标准化,通过建立健全的信息管理制度,提高信息管理的效率。

(2) 定量化原则。公路工程产生的信息不只是项目实施过程中数据的简单记录,还是经过信息处理人员采用定量工具对有关数据进行分析和比较后产生的信息。

(3) 有效性原则。对于项目信息管理者所提供的信息,应针对不同层次管理者的要求进行适当加工。例如,对于项目的高层管理者而言,所提供的决策信息应力求精练、直观,尽量采用形象的图表来表达,以满足其战略决策的需要。

(4) 时效性原则。公路工程的信息都有一定的生产周期,如月报表、季度报表、年度报表等,这都是为了保证信息产品能够及时服务于决策。所以,公路工程的信息也应具有相应的时效性。

(5) 可预见原则。公路工程产生的信息作为项目实施的历史数据,可以用于预测未来的情况,管理者应通过采用先进的方法和工具为决策者制定未来目标和行动规划提供必要的信息。如通过对以往投资执行情况的分析,对未来可能发生的投资进行预测,作为采取事先控制措施的依据。

(6) 高效处理原则。通过采用高性能的工程信息管理系统,尽量缩短信息在处理过程中的延迟,项目信息管理者的主要精力应放在对处理结果的分析和控制措施的制定上。

12.2 公路工程项目信息管理系统

12.2.1 信息管理系统含义

信息管理系统也可以简洁地定义为:对数据和信息进行采集、存储、加工和再现,并能回答用户一系列问题的系统。信息系统的四大功能为数据采集、管理、分析和表达。简单地来说,信息系统是基于数据库的问答系统。信息系统的一般构成如图 12-1 所示。

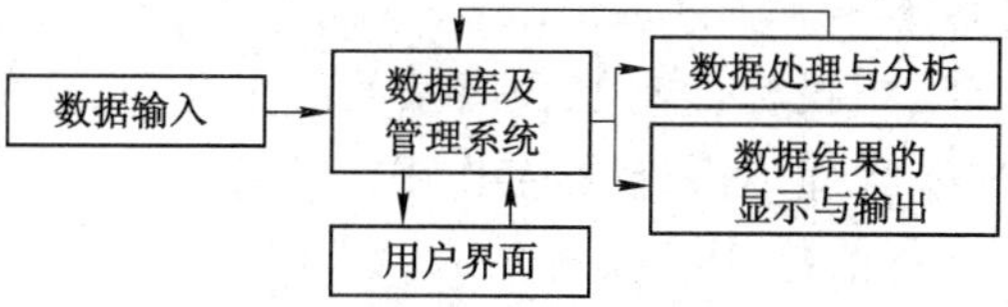

图 12-1　信息系统的一般构成

公路工程项目信息管理系统是管理信息系统在公路建设管理领域内的具体应用，主要研究系统中信息传递的逻辑程序和数学模型，并研究如何利用计算机处理这些信息和描述数学模型的方法与手段。它是指以人为主导，以公路工程项目为目标系统的管理信息系统，利用计算机和其他通信设备，能够对公路工程项目信息进行收集、传输、加工、更新维护和使用的人机系统，它既包括代替人工各种繁琐日常业务的处理系统，也包括为管理人员提供有效信息、协助领导者进行决策的决策支持系统。公路工程施工项目管理信息系统是针对目前大规模公路工程建设过程中的项目（如某段公路、某独立大桥）如何进行全方位的综合协调管理而开发的信息系统，它是从施工项目的角度出发，将项目管理中诸多复杂的因素全面地、有机地结合起来考虑实施计算机管理，以辅助管理者高质量、低消耗、按期地完成工程项目。

信息管理系统通过提供各种信息决策管理方案，并被实施以进行系统管理，为管理决策服务。公路工程项目信息管理系统的建立，应使每个信息系统都有其明确的目标，并为目标服务。现代化管理需要大量的信息支持，建立完善的公路工程项目管理信息系统，是进行有效管理的基础，是公路工程项目管理者（业主、监理方、承包商等）对项目进行有效的投资控制、进度控制、质量控制和合同管理的有力工具。

12.2.2　信息管理系统模块构成

公路工程项目信息系统的开发研究是一项复杂的系统工程，它涉及公路工程、管理、计算机等多门学科，因此，做好系统的总体规划是确保开发成功的一项重要工作。在开发研究时，根据工程项目管理理论的内容，考虑到公路工程项目和我国国内公路工程建设行业的特点（施工战线长、部门分散、涉及单位多、各方距离远、工程款额大等），利用计算机系统分析设计的方法，可将公路工程项目信息系统大致划分为以下几个子系统：

1. *办公自动化系统*

办公自动化系统建设一般以企业内部网为基础，以实现办公业务的数字化、提高决策效能为目的，是企业长期信息化建设的基础。办公自动化的建设，应该覆盖企业的每一个角落。通过设计合理的工作流程，改善影响工作效率的各个环节，可以优化现有的管理组织结构，调整管理体制，实现部门间、岗位间工作程序的规范化、制度化和自动化，推动企业的管理制度、工作方式和办事程序与先进的办公自动化系统相适应，增加协同工作能力，实现提高工作效率的目的。如果办公自动化的工作流程中缺少了任何一个职能部门，都可能影响企业整体效率的提高，否则，该部门对企业来说可能就并不是必不可少的。因此，办公自动化系统只有覆盖企业的所有部门，将各部门结合成一个整体，消除企业内部的信息孤岛，才能真正发挥它的作用，从整体上提高企业的效率。

2. 网络招投标管理系统

招投标管理是指为保证招投标活动符合国家的有关法律、法规，维护国家和社会的利益，保证招标与投标的公平、合理，对招投标工作进行的领导与管理，是我国政府建设管理的职能之一。

相对于其他工程项目而言，公路工程项目的招投标有其自身的一些特点。它包含的面比较广泛，具体涉及项目开发招标、监理招标、勘察设计招标、工程施工招标以及材料设备的采购招标。

3. 工程项目档案管理系统

随着改革开放与市场经济的发展，公路档案的作用被越来越多的人认识，档案工作不再是过去单纯的保管，而是要求能利用现代化计算机技术、电视录像技术快速检索，提供准确而详尽的信息资料，以加快公路建设事业，提高档案信息的社会效益。

公路工程项目的档案作为基础文件的备份，必须具有查询、修改和结果输出的功能，档案的管理必须流程化，保证档案信息的完整性和条理性。

4. 计量合同管理系统

项目合同管理的功能是根据法律、政策和企业经营目标的要求，运用指导、组织、监督等手段，促使当事人依法签订、履行、变更合同和承担违约责任，制止和查处利用工程合同进行违法活动，从而保证工程项目建设顺利进行。建立一个良好的工程计量程序，可以帮助监理工程师提高工作效率，并达到控制工程计量的目的。在计量前监理工程师必须审查与之有关的文件资料。因此承包人在提出计量申请的同时，或接到监理工程师计量通知的同时，需向监理工程师提交有关的文件资料，包括：开工申请单或上道工序的中间交工证书；承包人的自检资料；工程质量检验表及有关的质量评定意见。

合同管理子系统应该既可以对已有合同进行修改、查询，也可以新建项目合同，通过管理人员和技术人员对合同基本信息的录入和修改，根据实际情况和需要对合同进行完善，最终输出所需的报表和形象图形。

5. 工程造价预警管理系统

工程造价预警管理系统是指在保证公路建设项目工程质量和工期目标的前提下，为了实现项目的造价目标，在工程实施过程中，通过对大量的造价资料的分析研究，归纳出现场造价目标控制的数学模型，利用计算机跟踪技术，随时警报工程造价的执行情况，以确保造价目标的实现。本系统应该包含经营管理、计划进度、计量支付、基础数据管理和系统维护等模块。

6. 工程项目计划进度统计管理系统

公路项目计划进度统计管理系统是指对项目各阶段的工作内容、工作程序、延续时间和衔接关系编制计划、指导付诸实施，并在实施的过程中进行滚动调整、修订，以进入下一循环，最终实现系统的优化管理。进度统计管理技术的方法是指通过各种计划的编制、优化、实施、调整而实现进度控制的方法，包括流水作业法、科学排序法、网络计划方法、滚动计划方法、电子计算机辅助进度管理等。

7. 工程质量管理系统

公路工程项目质量管理包括建筑工程产品实体质量和服务质量两方面。由于公路工程项目的特殊性，其质量管理需要更好的系统性和信息化，以实现与其他方面管理控制的协调。

8. 工程项目网站

公路网站致力于介绍、宣传公路工程建设进展情况，全面反映该工程建设状况及建设成果，向社会各界提供包括该公路工程建设、监理、施工、设计、监督及与地方关系处理等各方面的信息，并及时报道路基、桥梁、路面、交通工程等工程建设的最新进展情况及各项招投标信息、材料信息以及公路工程机械等信息。

各子系统相对独立，但有统一的系统管理，且各子系统有共享的数据库。信息系统功能模块如图 12-2 所示。

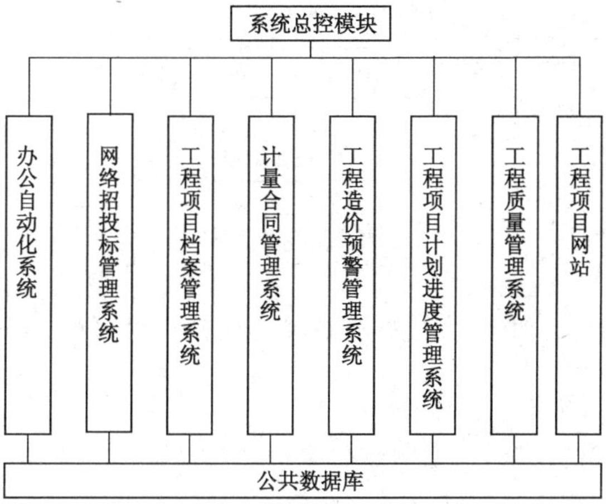

图 12-2　信息系统功能模块构成

12.2.3　信息管理系统建立过程

公路工程施工项目信息管理系统是以公路工程项目为核心，以对项目的进度、质量、合同、成本及文档等管理为对象，通过对项目管理中诸多复杂的、关联性强的数据进行处理，为从事施工项目管理工作的有关人员提供信息服务及辅助决策。公路工程施工项目信息管理中的管理内容、管理方式、管理目标等有其独特的特点，通过深入调查与分析，结合企业过程与数据类的基本特征，识别出系统中的企业过程与数据类，并建立二者之间的信息结构，从而完成子系统的划分。

项目施工控制应先根据施工方案编制施工组织设计，报经监理工程师审批后，才批准施工。在施工中，具体应做好质量控制、进度控制、费用控制及合同管理。可利用施工项目信息管理系统来实现上述控制。从现阶段的大部分施工企业和人员状况来看，在项目上能做到完全实现有一定的难度，但可利用现有的一些商品化软件和现有的硬件设备实现施工项目信息管理的辅助系统再加上人工的一些干预和人工的传递，也可大大减轻人的脑力劳动，有利于实现项目中的资源的动态控制，对降低成本、提高质量、加快进度是很有意义的，也是很有成效的。开发信息管理系统的必要条件是使管理对象具有合理的组织机构、工作流程和管理手段。公路工程项目信息管理系统建立过程如图 12-3 所示。

1. 计算机辅助编制实施性的施工组织设计

(1) 收集有关数据(参数、定额、价格、技术方案等)

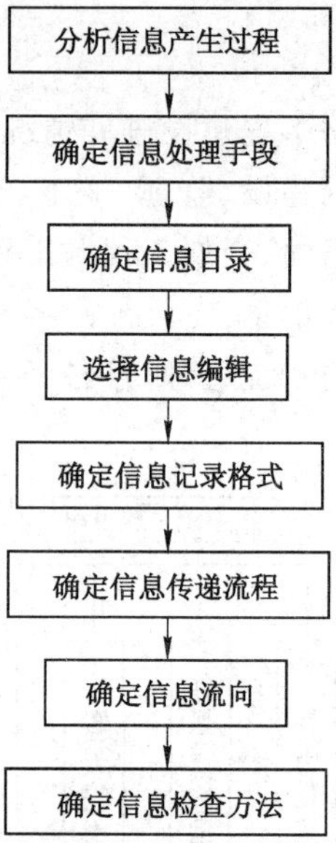

图 12-3 工程项目信息管理系统建立过程

(2) 选择施工方案,确定工艺流程

可利用本企业以往的经验,在方案数据库和工艺数据库中选择所需要的施工方法和方案,以及工艺流程,结合本项目的特点做一些修改。如果企业没有构建方案数据库或工艺数据库,可借用已有的商品化软件进行选择和修改。如果本项目的方案和工艺流程是新的且具特色,就可增加到数据库中,为将来的相似项目施工提供帮助。

(3) 制订工程项目施工进度计划(项目管理软件应用)

决定计划的三个要素是工作的名称或代号、工作之间的逻辑关系、工作的持续时间。

1) 用 WBS 方法对项目进行分解(工作划分)

WBS 方法也叫工作分解结构法,即自顶向下逐级将工程项目分解为一个一个具体的工作(分项工程或工序)。人的认识总要有个过程,WBS 方法符合人的认识过程,对于一个新工程时尤其如此,它可以让人们由粗到细地逐步求精、逐层细化。在分解项目时应注意几个问题:

① 考虑与组织管理的层次划分相对应,并注意与施工方法相一致。

② 划分时要兼顾到质量评定标准、概预算和工程量清单的分项划分,一定不能出现划分的工作与这些分项划分交叉的情况。

③ 作为一个工作(分项或工序),在其工作持续时间内的效率是近似均匀的,工、料、机的分配是均匀分布的。

2) 确定各工作之间的逻辑关系

所谓工作之间的逻辑关系,就是各工作之间施工时的先后顺序关系。工作之间的逻辑关系可进一步分为工艺关系和组织关系。工艺关系是指由施工工艺决定的先后顺序关系,一般来说是固定的。组织关系是指由施工组织者安排的先后顺序,一般不是固定的,会随现场的情况或资源状况而改变。因此,在确定工作之间的逻辑关系时首先应考虑工艺关系,然后再考虑组织关系，或者在进度计划初稿做出后，对进度计划调整优化时再考虑组织关系。确定组织关系时，常考虑的因素有：

① 资源（工、料、机）的限制情况和现场运输状况。

② 工作面的局限性。

③ 工序之间安排应注意影响安全和质量的因素（台风季节、雨季、冬季、汛期等）。

④ 有损坏性的工序应先安排。

3）各工作持续时间的确定

① 计算法：先要计算出各工作的工程量，并确定各工作相应的效率（产量定额或时间定额），然后计算出时间或资源配置数量。

a. 正向计算法：已知工程量和效率的情况下，假设资源数量，计算出持续时间。

$$t=f(\text{工程量},\text{效率},\text{资源量})$$

b. 反向倒算法：已知工程量和效率的情况下，该工作又是关键控制工作（如土石方工程）时，它的持续时间绝不能超过限定时间，因此先定时间反向计算资源数量。

② 估算法：这种方法一般凭经验估计（经验法），也可请教有经验的人估计（专家法）或参考相类似的工程（类比法）来确定时间。估算法在实际应用得更为广泛。

4）进度计划三个要素输入计算机的过程

将进度计划三个要素整理后汇总成为一张表格，对应输入计算机中（目前已有成熟的软件，如 MS-Project、同州软件、同望软件等），计算机自动就形成进度计划（初稿）。进度计划在计算机中可以有多种不同的表示形式：

① 网络图（时标、单代号、双代号）。

② 横道图。

③ “S”曲线。

5）进度计划初稿的调整和修改

计划初步编制完成后往往需要调整，主要表现为：

① 工作持续时间长短的调整。

② 某些工作所安排的时间段可能存在着不合理，例如台风季节、雨季、冬季或洪水季节等，可以通过对这些工作加上强制时限进行调整。

③ 调整工程的总工期使其符合要求的工期。修改、调整计划，可以对进度计划“选择”（分类裁剪）出所需要的部分。

（4）资源供应计划和资金使用计划的编制

在进度计划编制完成后，通过对各工作进行资源配置来自动产生动态的资源供应（或需求）计划和资金计划。编制步骤如下：

1）建立资源库和定额库

建立资源库和定额库的方法有两种：

① 手工建立，逐个输入资源的属性和定额组成。

② 借用已有数据建立：

a. 利用已有的计划调用“转入”并做一些修改。

b. 利用预算结果“导入”来建立。

2）对各工作进行资源配置

资源配置有两种方式：

① 逐个输入各工作需要的资源名称和资源数量等数据。

② 利用定额方式来配置资源，可大大减少输入的数据量。

3）确定各工作的间接费率并输入

4）根据需要输出不同形式的资源和资金计划

① 按工程位置或内容排列的不同资源供应（需求）计划，其形式是按单位时间段（季、月、周、日）分布的资源量计划和资金量计划。

② 按资源名称排列出（检索出），用于工程各个不同部位的数量，并随时间段分布。

这两种形式的资源计划和资金计划，对于资源的动态管理是非常重要的。利用资源计划及时动态地组织安排和采购所需资源（工、料、机）；以及施工单位内部的材料供应部门可以很方便地了解各施工段落，在什么时候需要多少数量的什么类型材料，设备管理部门也可以了解到何时何地需提供什么类型的设备和多少数量。

5）编制资金计划

输入各资源的单价，计算机系统就自动计算出工程的直接费以及各工作随时间分布（每天或每月）的直接费用。对每个工作输入其间接费率，系统就能计算出各工作的间接费和工程间接费以及总费用。根据工程的分部或分项分别输出其工程或分项的费用并随时间的分布状况和数量以及汇总金额。

6）施工平面图绘制

目前市面上有不少绘制施工平面图的软件（如梦龙、同望、同州软件等），可以满足工程上的需要，这些软件在使用上比直接使用 AutoCAD 要简便得多，它们的系统存在着大量的施工平面图的一些样本和图例，并采用多层覆盖组合形成施工平面图。

2. 项目的管理和项目的跟踪

计划实施后，应当定期对计划的执行情况进行检查，收集实际的进度、成本数据，并输入项目管理软件中。需要输入的数据通常包括：检查日期、工作的实际开始/完成日期、工作实际完成的工程量、工作已进行的天数、正在进行的工作的完成率、工作上实际支出的费用等。

在将实际发生的进度/成本信息输入计算机中后，就可以利用项目管理软件对计划进行更新。更新后应检查项目的进度能否满足工期要求，预期成本是否在预算范围之内，是否出现因部分工作的推迟或提前开始（或完成）而导致的资源过度分配（指资源的使用超出资源的供应）。这样，可以发现存在的潜在问题，及时调整项目计划来保证项目的预期目标的实现，如通过压缩关键路径来满足工期要求等。

项目计划调整后，应及时通过书面形式或电子形式通知有关人员，使调整后的计划能够得到贯彻和落实，起到指导施工的作用。需要强调的是，项目计划的跟踪、更新、调整和实施这个过程需要不断地反复进行，直至项目的结束。

3. 施工中计算机辅助计量支付系统

可以将进度计划的内容传送到计量支付系统中，作为计量支付的计划内容。将计量支付中的实际计量结果作为项目管理系统中的实际进度反映到进度计划的管理和跟踪上，进而作为后续进度计划调整的参考依据。实际支付量和实际完成量之间有一定的偏差值，而且对于概述（累加）性的工作要借用工作量（金额）来反映工程的进度。

4. 基于互联网的建设工程项目信息管理系统(在线控制)

(1) 基于互联网的建设工程项目信息管理系统概念

基于互联网的建设工程项目信息管理系统可以简称为 Internet-based PIMS。其主要功能是安全地获取、记录、寻找和查询项目信息。它相当于在项目实施全过程中对项目参与各方产生的信息和知识进行集中式管理,即项目各参与方有共用的文档系统,同时也有共享的项目数据库。它不是某一个具体的软件产品或信息系统,而是国际上工程建设领域一系列基于互联网技术标准的项目信息沟通系统的总称。它具有以下基本特点:

1) 以外联网作为信息交换工作的平台,其基本形式是项目主题网。与一般的网站相比,它对信息的安全性有较高的要求。

2) 基于互联网的建设工程项目信息管理系统采用100%的B/S结构,用户在客户端只需要安装一个浏览器就可以。浏览器界面是用户通往全部授权项目信息的唯一入口,项目参与各方可以不受时间和空间的限制,通过定制来获得所需的项目信息。传统的项目管理信息系统的用户只能是一个工程参与单位,而基于互联网的建设工程项目信息管理系统的用户是建设工程的所有参与单位。

3) 与其他在建筑业中应用的信息系统不同,基于互联网的建设工程项目信息管理系统的主要功能是项目信息的共享和传递,而不是对信息进行加工、处理。虽然基于互联网的建设工程项目信息管理系统的发展趋势是与项目信息处理系统(如一些项目管理软件系统)进行集成,但就其核心功能而言,项目信息门户系统是一个信息管理系统,而不是一个管理信息系统,其基本功能是对项目的信息(包括文档信息和数据信息)进行管理(包括分类、存储、查询)。

4) 基于互联网的建设工程项目信息管理系统不是一个简单的文档系统,通过信息的集中管理和门户设置为项目参与各方提供一个开放、协同、个性化的信息通环境。对虚拟项目组织协同工作和知识管理的有力支持是基于互联网的建设工程项目信息管理系统与一般文档系统的最大区别。

(2) 基于互联网的建设工程项目信息管理系统的体系结构

一个完整的基于互联网的建设工程项目信息管理系统的体系结构包括以下8层:

1) 基于互联网技术标准的信息集成平台,是项目信息门户实施的关键,它必须对来自不同信息源的各种异构信息进行有效集成。

2) 项目信息分类层,在信息集成平台基础上,对信息进行有效的分类编目以便参与各方的信息利用。

3) 项目信息搜索层,为项目参与各方提供方便的信息检索服务。

4) 项目信息发布与传递层,能支持信息内容的网上发布。

5) 工作流支持层,使项目参与各方通过项目信息门户完成一些工程项目的日常工作流程,如工程变更等。

6) 项目协同工作层,使用同步(如在线交流)和异步(线程化讨论)手段使项目参与各方结合一定的工作流程进行协作和沟通。

7) 个性化设置层,使项目参与各方实现基于角色的界面设置。

8) 数据安全层,基于互联网的建设工程项目信息管理系统有严格的数据安全保证措施,用户通过一次登录就可以访问所有的信息源。

以上8层结构，是一个完整的基于互联网的建设工程项目信息管理系统所应具备的逻辑结构，第一层都可以通过不同的软件和技术得以实现，目前大多数的基于互联网的建设工程项目信息管理系统都具备这一框架。

(3) 基于互联网的建设工程项目信息管理系统的功能

基于互联网的建设工程项目信息管理系统的功能分为基本功能和拓展功能两个层次。其中，基本功能是大部分的商业基于互联网的建设工程项目信息管理系统的核心功能。而拓展功能则是部分应用服务商在其应用服务平台上所提供的服务，这些服务代表了未来基于互联网的建设工程项目信息管理系统发展的趋势(如进行基于工程项目的B-to-B电子商务)。下面将对基于互联网的建设工程项目信息管理系统基本功能和拓展功能讨论的基础。项目信息平台PIP(project information portal)涵盖了目前一些基于互联网的建设工程项目信息管理系统商品软件和应用服务的主要功能，是较为系统全面的基于互联网的建设工程项目信息管理系统的功能架构，在具体工程项目的应用中应结合工程实际情况进行适当的选择和扩展。

1) 基于互联网的建设工程项目信息管理系统的基本功能

① 通知与桌面管理

这一模块包括变更通知、公告发布、项目团队通信录及书签管理等功能，其中变更通知是指当与某一项目参与单位有关的项目信息发生改变时(如进度拖延)，系统用E-mail进行提醒和通知，它是基于互联网的建设工程项目信息管理系统应具备的一项基本的功能。

② 日历和任务管理

日历和任务管理是一些简单的项目进度控制工作功能，包括共享项目进度计划的日历管理和任务管理。

③ 文档管理

文档管理是基于互联网的建设工程项目信息管理系统一项十分重要的功能，它在项目的站点上提供标准的文档目录结构，项目参与各方可以进行定制。项目的参与各方可以完成文档(包括工程照片、合同、技术说明、图纸、报告、会议纪要、往来函件等)的查询(按关键字、日期等)、版本控制、文档的上传和下载、在线审阅等工作。其中，在线审阅的功能是基于互联网的建设工程项目信息管理系统的一项重要功能，可支持多种文档格式，如CAD、Word、Excel、PowerPoint等，项目参与各方可以在同一张CAD图纸上进行标记、圈阅和讨论，这大大提高了项目组织的工作效率。

④ 项目通信与协同工作

在基于互联网的建设工程项目信息管理系统为用户定制的主页上，项目参与各方可以通过基于互联网的建设工程项目信息管理系统中的内置的邮件通信功能进行项目信息的通信，所有的通信在站点上都有详细的记录，从而便于争议的处理。另外，还可以就某一主题如某一个设计方案)进行在线讨论，讨论的每一个细节都会被记录下来，并分发给有关各方。项目信息门户系统的通信与讨论都可以获得大量随手可及的信息作为支持。

⑤ 工作流管理

工作流管理是对项目工作流程的支持，它包括在线完成信息请求RFI(request for information)、工程变更、提交请求及原始记录审批等，并对处理情况进行跟踪统计。

⑥ 网站管理与报告

包括用户管理、使用报告生成等功能，其中很重要的一项功能就是要对项目参与各方的信息沟通（包括文档传递、邮件信息、会议等）及成员在网站上的活动进行详细记录。数据的安全管理也是一项十分重要的功能，它包括数据的离线备份、加密等。

2）基于互联网的建设工程项目信息管理系统的拓展功能

① 多媒体的信息交互

有一些基于互联网的建设工程项目信息管理系统可以提供视频会议的功能，这一项功能其实是项目沟通与协同功能的一部分。目前，由于技术和网络带宽的原因，它在工程项目中的应用并不普及。许多基于互联网的建设工程项目信息管理系统通过系统的集成和使用第三方平台的办法，也可以在工程项目的基于互联网的建设工程项目信息管理系统上进行视频会议。

② 在线管理

大多数的基于互联网的建设工程项目信息管理系统可以与一些进度控制和投资控制的软件进行集成，如与MS-Project和Primavera系列软件集成，进行进度计划和投资计划的网上发布，这样的基于互联网的项目管理信息系统可以称为Web-based Project Management。系统可以进行在线的计划编制和进度调整，并与变更提醒、在线审阅和会议功能结合，即把传统的项目管理软件的功能与基于互联网的建设工程项目信息管理系统强大的通信和协同工作功能进行无缝集成，而不仅仅是进行简单的项目管理信息的网上发布。这将是建设工程项目信息管理系统今后发展的方向。

③ 集成一些电子商务功能

在许多大型工程的基于互联网的建设工程项目信息管理系统可以完成设备与材料及劳务的招标过程，形成所谓电子采购和电子招投标。目前许多提供基于互联网的建设工程项目信息管理系统应用服务的提供商，如美国bidcom. com、欧洲的build-online. com等，在这些网站上都提供了强大的电子商务功能。著名咨询公司Goldman Sachs在其研究报告中认为，以项目主题网站为平台，开展大型项目的B-to-B电子商务，将是未来几年中基于互联网的建设工程项目信息管理系统的主要发展趋势。

（4）基于互联网的建设工程项目信息管理系统在工程项目中的应用意义

基于互联网的建设工程项目信息管理系统在工程实践中有着十分广泛的应用，国外有的研究将基于互联网建设工程项目信息管理系统的应用列为未来几年建筑业的十大趋势之一。目前，在欧美等工业发达国家，基于互联网的建设工程项目信息管理系统的建设已成为建筑业信息技术的热点。据统计，全球范围内，专门为建筑业的企业提供基于互联网的建设工程项目信息管理系统软件产品和应用服务的厂商就有200多家。

在工程项目建设中应用基于互联网的建设工程项目信息管理系统有着重要的意义，主要表现在以下几个方面：

1）降低了工程项目实施的成本

成本的节约来自两方面，一方面是由于采用了Web-Based PIMS系统后减少花费在纸张、电话、复印、传真、商务旅行及竣工文档准备上的大量费用所带来的直接成本降低。国外研究表明，对于一个典型项目（投资在1 000万美元左右），在设计阶段使用基于互联网的建设工程项目信息管理系统将节约53%的直接成本。另一方面是由于采用基于互联网的建设工程项目信息管理系统后提高了信息沟通的效率和有效性，从而减少了不必要的工程变更、提高了决策效率带来的间接成本降低。据统计,应用基于互联网的建设工程项目信息管理系统所带来的成本降低大约可占到项目总成本的5%～10%。

2）缩短了项目建设时间

据统计,现代工程项目中,工程师时间的10%～30%是用在寻找合适的信息上,而项目管理人员则有80%的时间是用在信息的收集和准备上。在美国,一个项目经理每天要处理20多个来自项目参与各方的信息请求,这要占去项目经理大部分的工作时间。由于信息管理工作的繁重,有人甚至称项目经理已经变成项目信息经理。使用基于互联网的建设工程项目信息管理系统进行项目信息的管理和沟通可以大幅降低搜寻信息的时间,提高工作和决策的效率,从而加快项目实施的速度。另外,应用基于互联网的建设工程项目信息管理系统可以有效减少由信息延误、错误所造成的工期拖延。

3）降低了项目实施的风险

信息沟通的通畅,提高了决策人员对工程实施的预见性,并可以结项目实施过程中的干扰进行有效的控制。

4）提高了业主的满意度

传统的工程项目建设过程中,业主很难对项目实施的全过程进行有效的监控,这是业主满意度下降的重要原因。在应用了基于互联网的建设工程项目信息管理系统的项目中,业主可以及时地获得项目实施过程中的各种信息,并参与项目决策过程,提高了对项目目标的控制能力。在项目结束后,业主可以十分方便地得到记录有项目实施过程中全部信息的数据盘,用于项目的运营与维护。正因为如此,国外一些大型工程项目的业主都把使用基于互联网的建设工程项目信息管理系统作为承包人和监理单位参与项目的条件之一。

12.3 公路工程项目文档管理系统

12.3.1 公路工程项目资料文档

在公路工程项目中,许多信息都是以资料文档为载体进行收集、加工、传输、存储、检索、输出和反馈的,因此工程资料文档管理是公路工程项目信息管理的重要组成部分。公路工程资料应随工程进度及时收集和整理,并应按专业分类,认真书写,字迹清楚,项目齐全、准确、真实。在采用计算机辅助信息管理时,对公路工程资料文档的管理应采用资料数据打印输出加手写签名和全部数据采用计算机数据库管理并行的方式进行,格式应符合有关规范标准的规定。对规模较大的工程项目,可通过选购市面上合适的计算机工程资料管理系统来进行工程资料的管理,实现资料管理标准化、规范化和科学化。

1. 文档的概念

(1) 建设工程文件概念

建设工程文件是指在工程建设过程中形成的各种形式的信息记录,包括工程准备阶段文件、监理文件、施工文件、竣工图和竣工验收文件,也可简称为工程文件。

① 工程准备阶段文件,即开工以前,在立项、审批、征地、勘察、设计和招投标等工程准备阶段形成的文件。

② 监理文件,即监理单位在工程设计、施工等阶段监理过程中形成的文件。

③ 施工文件，即施工单位在工程施工过程中形成的文件。

④ 竣工图，即工程竣工验收后，真实反映建设工程项目施工结果的图样。

⑤ 验收文件，即建设工程项目竣工验收活动中形成的文件。

(2) 建设工程档案概念

建设工程档案是指在工程建设活动中直接形成的具有归档保存价值的文字、图表和声像等各种形式的历史记录，也可以简称为工程档案。

(3) 建设工程文件档案资料

建设工程文件和档案组成建设工程文件档案资料。

(4) 建设工程文件档案资料载体

① 纸质载体：以纸张为基础的载体形式。

② 缩微品载体：以胶片为基础，利用缩微技术对工程资料进行保存的载体形式。

③ 光盘载体：以光盘为基础，利用计算机技术对工程资料进行存储的形式。

④ 磁性载体：以磁性记录材料（磁带、磁盘等）为基础，对工程资料的电子文件、声音和图像进行存储的方式。

(5) 工程文件归档范围

① 对与工程建设有关的重要活动、记载工程建设主要过程和现状、具有保存载体的文件，均应收集齐全，整理立卷后归档。

② 工程文件的具体归档范围按照现行《建设工程文件归档整理规范》中"建设工程文件归档范围和保管期限表"共五大类执行。

2. 建设工程文件档案资料管理职责

(1) 通用职责

① 工程各参建单位填写的建设工程档案应以施工及验收规范、工程合同、设计文件、工程施工质量验收统一标准等为依据。

② 工程档案资料应随工程进度及时收集、整理，并应按专业归类，认真书写，字迹清楚，项目齐全、准确、真实，无未了事项。表格应采用统一表格，特殊要求需增加的表格应统一归类。

③ 工程档案资料进行分级管理，建设工程项目各单位技术负责人负责本单位工程档案资料的全过程组织工作并负责审核，各相关单位档案管理员负责工程档案资料的收集、整理工作。

④ 对工程档案资料进行涂改、伪造、随意抽撤、丢失等，应按有关规定予以处罚，情节严重的，应依法追究法律责任。

(2) 建设单位职责

① 在工程招标及与勘察、设计、监理、施工等单位签订协议合同时，应对工程文件的套数、费用、质量和移交时间等提出明确要求。

② 收集和整理工程准备阶段、竣工验收阶段形成的文件，并应进行立卷归档。

③ 负责组织、监督和检查勘察、设计、施工、监理等单位和立卷归档工作；也可委托监理单位监督、检查工程文件的形成、积累和立卷归档工作。

④ 收集和汇总勘察、设计、施工、监理等单位立卷归档的工程档案。

⑤ 在组织工程竣工验收前，应提请当地城建档案管理部门对工程档案进行预验收；未

取得工程档案验收认可文件，不得组织工程竣工验收。

⑥ 对列入当地城建档案管理部门接收范围的工程，工程竣工验收3个月内，向当地工程建设档案管理部门移交一套符合规定的工程文件。

⑦ 必须向参与工程建设的勘察设计、施工、监理等单位提供与建设工程有关的原始资料，原始资料必须真实、准确、齐全。

⑧ 可委托承包单位、监理单位组织工程档案的编制工作；负责组织竣工图的绘制工作，也可委托承包单位、监理单位、设计单位完成，收费标准按照所在地相关文件执行。

(3) 监理单位职责

① 应设专人负责监理资料的收集、整理和归档工作。在项目监理部，监理资料的管理应由总监理工程师负责，并指定专人具体实施。监理资料应在各阶段监理工作结束后及时整理归档。

② 监理资料必须及时整理、真实完善、分类有序。在设计阶段，对勘察、测绘、设计单位的工程文件的形成、积累和立卷归档进行监督、检查；在施工阶段，对施工单位的工程文件的形成、积累和立卷归档进行监督、检查。

③ 可以按照委托监理合同的约定，接受建设单位的委托，监督、检查工程文件的形成积累和立卷归档工作。

④ 编制的监理文件的套数、提交内容、提交时间，应按照现行《建设工程文件归档整理规范》的要求，编制移交清单，双方签字、盖章后，及时移交单位，由建设单位收集和汇总。监理公司档案部门需要的监理档案，按照《公路施工监理规范》的要求，及时由项目监理部提供。

(4) 施工单位职责

① 实行技术负责人负责制，逐级建立、健全施工文件管理岗位责任制，配备专职档案管理员，负责施工资料的管理工作。工程项目的施工文件应设专门的部门(专人)负责收集和整理。

② 建设工程实行总承包的，总承包单位负责收集、汇总各分包单位形成的工程档案，各分包单位应将本单位形成的工程文件整理、立卷后及时移交总承包单位。建设工程项目由几个单位承包的，各承包单位负责收集、整理、立卷其承包项目的工程文件，并应及时向建设单位移交，各承包单位应保证归档文件的完整、准确、系统，能够全面反映工程建设活动的全过程。

③ 可以按照施工合同的约定，接受建设单位的委托进行工程档案的组织、编制工作。

④ 按要求在竣工前将施工文件整理汇总完毕，再移交建设单位进行工程竣工验收。

⑤ 负责编制的施工文件的套数不得少于地方城建档案管理部门要求，但应将完整施工文件移交建设单位及自行保存，保存期可根据工程性质以及地方城建档案管理部门有关要求确定。如建设单位对施工文件的编制套数有特殊要求的，可另行约定。

3. 工程档案的编制和要求

编制和要求可参见工程竣工验收办法和档案管理办法，从便捷管理的角度尽可能将档案电子化。

12.3.2 公路工程项目文档建立方法

建立的电子文档管理系统应能对来往文件的目录进行登记，用户可按时间或文件类型进行查询，并且对图纸文件、资料等文档采用集中管理的方式，进行有序的组织，实现充分的共享和重复使用。各种文档资料的数据在输入系统前必须进行分类和重新编成代码，才能为计算机所接受。例如建设工程预算定额中的各类定额编号、各种材料的耗用量及费用等，都应编成相应代码。代码是由字母和数据组成。代码概括表示某项数据、记录或文件，因此，代码比原始数据更简短，可节省存储空间。此外，代码能提高数据处理的效率，节省运算时间。设计代码时应注意以下几点：

(1) 每一个代码只能确切表示所代表的唯一的某一个数据，不得混淆。

(2) 代码设计时要留有足够的位置，以适应以后发展的需要。

(3) 代码标准化，即代码尽可能与外部系统一致。

(4) 当代码的数字符较多时，宜分成小段，便于读数。

(5) 代码中每一位数相应表示某一固定的内容。

12.3.3　公路工程项目数据管理系统

要对与公路项目有关的数据和与数据有关的过程进行有效的管理。项目数据采用集中与分布式相结合的方法，建立中央项目数据库和各项目部门分布数据库。过程管理主要按照工 ISO 9000 的要求，管理好数据流动的过程，并与信息沟通系统和文档管理进行有效的接口。项目数据管理的基础工作是进行合理的工程分解和编码。设备系统要分解到零件，土建工程要分解到工序，在此基础上，实现进度、投资、质量和合同管理的有机统一，同时要满足单项管理的特点。

公路工程管理系统的研究与开发在世界范围内已开展近 40 余年，其最大的突破是系统方法和计算机技术等新技术的应用。这些新技术的发展明确了公路工程管理软件最显著的变化就是从传统的静止孤立的系统向集成系统的转变。另外，计算机的处理速度、存储容量、数据自动采集、空间数据分析和可视化，以及数据管理和交换等技术的最新发展，促进了公路工程管理过程向系统化、科学化和现代化的方向不断发展。

12.4　公路工程项目信息管理实现要点

公路工程施工项目管理是一项复杂的系统工程，可以分为投标签约阶段、施工准备阶段、施工阶段及验收交工与结算阶段、运营维护阶段。要成功地完成施工项目各阶段的目标，就必须加强施工项目的管理工作。项目信息管理可以为复杂工程施工项目管理提供一个理想的平台，可以把空间信息与属性信息融合在一起，为施工设计与管理提供强有力的分析工具，为决策分析提供迅速的信息支持，使施工管理水平上一个台阶，企业效益大有改观。

12.4.1　公路工程项目信息管理注意事项

公路施工项目信息化应用是一个复杂的整合、提高的过程，在信息化应用过程中，不但会有新知识的提高，更多的是新的管理流程、管理理念与原有企业或项目的管理制度的冲撞和矛盾，这个过程是一个凤凰涅槃的过程，如果把这个过程中的矛盾与冲突解决好，信息化应用的道路就会顺利很多。

1. 信息化的过程是一个循序渐进的过程

信息化的应用必然要改变传统的工作方式与工作习惯，不仅需要信息化软件简单易用、界面友好，更要求应用人员逐步适应电子化的习惯。因为有些数据对于某单个个体不一定有用，但是对于企业决策需要或者协同的同事却有较大价值，因此需要我们去做，这也应当是我们职责范围内的事情，因此信息化不一定总是能提高单个个体的工作效率。另外，有些信息的录入获取受到当今信息技术的制约，可能与传统手工方式有所差别，需要我们逐步去理解和熟悉，一段时间的不习惯是正常现象，这些过程不可避免。

2. 加强信息化的培训

通过培训需要让操作者了解系统的操作过程，更重要的是要逐步做到“知其然亦知其所以然”的操作体验，因为在日常工作中很多人做的只是整个工作链条和业务协同中的一部分，需要让他们了解企业中与自己相关的整个管理链条和管理逻辑，明确自身工作在整个链条中的位置和作用。

3. 强化应用

公路施工项目信息化应用贵在坚持，尤其是在实施建设初期。如果在前期困难阶段不能够充满信心，秉承坚持，则往往会半途而废，信息化刚刚建立起来，也不能因为收获了一点点成果就放松管理，这时更需要强力的、规范化的管理。一个系统的东西，缺乏了持续的管理则很容易变成乱局。

信息化的应用包括采购供应、财务管理、计划管理、资金管控、资产管理、风险管理、成本管理、人力资源管理、协同办公应用等子系统。项目只有不断使自身的管理与信息化各子系统相整合，不断提升自身的敏捷性和适应性，通过不断的创新来找到适合自身发展的管理模式、经营模式，及时进行管理变革，才能增强实力，在成长和竞争中保持优势。

通过信息化施工，将原来分割的、相互孤立的各项管理工作有机、动态、规范地联系在一起，实现量化的施工全过程控制和科学管理，是公路工程施工的一项重要战略举措。公路工程施工企业只有抓住信息化建设的机遇，进行管理创新，才能在全球化、信息化的伟大变革中提高竞争力，求得生存和发展。

12.4.2 公路工程项目信息管理关键问题

现代信息技术及工程管理信息系统的应用，不仅提高了信息处理的效率，而且在一定程度上规范了管理工作流程和目标控制工作的有效性，使项目管理工作科学化、现代化、标准化和敏捷化，无论是在公路工程项目的建设管理阶段还是在运营、养护阶段都具有重要的意义。而公路工程项目管理信息系统的构建不仅仅是一个技术问题，它还涉及思想观念、管理模式、组织结构、企业文化和人员素质等一系列问题，要真正建立和使用工程管理信息系统，仅仅拥有数字化技术是远远不够的，还要处理好以下几个关键要点：

1. 网络安全问题

由于存在敏感性数据，在设计时，要对网络上的用户进行一些访问权限的设置，阻止对网络资源的非法访问及尝试，建立完善的信息发布管理机制，针对不同类型的用户提供不同的信息、内部网络之间、内部网络和外部公共网之间的互联，可以利用 VLAN/ELAN、防火墙等技术对访问进行控制，确保网络安全。

2. 系统的可扩展性

管理信息系统的构建经过了前期准备、需求调解与分析、系统分析、系统设计、软件开发、软件测试、安装调试、使用培训、后期服务与支持等相关工作，其构建是一个人机合一的有层次的系统工程，其实施应该遵循“整体规划、分步实施、不断深入”的原则进行，工程管理信息系统的设计时应努力整合工程参与方资源，实现数据共享，并具有开放性和可发展性，随着业务的发展，为以后的运营和养护提供基础数据。

3. 硬件平台的搭建

以先进成熟的计算机和通信技术为主要手段，为公路建设项目管理信息系统的建设和应用搭建硬件平台，保证工程项目管理系统各种信息有效、安全、快速地传递，在网络设计时应遵循先进性、实用性、安全性、可靠性、可扩充性的原则，为客户提供一个带宽较高、稳定可靠、支持用户数和应用较多的网络系统。

4. 人员素质的提高

构建项目管理信息系统，并不是一般先进技术的推广，而是要用最新的数字技术来支持，这就涉及所有项目参与人员的素质问题。没有高素质的员工，就不能发挥数字技术应有的功能，这其中尤其要注意参与各方领导者以及项目管理者素质的提高。

第13章　公路工程项目环保管理

环境保护是我国的一项基本国策。公路环境保护是基于可持续发展原则，协调公路建设与环境保护的对立统一关系，预防环境污染和生态破坏，避免或减缓项目对环境的影响，在公路建设和运营的全过程中实现项目与环境的和谐发展的活动。

13.1　公路工程项目环境影响分析

公路是与环境紧密相关的工程项目，将对自然环境、社会环境产生诸多影响。公路工程在建设的全过程，都将对其周边环境产生影响。根据公路建设周期的不同，公路工程项目对环境的影响可分为三个阶段：项目建设前期对环境的预影响、项目建设期对环境的影响和项目运营期对环境的影响。各阶段的影响如图 13-1 所示。

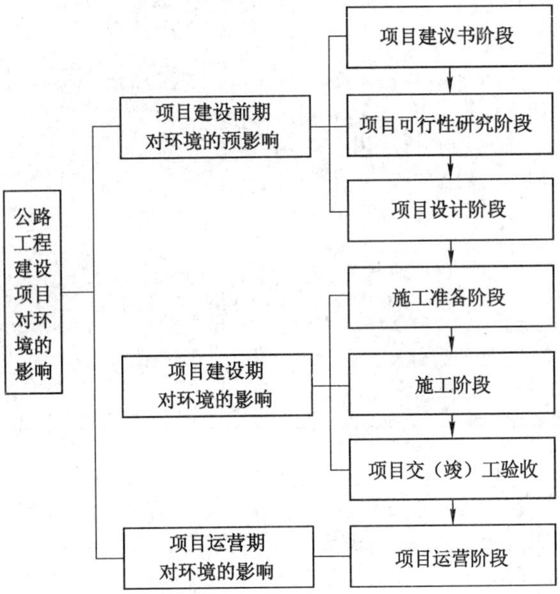

图 13-1　公路工程建设项目对环境影响的阶段分析

13.1.1　公路项目建设前期对环境的预影响

项目建设前期主要包括项目建议书阶段、项目可行性研究阶段和项目设计阶段。项目建设前期的主要作用是项目决策，公路建设项目一旦立项，项目本身及其对沿线环境产生的影响范围和类型随之确定，即建设前期直接决定了项目环境影响的性质、规模和程度。所以在项目建设前期应认真分析公路建设项目对环境的影响，以采取科学合理的保护措施。

公路工程项目在建设前期对其沿线及一定区域内产生的环境影响主要包括对自然环境的影响和对社会环境的影响两方面。主要影响内容见表 13-1。

表 13-1　公路工程项目建设前期对环境的预影响及改善措施

<table>
<tr><th colspan="2">预影响分析</th><th>主要预影响内容</th><th>改善措施</th></tr>
<tr><td rowspan="2">自然环境影响</td><td>生态破坏</td><td>1. 对土地(耕地)的永久占用；
2. 对地表植被及生态的破坏；
3. 对动植物的干扰与阻隔；
4. 对生物多样性的影响；
5. 水土流失的加剧；
6. 对自然保护区、景观的影响；
7. 对沿线气温的影响</td><td>通过规划环评和项目环评，优化选线与设计，可以降低影响，但不可避免</td></tr>
<tr><td>环境污染</td><td>1. 大气污染；
2. 水污染；
3. 固体废弃物污染；
4. 噪声污染；
5. 振动污染；
6. 光污染</td><td>通过环境影响评价和环保设计等措施，可降低影响，但不可避免</td></tr>
<tr><td colspan="2">社会环境影响</td><td>1. 征地拆迁对周围居民的影响；
2. 沿线居住区的城镇化效应；
3. 对沿线学校、居住区等环境敏感点的影响；
4. 对文物与景观的影响</td><td>通过相应的积极政策与措施，影响有一定减少，但不可避免</td></tr>
</table>

13.1.2　公路项目建设期对环境的影响

公路工程项目建设期包括施工准备阶段、施工阶段和项目交(竣)工验收阶段。项目建设期由于开始了具体的施工建设活动，因此不可避免地要对公路沿线及一定范围内的环境造成不同程度的影响。这一阶段如果不注意对环境的保护，如施工组织设计不合理、取弃土场的位置与数量选择不合理、施工机械与施工方法选择不当、施工管理不严格等，都将对环境产生较大的影响。

公路建设期对环境的影响内容见表 13-2。

13.1.3　公路项目运营期对环境的影响

公路建设项目运营期，随着交通量的与日俱增，噪声和汽车尾气及粉尘污染逐渐加剧，噪声对沿线居民、学校和机关单位的学习、工作和休息产生长期的不利影响，尾气、粉尘、油污对沿线居民生活、农田、土壤、水质等影响较明显，呈逐步加重的发展趋势。收费站点收费人员、沿线服务区的工作人员和沿线管养人员所产生的污水、垃圾也会造成一定的污染。运营期对沿线环境产生的主要影响见表 13-3。

表 13-2　公路工程项目建设期对环境的影响及改善措施

<table>
<tr><th colspan="2">影响分析</th><th>主要影响内容</th><th>改善措施</th></tr>
<tr><td rowspan="2">自然环境影响</td><td>生态破坏</td><td>1. 对地表植被及生态的破坏；
2. 水土流失；
3. 破坏水体；
4. 对动植物的干扰；
5. 对景观的破坏</td><td rowspan="3">通过加强建设期的环境保护工作，采取合理的施工及环境保护措施，可以减缓各种环境问题，但不可避免</td></tr>
<tr><td>环境污染</td><td>1. 大气污染；
2. 水污染；
3. 固体废弃物污染；
4. 噪声污染；
5. 振动污染</td></tr>
<tr><td colspan="2">社会环境影响</td><td>1. 征地拆迁及再安置对周围居民的影响；
2. 对现有交通的影响；
3. 对沿线学校、居住区等环境敏感点的影响；
4. 对文物与景观的影响</td></tr>
</table>

表 13-3　公路工程项目运营期对环境的影响及改善措施

<table>
<tr><th colspan="2">影响分析</th><th>主要影响内容</th><th>改善措施</th></tr>
<tr><td rowspan="2">自然环境影响</td><td>生态干扰</td><td>1. 廊道效应对野生动物的干扰；
2. 对沿线气温的局部干扰，形成“公路热浪带”</td><td rowspan="3">加强公路运营期环境管理，可以减少由于公路运营、车辆通行产生的环境影响</td></tr>
<tr><td>环境污染</td><td>1. 大气污染；
2. 水污染；
3. 固体废弃物污染；
4. 噪声污染；
5. 振动污染；
6. 光污染；
7. 危化品运输的潜在污染</td></tr>
<tr><td colspan="2">社会环境影响</td><td>1. 聚集效应，包括交通、居住、工业等；
2. 环境污染对沿线学校、居住区等环境敏感点的影响；
3. 对沿线居民、村庄产生的阻隔效应</td></tr>
</table>

13.2　公路工程项目环境管理体系

13.2.1　环境管理体系概述

1993 年 6 月，国际标准化组织（ISO）正式成立环境管理技术委员会（ISO/TC 207），其宗旨为：“通过制定和实施一套环境管理的国际标准，规范企业和社会团体等所有组织的环境表现，使之与社会经济发展相适应，改善生态环境质量，减少人类各项活动所造成的环境污染，节约能源，促进经济的可持续发展”。1996年，国际标准化组织推出了ISO 14000系列标准。同年，我国将其等同转换为国家标准GB/T 24000系列标准。环境管理体系有利于保护人类生存和发展，促进国民经济的可持续发展，是建立市场经济体制和环境管理现代化的需要。环境管理体系主要包括以下几个方面的内容。

(1) 环境方针。主要包括对遵守法律及其他要求、持续改进和污染预防的承诺。环境方针是制定与评审环境目标和指标的框架。

(2) 环境因素。识别环境因素时要考虑到正常、异常、紧急等几种状态及过去、现在、将来等几种时态，以及向大气排放、向水体排放、废弃物处理、土地污染、原材料和自然资源的利用、当地其他环境问题几种类型，及时更新环境方面的信息，以确保环境因素识别的充分性和重要环境因素评价的科学性。

(3) 法律和其他要求。组织应建立并保持程序，以保证活动、产品或服务中环境因素遵守法律和其他要求，还应建立获得相关法律和其他要求的渠道，包括对变动信息的跟踪。

(4) 目标和指标。主要包括：

① 组织内部各管理层次、各有关部门和岗位在一定时期内均有相应的目标和指标。

② 组织在建立和评审目标时，应考虑的因素主要有：环境影响因素、遵守法律法规和其他要求的承诺、相关方要求等。

③ 目标和指标应与环境方针中的承诺相呼应。

(5) 环境管理方案。组织应制定一个或多个环境管理方案，以保证环境目标和指标的实现。方案的内容一般可以有：组织的目标、指标的分解落实情况，使各相关层次与职能在环境管理方案与其所承担的目标、指标相对应，并应规定实现目标、指标的职责、方法和时间表等。

(6) 组织结构和职责。环境管理体系的有效实施要靠组织的所有部门承担相关的环境职责，必须对每一层次的任务、职责和权限做出明确规定，形成文件并给予传达。最高管理者应指定管理者代表并明确其任务、职责和权限，应为环境管理体系的实施提供各种必要的资源。管理者代表应对环境管理体系的建立、实施和保持负责，并向最高管理者报告环境管理体系运行情况。

(7) 培训、意识和能力。组织应明确培训要求及需要特殊培训的工作岗位和人员，建立培训程序，明确培训应达到的效果，并对可能产生重大影响的工作，要有必要的教育、培训、工作经验、能力方面的要求，以保证他们能胜任所负担的工作。

(8) 信息交流。组织应建立信息交流程序，使其能在组织的各层次和职能间交流有关环境因素和管理体系的信息，以及外部相关方信息的接收、成文和答复，特别注意涉及重要环境因素的外部信息的处理并记录其决定。

(9) 环境管理体系文件。环境管理体系文件应充分描述环境管理体系的核心要素及其相互作用，应给出查询相关文件的途径，明确查找的方法，使相关人员易于获取有效版本。

(10) 文件控制。组织应建立并保持有效的控制程序，保证所有文件的实施，注明日期(包括发布和修订日期)、字迹清楚、标志明确，妥善保管并在规定期间予以保留等要求；还应及时从发放和使用场所收回失效文件，防止误用，建立并保持有关制定和修改各类文件的程序。环境管理体系重在运行和对环境因素的有效控制，应避免文件过于繁琐，利于建立良好的控制系统。

(11) 运行控制。组织的方针、目标和指标及重要环境因素有关的运行和活动，应确保它们在程序的控制下运行;当某些活动有关标准在第三层文件中已有具体规定的,程序可予以引用。对缺乏程序指导可能偏离方针、目标、指标的运行应建立运行控制程序,但并不要求所有的活动和过程都建立相应的运行控制程序。应识别组织使用的产品或服务中的重要环境因素,并建立和保持相应的文件程序,将有关程序与要求通报供方和承包方,以促使他们提供的产品或服务符合组织的要求。

(12) 应急准备和响应。应建立并保持一套程序,使之能有效确定潜在的事故或紧急情况,并在其发生前予以预防,减少可能伴随的环境影响;一旦紧急情况发生时及时做出响应,尽可能地减少由此造成的环境影响。组织应考虑可能会有的潜在事故和紧急情况,采取预防和纠正的措施应针对潜在的和发生的原因,必要时特别是在事故或紧急情况发生后,应对程序予以评审和修订,确保其切实可行,并定期按程序有关规定定期进行试验或演练。

(13) 监测和测量。对环境管理体系进行例行监测和测量,既是对体系运行状况的监督手段,又是发现问题及时采取纠正措施、实施有效运行控制的首要环节。

① 监测的内容,通常包括:组织的环境绩效(如组织采取污染预防措施收到的效果,节省资源和能源的效果,对重大环境因素控制的结果等),有关的运行控制(对运行加以控制,监测其执行程序及其运行结果是否偏离目标和指标),目标、指标和环境管理方案的实现程度,为组织评价环境管理体系的有效性提供充分的客观依据。

② 对监测活动,在程序中应明确规定:如何进行例行监测,如何使用、维护、保管监测设备,如何记录和如何保管记录,如何参照标准进行评价,什么时候向谁报告监测结果和发现的问题等。

③ 组织应建立评价程序,定期检查有关法律法规的持续遵循情况,以判断环境方针有关承诺的符合性。

(14) 纠正与预防措施。组织应建立并保持文件程序,用来规定有关的职责和权限,对不符合的情况进行处理与调查,采取措施以减少其影响。对已存在和潜在不符合的情况及时采取纠正与预防措施,同时要分析原因。由纠正与预防措施引起的程序文件的任何更改,均应遵守实施并予以记录。

(15) 记录。组织应建立对记录进行管理的程序,明确对环境管理的标识、保存、处置的要求。组织的程序文件中应规定记录的内容。记录应字迹清楚、标识清楚、可追溯。

(16) 环境管理体系审核。组织应制定、保持定期开展环境管理体系内部审核的程序和方案。审核程序和方案的目的是判定其是否满足符合性(环境管理体系是否符合对环境管理工作的预定安排和规范要求)和有效性(环境管理体系是否得到正确实施和保持),向管理者报告管理结果。对审核方案的编制依据和内容要求,应立足于所涉及活动的环境的重要性和以前审核的结果。审核的具体内容,应规定审核的范围、频次、方法,对审核组的要求,审核报告的要求等。

(17) 管理评审。组织应按规定的时间间隔进行,评审过程要记录,形成文件。评审的对象是环境管理体系,目的是保证环境管理体系的持续适用性、充分性和有效性。评审前要收集充分必要信息,作为评审依据。

13.2.2 公路建设项目环境管理体系及制度

结合环境管理体系和公路工程建设项目的特点,公路建设项目环境管理体系可概括为七个方面:公路环境管理制度体系与法规框架;公路环境管理技术方法体系;公路环境管理运行机制;公路环保投资及其收益;公路环境管理公众参与;公路环境管理信息系统;公路环境管理体系的保障机制。

1. 公路环境管理的制度体系

(1) 公路环境影响评价制度

环境影响评价可明确规划制定者、开发建设者的环境责任及规定应采取的行动,可为规划制定建设项目的工程设计提出环境保护要求和建议,为环境管理者提供对建设项目实施有效管理的科学依据。

环境影响评价制度是国家通过立法对环境影响评价的对象、范围、内容和程序等进行规定而形成的有关环境影响评价活动一整套规则体系。环境影响评价制度是以贯彻预防为主的原则是防止新污染、保护生态环境的一项重要的环境管理制度,也是实现防治结合、预防为主原则,保护环境、防治污染的重要环境保护制度。

公路建设项目环境影响评价是指对公路项目实施后,即公路施工及运营可能对环境带来的不利影响进行预测和评价,从而确定出环境影响的范围和程度,提出避免、消除和减轻不利影响的对策和建议,为公路项目方案的优化决策及环境污染控制提供依据。自《中华人民共和国环境影响评价法》实施后,我国全面开展了公路建设项目的规划环境影响评价工作,新规划的公路网要进行规划环境影响评价。

(2) 公路建设项目竣工环保验收制度

公路建设项目竣工环保验收是指项目竣工后,环保行政主管部门根据有关规定,依据环境保护验收监测及调查结果,并通过现场检查手段,考核项目是否达到环境保护要求的管理方式。

公路建设项目竣工环保验收的依据主要有:《建设项目环境保护管理条例》《建设项目环境保护验收管理办法》《建设项目环境保护设施竣工验收管理规定》《建设项目环境保护设施竣工验收监测办法》,以及《交通建设项目环境保护管理办法》《公路工程环境保护设计规范》《公路工程环境影响报告书》及有关行政主管部门的批复意见等。

按照有关规定,项目建设单位(业主)在工程竣工后要向项目审批的环境行政主管部门申请验收,公路建设项目竣工环保验收的工作程序包括:委托监测及调查→申请验收→召开验收会→提出验收意见。

国家对建设项目竣工环境保护验收实行公告制度,环境保护行政主管部门应当定期向社会公告建设项目竣工环境保护验收的结果。2003 年起,国家环境保护总局推行建设项目环保验收公示制,要求各级环保部门对建设项目竣工环境保护验收管理情况进行公示。

(3) 公路建设项目环境监理制度

自 20 世纪 80 年代我国正式开展工程监理工作以来,工程监理已形成制度,在保证工程建设质量、提高工程建设水平、充分发挥投资效益方面起到了重要作用。但多年来环境保护未能纳入工程监理,项目实施过程中缺少有效的环境管控措施,导致施工阶段环境污染和生态破坏没有得到有效控制。随着市场经济的深入发展,我国在建设项目管理方面逐步实施了企业法人制、工程招投标制、工程监理制等,加强公路项目施工期的环境管理、进行施工期环境监理已势在必行。

2002 年 10 月国家环境保护总局、原交通部等六部委联合发文《关于在重点建设项目中开展工程环境监理试点的通知》(环发〔2002〕141号),国家环境保护总局会同有关行业主管部门对13个建在生态敏感区、生态环境影响突出的国家重点工程,包括上海至瑞丽国道主干线(贵州境三穗至凯里段)、怀化至新晃高速等,开展施工期环境监理试点工作。2004年6月原交通部发布《关于开展交通工程环境监理工作的通知》(交环发〔2004〕314号)对交通工程环境监理提出了原则要求,对环境监理的依据、内容和机构做出原则性指导。

(4) 公路建设项目环境后评价制度

公路建设项目环境后评价是公路建设项目后评价的重要内容之一。对公路建设项目来说,环境后评价是指区域内的公路项目建成投入正常运营后,在一定的时间内分析评价已建成运营的公路对该区域环境质量的实际影响,分析评价公路建设项目环境影响评价结论的准确性、可靠性和环境保护措施的有效性。

环境后评价可参见第16章相关内容。

2. 公路环境管理技术方法体系

(1) 公路环境管理技术方法

为了实现公路环境管理目标,在公路建设项目中应用多种环境保护技术,以达到强化环境管理的目的。主要的技术方法有:

1) 公路建设项目环境评价技术

公路建设项目环境评价技术是实施环境管理的重要依据,是指导具体环境保护工作的基础,主要包括预测技术和决策技术。

预测技术就是通过对研究对象过去和现在状况的调查,分析其未来环境质量状况变化趋势的技术。在公路建设项目中,预测技术应用于污染源预测、环境污染预测、生态环境预测和环境资源破坏及环境污染造成的经济损失预测等。

决策技术就是通过环境预测综合分析,在众多环境管理方案中选择最佳方案的技术。在公路建设项目中,决策技术可应用于路线走向等工程方面的决策等。决策技术是公路建设项目环境管理的核心。

2) 公路建设项目环境防治技术

公路建设项目环境污染防治技术是预防和治理公路造成环境影响或破坏的技术手段。通过污染防治技术的有效应用,把公路建设项目产生的水、空气、噪声、水土保持和生态等方面的影响降到最低。环境防治技术包括水污染防治技术、环境空气污染防治技术、噪声污染防治技术、水土保持技术和生态恢复技术等。

3) 公路建设项目环境监督技术

环境管理相关部门根据有关法律法规,对各地区、各部门的污染防治、环境保护工作状况和问题进行察看、督促、调查和处理,对发现的问题及时纠正,它是保证各项环境保护法规、政策、标准、规划和措施实施的重要手段。

环境监督技术主要体现在环境监测、公众参与和行政管理等方面。

(2) 公路环境管理技术方法体系架构

公路建设项目环境管理技术方法体系是公路建设项目各个阶段中环境管理技术方法的总体,构建完善的公路环境管理技术方法体系对有效开展公路环境保护工作具有重要意义。在公路建设项目中运用技术方法体系是达到环境管理目的的重要保障。公路建设项目环境管理技术方法体系见表13-4。

表 13-4 公路环境管理技术方法体系

时期	建设阶段	主要工作	主要工作内容	主要技术方法依据	说明
建设前期	项目规划阶段	环境规划，规划环评	公路环境保护规划，规划的影响预测分析评价	环境规划政策；《规划环境影响评价技术导则》	公路网规划环评已开展，并颁布了《公路网规划环境影响评价技术要点（试行）》（环办〔2014〕102号）
	可行性研究阶段	项目环评	工程分析、现状调查、影响预测、分析评价	《公路建设项目环境影响评价规范》；《环境影响评价技术导则》	1. 公路环评有较全面的技术规范和导则； 2. 公路环评已成为相对规范、完善的一项工作； 3. 公路环评的技术方法还需进一步丰富
	设计阶段	环保设计	初步设计，施工图设计	《公路环境保护设计规范》（JTG B04—2010）；《建设项目环境保护设计规定》	1. 已有公路环保设计的要求和环保设计规范； 2. 公路环保设计存在设计人员专业化、设计内容全面性和设计深度等方面的问题
建设期	施工准备阶段	施工组织设计	施工组织设计编制，“三通一平”环境保护工作		1. 施工准备阶段缺乏环境管理； 2. 施工组织设计中环境保护的内容和要求薄弱
	施工阶段	环境监理	各项工程的环境保护工作	《开展交通工程环境监理工作实施方案》（交环发〔2004〕314号）	1. 目前部分省份开展了环境监理工作； 2.《实施方案》仅是初步的宏观要求，没有制定出具有指导性的实施办法和技术文件
	竣工验收阶段	环境保护验收	环保设施竣工验收，工程环保工作验收	《建设项目竣工环境保护验收管理办法》（国家环境保护总局令第13号）；建设项目环境保护有关规定	1. 环保验收有较全面的验收管理规定和验收监测办法； 2. 实际工作中对环保设施竣工验收有所偏重
运营期	运营阶段	环境后评价	各项环保措施的评价，环境影响分析	《公路建设项目后评价工作管理办法》、《公路建设项目后评价报告编制办法》（交规发〔2011〕695号）	虽然制定了相关办法，但尚未全面推行

13.2.3 公路建设项目各阶段环境管理主体及职责

公路建设项目实施过程中，参与环境管理的主体包括环境保护行政主管部门、行业环境保护主管部门、环境影响评价机构、环境监理机构、建设单位、勘测设计单位和施工单位等，在其中承担了不同的职责。

不同环境管理主体及其职责见表 13-5。

表 13-5　公路建设项目各阶段环境管理主体及其职责表

建设阶段		环境管理主体	职责
项目建设前期	项目建议书阶段	建设单位	委托有资质的咨询单位编制包含项目环境影响初步分析内容的项目建议书并报批
		交通行业环保主管部门	组织行业环境保护规划；依据项目区环境敏感特征，审查项目预可行性研究报告中有关环保分项
		环保行政主管部门	组织环境资料调查，信息储备
		咨询单位	实施环境影响初步分析工作，编制项目建议书中相应内容
	可行性研究阶段	建设单位	委托有资质的环评单位进行环境影响评价，编制环境影响评价报告书并报批
		交通行业环保主管部门	环境影响报告书预审；审查可行性研究报告中环境保护章节及相关费用
		环保行政主管部门	环境影响报告书审批
		咨询、勘测、设计单位	受建设单位委托，结合环境影响评价结论进行可行性研究，编制可行性研究环保篇章
		环评单位	受建设单位委托实施环境影响评价，编制环境影响评价报告书
	项目设计阶段	建设单位	委托设计单位进行初步设计，编制环境保护篇章，落实各项环保设计和投资概算；将设计文件报环保行政主管部门；委托设计单位根据初步设计审批意见进行施工图设计，落实有关环保方案的设计
		交通行业环保主管部门	组织初步设计审查或环保设计审查；审查初步设计中环境保护章节及相关费用，检查环评报告及批复文件中的有关内容是否在设计文件中得以落实
		环保行政主管部门	参与初步设计的环保篇章审查；监督检查施工图中环保方案设计的落实情况
		设计单位	受建设单位委托编制初步设计环保篇章，进行施工图的环保方案设计。设计中应落实环评报告及批复文件内容
		监理单位（如有）	执行“三同时”规定，监督环保内容设计情况
项目建设期	施工准备阶段	建设单位	编制招标文件，将环保要求纳入；考核施工和监理投标单位的环保业绩；编制项目环境监理规划；委托环境监测
		施工单位	编制施工环境保护组织设计，落实“三通一平”环境保护措施
		监理单位	检查施工环境保护组织设计，“三通一平”环境保护措施落实及拆迁安置的监督，编制环境监理实施细则
	项目施工阶段	建设单位	将环保设施建设施工情况资料记录以季报形式上报环保行政主管部门；组织完成项目环境保护工作内容
		施工单位	环保设施建设施工；施工过程中环保措施执行
		监理单位	监督施工单位、分包方环保设施的建设施工及施工过程中环保措施的执行；污染物排放达标及其他环境影响监控
		监测单位	按照环境影响报告书要求，进行环境监测，定期上报建设单位和环保行政主管部门
		交通行业环保主管部门	不定期检查施工期环保工作
		环保行政主管部门	检查环保报批手续是否完备；检查环保工程是否纳入施工计划及其建设落实情况

表 13-5(续)

建设阶段		环境管理主体	职责
项目建设期	试运营阶段	建设单位	向环保行政主管部门及交通行政主管部门提交试运营申请与环保工程预验收申请；根据预验收结果组织实施改进；委托项目试运营监测；委托环保验收调查
		环保行政主管部门	审批试运营报告；审查监测报告和环保验收调查报告
		交通行业环保主管部门	审批试运营报告；参加环保预验收
		环评单位	参加环保预验收
	竣工验收阶段	建设单位	向环保行政主管部门及交通行政主管部门提交环保竣工验收申请
		环保行政主管部门	审批竣工验收申请；组织环保达标验收与环保工程竣工验收；进行项目环境保护验收公示；签发项目环保验收合格文件
		交通行业环保主管部门	参加环保竣工验收；建立、补充和完善行业实施单位和监理单位环境保护工作业绩档案
		施工单位	参加环保竣工验收，完善环保相关要求
		监理单位	提供相关施工期环境保护档案，参加项目环境保护竣工验收
		环评单位	参加环保竣工验收
项目运营期	运营阶段	建设单位	环保设施运行与管理，委托进行环境监测；组织公路建设项目环境后评价
		咨询单位	参与实施环境后评价
		环保行政主管部门	参加环境后评价；提出意见并备案
		交通行业环保主管部门	审查环境后评价；总结、宣传、推广交通建设环保经验

对公路建设项目来说，环境保护行政主管部门属于外围监管，交通行业环境保护部门属于行业内部监管，建设单位对建设项目负有直接管理责任，施工单位负责具体执行，环境咨询、勘测、设计、环评等单位则提供管理服务与技术支持。各部门、各单位相互联系、相互配合，共同实施公路建设项目环境管理工作，形成了公路建设项目环境管理组织机构体系。

13.3　公路工程项目环保施工

对于公路工程项目，环境保护主要是指保护和改善施工现场的环境。公路施工企业应遵照国家和地方的法律法规以及公路行业要求，采取有效措施控制施工现场的粉尘、废气、固体废弃物以及噪声、振动等对环境的污染和危害。施工企业应根据批准的建设项目环境影响报告，首先通过对环境因素的识别和评估，确定项目环境管理的目标，然后进行项目环境各类策划，并在各个阶段贯彻实施。

13.3.1　施工期主要工作内容

1. 组织准备阶段

(1) 落实施工期环境保护工作人员，进行环保工作人员培训。

(2) 考察施工工地及周边环境，了解标段的环境敏感问题及环境保护目标。

(3) 了解国家和地方有关环境保护的法律、法规和政策。

2. 招投标阶段

(1) 编制施工组织方案,其中必须有环境保护章节。

(2) 进行环境保护工作量及费用概算,不能以降低环保费用来减少环保工作内容。

3. 施工准备阶段

(1) 与指挥部签订施工期环境保护责任书。

(2) 与指挥部签订环境保护合同条款。

(3) 成立专门的环境保护小组机构,配备施工期专职和兼职环境保护管理人员,并建立和制定相关管理制度与规定。

(4) 环境保护监测设备购置,使用培训。

(5) 制订标段环境保护工作计划,报驻地监理工程师审批。

(6) 进行施工项目驻地的选址和环境建设,并报驻地监理工程师审批。

(7) 按照施工图设计规定的地点设置砂石料场、预制场、拌合站、施工便道以及临时材料堆放场等临时设施,采取相关环保措施,并报环境监理工程师审查。外购砂石料时,与砂石料供应商签订购买合同,合同中明确砂石料场的水土流失防治责任,合同条款明确砂石料场的水土流失防治费用。

(8) 按照施工图设计规定的地点设置弃渣场,采取防水、拦渣措施。

(9) 明确本标段内的环境敏感点目标分布情况,施工招标文件、合同中环境保护条款的规定,环境影响报告书和水土保持方案报告书提出的环保措施及要求,编制施工组织设计中的环境保护措施,报驻地监理工程师批准。

(10) 组织本单位主要管理、技术人员以及环境保护管理人员参加指挥部组织的施工单位环境管理人员培训,在施工人员中开展有关环保法律、法规及环保知识的普及宣传教育。

4. 主体工程施工阶段

(1) 在各分项工程施工中,落实环境保护措施与要求。

(2) 服从环境监理工程师的监理,主动向指挥部和环境监理工程师汇报在主体工程施工中可能出现或已经出现的环境问题以及解决的情况。

(3) 编制环境保护工作报告报送环境监理工程师,每月底前编制一份环境月报报送环境监理工程师,月报应对本标段内的环境监测、环境问题通知的响应等有关环境保护工作的履行情况进行总结。

5. 交工及缺陷责任阶段

(1) 对临时用地采取恢复措施,报监理工程师审查。

(2) 编制施工期环境保护工作总结,报监理工程师审查。

(3) 继续完成合同规定项目中的环境保护工作。

(4) 落实缺陷责任期环保工作内容。

(5) 落实竣工环保验收意见。

13.3.2 环保施工内容及要求

公路工程施工现场是企业人流、物流、信息流的汇集地,也是工程产品最终形成的场所,所以抓好施工现场管理显得越来越突出重要。公路工程施工现场是工人和其他管理人员直接从事施工活动、创造使用价值和社会价值的场所,是生产力的载体。公路工程施工企业向社会和市场提供的工程产品必须通过施工现场建造起来。即企业投入生产的各种要素，只有在施工现场优化组合后才能转换为生产力。工程施工进度的快慢、质量的优劣、成本的高低、效益的好坏都与施工现场管理水平息息相关。

1. 施工准备阶段

（1）项目经理部应在施工前了解经过施工现场的地下管线，标出位置，加以保护。施工时发现文物、古迹、爆炸物、电缆等，应当停止施工，保护现场，及时向有关部门报告，并按照规定处理。

（2）施工中需要停水、停电、封路而影响环境时，应经有关部门批准，事先告示。在行人、车辆通过的地方施工，应当设置沟、井、坎、洞覆盖物和标志。

（3）项目经理部应对施工现场的环境因素进行分析，对于可能产生的污水、废气、噪声、固体废弃物等污染源采取措施，进行控制。

（4）施工垃圾和渣土应堆放在指定地点，定期进行清理。装载材料、垃圾或渣土的运输机械，应采取防止尘土飞扬、洒落或流溢的有效措施。施工现场应根据需要设置机动车辆冲洗设施，冲洗污水应进行处理。

（5）除有符合规定的装置外，不得在施工现场熔化沥青和焚烧油毡、油漆，亦不得焚烧其他可产生有毒有害烟尘和恶臭气味的废弃物。项目经理部应按规定有效地处理有毒有害物质。禁止将有毒有害废弃物现场回填。

（6）施工现场的场容管理应符合施工平面图设计的合理安排和物料器具定位管理标准的要求。

（7）项目经理部应依据施工条件，按照施工总平面图、施工方案和施工进度计划的要求，认真进行所负责区域的施工平面图的规划、设计、布置、使用和管理。

（8）现场的主要机械设备、模具、施工临时道路、各种管线、施工材料制品堆场及仓库、土方及垃圾堆放区、变配电间、消火栓、警卫室，以及现场的办公、生产和生活临时设施等的布置，均应符合施工平面图的要求。

（9）现场入口处的醒目位置，应公示：工程概况、职业健康安全纪律、防火须知、职业健康安全生产和文明施工规定、施工平面图、项目经理部组织机构图及主要管理人员名单。

（10）施工现场周边应按当地有关要求设置围挡和相关的职业健康安全预防设施。危险品仓库附近应有明显标志及围挡设施。

（11）施工现场应设置畅通的排水沟渠系统，保持场地道路的干燥坚实。施工现场的泥浆和污水未经处理不得直接排放。有条件时，可对施工现场进行绿化布置。

（12）项目经理部应当遵守国家有关环境保护的法律规定，采取措施控制施工现场的各种粉尘、废气、废水、固体废弃物以及噪声、振动对环境的污染和危害。

（13）施工人员的生活污水、生活垃圾、粪便等应集中处理，不能直接排入水体。施工管理区生活污水等无法接入市政排水管理时，要建化粪池进行处理。

（14）公路施工的堆料场、灰土墙拌合站等应设于空旷的地方，相距200 m范围内不应有集中居民区、学校等。

（15）施工材料运输公路及便道应采取定时洒水降尘措施。对一些粉状材料，运输时应加以遮盖。

2. 路基施工阶段

(1) 采取有效措施控制施工过程中的扬尘。

(2) 禁止将有毒有害废弃物用作土方回填。

(3) 对产生噪声、振动的施工机械,应采取有效控制措施,减轻噪声扰民。

(4) 对开挖土方、回填土方过大的路段,施工应避开雨期,并在雨期来临之前,将开挖、回填、弃方的边坡处理完毕。

(5) 对于施工取土,要做到边开采、边平整、边绿化,同时要做到计划取土,及时还耕。对于在公路两侧取土,要做好规划,要有利于耕地改造。南方地区可与修建养鱼、养虾池有计划地结合起来,并与路基保持一定的距离,杜绝随意取土。

(6) 对于雨水较多的地区,在公路施工中,会出现边坡的崩塌、滑坡现象,因此凡是大面积护坡处需增设截水沟,有组织地排除雨水。

(7) 施工过程中,对可能产生雨水地面径流处开挖路基时,应设置临时性的土沉淀池,以拦截泥沙,必要时在沉淀池的出水侧设置土工布围栏,待路建成后,将土沉淀池推平,绿化或还耕。

(8) 对路堤边坡应及时植草绿化,在修筑较高挡土墙的同时,每隔一定距离栽植易发芽的灌木。

(9) 加强对文物古迹的保护,一旦发现有未挖掘到的文物,应立即停止施工,并及时通知文物保护单位,待文物发掘和清理完毕后方可恢复施工。

(10) 爆破施工时,规定好作业时间,严格控制人员出入,禁止车辆和行人通行。

3. 桥涵施工阶段

(1) 桥梁施工产生的污水应经沉淀池处理达到《污水综合排放标准》的相关规定方可排放。

(2) 桥梁施工中施工机械、船只要严格检查,防止油料泄漏。严禁将废油、施工垃圾等随意抛入水体。

(3) 严格控制桥墩基坑开挖范围,保护周围地表植被。

(4) 严格控制桥台地表清理范围,严禁乱砍滥伐。

(5) 河中桩基应采用围堰或钻孔灌注桩施工工艺。围堰中的污水应集中处理。采用钻孔灌注桩施工时,产生的泥浆应运至指定地点存放、循环利用,并做好存放点的拦挡和排水措施,泥浆未经处理不得直接排入河流。

4. 隧道施工阶段

(1) 隧道施工时发现漏水应及时查明原因,对承压水泄漏要及时封堵。

(2) 隧道施工阶段,注意施工通风安全。在放炮后一段时间内,禁止人员进入,以免吸入有害气体。洞内采取机械通风措施,施工人员配备防护措施。

(3) 隧道施工严格控制施工物资堆放,弃土全部进入指定弃土场。

(4) 隧道施工中产生的污水应进行沉淀或其他处理,水质达到《污水综合排放标准》规定的一级排放标准后方可排放。

(5) 制定隧道有害气体监测方案,定期进行监测。

(6) 隧道经过瓦斯层时,监测工作不能离开作业面。

(7) 做好隧道内噪声控制的各项措施。

5. 路面施工阶段

(1) 在采用沥青路面的路段，设置沥青混凝土搅拌站的位置应选择适当，既要方便，又要符合卫生要求，卫生防护距离分级中规定保护距离为 300 m。同时，沥青混凝土搅拌站应设在离开居民区、学校等环境敏感点以外的下风向处，此外不宜采用开敞式、半封闭式沥青熬化作业工艺。

(2) 严格按季节控制路面摊铺，避免返工和产生废物。

(3) 沥青路面摊铺作业时，所有工作人员需配备必要的沥青烟防护用品。

(4) 路面工程与中央分隔带交叉作业时，中央分隔带作业要采取防护措施，避免作业时污染路面。

(5) 沥青废料必须及时清运到指定的堆放场地。

6. 绿化施工阶段

(1) 确定禁止引种的外来物种，避免引起生物入侵和其他病虫害。

(2) 工程进度严格符合时令，以保证成活率。

7. 临时工程施工阶段

(1) 对施工临时的占地，应将原有土地表层耕作的熟土堆放在一旁，待施工完毕再将这些熟土推平，恢复原土地表层。

(2) 对料场、预制厂和拌合站等临时工程，应做到：撒料覆盖；道路洒水防止扬尘；排污设备达标；物料冲洗水经沉淀且化验合格后排放；固体废弃物垃圾要及时收集、清理；经常进行机械设备的维护，降低噪声和废气的排放；施工结束后及时覆土植草或复耕。

(3) 对弃土场，应做到：弃土堆放坡度应考虑到不同材料的稳定因素；弃土过程弃、压、整、筑、排同步进行，弃土结束后及时恢复植被；修筑必要的排水、拦水设施。

(4) 对取土场，应做到：取土坡度应考虑景观恢复和生态恢复要求；取土量与用土量相平衡；取土前剥离表土，运至指定地点集中堆放，并做好拦挡、排水和覆盖措施；上方具有汇水面积的取土场，取土前做好截水沟等排水措施；取土结束后及时恢复植被。

(5) 对施工便道，应做到：村庄、学校及水库路段及时洒水，防止扬尘，学校路段运输车辆限速 15 km/h；及时进行植被恢复；新建施工便道开挖作业中产生的废渣应运至指定弃渣场，严禁就地随意弃渣；严格控制施工便道的宽度，避免破坏红线外的植被和土地；施工结束时与地方商议，如地方有意保留便道并进行维修后交给地方，否则进行松土、复耕或植草。

(5) 对施工项目部驻地，应做到：生活垃圾集中收集堆放，及时清理；粪便经化粪池处理后用作农肥；厂区及周边保持清洁。

(6) 对临时材料堆放，应做到：结合工程用料，合理选址，尽量堆放在立交区、房建区营地范围内；临时材料堆放场应采取防止物料撒漏污染措施；沥青、油料、化学品等不得堆放在民用水井及河流附近，不得堆放在易发生过水的沟道内；在沥青、油料、化学品的堆放处必须采取措施防止雨水冲刷。

第14章　公路工程施工项目生产要素管理

生产要素的管理即项目资源管理，项目的生产要素是指生产力作用于工程项目的各有关要素，通常是指投入施工项目的人力资源、材料、机械设备、技术和资金等诸要素，是完成施工任务的重要手段，也是工程项目目标得以实现的重要保证。

在公路工程项目管理过程中，为了取得各阶段目标和最终目标，在进行各项工作时，必须加强项目资源管理。项目资源管理的主体是以项目经理为首的项目经理部，管理的客体是与施工活动有关的各生产要素。因此，要加强对工程项目的资源管理，就必须对工程项目的各生产要素进行认真的分析和研究。公路工程项目资源管理的内容包括人力资源管理、材料管理、机械设备管理、技术管理和资金管理。

公路工程项目生产要素管理的全过程应包括项目生产要素的计划、配置、控制和处置。项目生产要素管理应遵循以下程序进行：

(1) 按合同要求，编制资源配置计划，确定投入资源的数量与时间。

(2) 根据资源配置计划，做好各种资源的供应工作。

(3) 根据各种资源的特性，采取科学的措施，进行有效组合、合理投入、动态调控。

(4) 对资源投入和使用情况进行定期分析，找出问题，总结经验并持续改进。

14.1　材料的管理

材料管理就是项目对施工生产过程中所需要的各种材料的计划、订购、运输、储备、发放和使用所进行的一系列组织与管理工作。做好这些物资管理工作，有利于企业合理使用和节约材料，加速资金周转，降低工程成本，增加企业的盈利，保证并提高建设工程产品质量。

对公路工程项目材料的管理，主要是指在材料计划的基础上，对材料的采购、供应、保管及使用进行组织和管理，其具体内容包括材料定额的制定管理、材料计划的编制、材料的库存管理、材料的订货采购、材料的组织运输、材料的仓库管理、材料的现场管理、材料的成本管理等。

14.1.1　公路工程施工项目材料管理计划

项目材料管理计划是对项目所需要材料的预测、部署和安排，是指导与组织施工项目材料的订货、采购、加工、储备和供应的依据，是降低成本、加速资金周转、节约资金的一个重要因素，对促进生产具有十分重要的作用。公路工程项目材料管理计划包括材料需求计划、材料使用计划和阶段材料计划。

1. 材料需求计划

材料需求计划是根据工程项目设计文件及施工组织设计编制的，反映完成施工项目所需的各种材料的品种、规格、数量和时间要求，是编制其他各项计划的基础。材料需求计划一般包括整个工程项目的需求计划和各计划期的需求计划，准确确定材料需用量是编制材料计划的关键。材料需求计划是编制其他各类材料计划的基础，是控制供应量和供应时间的依据。但是，材料往往不是一次性采购齐的，需分期分次进行，因此，材料需用计划也相应划分为材料总需求量计划和材料计划期（季、月）需求计划。

（1）材料总需求量计算

根据不同的情况，可采用直接计算法或间接计算法确定材料需用量。

1）直接计算法。对于工程任务明确，施工图纸齐全的情况，可直接按施工图纸计算出分部分项工程实物工程量，套用相应的材料消耗定额，逐条逐项计算各种材料的需用量；然后汇总编制材料需用计划；再按施工进度计划分期编制各期材料需用计划。

直接计算法的公式如下：

$$\text{某种材料计划需用量}=\text{工程实物工程量}\times\text{某种材料消耗定额} \tag{14-1}$$

式中，材料消耗定额的选用要视计划的用途而定，如计划需用量用于向建设单位结算或编制定货、采购计划，则应采用概算定额计算材料需用量；如计划需用量用于向单位工程承包人和班组实行定额供料，作为承包核算基础，则要采用施工定额计算材料需用量。

2）间接计算法。对于工程任务已经落实，但设计尚未完成，技术资料不全，不具备直接计算需用量条件的情况，为了事前做好备料工作，便可采用间接计算法。当设计图纸等技术资料具备后，应按直接计算法进行计算调整。间接计算法主要有以下几种：

① 概算指标法。即利用概算指标计算材料需用量的方法。

当已知某工程的结构类型和建筑面积时，可采用下式概算工程主要材料的需用量：

$$\begin{matrix}\text{某种材料}\\\text{计划需用量}\end{matrix}=\text{建筑面积}\times\text{同类型工程每平方米建筑面积某种材料消耗定额}\times\text{调整系数} \tag{14-2}$$

当某项工程的类型不具体，只知道计划总投资额的情况时，可采用下式计算工程材料的需用量：

$$\text{某材料计划需用量}=\text{工程项目计划总投资}\times\text{每万元产值某材料消耗定额}\times\text{调整系数} \tag{14-3}$$

但是，由于该方法只考虑了工程的投资报价，而未考虑不同结构类型工程之间材料消耗的差别，因此其准确度差。

② 比例计算法。多用来确定无消耗定额而有历史消耗数据的情况，以相关比例关系为基础来确定材料需用量。其计算公式如下：

$$\text{材料需用量}=\begin{matrix}\text{对比期材料}\\\text{实际耗用量}\end{matrix}\times\text{计划期工程量}/\text{对比期实际完成工程量}\times\text{调整系数} \tag{14-4}$$

式中，调整系数一般可根据计划期与对比期生产技术组织条件的对比分析、降低材料消耗的要求，采取节约措施后的效果等来确定。

③ 类比计算法。多用于计算新产品对某些材料的需用量。它是以参考类似产品的材料消耗定额，来确定该产品或该工艺的材料需用量的一种方法。其计算公式如下：

$$\text{材料需用量}=\text{工程量}\times\text{类似产品的材料消耗量}\times\text{调整系数} \tag{14-5}$$

式中，调整系数可根据该种产品与类似产品在质量、结构、工艺等方面的对比分析来确定。

④ 经验估计法。根据计划人员以往的经验来估算材料需用量的一种方法。此种方法科学性差，只限于不能或不值得用其他方法的情况。

(2) 材料计划期(季、月)需求计划的编制

按计划期的长短，材料需用计划可分为年度、季度和月度计划，相应的计划期需求计划也应有三种，但以季度、月度计划应用较为频繁，故而计划期需求计划一般多指季度或月度材料需用计划。计划期计划主要是用来组织本计划期(季、月)内材料的采购、订货和供应等，其编制依据主要是施工项目的材料计划、企业年度方针目标、项目施工组织设计和年度施工计划、企业现行材料消耗定额、计划期内的施工进度计划等。确定计划期(季、月)内材料的需用量，常用以下两种方法：

1) 定额计算法。根据施工进度计划中各分部、分项工程量获取相应的材料消耗定额，求得各分部、分项的材料需用量，然后再汇总，求得计划期各种材料的总需用量。

2) 分段法。根据计划期施工进度的形象部位，从施工项目材料计划中，摘出与施工进度相应部分的材料需用量，然后汇总，求得计划期各种材料的总需用量。

(3) 编制步骤

季度计划是年度计划的滚动计划和分解计划，因此，欲了解季度计划，必须首先了解年度计划。年度计划是物资部门根据企业年初制定的方针目标和项目年度施工计划，通过套用现行的消耗定额编制的年度物资供应计划，是企业控制成本、编制资金计划和考核物资部门全年工作的主要依据。

月度需求计划也称备料计划，是由项目技术部门依据施工方案和项目月度计划编制的下月备料计划，也可以说是年、季度计划的滚动计划，多由项目技术部门编制，经项目总工审核后报项目物资管理部门。

2. 材料使用计划

材料使用计划即各类材料的实际进场计划，是项目材料管理部门组织材料采购、加工订货、运输、仓储等材料管理工作的行动指南，是根据施工进度和材料的现场加工周期所提出的最晚进场计划。

对于A类物资使用计划应由项目物资部经理根据月度申请计划和施工现场、加工场地、加工周期和供应周期分别报出。使用计划一式两份，公司物资部计划师一份，交各专业计划师按计划时间要求供应到指定地点。B类物资的使用计划应由项目物资部经理根据审批的申请计划和工程部门提供的现场实际使用时间、供应周期直接编制。C类物资在进场前按物资供应周期直接编制采购计划进场。

材料供应计划是在确定计划期需用量的基础上，预计各种材料的期初贮存量、期末储备量，经过综合平衡后，计算材料的供应量。

材料供应量的计算公式如下：

$$材料供应量=材料需用量+期末储备量-期初库存量 \tag{14-6}$$

式中，期末储备量主要是由供应方式和现场条件决定的，在一般情况下也可按下列公式计算：

$$某项材料储备量=某项材料的日需用量\times(该项材料的供应间隔天数+运输天数+入库检验天数+生产前准备天数) \tag{14-7}$$

14.1.2　公路工程施工项目材料管理控制

公路工程用主要材料有土质材料、砂石材料、水泥、石灰、粉煤灰、水泥混凝土、沥青材料、沥青混合料和钢材等，其供应计划由工程的性质、工期和施工条件决定，同时受材料供应市场的情况的影响。建筑材料是公路与桥梁构造物的物质基础，其使用数量庞大、品种繁多、来源不一，而且有些材料可能随着时间的推移或保管不当而产生性质变异，甚至产生严重的后果。例如，石灰的存放时间过长或贮存不当，则其质量下降；水泥存放时间长且贮存不当，则其性质会发生变化甚至报废；炸药、雷管等如保管不当可能导致严重的安全事故；材料的技术性质和规格等如不符合设计要求或规范要求，则构造物将出现严重的质量问题，甚至垮塌而导致严重的经济和时间损失与安全事故等等。因此，对建筑材料必须进行严格控制。材料管理控制应包括供应单位的选择、订立采购供应合同、出厂或进场验收、存储管理、使用管理及不合格品处理等。

1. 供应单位的选择

材料供应单位应当是设备齐全、生产能力强、技术经验丰富、具有一定生产规模、建立有质量保证体系并运行正常的企业。选择和确定材料供应单位是做好材料管理控制的基础。

在采购和加工大宗材料时，还可通过招标、投标办法，以便择优落实供应单位。

2. 订立采购供应合同

采购供应合同是实行材料供应承包责任制的主要形式，是完善企业内部经营机制、加强和提高企业管理水平的主要手段。采购供应合同应具有法律效力，并受到企业内部法规的保护。

一般合同正本一式两份，双方各执一份，以便相互监督和查询，并由双方负责人签字和加盖公章。为确保合同的顺利执行，应建立仲裁机构，及时处理合同执行中的纠纷，维护供需双方利益。

3. 材料出厂或进场验收

对材料进行验收前，要保持进场道路畅通，以方便运输车辆进出；同时，还应把计量器具准备齐全，然后针对物资的类别、性能、特点、数量确定物资的存放地点及必需的防护措施，进而确定材料验收方式。如现场建有样品库，对特殊物资和贵重物资采取封样，此类进场物资严格按样品（样板）进行验收。

4. 存储管理

材料的贮存，应依据材料的性能和仓库条件，按照材料保管规程，采用科学方法进行保管和保养，以减少材料保管损耗，保持材料原有使用价值。材料贮存的基本要求是库存材料堆放合理，质量完好，库容整洁美观。

5. 使用管理

（1）材料领发。施工现场材料领发包括两个方面，即材料领发和材料耗用。控制材料的领发，监督材料的耗用，是实现工程节约、防止超耗的重要保证。

公路工程材料领发须实行限额领料。限额领料是指在施工阶段对施工人员所使用物资的消耗量控制在一定的消耗范围内。它是企业内开展定额供应。提高材料的使用效果和企业经济效益、降低材料成本的基础和手段。

（2）材料使用监督。材料使用监督的目的就是保证材料在使用过程中能合理地消耗，充分发挥其最大效用。材料使用监督可采取以下措施：定额供料，限额领料，控制现场消耗；采用“跟踪管理”方法，对物资从出库到运输到消耗全过程跟踪管理，保证材料在各个阶段都处于受控状态；中间检查，查看操作者在使用材料过程中的效果，进行奖罚。

(3) 不合格品处理。验收材料质量不合格，不能点收时，可以拒收，并及时通知上级供应部门（或供货单位）。如与供货单位协商作代保管处理时，则应有书面协议，并应单独存放，在来料凭证上写明质量情况和暂行处理意见。已进场的材料，发现质量问题或技术资料不齐时，材料管理人员应及时填报“材料质量验收报告单”报上一级主管部门，以便及时处理，暂不发料，不使用，原封妥善保管。

6. 施工现场材料控制要点

(1) 原材料的控制要点

1）严格控制施工中所用各种原材料的技术性质与规格、数量，使之符合设计或相应规范、规程的要求。

2）按规范或规程规定的方法进行试验检测，真实地做好试验记录与试验报告并妥善按规定保管，以确保所购或所用材料技术性质与规格的可靠。

3）任何材料进入施工现场时都应登记，签发材料验收单，验收单应包括材料来源、品种、规格、数量、使用目的、购置日期、存放地点及其他应予注明的事项。

4）凡经试验检测不合要求的原材料及购置的成品、半成品，不允许进入施工现场在工程上使用。已进入施工现场的，应采取措施退出现场或做出妥善处理。

5）严格按照施工平面设计图的规定，有序地将各种材料储存于料场或仓库之中。料场应保持清洁有序，相关仓库应具有要求的功能，满足储存、保护相应材料的要求。如水泥仓库必须保证通风良好、防湿防潮等。还要防止材料对环境的污染，特别是散装细粒式的材料如粉煤灰等，应采取措施防风防雨。

6）对材料建立严格的管理、领用、回收等制度，防止浪费，节省成本。

7）加强易爆、易燃材料的管理，严格控制运输、储存、领用等环节，防止安全事故发生。

8）控制施工安全，防止材料（如大块石料）在搬运中轧伤工人，防止有害工人健康的事故发生。

(2) 桥梁工程用水泥混凝土的控制要点

对公路桥涵水泥混凝土、预应力混凝土及水下混凝土的控制要点如下。

1）正确选用水泥，控制水泥质量

① 选用水泥时，应注意其特性对混凝土结构强度、耐久性和使用条件是否有不利影响。

② 选用水泥时，应以能使所配制的混凝土强度达到要求、收缩小、和易性好和节约水泥为原则。

③ 水泥应符合现行国家标准，并附有制造厂家的水泥品质试验报告等合格证明文件。水泥进场后，应按其品种、强度、证明文件以及出厂时间等情况分批进行检查验收。对所用水泥应进行复核试验。为了快速鉴定水泥的现有强度，亦可用促凝压蒸法进行复验。

④ 袋装水泥在运输和储存时应防止受潮，堆垛高度应予控制。不同强度等级、品种和出厂日期的水泥应分别堆放并规整有序，采取措施，严防雨淋。

⑤ 散袋水泥的储存，应尽可能采用水泥罐或散袋水泥仓库，并注意防范搬运使用时的扬尘，控制其对人和环境的污染。

⑥ 水泥如受潮或存放时间超过 3 个月，应重新取样检验，并按复验结果使用或做出其他妥善处理。

⑦ 所有相关试验必须按规定试验方法、频率进行，试验应按规定格式真实记录并做好试验报告，妥善保管。

2）控制粗、细集料质量与规格

集料在生产、采集、运输和储存过程中，应采取控制措施，严禁混入影响混凝土性能的有害物质。集料应按品种规格分别有序堆放，不得混杂。在装卸及储存时，应采取控制措施，使集料颗粒级配均匀，并保持洁净，防止受到污染。

3）拌合用水的控制

拌制混凝土用的水应符合下列要求：

① 水中不应含有影响水泥正常凝结与硬化的有害杂质或油脂、糖类及游离酸类等。

② 污水、pH 值小于 5 的酸性水及含硫酸盐量按 SO_4^{2-} 计超过 0.27 mg/cm^3 的水不得使用。

③ 不得用海水拌制混凝土。

④ 饮用水一般能满足上述条件，使用时可不经试验。

4）外加剂的控制

应根据外加剂的特点，结合使用目的，通过技术经济比较来控制确定外加剂的使用品种，应根据使用要求、施工条件、混凝土原材料的变化控制外加剂的掺量。

5）混合材料的控制

① 混合材料包括粉煤灰、火山灰质材料和粒化高炉矿渣等，应采用生产单位专门加工、进行产品检验并出具产品合格证书的产品，其技术条件应符合现行《用于水泥和混凝土中的粉煤灰》(GB/T 1596)等标准的规定。使用时若对产品质量有怀疑时，应对其质量进行复查。

② 混合材料在运输与储存中，应有明显标志，严禁与水泥等其他粉状材料混淆。

③ 粉煤灰等混合材料作为水泥的替代材料或混凝土拌合物的填充材料掺于硅酸盐水泥、普通水泥或其他水泥配制的混凝土拌合物中时，其掺量应通过试验确定。

6）混凝土配合比的控制

作为能满足施工和易性、凝结时间、强度、耐久性(抗冻、抗渗、抗侵蚀)等施工条件和质量要求的复合材料水泥混凝土，绝不是由水、水泥、砂、碎石(卵石)或再加入外加剂随便组合起来即可，而是必须有恰当的配合比。这是关键所在，必须严加控制。

(3) 路面工程用水泥混凝土的控制要点

用于路面工程的一般水泥混凝土的有关控制要点与桥梁用水泥混凝土的基本相同。

水泥混凝土路面的滑模摊铺技术是一种新型的施工技术，适合我国国情，有广阔的应用前景。截止到 1999 年底，已经使用该技术建设 1 200 余千米的高等级公路，其中高速公路 700 余千米。它是大型滑模机械化的施工技术，使铺筑的水泥混凝土路面密实、平整、耐久，并具有良好的抗滑性能。但是，该施工技术有其自身的工艺特点和要求，对所用的材料也有其不同的要求。为此，有必要了解滑模摊铺水泥混凝土路面对材料的控制要点。

1）原材料的控制要点

① 水泥的控制要点

a. 特重、重交通[《公路工程结构可靠度设计统一标准》(GB/T 50283)中的结构安全等级一级、二级]水泥混凝土路面应采用旋窑生产的道路硅酸盐水泥、硅酸盐水泥或普通硅酸盐水泥。中、轻交通的路面,可采用旋窑生产的矿渣硅酸盐水泥。冬季施工、有快通要求的路段可采用快硬早强 R 型水泥,一般情况下宜采用普通型水泥。

b. 在高速公路、一级公路水泥混凝土路面使用掺有 10%以内活性混合物材料的道路硅酸盐水泥和掺有 6%~15%活性混合材料或 10%非活性混合材料的普通硅酸盐水泥时,必须控制不得再掺火山灰、煤矸石、窑灰和黏土四种混合材料。路面有抗盐要求时,不宜使用掺 5%石灰石粉的Ⅱ型硅酸盐水泥和普通水泥。

c. 各级公路水泥混凝土路面所使用水泥的化学成分、物理性质等路用品质要求符合规定。水泥进场时每批量应附有齐全的化学成分,物理、力学指标合格的检验证明。水泥的存放期不得超过 3 个月。

d. 水泥的各项路用品质必须合格,并应通过混凝土配合比试验控制。根据其试配弯拉强度、耐久性和工作性确定使用水泥的品种、强度等级及生产厂家。

e. 滑模摊铺水泥混凝土路面宜采用散装水泥。在散装水泥供应不上时,可采用吨包装或袋装水泥。

f. 无论气温多高,散装水泥的出厂温度均应限制在 55 ℃以内,并控制混凝土搅拌时的水泥温度不得高于 50 ℃。冬季施工应控制水泥温度不宜低于 10 ℃。

② 粉煤灰的控制要点

a. 滑模摊铺水泥混凝土路面工程可掺用粉煤灰。在水泥混凝土路面中使用Ⅰ、Ⅱ级粉煤灰时,应确切了解所用水泥中已经掺加混合材料的种类和数量,以便控制掺量。

b. 粉煤灰进货时应有等级检验报告。滑模施工宜采用散装干粉煤灰。使用粉煤灰的搅拌楼应增设 1 个水泥罐仓装粉煤灰。

c. 水泥混凝土路面工程必须控制不得使用潮湿的粉煤灰,禁止使用已结块的湿排干燥粉煤灰。

③ 粗集料的控制

滑模施工水泥混凝土路面砾石最大粒径不得小于 20 mm,破碎砾石和碎石最大粒径不得大于 30 mm,超径、逊径含量均应控制不得大于 5%,粒径小于 0.15 mm 的石粉含量不宜大于 1%。

④ 细集料的控制

滑模水泥混凝土路面用砂的级配曲线应控制在Ⅰ、Ⅱ区,并符合级配要求,宜为细度模数在 2.3~3.2 范围内的中砂或偏细粗砂。

2) 配合比的控制要点

滑模摊铺水泥混凝土路面所用混凝土拌合料的配合比通过满足弯拉强度、工作性、耐久性和经济性四项基本要求来进行控制。其中,保证滑模施工的最佳工作性及其稳定性和可滑性是其独特的要求。

经过实验室试拌配合比至搅拌楼实拌配合比后,再确定施工配合比。即对经搅拌楼实拌调整好的配合比,在施工中,还应根据天气、季节和运距等的变化,微调缓凝减水剂、引气剂或保塑剂的掺量,保证摊铺现场的振动黏度系数、坍落度等工作性适宜于滑模摊铺,且波动最小。同时,应根据当天不同时间的气温变化微调加水量,维持坍落度不变,其他配合比参数不得随意变动。

在重要路面工程中应采用正交试验法；但该法对试验人员的试验技能和精度要求很高，不允许在正交的每个试验中出现任何试验偏差，有一个试验数据出了问题，全部试验将报废。因此，对重要的高速公路、一级公路水泥混凝土路面工程，当工地实验室难以完成正交试验要求时，应委托正规实验室进行正交试验。

特别强调指出，根据我国工程建设标准强制性条文的相关规定，公路水泥混凝土路面滑模施工必须按强制性条文的规定执行。

(4) 热拌沥青混合料的控制要点

热拌沥青混料适用于各等级的沥青面层。高速公路、一级公路沥青面层的上面层、中面层及下面层应采用沥青混凝土混合料铺筑。沥青碎石混合料仅适用于过渡层及整平层。

1) 配合比设计的控制要点

配合比设计分三阶段，即目标配合比设计阶段、生产配合比设计阶段及生产配合比验证阶段。施工企业应对每一阶段严格控制，以决定沥青混合料的材料品种、矿料级配及沥青用量，生产出符合设计和使用要求的混合料。

① 目标配合比设计阶段

用工程实际使用的材料计算各种材料的用量比例，配合成符合相关规定的矿料级配，进行马歇尔试验，确定最佳沥青用量。以此矿料级配及沥青用量作为目标配合比，供拌合机控制确定各冷料仓的供料比例、进料速度及试拌使用。

② 生产配合比设计阶段

对间歇式拌合机，必须从二次筛分后进入各热料仓的材料取样进行筛分，以确定各热料仓的材料比例，供拌合机控制室使用。同时反复调整冷料仓进料比例，以达到供料均衡，并取目标配合比设计的最佳沥青用量、最佳沥青用量±0.3%等三个沥青用量进行马歇尔试验，确定生产配合比的最佳沥青用量。

③ 生产配合比验证阶段

拌合机采用生产配合比进行试拌、铺筑试验路段，并用拌合的沥青混合料及路上钻取的芯样进行马歇尔试验，由此确定生产用的标准配合比。标准配合比应作为生产上控制的依据和质量检验的标准。标准配合比的矿料级配至少应包括 0.075 mm、2.36 mm、4.75 mm（圆孔筛 0.074 mm、2.5 mm、5 mm）三挡的筛孔通过率接近要求级配的中值。

经设计确定的标准配合比在施工过程中不得随意变更。生产过程中，如遇进场材料发生变化并经检测沥青混合料的矿料级配、马歇尔技术指标不符合要求时，应及时调整配合比，使沥青混合料质量符合要求并保持稳定，必要时应重新进行配合比设计。

2) 混合料温度的控制要点

一般热拌沥青混合料均是在出厂之后即运往工地摊铺施工，其摊铺温度有规定要求。要保证沥青面层的施工质量，应对沥青加热温度及沥青混合料的温度加以控制，其控制要点是：沥青加热温度及沥青混合料出厂的正常温度、摊铺温度、碾压温度必须严格按材料性能、作业环境、施工机械等相关规定控制选用。

(5) 土工合成材料的控制要点

《土工合成材料应用技术规范》(GB/T 50290) 规定，土工合成材料的性能指标的测试（即设计指标的测试）宜模拟工程实际条件进行，并应分析工程实际施工现场环境对指标测定值的影响。

1）土工合成材料应具有经国家或部门认可的测试单位的测试报告。材料进场时，应进行抽检，以确保其符合要求。同时，材料应有标志牌，并应注明商标、产品名称、代号、等级、规格、执行标准、生产厂名、生产日期、毛重、净重等。外包装宜为黑色，材料在运输过程中应有封盖。特别要防止紫外线照射。

2）在现场存放时，应存放在通风、干燥、不受日光照射之处，并应远离火源。

3）注意因采用土工合成材料可能对整体工程产生的副作用的控制；因此，在设计时应进行验算，并提出相应的预控措施。

4）土工合成材料的强度在实际工程中会不同程度地因机械损伤、化学与生物作用以及在长期使用中的蠕变等因素而削弱。应根据工程经验统计确定其折减系数，各系数的取值亦可参照相关规定进行控制。

14.1.3 公路工程项目材料管理考核

材料管理考核工作应对材料计划、使用、回收及相关制度进行效果评价。材料管理考核应坚持计划管理、跟踪检查、总量控制、节奖超罚的原则。

1. 材料管理评价

材料管理评价是对企业的材料管理情况进行分析，发现材料供应、库存、使用中存在的问题，找出原因，采取相应的措施对策，以达到改进材料管理工作的目的。材料供应动态控制就是按照全面物资管理的原理，严格控制现场供应过程的每一个环节，建立健全各种原始记录及相应的报表、账册，以便能及时反映动态变化情况。对项目材料进行动态控制分析，可以了解项目材料的使用情况和周转速度，搞清影响项目材料供应管理的内因和外因，发现问题，找出差距，促使其注意和改进。

(1) 物资供应保证程度分析

① 物资收入量分析

$$物资计划收入量完成率=\frac{本期实际收入量}{本期计划收入量}\times 100\% \tag{14-8}$$

② 物资计划准确率分析

实际消耗小于计划需要量时：

$$计划准确率=\frac{本期或单位工程实际消耗量}{本期或单位工程计划需要量}\times 100\% \tag{14-9}$$

实际消耗大于计划需要量时：

$$本期或单位工程计划需用量=\left(1-\frac{本期或单位工程实际消耗量-计划需用量}{本期或单位工程计划需要量}\right)\times 100\% \tag{14-10}$$

(2) 物资成本情况分析

① 物资成本降低额分析

$$\begin{aligned}物资成本降低额&=物资预算成本-物资实际成本\\&=按预算定额计算的物资需要量\times预算单价\\&=物资实际使用量\times物资实际单价\end{aligned} \tag{14-11}$$

② 物资成本降低率分析

$$物资成本降低率=\left(1-\frac{物资实际成本}{物资预算成本}\right)\times 100\% \tag{14-12}$$

(3) 物资消耗与利用分析

① 物资定额执行情况分析

$$定额完成率=\frac{预算定额\times 实际完成建安工作量}{实际消耗量}\times 100\% \tag{14-13}$$

$$定额执行率=\frac{实际执行预算定额的预算种类}{有预算定额的物资种类}\times 100\% \tag{14-14}$$

② 原材料利用率分析

$$原材料利用率=\frac{单位建安工程实际工程量中包括的物资数量}{完成单位建安实物工程量中的物资总消耗量}\times 100\% \tag{14-15}$$

(4) 储备资金利用情况分析

① 储备资金占用情况分析

$$库存物资资金占用率=\frac{物资平均存总量}{年度建安工作量}\times 100\% \tag{14-16}$$

② 物资库存周转情况分析

$$周转次数=\frac{消耗量}{平均库存量} \tag{14-17}$$

$$每日周转次数=\frac{计划量}{周转次数} \tag{14-18}$$

2. 材料管理考核指标

材料管理常用的考核指标有：

(1) 材料经济指标考核

材料经济指标，俗称硬指标，它反映了材料在实际供应过程中为企业所带来的经济效益，也是管理人最关心的一种考核指标。其考核内容主要包括以下两个方面：

① 采购成本降低率

$$某材料采购成本降低率=\frac{该材料采购成本降低额}{该材料工程预算收入额}\times 100\% \tag{14-19}$$

$$采购成本降低额=\frac{工程材料预算收入}{(与业主结算)单价}\times 采购数量-实际采购单价\times 采购数量 \tag{14-20}$$

$$工程预算收入额=与业主结算单价\times 采购量 \tag{14-21}$$

② 工程材料成本降低率

$$工程材料成本降低率=\frac{工程实际材料成本降低额}{工程实际材料收入成本}\times 100\% \tag{14-22}$$

$$工程实际材料成本降低额=工程实际材料收入成本-工程实际材料发生成本 \tag{14-23}$$

$$工程实际材料收入成本=与业主结算材料单价\times 与业主结算量 \tag{14-24}$$

$$工程实际材料发生成本=实际采购价\times 实际使用量 \tag{14-25}$$

(2) 材料管理指标考核

材料管理指标，俗称软指标，是指在材料供应管理过程中，将定性的管理工作以量化的方式对物资部门进行的考核。具体考核内容应包括以下几方面：

① 材料供应兑现率

$$材料供应兑现率=\frac{材料实际供应量}{材料计划量}\times 100\% \tag{14-26}$$

② 材料验收合格率

$$材料验收合格率=\frac{材料验收合格入库量}{材料进场验收数量}\times 100\% \tag{14-27}$$

③ 限额领料执行面

$$限额领料执行面=\frac{实行限额领料材料品种}{项目使用材料全部品种数}\times 100\% \tag{14-28}$$

④ 重大环境因素控制率

$$重大环境因素控制率=\frac{实际控制重大环境因素项}{全部所识别重大因素项}\times 100\% \tag{14-29}$$

14.2 施工机械的管理

施工机械设备是实现施工机械化的重要物质基础，是现代化施工中不可或缺的，对施工工程的进度、质量、费用和效益均有直接的影响。我国公路工程建设机械化施工的程度和水平正逐步提高，因此，加强对机械设备的管理就尤显重要。

公路工程施工必须坚持贯彻"质量第一"的方针，工程质量是核心，是生命线。为了确保工程质量，我们实施全面质量管理控制，而施工机械设备与质量息息相关，是确保质量的关键因素之一。例如，为建设高质量的高速公路水泥混凝土路面，就应尽可能使用现代化大型机械滑模摊铺施工技术，滑模摊铺机及其配套设备则是此新型施工技术的关键。实践证明，施工机械设备的控制是实现成本、质量、进度控制目标的非常重要的基础性工作之一。

14.2.1 公路工程项目机械管理计划

随着建筑科学技术的发展，建筑工业化、机械化水平正迅速提高，以机械施工代替繁重的体力劳动，已是大势所趋。但机械设备的数量、种类、型号不断增多，并在施工中起的作用越来越大，因此，制订合理的机械设备管理计划已成为工程项目资源管理计划中较为重要的一部分。公路工程项目机械管理计划应包括机械需求计划、机械使用计划和机械保养计划。

1. 机械需求计划

机械需求计划主要用于确定施工机具设备的类型、数量和进场时间，可据此落实施工机具设备来源，组织进场。其编制方法为：将工程施工进度计划表中的每一个施工过程每天所需的机具设备类型、数量和施工日期进行汇总，即得出施工机具设备需要量计划。

2. 机械使用计划

项目经理部应根据工程需要编制机械使用计划，报组织领导或组织有关部门审批，其编制依据是工程施工组织设计。施工组织设计包括工程的施工方案、方法和措施等。同样的工程采用不同的施工方法、生产工艺及技术安全措施，选配的机械设备也不同。因此编制施工组织设计，应在考虑合理的施工方法、工艺、技术安全措施时，同时考虑用什么设备去组织生产，才能最合理、最有效地保证工期和质量，降低生产成本。

机械使用计划一般由项目经理部机械管理员或施工准备员负责编制。中小型设备机械一般由项目经理部主管经理审批。大型设备经主管项目经理审批后，报组织有关职能部门审批，方可实施运作。租赁大型起重机械设备，主要考虑机械设备配置的合理性。

3. 机械保养计划

机械保养的目的是保持机械设备的良好技术状态，提高设备运转的可靠性和安全性，减少零件的磨损，延长使用寿命，降低消耗，提高经济效益。

(1) 例行保养。例行保养属于正常使用管理工作，不占用设备的运转时间，由操作人员在机械运转间隙进行。其主要内容是：保持机械的清洁，检查运转状况，补充燃油与润滑油，补充冷却水，防止机械腐蚀，按技术要求润滑，检查转向与制动系统是否灵活可靠等。

(2) 强制保养。强制保养是隔一定的周期，需要占用机械设备正常运转时间而停工进行的保养。强制保养按照一定周期和内容分级进行，保养周期根据各类机械设备的磨损规律、作业条件、维护水平和经济性四个主要因素确定。

机械的修理是对机械设备的自然损耗进行修复，排除机械运行的故障，对损坏的零部件进行更换、修复，可以保证机械的使用效率，延长使用寿命。机械的修理可以分为大修、中修和零星小修。大修和中修需要列入修理计划，并按计划预检修制度进行。

14.2.2 公路工程施工机械设备管理现状

目前，公路机械化施工的程度越来越高，机械设备发挥着重要的作用；但是项目设备现场管理不善却是一个非常突出的问题，严重制约项目管理水平。究其原因是，首先，工程项目部追求的是工程的质量、进度和效益，因此在设备的使用过程中，机械设备的管理、维修保养等需要更多地服从于工程施工的需要。这就导致施工机械在使用过程中经常超负荷工作，维修和保养工作也经常由于施工的需要而不能及时进行。其次，项目职能部门分工不合理，机械保养维修由设备物资部门负责，其他部门的人员特别是一些现场施工人员只管使用设备，却不关心、不爱护设备现象比较严重。最后，机械设备在全寿命周期内，不仅仅参与一个项目的施工，因此由一个项目部进行维修和保养也不尽合理，项目部对机械设备保养、维修的积极性不高，这也导致了设备使用过程中的管理粗放，对机械设备寿命造成较大损害，使很多机械设备不能保持良好的状态，既影响到工程的施工，也容易发生安全事故。

对设备透支使用，表面上是提高设备的利用率，似乎会降低施工成本，其实不然，由于设备得不到科学的保养维修，故障频发，造成停工损失，甚至造成质量事故，损失严重。假如在浇注水下混凝土时，泵机发生故障无法继续工作，则浇注工作停止，没有完成浇注的桩基需要进行处理，会非常麻烦，成本很高。另外，设备使用寿命缩短，会增加固定资产投资。再次，一些起重机械得不到良好的维修保养，会造成重大的安全事故，造成人员伤害。

14.2.3 施工现场机械设备的管理

对工程质量要实施全面质量控制管理，同样，应相应地实施全员施工机械设备控制管理。机械控制管理应包括机械设备购置与租赁管理、使用管理、操作人员管理、报废和出场管理等。机械设备管理控制的任务主要包括：正确选择机械；保证在使用中处于良好状态；减少闲置、损坏；提高使用效率及产出水平；机械设备的维护和保养。

1. 全员施工机械设备控制管理

全员施工机械设备控制管理是指采用一系列技术、经济和组织控制管理措施，对施工机械设备实行全过程的综合控制管理的方法，亦叫全面施工机械设备控制管理。其要义在于以下几点：

(1) 其目的是使施工机械设备寿命周期费用最低，而其综合效能最高，突出了经济性。

(2) 其手段是运用工程技术、财务、经济和现代化控制管理等科学技术和方法，突出了科学性。

(3) 其范围是从施工机械设备的选择、使用，直到报废的全过程，突出了全面性。

(4) 其参与的人员有工人、技术人员、管理人员，突出了全员性。

综上所述，全员施工机械设备控制管理是一种先进的科学控制管理方法，它具有经济性、科学性、全面性和全员性的特点。

2. 全员施工机械设备控制管理的内容与主要环节

(1) 设计、制造与安装

例如，桥梁施工往往需要设计桅杆、钢塔架、跨墩门式吊机、门式浮吊、导梁、滑动装置、环道平面承重转体装置等，并需要制造和进行安装。

(2) 购置、安装

公路工程往往要购置一些施工机械如压路机、推土机，有的机械像滑模摊铺机及配套设备还需要在工地现场安装。

(3) 使用

施工机械设备要充分发挥其效能，必须正确地使用和操作。例如卷扬机，如果使用不当，则将导致钢索裂断；如不按操作规程操作，则将导致其损坏和出现严重的事故，造成重大损失。

(4) 维护

施工机械设备在使用中，可能由于各种各样的原因而出现故障、损坏，必须加强维护。例如，不对机械的相应部分加润滑油或清洁干净，则将导致机械磨损严重而使其使用寿命缩短或使机械的功效下降，甚至不能正常运转工作。

(5) 改造

对一些施工机械设备，根据工程的需要，以先进的科学技术给予改造，使其具有更多的功能，大大提高效率。

(6) 报废、更新

施工机械设备的使用寿命是有限的，到时就应报废。其寿命有以下几层含义：

① 物质寿命(又称自然寿命)

物质寿命是指施工机械设备从投产使用开始直到因物质磨损严重而不能继续使用、报废为止所经历的全部时间。加强对施工机械设备的维护、保养和修理，能延长施工机械的物质寿命。

② 经济寿命

经济寿命是指施工机械设备在物质寿命后期，由于老化，使用费用包括能源消耗费、维护保养和修理费用等日益增加，依靠大量使用费用来维持其物质寿命，经济上不一定是合理的。因此，必须依据施工机械设备的使用费用来决定是否继续使用下去。这种使用费用最经济的施工机械设备使用时间，即叫经济寿命。

③ 技术寿命

由于科学技术迅速发展，不断出现技术上更先进、经济上更合理的新设备。新设备应用和推广以后，致使原有的设备在物质寿命尚未结束以前就被淘汰。设备从开始使用直到因为技术落后而被淘汰为止所经历的时间，即设备的技术寿命。

设备的技术改造和更新要同时考虑设备的三种寿命，进行技术经济分析、比较和论证，然后决策。

④ 经济寿命的控制要点

施工机械设备的经济寿命为设备更新提供了最佳时期。其依据的原则是：使设备的一次性投资和各年经营的费用的总和 Y 达到最小。常用的有低劣化数值法，简介如下：

$$Y=\frac{\lambda}{2}T+\frac{P_0}{T} \tag{14-30}$$

若使 Y 值最小，则取 $\frac{\mathrm{d}Y}{\mathrm{d}T}=0$，可得设备的经济寿命 T：

$$T=\sqrt{\frac{2P_0}{\lambda}} \tag{14-31}$$

式中　Y——总费用；

P_0——设备的原始价值；

T——设备已使用的年数；

λ——每年费用的增加值。

设备低劣化是指随着 T 的增长，年平均的设备费用不断减少，但设备使用的时间越长，则设备的有形磨损和无形磨损加剧，设备各年维修费用及燃料、动力消耗越增加，此即设备低劣化。如果这个费用每年以 λ 的数值增加，则 T 年后这个数值为 λT，T 年内平均数值为 $\lambda T/2$。

【例 14-1】 某施工机械设备的原始价值 8 000 元，设备的维护修理费、燃料、动力消耗费、停工损失费等随其使用期加长每年以 320 元的速度增加。试求该设备的经济寿命。

解　代入前述设备的经济寿命 T 计算公式可得：

$$T=\sqrt{\frac{2P_0}{\lambda}}=\sqrt{\frac{2\times 8\ 000}{320}}\approx 7(\text{年})$$

即该设备的经济寿命为 7 年。

3. 全员施工机械设备控制管理的任务

全员施工机械设备控制管理的任务就是通过有效的控制管理好、用好、修好施工机械设备，保证为施工提供所需的最优技术装备；保证施工机械设备经常处于良好的技术状态，并充分发挥其生产能力；搞好施工机械设备的技术改造，使施工生产活动经常建立在最佳的物质技术基础之上，促进施工生产的现代化。

(1) 控制做好设备的选择采购、验收、安装调试、合理使用、维护保养、检查修理、更新改造、报废清理、内部转移、调出等各项业务技术工作，完善并严格执行各项有关规章制度。

(2) 科学地组织生产，合理配置和有效调度施工机械设备，充分发挥其效能，使各种施工机械设备配套成龙、相得益彰，不窝工、不浪费，提高施工机械设备的数量、时间和能力(强度)的利用程度。

(3) 在注意节约与提高工效的原则下,有计划地、定期地进行设备的维护与检修,保证机械设备经常处于良好的技术状态。

(4) 有计划地对现有施工机械设备逐步进行技术改造和更新,以实现内涵扩大再生产,在技术装配方面努力赶超世界先进水平。

(5) 在自力更生的基础上,正确决策,有控制有计划地重点进口一些关键的技术先进的施工机械设备,并搞好对进口施工机械设备的学习、研究、消化、翻版和创新工作。

(6) 组织对设备使用状况的检查分析,做好施工机械设备的统计、报表等业务工作,建立施工机械技术档案。

(7) 施工机械必须满足施工方案与施工工艺流程的要求,特别是机械化施工更应注意。其对进度、质量、成本和总工期影响极大,因此对施工机械的选择、配套和维持其良好的技术状态,都必须与工程施工方案和工艺流程相适应。施工方案与其相应的工艺流程是决定施工机械及其组配的主要依据之一。

(8) 施工方案的技术经济比较控制。

为了选择最优的施工方案,对施工方案进行技术经济评价是重要环节之一。因为任何一个分项或分部工程,都可以有几个可行的施工方案,而施工方案的技术经济评价的目的就在于对每一分项或分部工程的施工方案进行评选后,找到一个质量好、工期短、材料省、劳动力安排合理、工程成本低的最优施工方案。这也是决策与控制的一种重要手段和方法。

① 施工方案的定性分析

施工方案的定性技术经济评价主要依据施工的实践经验和本单位的条件,对所提出的可行施工方案的技术可行性的程度(如基本可行、可行、完全可行)、施工复杂程度、安全可靠性、劳动力和机械设备的组配数量要求、材料的供给要求、质量保证的完善可靠性、充分发挥现有机械的作用、施工进度的可保性、对冬雨季施工的要求以及保证施工生产的均衡性、紧凑性、协调性和经济性的程度等等方面进行定性的分析比较,比选出最佳者。

② 施工方案的定量分析评价

施工方案的定量分析评价则是更为具体的具有指标性的评价,主要是对各施工方案的几个主要技术经济指标通过计算得出具体数字来进行综合分析比较,以得到技术经济指标较佳或最佳的施工方案。

其评价方法有以下两种:

a. 施工方案多指标分析评价法。本法是用价值指标、实物指标及工期指标等一系列单个的技术经济指标,对各个可行施工方案进行分析对比,以从中选取最优方案的方法。

定量分析的指标一般有以下五个:

工期指标——由于各种原因,工程要求尽快完成时,选择施工方案就要在确保工程质量、安全和成本较低的条件下,优先考虑工期指标;当在一般工期的要求条件下,则应考虑缩短工期的比较。

劳动量指标——劳动量指标反映出施工机械化程度和劳动生产率水平。

劳动消耗指标——以工日数计算,一般通过计算,在方案中劳动消耗量越小,机械化程度和劳动生产率就越高。

主要材料消耗指标——主要材料消耗指标反映出不同施工方案的主要材料,如沥青、水泥、钢材、木材等的节约情况。

成本指标——成本指标反映出施工方案的成本高低。一般需要计算施工方案所用的直接费和间接费。其计算式为：

$$C=\text{直接费}\times(1+\text{综合费率}) \tag{14-32}$$

其中

$$\text{直接费}=\text{定额直接费}\times(1+\text{其他直接费率}) \tag{14-33}$$

式中　C——完成某项工程所需的总成本；

综合费率——考虑间接费、技术装备费或其他费用；

定额直接费——即定额基价，等于分项工程数量乘以相应项目定额基价；

直接费——由人工工日单价、材料预算单价和机械台班单价计算出各分项工程的人工费、材料费、机械使用费的总和。

【例 14-2】 某工程需开挖基坑，其平面尺寸为 147.5 m×12.46 m，坑深 3.71 m，土为Ⅱ类土，土方量为 9 000 m^3。因场地狭小，挖出的土除就地存放 1 200 m^3 拟作回填之用外，其余的土用汽车及时运走。根据现有劳动力和机械设备条件，提出三个可行施工方案。试用多指标分析法比选出较优方案。

解　方案一：采用 W1-100 型反铲挖掘机开挖、翻斗汽车运土方案。

已知：采用反铲挖掘机开挖基坑不需要开挖斜道，配合挖掘机工作每班需普工 2 人，基坑修整所需劳动量 51 工日。W1-100 型反铲挖掘机的台班生产率为 529 m^3，每台班的租赁费用为 319.95 元(含两名操作工人工资在内)，汽车台班的租赁费为 333.60 元，共 6.27 台班。

计算指标如下：

工期指标(一班制)：

$$T=\frac{9000}{529}\approx 17(\text{班})=17(\text{d})$$

劳动量指标：

$$Q=2\times 17+2\times 17+51=119(\text{工日})$$

成本指标：

坑开挖所需定额直接费(机械使用费、挖土进场影响的工时按 0.5 台班考虑，拖运费按汽车的 0.5 台班考虑，人工费为 11.09 元/工日)为：

$$17\times 319.95+0.5\times 319.95+6.27\times 333.60+0.5\times 333.60+$$
$$(2\times 17+51)\times 11.09=6\ 708.58(\text{元})$$

直接费：

$$6\ 708.58\times(1+6.9\%)=7\ 171.47(\text{元})$$

其中 6.9% 为其他直接费率，考虑综合费率 22.5%，则总成本 C 为：

$$C=7\ 171.47\times(1+22.5\%)=8\ 785.05(\text{元})$$

方案二：采用 W-501 正铲挖掘机(斗容量 0.5 m^3)。

先开挖一条供挖掘机汽车出入的斜道，斜道土方量约为 120 m^3，W-501 正铲挖掘机台班生产率为 518 m^3，每台班租赁费 319.95 元(含两名操作工人工资在内)。配合挖掘机工作需普工 2 人，卸土回填土需 33 工日，基坑修整需劳动量 51 工日，工资为 11.09 元/工日。

汽车台班的租赁费为 333.60 元，共 6.27 台班。

计算指标如下：

工期指标（考虑回填斜道 1 个台班）：

$$T=9\ 000/518+120/518+1=18.5(\text{台班})$$

劳动量指标：

$$Q=2\times 18.5+2\times 18.5+33+51=154(\text{工日})$$

成本指标：

基坑开挖所需定额直接费（机械使用费、挖土进场影响的工时按 0.5 台班考虑，拖运费按汽车的 0.5 台班考虑）为：

$$18.5\times 319.95+0.5\times 319.95+6.27\times 333.60+6.5\times 333.60+$$
$$(2\times 18.5+51+33)\times 11.09=7\ 587.74(\text{元})$$

直接费：

$$7\ 587.74\times(1+6.9\%)=8\ 111.28(\text{元})$$

总成本：

$$C=8\ 111.28\times(1+22.5\%)=9\ 936.33(\text{元})$$

方案三：采用人工开挖、人工翻斗车运土方案。

本方案需开挖两条斜道，供翻斗车进出，其土方量约为 400 m^3，挖土每班配普工 69 人，翻斗车装土每班需配备普工 36 人，回填斜道需劳动量 150 工日，人工挖土方的产量定额为每工日 8 m^3。

计算指标如下：

工期指标（一班制）：

$$T=\frac{(9\ 000+400)\div 8}{69}=\frac{1\ 175}{69}\approx 17(\text{d})$$

劳动量指标：

$$Q=1\ 175+36\times 17+150=1\ 937(\text{工日})$$

成本指标：

定额直接费：

$$1\ 937\times 11.09=21\ 481.33(\text{元})$$

直接费：

$$21\ 481.33\times(1+6.9\%)=22\ 963.54(\text{元})$$

总成本：

$$C=22\ 963.54\times(1+22.5\%)=28\ 130.34(\text{元})$$

技术经济指标比较见表 14-1。

表 14-1　基坑开挖不同方案的技术经济指标比较表

开挖方案	工期指标 T/d	劳动量指标 Q/工日	成本指标 C/元	方案说明
方案一	17	119	8 785.05	反铲挖掘机
方案二	18.5	154	9 936.33	正铲挖掘机
方案三	17	1 937	28 130.34	人工开挖

从表 14-1 可以看出，方案一为最优，故采用方案一。

b. 综合指标分析法。综合分析法系以多指标分析法为基础，将各指标的值按照一定的计算方法进行综合后得到一个综合指标来进行评价。

常用的方法是：首先根据多指标中各个指标在评价中重要性的程度，分别定出权值 W_i；再用同一指标依据其在各方案中的优劣程度定出其相应的分值 C_{ij}。设有 m 个方案和几 n 种指标，则第 j 方案的综合指标值 A_j 为：

$$A_j = \sum_{i=1}^{n} C_{ij} W_i \tag{14-35}$$

式中，$j=1,2,\cdots,m$；$i=1,2,\cdots,n$。综合指标值最大者为最优方案。

所有好的施工方案，必须要有相配套的机械设备。要注意的是，充分利用单位原有的机械设备来选择施工方案，或在充分利用单位原有的机械设备基础上，再添置一些新的机械，加上对旧机械进行技术改造，再选择施工方案，以取得更大的经济效益。

4. 全员施工机械设备控制要点

(1) 建立健全并执行全员施工机械设备维修制

全员生产维修制（或译作全员参加的生产维修制、全面生产维修制，简称 TPM）的基本精神是：全效率、全系统、全员。全效率是指设备控制管理与维修的目的是应当完成六个方面的任务，即高产量、高质量，成本低，故障少，保证工期，安全生产，操作工人生产情绪饱满；全系统又叫全过程，是指设备维修方式完整、系统；全员是指与施工机械设备有关的员工均来参加施工机械设备的控制管理。

(2) 建立健全并执行施工机械设备预防维修制度

设备预防维修制度将预防、维护、修理结合起来，并采用多种维修方式。这是我国总结出来的一种维修制度。其维修方式主要包括以下内容：

① 日常维修。包括对设备的检查、清扫、调整、润滑、整理、更换零部件等。

② 事后维修。对非重点设备采取故障发生后进行维修，以及对事前无法预计的突出故障进行修理。

③ 生产维修。生产维修是事后维修和预防维修相结合的维修方式。即对重点设备采取预防维修，而对一般设备实行事后维修。其目的在于在节约维修费用的前提下，保证施工生产需要。

④ 预防维修。对重点设备和一般设备中的重点部位进行预防性维修。

⑤ 改进维修。在设备修理时，同时进行设备的改造、改装，以提高设备的性能、效率、精度和节能性能。

⑥ 维修预防。在进行新设备设计制造安装时，就考虑到提高设备的可靠性、维修性、经济性和多用性。

⑦ 预知维修。预知维修又称预测维修、预报维修。它是在设备监测技术基础上产生的一种新的设备维修技术。

(3) 施工机械设备选用的质量控制

选择施工机械设备总的要求是技术上先进、经济上合理、生产上可行、适于企业发展、实现技术进步。

机械设备的选用，应着重从机械设备的选型、机械设备的主要性能参数和机械设备的使用操作要求等三方面予以控制。

① 机械设备的选型

机械设备的选择，应本着因地制宜，因工程制宜，按照技术上先进、经济上合理、生产上适用、性能上可靠、使用上安全、操作方便和维修方便的原则，贯彻执行机械化、半机械化与改良工具相结合的方针，突出施工与机械相结合的特色，使其具有工程的适用性，具有保证工程质量的可靠性，具有使用操作的方便性和安全性。

如从适用性出发，正铲挖掘机只适用于挖掘停机面以上的土壤；反铲挖掘机则可适用于挖掘停机面以下的土壤；而抓铲挖掘机最适宜于水中挖土；推土机工作效率高，具有操纵灵活、运转方便的特点，所以用途较广，但其推运距离宜在 100 m 以内；铲运机能独立完成铲土、运土、卸土、填筑、压实等工作，适用于大面积场地平整，开挖大型基坑、沟槽，以及填筑路基、堤坝等工程，但不适于在砾石层和冻土地带以及沼泽区工作。

② 机械设备的主要性能参数

机械设备的主要性能参数是选择机械设备的依据，要能满足需要和保证质量的要求。如打桩机械设备的选择，实质上就是对桩锤的选择。首先要根据工程特点(土质、桩的种类、施工条件等)确定锤的类型，然后再确定锤的质量。而锤的质量必须具有一定的冲击能，应使锤的质量大于桩的质量。当桩质量大于 2 t 时，锤的质量也不能小于桩质量的 75%。这是因为，锤重则落距小，“重锤低击”，锤不产生回跳，不至于损坏桩头，桩入土块，能保证打桩质量；反之，“轻锤高击”，锤易回跳，易打坏桩头，桩难以打入土中，不能保证打桩质量。

又如，起重机的选择是吊装工程的重要环节，因此，起重机的性能和参数直接影响构件的吊装方法、起重机开行路线与停机点的位置、构件预制和就位的平面布置等问题。根据工程结构的特点，应使所选择的起重机的性能参数必须满足结构吊装中的起重量、起重高度和起重半径的要求，才能保证正常施工，不致引起安全质量事故。

③ 机械设备的使用操作要求

合理利用机械设备，正确地进行操作，是保证项目施工质量的重要环节。应贯彻“人机固定”原则，实行定机、定人、定岗位责任的“三定制度”。操作人员必须认真执行各项规章制度，严格遵守操作规程，防止出现安全质量事故。

(4) 施工机械设备选择控制的经济评价方法

施工机械设备的选择，除应从技术方面进行控制，亦应从经济方面进行分析评价予以控制。经济评价的方法主要有以下几种。

① 费用效率分析法(又叫寿命周期费用法)

费用效率按下式计算：

$$\beta=\frac{\alpha}{\pi} \tag{14-36}$$

式中 β——费用效率；

α——系统效率，它包括设备产量、质量、成本、交货期、安全和环保等方面的效率；

π——设备寿命周期费，为设备的购置费与使用费用之和。

费用效率反映了单位寿命周期费用的支出所取得的效果。显然，应当选用寿命周期费用最少而费用效率最大的设备。

② 投资回收期法

本方法是评价投资效益的主要方法之一。

设备投资回收期按下式计算：

$$设备投资回收期=\frac{设备投资额}{年利润+年折旧额} \tag{14-37}$$

如现需购两套水泥拌合站设备，据调查了解，其中一种类型设备投资多，而其产品的年成本低；另一类型设备投资少，而其产品的年成本高。此时可用追加投资回收期法进行评价。

$$追加投资回收期=\frac{P_2-P_1}{C_2-C_1} \tag{14-38}$$

式中　P_1，P_2——分别为两类设备投资额，$P_2>P_1$；

C_1，C_2——分别为两类设备的年度产品成本，$C_1>C_2$。

用回收期作标准评价方案时，计算的回收期应与规定的回收期标准相比较，以决定取舍。

③ 年值法

年值法是将设备寿命期中的净收入或支出转换成等年值，并以此为标准评价和选择机械设备的方法。若方案仅知支出时，等年值为等值年成本，此时等值年成本最低的方案为最优方案；若知净收入时，等年值为净年值，此时净年值为正，且最大者为最优方案。

年值 A_W 按下式计算：

$$A_W=P\frac{i(1+i)^n}{(1+i)^n-1}+L\frac{i}{(1+i)^n-1}\pm R \tag{14-39}$$

式中　P——设备投资；

L——设备残值；

R——等年值；

i——报酬率；

n——设备寿命周期。

【例 14-3】　某厂购买设备有两个方案，其资料见表 14-2。

表 14-2　设备方案

方案	投资/元	年操作费/元	残值/元	经济寿命
Ⅰ	26 000	11 800	2 000	6
Ⅱ	36 000	9 900	3 000	10

利率 $i=15\%$，试选择最优方案。

解　方案Ⅰ的年值：

$$A_{WⅠ}=-26\,000\times\frac{15\%\times(1+15\%)^6}{(1+15\%)^6-1}+2\,000\times\frac{15\%}{(1+15\%)^6-1}-11\,800$$

$$=-18\,441.76(元)$$

方案Ⅱ的年值：

$$A_{WⅡ}=-36\,000\times\frac{15\%\times(1+15\%)^{10}}{(1+15\%)^{10}-1}+3\,000\times\frac{15\%}{(1+15\%)^{10}-1}-9\,900$$

$$=-16\,925(元)$$

$|A_{W\text{Ⅱ}}|<|A_{W\text{Ⅰ}}|$，故选用方案Ⅱ的设备比较经济。

④ 现值法

现值法是将设备寿命期中各年的支出和收入转换成决策时点(通常取投资时)的贴现值，并以此来评价和选择方案的方法。若仅有支出时，现值为现值成本，此时应选其最低的方案；若有净收入时，现值为净现值，此时现值为正且最大者为最优方案。

现值法的计算公式如下：

$$P_W=\left[-P+\frac{L}{(1+i)^n}\right]-\left[\frac{C_1}{(1+i)^1}+\frac{C_2}{(1+i)^2}+\cdots+\frac{C_n}{(1+i)^n}\right] \tag{14-40}$$

或

$$P_W=\left[-P+\frac{L}{(1+i)^n}\right]-\left[\frac{R_1}{(1+i)^1}+\frac{R_2}{(1+i)^2}+\cdots+\frac{R_n}{(1+i)^n}\right] \tag{14-41}$$

式中 $C_1,C_2,\cdots,C_n$——各年设备运转操作费用；

$R_1,R_2,\cdots,R_n$——各年的净收入；

其他符号意义同前。

如果各年的运转操作费用或各年的净收入相等，则上式可简化为：

$$P_W=-P+\frac{L}{(1+i)^n}-C\frac{(1+i)^n-1}{i(1+i)^n} \tag{14-42}$$

或

$$P_W=-P+\frac{L}{(1+i)^n}-R\frac{(1+i)^n-1}{i(1+i)^n} \tag{14-43}$$

【例 14-4】 某项目有两个投资方案，有关数据见表 14-3，试选择最佳方案。

表 14-3 投资方案

投资方案	投资额/万元	操作成本/万元	残值/万元	经济寿命/年	利率/%
Ⅰ	2 500	900	200	5	10
Ⅱ年	3 000	700	350	5	10

解 方案Ⅰ的现值为：

$$P_{W\text{Ⅰ}}=-2\,500+\frac{200}{(1+10\%)^5}-900\times\frac{(1+10\%)^5-1}{10\%(1+10\%)^5}=-5\,787.64(\text{万元})$$

方案Ⅱ现值为：

$$P_{W\text{Ⅱ}}=-3\,000+\frac{350}{(1+10\%)^5}-700\times\frac{(1+10\%)^5-1}{10\%(1+10\%)^5}=-5\,436.5(\text{万元})$$

$|P_{W\text{Ⅱ}}|<|P_{W\text{Ⅰ}}|$，故选择费用支出小的方案Ⅱ。

当经济寿命不等时，应取它们的经济寿命的最小公倍数为基准进行计算。

⑤ 报酬率法

用报酬率法评价设备投资方案时，所关心的是投资报酬率的大小。该方法是找出投资方案现金收入与现金支出的现值之和为零时的报酬率，并以此与要求的最低投资报酬率相比较来决定投资方案的经济性。对单一方案而言，计算出的报酬率大于最低投资报酬率时，方案在经济上是合理的；反之，则认为在经济上是不可取的。对多方案而言，应该用追加投资报酬率来评价。为了找出现值等于零的报酬率，通常用插值法来计算。

报酬率法的计算公式如下：

$$-P+\frac{L}{(1+i)^n}+R\frac{(1+i)^n-1}{i(1+i)^n}=0 \tag{14-44}$$

式中　P——设备投资；

L——设备残值；

R——等年值；

i——报酬率；

n——设备寿命周期。

【例 14-5】 某设备期初投资为 10 000 元，预期寿命为 5 年，残值为 2 000 元，年收入 5 000 元，年支出为 2 200 元，最低投资报酬率为 8%。试评价该投资的经济性。

解　分别按 $i=15\%$ 和 $i=20\%$ 计算：

$$-10\ 000+2\ 000\frac{1}{(1+15\%)^5}+(5\ 000-2\ 200)\frac{(1+15\%)^5-1}{15\%(1+15\%)^5}=365\neq 0$$

$$-10\ 000+2\ 000\frac{1}{(1+20\%)^5}+(5\ 000-2\ 200)\frac{(1+20\%)^5-1}{20\%(1+20\%)^5}=-598\neq 0$$

由于用试算法计算出的净现值分别为一正一负，因此可用直线插值法求取近似的报酬率值。x 值可由下式解出：

$$\frac{15\%-x}{15\%-20\%}=\frac{365-0}{365-(-598)}$$

解得 $x=16.9\%$

计算出的报酬率大于最低投资报酬率（16.9%＞8%），证明该投资计划是可行的。

⑥ 多种因素综合考虑法

如果有多种机械的技术性能可以满足施工要求，还应对各种机械的特性，如工作效率，工作质量，使用费和维修费，能源耗费量，占用的操作人员和辅助工作人员，安全性，稳定性，运输、安装、拆卸及操作的难易程度和灵活性，在同一现场服务项目的多少，机械的完好性和维修难易程度，对气候条件的适应性，对环境保护的影响程度等进行综合考虑。由于项目较多，在综合考虑时如果优劣倾向性不明显，则可用合适的方法求出综合指标再加以比较。这时可以用简单评分法，也可以用加权评分法。

【例 14-6】 设有 3 台机械的技术性能均可满足施工需要。假如上述各种特性中，前三项满分均为 10 分，其余各项满分均为 8 分，每项指标又分成三级，评定结果见表 14-4。将各机械的分值相加，高者为优。本方案最后应选用乙机。

表 14-4　加权评分表

序号	特　性	等级	标准分	甲机	乙机	丙机
1	工作效率	A	10	10	10	
		B	8			
		C	6			8
2	工作质量	A	10			
		B	8	8	8	8
		C	6			

表 14-4(续)

序号	特性	等级	标准分	甲机	乙机	丙机
3	使用费和维修费	A	10		10	
		B	8	8		
		C	6			6
4	能源耗费量	A	8	8		
		B	6		6	
		C	4			4
5	占用人员	A	8		8	8
		B	6	6		
		C	4			
6	安全性	A	8	8		8
		B	6		6	
		C	4			
7	稳定性	A	8			8
		B	6	6	6	
		C	4			
8	服务项目多少	A	8			8
		B	6	6	6	
		C	4			
9	完好性和维修难易	A	8		8	
		B	6	6		
		C	4			4
10	安、拆、用的难易和灵活性	A	8	8	8	
		B	6			6
		C	4			
11	对气候适应性	A	8			
		B	6	6	6	6
		C	4			
12	对环境影响	A	8			8
		B	6		6	
		C	4	4		
总计分数				84	88	82

⑦ 单位工程量成本比较优选法

在使用机械时，总要消费一定的费用。这些费用可分成两类：一类称为操作费或称为可变费用，如操作人员的工资、燃料动力费、小修理费、直接材料费等，它随着机械的工作时间而变化；另一类费用是按一定施工期分摊的费用，如折旧费、大修理费、机械管理费、投资应付利息、固定资产占用费等，称为固定费。用这两类费用计算单位工程量成本的公式是：

$$\text{单位工程量成本}=\frac{\text{操作时间固定费用}+\text{操作时间}\times\text{单位时间操作费}}{\text{操作时间}\times\text{单位时间产量}} \tag{14-45}$$

【例 14-7】 假如有两种挖掘机械均可满足施工需要，预计每月使用时间为 130 h，有关经济资料见表 14-5，问应选哪一种挖掘机。

表 14-5　挖掘机的有关经济资料

机种	月固定费用/元	每小时操作费/元	每小时产量/m^3
A	7 000	30.8	45
B	8 400	28.0	50

解　A 机的单位工程量成本和 B 机的单位工程量成本计算如下：

$$A机的单位工程量成本=\frac{7\,000+130\times30.8}{130\times45}=1.88(元/m^3)$$

$$B机的单位工程量成本=\frac{8\,400+130\times28.0}{130\times50}=1.85(元/m^3)$$

显然 B 机的单位工程量成本低于 A 机，应当选用 B 机。

⑧ 界限使用时间法

单位工程量成本受使用时间的制约。如果我们能将两种机械单位工程量成本相等时的使用时间计算出来，则决策工作会更简便，也更可靠，我们把这个时间称为界限使用时间。

假如 R_a 和 R_b 分别为 A 机和 B 机的固定费用；Q_a 和 Q_b 分别为 A 机和 B 机的单位时间产量；P_a 和 P_b 分别为 A 机和 B 机的每小时操作费；界限使用时间为 x_0，则两机的单位工程量成本相等时可表示为：

$$\frac{R_a+P_a x_0}{Q_a x_0}=\frac{R_b+P_b x_0}{Q_b x_0} \tag{14-46}$$

解此式得：

$$x_0=\frac{R_b Q_a-R_a Q_b}{P_a Q_b-P_b Q_a} \tag{14-47}$$

这就是界限使用时间的计算公式。显然，使用时间高于这个时间和低于这个时间，单位工程量成本的变化会使选用机械的决策得到相反的结果。

为了判断使用时间的变化对决策的影响，假设两机的单位时间产量相等，则上式可以简化成为：

$$x_0=\frac{R_b-R_a}{P_a-P_b} \tag{14-48}$$

当 $R_b-R_a>0,P_b-P_a>0$ 时，若使用机械的时间少于 x_0，选用机械 A 为优；若使用机械的时间多于 x_0，选用机械 B 为优。反之，当 $R_b-R_a<0,P_b-P_a<0$，使用机械的时间少于 x_0 时，选用机械 B 为优；当使用时间多于 x_0 时，选用机械 A 为优，情形与前者是相反的。

这样，欲做决策，首先要计算界限使用时间，然后根据实际工程需要的预计使用时间，做出选用机械的决策。

⑨ 折算费用法（等值成本法）

当机械在一项工程中使用时间较长，甚至涉及购置费时，在选择时往往涉及机械的原值（投资）。利用银行贷款时又涉及利息，甚至复利计息。这时，可采用折算费用法（又称等值成本法）进行计算，低者为优。

所谓折算费用，是预计机械使用时，按年或按月摊入成本的机械费用。这项费用涉及机械原值、年使用费、残值和复利利息，计算公式是：

$$年折算费用=每年按等值分摊的机械投资+每年的机械使用费 \tag{14-49}$$

在考虑复利和残值的情况下：

$$年折算费用=(原值-残值)\times资金回收系数+残值\times利率+年度机械使用费 \tag{14-50}$$

$$资金回收系数=\frac{i(1+i)^n}{(1+i)^n-1} \tag{14-51}$$

式中　i——复利息率；

n——计息期。

【例 14-8】 某企业要进行一项大工程的建设，施工组织设计基本完成以后，发现本企业现有的机械均不能满足需要，故需要做出是购买设备还是向机械出租站租赁的决策。经测算，有表 14-6 中的资料可供决策。

表 14-6　自购与租赁设备费用资料

方案	一次投资/元	年使用费/元	使用年限/年	残值/元	年复利率/%	年租金/元
自购	200 000	40 000	10	20 000	10	—
租赁	—	20 000	—	—	—	40 000

解　自购机械的年折算费用计算如下：

$$自购机械年折算费用=(200\ 000-20\ 000)\times\frac{10\%(1+10\%)^{10}}{(1+10\%)^{10}-1}+20\ 000\times10\%+40\ 000$$

$$=71\ 295(元)$$

$$年租金及使用费用=20\ 000+40\ 000=60\ 000(元)$$

这样看来，自购机械年折算费用比租赁机械的年支出费要高出 11 295 元，故不宜自购，可做租赁机械的决策。

5. 施工机械选型与配套的控制要点

公路工程施工机械设备的选型配套的控制，首先要把功能上的先进性和工程使用中的合理性结合起来；其次应把技术标准与经济方案统一起来；再次应切实从实际条件出发，认真进行科学分析，最后做出决策。

(1) 机械配套必须满足的基本条件

① 各机械的技术规格必须满足既定工程的技术标准。例如，购置的水泥混凝土路面滑模摊铺机，它应满足交通运输部颁布的《公路工程技术标准》中有关宽度、厚度等的规定标准。

② 在工艺允许的条件下，尽可能采用重型机械并保证为其安排足够的工作量。例如沥青混凝土摊铺机，为充分发挥其效率，应从拌合厂和运送沥青混凝土混合料上保证混合料的供给等。

③ 机械必须具有良好的技术性能，使配套机械不会因其中某一机械出问题而停工或出现其他问题而导致施工受阻。

④ 机械必须具有良好的可靠性。

(2) 机械配套的基本原则

① 控制选好既定工程的主导机械，其他机械必须围绕主导机械配套。在保证主导机械工作量满荷的条件下，配套机械亦应工作量饱满。在此原则下，尽量减少配套机械的数量。

② 各配套机械的工作能力必须与主导机械匹配。

③ 必须控制和明确采用合理的施工方案，配套机组应与之相适应。

④ 同一作业应尽量使用同一型号的机械，以便于维修管理。

⑤ 机械选择配套必须满足工程量和工期的要求，并尽可能节省。

(3) 主导机械及其相关控制注意事项

根据工程的特点与要求并考虑后续工程的需要，选购专用机械设备，除选型与配套的要求外，还应注意控制以下事项：

① 正确选用主导机械。一套施工机械设备中的主导机械，往往决定着施工方式、方法，以及工程的质量和进度，并且在很大程度上决定着整套机械生产效率的发挥。当然，在现在的工程施工招标中，也有业主在招标文件中已明确提出投标单位应具有哪些机械，为了中标，满足业主的要求，有时也必须选择购置业主所明确的机械。

② 合理搭配机械的数量。同一条件下配套机械的数量必须控制。因为数量相对越多，整套机械的工作效率就越低。这对于单机工作效率低的机械进行配套时更为突出。例如，A、B 两台机械的工作效率分别为 0.9，配套后的总工作效率为 $0.9\times0.9=0.81$。如果配套机械中有一台机械发生故障，则整个工程就可能停工，而配套机械增加，只能增加停工的机会。因此，做好机械维持良好状态的保障工作就十分重要。但事实上，机械不可能不出问题，因此，应在全面分析论证的基础上，考虑适量备用机械。

③ 配套机械施工的施工段之间要保持相对平衡。注意控制工作效率、工作饱满程度、工程量大小和施工难易程度等，要保持相对的均匀性，以保证生产流水线的顺利进行。例如，在挖方运输作业中，要使自卸汽车的运输能力与挖掘机的挖土能力相适应，才能保证作业高效顺利进行。

④ 大型专用机械设备的选购与租赁，在配套选型中要合理处理，不能造成不必要的浪费。

(4) 施工机械设备选型配套的优化组合方法——最小规模法

机械选择有时遇到这样的问题：某些工程所需机械，在工程竣工之后，可能会出现因工程类型或任务的不连续而产生闲置或需折价出卖处理的情况。所以究竟选择哪种机械方案比较经济，往往取决于工程规模的大小。在某一工程规模之内，可能选用造价低而使用费用较高的机械，甚至采用租赁较为合算；当超过了这一工程规模时，则需选用另外一种费用构成的机械方案较为合算。确定这种构成工程量规模界限的方法就是机械选择的最小规模法。

设完成某种作业有 A、B 两种机械可供选择，工程竣工后将折价出售。机械 A 一次性投资为 f_A，工程竣工时残值估计为 R_A，单位年产量的年平均使用成本费为 V_A；机械 B 一次性投资为 f_B，工程竣工时残值估计为 R_B，单位年产量的年平均使用成本费为 V_B。现假定当工程量为 Z_0 时两种机械的总费用相等，即：

$$f_A-R_A+V_AZ_0=f_B-R_B+V_BZ_0 \tag{14-52}$$

从而有：

$$Z_0=\frac{(f_B-R_B)-(f_A-R_A)}{V_A-V_B} \tag{14-53}$$

平衡点 Z_0 就是最小规模。即当工程量小于 Z_0 时，使用一次性投资少而单位产量使用成本费较高的机械比较经济；工程量大于 Z_0 时，则选用一次性投资较高而使用成本较低的机械为优。两种机械的简单情况,很容易通过两两对比的方法推广到多种机械的选择。

最小规模分析法适用于短期效益的经济分析。

(5) 机械设备修理周期的控制

机械设备的修理周期是计划预防修理制度中的一项重要的定额标准。修理周期是指相邻两次大修理之间的设备工作时间。例如,某机械第一次大修理到第二次大修理之间的工作时间是 30 000 h,则该机械的修理周期为 30 000 h。机械设备除大修理之外,还有中修理、小修理和定期检查。在一个修理周期内,大、中、小修与定期检查的次数和排列顺序,即叫作修理周期结构。修理周期与修理间隔期意思是不同的。后者是指相邻两次修理之间的设备工作时间。它们之间的关系如图 14-1 所示,机械设备的修理周期是在对设备磨损规律的探索、科学试验和实践经验总结基础上规定的。因此,不同类型的机械设备,它的修理周期及其结构是不同的。

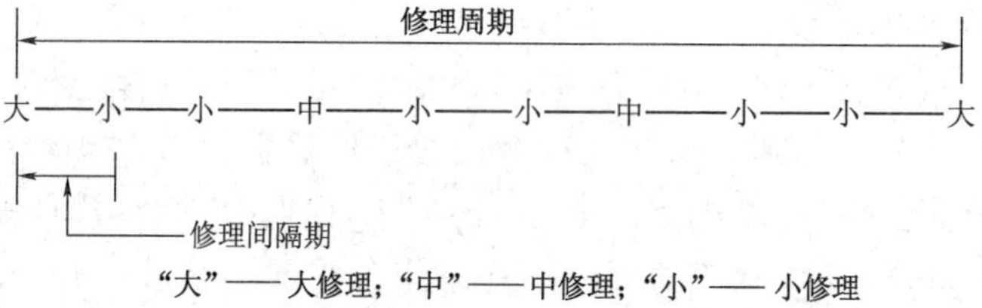

图 14-1 修理周期与修理间隔期的关系图

14.2.4 公路工程项目机械设备管理考核

项目机械设备管理考核应对机械设备的配置、使用、维护以及技术安全措施、设备使用效率和使用成本进行分析和评价。

14.3 资金管理

14.3.1 公路工程项目资金管理计划

对项目资金的管理必须编制资金管理计划,达到强化项目资金在建设工程施工过程中的管理手段和控制能力,合理调配与使用项目资金。公路工程项目资金管理计划应包括项目资金流动计划和财务用款计划,具体可编制年、季、月度资金管理计划。

1. 项目资金流动计划

项目资金流动包括项目资金的收入与支出。项目资金流动计划,即项目收入与支出计划是项目资金管理的重要内容。要做到收入有规定、支出有计划、追加按程序,做到在计划范围内一切开支有审批,重要工料大宗支出有合同,从而使项目资金运营在受控状态。

(1) 资金支出计划

无论是业主还是承包商,都越来越重视项目的现金流量,并将它纳入计划的范围。对业主来说,项目的建设期主要是资金支出,所以现金流量计划主要表现为资金支付计划。该计划不仅与工程进度有关,而且与合同所确定的付款方式有关。对承包商来说,项目的费用支出和收入常常在时间上不平衡,对于付款条件苛刻的项目,承包商常常必须垫资承包。

工程计划是各工程活动的时间安排，由此确定的成本计划是在工程上按照计划进度确定的成本消耗。但实际上，承包商对工程的资金支出与这个成本计划并不同步，例如：合同签订好后即可进行施工准备，如调遣队伍、培训人员、调运设备和周转材料、搭设施工设施、布置现场等，并为此支付一定费用。而这些费用作为工地管理费、人工费、材料费、机械费等分摊在工程报价中，在以后工程进度款中收回，有时也可作为工程开办费预先收取。

承包商工程项目的支付计划包括：人工费支付计划；材料费支付计划；设备费支付计划；分包工程款支付计划；现场管理费支付计划；其他费用计划，如上级管理费、保险费、利息等各种其他开支。

(2) 工程款收入计划

承包商工程款收入计划，即业主工程款支付计划，它与工程进度(按照成本计划确定的工程完成状况)和合同确定的付款方式有关。

① 在合同签订后，工程正式施工前，业主可以根据合同中工程预付款(备料款、准备金)的规定，事先支付一笔款项，让承包商做施工准备，而这笔款项，可在以后工程进度款中按一定比例扣除。

② 按月进度收款，根据合同规定，工程款可以按月进度进行收取，即在每月月末将该月实际完成的分项工程量按合同规定进行结算，即可得到当月的工程款。但实际上，这笔工程款一般要在第二个月甚至是第三个月才能收取。

根据 FIDIC 条件规定，月末承包商提交该月工程进度账单，由工程师在 28 d 内审核并递交业主；业主在收到账单后 28 d 内支付，所以工程款的收取比成本计划要滞后 1～2 个月，并且许多未完工程还不能结算。

③ 按工程形象进度分阶段收取。工程项目一般根据工程进展阶段收取工程款。

④ 工程完工后收取。由于业主没有资金，事先由承包商垫资，工程款可在工程完工后收取。通常情况下，工程款是由工程本身的直接收益构成的。

(3) 现金流量计划

在工程款支付计划和工程款收入计划的基础上可以得到工程的现金流量。它可以通过表或图的形式反映出来。通常，按时间将工程支付和工程收入的主要费用项目罗列在一张表中，按时间计算出当期收支相抵的余额，再按时间计算到该期末的累计余额，并在此基础上绘制出现金流量图。

2. 财务用款计划

财务用款计划见表 14-7。

表 14-7　部门财务用款计划表

用款部门：　　　　　　　　　　　　　　　　　　　　　　　　金额单位：元

支出内容	计划金额	审批金额
合计		

项目经理签字：　　　　　　　　　　用款部门负责人签字：

3. 年、季、月度资金管理计划

项目经理部应编制年、季、月进度资金管理(收支)计划,有条件的可以考虑编制旬、周、日的资金管理(收支)计划,上报组织主管部门审批实施。

年度资金管理(收支)计划的编制,要根据施工合同工程款支付的条款和年度生产计划安排,预测年内可能达到的资金收入,要参照施工方案,安排工料机费用等资金分阶段投入,做好收入与支出在时间上的平衡。编制年度资金计划,主要是摸清工程款到位情况,测算筹集资金的额度,安排资金分期支付,平衡资金,确立年度资金管理工作总体安排。

季度、月度资金管理(收支)计划的编制,是年度资金收支计划的落实和调整,要结合生产计划的变化,安排好季、月度资金收支。特别是月度资金收支计划,要以收定支,量入为出,要根据施工月度作业计划,计算出主要工、料、机费用及分项收入,结合材料月末库存,由项目经理部各用款部门分别编制材料、人工、机械、管理费用及分包单位支出等分项用款计划,报项目财务部门汇总平衡。汇总平衡后,由项目经理主持召开计划平衡会,确定整个部门用款数,经平衡确定的资金收支计划报公司审批后,项目经理部作为执行依据,组织实施。

14.3.2 公路工程项目资金管理控制

公路工程项目资金管理控制应以保证收入、节约支出、防范风险和提高经济效益为目的,应在财务部门设立项目专用账号进行资金收支预测,统一对外收支与结算。

施工项目资金管理的环节主要有:① 资金收入预测;② 资金支出预测;③ 资金收支对比;④ 奖金筹措;⑤ 资金使用管理。

1. 施工项目资金收入的控制要点

投标单位中标后,即与业主签订施工项目的承包合同。而施工单位承包的项目资金是按合同价款收取的。但业主并不是一次性拨付整个项目的资金,而是有一个支付的过程。这个过程一般就是从收取工程预付款(预付款在施工后以冲抵工程价款方式逐步扣还给业主)开始,每月按进度(或按分项分部工程)在通过质量检验合格和按合同规定计量之后收取工程进度款,到最终竣工结算,按时间(或按分项分部工程)测算出价款数额,做出项目收入预测表。

资金收入测算控制工作应注意以下几点:

(1) 应在项目经理主持下,由有相应水平的职能人员参加,共同分工负责完成。

(2) 加强施工管理与控制,确保工程质量和确保按合同规定的工期要求完工。必须明确:工程质量若达不到合同规定要求,则资金的收入失去了前提;若延误工期,则将被罚款而造成经济损失。

(3) 严格按合同规定的结算办法测算每月(或分项、分部工程)实际应收的工程进度款数额,同时要注意收款滞后的时间因素,即按当月完成的工程量计算实际应收的工程进度款不一定能按时收取或全部收取,但应力争缩短滞后时间。

按上述原则测算的收入,形成了资金的收入在时间上、数量上的总体概念,为项目资金筹措、加快资金周转、合理安排资金使用提供科学依据。

2. 资金支出预测的控制要点

(1) 项目资金支出预测的依据

① 成本费用控制计划;

② 施工组织设计；

③ 材料、物资储备计划；

④ 相关的定额。

根据以上依据，测算出随着工程的实施，每月(或分项、分部工程)预计的人工费、材料费、施工机械使用费、物资储运费、临时设施费、其他直接费和施工管理费等费用的各项支出，使整个项目的支出在时间上和数量上有一个总体概念，以满足资金管理与控制的需要。

(2) 项目资金支出预测程序

项目资金支出预测程序框图如图14-2所示。

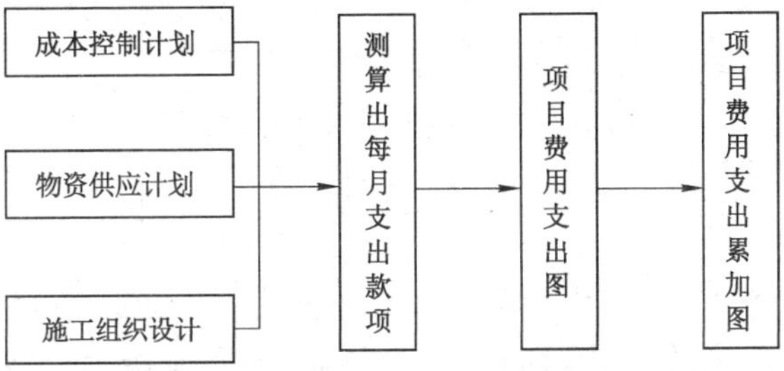

图14-2　项目资金支出预测程序图

(3) 项目资金支出预测应注意的控制要点

① 实际上资金支出预测的工作，在投标报价中就已开始做，但不够具体，因为它只是根据招标文件等资料编制的。因此中标后，应进一步根据实际情况，将原报价中估计的不确定因素及可能出现变化的情况进行调整，使资金支出预测更符合实际情况。

② 资金支出的测算是从筹措资金和合理安排调度资金角度考虑的，因此，必须重视资金支出的时间价值，以及合同实施过程中不同阶段的资金需要。

3. 资金收入与支出对比的控制

为了控制资金收入与支出的平衡并审视其合理性，更好研究有关资金的需要措施，可将施工项目资金收入预测累计结果和支出预测累计结果绘制在一个坐标图上，如图14-3所示。图中，曲线A是施工计划曲线，曲线B是资金预计支出曲线，曲线C是预计资金收入曲线。B、C曲线之间的距离是相应时间收入与支出资金数之差，也即是应筹措的资金数量。图中a、b间的距离是本施工项目应筹措资金的最大值。分析研究此图，我们就能看出在不同施工进度时间资金的情况，于根据合同规定及本单位的情况，以便采取资金的预控措施。

4. 施工项目资金筹措的控制要点

(1) 建设项目的资金来源

① 国家投资；

② 地方投资；

③ 银行贷款；

④ 国外资金；

⑤ 其他资金来源，如联营投资、股票投资、发行债券等。

(2) 施工过程所需资金来源

施工过程所需要的资金来源，一般是在承包合同条件中规定了的，由业主方提供工程备

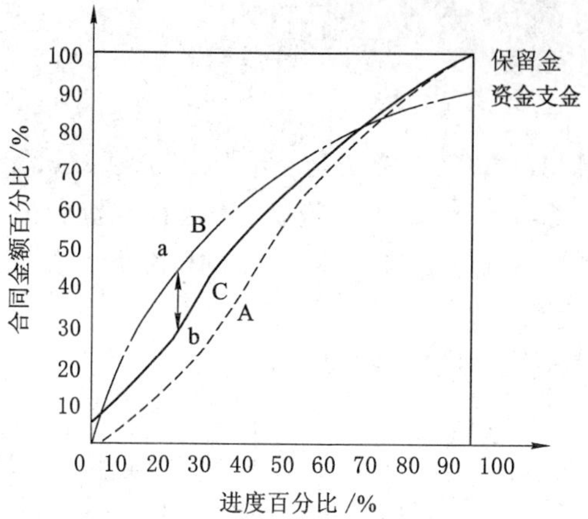

图 14-3　施工项目资金收支对比图

料款和分期结算工程款等。为了保证生产施工过程的正常进行，在某种原因下，施工方也可能要垫支部分自有资金，但在占用时间和数量方面必须严加控制，以免影响施工企业生产经营活动的正常进行。例如，有的承包人往往在同一时期内可能有多个承包的施工工程，其垫支资金可能是从其他工程或自有资金中取用的，如不严加控制，则可能带来经济损失或影响其他工程的正常施工。

施工项目资金的来源有：

① 预收工程备料款；

② 已完施工价款结算；

③ 银行贷款；

④ 施工方自有资金；

⑤ 其他项目资金的调剂占用。

（3）筹措资金的控制原则

① 充分利用自有资金。利用自有资金，调度灵活，无须支付利息，比贷款的保证性强。

② 控制得当，不造成浪费。必须在经过收支对比分析后，按差额筹措资金。

③ 控制利息高低选择。必须把利息的高低作为控制选择资金来源的主要标准，尽量利用低利率贷款。动用自有资金时，亦应考虑其时间价值。

（4）资金筹措的方法

① 利用自有资金作为资金筹措的计算方法。

② 利用银行贷款的计算方法。从银行贷款可采用存款抵押、资产抵押或短期透支等方式。

③ 资金筹措的动态分析方法。运用资金筹措的动态分析方法，要求编制资金流动计划。其目的是要确定在施工过程中承包人何时需要多少资金，以便进行资金筹措安排和成本控制。一般可按月度计算资金流动量，大型项目也可按季度安排。

资金流动计划由资金投放计划和资金回收计划组成，可用表格或图线形式表示。它们主要分别依据施工总进度计划、工程预算并考虑劳动力、材料和设备的投入时间、合同价格及合同中支付条款等分项计算。二者的计算时间划分应一致，以便比较分析。

资金投入计划中一般考虑前期费用，暂定工程费用，人员费用，施工机具费用，材料费用，项目永久设备采购、运达工地和安装试车费用，不可预见费，贷款利息，管理费等。资金回收计划中则考虑工程施工预付款、材料设备预付款、月进度款、最终结算付款、保证金的退还等。

5. 施工项目资金管理控制要点

(1) 确定施工项目经理当家理财的中心地位。

(2) 项目经理部应按月编制资金收支计划，月终应有执行情况分析总结。

(3) 项目经理部应及时向业主收取工程预付备料款，做好分期结算、预算增加账、竣工结算等工作，定期进行资金使用情况和效果分析，不断提高资金管理控制水平。

(4) 业主所交“三材”和设备，是项目资金的重要组成部分。项目经理部应设置台账，根据收料凭证及时登记入账，按月分析耗用情况，反映“三材”收入及耗用动态。定期与交料单位核对，保证数据资料完整、正确，为及时做好竣工结算创造条件。

(5) 项目经理部每月定期召开业主代表、分包、供应、加工各单位代表碰头会，协调工程进度、配合关系、资料及甲方供料事宜。

(6) 在资金管理控制中，要始终坚持节约原则。

14.3.3　公路工程项目资金管理考核

资金管理考核应通过对资金分析工作，进行计划收支与实际收支对比，找出差异，分析原因，改进资金管理。在项目竣工后，应结合成本核算与分析工作进行资金收支情况和经济效益分析，并上报组织财务主管部门备案。公路工程施工企业应根据资金管理效果对有关部门或项目经理部进行奖惩。

1. 对固定资产利用效果的考核

要提高固定资产的利用效果，就必须制定科学的考核指标。目前，常用的考核固定资产利用效果的指标主要有以下三个：

(1) 固定资产占用率。固定资产占用率越小，即完成每单位建设项目工作量占用的固定资产越少，说明固定资产的利用效果越好。

$$\text{固定资产占用率}=\frac{\text{固定资产全年平均原始价值}}{\text{年度完成建设项目工作量}} \tag{14-54}$$

(2) 固定资产产值率。固定资产产值率是固定资产占用的倒数，每个单位同定资产完成的建设项目工作量越多，说明固定资产的利用效果越好。

$$\text{固定资产产值率}=\frac{\text{年度完成建设项目工作量}}{\text{固定资产全年平均原始价值}} \tag{14-55}$$

(3) 固定资产利润率。固定资产利润率越高，表明固定资产的利用效果越好。

$$\text{固定资产利润率}=\frac{\text{利润总额}}{\text{固定资产全年平均原始价值}} \tag{14-56}$$

$$\begin{matrix}\text{固定资产全年}\\\text{平均原始价值}\end{matrix}=\begin{matrix}\text{年初固定资产}\\\text{的原始价值}\end{matrix}+\begin{matrix}\text{本年增加固定}\\\text{资产平均原始价值}\end{matrix}-\begin{matrix}\text{本年减少固定}\\\text{资产平均原始价值}\end{matrix} \tag{14-57}$$

$$\begin{matrix}\text{本年增加固定资产}\\\text{平均原始价值}\end{matrix}=\sum(\text{某月份增加固定资产总值}\times\text{该固定资产使用月数})/12 \tag{14-58}$$

2. 流动资金定额的核定方法

(1) 分析调整法

分析调整法是以上年度流动资金实有额为基础，剔除其中呆滞积压和不合理部分，然后再根据计划年度生产任务的发展变化情况，考虑施工技术水平和管理水平提高等因素，进行分析调整，计算本年度的各项流动资金定额。其计算公式为：

$$\text{流动资金定额}=\frac{(\text{上年流动资金实有额}-\text{不合理占用额})\times\text{本年计划工作量}}{\text{上年实际工作量}/(1-\text{计划期资金节约率})}\tag{14-59}$$

(2) 定额天数法

采用这种方法时，首先计算出平均每日垫支的流动资金额和该项流动资金的定额储备天数，然后将每日平均垫支的流动资金乘上定额储备天数就可求出该项流动资金的定额。

① 建设项目主要材料资金定额的计算公式：

$$\text{主要材料流动资金}=\frac{\text{年度合同工程量}\times\text{材料比重}\times\text{材料定额储备天数}}{\text{施工天数}}\tag{14-60}$$

式中，年度合同工程量系指建设项目当年完成的工程量总值；材料比重系指主要材料价款占当年完成工程量总值的百分率。

② 机械配件资金定额的计算公式：

$$\text{机械配件资金定额}=\frac{\text{上年度机械配件耗用量}\times\text{计划年度机械设备台数}\times\text{定额天数}/360}{\text{上年度机械配件设备台数}}\tag{14-61}$$

3. 流动资金利用率效果的考核

(1) 流动资金的周转次数。流动资金在一定时期内周转的次数叫作周转次数。在一定的时期内周转次数越多，流动资金的利用效果越好。其计算公式如下：

$$\text{流动资金周转次数}=\frac{\text{主要业务收入净额}}{\text{流动资金平均占用额}}\tag{14-62}$$

(2) 流动资金周转天数。流动资金周转天数是指流动资金周转一次需要多少天，周转一次所需的天数越少，说明流动资金周转的速度越快，效果越好。其计算公式如下：

$$\text{流动资金周转天数}=\frac{360}{\text{流动资金周转次数}}\tag{14-63}$$

(3) 流动资金占用率。流动资金占用率是流动资金周转次数指标的倒数，它是反映完成每单位建设项目工作占用多少流动资金。其计算公式如下：

$$\text{资金平均占用率}=\frac{\text{流动资金平均占用额}}{\text{本期完成的建设项目工程量}}\tag{14-64}$$

由于加速资金周转而节约的流动资金，通常称为周转中腾出资金，其计算公式如下：

$$\begin{array}{l}\text{由于加速资金周转而}\\\text{节约的流动资金}\end{array}=\frac{\text{本期完成的建设项目工作量}\times(\text{计划周转天数}-\text{实际周转天数})}{360}\tag{14-65}$$

第 15 章　公路工程项目综合管理

公路工程建设是一项复杂的技术、经济活动，涉及众多的主体和多变的环境因素。公路工程项目综合管理将会在有效地利用建设资金、提高工程质量、节约成本等方面起到有效的作用，同时也会促进我国公路建设行业管理水平的提高，以及管理思想、方法的不断更新。

15.1　公路工程项目综合管理概述

项目管理是一项整体工作，某一领域管理工作的成败通常会影响到其他领域。工程项目管理中，质量的变化必将引起进度和造价的变化。质量要求越高，通常工期会越长，造价也会越高；而质量管理不严，又会产生返工和工期与进度延误。进度也会对项目成本与造价产生影响。通常，延误项目进度会增大项目成本，而赶工和加快施工进度也会增大项目成本，并且，不切实际的赶工还会影响施工质量。因此，项目管理的各个领域是相互作用的，项目管理中必须对项目管理的各领域进行统筹和系统的管理。

15.1.1　项目综合管理

1. 项目综合管理概念

项目综合管理也称项目整体管理，是从综合、全面的观点出发，在项目的整个生命周期内，综合项目管理的知识领域，有机地结合、统一和协调时间、范围、成本、质量等各要素，在相互影响、相互制约的各项具体目标和方案中权衡利弊和择优而取，对项目所有分项计划进行整合、实施和监控，尽可能消除各单项管理的局限性和极端性。保证项目各要素相互协调，最大限度地满足项目干系人的需求和期望。

项目综合管理对于项目的成功起着关键作用。项目经理是项目综合管理的责任者，也是项目的综合协调者。项目团队成员在项目经理的指导下制订相应的项目计划。项目经理要领导项目团队根据项目目标进行决策，负责协调所有团队成员、计划和工作，并解决他们之间的冲突，同时还应与所有干系人进行很好的沟通。

2. 项目综合管理的目的

项目综合管理的目的在于通过制订合理的项目计划，协调开展不同项目活动，确保各项项目开发工作有序实施。根据项目目的在不同的活动和方法之间做出折衷，折衷的出发点是满足或超出项目干系人的期望。范围管理、时间管理、成本管理、质量管理是项目管理的四大核心领域，它们之间有着相互依赖和相互制约的关系。项目范围、项目时间和项目成本之间经常存在矛盾，需要平衡三者的关系，且在平衡三者关系时，应特别关注是否影响了项目质量。进度与质量、范围与进度、成本与质量等方面均可以在一定程度上做折衷，但应注意如下几点：

(1) 随意变更项目范围是引发大量质量缺陷的重要因素。

(2) 进度不合理的项目,容易出现质量的隐患。

(3) 不合理的投资预算,也会引起质量的隐患。

15.1.2 项目综合管理的特点

1. 全局性

全局性是指为了最大化地实现项目总体目标,从全局出发协调和控制项目各个方面,消除项目各单项管理的局部性,有时甚至可以不惜牺牲或降低一些项目的单项目标,以协调统一项目各方面。

2. 综合性

项目综合管理是综合项目管理的所有方面,平衡项目各个方面之间的冲突,对它们的目标、工作和过程进行协调、管理。

3. 系统性

系统性是指项目整体管理把项目作为一个整体系统来考虑,将项目的内、外部影响因素相结合,不仅要对系统内部进行管理和控制,还要兼顾来自外部环境的影响因素、问题等,并对之进行管理和控制。

15.1.3 项目综合管理过程

要进行项目综合管理,首先要识别与项目有关的干系人,然后按照如图 15-1 所示主要过程进行管理。

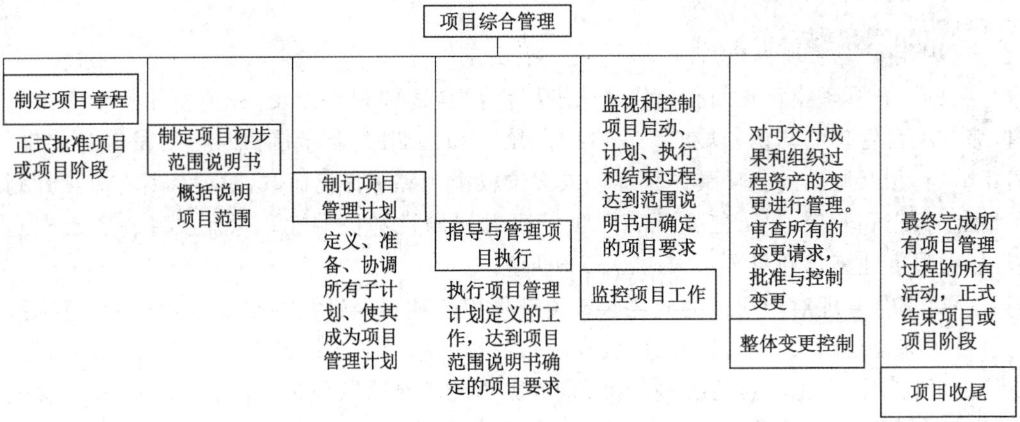

图 15-1 项目综合管理过程分析图

项目综合管理将项目管理所有知识领域结合在一起,所以项目综合管理必须依靠来自知识领域的活动,并需要高级管理层的支持。

15.1.4 公路工程项目综合管理的意义

公路产品具有固定性、单件性、多样性等特点,从而导致施工的流动性大、施工协作性强、施工环节多、工序复杂,而每项工程又具有不同的功能、不同的施工条件,不仅要进行个别设计,而且要个别组织施工。每项工程都涉及建设、设计、施工单位的密切配合,需要材料、动力、运输等各个部门的通力协作。因此,在公路工程建设中实行综合管理具有十分重要的现实意义：

(1) 将有力地保障工程项目目标的实现，使业主的需求得到最大限度的满足。

(2) 将对工程项目实施进行整体优化，充分发挥各参与方，尤其是各种供应商、分包商等原先并未纳入工程项目管理体系的参与方的潜力，在保证项目顺利完工的同时，最大限度地实现各参与方的利益。

(3) 可以大大提高项目执行的效率，通过应用并行工程原理，使原本按顺序执行的程序得以提前进行；并且通过同时参与的各企业的交流和配合，保障了设计和计划的可靠性和最优性，缩短了工期。

(4) 由于设计和计划质量的提高及工期的缩短，减少了变更和返工事件的发生，降低了工程项目的成本费用。

(5) 利于项目组织各成员之间的友好交流和相互学习，有助于新的方案和计划的产生，以及项目实施的优化。

此外，公路工程是促进国民经济和社会发展的重要基础设施，高速公路项目高效率、高质量地完成对于国民经济的发展和人民物质文化生活的改善都具有特别重要的意义。

15.2　公路工程项目综合计划的制订

一般情况下，项目的单项计划包括范围计划、时间计划、费用计划、人力资源计划、沟通计划、采购计划和风险管理计划等。由于各计划之间存在相互关联、相互影响和相互制约的关系，为了协调各项工作的开展，保证项目在计划的范围内顺利实施，必须要对项目的各单项计划进行整体管理，制订出一个指导各项工作顺利进行的整体性的综合计划。对一个项目进行有效管理，关键在于对该项目进展情况做全面规划。项目经理需要预见可能出现哪些问题，并准备一些试探性的解决方案来应对这些问题。在项目启动时制订的项目计划应成为整个项目的驱动器。

15.2.1　项目综合计划的含义

项目综合计划是指以项目的各种单项计划的结果为基础，从战略和全局的目标出发，运用集成和综合平衡的方法所制订出来的，用于指导项目实施和管理的综合计划文件。项目综合计划是一个用来协调所有其他计划，用以理解和控制项目执行的文件，该计划要记录计划的假设和方案的选择，要便于各干系人的沟通，同时还要确定关键的管理评审的内容、范围和时机，为进度测评和项目控制提供一条基准线。

项目计划随项目的不同而不同，根据项目需要制订相应的项目计划。对于两三个月就能完成的小项目，可以只需要一个两页纸的项目计划，包括一个工作分解结构和一个描述进度的甘特图；而对于一个上百人参加、耗时几年才能完成的大项目，则需要详细得多的项目计划。

15.2.2　项目综合计划的作用

1. 指导项目的实施

项目综合计划是项目组织为了达到项目的各种目标，建立和健全项目的有效管理与控制系统，完善和提高项目组织的管理功能，有效地实施项目的方案，及时地发现项目工作中的偏差，积极采取各种纠正偏差的措施，从而保证项目有效实施的依据。

2. 度量项目绩效和控制项目的基础

项目综合计划中最重要的内容是项目的各种目标和计划要求，这些计划指标和要求是人们进行绩效考核和管理控制的出发点和基准。通常，项目控制工作都需要根据项目综合计划去建立各种控制和考核的标准。

3. 项目利益相关者之间沟通的基础

项目综合计划界定了项目的主要工作和基线，同时也给出了对于项目沟通计划及项目利益相关者在信息获得和提供方面的权利与责任，从而使项目综合计划成为全体项目利益相关者沟通的基础，使他们具备了共同开展工作及沟通的平台。

4. 统一和协调项目工作的指导

项目综合计划是对项目各个部门的工作进行统一和协调的指导文件，是对项目各个专项管理工作进行统一和协调的指导文件。项目综合计划规定出了项目各工作的目标、任务、时间、范围和工作流程等，利于整个项目工作的顺利进行，避免多头指挥，防止团队中不同群体的各自为政。

15.2.3 项目综合计划的主要内容

1. 项目的批准与特许情况描述和说明

有关项目何时、由何人或组织予以批准或项目涉及的各种特许情况的描述与说明，包括批准人及项目经理的签字等；同时，也要对项目的背景、条件和依据等最为重要的内容进行说明。

2. 项目简介

主要说明项目综合计划的目的、综合计划概览及项目各方的背景情况，以及项目使命、目标和战略的描述。

3. 项目范围的综述

关于整个项目任务范围的说明，包括项目最终交付物的说明与描述、项目各项目标的描述和说明，以及项目整体任务范围的界定和描述。

4. 项目的组织结构说明

对项目组织结构、团队成员、管理层次以及各成员权利与责任的具体说明。

5. 项目管理与控制

对项目管理与控制措施的说明，包括对时间、费用等关键因素的管理，范围变更管理，项目信息与阶段报告的管理等。

6. 项目基准

包括对项目工作分解结构的描述，项目时间、费用等计划的综合，项目的绩效测量基准，以及各项目指标优化可能性的说明。

7. 项目风险

针对项目主要风险的识别、评估、应对方法、风险监控及风险措施等的描述。

8. 项目的其他支持文件

包括技术支持文件、项目的子项目计划等。

9. 项目的各单项管理计划

各单项管理计划一般有：范围管理计划、进度管理计划、费用管理计划、质量管理计划、人力资源管理计划、沟通管理计划、风险管理计划和采购管理计划。如果有必要，综合计划中可以包括这些计划中的任何一个，计划的详细程度根据项目对于各个单项管理计划的要求而定。

15.2.4 项目综合计划的编制原则

1. 合理性原则

计划的合理性主要是指所用的资料、数据是基于项目的环境分析而得到的。在项目实施的过程中，必须重视项目实施与环境之间存在的密切关系，以使之达到令人满意的最优效果。

2. 整体最优原则

项目计划过程中应当从对各种制约因素的综合分析中权衡利弊。项目综合计划本身是一个系统，由一系列单项计划组成，所以应当充分考虑各单项计划之间的相关性，使制订出的综合计划具有目的性、相关性和整体性等特征。

3. 效益性原则

这个原则要求利用有限的资源，取得最好的经济和社会效益。通过对几个不同设计的鉴定，选定一个最优方案，以期以同样的资源投入获得最大的产出，或者以最低的费用投入获得尽可能多的收益。所以，在计划中对提出的各种方案进行技术、经济分析，采用价值分析、费用/效用比较、活动分析、时间以及费用优化、资源平衡等方法进行优化。

4. 一致性原则

制订项目计划时应当保证项目的目标与企业战略的一致性；同时，项目计划也要考虑项目与企业内各个部门和各项目工作的协调一致性。

5. 社会性原则

项目计划需要决策的目标应当是项目的所有利益相关者的利益的最大化。利益相关者包括社会、个体以及与项目相关的个人。因此，任何计划都必须以整体利益为出发点，注重社会效益。

15.2.5 项目综合计划的编制方法

项目计划的制订过程是一个反复的过程，是贯穿于项目生命周期的持续不断的工作。项目综合计划的编制过程如下：

1. 信息资料的收集阶段

在编制项目综合计划时，应该收集如下信息：

(1) 过去完成的类似项目的历史信息与数据资料。

(2) 项目前期所生成的各种资料与数据。

(3) 编制各单项计划时所收集的信息和数据资料。

(4) 项目利益相关者的信息的收集。

(5) 项目的各单项计划。

2. 项目综合计划的总体分析

在项目综合计划的制订中，首先需要进行的是计划的总体分析。这需要在前期资料和信息收集的基础上，对项目的各单项计划进行综合平衡。在综合分析中，最重要的是对于项目时间、质量和费用三大要素的综合分析。

3. 项目综合计划的初步方案的编制

在以上工作的基础上，可以开始编制项目综合计划的初步方案了。一般采用分步集成的办法，即先完成项目时间与费用的综合计划；然后把质量、资源等要素放在统一的综合计划中进行协调和分析，形成初步的综合计划；最后根据项目所处的环境、技术及利益相关者的期望等约束，对初步方案进行进一步的优化。

4. 项目综合计划的综合平衡

在编制出项目综合计划初步方案之后，还需要通过综合平衡的办法，对项目的目标、任务、责任、进度、费用、质量、资源等各个要素进行全面的综合和统一的协调。此时，最重要的工作是由项目的主要利益相关者参加，根据各自的目标要求和期望对项目计划初步方案进行评价和调整。

5. 项目综合计划的最终确定

在经过全面的综合平衡以后，就可以编制出项目的综合计划了。这个最终确定的项目综合计划是项目组织开展项目业务和管理工作的依据，所以必须按照正规的格式来编写，并且要经过项目的最高决策者批准后才能执行。

15.2.6 项目计划的综合协调平衡

项目综合计划编制过程中，首先需要进行的工作就是综合协调。项目的各关键要素之间往往存在相关关联和相互制约的关系，必须结合对项目综合计划前期所收集的各种资料和信息的分析，为计划的编制做准备。在这些协调工作中，对于项目的时间、质量和费用这三大要素的分析是最为重要的。

1. 综合协调平衡的基本原则

(1) 系统性原则。综合平衡是从计划全局出发，对计划的各个构成部分、各个主要因素、整个计划指标体系进行的全面平衡。综合平衡是把整个计划看作一个系统，不是追求局部的、单指标的最优化，而是寻求系统整体的最优化。

(2) 合理性原则。综合平衡是根据客观规律的要求，为实现计划目标，合理地确定各种比例关系，从系统论的角度来说，也就是保持系统内部结构的有序和合理。不平衡的计划必然使系统的无序性与内耗增加。制订计划时，必须对计划的各个组成部分、计划对象与相关系统的关系进行统筹安排。

(3) 重点性原则。在寻求整体最优的目标下，首先要确定出项目的主要问题，即要平衡对实现项目目标影响最大的关键矛盾。综合平衡的要素包括项目的范围、时间、费用、质量、人力资源、沟通和采购等多个方面，在处理多个冲突问题时平衡的重点是与项目目标实现关联最为紧密的要素。

(4) 满意性原则。综合平衡的目标是找到使项目的所有利益相关者达到最大满意度的方案，因此，项目综合平衡的基础就是对利益相关者期望的分析。综合平衡的结果必须满足所有利益相关者的需要和期望，因此，综合平衡的结果也要经过项目利益相关者的全面评审并得到他们的最终批准。

2. 综合协调平衡方法

通常按以下六个步骤进行管理项目时间、费用和质量平衡：

(1) 识别和了解项目冲突产生的来源。

（2）检查项目目标。

（3）分析项目所处的环境和状态。

（4）分析各要素变更的可能性。

（5）分析和选择最好的综合平衡方案。

（6）修改项目计划。

15.3　公路工程项目综合计划的实施

项目计划实施使项目走向实现，相关的活动越来越明确，相关的工作也将得到授权而展开，相关资源会被提交并且分配给相应的活动，最后生成项目的产品或者服务。项目计划实施和项目计划是互相渗透、不可分割的活动。制订项目计划的目的就是要用来指导项目实施工作。因此，一个好的计划应当明确好的工作成果意味着什么，并能及时将前期的成功的工作经验反映到更新的项目计划中去。为协调项目计划和项目实施的工作，最有效的原则是：谁负责做工作，就由谁做计划。

15.3.1　项目综合计划实施的依据

1. 各种计划性文件

计划阶段产生的各种计划性文件，包括项目整体计划、各种单体计划及各种项目计划文件的支持文件。我们在制订项目计划过程中所制订的所有计划，包括范围管理计划、进度管理计划、质量管理计划和风险管理计划等，加上费用基线和进度基线，都将在项目执行过程中用来指导、监督和管理项目的进展，使之向着项目目标迈进。

2. 项目组织的政策和规定

项目综合计划实施时，应对任何与项目有关的组织的正式或非正式的政策予以考虑，如质量管理、人事管理和财务管理等。项目经理应该理解组织方针，以便顺利地执行项目。

3. 纠偏行动信息

纠偏行动信息是指为了确保项目始终按计划实施所采取的任何措施，将项目的执行情况与项目计划比较后所产生的偏差信息及采取纠偏行动的信息，是确保项目有效管理的反馈循环的关键。

15.3.2　项目综合计划实施的方法和工具

（1）一般管理技能。对项目团队成员，尤其是项目经理来说，掌握领导、谈判和沟通等管理技能都将会在项目计划实施中发挥积极的作用。

（2）产品所需的技能和知识。对项目产品所需的技能和知识有适当的了解，项目团队才能够按照预定计划生产出项目产品或提供工作成果。

（3）工作授权体系。它是批准项目工作的一个正式程序，用来确保按照适当的时间、合适的顺序完成工作。

（4）执行状况检查例会。它是一种定期的正式交换项目信息的方式，使项目的进展情况能及时、有效地得到交流。项目经理通常是例会的官方发布人员，应以书面的形式把会议时间和地点通知与会者，在会议举行前应公布一份议程，在会议举行时要坚持议程。而这其中重要的是，项目团队成员要对项目经理诚实，项目经理也要正确对待他们报告的内容。

(5) 项目管理信息系统，包括用于收集、综合和分发项目管理过程输出的工具和技术。它常用来支持项目从启动到收尾各个方面，并且通常分为人工系统和自动系统。

15.3.3 项目综合计划实施的工作内容

(1) 编制项目工作计划和项目任务书。

(2) 记录项目的执行情况。

(3) 做好协调、控制和纠偏工作。一是调度项目各项工作，采取措施排除项目执行过程中的问题，努力实现项目执行中的动态平衡；二是保证项目执行按照项目的既定计划进行，当项目实际进展情况与项目的计划出现偏差时，要采取一定的措施纠正偏差。

(4) 做好项目整体计划的修订工作。

(5) 将新的项目整体计划及时通知给项目的整体计划需求者。

15.3.4 项目综合计划实施的步骤

1. 信息分发

信息分发是把所需要的信息及时地分发给项目利益相关者。信息分发以项目计划的工作结果、沟通管理计划及项目计划为依据，或者通过项目利益相关者之间的沟通来实现信息交换，或者通过信息检索系统使项目组成员能以各种方式共享信息，或者以各种信息分发方式诸如项目会议、拷贝文档分配、传真等实现，最终形成项目记录、项目报告和项目说明。

2. 团队建设

团队建设是把一组人员组织好，以实现项目目标持续不断的过程，包括促进项目利益相关者为项目多做贡献，并提高项目团队作为一个整体发挥作用的能力。团队建设依据项目计划、人员配备计划、进度报告和外部反馈，利用一定的手段和技术来改进项目业绩并为实施评价提供依据。团队建设的主要成果就是提高项目管理的效率和效果。

3. 质量保证

质量保证是项目的一个重要衡量指标，是三大限制之一，因此在实际项目运作过程中，通常采用一定的程序来保证质量。每一个项目的质量保证都必须制定其过程步骤，通常，过程有两个级别：一是与项目特殊阶段相关的过程，二是固定的周期过程。然后项目管理人员根据项目的具体情况制定具体的操作步骤。

4. 询价

询价是请求投标的过程，就是请求厂商通过竞争来签订合同。在此，厂商将对项目需求建议书(RFP)做出响应，通常用到两种技术，即投标者会议和广告。询价过程的输出是获取投标和提案。

5. 供应商选择

从供方角度而言，它是指对投标和提案的接受。供方会使用多种工具和技术来选择最终的厂商。这通常是一个复杂的过程，除非价格是唯一的决定因素的时候。通常，它会用到合同协商、加权评分和独立评估等方法。

6. 合同管理

合同管理包括监视厂商的执行以及保证所有的合同要求都得到满足。项目管理人员必须了解所有可能影响该项目的合同协议，以保证项目团队不会意外地采取违反合同条款的措施。

15.3.5　项目综合计划的实施结果

1. 工作结果

工作结果是为完成项目所执行的各项活动的结果，如项目完成的日期、可交付成果的完成情况、质量标准的满足程度，以及已经发生的成本情况等信息。这些信息都将作为项目执行的一部分进行收集，并在绩效报告中反映出来。

2. 变更申请

变更申请是随着项目的进行随时提出的一些申请，如变更项目成本预算或进度估算等。

15.3.6　项目综合计划的实施状况检查方法

项目执行过程中，要收集关于项目进展情况的信息及项目的完成情况，并向项目利益相关者、项目组成员、管理层及其他相关方面作报告，还要在此基础上对项目未来的进展情况进行预测。这个过程要用到多种工具和技术。项目检查可以通过如下方式实现：

(1) 定期举行项目状态会议，由项目组各成员分别报告(包括进度管理报告、项目执行状态报告、项目信息周报等)进度和问题。

(2) 评估所有在工程中所进行的复审的结果。

(3) 确定正式的项目里程碑是否按期完成。

(4) 比较项目进度表中各个活动(或任务)的计划完成时间和实际完成时间。

(5) 采用挣值分析法定量地评估进展。

15.3.7　项目控制

项目控制的关键是及时、定期地监测项目的实际进程，并与计划进程进行比较；如有必要应立即采取措施，处理隐患，降低项目的各种风险。

1. 项目控制和监督的基本过程

项目控制的目的是在预算成本和有限资源内，按照进度要求，在相关技术和质量指标下实现项目的目标，达到客户的要求。

项目控制程序如图 15-2 所示。

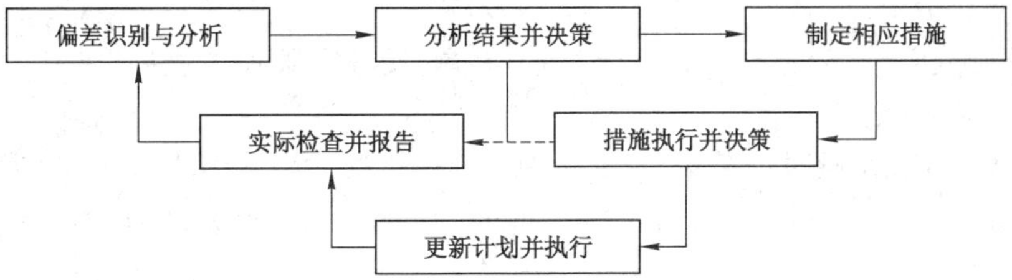

图 15-2　项目控制程序

(1) 控制信息的来源

项目执行检查和计划规定的各种管理报告是信息的来源。检查是对项目的跟踪和监督；报告是约定信息流通的形式，记录状态。

（2）偏差识别与分析

通过实际的项目信息可以识别项目实施是否存在偏差，存在什么样的偏差，哪些偏差值得重点关注，哪些偏差可以简单处理。同时，分析偏差产生的原因，为寻求有效的控制措施做好相应的准备工作。

（3）偏差分析结果并决策

根据对项目的影响，对偏差进行不同程度的分类。对于可能是不真实的项目信息，可以直接要求相关检查点重新调查和汇报（如图 15-2 中虚线所示）。

（4）制定相应措施

根据偏差产生的不同原因，可采用不同的控制、调整和补救措施。制定措施必须以项目目标控制为中心，对症下药，使得实际情况与计划的偏离尽可能缩小。同时，尽快纠正项目计划中的相关缺陷，预测未来项目的变化，消除项目执行时的隐患。

项目控制措施有以下四类：

① 组织措施：明确责任与分工，撤换不称职人员，制定保持控制效果的措施，优化工作流程和沟通流程，改进组织间联系模式。

② 经济措施：项目费用审计，为保证进度而增加经费。

③ 合同措施：在合同中落实项目目标控制的责任，如清晰界定合同项目的分工界面，在执行期间加强索赔的控制和管理。

④ 技术措施：论证确定可行的有价值的技术方案，对不具备的技术采取技术外包，对项目目标进行控制。

（5）措施执行并决策

对已制定的措施进行取舍，立足于偏差发生的具体情况。不论采用什么纠偏措施，都会给项目目标控制带来影响。这些影响有的是正面的，有的是负面的，有的甚至没有起作用。对于那些负面的或没有起作用的措施，可以撤销之，等待下一个检查和报告再做决断。

（6）更新计划并执行

落实已经认可和批准的控制措施。必要时，修改和调整项目的相关计划。但修改过的项目计划需经上级管理部门的批准，批准后的计划还须通告给项目干系人（客户、主要成员、合作伙伴等），以便协调相关资源。

2. 项目控制的主要内容

（1）基本内容

项目控制的基本内容包括：进度控制、变更控制、质量控制、成本控制。

（2）其他内容

除以计划为依据的基本内容外，项目控制内容还包括：对未来情况的预测，对当时情况的衡量，预测情况与当时情况的比较，制定实现目标、进度和成本的修正方案。

15.4 公路工程项目整体变更控制

15.4.1 项目整体变更控制概述

项目整体变更控制是指在项目生命周期的整个过程中对变更进行识别、评价和管理。

极少有项目能够按照原来项目安排的计划进行，因而变更控制就必不可少。项目管理计划和其他项目可交付物必须持续不断地管理变更，或是拒绝变更，或是批准变更，批准的变更将会并入一个修改后的项目部分。整体变更控制过程在整个项目中贯穿始终，并且应用在项目的各个阶段。

项目整体变更控制过程考察项目执行的完成情况，主要包括：识别需要发生的变更；管理每个已识别的变更；维持所有基线的完整性；控制并基于已批准的变更，更新范围、成本预算、进度和质量需求；在整个项目内协调变更；基于质量报告控制项目质量，使其符合标准；维护一个及多个精确的项目产品及相关文档的信息库，直至项目完成等。例如，可交付成果的技术要求说明的改变，若影响到项目范围，进而影响到费用、进度、质量、风险或其他方面，则该变更就是整体变更，就应该对其进行控制、管理。

在进行整体变更管理时，需要做到：

(1) 维持执行方法基准的完整性，尽量不改变项目业绩衡量的指标体系。所有允许范围内的变更都应该在项目计划书中提到，但只有项目范围管理才影响到执行方法基准。

(2) 保证在项目范围确定时体现出产品范围变更。

(3) 确保项目的工作结果与项目的计划一致。

(4) 注重协调好项目各个方面的变化。

15.4.2　项目变更控制的依据

(1) 项目计划：为项目变更的识别和控制提供了基线，包括项目里程碑、完成期限、预算指标。

(2) 执行绩效报告：提供了项目执行情况的有关信息，提示项目经理和项目组在将来可能引起的问题。

(3) 变更请求：在项目进行中是经常发生的，它对项目可能有正面的影响，也可能有负面的影响。需要有一个评价和控制的机制来分析和决定是否同意变更。

15.4.3　项目变更的评价

项目变更需要评价的方面包括：

(1) 项目所需要实施的变更有哪些，其内容和步骤分别是什么。

(2) 确认变更对所有任务的影响。

(3) 将这些影响转化为项目的绩效、成本和进度指标。

(4) 估计这些需要实施的变更的收益和成本。

(5) 论证可能带来同样结果的替代性变化。

(6) 接受或者拒绝需要实施的变更。

(7) 保证变更得到正确的实施。

(8) 准备月度报告，总结所有的当期变更以及它们对项目的影响。

15.4.4　项目变更控制方法

项目变更控制所使用的方法主要包括三部分，即信息反馈系统、监控系统和组织实施系统。项目变更的具体控制工作主要通过监控系统来完成，用于此过程的工具和技术主要有：

范围变更控制系统、配置管理、绩效测量及补充计划编制。

1. 范围变更控制系统

范围变更控制系统定义了项目范围变更的有关程序，包括文档工作、跟踪系统及对于授权变更所需要的审批层次等，这些程序明确了如何对项目绩效进行监控和评价。变更控制系统的结构包括：

(1) 控制小组。

(2) 责任追踪和变更审批制度。

(3) 人员和权限。

(4) 必要的表格和其他书面文件。

2. 配置管理

配置管理系统包括提交建议的变更，对建议的变更进行评审、批准和跟踪，定义好授权变更的批准级别，对已批准的变更确认方法。它用于对以下各方面进行技术和行政的指导与监督的程序：

(1) 识别一个工作项或系统的物理特性和功能特征，并将其形成文档。

(2) 控制对这些特征所做的任何变更。

(3) 记录和报告这些变更及其执行情况。

(4) 审查这些工作项或系统，以证实其与要求相一致。

配置管理系统在项目范围中应用，应达到三个目标：

(1) 建立一种演进式的方法，以便一致地识别和提出对已完成的基线的变更，并评估变更的价值和效果。

(2) 通过考虑每项变更的影响提供持续确认和改进项目的机会。

(3) 为项目管理小组提供一种与项目干系人之间就所有变更进行一致沟通的机制。

3. 绩效测量

变更控制的一个重要部分就是确定引起偏差的原因，并且决定这种偏差是否需要采取纠正措施。绩效测量技术是用来评定工作结果与计划是否保持一致，即将实际绩效与基准计划进行比较分析，评估发生偏差的程度，并以此为基础采取相应的纠正措施，从而达到绩效控制的目的。

4. 补充计划编制

很少有项目能够非常精确地完全按照计划进行，补充计划编制就是对由变更所引起的工作分解结构(WBS)的修改进行记录，或者对替代方法进行分析。

15.4.5 项目整体变更控制结果

项目整体变更控制的结果是形成书面文件，主要包括：

(1) 项目计划更新(项目管理计划、项目范围说明书等)。

(2) 纠正措施、预防措施和缺陷修复等。

(3) 经验总结。

第 16 章　公路工程项目交(竣)工验收及后评价

16.1　公路工程项目交(竣)工验收

16.1.1　概述

公路工程验收分为交工验收和竣工验收两个阶段。

交工验收阶段的主要工作是检查施工合同的执行情况，评价工程质量，对各参建单位的工作进行初步评价。

竣工验收阶段的主要工作是对工程质量、参建单位和建设项目进行综合评价，并对工程建设项目做出整体性综合评价。

16.1.2　公路工程交(竣)工验收的依据

公路工程交(竣)工验收的依据是：

(1) 批准的项目建议书、工程可行性研究报告。

(2) 批准的工程初步设计、施工图设计及设计变更文件。

(3) 施工许可。

(4) 招标文件及合同文本。

(5) 行政主管部门的有关批复、批示文件。

(6) 公路工程技术标准、规范、规程及国家有关部门的相关规定。

16.1.3　公路工程交工验收

1. 交工验收条件

公路工程交工验收工作一般按合同段进行，并应具备以下条件：

(1) 合同约定的各项内容已全部完成。各方就合同变更的内容达成书面一致意见。

(2) 施工单位按《公路工程质量检验评定标准》及相关规定对工程质量自检合格。

(3) 监理单位对工程质量评定合格。

(4) 质量监督机构按“公路工程质量鉴定办法”对工程质量进行检测，并出具检测意见。检测意见中需整改的问题已经处理完毕。

(5) 竣工文件按公路工程档案管理的有关要求，完成“公路工程项目文件归档范围”第三、四、五部分(不含缺陷责任期资料)内容的收集、整理及归档工作。

(6) 施工单位、监理单位完成本合同段的工作总结报告。

2. 交工验收程序

(1) 施工单位完成合同约定的全部工程内容，且经施工自检和监理检验评定均合格后，提出合同段交工验收申请报监理单位审查。交工验收申请应附自检评定资料和施工总结报告。

(2) 监理单位根据工程实际情况、抽检资料以及对合同段工程质量评定结果，对施工单位交工验收申请及其所附资料进行审查并签署意见。监理单位审查同意后，应同时向项目法人提交独立抽检资料、质量评定资料和监理工作报告。

(3) 项目法人对施工单位的交工验收申请、监理单位的质量评定资料进行核查，必要时可委托有相应资质的检测机构进行重点抽查检测，认为合同段满足交工验收条件时应及时组织交工验收。

(4) 对若干合同段完工时间相近的，项目法人可合并组织交工验收。对分段通车的项目，项目法人可按合同约定分段组织交工验收。

(5) 通过交工验收的合同段，项目法人应及时颁发“公路工程交工验收证书”。

(6) 各合同段全部验收合格后，项目法人应及时完成“公路工程交工验收报告”。

3. 交工验收主要工作内容

(1) 检查合同执行情况。

(2) 检查施工自检报告、施工总结报告及施工资料。

(3) 检查监理单位独立抽检资料、监理工作报告及质量评定资料。

(4) 检查工程实体，审查有关资料，包括主要产品的质量抽(检)测报告。

(5) 核查工程完工数量是否与批准的设计文件相符，是否与工程计量数量一致。

(6) 对合同是否全面执行、工程质量是否合格做出结论。

(7) 按合同段分别对设计、监理、施工等单位进行初步评价。

4. 交工验收组织实施

各合同段的设计、施工、监理等单位参加交工验收工作，由项目法人负责组织。路基工程作为单独合同段进行交工验收时，应邀请路面施工单位参加。拟交付使用的工程，应邀请运营、养护管理等相关单位参加。交通运输主管部门、公路管理机构、质量监督机构视情况参加交工验收。

交工验收工程质量等级评定分为合格和不合格，工程质量评分值大于等于 75 分的为合格，小于 75 分的则为不合格。

交工验收不合格的工程应返工整改，直至合格。交工验收提出的工程质量缺陷等遗留问题，由项目法人责成施工单位限期完成整改。

16.1.4 公路工程竣工验收

1. 竣工验收条件

(1) 通车试运营 2 年以上。

(2) 交工验收提出的工程质量缺陷等遗留问题已全部处理完毕，并经项目法人验收合格。

(3) 工程决算编制完成，竣工决算已经审计，并经交通运输主管部门或其授权单位认定。

(4) 竣工文件已完成“公路工程项目文件归档范围”的全部内容。

(5) 档案、环保等单项验收合格，土地使用手续已办理。

（6）各参建单位完成工作总结报告。

（7）质量监督机构对工程质量检测鉴定合格，并形成工程质量鉴定报告。

2. 竣工验收程序

（1）公路工程符合竣工验收条件后，项目法人应按照公路工程管理权限及时向相关交通运输主管部门提出验收申请，其主要内容包括：

① 交工验收报告。

② 项目执行报告、设计工作报告、施工总结报告和监理工作报告。

③ 项目基本建设程序的有关批复文件。

④ 档案、环保等单项验收意见。

⑤ 土地使用证或建设用地批复文件。

⑥ 竣工决算的核备意见、审计报告及认定意见。

（2）相关交通运输主管部门对验收申请进行审查，必要时可组织现场核查。审查同意后报负责竣工验收的交通运输主管部门。

（3）以上文件齐全且符合条件的项目，由负责竣工验收的交通运输主管部门通知所属的质量监督机构开展质量鉴定工作。

（4）质量监督机构按要求完成质量鉴定工作，出具工程质量鉴定报告，并审核交工验收对设计、施工、监理初步评价结果，报送交通运输主管部门。

（5）工程质量鉴定等级为合格及以上的项目，负责竣工验收的交通运输主管部门及时组织竣工验收。

3. 竣工验收主要工作内容

（1）成立竣工验收委员会。

（2）听取公路工程项目执行报告、设计工作报告、施工总结报告、监理工作报告及接管养护单位项目使用情况报告。

（3）听取公路工程质量监督报告及工程质量鉴定报告。

（4）竣工验收委员会成立专业检查组检查工程实体质量，审阅有关资料，形成书面检查意见。

（5）对项目法人建设管理工作进行综合评价。审定交工验收对设计单位、施工单位、监理单位的初步评价。

（6）对工程质量进行评分，确定工程质量等级，并综合评价建设项目。

（7）形成并通过“公路工程竣工验收鉴定书”。

（8）负责竣工验收的交通运输主管部门印发“公路工程竣工验收鉴定书”。

（9）质量监督机构依据竣工验收结论，对各参建单位签发“公路工程参建单位工作综合评价等级证书”。

4. 竣工验收组织实施

竣工验收委员会由交通运输主管部门、公路管理机构、质量监督机构、造价管理机构等单位代表组成。国防公路应邀请军队代表参加。大中型项目及技术复杂工程，应邀请有关专家参加。

项目法人、设计、施工、监理、接管养护等单位代表参加竣工验收工作，但不作为竣工验收委员会成员。

竣工验收委员会负责对工程实体质量及建设情况进行全面检查，对工程质量进行评分，对各参建单位及建设项目进行综合评价，确定工程质量和建设项目等级，形成工程竣工验收鉴定书。

项目法人负责提交项目执行报告及验收工作所需资料，协助竣工验收委员会开展工作。

设计单位负责提交设计工作报告，配合竣工验收检查工作。

施工单位负责提交施工总结报告，提供各种资料，配合竣工验收检查工作。

监理单位负责提交监理工作报告，提供工程监理资料，配合竣工验收检查工作。

接管养护单位负责提交项目使用情况报告，配合竣工验收检查工作。

公路建设项目设计、施工、监理、接管养护等有多家单位的，项目法人应组织汇总设计工作报告、施工总结报告、监理工作报告、项目使用情况报告。竣工验收时选派代表向竣工验收委员会汇报。

竣工验收工程质量评分采取加权平均法计算，其中交工验收工程质量得分权值为0.2，质量监督机构工程质量鉴定得分权值为0.6，竣工验收委员会对工程质量的评分权值为0.2。

对于交工验收和竣工验收合并进行的小型项目，质量监督机构工程质量鉴定得分权值为0.6，监理单位对工程质量评定得分权值为0.1，竣工验收委员会对工程质量的评分权值为0.3。

工程质量评分大于等于90分为优良，小于90分且大于等于75分为合格，小于75分为不合格。

对建设项目出现以下特别严重问题的合同段，整改合格后，合同段工程质量不得评为优良，质量鉴定得分按照整改前的鉴定得分，超出75分的按75分，不足75分的按原得分；建设项目竣工验收工程质量等级和综合评定等级直接确定为合格。

(1) 路基工程的大段落路基沉陷、大面积高边坡失稳。

(2) 路面工程车辙深度大于10 mm的路段累计长度超过该合同段车道总长度的5%。

(3) 特大桥梁主要受力结构需要或进行过加固、补强。

(4) 隧道工程渗漏水经处治效果不明显，衬砌出现影响结构安全的裂缝，衬砌厚度合格率小于90%或有小于设计厚度二分之一的部位，空洞累计长度超过隧道长度的3%或单个空洞面积大于3 m^2。

(5) 重大质量事故或严重质量缺陷，造成历史性缺陷的工程。

对建设项目出现以下严重问题的合同段，整改合格后，合同段工程质量不得评为优良，质量鉴定得分按75分计算；并视对建设项目的影响，由竣工验收委员会决定建设项目工程质量是否评为优良。

(1) 路基工程的重要支挡工程严重变形。

(2) 路面工程出现修补、唧浆、推移、网裂等病害路段累计长度超过路线的3%或累计面积大于总面积的1.5%；竣工验收复测路面弯沉合格率小于90%。

(3) 大桥、中桥主要受力结构需要或进行过加固、补强。

竣工验收委员会对项目法人及设计、施工、监理单位工作进行综合评价。评定得分大于等于90分且工程质量等级优良的为好，小于90分且大于等于75分为中，小于75分为差。

竣工验收建设项目综合评分采取加权平均法计算，其中竣工验收工程质量得分权值为

0.7,参建单位工作评价得分权值为0.3(项目法人占0.15,设计、施工、监理各占0.05)。

评定得分大于等于90分且工程质量等级优良的为优良,小于90分且大于等于75分为合格,小于75分为不合格。

发生过重大及以上生产安全事故的建设项目综合评定等级不得评为优良。

根据《国务院关于促进节约用地的通知》(国发〔2008〕3号)要求,竣工验收时需要核验建设项目依法用地和履行土地出让合同、划拨等情况。

16.1.5 公路工程竣工验收资料

公路工程竣工验收的资料主要包括以下几部分。

1. 综合文件

(1) 竣(交)工验收文件

主要包括:竣工验收文件(公路工程参建单位工作综合评价表、公路工程竣工验收评价表、公路工程竣工验收鉴定书附件及竣工验收委员会各专业检查组意见);交工验收文件(包括公路工程交工验收证书和公路工程交工验收报告);工程单项验收文件(环保、档案等);各参建单位总结报告;接管养护单位项目使用情况报告。

(2) 建设依据及上级有关指示

主要包括:项目建议书及批准文件;工程可行性研究报告及批准文件;水土保持批准文件;环境影响评价及批准文件;文物调查、保护等文件;初步设计文件及批准文件;施工图设计文件及批准文件;设计变更文件及批准文件;设计中重大技术问题往来文件、会议纪要;施工许可批准文件;上级单位有关指示。

(3) 征地拆迁资料

主要包括:征地拆迁合同协议;征地批文;征用土地数量一览表;占地图及土地使用证;拆迁数量一览表。

(4) 工程管理文件

主要包括:招标文件;投标文件、评标报告;合同书、协议书;技术文件及补充文件;建设单位往来文件;工程质量责任登记表;其他文件及资料。

2. 决算和审计文件

主要包括:支付报表;财务决算文件;工程决算文件;项目审计文件;其他文件。

3. 监理资料

(1) 监理管理文件。

(2) 工程质量控制文件。包括质量控制措施、规定及往来文件;监理独立抽检资料;交工验收工程质量评定资料。

(3) 工程进度计划管理文件。

(4) 工程合同管理文件。

(5) 其他文件。

(6) 其他资料,包括监理日志,会议记录、纪要,工程照片,音像资料;监理机构及人员情况,各级监理人员的工作范围、责任划分、工作制度。

4. 施工资料

(1) 竣工图表

主要包括：变更设计一览表；变更图纸；工程竣工图。

(2) 工程管理文件

施工组织机构及人员、岗位责任划分、施工组织设计、技术交底文件、会议纪要等。

(3) 施工质量控制文件

1) 工程质量管理文件

主要包括：工程质量往来文件(质量保证体系、专项技术方案等)；工程质量自检报告及工程质量检验评定资料；工程质量事故及处理情况报告、补救后达到要求的认可证明文件；桥梁荷载试验报告；桥梁基础检验汇总资料；施工中遇到的非正常情况记录、处理方案、施工工艺、质量检测记录及观察记录、对工程质量影响分析；交工验收施工单位的自检评定资料。

2) 材料及标准试验

主要包括：原材料、外购成品、半成品抽检试验报告及资料；外购材料(产品)出厂合格证书、检验报告及质量鉴定报告；各种标准试验、配合比设计报告。

3) 施工工序资料

① 路基工程。

a. 路基土石方工程，包括：地表处理资料；不良地质处理方案、施工资料、检测资料；分层压实资料；路基检测、验收资料；分段资料汇总。

b. 防护工程，包括：基坑放样、开挖处理、试验检测资料；各工序施工记录、检测、试验资料；成品检测资料；砂浆(混凝土)强度试验资料。

c. 小桥工程，包括：基坑放样、开挖处理、试验检测资料；基础施工检查、试验资料，桩基检测资料；各分项施工工序检查、成品检测资料；砂浆强度、混凝土强度、台背回填压实度等试验报告及汇总表。

d. 排水工程，包括：基坑放样、开挖处理、试验检测资料；砂浆、混凝土强度试验资料。

e. 涵洞工程，包括：基坑放样、开挖处理、试验检测资料；各施工工序检查、成品检测资料；砂浆强度、混凝土强度、台背回填压实度等试验报告及汇总表。

② 路面工程。主要包括：施工工序检查资料；材料配合比抽检(油石比、马歇尔试验等)资料；压实度、弯沉、强度等试验检测报告及汇总资料。

③ 桥梁工程。主要包括：基坑放样、开挖处理、试验检测资料；基础施工检查、试验资料，桩基检测资料；墩台、现浇构件、预制构件、预应力等施工工序检查、成品检测资料；各工序施工、检测记录；砂浆强度、混凝土强度、台背回填压实度等试验报告及汇总表；引道工程施工检测、试验资料。

④ 隧道工程。主要包括：洞身开挖施工、检查资料；衬砌施工、检验资料；隧道路面工程施工、检查资料；照明、通风、消防设施施工、检查资料；洞口施工检查资料；各种附属设施检验施工资料；各环节工序检查、验收资料；隧道衬砌厚度、混凝土(砂浆)强度试验检测资料。

⑤ 交通安全设施。主要包括：各种标志牌制作安装检查记录；标线检查资料、施工记录；防撞护栏、隔离栅及附属设施施工、检查资料；照明系统施工、检测资料；各中间环节检测资料；成品检测资料。

⑥ 房屋建筑工程。按建筑部门有关法规、资料编制办法管理、汇总。

⑦ 机电工程。

⑧ 绿化工程。

4）缺陷责任期资料。

（4）施工安全及文明施工文件

1）安全生产的有关文件：安全组织机构及人员、岗位责任、安全保证体系、施工专项技术方案、技术交底文件等。

2）安全事故的调查处理文件。

3）文明施工的有关文件。

（5）进度控制文件

主要包括：进度计划（文件、图表）、批准文件；进度执行情况（文件、图表）；有关进度的往来文件。

（6）计量支付文件

（7）合同管理文件

（8）施工原始记录

主要包括：施工日志；天气、温度及自然灾害记录；测量原始记录；各工序施工原始记录（未汇入施工质量控制文件的部分）；会议记录、纪要；施工照片、音像资料；其他原始记录。

（9）科研、新技术资料

主要包括科研资料和新技术应用资料（批准的所有科研、新技术资料均要整理归档）。

16.2　公路工程保修

16.2.1　概述

工程项目在竣工验收合格交付使用后，仍然可能存在质量问题或隐患，主要是因为项目交竣工前的各种检验基本上都是在没有承受荷载的静态条件下进行的，在检测过程中没有暴露或发现这些质量问题或隐患。因此，实施工程项目保修制度，是检验在正常运行条件下项目的施工质量是否达到了设计标准的必要途径。

按照《建设工程质量管理条例》的有关规定，在合同双方办理了工程竣工移交手续后，对已完成工程的照管责任就从承包方转移给业主。但这一转移并不意味着已经解除承包商对工程施工应承担的质量责任，只有当保修期满，工程在试运行条件下检验证明完全达到了合同约定的设计标准，才能最终解除其应承担的质量责任。因此，施工单位对竣工移交的项目在保修期内有回访和保修缺陷部位的义务。

16.2.2　工程质量保证金

根据我国相关法律规定，公路工程必须实行缺陷责任期和质量保证金制度。

质量保证金是指发包人与承包人在建设工程承包合同中约定，从应付工程款中预留，用以保证承包人在缺陷责任期内对建设工程出现的缺陷进行维修的资金。

为了体现施工方对工程试运行期间的工程质量仍有责任，国家有关法规规定采用质量保证金作为保障措施，在办理竣工决算时，建设方应将合同工程款总价的 3%～5%留作质量保证金，并以专门账户存入银行。工程保修期满后 14 天内，双方办理质量保证金结算手续，由建设单位出具证明，通过银行将剩余保修金和按合同约定的利率计算的利息一起拨付给承包单位，不足部分由承包单位交付。如果合同约定内承包单位向业主提交履约保函或有其他保证形式时，可不再扣留质量保证金。

16.2.3 工程质量责任缺陷期

工程质量缺陷责任期是指工程质量不符合工程建设强制性标准、设计文件，以及承包合同的约定，而需对工程项目质量承担责任的期限。

缺陷责任期从公路工程通过竣工验收之日起算。由承包人原因导致工程无法按规定期限进行竣工验收的，缺陷责任期从实际通过竣工验收之日起计。由发包人原因导致工程无法按规定期限进行竣工验收的，在承包人提交竣工验收报告90天后，工程自动进入缺陷责任期。

依据交通部《公路工程交竣工验收办法》执行，缺陷责任期为2年，缺陷责任期完成后进入保修期，规定为5年。在缺陷责任期结束后，监理工程师签发缺陷责任期终止证书之日，工程进入保修期，工程保修期一般为5年，若路基工程（含隧道、桥涵）与路面工程分开招标，5年保修期从最后完工的工程项目开始计算。桥梁工程的保修期可适当延长。

缺陷责任期内，由承包人原因造成的缺陷，承包人应负责维修，并承担鉴定及维修费用。如承包人既不维修也不承担费用，发包人可按合同约定扣除保证金，并由承包人承担违约责任。承包人维修并承担相应费用后，不免除对工程的一般损失赔偿责任。

16.2.4 工程缺陷部位维修的经济责任

工程缺陷部位维修的经济责任主要包括以下几个方面：

（1）施工承包单位未按国家有关规范、标准和设计要求施工造成的质量缺陷，由施工单位负责返修并承担经济责任。

（2）由设计方面造成的质量缺陷，由设计单位承担经济责任，由施工承包单位负责维修，其费用按有关规定通过建设单位向设计单位索赔，不足部分由建设单位负责。

（3）因建筑材料、构配件和设备质量不合格引起的质量缺陷，属于施工承包单位采购的或经其验收同意的，由施工承包单位承担经济责任；属于建设单位采购的，由建设单位承担经济责任。

（4）因使用单位使用不当造成的质量缺陷，由使用单位自行负责。

（5）因地震、洪水、台风等不可抗拒力原因造成的质量问题，施工承包单位、设计单位不承担经济责任。

16.3 公路工程项目后评价

16.3.1 后评价的概念及目的

公路建设项目后评价是用科学、系统的评价方法，通过对项目立项、可行性研究、设计、施工和运营个阶段工作的跟踪、调查和分析，全面评价项目的作用和影响、投资与效益、目标实现程度及持续能力等，总结项目的经验与教训的一种评价。根据需要，也可针对项目的某一方面或问题进行专题评价。

建设项目后评价的目的,在于通过全面的总结,对项目预期目标与实际实施效果进行对比分析,从中吸取教训,不断提高公路建设项目决策、设计、施工和管理水平,以合理利用建设资金,提高投资效益,改进和完善管理,并为制定相关政策等提供科学依据,最终使使用者和社会相关利益群体满意,达到完善已建项目、改善在建项目、指导待建项目的目的。

16.3.2　后评价的原则及任务

公路建设项目后评价应遵循独立、公正、客观、科学的原则,后评价工作不受项目以往各阶段结论的约束。

后评价的主要任务是:

(1) 评价项目目标的实现程度。

(2) 评价项目的决策过程,主要评价决策时所依据的资料和决策程序的规范性。

(3) 评价项目具体实施过程。

(4) 分析项目成功或失败的原因。

(5) 评价项目的经济效益。

(6) 分析项目的影响和可持续发展。

(7) 综合评价建设项目的成功度。

16.3.3　后评价的对象及主体

纳入交通运输部后评价工作管理的公路建设项目,由交通运输部根据有关规划和具体项目情况,由各省(区、市)交通运输主管部门确定,重点选择国家公路网规划中的重大建设项目或对行业发展具有重大指导意义的项目,并以后评价工作计划形式下达。进行后评价的项目应已建成通车运营5年以上并通过竣工验收。

省(区、市)交通运输主管部门应组织项目单位,按照公路建设项目后评价报告编制办法要求开展公路建设项目后评价报告编制工作,并组织可行性研究、设计、施工、监理、运营、管理等部门和单位配合,提供必要的外部条件和基础资料。报告完成后,省(区、市)交通运输主管部门进行项目后评价报告的初审工作,并将修改后的报告和初审意见报交通运输部。交通运输部根据后评价工作计划情况,委托具备相应资质的咨询机构承担项目后评价报告的审查任务。

公路建设项目后评价经费由省(区、市)交通运输主管部门负责落实。纳入交通运输部后评价工作管理的公路建设项目后评价报告编制应由具有甲级工程咨询资质的咨询机构承担,该机构不得是参与过同一项目前期工作和建设实施工作的工程咨询机构,参与后评价的人员不得是该项目各阶段的主要参与者。

16.3.4　后评价的实施

1. 后评价依据和基础

(1) 公路建设项目管理的相关法律、法规,行业标准、规范等。

(2) 国家及区域经济社会发展规划、综合运输发展规划和公路专项发展规划等。

(3) 项目各阶段有关委托、评审、批复等文件。主要包括:项目建议书、可行性研究报告、项目申请报告、初步设计、技术设计、施工图设计的审查意见,批复文件;资金申请报告,招投标文件，重大变更的请示及批复；经审计的决算报告和工程竣工验收鉴定书等。

（4）项目建成通车后的运营数据及相关调查。主要调查包括：交通量调查、交通安全性调查、车辆运行特征调查、车辆运输费用调查、工程质量调查、经济社会调查、环境调查等。

2. 后评价方法

公路项目过程后评价的方法是定性分析与定量分析相结合。后评价的方法主要有：有无对比法、层次分析法、因果分析法、逻辑框架法、综合评价法、统计预测法等，可根据项目特点选择一种或多种方法。

（1）有无对比法

有无对比法是指将项目实际发生的情况与无项目时可能发生的情况进行对比，以度量项目的真实效益、影响和作用。对比的重点是要分清项目作用的影响与项目以外作用的影响。项目的有无对比不是前后对比，也不是项目实际效果与项目前预测效果的对比，而是项目实际效果与无项目时实际效果的比较。有无对比需要大量可靠的数据，主要包括：项目前期预测成果、项目实际效果、无项目时可能实现的效果、无项目时实际效果等。在进行对比时，先要确定评价内容和主要指标，选择可比的对象，然后通过建立比较指标的对比表收集相关资料。

（2）逻辑框架法

逻辑框架法从确定待解决的核心问题入手，向上逐级展开，得到其影响及后果；向下逐层推演找出问题引起的原因，得到所谓的问题树。将问题树进行转换，即将问题树描述的因果关系转换为相应的手段-目标关系，得到所谓的“目标树”。得到目标树后，通过规划矩阵完成后续工作。

规划矩阵即框架由 4×4 模式组成，横行代表项目目标的层次，包括达到这些目标所需要的方法（垂直逻辑）；竖列代表如何验证这些目标是否达到（水平逻辑）。垂直逻辑用语分析项目计划做什么，弄清项目手段与结果之间的关系，确定项目本身和项目所在地的社会、物质、政治环境中的不确定因素；水平逻辑的目的是要衡量项目的资源和结果，确立客观的验证指标及指标的验证方法来进行分析。

（3）综合评价法

项目后评价中的综合评价法通常采用成功度法，即根据项目各方面的执行情况并通过系统标准或目标判断表来评价项目总体的成功程度。

公路建设项目前期工作所采用的相关评价技术及指标量化方法原则上可用于后评价。可参考《公路建设项目可行性研究报告编制办法》（交规发〔2010〕178 号）、《公路建设项目经济评价方法与参数》（建标〔2010〕106 号）等。

（4）统计预测法

根据预测目的，明确需要研究的主要变量，然后分析影响这些变量的因素。

统计资料是预测的基础，可以通过直接观察、报告、采访和调查问卷等方法进行统计调查，并认真审核资料，保证其具有完整性和可比性。根据审核后的资料绘制散点图，通过分析散点图的变化规律，确定统计预测模型。在检验预测技术适用性的基础上，进行预测并最终选定预测值。

3. 后评价的程序

项目的后评价工作分层次进行，在进行项目后评价时，必须遵循科学的工作程序，具体如下：

(1) 制订后评价计划。成立后评价小组，说明评价对象、内容、方法、时间、工作进度、质量要求、经费预算、专家名单、报告格式等。

(2) 设计调查方案。设计调查方案内容包括调查内容、调查计划、调查方式、调查对象、调查经费及调查指标体系等。

(3) 项目后评价的调查、分析。阅读相关文件，了解项目在宏观经济中的地位和作用及自身的建设、运营、效益，可持续发展情况及对地区经济、生态环境的作用和影响等。

(4) 形成项目后评价报告。按照相关要求，提供格式及内容符合要求的后评价报告。

(5) 提交报告及信息。

4. 后评价报告的主要内容

公路工程建设项目后评价主要包括以下内容：

(1) 建设项目的过程评价：项目前期工作、建设实施、运营管理等；重大变化及原因。

(2) 建设项目的投资与效益评价：投资执行情况、资金筹措评价及经济评价。

(3) 建设项目的影响评价：项目对区域的综合交通体系、经济社会、环境、能源等方面的影响。

(4) 建设项目目标持续性评价：交通量、经济社会效益、财务效益、环境保护等目标的实现程度及持续能力。

(5) 经验与教训，措施与建议。

参考文献

[1] 丁士昭.工程项目管理[M].北京:中国建筑工业出版社,2006.
[2] 董小林.公路建设项目全程环境管理[M].北京:人民交通出版社,2008.
[3] 杜晓玲.建设工程项目管理[M].北京:机械工业出版社,2006.
[4] 郭汉丁.业主建设工程项目管理指南[M].北京:机械工业出版社,2005.
[5] 李继业,范世香.公路工程项目管理[M].北京:化学工业出版社,2010.
[6] 李娇.基于 PPP 的高速公路融资模式研究:以云南 M 高速公路为例[D].昆明:云南大学,2015.
[7] 李新梅.公路施工项目管理[M].北京:人民交通出版社,2008.
[8] 李绪梅,陈烈.公路工程项目管理[M].3 版.北京:人民交通出版社,2015.
[9] 石振武,宋建民,赖应良.建设项目管理[M].2 版.北京:科学出版社,2015.
[10] 宋伟香.建设工程项目管理[M].北京:清华大学出版社,2014.
[11] 王守清,柯永建.特许经营项目融资(BOT、PFI 和 PPP)[M].北京:清华大学出版社,2008.
[12] 吴涛.建设工程项目管理规范实施手册[M].北京:中国建筑工业出版社,2006.
[13] 杨思民,林红霞.路桥工程施工项目管理实用手册[M].北京:人民交通出版社,2005.
[14] 杨晓方.公路工程项目管理:应用新规范[M].北京:机械工业出版社,2008.
[15] 杨晓敏.PPP 项目策划与操作实务[M].北京:中国建筑工业出版社,2015.
[16] 易石其.公路工程项目施工中主体行为风险评估及控制研究[D].长沙:长沙理工大学,2010.
[17] 郑连群,靳九贵,史思强,等.高速公路项目建设管理手册[M].北京:人民交通出版社,2011.
[18] 郑文新.土木工程项目管理[M].北京:北京大学出版社,2011.
[19] 周兰萍.PPP 项目运作实务[M].北京:法律出版社,2016.